周武 主编

以中国为方法

上海社会科学院世界中国学研究所
成立十周年纪念论文集

上海社会科学院出版社
SHANGHAI ACADEMY OF SOCIAL SCIENCES PRESS

编委会

（按姓氏笔画排列）

王圣佳　王海良　吴雪明　沈桂龙

周　武　姚勤华　梅俊杰

前　言

周　武

时光荏苒，不知不觉中，上海社会科学院世界中国学研究所成立至今已整十周年。按惯例，逢五逢十总得庆祝一番，世界中国学所当然也不想免俗。2021年10月忙完第九届世界中国学论坛后，稍作将息，即开始转入筹划研究所十周年所庆。11月23日，沈桂龙所长召集全所大会集议所庆事宜，大家一致认为以文字共同记录和见证研究所的成长，是一种更有意义的纪念方式，于是而有编撰两本书作为献礼的动议：一本为忆文集，由全体同仁各自的点滴记忆汇聚而成；另一本为中国学研究论文集，选录同仁历年所撰中国学或与中国学相关的论文。前者由沈桂龙所长负责，后者委我承乏。此议既定，得到全体同仁和本所博硕士生的热烈响应，到2022年6月底，稿件陆续收齐，而后纂辑成书，交付出版。这就是《十年树木——上海社会科学院世界中国学研究所成立十周年纪念文集》和这本《以中国为方法——上海社会科学院世界中国学研究所成立十周年纪念论文集》的由来。

这本论文集取名"以中国为方法"，源自沟口雄三的《作为方法的中国》一书。沟口是日本最具原创力的中国思想史研究大家之一，他在自己的这本论集中提出"以中国为方法，以世界为目的"的主张，其实也是贯穿于他一生的中国学著述的问题意识和方法论，旨在全面解构日本知识界乃至日本社会在对待中国的问题上存在的根深蒂固的认识论偏见，即在分析中国的时候避免套用（或反用）西方的理路，使中国研究屈从于西方中心论的"世界格局"，并在此基础上构建一个真正"具有多元格局的多样性世界"（孙歌语）。用他自己的话说，以中国为方法的世界，"就是把中国作为构成要素之一，把欧洲也作为构成要素之一的多元的世界"。沟口的这一认识论主张虽系针对日本的中国研究历史和现状有感而发，但对中国学界而言亦不啻是一剂药方。毋庸讳言，近代以来,中国学界伴随欧风美雨的浸灌和天演之学的流行,中西之学一变而为新旧之学,扬新抑旧,甚至崇新贬旧,已然成为一种沛然莫御的时潮与思潮,中国学界由此进入一个"尊西人若帝天,视西籍如神圣"的时代。在这种背景下,"以西格中",自觉或不自觉地移用西方的尺度衡量和解释中国的历史和现实,就不可避免地成为带有某种支配性的解释模式,并逐渐内化为不言自明的思维定式和"心灵积习"。这种解释模式,以及由这种模式内化而来的思维定式和"心灵积习",从根本上制约了本土中国研究的气象、格局和内在景深。近年来,这种状况虽已有明显改观,但如何在接纳新知的过程中不失自我,始终保持一种自主的思考和判断,破除海外中国研究无所不在的"西方中心论"和逐渐流行的"中国中心论"的一元论想象,构建一种真正立足于中国本土经验,从中国自身的历史逻辑、思考方法和感受方式出发思考和理解中国,并通过中国认识世界,彰显中国研究的世界意义的解释框架,仍是一个异常艰巨的课题。就此而言,这本论文集可视为世界中国学研究所全体同仁对这个课题所做的一种回应。

全书分上、中、下三篇:上篇"海外中国学",辑录18篇论文,从各个角度和层面对海外中国研究的历史、现状及最新的前沿动态做出不同程度的梳理和反思,其中,有对世界中国学概念的辨析,有对海外中国学发展脉络的勾勒,有对海外中国研究最新前沿动态的追踪,还有对西方炮制的"中国威胁论"的批驳,等等;中篇"本土中国学",收录14篇论文,从各自的专业出发对中国历史及当下实践展开学理探索,有全局性的审视,也有典型个案的剖析,这些审视和剖析大都既立足于中国本土经验,又展现出一种世界的视野;下篇"书刊评论",辑录8篇文章,内有对北美期刊中有关中国议题讨论的检讨,有对中国学经典文本的重读,也有对海外中国研究新著的评议等。由于成书仓促,坦率地讲,这些研究不免有些参差不齐,远谈不上完美,但大家的心意是共同的,就是为十周年所庆献上自己的一份礼物。

跟上海社会科学院其他研究所相比,世界中国学研究所是一个比较特别的研究所。这里的"特别",不仅指它是上海社会科学院最年轻且规模最小的一个研究所,更是指它所肩负的责任。世界中国学研究所系依托世界中国学论坛而设,因此,它首先肩负"办会"的责任,会务复杂而繁重。十年来,世界中国学研究所成功承办了五届两年一度的世界中国学论坛(第五届至第九届),目前正在筹备第十届世界中国学论坛。2015年,世界中国学论坛组委会设立了一年一度的海外分论坛,世界中国学研究所又先后承办了美国分论坛(纽约/亚特兰大)、东亚分论坛(韩国首尔)、欧洲分论坛(德国柏林)和拉美分论坛(阿根廷布宜诺斯艾利斯)。2016年起,世界中国学研究所又开始承办文化和旅游部主办的青年汉学家研修计划上海班(每年1至2期,简称"青汉班"),已先后承办了5期研修班,每期为期3周。受疫情影响,2020年起暂时停办至今。上述论坛和青汉班是上海社会科学院和上海市新闻办联合承办的,具体的会务基本上由世界中国学研究所承担。涉外无小事,因此,在论坛举办和青汉班开班期间及前后,世界中国学研究所几乎是全员参与,全力以赴,圆满完成每届中国学论坛和每期青汉班的承办任务。可能因为世界中国学研究所常常为会务忙得焦头烂额,人仰马翻,以至于有人一直把它视为专门为办会而设的研究所。

世界中国学研究所当然不是专门为办会而设,早在筹建之初就明确,世界中国学研究所要为世界中国学论坛提供学术支撑,肩负中国学学科建设和中国学重点智库建设的双重使命。因此,世界中国学研究所成立以来,在承办世界中国学论坛和青年汉学家研修计划上海班的同时,始终坚持"科研立所"方向,致力世界中国学的学科建设和世界中国学重点智库建设。十年来,先后出版相关著作和译著65部,其中《海外中国学书目提要》5种,《世界中国学研究丛书》8种,《世界中国学论坛实录》系列及相关编著8种,专著23种,译著21种。此外,还编辑出版《中国学》集刊9辑,编印《世界中国学论坛专报》近千期,《海外中国观察》11期,《海外中国学舆情》28期。其中,有不少论著如梅俊杰所著《贸易与富强——英美崛起的历史真相》、王战和褚艳红合著的《世界中国学概论》,以及王震主译的《统治史》等,在学界都深具影响力。以中国学所现有的规模和条件,取得如此众多的成果,绝非易事!

《庄子》有云:"其作始也简,其将毕也必巨。"世界中国学研究所成立时不足十人,到目前在编人员也仅20人,规模小,空间局促,办公条件有限,说"作始也简"并不为过。"其将毕也必巨",则有待于世界中国学研究所全体同仁在新的起点上接续努力。

2022年9月30日

目 录

前言 ⋯⋯⋯⋯⋯⋯⋯⋯⋯⋯⋯⋯⋯⋯⋯⋯⋯⋯⋯⋯ 周　武　1

上篇　海外中国学

中国和欧洲何时拉开差距
　　——关于《大分流》的争论及其背景 ⋯⋯⋯⋯⋯⋯⋯ 周　武　3
"世界中国学"的历史演变及概念特征 ⋯⋯⋯⋯⋯⋯⋯ 刘晓佳　8
中国学发展的历史逻辑及其崛起范式下的前景初探 ⋯⋯ 徐庆超　14
新时代海内外对中国社会变革的多维解读
　　——海外中国学研究与中国文化竞争力 ⋯⋯⋯⋯⋯ 乔兆红　26
书写转变的中国：山东邹平与美国当代中国研究 ⋯⋯⋯ 潘玮琳　37
美国中国观的动力机制及其现实启示
　　——以中国问题专家为中心的分析 ⋯⋯⋯⋯⋯⋯⋯ 张　焮　50
如何认识美国战略界关于应对中国崛起的辩论 ⋯⋯⋯⋯ 王　震　69
美国学界的中国妇女运动研究及评估 ⋯⋯⋯⋯⋯⋯⋯⋯ 褚艳红　82
苏联解体后俄罗斯学界对中国共产党的研究概述 ⋯⋯⋯ 廉晓敏　99
日本智库对"一带一路"倡议的认知及其影响研究 ⋯⋯ 顾鸿雁　112
海外研究视角中的民主原则与党的建设 ⋯⋯⋯⋯⋯⋯⋯ 侯　喆　127
海外"中国威胁论"及应对策略探析 ⋯⋯⋯⋯⋯⋯⋯⋯ 张其帅　140
古代丝绸之路的历史经验对"一带一路"倡议实施策略的启示
　　⋯⋯⋯⋯⋯⋯⋯⋯⋯⋯⋯⋯⋯⋯⋯⋯⋯⋯⋯⋯⋯ 苏乔拓　148
如何在国际传播中讲好"一带一路"故事 ⋯⋯⋯⋯⋯⋯ 巫明川　162
利玛窦文化适应策略与儒家思想 ⋯⋯⋯⋯⋯⋯⋯⋯⋯⋯ 朱嫄玥　165
西方的植物学运动与福钧的中国之旅 ⋯⋯⋯⋯⋯⋯⋯⋯ 秦　岭　177

荷兰东印度公司与荷兰使华团活动	田 蕊	198
福开森的中国艺术生涯		
——从"文物代购"到中国古代艺术品收藏家的转变	夏 天	209

中篇 本土中国学

从世界史看中国现代化	梅俊杰	227
传播学科史的辉格史书写及对中国传播学科的反思	胡冯彬	234
状况的共有与分歧:近代中日社会科学翻译史比较研究		
	宋晓煜 王广涛	245
中国共产党百年金融思想演进	王 玉 韩汉君	261
中国创新短板与创新能力提升的战略举措	沈桂龙	279
"构建人类命运共同体"		
——新时代中国特色社会主义的内在要求	焦世新	285
明代后期科举策问的变化与《皇明历朝资治通纪》的出现和流行		
	耿 勇	294
中国梦与中国社会转折		
——以洋务运动为考察对象	陈如江	322
从形式代表到实质代表:我国民主党派代表性问题探讨	胡筱秀	331
"一带一路"倡议沿线国家的国际贸易潜力分析	谢一青 乐文特	342
印度视角下的"一带一路"倡议和"印太战略"	张 佳	362
长三角城市群流量经济发展测度		
——基于城市流的视角	王素云	375
依托上海城市软实力优势,打造国际传播国家级平台		
——上海社会科学院推进学术外宣、讲好中国故事的探索与实践	吴雪明	385
后疫情时代中美关系及"双循环"新发展格局之思考		
——以产业园区实践探索为例	信 超	394

下篇 书刊评论

有关当代国际秩序与中国对外关系的认知和思考		
——以2015—2019年北美期刊中的相关文章为例	刘 晶	413

城市作为理解社会的窗口
　　——评罗兹·墨菲《上海：现代中国的钥匙》……………李鑫妍　430
解说历史中国：矛盾、复杂和永久的魅力
　　——评王国斌、罗森塔尔《大分流之外——中国和欧洲经济
　　　变迁中的政治》………………………………………………杨起予　446
要渡苍生百万家
　　——读陈旭麓先生《近代中国社会的新陈代谢》…………王　菁　457
一个局外人的改革开放顶层全景观
　　——傅高义《邓小平时代》读后………………………………邹　祎　470
"版权"的中国之旅
　　——王飞仙《盗版者与出版商》读后…………………………朱宇琛　477
林语堂跨文化遗产的多向度阐释
　　——评《林语堂的跨文化遗产》………………………………陈　迪　488
无法言说的言说
　　——重读司徒雷登《在华五十年》……………………………王巍子　500

上 篇
海外中国学

中国和欧洲何时拉开差距
——关于《大分流》的争论及其背景

周 武

彭慕兰(Kenneth Pomeranz)的《大分流：欧洲、中国及现代世界经济的发展》(简称《大分流》)于 2000 年由普林斯顿大学出版社出版之后,由于该书的许多观点与学界以往的认知迥异,立即引起美国中国学界的强烈反应,赞成者有之,质疑者亦不乏其人。赞成与质疑之间,形成激烈的交锋,许多学者包括一些欧洲史专家也都卷入了争论,即使在中国经济史学界也已感受到这场争论的余波荡漾,因此,围绕《大分流》展开的争论实际上已成为世纪之初美国的中国学学界和欧洲史学界的重大学术事件。我一直十分关注这场论争的进展,论争发生的时候,我正好在哈佛大学做访问学者。2002 年 5 月下旬,我应邀到洛杉矶加州大学参加"20 世纪初期上海出版文化"小型学术研讨会,其间曾专程到加州大学尔湾分校拜访心仪已久的王国斌教授;蒙王教授的安排,又意外地见到了彭慕兰教授,并当面向他了解有关《大分流》争论的情况,以及他本人对争论的看法。现将我所知道的有关《大分流》的争论及背景做一简单介绍,或许对希望了解这场论争的学者有所帮助。

一、彭慕兰与"尔湾学派"

说到《大分流》,便不能不提到"尔湾学派"。

"尔湾学派",又称"加州学派",是美国中国学界近年来新崛起的一个学派,因这个学派的两个核心人物都在加州大学尔湾分校而得名,这两个人物,一个是王国斌教授,另一个就是《大分流》一书的作者彭慕兰教授。王国斌教授已出版多部学术著作,包括《转变的中国：历史变迁与欧洲经验的局限》(简称《转变的中国》)、《中国历史中的文化和国家：习俗、融合和批评》和《世界历史中的社会和文化》(与 Mark Kishlansky，Patrick Geary，Patricia O'Brien 合著)、《人民的生存：中国的国家文官体系，1650—1850》(与 Pierre Etienne Will 合著)等，这些著作基本上都着眼于现代中国历史和比较历史。其中以《转变中国》最具代表性，主要讨论 1500 年以来的中国和欧洲经济发展、国家形成和社会对抗模式。最近他正在写关于中国政治经济的手稿，试图理解中华帝国晚期影响商品化的农业经济的生产和增长及 1500 年以来这些方面持续的改变如何影响 20 世纪中国的发展。并组织一个课题组为 Leiden 的 E.J. Brill 出版商撰写 1000 年以来的中国的经济史。由于《转变的中国》一书已有中译本，他的观点在国内学术界早已广为人知。

相对而言，彭慕兰教授其人其书，国内学人对此仍然是比较陌生的，因此，我想在这里略作介绍。彭慕兰于 1988 年获耶鲁大学博士学位，现为加州大学尔湾分校历史系教授，兼任历史系主任。迄今为止，其学术兴趣主要集中在三个独立而又彼此相关的领域：一是关于中华帝国晚期及 20 世纪中国国家、社会与经济之间的相互影响研究。他的第一部著作《腹地的构建：华北内地的国家、社会和经济（1853—1937）》(*The Making of a Hinterland：State，Society and Economy in Inland North China*，1853-1937)，就是他这一研究的主要学术成果，这部著作于 1993 年由加州大学出版社出版。在这部著作中，彭慕兰以华北的一个地区为个案，并通过这个个案来考察几个相关的主题：中国国家的重新定位，处于世界范围内的国家之间的竞争压力下的社会转型（特别是在比较贫瘠的地区），国家政府、区域利益和法治社会之间正在改变的关系，经济上（特别是农业）和生态上的改变，农民的反抗和集体暴动以及中国社会内部的区域差异等。在这个领域，彭慕兰进一步研究的目标包括 18 世纪和 19 世纪之间的中国谷物贸易与大规模合作生产，以及这两个世纪以来某个城市及其腹地反抗（从反对税收和强迫劳役的暴乱到对"非传统"异教中心的支持）。二是在更大的层面上开展相似的研究，试图证明这样一个核心观点，即世界经济的起源并非比较先进的欧洲对世界其他地区的单向影响所致，而是世界范围内不同国家、地区之间相互影响的结果。这个课题的第一卷着重分析世界上大多数人口密集和商业发达的地区共同面临的生态局限，以及这种局限条件下的早期工业化，并深入思考欧洲率先进入新世界的特权是如何获得的。本书综合了经济和生态历史的比较研究，试图重新理解这些地区之间相互联系的重要性(尤其是生态),以及世界不同区域之间社会、政治和文化差异的重要性。因此,本书力图在上述两个方面突破一个闭塞的"中国"的研究,并借此证明这两个方面是互为补充的。三是在上述研究的基础上,进一步比较和探究 19 世纪、20 世纪全球环境改变的背景下欧洲和东亚所发生的劳动力和经济变革及其重要意义。他和 Steven Topik 合著的《贸易创造的世界》,就是这种比较和探究的尝试,该书重构了世界经济的增长图景,以及这种增长对所谓"普通人"的生活所造成的冲击。

由王国斌和彭慕兰构建的"尔湾学派",并不是他们自封的,而是美国学术界特别是美国的欧洲史学界,对他们的治学风格和学术理路的一种概括。且不管这种概括是否恰当,王国斌和彭慕兰的研究在学术界的确是独树一帜、自成风格的。他们长期致力于中国近世史研究,又都专攻过欧洲史,因而具备比较研究的学养;他们受过严格的史学训练,又都精通经济学,故能取二者之长而融会贯通;他们主张从全球经济的相互联系来考察现代世界经济的起源,又不忽视世界不同区域的差异性;他们擅长理论思辨,又重视微观的实证研究。王国斌的《转变的中国》与彭慕兰的《大分流》,可以说是这种治学风格的集中体现。

二、《大分流》中讨论的主要问题

《大分流》的主题,如果用一句话来概括,就是从世界不同国家和地区相互联系的角度来探究现代世界经济的起源及其发展。在这一主题下,彭慕兰提出了一个很有意思的问题,即为什么工业革命会发生在西欧,西欧有什么独有的优势?围绕这个问题,彭慕兰主要从人口与生态的角度把所有有影响的观点都收集起来,然后,一项一项地进行比较研究。他认为中国和欧洲之间的"大分流"(the great divergence)是在 1800 年以后才出现的,在此之前,中国在人口、农业、手工业、收入及消费等方面与欧洲并无明显的差异。就是说,直至 18 世纪,中国并不落后。彭慕兰选择的例证是英国和长江三角洲地区,前者是欧洲最发达的部分,后者是中国最先进的地区。这两个地方之所以到 19 世纪出现所谓的"大分流"显然另有原因。18 世纪欧洲和中国都遭遇了生态危机,为了减轻中心的生态压力,中心开始向边缘发展。但在解决生态危机问题上,中国与欧洲面临着很不相同的形势:中国由于边缘地区的发展,使其没有形成像西方那种中心与边缘的关系;英国则不然,除了煤矿的地理位置距工业区比较近、煤层埋藏比较浅且易于开发以外,殖民地还提供很多条件为英国本土节省了大量的土地,像棉花、木材、糖的供应等,在很大程度上缓解了中心的生态压力,使英国不至于发生生态恐慌,最终使西欧摆脱了一系列生态方面的制约,走上了工业化的道路。他提供了一系列数据,殖民地棉花、糖、木材的供应,帮助英国节省下来的土地达到2 500万—3 000万亩(1亩合666.7平方米),而英国当时全部的耕地也不过2 300万亩,等于多了一个英国。他说,如果没有美洲,英国很有可能走上一条与中国江南地区经济发展相同的道路。正因为拥有殖民地和煤矿这两大支柱,英国才逐步发展起来,使西欧和东亚走上了两条完全不同的发展道路。

彭慕兰的观点与学界以往的认识迥然有别,他对以欧洲为中心来看待历史的西方流行思路很不以为然,在他的书中以大量的史实批驳了琼斯所谓的欧洲在政治制度、生产力、生态等方面全面优于亚洲的看法,表现出一种强烈的"去中心化"的倾向。他认为,我们不仅要质疑为什么中国没能像欧洲那样发展这种欧洲中心论的观点,也要追问为什么欧洲没有循随中国那样的"密集化—内卷"的趋向。当然,他的许多具体论证也并不都十分有力,但他所提出的问题却是很有启发性的,值得我们进一步思考。

三、黄宗智与彭慕兰的争论

彭慕兰的《大分流》出版后,以其大胆新颖的立论,备受美国的中国学界和欧洲史学界的关注,并获得美国东亚研究的最高奖。不久,这部新著就推出了简装本,可见其受欢迎的程度。但这部著作中提出的许多观点也引起了一些中国学家的强烈质疑,加州大学洛杉矶分校历史系黄宗智教授在2002年5月出版的《亚洲研究》杂志(*The Journal of Asian Studies*)上发表了题为《发展还是内卷?十八世纪英国与中国——评彭慕兰〈大分岔:欧洲、中国及现代世界经济的发展〉》的长篇书评,对《大分流》一书提出了措辞尖锐的批评。为了慎重起见,该杂志在同一期上还发表了彭慕兰本人的长篇回应文章《超越东方—西方的二分模式》,以及李中清、康文林、王丰合写的《现实性抑制还是中国式抑制?》,艾仁民、罗伯特·布伦纳撰写的《英格兰与中国长江三角洲的分岔:财产关系,微观经济与发展模式》等文章,就《大分流》及黄宗智的书评展开论辩。2002年6月6日，洛杉矶加州大学历史系特别组织了一场面对面的辩论会，出席者除了彭慕兰、黄宗智外，还包括李中清、阿瑟·沃夫、艾仁民、罗伯特·布伦纳、王丰等学者。我未尝参加此次辩论会，据说，辩论会基本上分为两派，或支持彭慕兰，或赞成黄宗智，各有理据，因此场面虽甚热烈，却无法形成共识。

在《发展还是内卷？十八世纪英国与中国——评彭慕兰〈大分岔：欧洲、中国及现代世界经济的发展〉》的长篇书评中，黄宗智对彭慕兰著作中的"核心经验论证"，即它涉及英国和长江三角洲地区的论证提出了严厉的批评，他认为，彭书轻视关于具体生活和生产状况的知识，偏重理论和书面数字，以致在论证过程中出现了不少经验性错误。彭书没有认真对待近20年来西方研究18世纪英国的主要学术成就，即对农业革命、原始工业化、城镇发展、人口行为转型以及消费变迁等"五大变化"的证实，把这些革命性的变化尽量写成内卷型（即劳动边际报酬递减）的演变，同时又把长江三角洲经历的人口对土地的压力描述成发展型（即劳动边际报酬剧增）的变化，结果抹杀了两者之间的差异。在黄宗智看来，英国工业革命起源于上述五大趋势及其与英国煤矿业特早发展的偶合，而18世纪的长江三角洲则不具备其中任何一个条件。中国后来进入的现代经济发展道路和英国完全不同：即首先通过社会革命来进行资本积累，尔后通过农村的现代工业化来降低农村（部分地区）的人口压力。

针对黄宗智的批评，彭慕兰以《超越东方—西方的二分模式》为题撰写了长篇回应文章。文中，彭慕兰认为黄宗智基本上误解了他书中的观点，以及支持这些观点的论据，谈到黄宗智书评的核心观点来自他1990年出版的《长江三角洲小农家庭与乡村发展》，不仅忽视了许多学者对这本书的批评，而且忽视了亚洲和欧洲研究的大量的新的学术成果。彭慕兰这篇文章的中译文发表于《史林》2003年第2期，有兴趣的读者不妨找来细看，限于篇幅，这里就不展开了。

黄宗智与彭慕兰各自描绘了一幅前近代时期中国与西方的历史图景，虽然他们面对的是同一段历史，但两种历史图景之间基本上没有共同之处，差别之大令人讶异！无论是内卷，还是发展，实际上涉及了中国与西方近世史的重新估计，这种探索不可能在一场论争中就取得共识，却肯定有助于加深我们对中国和欧洲历史的整体性思考。

"世界中国学"的历史演变及概念特征

刘晓佳[*]

对中国问题的研究可以划分为"汉学""中国学""对海外汉学再研究"及"世界中国学"等四个阶段。第一、二阶段都是将"中国"视为研究的"对象",从第三阶段开始,可以说是从"以中国为背景"开始渐渐"走向中西对话",而第四阶段更是走向"中西文化兼通兼融"。整个历史演变即从"研究对象"到"中西交流"到今天的"中西兼通兼融"。"世界中国学"的建立和提倡,就是要排除和减少这种西方意识形态的攻击性部分和篡改性部分,还原中国历史、文化和现实问题的真相,用一种有力量的声音阐述中国问题。

一、四个阶段的演进

要弄懂"世界中国学",首先要搞清楚它的产生背景和历史演变过程。我理解大体划分为四个阶段:

第一阶段:"汉学"(Sinology),称为广义中国研究,其研究历史非常久远。在第二次世界大战(简称"二战")以前,以伯希和、马伯乐、葛兰言等为代表的"法式汉学"(Parisbasedtype of Sinology)是世界范围专业汉学的主流,它是对中国语言、文字、历史、哲学、文化等方面进行诠释、训诂、比较的人文学科研究。

第二阶段:"中国学"(Chinese Studies),称为狭义中国研究。随着二战以后全球知识生产重心从欧洲转至美国,以及"区域研究"的兴起,出现了从"汉

---

[*] 作者系上海社会科学院世界中国学研究所2018级博士研究生。

学"向所谓"中国学"的范式转变。①可以说中国学是战后因"冷战"而起的美国地域研究的直接产物,并且积极汲取传统汉学营养,主要研究现当代中国现实问题,是对中国政治、经济、社会、科技、国际关系等领域的全方位跨学科实证研究,属于社会科学研究。美国中国学鼻祖费正清曾指出:"当代中国研究是一种综合性的社会科学,必须与以中国古代历史和文化典籍为对象的'汉学'有所区别,必须依赖个体学者们的共同努力。"②

简言之,在国际学术界,汉学(Sinology)被广泛认同为中国以外的学者对中国人和中国文化进行研究的一门学科,而中国学或者中国研究(China Study)是20世纪以后逐渐偏向实用的有关中国社会的研究。

虽然两者在研究定位上有所区别,前者偏重于学术,属于人文学科,而后者更偏重实用,属于社会学科;但有一点是相同的,就是将"中国"视为研究的"对象"。

第三阶段,"对海外汉学的再研究"(Re-study of Sinology)和"海外中国学研究"(Research on Chinese Studies)。在研究海外"中国学"(包括"汉学")时,我国学者习惯加上"国外""域外"或"海外"的定语,以有意识强调其作为外来的知识(extraneous knowledge)的本质。③语言学家张世禄所言:"外国学者有研究中国学术的,我们必须予以重视。因为他们所运用的工具,所采取的途径,尝足以为我们绝好的借镜,他们研究的结果和获得的成绩,也往往足以开拓我们所未有的境界,以作我们更进一步的探讨的基础。"④所以第三阶段有其发展的必然性和重要价值。

第四阶段,"世界中国学"阶段,也有海外学者认为叫作"新汉学""后汉学"。"新汉学"(New Sinology),又称为"后汉学",是澳大利亚汉学家白杰明(Geremie R. Barmé)于2005年提出的一个概念,侧重加强传统中国研究与当代中国发展的联系性。美国亚洲协会政策研究主席陆克文在第七届世界中国学论坛开幕式上的主旨发表,也提出需要建立新的汉学流派,称之为"后汉学"。

---

① 唐磊:《国外中国学再研究:关于对象、立场与进路的反思》,《国外社会科学》2018年第6期。
② 中国现代国际关系研究所编:《美国思想库及其对华倾向》,时事出版社2003年版,第86页。
③ 刘东:《狭义的汉学和广义的汉学》,《国际汉学》2014年第1期。
④ 张世禄:《西洋学者对于中国语音学的贡献》,转引自李孝迁编校《近代中国域外汉学评论萃编》,上海古籍出版社2014年版,第250页。

比较上述四个阶段可以发现，第一、二阶段是将"中国"视为"对象"，这样的研究视角或方法一定程度上制约了汉学和中国学的发展，同时也会带来很多中西方文化交融问题：

其一，"以中国为对象"的研究，是从"局外人"或者"旁观者"的视角来研究中国和中国文化的，但由于研究者的文化、语言、历史传统、哲学理念、价值观等都与中国有别，所以在研究中难免主观，难免陷入"东方主义"。正如日本学者加加美光行所言："如何证明外国人对中国研究的正确性和合理性，是个很大的问题。"[1]

其二，这样的研究也从预设上将中国特殊化了，这可能导致外国人对中国的研究和中国人对中国的研究之间的紧张性。

其三，在今天这样一个以文化对话为自觉或不自觉的生存方式的时代，单纯地"以中国为对象"的研究显然是缺乏生命力的。

而从第三阶段开始，可以说是从"以中国为背景"开始渐渐"走向中西对话"，而第四阶段，更是走向"中西文化兼通兼融"。整个历史演变即从"研究对象"到"中西交流"到今天的"中西兼通兼融"。

二、"世界中国学"建立的必然性和紧迫性

当前西方话语体系占主流情况下，中国更需要平等对话平台，只有文化兼融兼通下的交流才能打破壁垒，达成共识，所以第四阶段"世界中国学"的建立尤为重要。

萨义德[2]在其《东方学》一书中阐述，虽然当代西方的东方学的成果和知识绝大部分是非政治的，"也就是说，纯学术的，不带偏见的，超越了具体的派别或狭隘的教条的"[3]，但实际上任何人都离不开他所生活的环境，都会有意无意地卷入阶级与不同信仰体系之争，这样政治就必然对其学术研究产生影响。[4]

---

[1]　参见第七届世界中国学论坛会议纪要。
[2]　萨义德(Edward Said，1935—2003)，1935 年出生于耶路撒冷，后到美国求学，1963 年成为美国哥伦比亚大学教授，他的《东方学》(Orientalism)一书使他的后殖民主义理论开始引起学术界的广泛注意。
[3]　爱德华·W.萨义德：《东方学》，王宇根译，生活·读书·新知三联书店 1999 年版，第 13 页。
[4]　张西平：《如何理解作为西方东方学一部分的汉学——评萨义德〈东方学〉》，《国际汉学》2017 年第 4 期。

也有学者总结为："作为它的核心成分并不是'中国文化元素'，支撑这一学术的核心即潜藏的哲学本体价值，在普遍的意义上判断，则是研究者本国的思想乃至意识形态的成分。"①

张西平教授说，他并不否认西方汉学的作用，但西方汉学的发展肯定与西方社会文化紧密相连的，受到当时西方社会主导思想文化的影响。可以说，这种"汉学"就不是一种客观的认识，而是夹杂了西方学者主观的妄议。所以说，西方汉学的研究成果究竟是知识还是想象？究竟是对中国文化的客观研究，还是一种西方的意识形态？这是问题的核心。

也就是说，任何学术都是受制于其发生的文化，因此其客观性是值得怀疑的。西方的东方学发生在西方学术环境中，所以，它必然受到在其发展过程中的各种西方社会文化思潮和理论的影响。②即西方所塑造的东方学或东方形象是西方对东方的想象，西方会根据自己的文化背景和道德需要对东方进行改编，某种程度上也是为其所塑造的学术也是为西方政治所服务的。

进入21世纪，在学界倡导文化自觉、理论自觉的背景下，海外汉学研究开始在反思中回归对自己的认识，在研究中开展双向阐释的文化对话，在对话中重新建构。而"世界中国学"的建立和提倡，就是要排除和减少这种西方意识形态的攻击性部分和篡改性部分，还原中国历史、文化和现实问题的真相，用一种有力量的声音阐述中国问题。

事实上，40多年的改革开放和中国社会转型发生的巨大变化所形成的中国道路、中国经验，日渐具备向外表达和推展的意义，或许为世界其他地区众多后发国家提供思路借鉴。正如哈佛燕京学社裴宜理所总结指出的：中国问题研究有可能从一个单纯的学术"消费领域"，逐渐成长为一个"生产领域"③。

从"世界中国学"角度提出新概念、新观点和新理论体系，既有利于以中国场域检验西方理论能不能适用中国以及在多大程度上适用中国，反过来又有利于以中国时空捕捉的新经验、新概念和新观点滋养和反哺西方理论。例如，

---

① 严绍璗：《我对"国际 Sinology"学术性质的再思考——关于跨文化学术视野中这一领域的基本特征的研讨》，《中国比较文学》2011年第1期。
② 张西平：《如何理解作为西方东方学一部分的汉学——评萨义德〈东方学〉》，《国际汉学》2017年第4期。
③ Elizabeth Perry, "Partners at Fifty: American China Studies and PRC", Washington: Papers for Conference on Trends in China Watching, 1999.转引自周晓虹：《"中国研究"的国际视野与本土意义》，《学术月刊》2010年第9期。

"天下体系""朝贡体系""中国模式"等都是海外中国学研究成果滋养和反哺西方理论的生动案例,他们均已跳出"中学""西学"的界限,进入国际学术体系,成为人类意义上的一般性知识体系之一部分,而不再仅仅是"地方性知识"[①]。

因此,我们亟须运用"世界中国学"的话语学术体系和文明视角来审时度势,讲好中国问题。

三、关于"世界中国学"的定义及特征

对于"世界中国学"的定义,无论从时间跨越还是从空间范围都能将其涵盖其中,并且兼顾民族国家多元族群概念,重点是要表明中国学界与国际学界在同一知识平台上,同属一个学术共同体。

在参考王战老师定义基础上,我对"世界中国学"概念阐释为:中外学者共同感兴趣而没有达成共识的,对中国核心概念有分析力、有解释力、有全局观的中国问题研究,是一种侧重传统中国研究与当代中国和世界发展联系性的中国问题研究,是一种双向阐释的文化对话,是中方与西方视角的相互滋养和反哺。

"世界中国学"具备如下特征:

第一,兼通中外文化:跨国、跨文化、跨学科的研究是未来汉学与中国学实现中外"对话"的路径。首先,兼通中外文化,就是指中国的学者应该开放地对待他国的文化以及他国对于中国的研究,将汉学研究作为拓展自我认知的手段,外国学者也需要摆脱话语优势,平等地对待中国学者的研究,将中外研究看作理解中国的不同视角。其次,中外学者以及汉学研究领域要积极地拓展学科,进行跨国、跨文化、跨学科的交流与对话,形成多元立体的研究共同体。[②]

第二,从"对象"到"对话":并不是要消除"他者"的视角,而是要达到跨文化的视界融合。"以中国为对象"的研究容易导致"东方主义",但并非绝对地排斥"东方主义"的视角,"对话"的根本目标不是要消除"他者"的研究,而是要在学术自由中达到跨文化的视界融合,达到差异中的和谐,实现多元文化的和生和处。[③]

[①] [美]克利福德·吉尔兹:《地方性知识——阐释人类学论文集》,王海龙等译,中央编译出版社2000年版。

[②][③] 参考第七届世界中国学论坛会议纪要。

这个过程中剔除纯中方和纯西方思想,是站在两者兼融兼通位置上的研究。从被研究的"对象"转变成中西的"对话",这种理想的"对话"途径需要兼通中外文化以及跨国、跨文化、跨学科的研究,是中西方对话兼融下的中国问题的研究。

四、"世界中国学"可探索的研究方向

美国亚洲协会政策研究主席陆克文在第七届世界中国学论坛开幕式上提出现阶段"世界中国学"的三个任务:一是向世界分析和诠释中国的核心概念;二是进行信息合成和分析,形成对中国过去如何联系未来,政治、经济和社会如何联系的集大成分析的全局观;三是打破过去形成的人为壁垒和藩篱,对中国进行更成熟的分析。

中国和世界互为方法、互为目的。在 21 世纪,中国将更加依赖外部世界,中国也将对外部世界承担更大的责任,因而"世界的中国研究"和"中国的世界研究"理应融为一体,相得益彰,这也就是"世界中国学"的意义所在。

我认为研究方向上,世界中国学可以包括"历史中国""现实中国"和"未来中国"三个维度。重点是世界最新中国观,包括中国的"一带一路""人类命运共同体""中国模式""全球个性""崛起问题"、重述历史、新教主义等。也可延伸到物质文化、环境健康、大国关系、科技实力、经济发展、气候变化、技术革新、自动化和人工智能等方方面面。

相较而言,中国学者对观察和研判中国最有发言权,也最有希望做出富有说服力的学术解释和理论建构,要在对中国历史和文化熟谙的基础上与西方展开对话,发挥自己"接地气"和"身在庐山中"加上语言文化和资料信息更捷便等比较优势,做好做足做实中国研究的"田野考察"和经验积累,同时坚持开放胸襟与海外中国研究互动交流共鉴,从积极"走出去"与"引进来"的互动中取经,结出更富有学术生命力的果实。

中国学发展的历史逻辑及其崛起范式下的前景初探

徐庆超

21世纪以来,在中国崛起背景下,越来越多的国内外研究机构和大学投入广义的中国研究中来。欧美传统汉学实现了某种意义上的复兴,国内学术界或者搭建国际性的高端学术对话平台,或者成立相关研究中心及科室,或者面向留学生设立硕士和博士学位点,以多种方式开拓中国学研究事业。这些举措,一方面顺应汉学和中国研究在海外的发展需要,另一方面推动"中国学"一词广泛见诸各类报刊和学术文章,形成前所未有的舆论助力。然而,截至目前,学术界对"中国学"这一概念,还未形成通约性认识,各执一词,相互交叉,产生了某种程度上的学理混乱。因此,本文首先将对与中国学相关的概念进行梳理、辨析,试图给出清晰的定义;然后循着"先有中国而后才有中国学"的基本思路,在地缘政治意义上,历史地考察中国学研究对象的变化,以探索中国学发展的内在逻辑。之后,将探讨中国崛起语境下中国学的发展变化,并在共生理念下阐释中国学未来发展大势,最后给出基本结论。

一、中国学相关概念辨析与界定

"中国学"是一个从历史中走出来的概念,截至目前,学术界出现了若干彼此意思相近、由不同人群所倡导和使用的相关术语,如汉学、域外汉学、海外汉学、国际汉学、中国研究、海外中国学、国外中国学、国际中国学、海外中国学研究、国外中国学研究、中国学研究、世界中国学等。这些术语有些在语义上是重合的,基本上不需要再做区分。据此,笔者将这些相关术语进行"合并同类项",分别将汉学、中国研究、中国学研究、世界中国学作为新的分类标签,逐一进行解析,从而为中国学做出"必要的正名"。

1. 汉学/域外汉学/海外汉学/国际汉学。从原初意义上讲,"汉学"是指汉代的训诂之学,又称"朴学",在这里专指海外偏重于历史人文领域的中国研究,自1814年法兰西学院设立汉学讲席算起,迄今已有200年历史,一直以欧美为研究重镇。学术界普遍认同与"汉学"对应的英文词汇是"Sinology",但对"Sinology"的中译文有不同理解。一种观点认为,"Sinology"可译为"汉学",也可译为"中国学"。例如,孙越生先生在《世界中国学家名录》中指出,"Sinology,旧译汉学,系指海外的中国研究(Chinese Studies)。这是一门以汉族的语言文学、中国的古代哲学、伦理思想、典章制度和文化风习等为主要研究对象的综合性学问,译为汉学,即关于汉族的学问,也指关于中国的学问。……随着时间的推移,'汉学'的内容日益扩大,涉及的学科愈来愈多,名实矛盾更加突出。编者认为,除非历史文献中已然使用和国外机构自译名之外,一般不宜再沿用'汉学'这一旧译,而宜定译为'中国学'"①;严绍璗先生也赞同先期将"Sinology"译为"汉学",近代以来应改译为"中国学",但他同时指出汉学和中国学并不是一回事,"应该把'中国学'作为世界近代文化中'对中国文化研究'的核心和统摄。'汉学是它的历史承传,而诸如现在进行的'蒙古学'、'满洲学'、'西藏学'即'藏学'、'西域学'、'西夏学'、'突厥学'乃至'渤海学'等,都是它的'分支层面',即它们是'中国学'的'分支学科',而不能与'中国学'并列为统一等级的学科"②;也有观点认为,"Sinology"译成中文专指"汉学",而不应同时译成"中国学",因为"中国学"正如下文将要说明的,其对应的英文是颇有现代感的"China Studies",在语义上与"汉学"的区别较大,这又与严绍璗先生的看法接近。

2. 中国研究/海外中国学/国外中国学/国际中国学。广义地讲,"中国研究"(China Studies)就是海外以"中国文化、中国事物、中国现象、中国问题"为对象的包罗万象的综合性研究,汉学是其中的一部分。狭义地讲,中国研究是指以现当代中国为研究对象的研究,也称为"中国问题研究",即观照"现实中国",以区别于汉学所呈现的"历史中国"。需要指出的是,"China Studies"现在也常被译为"中国学",这时其含义就与广义的中国研究重合,这也正是笔者

---

① 何培忠:《当代国外中国学研究》,商务印书馆2006年版,第14页。
② 严绍璗:《关于"国际中国学"学术的人文本质与"汉学主义"的思考》,载何培忠主编《国际视野中的中国研究——历史与现在》,中国社会科学出版社2013年版,第10页。

将中国研究与海外中国学等归为一类的原因所在。换言之,在本文的语境中,宽泛意义上的"中国研究"与"中国学"可通用。

3. 中国学研究/海外中国学研究/国外中国学研究。"中国学研究"或曰海外中国学研究/国外中国学研究,是与以上的海外中国学等相对应而存在的,至少就20世纪70年代中后期中国社会科学院"国外中国学研究"的学科设立动机而言,没有后者就没有前者。正如何培忠先生所说,"'国外中国学研究'(或曰'海外中国学研究')是一门以海外的中国研究为关注对象的学术研究,……是中国学者为了回应'严重的挑战'而创立的学科"①。中国学研究与中国学的最大区别在于,前者并不以中国本身为研究对象,而是国内对海外中国研究的再研究,或曰"反研究",其知识生产经历了从中国到海外再回到中国的路线图。

4. 世界中国学。"世界中国学"(World China Studies),系上海社会科学院世界中国学研究所试图推动建立的一门新兴学科的称谓。"'世界中国学'是在国内带有'海外''域外''国外''国际'等各种前定形容词的'中国学研究'基础上,促进中国本土的中国研究与域外中国学的真正互动,突破西方现代化话语主导的'中国知识'体系,推动从中国经验中形成本土的问题意识、分析话语和原创性理论。"②严格地讲,这仅是一种学术表达,而不是一个严谨的学术概念。笔者以为,拟想中的"世界中国学"是指海内外以中国为对象的包罗万象的综合性研究,在地理范围上覆盖中国在内的所有国家和地区,在研究内容上涵盖前述概念下的汉学、狭义的中国研究和立足本土的中国学研究。

基于以上,笔者认为,"中国学"(China Studies)是指外部世界关于中国历史、现状及未来的分析、解释和预测,主要由汉学和狭义的中国研究构成,汉学聚焦历史人文领域,狭义的中国研究专注社会科学领域,其研究导向包括"历史中国""现实中国"和"未来中国"三个维度。

二、中国学发展的历史逻辑线索

中国学是一门关于"中国"的学问,没有"中国",就无所谓"中国学"。从"中国"概念的原点出发,"中国学"的内涵和外延随着地缘政治意义上研究对

---

① 何培忠:《"国外中国学研究"学科创立初期回顾》,《国外社会科学》2013年第4期。
② 这一表述来自上海社会科学院世界中国学研究所"'世界中国学'学科建设的初步探索"内部讨论稿。

象的变化而变化,这一过程大致可描述为三个阶段。

第一个阶段,从"中国""中原"到"中华帝国"。"中国"一词较早地出现在《诗经》的《大雅·民劳》中,称"惠此中国",但其"中国"实为"国之中心",而不是指真正的国家。在战国诸子百家的先秦文献中,"中国"常常与蛮、夷、戎、狄对举而使用,如《公羊传·禧公四年》称:南夷与北狄交,中国不绝若线。桓公救中国而攘夷狄,卒荆,以此为王者之事也,可见,这时的"中国"已被认为"诸夏"的国家。"中原"意为"天下至中的原野",又作"中土""中州",是华夏文明和中华民族最重要的发源地,"在传统文献和近世的研究著作里,对于中原文明层累的记载使中国文化的'中原中心论'成为中国人头脑中根深蒂固的观念"①。而上古所谓"中国",即指后世的"中原",但地域不及后者。历史上的蒙古族、满族等少数民族政权皆以问鼎中原当作统治中国的象征。随着"中国"地理疆域及其影响力的扩大,始有西方人对我国封建王朝的"中华帝国"称谓。总的来看,西方"传教士汉学"的主要研究对象是中原,而汉学与"蒙古学""满洲学""藏学"及"突厥学"等一样,仅是关于汉民族的学问。可见,本文概念下中国学的发源地在古之"中原""中国",其研究范围与今天相比,较为有限。

第二个阶段,从"中华帝国"到"中华民国"。在西方人看来,"人类的历史进程和中国的发展状况并没有呈现出雷同的现象,4 000多年来,中国始终保持着国家的统一和独立,它的管理理论和基本行政机构从没有发生过重大的变化"。②按照他们的历史观,由秦至清的中国可视为与古罗马帝国一样的"中华帝国",且存续时间更为久远。美籍华裔学者黄仁宇将中国历史上出现过的统一的大朝代归并为三个"中华帝国",即秦汉为"第一帝国",隋唐宋为"第二帝国",明清为"第三帝国"。第一帝国的政体还带贵族性质,世族力量强大。第二帝国则大规模和有系统地科举取士,造成新的官僚政治,而且将经济重心由华北的旱田地带逐渐转移到华南的水田地带。第二帝国"外向"且"开放",带"竞争性"和"扩张性",与第三帝国的"内向""保守""非竞争性"和"收敛性"迥然不同。③就汉学而言,中原文化依然是其研究内核,但由于当时的蒙古族、满族等"外族"入主中原,特别是晚清以降,大清帝国被西方的坚船利炮打开国

---

① 王保国:《"夷夏之辨"与中原文化》,《郑州大学学报(哲学社会科学版)》2009年第5期。
② 马士(H.B. Morse)和宓亨利(H.F. Mac Nair):《远东国际关系史》(波士顿,1931年),第127页。转引自M.G.马森:《西方的中华帝国观》,杨德山等译,时事出版社1999年版,第92页。
③ 黄仁宇:《中国大历史》,生活·读书·新知三联书店1997年版。

门,这些都促使汉学在研究视野上超出"中国"的范畴,在东亚"朝贡体系"和中西方冲突对抗的框架下研究中华帝国。

第三个阶段,从"中华民国"到以"中华人民共和国"为主体的"大中华"。众所周知,"中华民国"是从清朝灭亡(1912年)至中华人民共和国建立(1949年)期间民主共和国的名称和年号,简称"民国"。"中华人民共和国"是工人阶级领导的、以工农联盟为基础的人民民主专政的社会主义国家。从治权上讲,中国大陆和台湾地区各自行政,迄今尚未实现国家的完全统一。基于此,国内有学者提出将"中国学"改称为"中华学",即以"大中华"为研究对象,不仅包括以中华人民共和国为正统的中国大陆,而且包括已回归祖国的香港、澳门,还包括有待一统的台湾地区。以"大中华"为研究对象的"中华学",相比现在通用的"中国学",不仅关系到研究视野的扩大,更关系到海外学者的研究立场,而"中华学"概念尚未在海外中国学者中间普及开来,或与此有关。

从"中国""中原"到"中华帝国",到"中华民国",再到以"中华人民共和国"为主体的"大中华","中国"这一研究对象在地缘政治意义上的演变,与本文概念下"中国学"研究形态的变化相对应。内在来看,这一近似线性的演进过程,大致符合中国与外部世界关系的变化过程,即从"中国之中国"到"亚洲之中国",再到"世界之中国"。

1901年,梁启超在《中国史叙论》中"叙述数千年之陈迹",将中国历史划分为三段,"第一上世史,自黄帝以迄秦之一统。是为中国之中国。即中国民族自发达自争竞自团结之时代也。……第二中世史,自秦一统后至清代乾隆之末年。是为亚洲之中国。即中国民族与亚洲各民族交涉繁赜竞争最烈之时代也。……第三近世史,自乾隆末年以至于今日。是为世界之中国。即中国民族合同全亚洲民族。与西人交涉竞争之时代也。"[①]100多年后的今天,这一思想对我们理解中国学的过去、现在和未来具有重要的启示意义。

若以历史长周期和短周期为视角重新审视梁启超的上述思想,则"中国之中国""亚洲之中国"和"世界之中国"的依次演进呈循环模式。在长历史周期中,从黄帝直至中华人民共和国成立(包括梁启超所处的晚清、民国),上下五千年,中国作为一个国家,中华民族作为一个民族,中华文明作为一种文明,其地缘环境从中国到亚洲再到世界依次扩展,这是一个长周期里的大循环。在

---

① 梁启超:《饮冰室合集》之六《中国史叙论》,中华书局1926年版,第11—12页。

相对短的历史周期中,自中华人民共和国成立至今,又出现了一个小循环。即改革开放以前,中国是冷战期间社会主义阵营中的一员,与苏联关系恶化后则恢复到"中国之中国"的相对封闭环境当中。改革开放以后至 20 世纪 90 年代末,中国不再以意识形态划线,全面推进与所有国家和地区的友好关系,但经济上的欠发达水平仍然使中国只能是"亚洲之中国"。进入 21 世纪,中国对外开放水平达到新的高度,特别是新一轮的全球金融危机以来,作为世界第二大经济体的中国,在推进世界和平发展事业中"压舱石"和"稳压器"的作用日渐突出,中国经略世界的意识、能力和意愿逐步显现,真正的"世界之中国"正在显示史无前例的存在感和前所未有的建设性作用。

综上,以大历史观审视,与研究对象"中国"地理疆域的不断扩大同步,中国学在研究视野上基本遵循从"中国之中国"到"亚洲之中国"再到"世界之中国"的变化过程。以中华人民共和国的 70 多年历史为参照,中国学在研究方法上也基本遵循从"中国之中国"到"亚洲之中国"再到"世界之中国"的变化过程,证明中国与世界关系的循环变化模式反过来推动了中国学在海外的发展。可见,几个世纪以来中国学的发展与两个因素呈正相关,二者共同衍生出中国学发展的历史逻辑:一是"中国"这一研究对象在地缘政治意义上的扩大,二是大历史观下中国与外部世界关系的扩展。换言之,"中国"的疆域越大,中国学的研究范围越大,从中国历史的长周期和中华人民共和国成立 70 多年来的短周期看,中国越开放、与外部世界的关系越密切,中国学的研究视野越广阔。

三、崛起背景下中国学的新发展

进入 21 世纪以来,中国学在"中国崛起"语境中获得了新发展,成为国际学术界增长迅速的"显学"之一。所谓"新发展",主要体现在国内外两个方向上,一是在海外发生的汉学与狭义上中国研究(现当代中国研究/中国问题研究)的融合现象,即"历史中国"与"现实中国"的对接;二是在国内出现的"中国学研究"学科建设新进展,以及关于"世界中国学"学科构建的新倡议。

如前所述,汉学专注于汉民族的语言文学、古代哲学、伦理思想、典章制度和文化风习等,人文色彩浓厚,已有几百年的历史,并在 21 世纪实现了复兴。狭义上的中国研究是以现当代中国为对象的研究,即"中国问题研究",冷战以来逐渐在西方兴起并在 21 世纪获得了蓬勃发展。正如美国学者沈大伟所言,

"在美国,目前在美国大学和智库大概有 3 000 人研究中国问题……美国情报部门一向都关注问题研究,中央情报局、国防部等机构差不多有一两千人研究中国问题……美国一些著名的大学现在都有研究当代中国的中心或者项目,20 世纪 90 年代以来一些州立大学、地方大学、私立大学也开辟了中国研究领域"[①]。

在中国崛起背景下,本来是两条"平行线"的汉学与现当代中国研究,逐渐有了发展交集。二者的"交集"体现在:一方面,汉学家们开始关注并发掘中国传统文化在全球化时代的价值体现,或曰中国传统哲学思想和价值观念之于当代的意义和作用,汉学以"历史中国"观照"现实中国",以"传统中国"理解"现当代中国";另一方面,在海外的中国问题专家们对于西方理论和知识框架不能解释的一些中国事物、中国现象、中国问题,越来越倾向于回到中国传统文化中去寻找答案,狭义的中国研究以"现实中国"映衬"历史中国",以"传统中国"溯源"现当代中国"。归于一点,汉学与狭义中国研究的关键性融合就在于二者对"中国价值"的现代化理解、分析和认识,即"中国价值"将"历史中国"和"现实中国"、"传统中国"和"现当代中国"连接成一个完整的中国,中国学也因此获得了具有兼容性的整体发展。

在汉学与狭义中国研究的融合日渐显现、中国学在海外获得新发展的同时,以之为依托的国内中国学研究也进入了发展快车道,其独立学科地位得到巩固,关于学科体系包括研究对象、研究任务、研究目的、研究方法及机构设置等的探讨和实践走向深入。学术界普遍认同,中国学研究以在海外的中国学为研究对象,追踪其发展脉络、研究热点和特点及不足等,梳理中国学学术史,勾画其在全球范围内的资源网络和实力布局,科学把握中国学发展规律。中国学本身是跨学科、多学科、跨文化的,因此,中国学研究需要综合运用历史学、政治学、传播学、社会学等学科的定量和定性分析相结合的方法,具体研究方法主要包括三个:一是李学勤较早提出并广受认可的学术史方法,二是文献学方法,三是以乐黛云、严绍璗为代表的比较文学和比较文化研究方法等。[②]

与中国学相关的机构设置起步于 20 世纪 70 年代,进入 21 世纪后也获得较快发展。目前,在全国范围内陆续出现了十余个中国学研究中心或研究所/室,所属研究机构或大学主要包括:中国社会科学院(1971 年)、国家图书馆(1995 年)、北京语言文化大学(1995 年)、北京外国语大学(1996 年)、华东师范

---

① 梁怡、王爱云:《西方学者视野中的国外中国问题研究——访美国乔治·华盛顿大学教授沈大伟》,《中共党史研究》2010 年第 4 期。
② 朱政惠:《近 30 年来中国学者的海外中国学研究:收获和思考》,《江西社会科学》2010 年第 4 期。

大学(1996年)、中国人民大学(2006年)、中央编译局(2009年)、上海社会科学院(2012年)等。其中,上海社会科学院世界中国学研究所是唯一的实体研究机构;华东师范大学海外中国学研究中心是国内最早也是唯一设立专门学位点的机构,依托该校历史系史学理论与史学史博士点,开展"海外中国学史研究"方向的硕博士培养工作,侧重海外(主要是美国)中国史学的研究。另外,2013年,以"推动本土中国学的建立和完善"为职责的四川大学中国学中心成立,在国内首倡所谓"本土中国学","是以中国、特别是现当代中国为整体研究对象,主要研究中国文明的发展规律和特点,并服务于当今和未来中国发展的综合性学科"①。这一界定与本文着眼于海外的"中国学"有所不同,故笔者在讨论国内中国学研究发展动态时并不将其列入其中。

关于"世界中国学"学科构建的倡议,由上海社会科学院世界中国学研究所在2014年提出。"世界中国学"这一概念之所以能够引起学术界关注,很大程度上有赖于"世界中国学论坛"在海内外的声名。世界中国学论坛是一个高层次、全方位、开放性的学术性论坛,目前由国务院新闻办公室和上海市政府主办、上海社会科学院承办。该论坛旨在为海内外中国学界提供对话渠道和交流平台,反映中国学研究的动态与趋势,增进中国与世界的相互了解;自2004年创办以来,已连续成功举办6次(含1次专题论坛),共计1 572人次中外学者参会,其中近半为海外学者,参会代表覆盖全球43个国家和地区(如图1所示)。2015年,世界中国学论坛除了将在上海举办之外,还以分论坛的形式出现在美国和欧洲,其海外影响力也进一步得到提升。

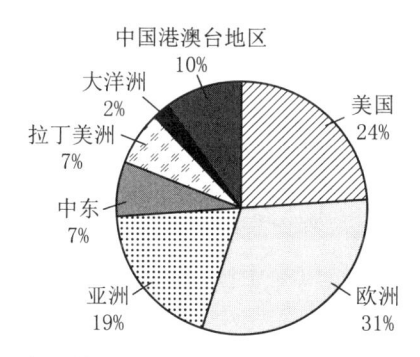

图1 世界中国学论坛海外学者所属国别或地区的分布情况

① 王允保:《发出我们自己的声音——四川大学中国学中心副主任何一民谈中国学》(2013年4月23日),四川大学新闻网(http://www.scu.edu.cn/news2012/cjjj/webinfo/2013/03/1343288907432080.htm),上网时间:2015年2月10日。

在世界中国学论坛的平台优势日渐显现的背景下，上海社会科学院世界中国学研究所正在积极探索"世界中国学"作为独立学科建立的可能性。目前这一工作尚处于研讨阶段，除了前述大致的概念界定之外，现仅就其学科建设目标作一介绍。以形成中国学研究体系为总目标，"世界中国学"学科建设的主要目标规划如下：第一，综合把握中国学发展大势，打破文化、国界和学科的多重壁垒，沟通古今中外，抓住域外理解和阐释中国的核心议题、概念工具和话语逻辑。第二，进一步推动"历史中国"和"现实中国"或"传统中国"与"现当代中国"的相互融合，从一个连续文明体的存续和更新角度，塑造一个"完整的中国"。第三，推动在海外的中国学和国内中国学研究的学术交流互动，提升"中国"在全球学术场域中的地位和分量，构建以我为主的融通中外的学术话语体系。第四，以创新性"学术外宣"服务国家外宣战略。坚持繁荣学术、贡献国家的原则，通过中国学研究了解中国形象在海外的形成机制，评估我国对外宣传在策略上的有效性和有限性，为进一步做好对外宣传工作提供理论支撑。

四、共生理念下中国学发展大势

根据《辞海》的解释，"共生"（symbiosis）是指种间关系之一，泛指两个或两个以上有机体生活在一起的相互关系。1879年，德国植物学家巴里（Anton deBary）最早提出这一概念。20世纪五六十年代，美国芝加哥经验社会学派将"共生"从自然科学引入社会科学。1998年，胡守钧在《告别计划社会》一文中正式提出"社会共生论"，此后国内学术界关于共生理论的认识走向深化。一般地讲，"共生"是在同一时空下，生物间、国家或非国家行为体间存在的必然关系和呈现的自然形态，强调相互间的存在感甚至依赖感。事物是普遍联系的，共生是普遍存在的，只不过其性质、形态因时因地因对象而不同。以共生理念预测中国学未来发展，符合前述逻辑。

如前所述，探寻几个世纪以来中国学的发展逻辑，大致有两条线索：一是"中国"这一研究对象在地缘政治意义上的变化；二是大历史观下中国与外部世界关系的变化。根据历史经验总结，中国学在研究范围和视野上的变化与二者具有正相关性，中华人民共和国成立以来中国与外部世界关系逐步扩展的演进过程，与这一时期中国学的发展轨迹也相吻合。那么，中国学发展的历史逻辑能否同样将为以后的历史所证明？换言之，2015年之后的中国学和中国学研究是否会按照其历史逻辑所揭示的,研究对象将扩大为"大中华",研究视野将扩展为"世界之中国"? 不可否认,中国学发展的历史逻辑已经被当前崛起范式下的新发展所证明,从现在出发的未来也有可能继续向历史逻辑所规定的方向发展。但必须指出的是,中国学发展的历史逻辑对于未来的规定性,将很大程度上取决于中国崛起的可持续性;中国的可持续崛起意味着"大中华"的最终成型,预示着"世界之中国"的终极实现。因此,以稳定可持续的中国崛起为讨论前提,在共生理念的认识框架下,未来中国学和中国学研究或将呈现以下三大发展趋势。

第一,在中西互动的意义上,"自我"与"他者"的相对性增强,中国和西方达成价值互通与文明互鉴的条件更为成熟。在西方世界里,中国一直以来都被认为是一个与其截然不同的"他者"(the other),中国学就是西方研究他们眼中的他者的学问,同样,西方也是中国人眼中的"他者",中国学研究就是国内对"他者"(西方)眼中"他者"(中国)研究的再研究。这里的"他者"泛指界定"自我"的参照物,是"镜像中的自我"(looking-glass self)。在"自我—他者"的认知模式下,他者认识是"双向视角"的,是对"自我的延长线上的另一个他者(alter ego)"的认识,他者认识的目的首先是为了自我认识。[①]通过他者而认识并完善自我,这也正是中国学和中国学研究的重要意义和价值之所在。随着全球化和信息化进程的不断深入,在和平发展时代,崛起的中国与外部世界的相互依赖关系只能越来越紧密而不是相反。因此,对于中国和西方而言,"自我"和"他者"在概念上的绝对区隔将逐渐淡化,二者在相对意义上的存在和依赖将更为普遍,中国学和中国学研究将在更高层次上推动中华文明和其他文明间的融合互鉴和互联互通,所谓"文明冲突论"在此意义上将被证伪。

第二,从中国学的学科发展看,世界范围内的"中国学全球学术共同体"或将成为现实。当前中国学的全球化图景正在显现:每年中国学论著的出版和发表数以万计,世界各国研究型大学均开设与中国有关的课程,中国问题研究从业人员遍布世界各国的政府和民间的研究机构。按照地区和国别来看,美国、加拿大等在内的西方是中国学在海外的研究传统重镇,最近20年,韩国、日本、新加坡、澳大利亚、新西兰和印度等的中国学增长迅猛,而且中东、非洲、

[①] 山室信一:《面向未来的回忆——他者认识和价值创建的视角》,载中国社会科学研究会编《中国与日本的他者认识——中日学者的共同探讨》,社会科学文献出版社2004年版,第15—16页。

拉美等国家对中国的研究兴趣也不断增强。可以预见,伴随着发展中国家的群体性崛起,中国学所覆盖的国别和地区范围将越来越广泛。真正意义上的"中国学全球学术共同体"也将更有条件促成,比如,在世界范围内高水平的研究机构将越来越多、形成遍布全球的学术网络,包括海外华人在内的专业研究人员将越来越多、队伍越来越整齐,研究视野将兼具宏观、中观和微观,"内在的理解中国"和"在中国发现历史"的研究方法将越来越常用,学者间跨国别、跨地区的合作将越来越常态化,最终将涌现出更多高质量的研究成果。

第三,站在中国本位的立场上,或可形成"以中国为中心"的全球性知识生产链。2007年,韩国将我国端午节改称为所谓"江陵端午祭",并以此申请世界文化遗产,更有韩国和日本的学者辩称他们可以代表"中国",诸如此类。我们可从正反两方面来看待此类现象:一方面,表明在中国崛起的背景下,传统汉学在日本、韩国、越南等周边国家的影响延续至今,这为中国学在这些国家更好的发展奠定了较为深厚的文化、价值和民意基础;另一方面,告诫国人"'中国意识'的沿袭未必涉及政治,也并不是一个只存在于现代西方疆域观的'中国'的压迫性概念"[①],因此,实现中国学从"以西方为中心"到"以中国为中心"的转向,守住中国学之"道统",是我们必须担负起来的历史使命,也是今后国内中国学研究所追求的目标。"以中国为中心"的中国学,是指海外中国研究的素材务必源于中国,研究主题务必聚焦于中国,研究视野务必超越于中国,研究方法务必内在于中国,研究成果务必服务于中国。为此,需要整合全球学术资源,推动不同国家和地区的中国学学者的对话交流,聚拢全球中国学家打造全球性知识生产链,引导中国学在全球的发展,这也正是"中国学实现本土回归"之真正要义所在。

五、基本结论与必要的若干补充

综上所述,广义的"中国学",是指外部世界关于中国历史、现状及未来的分析、解释和预测,主要由汉学和狭义的中国研究构成。几个世纪以来,"中国学"概念的内涵和外延随着地缘政治意义上"中国"的变化——从"中国""中原"到"中华帝国""中华民国",再到以"中华人民共和国"为主体的"大中

[①] 石之瑜、张登及:《以中国为中心的知识社群如何可能?》,《复旦国际关系评论》2011年第5期。

华"——而变化。这一近似线性的演进过程,大致符合中国与外部世界关系的变化过程,即从"中国之中国"到"亚洲之中国",再到"世界之中国"。二者共同衍生出中国学发展的历史逻辑,这一逻辑在中国历史长周期和中华人民共和国成立 70 多年历史的相对短周期中都已得到验证。该逻辑对未来中国学发展的规定性,在很大程度上取决于中国崛起的可持续性。中国崛起在物质和理念上为中国学发展提供保障和动力,在共生理念的认识框架下,未来中国学和中国学研究或将呈现三个主要发展趋向。一是在中西互动的意义上,我者与他者的相对性增强,中国和西方达成价值互通与文明互鉴的条件更为成熟;二是从中国学的学科发展看,世界范围内的"中国学全球学术共同体"或将成为现实;三是站在中国本位的立场上,或可形成以中国为中心的全球性知识生产链。总之,在"中国崛起"大势之下,学术界对中国学和中国学研究应该始终"建立具有历史进程的'能动性观念'"[1],以有助于做出科学判断。

最后,需要补充强调以下四点:第一,本文概念下中国学的历史发展逻辑对于其未来发展趋向的规定性,是以中国可持续崛起为前提展开讨论的,这是本文的讨论边界。第二,根据对历史长周期和相对短周期内中国学发展过程的归纳,在研究视野上,"中国之中国""亚洲之中国"和"世界之中国"的依次演进呈循环模式,在更遥远的未来,或再次出现某种短周期内的小循环,但并不能因此否定长周期大循环的真实性。第三,关于"以中国为中心"的基本假设,并不意味着所谓"东方主义""汉学主义"或"自我汉学化",中国学研究也并非在无意中助成西方对我的所谓"学术殖民"[2],而是在中国崛起范式下"学术自主"的切实努力。第四,在推动"中国学全球学术共同体"形成和打造全球性知识生产链的过程中,要警惕西方对我所谓"价值输出""意识形态宣传"等不实舆论攻击,也要在国际话语权争夺中积极形成防范意识形态,规避安全威胁。

---

[1] 严绍璗:《关于"国际中国学"学术的人文本质与"汉学主义"的思考》,载何培忠主编《国际视野中的中国研究——历史与现在》,中国社会科学出版社 2013 年版,第 9 页。

[2] 关于"汉学主义""自我汉学化""学术殖民"等的相关讨论,参见周宁:《汉学或汉学主义》,《厦门大学学报(哲学社会科学版)》2004 年第 1 期。

新时代海内外对中国社会变革的多维解读
——海外中国学研究与中国文化竞争力

乔兆红

2019年9月10—11日,第八届世界中国学论坛成功举办。本次论坛以"中国与世界:70年的历程"为主题,突出70年来中国的发展、中国与世界的关系,深入探讨中国融入世界的艰难历程,以及中国发展的世界意义,不仅具有当前的现实意义,更有长远的历史意义。

一、"谭中之问"的命题不攻自破

2015年第六届世界中国学论坛诞生了"谭中之问",意指海外中国问题专家谭中在第三届世界中国学贡献奖获奖感言中指出的:"很长一段时间,在海外中国学研究领域有这样一种现象:海外研究俄国问题的主要看俄国人写的书,海外研究法国问题的主要看法国人写的书,海外研究印度问题的主要看印度人写的书,但海外研究中国问题的却不看中国人写的书,而是看费正清的书。""谭中之问"的命题是,中国要出自己的"费正清",其内涵是中国自己还没有发出对中国研究的权威声音,其问题在于,谁能真正读懂中国,谁能扛起"中国研究"的大旗。

时隔4年,"谭中之问"的命题不攻自破。第八届论坛举行了"中国特色社会主义发展的世界意义""中国的改革开放与全球化""中华文明与世界文明交流互鉴""中国的发展与构建人类命运共同体""中国脱贫经验与解决全球贫困""中国的生态文明建设与可持续发展"六场圆桌会议,以及第二届"一带一路"上海论坛、青年汉学家上海论坛两个专场。与会学者对于中国发展及其在全球治理中发挥的作用予以高度关注。70年来,中国为何能从站起来、富起来走向强起来？海内外学者从不同角度展开了热议，并对中国共产党为什么"能"、马克思主义为什么"行"、中国特色社会主义为什么"好"提出了各自的解读。

当今世界是一个多元对话的世界，是一个在不同文明的交流中走向和谐未来的世界，中国学有责任为"当代中国"和"当今世界"做出更多贡献。世界中国学承担的社会责任日益增强，其社会影响日益扩大。中国政府和学术机构参与国际性的中国研究，显示了"中国的学术机构开始积极主动地扛起大旗，力图成为中国学的核心"的雄心。上海社会科学院院长张道根认为，70年来中国发生的历史性变化，是因为中国突破了社会主义只能搞计划经济，不能搞市场经济，只能搞纯粹公有制，不能让各种所有制共同发展的理论与实践"禁忌"，走出了符合时代特征、具有中国特色的社会主义现代化发展道路。这是在中国共产党领导下，始终立足中国国情，根据中国实际，一步一步走出来的。

中国学是对传统汉学的现代诠释。如何通过梳理传统汉学与当代中国研究的承续，推进中国主流学术与海外汉学的沟通，进而探讨世界对中国的阐释以及"中国道路"对世界的意义，势在必行。上海社会科学院原党委书记潘世伟认为，当今世界正在经历百年未有之大变局，中国将会是第一个以社会主义的方式实现现代化的非西方大国，并且通过自身的改革实现对发展问题的破解，迎来中华民族的伟大复兴。在中华民族伟大复兴的征程中，中国道路、中国经验、中国智慧和中国方案将产生世界历史性的参照价值、示范意义和深远影响。

长期以来，海外关于中国问题的研究，基本上属于专题研究，较多涉及事件、阶段和区域研究，缺乏总体性研究；而且，以往的研究大多停留在对历史过程的描述和对局部问题的阐释上，缺乏对历史运动本质的总体把握和理解，以致各种局部的研究所得出的结论往往互相矛盾、彼此冲突。现在我们倡导的"中国学"研究注重对中国历史与现实的立体分析，从而建立起拥有国际话语权的中国问题研究。中共中央党校原副校长李君如指出，70年来，中国矢志不渝探索的是：人民怎么掌握生产资料，进而成为中国经济发展的主体；人民怎么掌握政权，进而成为中国政治生活的主人。要解决这两个根本问题，关键在于既要坚持中国共产党对一切工作的全面领导，又要坚持以人民为中心。

把文化与综合国力紧密联系起来，突出文化的竞争力，高度评价文化的地位和作用,是中国共产党人对时代发展趋势的新判断和新认识,对马克思主义文化理论的新概括和新发展。上海市社会科学界联合会主席、上海社会科学院原院长王战认为,中国的改革开放和"一带一路"倡议有天然联系,强调"一带一路"倡议的基础是文明的互鉴,世界中国学应重视对"一带一路"沿线国家在历史上对中国影响的研究。他认为,中国"和而不同"的宗教文化,江南"丝、茶、纸"贸易,以及儒商重视信任信用的商业逻辑对"一带一路"沿线国家文明共建也有着深刻影响。

同时,在与世界各地"中国通"的对话中,中国也可以从中汲取对自身发展有益的部分,让中国道路在兼容并蓄中更具世界意义。对于中华人民共和国成立70年来的中国发展,海内外学人达成共识,认为中国的伟大奇迹源自对中国道路的不断探索。第八届中国学贡献奖获得者尼古拉斯·卜励德用自己的切身感受回顾了中国的巨变,他指出:"你不可能对中国的发展视而不见,最好的方式就是去了解它。"俄罗斯科学院教授罗曼诺夫指出,国际局势的最新趋势日益彰显出中国社会科学项目的重要性,该项目不但有助于中国学者在解释中国实践活动方面获得主动权,而且也有利于其在国际学术界中赢得话语权。他认为:"与在'旧西方'之外的且对中国思想和理念抱有兴趣的学术界开展合作,应成为国际对话的优先事项。"比利时教授巴德胜阐述了通过自己的历史和文化来看待其他文化的重要意义,以及文化交流时语言技能的必要性,认为只有"沟通"才能产生真正的文化理解。

擅长"学习"是与会专家们对中国成功秘诀的又一共识。樊纲强调中国改革开放的成就来自学习和知识的引进。大规模、全方位的开放给中国带来了世界先进经验,而中国通过高效学习的努力,将这样的"后发优势"转化成经济的增长、人民生活水平的提高。今天的中国仍在继续学习,但同时,中国道路和中国智慧正在为更多发展中国家、贫困国家的未来提供新的方案和选择。潘世伟指出,社会主义的本义就是建构更美好的世界。中国的发展始终秉持这个目标,既继承性地学习人类发展在资本主义阶段所积累的一切先进因素,又创造性地培育具有社会主义本质属性的全新要素,从而真实地实践了人们对更美好社会理想的追求。张道根指出,实现从落后农业大国向现代工业化国家历史性转变,是中华人民共和国成立后紧迫而艰巨的重大任务。1978年年底,中国开启了改革开放,用开放倒逼自身改革。中国40多年来对外贸易持续快速增长,不仅解决了发展中国家外汇短缺、资本短缺问题,解决了低收入国家内需不足的问题,吸纳了极其庞大的、边际生产率几乎为零的数亿剩余劳动力充分就业,也学会了运用世界先进技术、先进管理经验、国际通行规则和惯例办事。来自新加坡国立大学东亚研究所的郝福满也高度赞扬中国的学习精神,认为随着中国经济的飞速发展,越来越多国家把中国当作可以效仿的榜样,中国提供了在一代人的时间内从贫穷走向富裕的发展模式。

改革开放后中国经济的快速发展引起海外高度关注,也带动了海外中国研究的进一步兴盛。以"中国文化,中国事物,中国现象,中国问题"为研究对象的海外中国学迅速发展,在国际学术界不称"显学"而学自显。而国内对海外汉学和中国学的研究也方兴未艾。第八届世界中国学论坛成功举办,再一次掀起了中国研究的热潮。以潘世伟、王战、张道根、李君如、樊纲、潘岳等专家学者为代表,他们的思想和观点已成为海外研究中国问题绕不过去的议题。

二、中国崛起时代的中国学

未来的世界将是不同文明进一步交流、碰撞、相互学习、相互提升、共同发展的过程。同时,这个过程又将是一个竞争过程:道路的竞争、理论的竞争、制度的竞争,而这些竞争的根本是文化的竞争。以"中国学"学术研究为牵引的对中国优秀传统文化的总结和对当前中国经济社会问题的探究,是增强我国文化竞争力的必要工作。

中国是延续了数千年的"文明共同体",世界中国学研究应该宣扬数千年中国文明持续发展的"文明共同体"基本旋律,以"国学"的古今聪炯来检视中国的发展道路,走出一条通向"文明国"的康庄大道。中国文化源远流长,是逐渐把民族意识和当代意识结为一体的全新文化。自然界存在竞争,社会存在竞争,文化也存在竞争。中国文化就是在这种"生存竞争"中,赢得了自己的地位,并受到其他民族的尊敬。任何文化在生存发展的过程中,都必须不断汲取其他民族文化的营养精华,才能完善、进步和创新。在漫长的历史生活里,西方和东方其他民族的学者在中国的社会生活和思想文化资料库里,探寻到东方的物质生产和文化生产的精神,并在平行研究、影响研究中形成了汉学这一人类文化中具有特殊色彩的科学门类。文化存在竞争,对中国文化进行研究的汉学自然也具有竞争。因此对海外中国问题的研究进行再研究,则有助于提升中国文化的竞争力。

学术界对中国学还没有形成一个整体的概念,综合而又系统的论述不仅庞杂而且繁杂。因此中国学研究的提高有赖于其学术化的程度。海外中国学以及对海外中国问题研究的再研究,由于文化背景、文化语境等,会造成认知的不一致及文明处理历史问题的困境,因此海外汉学研究应该作为我们的学术文献资源。学术研究不分时间、国界和语言,所以调查整理运用学术文献资源,也不能以当今为限,不能以中国为限,不能以中文为限。文献典籍是"文化"沟通的主要载体,只有将海外汉学研究或者说中国学研究成果作为一种文献资源,才能开阔视野,胸怀全局。在此基础上,我们关于海外中国问题研究的再研究才能跨越简单的信息介绍,而进入真正的学术交流和融会贯通的境界。

随着中国的发展,海外中国学日益成为一门引人注目的学术。2004—2019年,世界中国学论坛已经成功举办八届,中国学论坛搭建起中国与世界交流的平台,也为世界读懂中国提供了良好契机。中国学术界对于海外中国学的研究,体现在这一学术的基础性资料的编纂和整体性研究方面,以及在研究机构的建设和研究人才培养的系统性方面,事实上这已经超越了这一学术在世界各国本土的运行状态。我国人文学者不仅在自身的学术研究中,在不同的层面上已经能够相对自觉地运用这一极为丰厚的国际学术资源,而且以我们自身的智慧对广泛的国际研究做出了积极的回应。可以说,这是自20世纪70年代中期以来中国人文科学学术观念最重要的转变,也是最重大的提升的标志之一。它在一个广泛又深刻的层面上显示了我国经典人文学术正在走向世界学术之林。

在第八届论坛中,不少中国学者也表达了中国应主导国际上关于中国研究的观点。不过,也有学者主张,旁观者的眼光对于揭示庐山真面目亦不无裨益。因此,在全球化和资讯、人口、观念迅速流动的今天,中国研究与社会科学和现实关怀将有更为有机的良性互动。这种研究的策略必须是多元化的,不管是从中国内部或是中国之外看中国,都会有它的优点和缺点,没有一个国家或学术群体能够完全主导和垄断关于中国的论说。这种"多元一体性",用多元的视角来审视作为主体和客体的中国,其实是一种健康的现象。只有这两种视角的有机结合才能真正推动世界中国学的进一步发展和壮大。对于"中国与世界",张道根院长已赋予其全新理解,他认为:"世界人跟中国人一起研究中国问题才叫中国与世界。"

随着中国的发展,海外对于中国的研究已蔚然成风。捷克前总理伊日·帕鲁贝克说:"从1978年起,中国开启了改革开放进程,中国因此踏上快速发展的道路,成长为世界第二大经济体,也带动了全世界的发展。"怎么看中国?怎么看中国与世界?中央社会主义学院党组书记、第一副院长潘岳认为:"对人类命运共同体而言,古老文明,尤其是完成了现代性转化的古老文明,蕴藏着化解现实困境的宝贵经验,凝结着追求美好未来的恒久价值。"对于中国与世界的关系,以及中国在全球经济发展中的定位,张道根认为,中国是经济全球化的参与者、获益者,也是贡献者。"中国已形成全方位、多层次、宽领域的对外开放格局,我们要对标世界最好水平、国际最高标准,坚定不移完善对外开放体制机制,持续提高开放型经济水平,深度融入经济全球化,全面参与国际经济的合作与竞争,保持中国经济持续稳定健康发展。"

古老文明并不都是完美的,但因其内生的开放包容传统,有益于形成各文明间平等对话的共同体。"考察一个国家的发展,看的不仅仅是GDP,还必须从政治、文化乃至生态等多个方面来考察,这中间有一种内部的协调。"在杜维明看来,中国传统文化提供了和而不同的智慧。"即便有冲突,但是仍有对话的可能。总体上看,中国与世界命运相依。"中华人民共和国成立70年来,中国人民与世界人民真诚相处、守望相助、命运相依。走进新时代,中国高举和平、发展、合作、共赢的旗帜,积极推动人类和平发展事业。"'一带一路'倡议是改变全球地缘政治和经济格局的深远创举之一。"美国布鲁金斯学会约翰·桑顿中国中心主任李成认为,"一带一路"倡议是对现有世界经济秩序的补充,而非替代。

中国正以更加开放的姿态欢迎世界了解中国。世界中国学论坛,从某种意义上说,已经成为中国建构软实力的重要平台,而这也将对中国学研究和中国的国际形象产生直接影响。对此,不仅应当扩展传统汉学的研究领域,打破路径依赖,融通中外学术,跨越学科界限,而且应当与世界大势相生相动,含纳现实关怀。第八届大会的特色就在于以中国全面深化改革为切入点,聚焦"一带一路""人类命运共同体"和"精准扶贫"等热点问题,深入解读中国共产党的所思所谋所为,务实研讨中国改革的实施进程和对外影响,梳理和研判中国道路与世界经济秩序、文化差异与国际政治的走向等,以面向当今世界政治经济形势,探讨世界对中国的阐释以及"中国道路"对世界的意义,进而推动国际社会客观了解中国深化改革的前景和中国未来发展走向。

党的十八大以来,在中国发展的大背景下,海外中国学研究进入了新的历史时期。我们要把海外中国学的研究放在一个新的脉络下来看待,以历史的和宏观的框架来理解它的特征和走向。国内较早涉及中国学研究的学者主要集中于北京,代表性的学者有孙越生、严绍璗、阎纯德、汤一介、乐黛云、耿昇、张西平、何培忠、侯且岸等,他们的中国学研究力求一种系统和完整的格局,并一直寻求以更开拓的视界,来透视各个时代尤其是欧洲的文化特征与时代风貌。一定程度上说,对海外中国学的学术史梳理就是从整体上来考察的中国史,中国学史则意味着事件的发展和它们之间的联系。

当今世界是一个开放、融合与竞争的动态世界,文化竞争是最根本的竞争。中国学术思想要走向世界,应对"海外中国学"有所了解。一是中国学者要坚持自身文化的"主体性";二是积极参与世界各国、各民族的学术文化讨论与建设,努力寻求在各国、各民族的思想文化中对人类社会合理发展的资源;三是不仅要把中华文化中有特殊价值的思想资源贡献给人类社会,还要认真研究和发掘世界各民族文化中具有"普遍价值"意义的思想资源。

三、全球视野下的中国学

自工业革命以来,在学术界形成了一套以西方文明为中心的研究方法与范式,在 21 世纪以后的今天,学术界已愈来愈达成这样的共识,即以东方文明为坐标所建立起来的学术范式,对于全球性学术的发展来说同样不可缺少,至少,后者应是前者的某种补充。正是在这种全球性学术对话与交流的背景下,一种以中国文化为依托的中国学将凸显出它的重要性。这种中国学不同于以往的中国学研究,是在于它虽然以普遍性的全球问题为中心,但却具有一种中国本土的文化气息,是目前中国与西方的中国学研究的综合。作为客观的中国学研究,就是要将 16 世纪以来的汉学研究放回到 16 世纪至今世界各国的历史情境中去理解、比较与关照,以"会通"的精神,自觉地去追寻中国文化与世界文化之间的内在联系。而且,关于中国学的研究应着眼于人类文明的走向。

综观以上,以中国学研究提升中国文化竞争力体现在如下几个方面:

1. 在对于学术史的系统梳理中明确中国文化参与世界文明进程的价值

学界普遍认为,如今,中国在世界学术界的"失语"现象仍然十分明显。西潮冲击之下的近代中国士人，由于对文化竞争的认识不足，沿着西学为用的方向走上了中学不能为体的不归路。自身文化立足点的失落造成中国士人心态的剧变，从自认居世界文化的中心到退居世界文化的边缘。结果，从思想界到整个社会都形成一股尊西崇新的大潮。到第一次世界大战"西方"形象在中国"分裂"而不再是一个整体的"美好新世界"之后，新的崇拜仍未衰减，后五四时期中国思想争论各方之主要思想武器仍基本是西来的，清季以还的中西"学战"逐渐变为中西名义下实际的西与西战。

梁启超说："凡一个有价值的学派，已经成立而且风行，断无骤然消灭之理，但到了末流，流弊当然相缘而生。继起的人，往往对于该学派内容有所修正，给他一种新生命，然后可以维持于不敝。"因此，从事中国学研究首要的就是对于学术史的系统梳理。在中国学者对世界各地中国文化研究成果进行再研究的过程中，学科的本质意义逐渐引起中国学者的重视，日益明确对象国文化意识在特定时空的基本层面上对中国文化的影响，唯如此，也才能厘清各国中国学的学术本质，进而理解中国文化在参与世界文明进程中的真正价值。

2. "中国学"研究只有通过"对话"才能相互"理解"

不同民族文化间存在着不同，对话的目的就是为了消除隔阂。中国学者既要谦虚，也应有自信，认真地参与世界各国、各民族的学术文化讨论与建设，努力寻求在各国、各民族的思想文化中对人类社会合理发展的资源。汉学与文化的对话基础，首先是基于对原典和文献的认识，其次是基于不同文化、不同价值观的对话，第三是基于对当代文化、当代学术研究的理解和了解。西方的汉学家对中国古代典籍的理解，对古代历史文化的理解，多于对中国当代文化和中国当代学人的理解。

在近些年的研究中，越来越多的学者对西方中心主义的历史观提出疑问。然而，多数学者的看法，在倡言"中国中心"的同时，并非要抛弃西方的经验，而是要在新的基础上，实现中国社会历史发展的双向比较与对视，既反对西方中心主义，但又不拒绝西方的经验，既重视从西方经验中总结出来的一般规律的指导作用，但又不将之神秘化或神圣化，更加重视中国自身经验的独特价值和特殊性，即据之于中国的"实情"。

当今世界充斥着新的变化，比"误解"更严重、更危险的是，西方人习惯用自己的视角去解读中国。当今世界，中国的"存在感"已无处不在，西方无可避免地需要努力理解中国，理解中国的历史和现实。而中国更应主动讲述自己的历史,用历史事实讲述中国故事。

3. 对于传统文化的扬弃与自信

从传统汉学到中国学的变迁是东西方历史变化的结果。西方汉学家对中国古代典籍的理解多于对中国当代文化的理解。所以,在与国外汉学家们打交道时,文化的自信和自觉是一个基本的立场。学术界早就明确,早期西方关注的主要是中国传统的思想、文化、宗教等,他们翻译的都是中国古代典籍。但汉学研究越来越倾向于现实中国的研究。如今,他们可能更关注当代中国的发展。现在的"世界之中国",不再是被动卷入的中国,而是中国主动地参与。因此,中国更希望世界了解自己,世界也希望更真实、更深入地了解中国,这一切给汉学新的繁荣提供了好机遇。现在汉学一个新的发展趋势是与中国的主流学术、本土学术有更直接的交往,在研究方法上需要沟通、交流、对话,在材料上需要中国主流学界的参与。这也是汉学新阶段的标志。传统文化应该是可以现代化的传统文化,也应该是可以世界化的传统文化。中国传统文化只有世界化,其魅力才能经久不衰。

4. 建立一种批评的中国学研究

中国学是一门"跨文化"的具有自我哲学本质的实证性学科,因此要建立一种批评的中国学研究。对当代的域外中国研究应采取实事求是的态度,吸取其研究之长,批评其研究之短,在平等的对话中推进中国学术的建设和研究。对于海外的中国研究应从跨文化的角度加以分析。文化自觉和学术自觉是我们展开中国学研究的基本出发点,要有开放与包容的文化精神和求真与务实的批判精神。

中国独特的历史道路由中国特殊的国情决定。中国历史发生的实际过程对构建中国道路具有重要意义,只有基于对这些基本史实的确切了解,才可能形成对中国发展进程的"中国式思维",才能读懂中国,进而为深化中国问题研究打开思考的大门。这就要求从事中国研究的学者们既要立足于对中国历史文化传统的深入了解,又要聚焦于对中国现实问题的深刻分析。目前中国的综合实力已有较大提升,但中国的国际话语权并未同步增强。在国际社会现有逻辑和语境下,中国走和平发展的道路无法回避国际权力问题。争取更多的国际话语权,是中国应对当前西方国家主导的国际体系的一种诉求。

5. 以跨文化交流的目的开展学术互动,建立学术的自觉与文化的自信

"海外中国学"集中了研究与阐述我国人文学术的世界性智慧,是我国人

文学术走向世界之林的不可或缺的重大资源库。跨文化交流的目的是为了实现文化融合、文化转型。如今的中国学研究涵纳了传统汉学领域,并扩展到"中国道路"与世界经济秩序、文化差异与国际政治走向等热点问题的探讨。中国文化是人类的共同精神财富和世界文明的重大存在,中国学的发展意味着我国学术界对中国文化所具有的世界意义的认识日益深化,明确对于它的研究事实上具有世界性。

"认识中国文化须靠比较观点",而把海外汉学和海外关于中国问题的研究当作学术文献资源进行再整理、再研究,就是比较的一种。中国研究是一门世界性的学问。传统汉学研究的历史积累,不仅是一种特殊的学术史文献,而且是不应忽略的思想资源。因此,关注中国学研究,不能满足于猎奇式的信息搜集,而应该将这些信息置于学术史的系统脉络中作认真检视评判,作为进一步研究的文献基础和思想基础。这样既可以丰富我们的研究文献,也有助于开拓我们的学术视野。海外关于中国问题的研究中提出或涉及的学术问题和社会问题林林总总,如果广为中国学界和社会所知,在批判的基础上进行创造性转化或吸收,这是我们提升软实力,加强道路自信、理论自信、制度自信和文化自信的基础。

21世纪,国际权力的转移给既是大国又是发展中国家的中国谋求国际权力提供了历史机遇,然而仅仅关注或满足"文化软实力"诸项指标的提升是不够的,必须拥有充分的占领时代"文化制高点"的勇气,不断提升中国的国际话语权。在全球化的背景下,关键并不在于如何定义全球化,而是如何在全球化背景下理解对方,如何从不同的视角了解历史,了解过去就能更好地理解现在。

纵观以往海内外关于中国问题的研究,其重心均偏向于人物和事件,而且又都若隐若现地仅以政治斗争和道德评价为准绳,特别是对于中国社会经济结构和阶级结构的研究,比较薄弱,因而不仅很难全面认识具体人物或事件在历史上的所有作用,而且也难以提高读者对中国社会环境的了解和对社会发展的把握。而对于中国历史的研究,不能满足于只是调换一下视角再现历史进程,而需力图发现若干意义深远的现象并加以分析,寻求某些层次和范围内的规律性。

历史一再证明,中国人民是伟大的人民,他们用鲜血和生命写就的历史,是中国革命史的一个鲜明缩影。著名历史学家陈寅恪曾断言:"其真能于思想史上自成系统,有所创获者,必须一方面吸收输入外来之学说,一方面不忘本来民族之地位。此二种相反而适相成之态度,乃道教之真精神,新儒家之旧途径,而二千年吾民族与他民族思想接触史之所昭示者也。"因此,中国学者要发出关于中国研究的权威声音,海外学者要真正读懂中国,唯有通过跨民族、跨国的历史研究,用更宏观的思维,找到共同的道路来解决现实和未来的一些重要问题,才能避开冲突。据此,对于中国问题的研究,需要有百科全书式的人物来承担。因为对于中国问题的研究,涉及复杂的外部联系,既要深刻把握国情,又要透彻了解世情,此外还有语言障碍,资料不足,研究手段需要更新,民族和地域观念以及意识形态的影响,等等,所以要真正严肃科学地进行中国问题的研究,必须具备广博的古今中外多方面的知识功底,也需要科学的态度和探索的勇气。

我们期待着既了解中国历史文化传统,又能对中国现实情况进行系统分析的学者的大量涌现。只有他们,才能读懂中国,才能真正扛起中国研究的大旗。

书写转变的中国:山东邹平与美国当代中国研究

潘玮琳

一、引言:美国当代中国研究的发展

美国的当代中国研究,在20世纪50年代末从中国现代史研究中独立出来。1958年美国颁布国防教育法案,美国政府出资支持汉语教育和中国研究。1959年,美国社会科学研究理事会与美国学术理事会联合成立了当代中国联合委员会(JCCC),利用美国政府、福特和卡内基基金会的经费,在美国几个顶尖研究型大学培植当代中国研究。哈佛大学的费正清(John Fairbank)、麻省理工的白鲁恂(Lucian Pye)、哥伦比亚大学的林德贝克(John M. Lindbeck)、鲍大可(A. Doak Barnett)、加州大学伯克利分校的施乐伯(Robert A. Scalapino)、密歇根大学的亚历山大·艾克斯坦(Alexander Eckstein)、华盛顿大学的乔治·泰勒(George Taylor)、芝加哥大学的邹谠(Tsou Tang),成为这一领域的奠基人,他们及其培养的学生在20世纪五六十年代出版了若干聚焦于中国中央领导层及其政策制定的重要著作。[①]

由于当时中美尚未建交,美国人无法前往中国,因此只能在中国台湾地区接受汉语和汉学学术训练,在中国香港地区研究中国社会与政治。他们所能利用的材料是有限的中共档案文献、中国台湾地区和日本提供的情报、档案,以及在中国香港地区对内地移民进行的口述访谈。1949年后的中国被当作一个与其传统和历史割裂的孤立对象,其唯一的研究参照系是当时的苏联和东欧社会主义国家。

[①] 罗伯特·艾什、沈大伟、高木诚一郎主编:《中国观察欧洲、日本与美国的视角》,黄彦杰译,浙江人民出版社2013年版,第175—176页。

此后,1966—1976 年的"文化大革命",给海外中国研究界带来了大量揭示中国政治生活和社会变化的新材料和巨大的学术机遇。中国的共产主义革命理念,也刺激着当时批判美国越战乱局的知识界。"文化大革命"时期的地方出版物和香港内地移民的口述资料,使研究者得以将中国切分成更小的研究单位,深入村镇、城市社区、学校、工厂。因此,年轻学者被这一新课题深深吸引,美国当代中国研究在这一时期从总体转向个案,视点从上层转向社会中下层。

到了 20 世纪 70 年代末,美国已经形成了一个成熟的当代中国研究的学科和人才体系,在研究的深度和复杂性方面都取得了长足进步。尽管如此,由于不能到中国大陆进行实地研究,他们的选题和材料仍然受到很大限制。比如,美国政治学者包瑞嘉(Richard Baum)在一篇总结文章中提到,从 20 世纪 60 年代中期到 70 年代末期,许多驻港美国学者的研究都取材于少数几个刚从内地去香港的移民,其中两个被简称为"小杨"和"老杨"的人,在至少六七个有关"文化大革命"的博士论文和专著中频繁出现。使用这些口述资料的学者也时常需要为素材采集与分析的客观性和代表性辩护。[①]

此外,经过 20 世纪五六十年代,在美国政府"孤立和遏制"中国的政策氛围中成长起来的一代中国学青年学者学生,比美国其他知识分子更加敏锐地关注和反思学术与政治的关系。资深学者与激进青年学者关于"文化大革命"及中国发展模式的褒贬不一的研究结论,也导致了美国中国学界的严重代际分裂。[②]

二、转变的契机:中美学术交流的恢复和拓展

从 1971 年"乒乓外交"带动的中美民间文化接触、交流,到 1979 年 1 月中美关系正常化,为解决上述问题带来了契机。中美关系从破冰到正常化,最先活跃起来的是包括学术交流在内的中美民间文化交流。此后 20 年,在美国出现了超越政治立场的"中国热"(China chic),如一位美国学者的评论,美国人凡是说到中国都"发自内心地、无需修饰地热情表现出"希望发展两国关系,"没有哪个国家像中华人民共和国那样激起如此反应"。[③]

---

① 罗伯特·艾什、沈大伟、高木诚一郎主编:《中国观察欧洲、日本与美国的视角》,第 178—180 页。
② 同上书,第 176—181 页;玛丽亚·海默、曹诗弟编:《在中国做田野调查》,于忠江、赵晗译,重庆大学出版社 2012 年版,第 7—8 页。
③ 何慧:《当代中美民间交流史(1969~2008 年)》,科学出版社 2017 年版,第 127 页。

1968年美国亚洲协会费城年会后,以哈佛、哥伦比亚、密歇根、伯克利、斯坦福等美国中国研究重镇的青年学者为核心成立的"关心亚洲学者委员会"(Committee of Concerned Asian Scholars),成为第一批受邀访问中国的美国学术代表团。1971年6—7月,第一批"关心亚洲学者委员会"的15名成员访问了中国,在为期1个月的访问中,他们共参观了广州、上海、苏州、南京、北京、大寨、太原、西安、延安等地的31个机构,并与周恩来总理进行了3小时的"自由交流"。1972年3—4月、1975年和1978年,委员会的3个代表团访问了中国,了解了中国现状,回国后向美国人介绍中国人的日常生活。①类似的访问活动极大地鼓舞了新一代美国中国学研究者,他们希望描绘一个更加真实的中国,而去中国大陆做研究成为他们的更好选择。相应地,香港地区也逐渐失去了其作为田野调查地点的价值。②

　　然而,刚刚结束冷战隔绝对峙的中国,对美国学者来说,是一个巨大的认知空洞。要填补这个空洞所需的研究,必须摆脱冷战时期区域研究的模式,在持续、密集的田野调查基础之上,重新建立对中国的认识。1979年,中美"互派留学生与学者"谅解备忘录的签署,无疑给了美国的中国学界一个了解中国的好机会。但是,在中国如何进行田野调查?这成了一个新问题。

　　在1978年前,中国对外国人开放的只有50个城市,而且仅限于满足中央各相关单位的外事接待需要,其中涉及文化、学术的接触,仅限于指定机构的短期参观。1978年以后,中国逐步放宽限制,分批开放一些城市和水域,最初的七八年时间,实行甲、乙、丙、丁四类地区管理办法,甲类是外国人无需审批就可直接前往的29个城市,其余需视来访性质予以分级审批。③大部分农村被划为控制开放和非开放地区,外国人去这些地方要经过严格复杂和较长时间的审批。国家科委、外交部于1980年5月曾拟定开放几个农村地区给美国学者进行学术考察的计划,但由于种种原因而流产。④

---

① 何慧:《当代中美民间交流史(1969~2008年)》,第115—127页。
② 魏昂德:《当代中国研究之转型》,严飞译,《清华社会学评论》2017年第1期。
③ 1985年,我国首部《中华人民共和国外国人入境出境管理法》颁布实施,只区分对外国人开放和不对外国人开放两类地区,并不断增加开放市县数量,到20世纪80年代末增加到近500个。1990年军事设施保护法的颁布和各地军管区插牌明示工作的完成,使可以开放的市县数进一步增加至1997年的1283个,约占当时中国市县数量的2/3。见莫启波主编:《公民出入境管理》,广西民族出版社1997年版,第24—33、118—121页。
④ 姚东方:《邹平县冯家村对外开放调查点的设立过程》,载王兆成主编《乡土中国的变迁:美国学者在山东邹平的社会研究》,山东人民出版社2008年版,第26页。

在处于初步探索期的20世纪80年代,外国学者、中国的各级政府,以及负责接待的中国学术机构都在探索外国人在华田野调查的规则:哪些文件和出版物可以看,哪些调查地点可以去,哪些数据可以收集,访谈是否必须有地方官员在场,在哪些媒介如何公开发表访谈资料会引起哪些后果……规则边界的不确定性对双方来说都是明显的,在国情、文化差异和学术工作的国际标准、职业伦理之间的拉锯与磨合,通常要耗费双方大量的精力和时间。①

1979年,斯坦福大学人类学系博士生毛思迪(Steven Mosher)是中美关系正常化以后第一个获准前往中国进行田野考察的美国研究生。他在1979年和1980年到广东顺德(他的第一任妻子的家乡)进行考察。由于他贸然公开发表调查资料的做法引发了极大争议,斯坦福大学最终将其开除。"毛思迪"事件成为整个80年代西方行为科学领域有关田野调查守则大讨论中最受关注的案例,影响可谓深远。毛思迪的人生轨迹从此改变,而刚刚破冰的中美学术交流也因此蒙上阴影。②此后几年,中美有关留学生、学者交流问题的矛盾愈演愈烈,美方甚至考虑限制或中止互派项目。③

三、学术"特区"的试行:美国学者在邹平

美国学者如何在中国做田野调查,如何鼓励美国学者去中国做田野调查、与中国学者建立长期的合作关系,成为中美学术交流初期最大的一个问题。在这样的背景下,1984年,时任美中学术交流委员会来华进修委员会主席欧迈克(Michel Oksenberg)致函中国国家领导人邓小平,提出在中国农村选择一

---

① 玛丽亚·海默、曹诗弟编:《在中国做田野调查》,第9—10页。
② 相关新闻报道和学术反思见:Wallace Turner, Stanford Ousts Ph.D. Candidate over His Use of Data on China, *The New York Times*, February 26, 1983; D. Shapley, Anthropologist Fired: Stanford Plays Its China Card, *Nature*, Vol.302, No.5906, March 24, 1983; Frank Pieke, Social Science Fieldwork in the PRC: Implications of the Mosher Affair, *China Information* Vol.1, No.3, January, 1986; Serendipity: Reflections on fieldwork in China, in Paul Dresch, Wendy James and David Parkin (eds.), *Anthropologists in a Wider World: Essays on Field Research*, New York: Berghahn Books, 2000, pp.129-150.
③ 美中学术交流委员会和美国国家留学生事务协会对最初来华留学、访问的师生的情况进行了跟踪评估,其中人文交流的不平衡和社科田野调查的相关问题是中美学术交流初期的突出矛盾,见Karen Turner-Gottschang, *China Bound: A Handbook for American Students, Researchers, and Teachers*, Washington, D.C.: National Academies, 1981.

个长期调查点,接待美国学者进行连续性、蹲点式社会调查研究;美中学术交流委员会也将负责项目的可行性论证、过程管理,并对美国学术界进行相关解释。

正如欧迈克本人后来回顾时所说:"大部分美国学者只在北京、上海、广州等大城市里研究中国的情况。但是美中学术交流委员会认为,要真正了解中国的历史和现代情况,还应该到农村去。中国80%的人口居住在农村,农村仍然是中国经济的基础,农村仍然是中国的重心。不了解中国的农村,就不会真正了解中国。"另一方面,他也认为,1978年以来中国农村发生快速变化,对于以农业为经济政治和社会基础的中国乃至整个世界的现代化进程来说,这场变化均深具历史意义,美国学者应与中国学者一起"为未来的历史学记录这场变革"。①这两方面的目的,都需要对中国农村进行长期、深入的研究,才能实现。

邓小平亲自批示,同意美方请求,并决定由1979年成立的中国社会科学院具体承办此事。在中央有关部门的帮助下,中国社会科学院向全国18个省份征询选点事宜,并向美方提供候选名单。欧迈克最后选定了既距离北京不远,又相对处于内地、较能代表中国农村普遍情况的山东邹平县。于是,山东邹平县以冯家村为基地的包括县城在内的9个村镇,成为中国农村首个也是唯一的对美国学者开放的调查点。②

美方对调查点的选择和运作十分审慎。美国国家科学院拨付预研究专款,美中关系全国委员会成立专门委员会,先后由哈佛大学公共卫生学院教授贝尔(David Bell)和斯坦福大学社会学系教授英克莱斯(Alex Inkeles)领衔;此后,两次派出资深研究员和青年研究者进行试行考察,且考察前,均向美国学界广泛征集他们关心的问题。1985年和1986年夏天,时任美中学术交流委员会副主任盖耶(Robert Geyer)、哥伦比亚大学政治系教授伯恩斯坦(Thomas Bernstein),以及青年学者艾恺(Guy Alitto)、高棣民(Thomas Gold)分别对邹平县进行了全面预备考察,他们回去均撰写了详细的调查报告,涉及邹平的历史与现状,北京、山东、邹平本地的文献资料条件,口述访谈条件,邹平当地生

---

① 迈克·奥克森伯格:《美国学者在邹平的社会研究》,载王兆成主编《乡土中国的变迁:美国学者在山东邹平的社会研究》,第23—24页。
② 《山东省委外宣办采取六条措施加强邹平考察点的外宣工作》,转引自中共山东省委对外宣传办公室、山东省人民政府新闻办公室编《山东省对外宣传工作文件资料汇编(1992—1998)》(下册),山东友谊出版社1999年版,第1799页。

活条件,甚至包括简明的邹平方言学习指南。①

中国方面对这一项目也高度重视,以"把这个特殊的对外窗口建设好"为契机,加快全县的生产发展和生活水平的提高。当地根据美方考察情况,为美国学者修建了专家楼,开通国际直拨电话,安装全县第一部传真机,在乡与乡之间铺设沥青路。甚至由于当地处于咸水区,全县通过义务劳动和群众集资等形式,加强水利改造,不仅解决了80%农业用水问题,邹平县外事办公室每天派车为他们运送甜水。②

经过一年多的遴选,12位学者和4名学生,组成了"山东省邹平区域性研究项目"组,在美国梅隆基金会、洛克菲勒基金会和国家人文科学基金会的赞助下,从1987年开始进行每年3个月、连续5年的考察研究。这批美国学者的专业领域涵盖了历史学、经济学、社会学、人类学、环境保护和农业科学,目的是通过全面了解邹平县,来真正了解中国。

第一批美国学者在去邹平之前,认为中国农村像非洲一样贫困落后,生存和医疗条件很差,因此去的时候都是大包小包,装满了卫生纸、肥皂、蚊香、感冒和肠胃药,等等,得了急性病也不敢去当地医院治疗。在邹平生活了一段时间后,他们才了解到,当地公共卫生服务水平不错,购买日用品也非常方便。邹平当地的老百姓,一开始看到外国人在路上走,就好奇地盯着一直看,到后来,把这些美国学者当作一般村民,可以闲话家常。一位民俗研究者在驻村一年半的时间里,全村256户人家的婚丧嫁娶、娘生日、孩满月等场合,她次次不落,近千村民没有不认识她的。美国学者们和当地官员之间也逐步建立了相互信任的关系,甚至成了无话不谈的老友。

1987年6月24日起,到1991年9月26日的4年多时间,共有美国学者87人次进行了总计1 487天次的研究,调查范围涉及邹平县9个乡镇、16个村、69个县直部门,调查对象17 500多人次,调查内容涉及邹平历史、文化、政治、经济、农业、环境、医疗等各个方面。项目组成员每次考察回国,都以听证会、文章、演讲等形式介绍考察成果。邹平项目大大推进了美国对当代中国研究的

---

① 艾恺:《在邹平县做社会科学研究:向美国科学院美中学术交流委员会递交的一份有关研究资源和研究条件的报告》,载王兆成主编《乡土中国的变迁:美国学者在山东邹平的社会研究》,第219—253页。

② 《"共产党的力量非常大"——美国考察队在山东省邹平县考察五年得出的结论》,转引自中共山东省委对外宣传办公室、山东省人民政府新闻办公室编《山东省对外宣传工作文件资料汇编(1992—1998)》(下册),第1789—1790页。

深度和广度,触及农业改革和农村体制变迁、农业发展对环境的影响、农村纠纷调解机制、中国传统健康与医疗、教育的分配和社会化过程、国家与农民关系、民营经济发展、干部任免和政府决策机制等当代中国改革的许多重要方面。①

1991年项目结束之际,欧迈克等人提出希望延长5—15年的考察研究期,获得中国政府同意。20世纪90年代以后,中国不断开放,变化更快,可以调查研究的课题和地点也更为丰富。参与邹平项目的青年学者、研究生,有的成长为美国中国学界的"领军人物",比如斯坦福大学政治学讲座教授戴慕珍(Jean Oi),有的则将邹平的风土和人物作为自己毕生的研究对象,比如梁漱溟研究专家艾恺。邹平项目的成功经验使他们在后来的岁月里,仍然不断回到邹平,或带动自己的学生来到邹平,继续深化研究。自1985年至2008年,美国学者在邹平驻点研究的人数已突破200人次。②

四、书写转变的中国:美国中国学中的邹平

邹平对中美学术交流乃至中美关系的意义,最直观地体现在欧迈克本人与邹平的深深情结之上。欧迈克是卡特政府时期国家安全委员会亚太事务顾问,是中美建交的重要推动者之一。同时,他也是一位资深学者,一手把任教的密歇根大学打造成美国中国政治研究的第一重镇,培养的学生可谓支撑起美国当代中国研究的"半壁江山"。欧迈克不仅是邹平项目的负责人,他也把邹平作为自己后半生致力研究的对象。从1988年5月到1999年11月,他曾6次到邹平考察,有时一待就是近2个月,留下了1 000多页调查笔记。③

---

① 有关美国学者在邹平的基本情况与相关数据,见王兆成主编《乡土中国的变迁:美国学者在山东邹平的社会研究》,第1—21页。

② 王兆成主编:《乡土中国的变迁:美国学者在山东邹平的社会研究》,第1页。具体考察时间、人员、研究主题,见该书附录二,第254—264页。

③ 欧迈克致力理解和记录中国共产党领导下的地方政府行为及其内在逻辑,他做的每一个访谈记录,首先是概括到访单位基本情况,在职官员人数、年龄、背景,访谈内容主要围绕其具体职能,及其与邹平政治经济发展之间的因果关联。在此基础上,他所设想的研究主题包括:官僚体制内部如何协调冲突、重叠的职能,与党的机关的关系,条块的权力关系,预算的制定。为了研究这些问题,他往往会多次连续访问若干单位跟踪其动态变化。此外,在追踪邹平本身的变化时,他特别关注乡镇企业的发展,以及与之相应的地方政府预算、税收和银行体系的变化。参见 Steven M. Goldstein, Mike Oksenberg and Zouping: An Appreciation, in Jean Chun Oi, Steven Martin Goldstein(eds.), *Zouping Revisited: Adaptive Governance in a Chinese County*, Stanford, California: Stanford University Press, 2018, pp.2-3;王兆成主编《乡土中国的变迁:美国学者在山东邹平的社会研究》,第9—10页。

特别是在 1989 年和 1997 年,中美关系两度陷入低潮的时候,他把邹平作为改善中美关系的突破口,努力消除美国国内对华疑虑,积极推动美国对华政策调整。第一次,他亲自到邹平考察,随即在中国香港地区和美国国内数度发表演讲和报刊文章;第二次,他在总统卡特访华期间促成其到访邹平,卡特回国后在《纽约时报》发表题为《将中国妖魔化是错误的》文章,主张中美保持良好双边关系。欧迈克曾构想写一部以邹平为题材,反映中国社会巨大变化的著作,并委托邹平县外事办公室翻译中文版。但是他在 2001 年病逝,留下遗憾。[1]

尽管如此,邹平无疑为美国中国学界、政府和公众了解当代中国打开了第一扇窗户。在美国当代中国研究中,邹平的变迁几乎可算是中国改革开放的一个代名词。这一点反映在如下代表性著作的主题上:魏昂德(Andrew Walder)主编的《转变中的邹平:中国改革的过程》(1998 年)、柯任安(Andrew B. Kipnis)的《从农村到城市:一个中国县治的社会转变》(2016 年)、戴慕珍等主编的《重访邹平:一个中国县治的适应性治理》(2018 年)。[2]

《转变中的邹平:中国改革的过程》(简称《转变中的邹平》)是第一部有关邹平的集体著作,反映了从 1987—1993 年,邹平项目最初实施阶段取得的主要进展。8 位学者从各自对邹平的田野调查出发,展现了改革开放 20 年中国农村发生的巨大变化,尤其是深入剖析了地方政府、农村党员干部在经济改革方面扮演的重要角色,同时也分析了市场经济改革给农村福利制度和分配体系带来的影响。魏昂德在导论中将改革开放时期邹平的变化概括为"地方政府运用他们的政治权力一心一意地促进工业发展"[3]。

虽然这不是一项集体研究的成果,但是来自历史、医疗、环境科学、法律、教育、人类学、社会学、经济学、政治学等不同学科的学者基于各自的独立研究项目,对同一个研究对象的各个方面进行了深入和长期的观察。田野工作的"同窗"情感也促进了他们之间跨越学科壁垒的对话和交流。在 1988 年和 1993 年的两次专题研讨会基础上,最终形成一个框架严谨而论据扎实的有机整体。《转变中的邹平》的出版得到了西方学界的瞩目和广泛好评,一些中国学

---

[1] 王兆成主编:《乡土中国的变迁:美国学者在山东邹平的社会研究》,第 43—65 页。

[2] 这本书是在欧迈克得知自己罹患末期癌症后,召集戴慕珍等人编写的,旨在跟踪改革开放时期邹平的变化。欧迈克的学生们参与了继续研究,并大量利用了欧迈克本人内容丰富的调研笔记。

[3] Andrew G. Walder(ed.), *Zouping in Transition: The Process of Reform in Rural China*, Cambridge: Harvard University Press, 1998, p.40.

和社会学领域的权威期刊纷纷刊登书评。评论者称其为中国学领域内的地方研究典范,"哪怕是邹平这一个小小的县,在中央政策的实施和效果方面也提供了足够的多样性,使学者能够找到在改革开放过程中塑造农村社会经济图景的关键因素"①;对于西方学界"理解华北的制度变迁、干部和政策是一个重要的补充"。②特别应当指出的是,今天,"县治"(county system)已经成为海外中国研究界讨论国家政权建设、城市化等核心问题无法绕开的研究对象,但是触发这种"眼光向下"的转变,主要是1994年的分税制改革。③在这个意义上,这本书堪称极少数的"预流"之作,因而成为海外研究当代中国地方社会的经典之作。

然而,《转变中的邹平》一书成为中国学领域的经典著作,并没有为邹平项目画上句点,相反,邹平研究时间和成果的不断累积,促使长期研究邹平的学者们更加深入挖掘这一地方性研究如何嵌入西方学术理论框架,回应和挑战学科理论核心。在中国改革开放完成第二个20年的里程碑之际,《从农村到城市:一个中国县治的社会转变》(简称《从农村到城市》)和《重访邹平:一个中国县治的适应性治理》(简称《重访邹平》)两部著作再次引起了学术界的关注,也回应了西方学术界对中国研究焦点问题的核心关切。

1988年,柯任安是在南京大学进修汉语的一名博士生,还没有确定自己博士论文题目的他,作为导师的研究助理第一次来到邹平。因为邹平是当时唯一对美国人开放的社会科学调查点,所以邹平成了柯任安唯一的选择。他后来发现,尽管邹平是中国政府批准的蹲点调查点,但是那里的研究环境不错,学术以外的干扰因素并不多,因此在完成博士论文的研究工作后,他只要有时间就回到邹平,从20世纪90年代中期到2013年间,他在中国的大部分时间都是待在那里,从事一项有关中国教育改革的研究。这项研究使他得以深入邹平当地的学校、家庭、企业、政府。邹平的田野调查为他提供了一个观察中国的基点,使他在后来考察中国其他地方时能敏感地发现中国的变化及其所蕴含的研究价

---

① Stig Thogersen, Review of Zouping in Transition, *The Journal of Asian Studies*, Vol. 58, No. 2, May 1999.
② Eduard B. Vermeer, Review of Zouping in Transition, *China Information*, Vol. 14, No. 2, 2000.
③ Jae Ho Chung, Tao-Chiu Lam (eds.), *China's Local Administration: Traditions and Changes in the Sub-National Hierarchy*. London and New York: Routledge, 2009, p.149.

值,而邹平本身的快速城市化,也促使他写作了《从农村到城市》这本书。①

城市化是现代化研究的核心命题。目前存在三种有关现代性的理论,首先是经典理论,将现代性定义为农业社会因城市化和工业化而发生的与过去形态的全面断裂;其次是"第二波理论",基于欧洲工业化和现代化发生之后的转移,而认为同样的"现代性"变化会接踵出现;其三是现代性的周期理论,认为只要有资本累积的地方,就会出现现代性的特征,因此,随着资本在世界范围内的移动,一种进步和可计划的现代化就会散播开来。这些理论在西方人类学田野调查中已频遭诟病,以至于当代城市人类学已完全摒弃了现代性概念,并把城市化作为一个不言自明的研究背景,而聚焦于城市改造、身份认同、社会运动等城市研究,城市化本身反而少有人继续研究。西方学术界对于现代化理论的批判走向一个极端,使他们对真正的"发展中"案例缺乏研究兴趣。

西方城市研究的理论和方法论倾向也深深影响了海外中国城市研究。改革开放以来,中国城市化问题是海外中国研究的一个热点。比如,怀默霆(Martin Whyte)等有关中国城市的经典研究《当代中国的城市生活》(*Urban Life in Contemporary China*)提出,计划经济时代中国的城市化与西方国家发生的城市化有着显著区别,在中国,户口、单位、街道居委搭建了一个完整的福利体系和全能管理系统,使城市生活处于国家严密的调控和管理之下,海外学者将之概括为计划经济—单位制驱动的城市化(planned economy/work-unit-driven model of urbanization)。20世纪八九十年代乡镇企业的异军突起,带动了农村剩余劳动人口就地转业的独特流动方式,被形象地概括为"离土不离乡"的"乡村城市化"发展模式(rural urbanization),或是"没有城市化的就地工业化和现代化"(in situ industrialization and modernization without urbanization)。在以上两种城市化中,"在有关社会过程的现代化理论中与城市化紧密相连的异化、个人化、加剧的陌生人互动、社会混乱似乎都未明显发生"。90年代后期,随着乡镇企业发展放缓和户口制度的逐步放松,农民工进城打工并向一、二线城市集聚,成为中国城市化的新形态。②在本地单位制福利

---

① From Village to City: An Interview with Andrew Kipnis, *Chinoiresie. info*, July 28, 2016; Andrew B. Kipnis, *From Village to City: Social Transformation in a Chinese County Seat*, Oakland: University of California Press, 2016, pp.22-25.

② Andrew B. Kipnis, *From Village to City: Social Transformation in a Chinese County Seat*, pp.13-14.

和管理系统缺席、充沛的海外资本与廉价移民劳动力匹配的图景下,这种新的城市化形态更接近西方的城市化,许多基于西方案例得出的经典现代化理论所描述的城市问题也在中国出现,并在过去 20 年引起海外研究者的高度关注,许多的重要研究都是基于珠江流域和北京、上海等大都市进行的,因此这些案例也成为海外学者理解中国城市化的基点。[1]

然而,像邹平这样的人口规模在 10 万—100 万之间的县,在当代中国研究乃至比较现代化研究中,是被长期忽视的案例。一方面,它的工业化、城市化、人口变迁、消费革命、教育和官僚结构的增长性变化等几乎同时发生,这对适用和反思经典现代化理论仍有积极意义;另一方面,邹平的当代社会变迁,是 20 世纪八九十年代"就地城市化"模式与市场经济条件下剩余农村劳动力流动相结合的产物,不同于海外中国学家经常关注的珠江流域、上海、北京等地的情况,在有关城市的分配和治理问题的讨论上,可以提供不同的经验回答,成为我们全面理解过去三四十年中国现代化进程的有益补充。

为此,柯任安提出了"重组型城市化"(recombinant urbanization)的概念,即现代化并不是简单的新老交替,许多旧的因素通过新的位移与新的因素组合在一起,共同形成了转型后的社会。其中个人、社会和政治的记忆,是转型过程中的黏合剂,使过去与现在有机地结合在一起。这种洞见若非基于近 30 年的长期蹲点调查——用他的话来说,是人类学"昆虫复眼"与历史学"鸟瞰"两种视野的结合[2]——是难以得出的。

2018 年,邹平县正式更名为邹平市。同年出版的《重访邹平》,既是对最初由欧迈克开始的关于邹平长期蹲点研究的一个总结,也是对邹平 30 年变迁的见证。主编戴慕珍指出,有关改革开放以来中国发展变化的研究,在西方学术界激活了有关"威权韧性"(authoritarian resilience)这一西方政治学概念的讨论,并且,当代中国成为讨论这一概念最前沿和最中心的案例。有的西方学者

---

[1] 如 Tamara Jacka, *Rural Women in Urban China*: *Gender*,*Migration*,*and Social Change*, London: M.E. Sharpe, 2005; Ngai Pun, *Made in China*: *Women Workers in a Global Workplace*, Durham, NC: Duke University Press, 2005; Yan Hairong, *New Masters*,*New Servants*: *Migration*,*Development*,*and Women Workers in China*, Durham, NC: Duke University Press, 2008; Yan Yunxiang, *The Individualization of Chinese Society*, New York: Berg, 2009; M. K. Whyte(ed.), *One Country*,*Two Societies*, Cambridge, MA: Harvard University Press, 2010。

[2] Andrew B. Kipnis, *From Village to City*: *Social Transformation in a Chinese County Seat*, p.25.

关注的是新的"正式"与"非正式"①,但是西方学术界对于一党执政的理解是不够全面的。

西方关于中国政治与经济体系的一般看法认为:首先,中国在政治上鲜少变化,因为中国始终保持一党执政,许多核心治理机构都是改革开放前计划经济时代的产物;其次,私营企业的存在与共产主义的价值观矛盾。关于邹平的研究,为西方学者和政策制定者理解共产党领导下的中国的经济发展趋势及其逻辑,提供了"一个罕见而无价的基准线"。对于西方的中国观察家和学者而言,邹平案例回答了一个他们最关心的疑问:在相对缺少政治改革的情况下,中国是如何成长为世界第二大经济体的?

有关邹平的长期研究反映出,改革开放以来中国的发展不是线性和一贯的,每一个时期的突破都有特定的契机。从政府层面来说,中国的政治改革十分有限,但是政治变化很大。也就是说,官僚机构不断因应社会经济变化,尽管表面上它的组织形式没有变化,但是运作方式和履行职能的方式却不断改变;特别是地方政府,有时甚至是创造性和充满企业家精神的。②

五、结语:邹平调查点的启示

到中国进行田野调查为美国学者打开了认识中国的全新视野,在这个意义上,20世纪80年代及其后的美国中国学的研究议程并非规划设置,许多研究项目是基于调查中的突然发现,在意外的方向上推进的。20世纪90年代以后的美国中国研究变得多样化,中国进一步开放,但是另一方面,20世纪80年代那样由中国接待单位为外国学者安排田野调查的情况已经极少出现了,今天外国学者开展田野调查的机会变少了,调查兴趣也转移到了其他方向。

实际上,绕过困难重重而又充满不确定性的田野调查,用其他获取数据的方法来代替,已经成为国际学术界的普遍现象。当代中国研究受到整个国际学术界研究方法转变的影响,短期田野调查取代了长期田野调查,并被看作文

---

① 国内学者更倾向于用"中国特色的社会治理机制"(比如"倒逼机制""预期引领机制"和"转危为机机制")来概括,比如《社会发展不能只有资本的逻辑和力量,40年社会治理创新带来哪些启示?》,2018年11月16日,https://www.jfdaily.com/news/detail?id=116813。

② Jean Chun Oi, Steven Martin Goldstein(eds.), *Zouping Revisited*: *Adaptive Governance in a Chinese County*, chapter one.

献资料和比较研究方法的补充。另一方面,传统民族志研究把工作集中在一两个地点,而如今,来自不同学科的学者往往在中国许多不同的地点开展工作。①像山东邹平这样的蹲点调查项目,如今再难看到。

目前这种研究倾向最让人担心的极端情况是,用西方学界通行的理论加上来自媒体报道的中国事件,来描绘今天的中国。尽管今天的资讯如此发达,失去了田野里建立的牢固的实地观察的基础,外国学者对中国的阐释只会越来越刻板,而中外双方在理解上的鸿沟也会越拉越大。就此而言,邹平项目对美国和中国都是值得回味和省思的宝贵经验。

---

① 玛丽亚·海默、曹诗弟编:《在中国做田野调查》,第11—16页。值得一提的是,该书主编之一的丹麦汉学家曹诗弟也在邹平进行过深入的田野调查,并出版专著《文化县:从山东邹平的乡村学校看二十世纪的中国》,见 Stig Thøgersen, *A County of Culture：Twentieth-century China Seen from the Village Schools of Zouping*, Ann Arbor：University of Michigan Press, 2002。

美国中国观的动力机制及其现实启示*
——以中国问题专家为中心的分析

张 焮

2017年特朗普出任美国总统以来,美国的民粹主义和保护主义愈演愈烈,两相结合之下,美国精英阶层开始密集炒作新一轮"中国威胁论"。最为典型的论述就是2018年权威杂志《外交事务》(*Foreign Affairs*)刊文大肆否定1972年尼克松访华以来美国的现实主义中国观,提出美国应该重新审视中国、制定全新的对华政策;①《国家利益》(*National Interest*)杂志更是直接宣称"第二次冷战"已经开启。②这些都可以明显看出美国不少精英人士已经不再相信美国有能力去演变中国,"强硬遏制中国"的思想再次抬头。与此同时,在对华政策上,美国政府也是新动作不断。2018年3月,特朗普挥舞关税大棒,单方面发起对华贸易战;2019年5月初,美国众议院更是通过所谓的"台湾保证法",挑战一个中国原则;5月中旬,特朗普又宣布"美国进入紧急状态"以打压华为。种种迹象显示,美国中国观已经再临一个全新的十字路口,或将迎来一场根本性的转变。

关于当前中美摩擦所折射出的新变化,有两种截然不同的看法。一类认为这只是中美关系的逆流。巨大的经贸往来依然是中美关系的"压舱石"和

---

* 本文所论述的美国中国观,指美国对中华人民共和国整体性的抽象认知,强调对认知者的对华态度和行为产生影响才能称其为"中国观"。中国观的主体上所强调的中国问题专家,既包括从事中国研究的学院知识分子,也包括在美国的社会组织以及政府内部专职中国事务的人士。本文为国家社科基金青年项目"关心亚洲学者委员会与美国左翼中国研究的兴衰"[16CDJ001]阶段性成果。

① Kurt M. Campbell, Ely Ratner, "The China Reckoning: How Beijing Defied American Expectations", *Foreign Affairs*, March/April, 2018.

② Michael Lind, "America vs. Russia and China: Welcome to Cold War II", *National Interest*, April, 2018.

"稳定器",美国主流思想是和中国保持友好关系。①另一类观点认为,所谓的中美贸易战只是表象,问题的根本在于美国的对华政策发生"质变",对华战略正在从接触转向遏制。②换言之,美国对华认知的新变化是特朗普治下的阶段性产物,抑或是美国中国观彻底转向保守主义的信号? 对此问题,知识界尚未形成共识。而对美国中国观动力机制的探析,或将有助于我们从另一视角来把握当前上述问题。

一、学界关于美国中国观的研究

回溯历史有助于我们看清未来。1949 年以来,美国中国观的历史变迁是分析美国当前对华认知新变化的重要参照,亦是分析美国中国观动力机制的起点。对其进行历史分析和追根溯源有利于我们理解美国中国观变化的内在逻辑。

既有的关于美国中国观的研究主要集中在三个领域。

一是中美关系领域。如资中筠研究 1945—1950 年美国对华政策缘起与发展的专著,"缘起"部分很大程度上在分析美国政府的中国观;③张屹峰的博士论文较为系统地分析了美国肯尼迪政府的中国观,强调美国政府的对华认知是制定对华政策的直接依据;④贺艳青的专著在美国中国观的主体上作了进一步细化,聚焦于朝鲜战争前后美国情报机构的中国观;⑤陈积敏研究美国

---

① 袁鹏认为中美经贸利益深度交织,贸易战只是逆流和插曲,参见赵舒婷、张骐:《袁鹏:利益深度捆绑是中美关系的一大成功经验》,澎湃新闻(https://www.thepaper.cn/newsDetail_forward_2670504),2018 年 12 月 26 日;辛恩波、李奕昕:《宋国友:经贸关系依然是中美关系的"压舱石"》,澎湃新闻(https://www.thepaper.cn/newsDetail_forward_2670516),2019 年 1 月 2 日;傅高义认为华盛顿对华不太友好,但美国主流思想依然是中美友好,参见[美]傅高义:《对中美关系 40 年的思考》,《复旦学报(社会科学版)》2019 年第 2 期。
② 王缉思认为美国的对华政策已发生"质变",参见王缉思:《如何判断美国对华政策的转变》,《环球时报》2019 年 6 月 13 日;马丁·沃尔夫认为"与中国进行全面对抗正在成为美国经济、外交和安全政策的组织性原则",参见[英]马丁·沃尔夫(Martin Wolf):《中美关系不应成为零和游戏》,FT 中文网(http://www.ftchinese.com/story/001083082?full=y),2019 年 6 月 6 日;俞建拖、卢迈认为美国对华战略已经完成了从接触到遏制的转型,参见俞建拖、卢迈:《一场未加掩饰的遏制——美国对华战略转型与中国的应对》,财新网(http://opinion.caixin.com/2018-09-11/101324775.html),2018 年 9 月 11 日。
③ 资中筠:《追根溯源——战后美国对华政策的缘起与发展(1945—1950)》,中国社会科学出版社 2007 年版。
④ 张屹峰:《肯尼迪政府的"中国观"与对华政策》,华东师范大学博士论文 2006 年。
⑤ 贺艳青:《朝鲜战争前后美国情报机构对"中共政权"的认知》,中共党史出版社 2014 年版。

对华战略的论文指出,冷战期间美国对华认知有一个从"地缘政治和意识形态的敌人"向"事实上的盟友"的转变;①美国前外交官埃德温·马丁(Edwin W. Martin)的著作清晰呈现了英美政府在1949年前后对中国的整体性判断;②美国学者唐耐心(Nancy B. Tucker)研究1949年到1950年美国在"是否承认新中国"上论争的著作,大体呈现了其间美国政府、公众以及学者等群体对中国的认知;③唐耐心另一本研究1950年代美国对"中国威胁"认知的著作,相当部分也是在分析当时的美国中国观;④等等。此外,还有大量研究中美从隔绝到接触、从对抗到和解的著作,或多或少都涉及1949年后的美国中国观,此处不再赘言。

二是文化传播领域。托马斯·博克(Thomas Bork)和丁伯成的著作是较早直接以中国观为题的专著,该书利用美国主流报纸杂志,对1949—1999年间美国精英如何看待以及为何如何看待中国进行了较为全面的分析;⑤李毅的著作则独辟蹊径,研究美国教科书尤其是大学基础课教材中的中国,折射出美国教育界在对华认知上的大量共识。⑥此外,大量成果体现在对中国形象⑦的研究中。如哈罗德·伊萨克斯(Harold Isaacs)的著作指出1949年后,美国对中国的认知从"幻灭"(1944—1949)变为"敌视"(1949—1950s);⑧马克林的著作提出1949年到1971/1972年,中国西方形象以负面为主,1972年后,虽然时有波动但依然以正面为主;⑨A.T.斯蒂尔(A.T. Steele)1966年出版的、调研

---

① 陈积敏:《美国对华战略认知的演变与中美关系》,《外交评论》2011年第4期。
② [美]埃德温·W.马丁:《抉择与分歧——英美对共产党在中国胜利的反应》,姜中才、于占杰译,社会科学文献出版社2016年版。
③ [美]唐耐心:《艰难的抉择——美国在承认新中国问题上的争论(1949—1950)》,朱立人、刘永涛译,复旦大学出版社2000年版。
④ Nancy Bernkopf Tucker, *The China Threat: Memories, Myths, and Realities in the 1950s*, Columbia University Press, 2012.
⑤ [美]托马斯·博克、丁伯成:《大洋彼岸的中国幻梦——美国"精英"的中国观》,外文出版社2000年版。
⑥ 李毅:《美国教科书里的中国》,广东教育出版社2006年版。
⑦ 严格来说中国观和中国形象是两个不同的概念。中国观相当于英文中的 The perception of China,中国形象是 The image of China。中国形象更多的是强调在各种叙事中所呈现出来的中国图景。某种意义上可以说,中国形象是中国观的外在表现,中国观决定中国形象。
⑧ [美]哈罗德·伊萨克斯:《美国的中国形象》,丁殿利、陆日宇译,时事出版社1999年版,第86页。
⑨ [澳]马克林:《我看中国——1949年以来中国在西方的形象》,张勇先译,中国人民大学出版社2013年版,第49、54页。

20世纪60年代美国公众对华态度的著作,也客观呈现了当时美国公众的对华认知;①等等。

三是海外中国学领域。如梁怡在评析海外马克思主义中国化研究的著作中,对美国学术界关于毛泽东思想、邓小平理论、"三个代表"重要思想和科学发展观的认知作了较为详细的介绍;②梁怡在评述国外中共党史研究的著作中,对美国知识界的"中共观"也有所涉及,"中共观"这一提法从另一个角度反映出了美国对中国的认知;③此外,朱政惠从史学史的角度研究美国中国学发展的著作④和吴原元研究中美对峙时期的美国中国学的著作,⑤都不同程度反映了美国学术界的中国观。

总的说来,既有的研究基本都认为1949年以来的美国中国观,以1972年前后为界分为两个阶段。按照"钟摆理论"⑥,大体可以认为1972年前美国中国观偏消极、1972年后美国中国观偏积极。与此划分相对应,美国中国观有两次根本性转变:一是1950年从短暂占据主流的现实主义急速转向极端反共反华的保守主义,之后保守主义中国观长期在美国占据主流;二是20世纪60年代中期开始,逐步摆脱意识形态至上的保守主义桎梏,现实主义中国观重新开始缓慢崛起,最终在1972年前后成为美国社会的新主流。⑦

二、美国中国观的两次大转变

草蛇灰线,伏脉千里。美国中国观的两次大转变,不论是保守主义成为主

---

① A. T. Steele, *The American People and China*, McGraw-Hill Book Company, 1966.
② 梁怡主编:《国外马克思主义中国化研究评析》,学习出版社2014年版。
③ 梁怡、李向前主编:《国外中共党史研究述评》,中共党史出版社2005年版。
④ 朱政惠:《美国中国学发展史——以历史学为中心》,中西书局2014年版。
⑤ 吴原元:《隔绝对峙时期的美国中国学(1949—1972)》,上海辞书出版社2008年版。
⑥ "钟摆理论"认为,中国在西方的形象一直在消极和积极之间不停地转换。参见[澳]马克林:《我看中国——1949年以来中国在西方的形象》,第6页。
⑦ 本文对保守主义和现实主义的区分,仅限于美国中国观的理念及其实践,并不是以此对不同群体的思想作整体性判断。这一划分在中国观之外的问题上很可能出现交义重叠的情况。本文在使用保守主义概念时强调的是其道德理想主义和高度意识形态化的一面(强烈反对共产主义),现实主义对意识形态关注较低,外交上强调国家利益的决定性作用,而不是所谓的道义原则。需要强调的是,在维护美国霸权上,保守主义和现实主义高度一致,具体到中国问题上,虽然两者策略、手段有所不同,但随着现实的发展变化,也可能发生相互转化。关于保守主义和现实主义的异同,可参见王公龙:《现实主义与保守主义》,《世界经济与政治》2004年第12期。

导还是现实主义成为主导,都不是一蹴而就之事,都有其内在的脉络和兴起的踪迹可寻。

1949年中华人民共和国成立时,美国中国观一度以现实主义为主流。不管是中国问题专家还是政府的主要决策者,对中国的基本判断都是蒋介石集团行将崩溃,没有任何可能重整旗鼓,美国将不得不面对一个全新的共产主义中国。1949年10月6日,中华人民共和国刚成立几天,美国国务院公共事务局就邀请25位远东问题专家,讨论美国对华政策。①会上,绝大多数专家都主张美国承认中华人民共和国。16位专家认为承认中华人民共和国是理所应当之事。承认中国,美国没有任何损失,还能博得中国人的好感,有利于美国在华重启"门户开放"政策;不承认中国,美国得不到任何好处,反而有碍对华贸易。②多位专家指出只有承认中华人民共和国,美国才有可能减轻苏联对中国的影响。③还有专家指出,中国的共产主义和其他国家的共产主义不一样,是中国人民自己做出的选择,而不是苏联人从外部强加的结果。中国共产党政权得到许多中国人的拥护,必将长期存在下去,建议美国及早承认,并且经济建设上给予有条件的援助。甚至持反共立场的专家都主张承认中华人民共和国,唯其如此,美国才有机会留在中国去削弱中国共产党的领导。④

但是主张承认者大多倾向于"有条件地承认"。承认的关键前提,一是国民党完全垮台、中国共产党建立起来有效的国家机器;二是中国共产党愿意承担其国际义务,并且善待在华外国人。而且大部分人主张把"承认"作为一个和中国共产党谈判的筹码,为美国争取有利条件。⑤也就是说,面对新中国成立这一事实,大多数中国问题专家都持现实主义立场。美国政府的看法也如出一辙,持"等待尘埃落定"的态度。这种中国观本质上反映了一种现实主义思维模式——不愿过早给自己作出限定,力图保持政策的开放性,根据形势的

---

① 该会议的内容主要参考美国国务院工作人员所写的会议备忘录,一些中文著作/译著对此次会议也有所介绍。参考处下文另作标注。

②⑤ "Memorandum by Mr. Gerald Stryker of the Office of Chinese Affairs", Foreign Relations of the United States, 1949; The Far East: China, Volume IX, Document 175, p.157.

③ [美]唐耐心:《艰难的抉择——美国在承认新中国问题上的争论(1949—1950)》,朱立人、刘永涛译,复旦大学出版社2000年版。

④ 资中筠:《追根溯源——战后美国对华政策的缘起与发展(1945—1950)》,中国社会科学出版社2007年版。

发展变化,伺机而动谋求美国利益最大化。①

但是冷战形势和美国国内政治很快发生剧变。1950 年 2 月《中苏友好同盟互助条约》在莫斯科签署,随后 6 月朝鲜战争爆发,10 月中国志愿军进入朝鲜,紧接着中美两国在朝鲜战场直接交战。与此同时,麦卡锡等极端保守主义者趁势在美国国内兴风作浪。美国中国观迅速出现大转变,反共反华成为美国国内不容置疑的"政治正确",中美两国漫长的隔绝与对峙时期由此开启。其间,美国政府内部以及高校和科研机构中的中国问题专家遭到大规模的清洗。在高压的反共调查下,一些人员相互举报甚至诬告,导致学术共同体荡然无存。之后 10 余年,中国研究在美国成为一个鲜有人触碰的危险领域。②短暂位居主流的现实主义中国观,迅速让位于意识形态至上的对中国的极端敌视,并由此奠定了之后 20 余年里美国中国观的保守主义底色。保守主义中国观虽然也有一定的变化发展,但主要是论述重心的转变。即从早期侧重"中国崩溃论",鼓吹"共产党的统治是暂时现象",转向了后期宣扬"中国威胁论",污蔑"中国是世界和平的最大威胁",其极端敌视中国的立场始终未曾改变。③

对 1972 年后成为主流的现实主义中国观而言,1964 年前后是一个关键节点。是年 1 月,法国不顾美国反对,与中国正式建交,美国孤立中国的政策遭受重创;10 月,中国成功爆炸了第一颗原子弹,抵御外来侵略的能力极大提高。而同期美国大规模介入越南战争,各种国内矛盾日趋激化。现实的变化,让美国一些知识精英意识到之前保守主义者的各种论断和真实相去甚远。在中国问题上,一些现实主义中国问题专家开始告别麦卡锡时代以来的沉默,重启中国议题的公共讨论,以期更加准确地理解中国。

---

① 1949 年前后的现实主义中国观和 20 世纪 60 年代中后期的现实主义中国观,在思维模式上如出一辙。但 1949 年现实主义的这种开放性,在事实上关闭中美交往的空间,而 20 世纪 60 年代末现实主义的开放性,则打开了中美接触的大门。

② 艾伦·怀廷(Allen S. Whiting)曾提到,麦卡锡主义鼎盛时期,他在西北大学仅仅是因为研究中国,就被一位资深教授怀疑"同情中国",理由是研究外国的学者容易对自己的研究对象产生同情心。他最后因麦卡锡主义而失去教职。20 世纪 50 年代中后期,艾伦·怀廷准备继续研究中国时,被善意提醒不要去碰这个敏感且极具争议的领域。详见何妍:《1960 年代美国政府中国问题专家艾伦·怀廷教授访谈录》,载华东师范大学冷战国际史研究中心编《冷战国际史研究(第 8 辑)》,世界知识出版社 2009 年版,第 289—290 页。

③ 这种论述重心的转变在支持蒋介石集团的保守主义组织"百万人委员会"(Committee of One Million)身上体现得尤其明显。可参见 Edward Hunter, *The Black Book on Red China*; *The Continuing Revolt*, New York: Bookmailer, 1958; *Red China Speaks: An Examination of Communist China's Attitudes on War and Peace in Its Own Words*, New York: The Committee of One Million, 1966。

"美中关系全国委员会"(National Committee on United States-China Relations)正是在这一背景下诞生。核心团队从 1964 年开始组织学术研讨会,到 1966 年才正式创办。美国对华政策转向这一过程中,诸多新思想都出自"美中关系全国委员会"群体。其核心成员包括费正清①、赖肖尔等美国中国研究的"开山鼻祖",施乐伯(Robert A. Scalapino)②、鲍大可(A. Doak Barnett)③等中生代旗帜人物;此外还有一些政府前亚洲事务官员,包括前助理国务卿罗杰·希尔斯曼(Roger Hilsman)④、前国家安全委员会中国问题专家唐知明(James C. Thomson, Jr)⑤、艾伦·怀廷(Allen S. Whiting)⑥,等等,都在其麾下。

针对保守主义中国观,该群体提出多项现实主义核心论述。包括:(1)"中国统治牢固"论。政治上,认为中国共产党具备强大的统治力,有效统治延伸到了社会最基层,⑦能够最大限度地调动起全国的人力、物力和财力,实现其政

---

① 据费正清称,1967 年或是 1968 年的某一天他和基辛格交流过如何恢复中美关系的问题。后来基辛格和费正清提到那次交流,言谈之中"带有未经明说的言外之意",即"那次谈话改变了历史"。详见[美]费正清:《费正清对华回忆录》,陆惠勤等译,知识出版社 1991 年版,第 496 页。

② 施乐伯是《美国对亚洲的外交政策——美国康伦公司研究报告》东亚部分的作者。1959 年,该报告在参议院外交关系委员会主席威廉·富布莱特(William J. Fulbright)的主持下发布。当时就提出了三大极具颠覆性的观点。一是外界对所期待的共产党垮台不会发生,二是中苏同盟可能破裂,三是建议美国"允许中国加入联合国"。参见[美]康伦公司:《美国对亚洲的外交政策——美国康伦公司研究报告》,何慧译,世界知识出版社 1960 年版。

③ "遏制但不孤立"即语出鲍大可 1966 年在富布莱特听证会上的发言。参见 U.S. Policy with Respect to Mainland China: Hearings before the United States Senate Committee on Foreign Relations, Eighty-Ninth Congress, Second Session, p.13。

④ 罗杰·希尔斯曼早在 1963 年 12 月,任职远东事务助理国务卿期间就提出美国不应该关上面向中国的大门,应该重新思考中国问题。参见苏格:《60 年代后期美国对华政策的"解冻"》,《美国研究》1997 年第 2 期。

⑤ 1964 年唐知明就提出,美国应该用交流的方式对中国进行"演变"。参见"Memorandum From James C. Thomson, Jr., of the National Security Council Staff to the President's Special Assistant for National Security Affairs(Bundy)", Foreign Relations of the United States, 1964-1968, Volume XXX, China, Document 63, p.119。袁小红对此有所介绍,参见袁小红:《公众舆论与美国对华政策(1949—1971)》,湖南大学出版社 2008 年版,第 276—277 页、第 286—287 页。

⑥ 艾伦·怀廷是中美关系正常化过程中非常关键的一位中国通,他"把基辛格和尼克松带到中国,帮助他们确定中国之行工作的范畴,并且确定了联华制苏的战略"。参见何妍:《1960 年代美国政府中国问题专家艾伦·怀廷教授访谈录》,载华东师范大学冷战国际史研究中心编《冷战国际史研究(第 8 辑)》,第 285—297 页。

⑦ [美]西达·斯考切波:《国家与社会革命:对法国、俄国和中国的比较分析》,何俊志、王学东译,上海人民出版社 2013 年版,第 315 页。

策目标。①经济上,认为在中国共产党的领导下,中国取得了令人瞩目的成就,工业化上成绩显著。②军事上,中国拥有庞大的现代陆军和相当规模的空军,以及自己的核武器,军事力量不容小觑。③基于此,现实主义者认为"中国崩溃"不太会出现。(2)"孤立中国无用"论。经济上,以翔实的数据指出20世纪60年代末,日本、英国和加拿大等非共产主义国家已经成为中国事实上的主要贸易伙伴,中国可以从欧洲获取所需的非战略物资,美国对华禁运形同虚设。④国际事务上,美国需要和中国讨论全球核不扩散和裁军等问题。⑤联合国问题上,美国在事实上已经很难再获得足够的选票来把中国挡在联合国的大门之外。(3)"以交流促改变"论。包括推进中美贸易,利用经济杠杆约束中国;把中国带入国际社会,利用国际体系软化中国,让中国认识到温和、理性的手段,同样可以在国际事务中达成合法目标;加强中美交流,促成中国领导层的代际更替中温和的技术官僚占据上风。⑥

上述关于中国的新论述,首先是在中国问题专家中形成共识,再逐渐推动政府官员的接受。为此,"美中关系全国委员会"给政府中高级官员举办了大量中国情况通报会和形势研讨会。更为重要的是,"美中关系全国委员会"群体还多次直接向美国总统建言,积极推动美国对华政策的调整。1968年2月,建言约翰逊"跳出越南看中国",在更高层级调整对华政策。⑦因约翰逊未谋求连任,相关建议未能转化为切实的对华政策,但通过此次交流,这些专家清晰地认识到了美国总统调整对华政策的艰难局面。随后在1968年11月,尼克

---

① U.S. Policy with Respect to Mainland China: Hearings before the United States Senate Committee on Foreign Relations, Eighty-Ninth Congress, Second Session, p.7.

② Robert A. Scalapino, "American Foreign Policy in East Asia [and] Communism in Asia", *Australian Outlook*, Vol.22, No.3, December, 1968, p.280, p.286.

③ U.S. Policy with Respect to Mainland China: Hearings before the United States Senate Committee on Foreign Relations, Eighty-Ninth Congress, Second Session, pp.9-10, p.12.

④ "Alexander Eckstein's Speech", in A. Doak Barnett & Edwin O. Reischauer, eds., *The United States & China: The Next Decade*, Praeger Publisher, 1970, pp.104-105.需要说明的是,这里特指非战略物资上美国对华禁运形同虚设,不包括战略物资部分。

⑤ "Memorandum for the Record, China Experts Meeting with the President", Foreign Relations of the United States, 1964-1968, Volume XXX, China, Document 297, p.635.

⑥ U.S. Policy with Respect to Mainland China: Hearings before the United States Senate Committee on Foreign Relations, Eighty-Ninth Congress, Second Session, pp.8-14, pp.47-53.

⑦ "Memorandum for the Record, China Experts Meeting with the President", Foreign Relations of the United States, 1964-1968, Volume XXX, China, Document 297, pp.635-636.

松当选新一任美国总统的第二天,鲍大可、赖肖尔、费正清和唐知明等人,就通过基辛格的私人关系,给尼克松递交了《致候任总统尼克松关于对华关系的备忘录》。① 该备忘录建议尼克松安排一名亲信和中共领导人进行秘密会晤。此建议充分考虑到了领导人的种种顾虑,能够让尼克松进退自如。此外,该备忘录在重新思考中美苏三角关系上已初露端倪,强调苏美联手反华符合苏联利益,但不会自动给美国带来好处,美国政府应避免从莫斯科的观点来看中国。虽然没有相关材料记录尼克松本人对此备忘录的反馈,但之后中美破冰的历程和这些建议高度相似,② 以至于 1971 年 8 月,保守派议员约翰·卢斯洛(John Rousselot)在众议院攻击尼克松政府"对华政策大逆转"时,疾呼这一备忘录对尼克松政府的对华政策产生了惊人影响,是尼克松对华"绥靖"思想的开端。③

现实主义群体坚信事实本身就有足够的分量。认为只要一步步把中国的真实情况披露出来,让事实说话,就一定能形成新的共识,一定会推促知识界和政策界去探求一个更加合理的对华政策。换言之,他们要做的就是以中立者的身份把中美关系这一问题重新提出来,推动不同观点的专家学者进行对话和讨论。④ 正因为这种暂时搁置价值立场的冲突,"就事论事"的方法,使得一些保守主义者不同程度接受了现实主义中国观。如"百万人委员会"核心成员、参议员雅各布·贾维茨(Jacob Javits),转向反对僵化的对华立场,认为应该根据最新形势进行重估,并于 1966 年 12 月退出该委员会。⑤ 此后,多次参加"美中关系全国委员会"活动。

---

① 资中筠是国内最早介绍和分析该备忘录的学者。资中筠指出该备忘录意义重大,且全文翻译了该备忘录。全文见资中筠:《中美关系解冻过程中一份鲜为人知的建议书》,载中共中央党史研究室、中央档案馆编《中共党史研究资料:第 65 辑》,中共党史出版社 1998 年版,第 181—190 页。

② 资中筠认为尼克松政府的很多做法极有可能受到该备忘录的启发。虽然没有确凿证据证明此猜测,但"美中关系全国委员会"在中美关系史上的作用依然不可低估。政治家本身不是中国问题专家,他关于中国的认知与理解,很大程度上受知识精英,尤其是中国问题专家的影响;可以说知识精英的基本共识,而非少数群体或个人的意见,是政治家理解中国的地平线。而且知识精英战略思想转变为现实政策也需要合适的契机和足够的舆论支持。肯尼迪和约翰逊均有过调整对华政策的想法,但都无疾而终,或可从反面证明,知识精英调整对华政策的想法变成实践并非坦途。

③ "Extensions of Remarks", Congressional Record, August 6, 1971, p.30765.

④ Robert A. and Pamela Mang, *A History of the Origins of the National Committee on United States-China Relations*, Christopher Reynolds Foundation, 1976, pp.25-26.

⑤ E.W. Kenworthy, "Javits Disavows Anti-Peking Lobby", *New York Times*, December 18, 1966.

换言之,在扭转保守主义僵化的中国观上,现实主义群体并不急于一时。从 1964 年前后,现实主义中国问题专家开始推动从事实层面重新理解中国,到 1972 年尼克松访华后,现实主义取代保守主义成为主流的中国观,也可以说是水到渠成之事。之后,现实主义中国观一直沿袭至奥巴马时期。对华认知上,从克林顿时期的"战略伙伴关系",到小布什时期的"利益攸关方",再到奥巴马时期的"非敌非友",大体延续的都是这一中国观,本质上而言和 20 世纪 60 年代发轫的"遏制但不孤立"并无二致。①

三、美国中国观的动力机制

基于对美国中国观两次大转变的梳理,我们可以从实在论和建构论两个视角出发,提炼美国中国观动力机制的分析模型。从实在论的视角出发,可以肯定的是,每一次中国观的大变革都是各方实力较量所带来的世界格局之变化的产物。1950 年,保守主义取代现实主义,本质上是冷战愈演愈烈的结果,尤其是中苏结成同盟和朝鲜战争爆发,直接导致中美两国关系从"不确定"走向敌对。20 世纪 70 年代初,现实主义取代保守主义,究其根本是 20 世纪 60 年代末冷战转型的结果,尤其是中苏矛盾升级到军事冲突,直接影响了中美苏三角关系。再加上 20 世纪 60 年代中后期开始,美苏争霸中,美国处于相对守势,促使美国一些战略家开始思考"联中抗苏"的现实可能。1964 年前后,现实主义中国观开始重新崛起,同样也和冷战中的"热战"密不可分。1964 年东京湾事件爆发,美国在越战的泥潭中越陷越深,加速了中国问题专家对美国的亚洲政策,特别是对华政策的反思。也就是说,美国中国观的大变革,远远超出中国自身的因素,也绝非美国或中国一国能够左右。

分析两次大转变可以发现,在世界格局及其发展趋势相对明晰的情况下,美国中国观发展变化的具体展开,很大程度上依赖美国内部力量的推动。一种新的中国观的崛起,首先是一个新的知识精英群体的崛起。麦卡锡时代,中国问题专家遭到清洗,直接导致美国的中国研究被保守主义者把持。"百万

---

① 王成至和周建明认为美国 20 世纪 60 年代延续至今的"遏制但不孤立"的对华战略,其基本逻辑是美国希望实现对中国的"不战而胜"。参见王成至、周建明:《从遏制、孤立、封锁到"遏制而不孤立"——20 世纪 60 年代美国对华战略思路的调整》,《社会科学》2008 年第 12 期。

人委员会"以阻挠中国恢复联合国合法席位、反对承认中华人民共和国和反对中美关系的缓和为业,长期操纵对华舆论、干涉中国研究并不断向美国政府施压就是明证。20 世纪 60 年代中后期,现实主义中国观开始重新崛起,和"美中关系全国委员会"为代表的中国问题专家群体重回中国议题的舞台中心息息相关。保守主义对中国的认知离真实越来越远,重新理解中国既是中国研究发展的内在要求,也是现实主义中国问题专家的突破口。其次,1964 年后,美国国内出现大规模的反战运动,社会变得极度动荡和分裂,国内危机日益加剧,宣扬革命的新左派力量迅速兴起。新左派认为越战是反共冷战的产物,"反对战争的人必须组建一个不反共的左派"。[1]在其推动下,反—反共的立场在知识界扩散。这也促使一些中国问题专家开始重新思考中国问题。此外,20 世纪 60 年代中后期,世界经济向不利于美国的方向发展,也促使美国企业去谋求更多的海外市场。正因如此,1964 年前后公开呼吁调整美国对华政策的不少是工商界人士。"美中关系全国委员会"的创始会员中工商界代表占据了相当比例。

　　此外,美国中国观的发展变迁,也和中国自身状况密不可分。20 世纪 60 年代中期保守主义"中国崩溃论"的崩溃,以及被动转向"中国威胁论",其前提是中国自身经济社会发展取得足够成绩。中国长期维持经济社会基本稳定、综合国力不断提升,这一事实强有力地击破了反共反华者对"中国崩溃"的臆想。"孤立中国论"的破产,也是因为中国能够维持基本的自给自足、至少不高度依赖国外的物资和市场。同样,如果不是 1964 年中国取得各项重大突破——先是外交上中法两国建交,后又成功爆炸第一颗原子弹——美国的现实主义中国问题专家也不会急切地在全国发起对华政策大辩论,以推动美国对华政策的调整。更遑论如果不是 1969 年初,中国共产党领导层重新思考中国的国家安全战略,中美之间也不可能跳起"外交小步舞",轰动美国社会乃至整个世界的"乒乓外交"更是无法开启,中美破冰也不知何时,现实主义中国观从知识精英和政治精英的主流,变成全社会的主流自然也无从谈起。

---

[1] [美]理查德·罗蒂:《筑就我们的国家——20 世纪美国左派思想》,黄宗英译,生活·读书·新知三联书店 2014 年版,第 44 页。

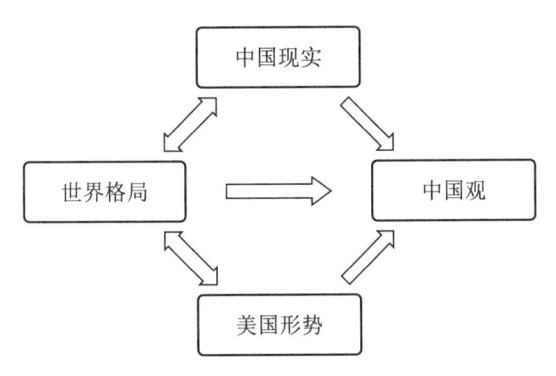

图 1　实在论视角下的美国中国观动力机制

从实在论视角出发（如图 1 所示），可以发现冷战格局、美国形势和中国现实三部分共同铸就了美国中国观。这三大因素中，最重要的是冷战格局。冷战格局深刻影响美国形势和中国现实。对美国而言，冷战格局的变化带来美国国内形势的变化，典型的就是中苏结成牢固同盟导致麦卡锡主义愈演愈烈，美国深陷越战泥潭引发一系列国内危机。对中国而言，冷战形势直接制约着中国的战略选择。冷战格局和美国形势的变化，亦会合力推动知识精英去重新认识和理解中国的现实。最后，在中国问题专家重新研究中国现实的基础上，加上对冷战格局和美国形势的既有判断，方形成美国知识精英的中国观。20 世纪 60 年代中后期，美国知识精英群体对华认知的变化，大体遵循的就是这一路径。

在这一模型中，中国的现实状况，一方面是知识精英认识和理解的客观对象，另一方面也会反作用于知识精英的中国观。当中国的现实和既有的对华认知相匹配时，会加固其中国观；当中国的现实与既有的对华认知不匹配时，则会根据情况，修正乃至挑战其中国观。[①]但是作为观念，有其惯性所在。观念变化和现实变化之间存在一定的"不同步性"。也就是说一旦成其为中国观，除非现实发生冲击性变化，一定时期内的中国观会保持相对稳定。这也符合前文所述，1949—1972 年间，美国中国观只出现过两次真正意义上的大转变。鉴于此，需要引入建构论的模型。

从建构论视角出发（如图 2 所示），可以发现美国中国观的基础是美国知识精英对自身的认知和对世界的认知（简称"世界"观），而对世界认知的基础

---

① 这里是针对理性认知而言。这一模式并不完全适用于极端保守主义者。极端保守主义者往往会用观念去裁剪现实，"百万人委员会"身上就有此体现。

又是对美国自身的认知。换言之,美国知识精英在其美国观的基础上,形成其"世界"观,在美国观和"世界"观的共同作用下,形成其中国观。当然,某种程度上来说,美国观和"世界"观互为表里、彼此影响。对中国的认知,亦是如此。但这一模型要强调的是,对美国自身的认知规定了其认识世界的"先验视角",对美国的认知和对世界的认知又共同规定了其认识中国的"先验视角"。

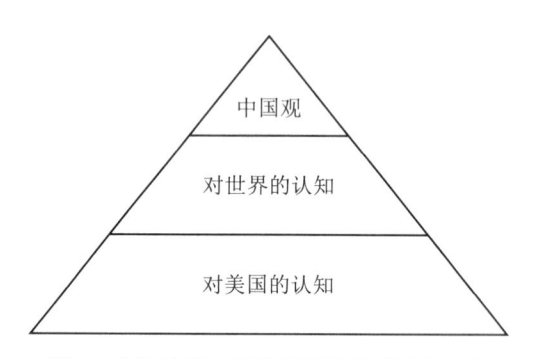

图 2　建构论视角下的美国中国观动力机制

用这一模型分析1949—1972年间美国的保守主义中国观和现实主义中国观,可以发现两者分享的是同一美国观。无论保守主义还是现实主义,都坚决维护美国霸权,都认为美国是所谓的"自由世界"的守护者,都以反共产主义扩张为己任。基于此,两者都高度美化美国的权力,对美国的对外干涉主义进行积极辩护。但是在"世界"观上,就当时而言即冷战观上,两者又有所差别,保守主义所持的是高度意识形态化的冷战观,而现实主义所持的是实用主义的冷战观。前者僵化,没有任何回旋余地,后者灵活,可以随时根据形势的变化进行调整。这也决定了现实主义者可以根据利益最大化的原则,立场可以在强硬和缓和之间回旋,随时切换所处位置,但是大部分保守主义者却因其冷战观的限定,鲜有缓和之时。

保守主义中国观和现实主义中国观共享相同的美国观,这就决定了两者看似不同,实则高度一致。20世纪60年代中后期,保守主义中国观和现实主义中国观从本质上来说,都是"中国威胁论",两者的最终目标均是遏制中国的共产主义扩张。所不同的是,保守主义中国观秉持的是强硬的"中国威胁论",现实主义中国观持的是和缓的"中国威胁论"。而且,不管是保守主义中国观还是现实主义中国观,都是把中国置于一个需要改造的位置上来进行审视,两者的中心议题都是"改变中国",只不过在"如何改变"这一问题上,保守主义中国观坚持"以压促变",而现实主义中国观提倡"以交流促改变"。也就是说,所谓的两种中国观的分歧,更多的是策略上的分歧,而不是根本性分歧。而策略上的区别是两种不同冷战观影响下的结果。

事实上,20 世纪 60 年代在保守主义中国观和现实主义中国观之外,还存在一种激进主义中国观。"关心亚洲学者委员会"(Committee of Concerned Asian Scholars)是其代表性组织。①因为激进主义中国观主要集中于"1968 一代"青年群体中,对整体性的美国中国观和美国的对华政策影响很小,而且从未成为美国中国观的主流,此处不作详细展开。但这里,可以用激进主义中国观来检验这一动力机制模型。激进主义中国观最大的特点就是把中国视为"红色乌托邦",对中国友善度最高、对中国共产党的评价也最高,其与保守主义中国观、现实主义中国观有根本性差异。根据这一模型可以发现,这种差异的根本原因在于,激进主义对美国的认知和保守主义、现实主义截然不同。在美国观上,激进主义不认同美国自我期许的"救世主"角色,认为美国和其他国家一样,都面临全人类的共同问题,美国也应该从与其他文明的交流中学习解决这些基本问题的有益经验。因为美国观不同,其冷战观也大不一样。激进主义认为美国为代表的帝国主义体制是亚洲等落后国家、地区苦难的根源。正因如此,激进主义会猛烈批判美国狭隘的种族主义偏见和殖民主义价值。这就决定了,在中国观上激进主义并不是站在美国来看中国,而是站在世界,或者说站在中国来看中国,其背后有一种强烈的世界主义情怀。这就使得,这一群体的中国研究更容易看到中国发展的内部动力,也更加肯定中国革命。由此也可以看出,保守主义中国观和现实主义中国观,本质上都是"美国中心主义"的中国观,而激进主义中国观更多地摆脱掉了"美国中心主义"的桎梏。②

需要特别指出的是,中国观是一个观念的存在,但这一观念之存在是理念和实践共同作用下的产物。本文同样强调,从实在论和建构论两个视角来理

---

① "关心亚洲学者委员会"为代表的激进主义中国观,可以参见美国学者柯文所作的总结分析。详见:[美]柯文:《在中国发现历史——中国中心观在美国的兴起》,林同奇译,中华书局 2002 年版,第 109—120 页;以及该委员会的相关著作,最具典型性的著作为:Committee of Concerned Asian Scholars, *China ! Inside the Peoples Republic*, Bantam, 1972。

② 值得一提的是,对中国最为友善的激进主义中国观,长时段来看反而给美国中国观带来了负面影响。其原因在于,激进主义和保守主义,在意识形态色彩浓厚这一点上,又有着高度的相似性。保守主义中国观是把中国"妖魔化",而激进主义中国观则是把中国"乌托邦化",都和真实的中国有较大的错位。对激进主义中国观的分析,这里不作详细展开。但大体可以用实在论视角下的美国中国观这一模型进行解释。

解美国中国观的动力机制,两个模型都不可偏废。可以说,建构论所提供的是一种"先验视角",而实在论提供的是一种"经验视角"。两个视角的融合,甚至于相互修正,方有助于我们更加准确地把握这一问题。

四、美国中国观历史变迁的现实启示

现实主义中国观成为美国主流中国观的历程,也给我们提供很多有价值的启示。从实在论视角出发可以发现,美国中国观的大变革,从根本上来说是世界格局发展变化的结果。换言之,世界格局的发展趋势并不以人的意志为转移,中国观的发展变迁同样如此。但从 20 世纪 60 年代中后期现实主义中国观逐渐取代保守主义中国观的过程中,我们可以看到"人"并非无可作为。在大趋势下,依然能够发挥出相应的主体能动性。20 世纪 60 年代中后期,大趋势是冷战转型、中美从对抗走向缓和。"美中关系全国委员会"的努力是全力加速这一趋势的来临,事实上也取得显著成效。作为"当时美国可以帮助美中两国乒乓球队互访成功的'惟一管用的实体'",[①]"美中关系全国委员会"成功推动 1972 年中国乒乓球代表团访问美国,在全美掀起一股强劲的"中国热",大幅推进了现实主义中国观从知识精英向整个美国社会的扩散。为尼克松对华战略思想转化为现实的对华政策,打下了坚实的民意基础。美国总统福特就曾称赞过"美中关系全国委员会"为中美两国关系正常化"作出重大贡献"。甚至可以说,即使 1969 年入主白宫的不是尼克松,可能也不会改变现实主义中国问题专家努力的结果。1968 年年初,约翰逊要求"美中关系全国委员会"为他拟写一份给国务卿的对华政策指示,告诉国务卿"从 A 到 F",一步一步应该怎么做的"步骤图",此即明证之一。[②]而当时的"百万人委员会"则是试图延缓这一趋势的来临。如 1961 年肯尼迪入主白宫后,再次提出"白宫正在全面审查中国问题,准备出台一套'温和'政策,取代现在的'不承认'政策"。[③]这一倾向遭到保守主义者强烈反对。"百万人委员会"迅速发起全国签名请愿

---

① 韩铁:《福特基金会与美国的中国学(1950—1979 年)》,中国社会科学出版社 2004 年版,第 253 页。
② "Memorandum for the Record, China Experts Meeting with the President", Foreign Relations of the United States, 1964-1968, Volume XXX, China, Document 297, p.637.
③ 唐小松:《论 20 世纪 60 年代肯尼迪政府对中国的"微开门"政策》,《学术探索》2002 年第 5 期。

运动,成功征集到 100 万份签名。①该请愿书和抗议信很快寄送给国会,由国会转呈白宫,向肯尼迪施压。肯尼迪被迫改变其原有立场,违心地延续艾森豪威尔时期的对华政策。②尼克松政府必须在高度保密的情况下,筹备基辛格秘密访华,也可见其依然面临着不小的阻力。如果没有这些阻力,或是阻力更小,中美破冰时间或许能有所提前。世界潮流,浩浩荡荡,但可以在时间上加速或是延缓这一趋势的到来。于我有利,则去努力加速这一趋势;于我不利,则尽量延缓这一趋势。

　　从建构论视角可以发现,决定美国中国观的主要是美国知识精英的美国观和"世界"观。影响美国中国观的有效路径是"跳出中国观看中国观"。不能就中国观而谈中国观,而要从美国观入手,或者至少是从"世界"观入手,来影响中国观。美国观和"世界"观的改变,都会给中国观带来大的变动。1972 年,现实主义中国观取代保守主义中国观,可以说就是"世界"观变化的结果。但这次中国观的大变革,并未过多触及美国观部分。从更长的时段来看,对美国中国观影响更大的是其美国观,这也给了我们新的启发。而"人类命运共同体"的理念,超越了旧式的民族国家视角,蕴含着一种新的人类文明。就美国中国观而言,"人类命运共同体"这一理念能够触及的不仅仅是"世界"观的层级,更能触及美国观这一层级。"人类命运共同体"理念及其实践的展开,势必会对美国中国观带来积极影响。

　　现实主义中国观重新崛起到走向兴盛这一历程,也提醒我们,在世界格局的大变化初露端倪还没有成为现实之前,一国中国观的变化,主要是该国内部的内生性力量推动的结果。20 世纪 60 年代中后期,为推动美国中国观的改变,"美中关系全国委员会"等现实主义群体,从知识精英内部,到社会公众、意见领袖,再到政治官员乃至政治领袖,以及教育机构和大众传媒,在每个层面都做了大量工作。从这一过程也可以看出,一个国家内部力量驱动中国观的变化都面临不小的困难,天时、地利、人和缺一不可,而且这是一项旷日持久的浩大工程,绝非一朝一夕之功。正如我们对美国对外干涉主义的一大批评,就是美国看不到别

---

　　① [日]山极晃:《中美关系的历史性展开(1941—1979)》,鹿锡俊译,社会科学文献出版社 2001 年版,第 35 页。
　　② 早在 1957 年,肯尼迪任参议员期间就在《外交事务》上刊文批评艾森豪威尔政府的对华政策"带有军国主义和僵硬的成分",提出"重审对华政策势在必行"。John F. Kennedy, "A Democrat Looks at Foreign Policy", *Foreign Affairs*, October, 1957.

国变化发展的内部动因。在中国观这一问题上,我们也需要高度警惕,要避免重蹈美国式的覆辙。我们构建中国叙事,推动世界认识一个"全面、真实、立体"的中国,对一国中国观的生成与发展施加积极影响时,一定要做好基础工作,同时要注意方式方法,切忌好大喜功。20 世纪 60 年代,中国的"革命输出"和相应的斗争性革命话语,成为美国保守主义者用以攻击中国的最佳工具。20 世纪 60 年代中后期,为宣扬中国对美国的敌视,"百万人委员会"组织翻译了大量中国国内"打倒美帝国主义"之类的革命话语,并汇集成册在美国社会广泛散布。单 1966 年就接连出版多本相关手册,包括《红色中国告诉你:共产主义中国对战争与和平的态度》①《红色中国告诉你:共产主义中国对当前"论争"的态度》②,等等,客观上加大了当时美国中国观向现实主义转向的阻力。此即前车之鉴。

另外,在实务层面,从"美中关系全国委员会"等现实主义群体身上,也能发现一些具体可借鉴之处。尤其是高度重视对话和交流。就中国观的理念而言,"美中关系全国委员会"一创立,就致力建设一个中国议题的对话机制,打造一个容纳不同观点立场专家们的交流平台,通过对"中立、平衡和客观"的苦心经营,成功赢得部分保守主义者的支持,在推动现实主义中国观成为主流上发挥了非常积极的作用。就中国观的实践展开来说,尤其是对华政策建议上,"美中关系全国委员会"把开拓和中国的交流渠道上升到战略的高度,认为成功的对话和交流能够给美国带来巨大的正效益,就算是不成功的对话和交流,也能释放积极信号,一定程度上降低负效益。③显然,只有在不同观点立场之间不断地交流对话才能达成共识。20 世纪 60 年代,我们在实践中过于偏重"革命外交",包括邀请国际人士来华,大多是集中在左派身上。比如 1972 年,激进主义团体"关心亚洲学者委员会"代表团两次访华,两次得到周恩来总理接见。但真正在未来几十年主导美国对华认知的,反而是当时中国国内对其有所批评的现实主义群体。由此可见,只要不是反共反华的极端人士,都应该加以接触、广泛对话。

---

① *Red China Speaks: An Examination of Communist China's Attitudes on War and Peace in Its Own Words*, The Committee of One Million, 1966.

② *Red China Speaks: Communist China's Attitude on Current "Debate" in Its Own Words*, The Committee of One Million, 1966.

③ 关于"美中关系全国委员会"的各项活动,可参见 Robert A. and Pamela Mang, *A History of the Origins of the National Committee on United States-China Relations*。

五、中美价值观：冲突与和解

如前所述，2017年特朗普上台以来，美国的保守主义的中国论述正在以一种全新的方式，重新回到中国议题的中心地带，制造出了很多新的话语。特朗普本人亦亲自上阵，宣称中国崛起破坏了美国的安全和经济，而且在各个场合不断宣扬中国的实力和野心、美国所遭遇的挑战和威胁。可以说，美国新一轮"中国威胁论"正在卷土重来。

新一轮"中国威胁论"和过去的"中国威胁论"虽然名称相同，但在内涵上却相去悬殊。①旧版"中国威胁论"1949年后就一直没有间断，前文也就"百万人委员会"的强硬型"中国威胁论"和"美中关系全国委员会"的和缓型"中国威胁论"作过分析。不管是强硬的还是和缓的"中国威胁论"，都是当时西方世界强盛的产物，而且大多是在政治、经济、军事、能源、生态等领域，就事论事地具体分析，更多的是对"潜在威胁"的炒作。西方政界、学界和商界等领域的精英人士大多认为在美国主导的世界体系下，威胁风险基本可控。保守主义认为可以用高压手段来降低中国"威胁"，现实主义认为"以交流促改变"可降低中国"威胁"。最后现实主义的取向成为主流。而新一轮"中国威胁论"则是美国自身危机日深的产物。美国对中国的崛起充满了现实焦虑。一方面是"中国特色社会主义进入新时代"，面对综合国力，尤其是经济实力不断攀升的中国，美国已经切身感受到了既得利益的受损，国际贸易的"剪刀差"难以为继，实力走向相对衰落已无法避免；另一方面，"世界处于百年未有之大变局"，欧美发达国家出现种种危机，资本主义赖以生存的西式"自由市场"和"民主政治"遭遇空前挑战。美国发现"改变中国"的期望落空，中国已经成功走出了一条独特的现代化道路，中国经验正在对美国的发展模式构成严峻挑战。

从前文所提的分析模型中可以看出，美国此番中国观上出现的新论述，是世界格局变化发展的产物。当前世界正在经历新一轮大发展、大变革、大调整。而东西方实力的此长彼消几成定局。就美国对自身的认知而言，也在发生巨大变化。作为美国总统，而且是一名保守主义者，特朗普大讲特讲"美国

---

① 赵可金是最早对新旧两种"中国威胁论"进行分析的国内学者。参见赵可金：《新一轮"中国威胁论"，新在哪》，《环球时报》2018年2月2日。

不再伟大",这在过去几十年里是不可想象的。从新一轮"中国威胁论"可以明显看出,美国现在所宣扬的中国"威胁",绝不仅是经济或者军事等具体的威胁,而是一种更加基础性的价值观的威胁。也就是说,是中国道路对美国道路的"威胁",是中国特色社会主义对欧美资本主义的"威胁"。究其根本,当前美国对中国的不满,很大的原因在于中美价值观上的冲突。美国宣扬的个人主义和中国崇尚的集体主义似乎已呈不可调和之势。价值观的冲突能否化解?如何化解?关涉的不仅是未来美国中国观的问题,更是中美两国未来能否继续走合作共赢之路的问题。

1972年,中美价值观的冲突远甚于今日。但是在两国的共同努力下,实现历史性握手、成功走向和解,并自此奠定了之后40多年中美合作共赢、推动世界发展的友好关系。其间,虽然历经大大小小的危机,但中美关系总体能维持良好格局。不可否认,当时的中美和解有共同面临苏联威胁和冷战转型这一特殊背景,但亦和两国相向而行、共同努力紧密相连。当今世界,人类社会面临许多共同困境、共同难题,尤其是人工智能和生物技术的兴盛,稍有不慎就可能导致一场全球性甚至于全人类的危机。[1]大变革的时代,美国正在重新理解自己、重新理解世界,也在重新理解中国。中国同样如此。今日之中国与美国,能否聚集在全人类的共同挑战之下,或将关系到两国能否再次携手、通力合作。换言之,未来中美两国如能共享"人类命运共同体"的理念,则美国中国观有望超越"美国中心主义",中国也不会陷入"中国中心主义",中美两国也有望超越价值观冲突,重回合作共赢的道路;如果未来的美国中国观彻底转向保守主义,新版"中国威胁论"成为主流,中美之间的"修昔底德陷阱"恐将很难避免。显然,今天中美两国更需要用大智慧来超越价值观的分歧,迈向一种全新的共同体。而这一切都离不开知识分子在理论和实践上的努力。

---

[1] 为应对技术进步所带来的大失业,2020年美国大选参选人杨安泽(Andrew Yang)在竞选主张中提出,政府给成年美国公民每人每月发放1 000美元的基本收入。参见杨安泽竞选网站介绍,https://www.yang2020.com/policies/the-freedom-dividend/,2019年5月6日。此外赫拉利(Yuval Noah Harari)也认为人工智能在不久的将来会取代大量人类工作。也就是说,现在特朗普对美国中下层民众所灌输的"中国人抢走了美国人工作"并不成立。美国(包括其他国家)真正需要警惕的是人工智能将大规模不可逆地"抢走"民众的工作。参见 Yuval Noah Harari, "Reboot for the AI Revolution", *Nature*, 17 October, 2017。

如何认识美国战略界关于应对中国崛起的辩论

王 震

大约从奥巴马第二任期开始,美国战略界开始了一场如何看待和应对中国崛起,以及重新评估中美关系的政策辩论。这场旷日持久的大辩论不仅重塑了美国对华政策的话语体系,也为特朗普执政以来美国政府调整对华战略提供了重要的思想基础和理论依据。本文将根据官方档案和其他公开文献,尝试梳理出近年来美国对华政策辩论的发展脉络及其对当前中美关系演进的若干影响。

一、对华政策辩论的萌动与高潮

早在冷战结束之初,安德鲁·马歇尔将军领导下的美国国防部净评估办公室(ONA)就已将关注点转向了中国,并试图为中美关系设立战略框架。"它至少帮助建立了美国对中国的战略框架,正如净评估办公室的军事技术革命文件建立了军事革命讨论的框架一样。"①尽管克林顿政府在1999年12月和2000年12月的《国家安全战略报告》中相继指出:"一个稳定、开放、繁荣,遵守法制并肩负建设和平世界重任的中华人民共和国显然符合我们的利益。亚洲和平与繁荣的前景在很大程度上取决于中国作为国际社会负责任成员的角色。"②但美国战略界对于中国的担忧和关于"中国威胁"的声音仍日益增强。

---

① [美]安德鲁·克雷佩尼维奇、巴里·沃茨:《最后的武士:安德鲁·马歇尔与美国现代国防战略的形成》,张露、王迎晖译,世界知识出版社2018年版,第276页。
② The White House, *A National Security Strategy for a New Century*, Washington, December, 1999; The White House, *A National Security Strategy for a Global Age*, Washington, December, 2000.

比如,范亚伦(Aaron Friedberg)在2000年的一篇文章中就指出:"在接下来的几十年中,美国很有可能会与中华人民共和国进行公开、激烈的地缘政治对抗。……事实上,人们有理由相信中美战略对抗已经开始。……中美在许多问题上存在强烈分歧,人权和台湾问题是其中最重要的问题。近年来,尽管双方都不愿公开承认这一点,但双方已开始将对方视为潜在的军事对手。"[1]

进入21世纪后,美国战略界对中国崛起的关注显著增多。越来越多的战略界精英开始思考和讨论如何应对一个不断崛起的中国,并试图对中美关系进行新的定位。不期而至的"9·11"事件短暂地转移了美国政府和战略界的核心关注。在小布什政府期间,美国战略重心主要聚焦于阿富汗和伊拉克境内的反恐战争,无暇顾及中国崛起。2008年的金融危机加速了中美两国相对实力的变化,2010年中国GDP总量首次超越日本成为世界第二大经济体。中国的快速崛起引起了一些西方国家的担忧,"中国威胁论"也在这一时期喧嚣尘上,美国战略界对中国发展前景的焦虑和迫切感更进一步加剧。在此背景下,2009年奥巴马上台后,一方面为了应对小布什政府留下的"全球反恐战争"和2008年金融危机,不得不继续与中国保持战略对话与合作;另一方面,奥巴马政府与美国战略界也开始重新思考、评估和定位20世纪70年代以来的美国对华政策。虽然奥巴马在执政期间再三表示,美国欢迎"一个强大而繁荣的中国的崛起",[2]但却在2011年和2012年相继抛出了"重返亚太"和"亚太战略再平衡"战略。这一战略虽未公开点名中国,但其背后的目标无疑正是不断崛起的中国,它在很大程度上反映了美国战略界对中国发展不确定性的担忧和顾虑。

2017年,"政治素人"特朗普入主白宫。他不仅在大选期间多次扬言要对中国强硬,炒作"中国威胁",而且在就任后启用了一批对华鹰派人士,为美国对华战略调整大开方便之门。正在白宫酝酿对华战略调整的关键时刻,哈佛大学教授格雷厄姆·艾利森出版了个人专著《注定一战:中美能避免修昔底德陷阱吗?》。这本书以学理化的方式系统地分析了中美分别作为"崛起大国"和

---

[1] Aaron Friedberg, "The Struggle for Mastery in Asia", *Commentary*, November 2000. https://www.commentarymagazine.com/articles/aaron-friedberg/the-struggle-for-mastery-in-asia/.
[2] 刘赞:《奥巴马表示美国欢迎中国在世界上发挥更大的作用》,新华社东京2011年11月14日电;谭卫兵:《奥巴马称美国欢迎中国的和平崛起》,新华社马尼拉2014年4月28日电;魏晞、蒋涛:《奥巴马:美国欢迎一个繁荣、和平、稳定的中国崛起》,中新社北京2014年11月10日电。

"守成大国"之间可能爆发的"修昔底德式"冲突。根据艾利森的说法,其本意是希望中美两个大国能够从当年斯巴达和雅典的历史中吸取教训,及时采取"艰难且痛苦的行动来避免战争"。①但是,这本书的出版却在一定程度上加剧了美国战略界的忧虑和恐慌。该书出版后,在美国战略界引发了极大关注,基辛格、拜登、傅高义、戴维·彼得雷乌斯、阿什顿·卡特、保罗·肯尼迪和尼尔·弗格森等前政府高官,以及学界和战略界专家等纷纷出面推荐。事实上,有不少美国学者并不认同该书所提出的观点。比如,施道安(Andrew Scobell)和沈大伟就认为,虽然中美之间的竞争不可避免,但未必一定会导致战争。在两人看来,该书所使用的研究案例较为有限且选择性强,不足以支持其所提出的结论。②但是,这丝毫不影响该书的主要观点在美国社会中广泛传播。

2018年,中美贸易摩擦正式产生并逐步升级。面对华尔街和国内反对派对其提高对华关税政策的指责,特朗普政府一再宣称中国"偷走了美国人的工作、技术,使美国遭受了巨大的财富损失"。特朗普对中国的苛责和攻击不仅打破了美国政界对华政策惯例,也使得美国社会和战略界在讨论对华政策时的氛围和生态迅速恶化,主张对华保持理性与温和的声音日渐稀少。2019年7月3日,上百名美国著名学者和前外交官在傅泰林、芮效俭、董云裳、傅高义、史文共同倡议下,联名在《华盛顿邮报》发表了一封致特朗普和国会议员的公开信。这封信以"与中国为敌将适得其反"为题,其核心观点主要包括7个方面:①中国目前的行为对美国提出了"严峻挑战",但是现行对华政策将"适得其反";②中国并不是一个在各个领域都需要面临的"威胁"或"敌人","通过在竞争与合作之间取得适当的平衡,美国可以加强那些希望中国在世界事务中发挥建设性作用的中国领导人的联系";③"美国将中国视为敌人和试图将其与全球经济脱钩的做法,将损害美国的国际角色和声誉,并破坏所有国家的经济利益。"④美国应与盟国及伙伴国合作,以创造一个更加"开放和繁荣的世界"。相反,"孤立中国的努力只会削弱中国人建设一个更加人道和宽容的社会的意愿";⑤虽然中国"不断增长的军事能力已经侵蚀了美国在西太平洋地区的长期军事优势",但对此做出回应的最佳方法不是参加"开放式军备竞

---

① Graham Allison, *Destined for War: Can America and China Escape Thucydides's Trap?* Boston and New York: Houghton Mifflin Harcourt, 2017;中文版可参见格雷厄姆·艾利森:《注定一战:中美能避免修昔底德陷阱吗?》,陈定定、傅强译,上海人民出版社2019年版。

② 此处观点来自笔者分别于2019年3月25日和4月18日对沈大伟教授和施道安教授的采访。

赛",而是与盟国合作以保持韧性和威慑力,以"挫败对美国或盟国领土的攻击";⑥虽然中国"正在寻求削弱西方民主规范在全球秩序中的作用",但并未试图颠覆这一令自身收益数十年的国际秩序,因此,"对中国所扮演角色采取'零和'的办法只会鼓励北京脱离国际体系,或支持一个分裂的全球秩序,而这将损害西方利益";⑦一个成功的对华政策"必须聚焦于与其他国家打造持久的联盟,以支持美国的经济和安全目标",因此,美国的政策应致力于恢复有效竞争能力,而不是"破坏并遏制中国与世界的交往"。①这封信的联署人包括了许多知名中国事务专家和长期参与亚洲事务的前外交官,它在很大程度上代表了美国社会建制派精英的观点。即便如此,我们也可以看出,建制派对于当前中国发展前景的判断也已经发生了根本性变化。

这封公开信发表两周后,美国海军太平洋舰队退役上尉詹姆斯·E.法内尔在右翼媒体《华盛顿自由灯塔报》上发表了另一封致特朗普总统的公开信。这封信由130多位退役军官和学者联名签署,信中表示:"过去40年中,美国所奉行的与中国'接触'的开放政策造成了国家安全日益恶化,不能允许这一切再继续下去了。"为此,信中呼吁特朗普总统"必须尽一切努力使现行对华政策制度化,以重新平衡我们与中国之间的经济关系,加强与志同道合的民主国家之间的联盟,以最终击败中国压制民主和自由的全球野心"②。詹姆斯·E.法内尔是来自美国军方的鹰派,近年来以鼓吹"中国军事威胁"和对华强硬而著称,2014年因为"处理机密信息不当"而被太平洋舰队去职。③尽管该信的130名联署人多为已经退役的中下级军官,但其所体现的意义却不能低估。这封信不仅体现了特朗普对华政策趋于极端背后的强大民意基础,还意味着以往在对华政策和战略辩论中相对低调沉默联邦政府中的军情和安全部门从背后走到了前台,并开始和一些鹰派学者和官员遥相呼应、同气相求。

这两封公开信的发表,无疑标志着美国国内对华政策辩论的白热化,但

---

① M. Taylor Fravel, J. Stapleton Roy, Michael D. Swaine, Susan A. Thornton and Ezra Vogel, "Making China a U.S. enemy is counterproductive", *The Washington Post*, July 3, 2019.

② James E. Fanell, "Stay the Course on China: An Open Letter to President Trump", *Washington Free Beacon*, July 18, 2019.

③ Erik Slavin, "Pacific Fleet intelligence officer removed following investigation", *Stars and Stripes*, November 12, 2014. https://www.stripes.com/news/pacific-fleet-intelligence-officer-removed-following-investigation-1.313965.

是,如果我们从两封公开信的内容来看,它们对于中国发展或者所谓"中国威胁"的判断具有很大共性,所不同者只是在如何应对中国崛起的策略方面的差异。代表美国建制派精英的第一封信主张继续与中国接触,主张组建国际联盟以应对中国崛起;反对建制派的极右翼精英则主张"在对抗共产主义中国的道路上继续前进",甚至不惜采用包括传统的战略威慑和军事对抗方式阻止中国挑战美国利益。新冠肺炎疫情暴发后,特朗普为了摆脱抗疫不力的指控,在对华政策中不断操弄新冠肺炎疫情议题。受此影响,一些民众把对美国发展和自身生活状况的失望与不满情绪转移到了中国,造成美国社会对华政治和社会生态迅速恶化。美国皮尤研究中心 2020 年 7 月的一项民调显示:在美国民众当中,对中国"不友好"的比例从 2005 年的 35% 迅速上升至 73%,在 50 岁以上群体中这一比例甚至高达 81%,达到冷战以来的最高点。[①]

二、应对中国崛起的六种方式

在这场关于中国崛起的辩论中,如何应对"中国崛起"是美国战略界最为关心的核心议题。总体而言,美国战略界应对中国崛起的战略深受其对中国崛起认知的影响,也即看待中国崛起的方式在很大程度上决定了应对中国崛起的具体战略。其中,较有代表性的观点主要包括以下几种:

一是通过"经济脱钩"的方式遏制中国经济进一步崛起。彼得·纳瓦罗在 2011 年出版的《致命中国》一书中,将美国社会面临的社会经济问题归结于中国,并为此提出了一系列建议。比如,从中国撤资、抵制中国商品、禁止中国企业在美投资等。[②]在另一本书中,纳瓦罗又提出了"降低美国及其盟国对'中国制造'产品的依赖,显然是改善美国国家安全、增进亚洲和平所应采取的政策。毕竟,这样的手段将会重新平衡与中国的贸易关系,减缓中国的经济发展与军事扩张。重新平衡也能带给美国及其盟友强劲的经济发展,以及构建综合国力所需的制造业基础。……因此,比较吸引人的策略将是尽全力减缓中国的发展速度。一旦中国的经济发展停滞,就不会将财富投入军事发展,进而成为

[①] Laura Silver, Kat Devlin and Christine Huang, "Americans Fault China for Its Role in the Spread of COVID-19", Pew Research Center, July, 2020.

[②] Peter W. Navarro, Greg Autry, *Death by China: Confronting the Dragon—A Global Call to Action*, New Jersey: Pearson FT Press, 2011, p.2, p.67, pp.233-260.

亚洲霸主"①。在美国主流经济学界和中国研究圈子中,纳瓦罗都是一个不受重视的另类学者。但是,他的观点却受到了特朗普高度重视,并在很大程度上成为特朗普执政后对华经济政策的指导方针。据媒体报道,特朗普曾专门向周围的人推荐《致命中国》一书,称该书:"很有远见地记述了全球主义对美国工人造成的伤害,并为复兴我们的中产阶级指明了一条路。"②约翰·博尔顿在其新出版的回忆录上也表示:"特朗普经常明确表示,以美国为代价制止中国不公平的经济增长是在军事上击败中国的最佳方法,这从根本上是正确的。在充满分歧的华盛顿,这些观点让美国对中国问题的辩论有了重大改变。"③

在每年高达数千亿美元的中美贸易面前,谈论双方"脱钩"无疑是件匪夷所思的事情。因此,对美国经济学界和战略界主流来说,在2019年之前几乎没有人真正去考虑中美"脱钩"的前景。2019年11月,陆克文在加州大学圣地亚哥分校的演讲中表示,"当前有关美中之间经济脱钩的辩论是在更广泛的政治背景下进行的",支持中美全面脱钩的人正在为"第二次冷战"制造先决条件。他忧心忡忡地指出:"一个完全'脱钩的世界'将是一个极不稳定的地方,这将破坏过去40年关于全球经济增长的假设。它还预示着东西方之间铁幕的回归,以及一场新的常规和核军备竞赛的开始,包括随之而来的战略不稳定和风险。"④随后不久,《福布斯》杂志也刊文指出:从理论上讲,"脱钩将意味着撕毁全球供应链,冻结外国投资计划,并烧毁华盛顿和北京在过去40年间所搭建的地缘政治桥梁"。文章敏锐地指出了中美贸易战所造成的贸易下降、投资减少、供应链区域化,以及东西方之间"技术铁幕"的出现。⑤12月6日,沈大伟撰文就中美脱钩的可行性与迫切性进行了深入分析。他认为,虽然特朗普政府内部对于"脱钩"的看法存在争议,但是事实上中美之间的"脱钩"已经进行,而且"远远超出了商业和技术领域"。他认为,中美"脱钩"并不是美国单方面行为所致,中国也在贸易战中采取了主动脱钩行为。"为了保护美国的国家

---

① Peter Navarro, *Crouching Tiger: What China's Militarism Means for the World*, New York: Prometheus, 2015, pp.255-256.

② Scott Meslow, "Trump's Trade Adviser Is a Terrible Filmmaker", *Politico*, December 25, 2016.

③ John Bolton, *The Room Where It Happened: A White House Memoir*, New York and London: Simon & Schuster, 2020, pp.370-398.

④ Kevin Rudd, "To Decouple or Not to Decouple?" *Asia Society*, November 4, 2019. https://asiasociety.org/policy-institute/decouple-or-not-decouple.

⑤ Simina Mistreanu, "Beyond 'Decoupling': How China Will Reshape Global Trade In 2020", *Forbes*, December 3, 2019.

安全和比较优势,美国需要某种程度的脱钩",这是很自然的,但就总体而言,"美中关系的许多方面不能也不应该分离"。在他看来,由于中美之间的脱钩已经发生,这意味着以往作为双边关系"稳定器"的传统合作领域已经严重萎缩,无法继续为中美关系提供支撑。①

二是通过加强美国在亚太地区的军事存在、提升战略威慑能力等"遏制"中国崛起。约翰·米尔斯海默认为,"美国不会容忍同类竞争者"。正如它在20世纪所表明的那样,美国将"决心继续保持世界上唯一的地区霸主地位"。为此,可以预期"美国将会不遗余力地遏制中国,最终将其削弱到无法在亚洲称雄的地步。从本质上讲,美国对中国的行为很可能与冷战期间对苏联的行为相似"②。白邦瑞(Michael Pillsbury)在《百年马拉松:中国取代美国称霸全球的秘密战略》中也表示:"美国以一系列计划和战术,在两党的支持下赢得了冷战。类似的做法可以作为战略核心,来击败或者至少抑制中国过大的野心。"③托马斯·曼肯(Thomas G. Mahnken)指出,由于"美国与中国的战略竞争比冷战时期的美苏战略竞争更加复杂和困难",因此冷战的历史和经验可以"为美国在21世纪与中国和俄罗斯展开竞争提供参考"。④2021年春,美国大西洋理事会甚至模仿1946年乔治·凯南的"长电",公布了一份题为《更长的电报:面向一个全新的美国对华战略》匿名研究报告。这份报告认为,美国应当采取全面措施遏制中国崛起,"威慑和阻止中国越过美国的红线"且"美国必须非常清楚它将寻求威慑哪些中国行动,如果威慑失败,将促使美国直接干预"⑤。

三是与中国开展"竞争性合作",也即构建一种新型的"竞合"关系。在特朗普政府重新定义中美关系的同时,以建制派为主的民主党人也在寻求对中

---

① David Shambaugh, "U.S.-China Decoupling: How Feasible, How Desirable?" *U.S.-China Focus*, December 6, 2019. https://www.chinausfocus.com/foreign-policy/us-china-decoupling-how-feasible-how-desirable.

② John J. Mearsheimer, "China's Unpeaceful Rise", *Current History*, April 2006, pp.160-162; John J. Mearsheimer, "Conventional Deterrence: An Interview with John J. Mearsheimer", Conducted 15 July, 2018, *Strategic Studies Quarterly*, Vol.12, No.4(Winter 2018), pp.3-8.

③ Michael Pillsbury, *The Hundred-Year Marathon: China's Secret Strategy to Replace America as the Global Superpower*, New York: St. Martin's Griffin, 2015, p.214.

④ Thomas G. Mahnken, *Forging the Tools of 21st Century Great Power Competition*, The Center for Strategic and Budgetary Assessments(CSBA), March 16, 2020.

⑤ Anonymous, *The Longer Telegram: Toward a new American China strategy*, the Atlantic Council, Strategic Papers, Washington, 2021. https://www.atlanticcouncil.org/content-series/atlantic-council-strategy-paper-series/the-longer-telegram/.

美关系进行新的界定。他们虽然并不认同特朗普政府的对华政策,但同样主张在一定程度上加强对华"战略竞争",包括采取更强硬的对华政策。其中,较有代表性的观点是约瑟夫·奈、库尔特·坎贝尔和杰克·苏利文等人所提出的"合作性对抗/合作竞争"(cooperative rivalry)和"没有灾难的竞争"(competition without catastrophe)、"共存"(coexistence)等概念。约瑟夫·奈认为,二战后的中美关系经历了四个阶段,每个阶段持续20年左右。其中,第一个阶段始于朝鲜战争,双方随之陷入了长达20年之久的敌对状态;第二个阶段主要始于20世纪70年代尼克松访华之后,中美在冷战背景下开始了有限合作;第三个阶段主要始于冷战结束后,美国在此期间帮助中国融入了全球化,包括支持中国在2001年加入世界贸易组织。奈指出,在中美关系新阶段中,拿"冷战"或"修昔底德陷阱"做比喻是一种"误导"(misleading)。这是因为中美关系不同于当年以军事对抗为主的美苏关系,而是有着深厚的经济相互依赖和文化联系。对美国来说,不应该让关于"修昔底德陷阱"的讨论成为一个"不必要的、自我实现的预言"。①布鲁金斯学会的瑞安·哈斯和米拉·拉皮-霍珀进一步提出了"负责任的竞争"(Responsible competition)的概念。在两位作者看来,随着中美战略竞争加剧,双方越来越有可能陷入一个日益加剧的"安全困境"当中。对美国来说,在与中国进行某种形式合作的同时,还需要采取一个更具竞争性的政策。因此,美国对华政策的核心在于通过建设性地管理双方的竞争,避免使之滑入一个完全敌对的轨道。②

2019年底,库尔特·坎贝尔(Kurt M. Campbell)和杰克·苏利文(Jake Sullivan)共同在《外交》杂志撰文,进一步界定了中美竞争性合作与共存的概念。在这篇题为《没有灾难的竞争》的文章中,两位作者指出:在这场对华辩论中,华盛顿一个日益增长的共识在于"与中国接触的时代已经非正式地结束了"。虽然中美之间分歧重重,但双方都要做好与另一个大国共存的准备。

---

① 此处观点还可见之于约瑟夫·奈教授在2018—2019年间公开发表的一系列评论文章,比如 Rebeca Toledo, "Cooperative Rivalry: Joseph S. Nye believes cooperation is far more important for China and the U.S.", *Beijing Review*, No.4, January 24, 2019; Joseph S. Nye, "The Cooperative Rivalry of US-China Relations", *Project Syndicate*, November 6, 2018. https://www.project-syndicate.org/commentary/china-america-relationship-cooperative-rivalry-by-joseph-s-nye-2018-11?barrier＝accesspaylog.

② Ryan Hass and Mira Rapp-Hooper, "Responsible competition and the future of U.S.-China relations", The Brookings Institute, February 6, 2019. https://www.brookings.edu/blog/order-from-chaos/2019/02/06/responsible-competition-and-the-future-of-u-s-china-relations/.

"共存"包含了"合作"(cooperation)与"竞争"(competition)两个要素,华盛顿在竞争领域的努力是为了确保获得对其有利的条件。"尽管'共存'为保护美国利益,并阻止美国陷入不可避免的直接冲突提供了绝佳机会,但这并不意味着在涉及根本性的问题上要举手投降或终止竞争。相反,共存意味着把竞争作为一个需要管理的前提,而不是一个等待解决的问题。"两位作者认为,将中国和苏联进行类比是"不合适的"(ill fitting)。与苏联相比,中国是一个在经济上更强大、外交上更老练、意识形态上也更加灵活的"同级竞争对手"(peer competitor)。基于传统冷战假设而试图对中国采取新的遏制政策将会"误入歧途",以冷战做类比不仅夸大了中国造成的现实威胁,也低估了中国与美国进行长期竞争的能力。但是,中国的确代表了一个更具挑战性的竞争者。在经济上,自 20 世纪以来,没有任何一个美国对手能够达到美国 GDP 的 60%,而中国在 2014 年就实现了这一点。如果按购买力平价计算,中国比美国还要高出 25%。在对外经贸关系上,中国已经与美国和其他国家深深地融合在一起,中国是全球 2/3 以上国家的主要贸易伙伴。这种密切的合作网络将会使很多国家难以决定如何在中美之间"选边站"。在意识形态上,尽管中国并未明确寻求输出其社会制度,但它很可能被证明是一个"比苏联更具挑战性的对手"。在国际治理上,中国也是一个"至关重要的伙伴",美国需要在气候变化、经济危机、核扩散、全球疫情等领域和中国进行合作。①2021 年拜登入主白宫后,苏利文和坎贝尔分别担任总统国家安全顾问和国家安全委员会要职,这一思想也随之成为拜登政府"竞争、合作、对抗"政策的重要思想来源。

四是在继续对华接触与合作的同时,通过"战略对话"、"战略再保证"(Strategic Reassurance),乃至"大交易"(Grand Bargain)防止中美之间的冲突升级和失控。柯庆生(Thomas J. Christensen)认为,中国崛起带给美国的安全挑战的是"真实的",但是美国对华全方位遏制(full-spectrum containment)的做法则会"适得其反"。因为这不仅会激怒中国,还将削弱华盛顿在东亚地区的盟友体系和影响力。即便是在采取"零和"政策的情况下,保持对华积极接触也有助于美国维持其地区联盟。因此,一个复杂而具有建设性的对华战

---

① Kurt M. Campbell and Jake Sullivan,"Competition without Catastrophe:How America can both Challenge and Coexist with China",*Foreign Affairs*,September/October 2020;或参见杰克·苏利文 2018 年 10 月 30 日在哈佛大学肯尼迪学院的演讲,参见哈佛大学肯尼迪学院网站 https://www.belfercenter.org/event/jake-sullivan-where-are-democrats-headed-foreign-policy。

略应当结合两大要素,即维持美国在东亚地区的强大军事存在,同时邀请中国参与地区和全球治理。①詹姆斯·斯坦伯格(James B. Steinberg)和迈克尔·奥汉隆(Michael O'Hanlon)认为,正如其他国家间关系一样,中美关系中的竞争也是"不可避免的",但是悲观主义者所预测的结果却并非不可避免。为实现这一点,中美双方都需要致力解决最可能因竞争而导致冲突的危险领域——军事和战略问题。对美国来说,"战略再保证"可以有效减少因单边安全政策引起的"模糊"和"不确定性",同时有足够的时间适应新的现实。②查尔斯·格拉泽(Charles L. Glaser)提出,美国应该通过谈判达成一项"大交易",结束对台湾的安全承诺;作为回报,中国将通过外交手段和平解决其在南海和东海的主权和海上争端,同时"正式接受美国在东亚军事安全中的长期角色",这是目前美国应对中国崛起时的"最佳选择"(best option)。这不仅会消除东亚地区最危险的冲突爆发点,而且可以改善中美关系,避免在与中国进行的复杂并可能最终失败的谈判中拖延时日。③

五是中美通过构建新的国际机制实现某种形式的"共治"。2005年9月,时任美国副国务卿佐立克在纽约美中全国关系委员会的讲话中表示,"美国欢迎一个自信、和平、繁荣的中国",中美可以合作塑造未来的国际体系。为此,美国需要敦促中国成为现存国际体系当中的一个"负责任的利益攸关者"(responsible stakeholder)。④随后,尼尔·弗格森(Niall Ferguson)、扎卡里·卡拉贝尔(Zachary Karabel)和弗雷德·伯格斯滕(C. Fred Bergsten)等人进一步提出了"中美国"(Chimerica)与"中美共治"的概念。⑤尼尔·弗格森在提出

---

① Thomas J. Christensen, *The China Challenge: Shaping the Choices of a Rising Power*, New York & London: W.W. Norton & Company, 2015, pp.288-291; Thomas J. Christensen, "Fostering Stability or Creating a Monster? The Rise of China and U.S. Policy toward East Asia", *International Security*, Summer, 2006, Vol.31, No.1(Summer, 2006), pp.81-126.
② James Steinberg and Michael E. O'Hanlon, *Strategic Reassurance and Resolve: U.S.-China Relations in the Twenty-First Century*, Princeton, New Jersey: Princeton University Press, 2014, pp.3-8.
③ Charles L. Glaser, "A U.S.-China Grand Bargain? The Hard Choice between Military Competition and Accommodation", *International Security*, Vol.39, No.4(Spring 2015), pp.49-90.
④ 戴秉国:《战略对话:戴秉国回忆录》,人民出版社、世界知识出版社2016年版,第123—125页;Robert B. Zoellick, Deputy Secretary of State, Remarks to National Committee on U.S.-China Relations, Whither China: From Membership To Responsibility? New York City, September 21, 2005, https://www.state.gov/s/d/former/zoellick/rem/53682.htm。
⑤ 扎卡里·卡拉贝尔:《中美国:从激烈对抗到超级融合》,王吉美、吴雪、李飞译,中信出版社2010年版。

"中美国"这一概念时表示,中国劳动力进入世界经济体系后,明显提高了资本相对于劳动力的回报率,从而推动了全球资本市场的繁荣,这正是中美之间"共生(symbiotic)经济关系"的一种结果。①不过,2008 年美国爆发金融危机后,尼尔·弗格森又表示,中国的"出口导向型"发展与美国"过度消费"(overconsumption)之间所形成的"中美国关系"(Chimerican relationship)已经终结。②

2011 年,基辛格在《论中国》中进一步提出了"太平洋共同体"的概念。他指出,"在当今世界形势下,战略紧张的一个方面是中国人担心美国企图遏制中国;同样,美国人担心中国把美国赶出亚洲。'太平洋共同体'概念能够缓解双方的担心。美国、中国和其他国家都属于这个地区,都参与这个地区的和平发展,这将使美国和中国成为共同事业的组成部分。共同目标以及对共同目标的阐释将在一定程度上取代战略焦虑"③。遗憾的是,无论是关于中美"利益攸关者""中美国"和"太平洋共同体"的概念,还是中国政府在 2012 年第四轮中美战略与经济对话中提出的"构建中美新型大国关系"的表述,均未获得美国战略界的广泛认同和接受。④

三、余论:美国对华政策辩论与中美关系

到目前为止,美国战略界的对华政策辩论仍未终结,但已经形成了一些基本的共识。正如托马斯·曼肯所言,国家安全和经济领域的高级官员都认为"中美关系是竞争和零和的",承认与中国的竞争是美国国会和国家安全专业人士达成的为数不多的"两党共识之一"。⑤仔细审视这场对华政策辩论,我们至少可以得出以下几点启示:

---

① Niall Ferguson, Moritz Schularick, "Chimerica' and the Global Asset Market Boom", *International Finance*, Vol.10, Issue 3, Winter 2007.
② Ferguson, Niall and Schularick, Moritz, The End of Chimerica(November 9, 2009). Harvard Business School BGIE Unit Working Paper No.10-037, Available at SSRN: https://ssrn.com/abstract=1502756 or http://dx.doi.org/10.2139/ssrn.1502756.
③ Henry Kissinger, *On China*, New York & London: Penguin Books, 2011, pp.521—525.
④ 戴秉国:《战略对话:戴秉国回忆录》,人民出版社、世界知识出版社 2016 年版,第 172—176 页。
⑤ Thomas G. Mahnken, "Forging the Tools of 21st Century Great Power Competition", The Center for Strategic and Budgetary Assessments(CSBA), March 16, 2020.

第一，美国战略界关于中国崛起和如何应对中国崛起的讨论完全基于西方自身的历史经验，忽视了中国自身历史文化传统的深刻影响。虽然美国战略界普遍承认"中国与之前的大国崛起非常不同"，[1]但又都无一例外地援引西方的历史经验来看待中国崛起。比如，米尔斯海默就一再表示，中国崛起不可能是和平的："一个强大的中国为什么会接受美军在其后院行动？……为什么我们要期待中国采取与美国不同的做法？北京比华盛顿更有原则吗？还是更有道德，更少民族主义？或是不太关心自身生存？当然都不是，这就是为什么它很可能效仿美国并试图成为地区霸主的原因。"[2]这些问题与其说是对中国是否能"和平崛起"的发问，倒不如说是对美国霸权合理性的质疑。事实上，无论是米尔斯海默所提出的"大国政治的悲剧"，还是格雷厄姆·艾利森所宣扬的"修昔底德陷阱"，以及白邦瑞、托马斯·曼肯所谓的"冷战经验"，无一不基于西方自身的历史经验。这种现实主义强权逻辑不仅反映了西方战略界精英对于中国历史和文化传统的无知，也使有关中国崛起和中美关系的讨论深陷"安全困境"而不能自拔。

第二，尽管美国学界在对华政策上存在不同的理论视角，但现实主义观点正日渐处于上风。在如何应对中国崛起问题上，西方国际关系中的三大传统理论流派分别开出了不同的"处方"。现实主义者主张"基于实力"的原则对中国进行威慑和遏制，阻止中国进一步快速发展，进而防止中国挑战美国全球霸权体系；自由主义和制度主义者则主张通过自由开放的国际市场体系或国际联盟对中国进行约束和引导，通过制度性合作，乃至利益让渡的"大交易"等方式防止中国崛起彻底颠覆现存的美国霸权体系。相比之下，建构主义理论的拥趸则主张通过某种制度性规范和柔性约束，包括必要的"战略再保证"等减少双方的误判，进而有效地管控双方冲突进一步升级。但是，各种对华政策建议背后的底色，仍是基于国家实力和民族国家基础之上的现实主义逻辑。正如戴维·兰普顿在2015年所言，在新一轮对华政策辩论中，以"安全威胁"和"战略威慑"等为核心的概念已经取代了以往对华政策话语体系中的"接触"与

---

[1] Stephen G. Brooks and Wiliam C. Wohlforth, "The Rise and Fall of the Great Powers in the Twenty-first Century: China's Rise and the Fate of America's Global Position", *International Security*, Vol.40, No.3(Winter 2015/16), pp.7-53; Kurt M. Campbell and Jake Sullivan, "Competition without Catastrophe: How America can both Challenge and Coexist with China", *Foreign Affairs*, September/October 2020.

[2] John J. Mearsheimer, "China's Unpeaceful Rise", *Current History*, April 2006, pp.160-162.

"合作"等传统概念。①换言之,对于国家实力和军事工具的过度迷信和崇拜,既是美国对华政策趋于强硬的内在动力,也反映了美国战略界精英对于挑战其传统知识体系和认知经验的中国崛起现象的深刻焦虑与不安。

第三,美国对华政策辩论为其对华战略调整提供了重要的思想来源和理论基础。美国战略界的政策辩论虽然不同于政府决策,但其对美国对华政策的影响却是显而易见的。首先,美国独特的选举制和官、商、学"螺旋门"结构使其中不少思想成为政府决策的重要思想来源。无论是纳瓦罗鼓吹的"经济脱钩"理论,还是坎贝尔和沙利文的"竞合"学说都在其倡议者加入执政团队后得到了实践。其次,它通过公开的政策讨论对民众进行了充分的思想动员,并改变了美国对华政治和舆论生态。在这场大辩论中,一些原本非主流的激进观点也被迅速放大,一些反华畅销书作者也借机兜售各种"中国威胁论"的观点。凡此种种,不仅加剧了美国社会中的对华焦虑和恐慌情绪,也改变了美国社会对华政策的话语体系、政治环境和舆论生态。最后,由于这场对华政策辩论与美国对华战略调整几乎同步进行,在美国自身面临严重政治危机,以及综合实力相对衰落等舆论的渲染下,有关"中国崛起"的议题已经被深深地嵌入了美国国内政治当中,使得美国对华政策中的复杂性和非理性因素被进一步放大。

---

① 兰普顿:《中美关系的临界点已近在眼前》,上海社会科学院中国学所内部出版物《世界中国学研究动态》2015年第2期。

美国学界的中国妇女运动研究及评估*

褚艳红

中国共产党自成立以来领导的中国妇女运动带来中国妇女地位的历史性变化,引起美国学界的密切关注和深入研究。美国关于中国共产主义运动下的妇女运动研究,是指主要由美国学者也包含少量欧洲和华裔学者开展的中国妇女运动研究,论著由美国的出版社、学术期刊出版或发表。本文以史学史方法为基础,对美国学界的该领域研究文献进行"辨章学术,考镜源流",探索美国关于中国妇女解放运动研究的理论方法范式演进,整理其关于中国妇女解放的研究议题,最后就其研究视角的不足与优势进行综合评估。

一、美国关于中国妇女运动研究的理论演进

美国关于中国妇女运动的研究既是美国中国学的一部分,还是美国多学科理论方法培育出的跨学科研究。梳理相关文献可知,美国关于中国妇女运动的观察和研究起源于20世纪上半叶,始自对中国抗战时期妇女运动的观察,主要包括两类:基于文化人类学方法的中国乡村家庭与婚姻研究;对中国共产主义革命的妇女参与及女共产党员的记录性文章。

(一) 20世纪上半叶美国对中国妇女观察的开端

美国关于中国妇女运动研究就其精神而言源自其本国的女性主义传统。20世纪上半叶,是西方争取性别平等和公民基本权利的第一次妇女运动浪潮接近尾声并归于平静的时期,探索大洋彼岸中国姐妹解放运动问题成为美国

---

* 本文系上海市哲学社会科学规划青年课题"美国关于中国共产主义运动中的妇女解放运动研究"(项目编号:2016EDS001)的阶段性成果。

女性主义学者关注本国妇女权利问题在异国的投射。艾斯科的《中国妇女：昨天和今天》[1]就是这种西方女性主义精神的集中体现，该书基于对中国的热爱而作，观察并记录中国抗日战争和中国参加抗战的女共产党员。此方面的代表作还包括杰克·贝登的《中国震撼世界》[2]。就方法而言，美国中国妇女研究则是本国社会科学发展的一个表征。文化人类学在20世纪初以来的美国作为独立学科被划分出来，其研究视线逐渐扩大到非西方世界。通过中国实地调研观察异质民族女性群体的生活样态和社会结构成为美国文化人类学探索的一个重要领域。20世纪上半叶美国社会学的一个研究主题为社区研究。杨懋春的《一个中国乡村：山东台头》[3]正是将文化人类学和社会学相结合、将文化人类学方法引入社区研究的典范，通过田野调查探索中国台头村的居民、农业、生活水平、家庭结构、性别关系等。

由此可知，此时美国对中国妇女解放运动的考察处于初步观察的起步阶段：一方面来华美国人见证记录了处于解放战争洪流中的中国妇女运动，还谈不上正式研究；另一方面虽有了人类学和社会学对中国家庭结构、婚姻制度的初步探索，但仍尚未有深入的学理探讨。文化人类学和社会学意义上对中国妇女的研究实际上在文化多元论的原则下进行，有助于突破传教士中国妇女运动观察在文化价值上所持的"西方中心论"。

（二）20世纪50—70年代美国中国妇女解放运动研究的实质进展

比起20世纪上半叶在社会学和人类学领域的零星研究，美国的中国妇女运动研究成果此时期数量迅速增长[4]，与此前研究相比既有承袭也有突破。这与世界历史语境和美国学术生态变迁密切相关，社会变迁催生学术变革，进而引发美国中国妇女运动研究的新特征。

一是研究学科的增加。20世纪50年代以来，包括第二波妇女运动在内的美国各类社会运动的爆发标志着"新左派"思想的萌发和蔓延，学术研究发生变革的总体特征是将目光转向下层弱势群体，"新左派"思想也逐渐渗透到美国各学科中。英国学者汤普森的专著《英国工人阶级的形成》[5]出版后在西方

---

[1] Florence Ayscough, *Chinese Women: Yesterday and Today*, London: Jonathan Cape, 1937.
[2] Jack Belden, *China Shakes the World*, New York: Harper & Brothers, 1949.
[3] Martin C. Yang, *A Chinese Village: Taitou, Shantung Province*, New York and London: Columbia University Press, 1945.
[4] 刘霓、黄育馥：《国外中国女性研究：文献与数据分析》，中国社会科学出版社2009年版。
[5] E.P. Thompson, *The Making of the English Working Class*, New York: Vintage, 1966.

世界产生较大影响,也影响到美国的社会科学研究。知识界因对本国的失望而将目光转向共产主义中国的妇女。据文献整理,美国国内多学科均出现对中国妇女解放的研究。社会学领域,有朱迪斯·史泰西的《关于中国妇女的一种女性主义观点》、黄露西的《对共产主义中国妇女主要角色的再评估:家庭主妇还是工人?》、玛格丽·沃尔夫等对中国家庭结构的研究[1];史学领域出现对中国妇女在劳工史和思想史层面的研究,有劳伦斯·宏的《中华人民共和国的妇女角色:遗产和变革》等研究[2];人类学领域,有玛丽·诗里丹的《中国年轻的女领导》等研究[3];心理学领域,有郝德·列维关于中国妇女缠足的新解读[4];政治经济学领域,有维鲍姆·波特雅的《社会主义转型中的妇女:以中国为例》[5];政治学领域,有沙拉·李德的《中国妇女解放》[6];等等。

二是方法路径的丰富。20世纪中叶以后,美国社会科学界在方法论方面的主要特征是各学科理论、方法、概念之间长期渐进的相互借鉴,各学科研究方法的潜通暗合形塑了美国的中国妇女运动研究,一个重要表现在对中国妇女运动史研究的人类学化和人类学研究中国妇女解放问题的历史学化。根据文献整理分析,美国关于中国妇女运动的研究方法大致有如下四种:其一,此时段美国学界利用极为有限的中国民间数据,基于实地考察或访谈开展研究。如克劳迪·布罗耶的一项中国妇女解放研究,是由作者和12位来自法国各省,包括单身女性、母亲、工人、农民、学生和办公室人员在内的为妇女解放而斗争的女积极分子在1971年11月访华实地观察中国妇女的基础上形成的[7];劳伦斯·宏对中华人

---

[1] Judith Stacey, "A Feminist View of Research on Chinese Women", *Signs*, Vol.2, No.2 (Win., 1976), pp.485-497; Lucy Jen Huang, "A Re-Evaluation of the Primary Role of the Communist Chinese Woman: The Homemaker or the Worker", *Marriage and Family Living*, Vol.25, No.2 (May., 1963), pp.162-166; Margery Wolf and Roxane Witke eds., *Women in Chinese Society*, California: Stanford University Press, 1975.

[2] Lawrence K. Hong, "The Role of Women in the People's Republic of China: Legacy and Change", *Social Problems*, Vol.23, No.5(Jun., 1976), pp.545-557; Beverley Hooper, "Women in China: Mao 'v.' Confucius", *Labour History*, No.29, Women at Work(1975), pp.132-145.

[3] Mary Sheridan, "Young Women Leaders in China", *Signs*, Vol.2, No.1(Aut., 1976), pp.59-88.

[4] Howard S. Levy, *Chinese Footbinding: The History of a Curious Erotic Custom*, Walton Rawls, 1966.

[5] Weinbaum Batya, "Women in Transition to Socialism: Perspectives on the Chinese Case", *The Review of Radical Political Economics*, 8:1(1976), pp.34-58.

[6] Shelah Gilbert Leader, "The Emancipation of Chinese Women", *World Politics*, Vol.26, No.1 (Oct., 1973), pp.55-79.

[7] Claudie Broyelle, *Women's Liberation in China*, Atlantic Highlands: Humanities Press, 1977, Introduction.

民共和国妇女角色的研究基于对在华居住多年的中国移民访谈,并将访谈数据与官方文章、报道比较对照开展研究。类似研究还有玛丽·诗里丹的《中国年轻的女领导》等。[1]其二,各学科视野下参引中文文献的文本研究法。艾伦·肯罗伊翻译的《关于中国妇女》一文主要参考引用的中文文献包括《人民日报》《毛泽东选集》等文献。[2]其三,跨学科方法下的比较研究。朱迪斯·史泰西的《关于中国家庭与革命的理论》一文将中国女性主义问题置于比较和历史的路径中,以家庭社会学、革命社会学和女性主义理论解释革命前后的中国家庭制度。[3]

三是研究理论的激进倾向。集中表现在激进女性主义思想和马克思主义理论在美国中国妇女解放运动研究中的应用。其一,美国的中国妇女解放运动研究是对美国社会运动和学术精神的投射,美国女性主义思潮的传播成为其关注中国姐妹的思想来源。以激进女性主义者凯特·米利特的《性政治》[4]以及舒拉米斯·费尔斯通的《性的辩证法》[5]等著作为代表,凯特·米利特首次明确将"父权制"这一表达"男女不平等"的概念引入女性主义理论,其犀利、鲜明的激进理论也影响到当时美国的中国妇女解放运动研究,使中国妇女也成为世界妇女受压迫研究的一部分。如劳伦斯·宏即引用《性的辩证法》中的观点来论证新中国妇女在家庭和公共领域的角色。[6]此时激进女性主义出于对性别生理的特殊限制而倡导维护女性权益,这一思想也显著体现在比沃利·胡珀的《中国妇女:毛与儒教》、史沫特莱的《中国革命中的妇女画像》、詹尼·萨勒夫等的《妇女与革命:来自苏维埃和女权主义的教训》等研究中。[7]该类研究

---

[1] Lawrence K. Hong, "The Role of Women in the People's Republic of China: Legacy and Change", *Social Problems*, Vol.23, No.5(Jun., 1976), pp.545-546; Mary Sheridan, "Young Women Leaders in China", *Signs*, Vol.2, No.1(Aut., 1976), p.59.

[2] Julia Kristeva and translated by Ellen Conroy Kennedy, "On the Women of China", *Signs*, Vol.1, No.1(Aut., 1975), pp.63-64, 72; Phyllis Andors, "Politics of Chinese Development: The Case of Women, 1960-1966", *Signs*, Vol.2, No.1(Aut., 1976), pp.89-119.

[3] Judith Stacey, "Toward a Theory of Family and Revolution: Reflections on the Chinese Case", *Social Problems*, Vol.26, No.5(Jun., 1979), pp.499-508.

[4] Kate Millett, *Sexual Politics*, New York: Doubleday, 1970.

[5] Shulamith Firestone, *The Dialectic of Sex: The Case for Feminist Revolution*, Morrow, 1970.

[6] Lawrence K. Hong, "The Role of Women in the People's Republic of China: Legacy and Change", *Social Problems*, Vol.23, No.5(Jun., 1976), p.556.

[7] Agnes Smedley, *Portraits of Chinese Women in Revolution*, New York: The Feminist Press, 1976; Janet Salaff and J. Merkle, "Women and Revolution: The Lessons of the Soviet and Feminism", in Marilyn B. Young ed., *Women in China: Studies in Social Change and Feminism*, Ann Arbor: Michigan University Press, 1973, pp.145-179.

引用舒拉米斯·费尔斯通关于妇女解放的基本标准,即晚婚晚育和社会参与,论证中国政府关于晚婚和家庭计划的政策,以及产假和育儿设施,致力于把妇女从传统家内角色解放出来,以拥有教育、参与社会经济的机会。其二,此时期美国的中国妇女运动研究受到马克思主义等"新左派"思想的影响。马克思主义在1950年代以后盛行于欧美学术界,其妇女解放的基本思想①也渗透进美国中国妇女运动研究中。菲利斯·安多斯在《中国发展的政治:以妇女为例,1960—1966》中就明确指出比起西方自由主义,一个更辩证、更根本的马克思主义观点路径更必要,此文分析中国经济发展和社会革命之间的关系,认为妇女为自由进行的斗争是1960—1966年妇女解放的一个基本议题,而处理好两者的关系是中国当时最重要的事件。②玛格丽·沃尔夫和罗克珊·维特克编辑的《中国社会妇女》也指出,中国妇女地位及她们在经济中角色之间的关系,是社会科学中的基本研究问题,而"马克思主义关于妇女问题的基本假设,如妇女受压迫主要是因为她们不能进行社会生产"③。

(三)20世纪80—90年代美国关于中国妇女运动研究的理论传承与革新

20世纪八九十年代的世界历史语境的重大变迁和美国学术生态的转变导致美国中国妇女运动研究在学科方法上的"不变"与"变",即研究理论的传承与革新并存。

美国中国妇女运动研究理论的传承主要表现在学科特点和方法路径上。

第一,此时期的美国中国妇女运动研究仍呈现出多学科、跨学科特征,主要是由于美国社会科学界对中国妇女运动的持续关注和激进女性主义思想的存留。人类学领域,马格里·沃尔夫在调研中国不同区域妇女状况后写成《延迟的革命:当代中国妇女》④。历史学领域,李瑶依(音)的著作《中国妇女:过去和现在》⑤将对当代中国妇女生活经验的研究纳入中国妇女通史的考察中。韩起澜的《姐妹们与陌生人:上海纱厂女工,1919—

---

① Janet Thomas, "Women and Capitalism: Oppression or Emancipation? A Review Article," *Comparative Studies in Society and History*, Vol.30, No.3(Jul., 1988), pp.534-549.

② Phyllis Andors, "Politics of Chinese Development: The Case of Women, 1960-1966", *Signs*, Vol.2, No.1(Aut., 1976), p.90.

③ Margery Wolf and Roxane Witke eds., *Women in Chinese Society*, California: Stanford University Press, 1975.

④ Margery Wolf, *Revolution Postponed: Women in Contemporary China*, California: Stanford University Press, 1985.

⑤ Esther S. Lee Yao, *Chinese Women: Past and Present*, Mesquite, Tex.: Ide House, 1983.

1949》①揭示了中国无产阶级女工的生存状况和内部阶层的复杂性,也是此时期西方学术界"新工人史"研究在美国中国妇女运动研究中的具体应用。政治学领域,凯·安·约翰逊的《中国妇女、家庭与农民革命》②考察了中国共产党成立初期、江西苏维埃时期、延安和国内革命战争时期、土地改革时期、1950年婚姻法、"文化大革命"时期等革命前后各阶段党的农村妇女政策及妇女地位的变革,焦点在于探索婚姻与家庭变革。社会学领域,朱迪斯·史泰西的《中国父权制和社会主义革命》前言中指出"这本关于中国家庭和革命的书写作源于西方的文化革命。1960—1970年的女权主义运动给了我热情和挑战……我因此从事社会学和家庭、家庭变革研究"③;该学科代表作还包括菲利斯·安多斯的《中国妇女未完成的解放:1949—1980》④等。

第二,马克思、恩格斯关于妇女解放的理论和方法仍是此时美国中国妇女解放研究的一个显著特征。马克思主义关于妇女解放的理论:一是劳动的性别分工或按性别的劳动分工,妇女走出家庭、参与公共经济很重要,女性解放与社会主义目标一致;二是认为男女不平等是由于经济的不平等,经济平等是性别平等的必要但不充分条件。这些理论充分体现在此时期部分美国学者关于中国妇女解放运动研究的论述中。凯·安·约翰逊在其关于中国妇女权利和家庭变革政治的研究中即指出:"在妇女方面,传统的马克思主义方法必须满足。"⑤菲利斯·安多斯在《中国妇女未完成的解放:1949—1980》中开篇即引文指出:"妇女和男人一样,当然有必要给她们平等。还有很多在思想、文化和风俗上需要做的……解放她们,并不意味着制造更多的洗衣机。"作者批评西方现代化理论将欧美资本主义发展看作标准的观点,也批判社会学家关于妇女家庭角色的生物决定论思想。⑥肯特·詹宁斯关于中国乡

---

① Emily Honig, *Sisters and Strangers: Women in the Shanghai Cotton Mills, 1919-1949*, California: Stanford University Press, 1986.

② Kay Ann Johnson, *Women, the Family and Peasant Revolution in China*, Chicago: University of Chicago Press, 1983.

③ Judith Stacey, *Patriarchy and Socialist Revolution*, California: University of California Press, 1983, Introduction, pp.1-2.

④ Phyllis Andors, *The Unfinished Liberation of Chinese Women, 1949-1980*, Bloomington: Indiana University Press, 1983.

⑤ Kay Ann Johnson, "The Politics of Women's Rights and Family Reform in China", (Ph.D. diss., University of Wisconsin-Madison, 1976), p.105.

⑥ Phyllis Andors, *The Unfinished Liberation of Chinese Women, 1949-1980*, Bloomington: Indiana University Press, 1983, pp.1-2.

村的社会性别和参政研究提出,中国妇女在1949年前被卷入从农村走向全国的阶级斗争,1949年中华人民共和国成立后,针对性别不平等的全面斗争开始启动。①

美国中国妇女解放研究的革新主要体现在方法充实、范式创新和理论深化三个方面。

第一,美国学者因中国改革开放而深入中国各地、开展更为广泛的实地考察和文献调研,学者对访谈年月、性别和年龄比例、阶层与城乡差异等因素的细致考量使研究内容更加充实精微。例如肯特·詹宁斯的论证数据来源于安徽、河北、湖南和天津的农村和郊区数据,每县样本采集自18岁及以上成人。个人访谈是在1990年2—3月,最后合并1 270个样本数据,75%接受访谈者为农民,男女性别比为53∶47。②类似研究还有珍·罗宾逊的《妇女和洗衣机:社会主义中国的就业、家务和孕产》等③。此时期还第一次将当代批判文化研究理论的关注点和方法引入中国研究,安吉拉·兹托和塔尼·白露编辑的《中国的身体、主体和权力》④重新思考传统权力和身体的概念,是借性别的身体思考中国研究的一个例证。

第二,美国中国妇女运动研究范式因女性主义学术谱系的更新换代而出现新的"社会性别"研究范式。伴随盖尔·卢宾、琼·斯科特、琼·凯利-加多等女性主义学者关于"社会性别"理论的提出和阐发,这一分析范畴也逐渐影响并应用于中国妇女解放运动研究中,其研究特征是将中国妇女和社会性别置于中国历史的中心,结合社会、文化、政治、经济等分析得出跟以往不同的历史图景。如柯临清的《造就中国革命:20世纪20年代的激进妇女、共产政治与群众运动》⑤一书重写中国性别政治历史,揭示革命者致力妇女解放的热诚和

---

① M. Kent Jennings, "Gender and Political Participation in the Chinese Countryside", *The Journal of Politics*, Vol.60, No.4(Nov., 1998), p.954.

② Ibid., p.956.

③ Jean C. Robinson, "Of Women and Washing Machines: Employment, Housework, and the Reproduction of Motherhood in Socialist China", *The China Quarterly*, No.101(Mar., 1985), pp.32-57; Margery Wolf, *Revolution Postponed: Women in Contemporary China*, California: Stanford University Press, 1985. Etc.

④ Angela Zito, Tani Barlow eds., *Body, Subject and Power in China*, Chicago: University of Chicago Press, 1994.

⑤ Christina Kelley Gilmartin, *Engendering the Chinese Revolution: Radical Women, Communist Politics, and Mass Movements in the 1920s*, Berkeley: University of California Press, 1995.

改变性别关系和妇女低下地位的努力,包括共产党形成过程中的社会性别、国民革命中的性别政治两部分。1992年在哈佛大学召开的"从社会性别角度研究中国:妇女、文化和国家"研讨会[1]也是将性别作为中国历史研究分析范畴的尝试。

第三,美国中国妇女运动研究理论伴随世界范围内理论界的反思而有了深入进展。一是对此前"普遍的妇女特性"(universal womanhood)的主流女性主义观点提出疑问,代表性后殖民女性主义者钱德拉·塔尔佩德·莫汉蒂、贝尔·胡克斯提出一味强调妇女在全世界范围内是男性施暴的牺牲品和依附者的论调限制了西方理论的分析深度,也强化了西方的文化帝国主义,故应重视第三世界妇女的经验。[2]罗丽莎在《女性主义在哪里:来自中国的田野调查》[3]中即努力打破西方的自我与非西方的他者二分法,强调中国妇女在特定政治运动中形成身份认同的代际和阶级的特殊性,以此展示中国女性声音的复杂性。二是中国妇女解放运动研究受到后现代主义等时兴学术思潮的影响。塔尼·白露在《中国女性主义思想中的妇女问题》中考察中国近现代女性主义与历次政治、文化、经济运动的关系,[4]认为中国女性主义者们在这些运动中的积极参与使中国女性主义成为殖民主义、革命、现代乃至市场经济话语的重要内容。三是"民族主义"概念在中国妇女解放研究中的应用。杜赞奇的《真实的制度:现代中国的永恒、性别与民族历史》[5]将性别与中国历史相结合,阐述中国妇女作为民族国家隐喻的形成过程和方式,从而使"女性美德成为中国文明真理的代名词"。相似研究还包括黛安·琼斯的《民族主义和妇女解放:印度和中国的案例》[6]等。

---

[1] Christina K. Gilmartin, Gail Hershatter, Lisa Rofel & Tyrene White eds., *Engendering China: Women, Culture and the State*, Cambridge: Harvard University Press, 1994.

[2] Chandra Talpade Mohanty, "Under Western Eyes: Feminist Scholarship and Colonial Discourses", in C. Mohanty, A. Russo, L. Torres eds., *Third World Women and the Politics of Feminism*, Bloomington and Indianapolis: Indian University Press, 1991, pp.51-80.

[3] Lisa Rofel, "Where Feminism Lies: Field Encounters in China", *Frontiers: A Journal of Women Studies*, Vol.13, No.3(1993), pp.33-52.

[4] Tani E. Barlow, *The Question of Women in Chinese Feminism*, Durham and London: Duke University Press, 2004.

[5] Prasenjit Duara, "The Regime of Authenticity: Timelessness, Gender, and National History in Modern China", *History and Theory*, Vol.37, No.3(Oct., 1998), pp.295-308.

[6] Diane M. Jones, "Nationalism and Women's Liberation: The Cases of India and China", *The History Teacher*, Vol.29, No.2(Feb., 1996), pp.145-154.

二、美国中国妇女运动研究的若干议题

文献整理可知,美国在 20 世纪对中国妇女运动的研究包括对 1949 年前中国妇女与新民主主义革命、社会发展与妇女地位、中共妇女运动与社会制度、中共妇女政策、中国妇女角色、中国妇女参政等若干议题的探讨。

(一) 1949 年前中国妇女与新民主主义革命

新民主主义革命中的中国妇女一向是美国学者研究中国妇女的一个焦点。美国学者对此议题的观察主要有三个特点。一是亲历中国的美国记者、激进女权主义者对 1949 年前中国妇女的观察持有同情友好的态度,包括史沫特莱等对当时参与国民革命、共产主义革命的女共产党员的记录[1]。二是社会学家、人类学家对中国妇女革命地位的研究集中探讨妇女运动与社会各因素之间的互动。玛丽琳·杨主编的论文集《中国妇女:社会变革与女权主义研究》讨论了中国妇女运动的根基,及其和中国共产党与中国革命的关系,城市妇女生存状况,社会转型对妇女地位的影响,党的领导对妇女问题的重视等问题,[2]凯·安·约翰逊的《中国妇女、家庭与农民革命》一书探讨中国婚姻政策与家庭制度变革的历程,包括中国传统家庭、亲属制度特点,与共产党早期进行的婚姻家庭改革及基于此之上的妇女家庭地位变化。[3]三是土地改革对妇女解放的作用,在推进妇女解放中也促动所有制向公有制的转变。黄旭(音)的《通过抗争取得妇女解放》一文[4]在对 1947 年中国共产党《解放区土地改革方案》研究后指出,妇女组织对农村妇女的动员及妇女在土地改革中起到的带头作用。土地改革意在摧毁封建制度、确立性别的经济和教育平等,在此过程中中国也走向集体化道路。

(二) 中国社会发展进程与妇女地位

此项研究突出表现在对中华人民共和国成立初期和改革开放以后妇女地

---

[1] Agnes Smedley, *Portraits of Chinese Women in Revolution*, Feminist Press, 1976; Jack Belden, *China Shakes the World*, New York: Harper & Brothers, 1949.

[2] Marilyn B. Young eds., *Women in China: Studies in Social Change and Feminism*, Ann Arbor: Michigan University Press, 1973.

[3] Kay Ann Johnson, *Women, the Family and Peasant Revolution in China*, Chicago: University of Chicago Press, 1983, pp.5-84.

[4] Hsu Kuang, "Women's Liberation through Struggle", *Chinese Studies in History*, 7:4 (1974), pp.100-108.

位的集中探讨上。首先,对"大跃进"之后妇女家内角色和经济参与的研究主要是探索妇女运动与社会主义建设之间的关系。这体现在菲利斯·安多斯的《中国发展的政治:以妇女为例,1960—1966》[1]一文中,作者指出农村妇女处于由男性主导、比城市妇女面临更多复杂情况的环境中,农村的传统思想和物质发展程度决定了女性发展程度,对女性参与生产的不同态度也影响到妇女解放程度,"大跃进"的重要成绩是使农村妇女参加到各种工作和参政议政中,其间政策帮助妇女大众走出家庭,融入社会主义建设进程。其次,对改革开放之后中国妇女地位的探讨出现多元和矛盾的声音。帕翠霞·比弗的《中国农村妇女:经济改革的两面》一文[2]通过个案研究探索改革开放对女性发展的不利影响,认为"尽管法律规定了男女平等和妇女解放,但古老中国重男轻女的价值观又重新出现",一是重视妇女家务和农活,导致20世纪八九十年代的中国农村女性文盲率高于男性,二是对妇女和女童的暴力和贬低行为仍然存在,三是80年代关于妇女回归家庭意义的辩论,由此得出中国的妇女解放运动被推迟甚至脱轨。此类研究还包括珍·罗宾逊的《妇女和洗衣机:社会主义中国的就业、做家务和孕产》等文[3]。比沃利·胡珀的《中国现代化:年轻女性出局了吗?》[4]认为中国在政策文件层面打破儒家思想中男尊女卑的观念,确认了社会经济、政治、文化、家内领域的性别平等,同时指出城市女性在教育和就业中受到的性别歧视。

(三)中国共产党领导的妇女运动与社会制度分析

受国内激进女性主义思想影响,美国学者构建了中国妇女受压迫的结构性因素的解释,即男权思想的存留、延续,以及中国共产党为解放中国妇女对此进行的纠正举措。艾伦·朱得在《"男性更强大":关于中国农村妇女的理解》[5]

---

[1] Phyllis Andors, "Politics of Chinese Development: The Case of Women, 1960-1966", *Signs*, Vol.2, No.1(Aut., 1976), pp.89-119.

[2] Patricia D. Beaver, Hou Lihui and Wang Xue, "Rural Chinese Women: Two Faces of Economic Reform", *Modern China*, Vol.21, No.2(Apr., 1995), pp.205-232.

[3] Jean C. Robinson, "Of Women and Washing Machines: Employment, Housework, and the Reproduction of Motherhood in Socialist China", *The China Quarterly*, No.101(Mar., 1985), pp.32-57; Mary Erbaugh, "Chinese Women Face Increased Discrimination", *Off Our Backs*, Vol.20, No.3 (Mar., 1990), p.9, p.33.

[4] Beverley Hooper, "China's Modernization: Are Young Women Going to Lose out?" *Modern China*, Vol.10, No.3(Jul., 1984), pp.317-343.

[5] Ellen R. Judd, "Men Are More Able: Rural Chinese Women's Conceptions of Gender and Agency", *Pacific Affairs*, Vol.63, No.1(Spri., 1990), pp.40-61.

一文认为"父权制本质上并不是主要建立在家庭或家庭的背景下,其被视为中国更复杂等级关系中的一个分支"。凯·安·约翰逊认为儒家家庭制度是导致中国妇女依赖、受奴役的根源,而妇女的次等地位是以中国古代阴阳学说的宇宙论为基础,这一性别等级在长达 2000 年的时间里从根本上渗透在中国的主流文化①。朱迪斯·史泰西的《关于家庭和革命的理论:对中国个案的思考》一文提出,"儒家父权制的压迫是动员许多妇女和青年的一个有吸引力的问题,因此共产党与农民家庭制度直接斗争"②。她构建中国儒家父权制分析框架,提出中国家庭改革存在若干局限,③后在《中国父权制和社会主义革命》一书中认为,"新的农村家庭制度、新的民主父权制在席卷家庭革命的人民战争中建立",进而提出"真实的妇女解放最重要的是依赖女性主义者代表自身利益反抗父权制"。露丝·赛德关于中国城市家庭的研究关注中国共产党建立的新社会秩序是如何致力克服旧社会习俗和文化中的男尊女卑观念。④鲁斯·泰普林的一篇发表在《洪堡社会关系杂志》上的文章《中国的社会主义:是发展中国家妇女解放的典范吗?》⑤以"父系制"社会的分析模型探索中国妇女解放,认为以父系为基础的血缘结构维持了家庭作为经济生产单位,阻碍了中国农村的妇女解放,作者还认为家庭的社会结构对女性地位至关重要,而父系继承和异族通婚决定了中国女性的弱势地位。

(四)中国共产党的妇女政策

美国学者对于中国妇女政策的立场、内容等做了细致研究。首先是对抗日战争至国内革命战争时期的中共妇女政策研究。帕特里夏·杰克对 1935—1947 年中共延安妇女政策的研究中⑥认为共产党遵循马克思主义立场,在共产主义运动一开始就对妇女问题予以特殊关注,陕甘宁边区的领导认为妇女

---

① Kay Ann Johnson, *Women, the Family and Peasant Revolution in China*, Chicago: University of Chicago Press, 1983, p.1.

② Judith Stacey, "Toward a Theory of Family and Revolution: Reflections on the Chinese Case", *Social Problems*, Vol.26, No.5(Jun., 1979), pp.499-508.

③ Judith Stacey, *Patriarchy and Socialist Revolution in China*, Berkeley: University of California Press, 1983.

④ Ruth Sidel, *Families of Fengsheng: Urban Life in China*, Harmondsworth, Middx., and Baltimore, Md.: Penguin Books, 1974, p.60.

⑤ Ruth Taplin, "Chinese Socialism: A Model for the Liberation of Women in Developing Societies?" Humboldt Journal of Social Relations, Vol.10, No.2(Spri./Sum., 1983), pp.198-214.

⑥ Patricia Stranahan Jackal, "Changes in Policy for Yanan Women, 1935-1947", *Modern China*, Vol.7, No.1(Jan., 1981), pp.83-112.

是革命的巨大蓄水池,只有通过生产劳动才能获得经济独立、实现男女平等,并制定妇女政策,以获得更多群众支持,建立社会主义政权。类似的研究和观点还体现在《延安妇女和中国共产党》①等研究中,中共妇女政策根据社会形势制定,提倡妇女参与生产和社会,从而使妇女在经济和政治事务中扮演更为积极的角色。其次是对中华人民共和国成立以后妇女政策的研究。茱莉亚·克莉丝蒂瓦的《关于中国妇女》②一文通过考察1950年婚姻法得出其总体有利于中国妇女解放,甚至比西方的妇女法律更偏护妇女,但其缺乏对多种情况的精确考虑,给具体实施的解释留下空间。莎拉·李德的《中国妇女解放》③探索中国自1950年代至1970年代的妇女政策,描述和评估中共关于妇女政策的重视度、目标和标准,认为中国尚未在妇女解放问题上找到有共识的路径。马格里·沃尔夫的研究认为中国政府的妇女政策试图把妇女从男人和家庭的压迫中解放出来。④

（五）中国妇女角色

美国女性主义者向来关注中国妇女在家内或公共空间的角色。关于工作的性别倾向,玛格丽特·贝肯在研究⑤中发现,幼教行业只有女性,小儿科和妇产科的女医生更多,钢铁企业和大学里男性多于女性。关于妇女角色的转变,黄露西对中国妇女承担家务还是在外做工进行考察,⑥重新评估在20世纪60年代国家意识形态对妇女角色的界定给女性的家庭、工作观念带来的影响,认为共产主义中国的妇女劳动动员给家庭关系带来变化;菲利斯·安多斯认为中国妇女在1953—1957年和1958—1960年间妇女角色发生了由家庭主妇、母亲角色向被赋予社会劳动权、参加社会主义建设的转变,这是由"大跃进"政

---

① Patricia Stranahan, *Yan'an Women and the Communist Party*, Berkeley: University of California Press, 1983.
② Julia Kristeva and translated by Ellen Conroy Kennedy, "On the Women of China", *Signs*, Vol.1, No.1(Aut., 1975), p.59.
③ Shelah Gilbert Leader, "The Emancipation of Chinese Women", *World Politics*, Vol.26, No.1 (Oct., 1973), p.56.
④ Margery Wolf, "Marriage, Family, and the State in Contemporary China", *Pacific Affairs*, Vol.57, No.2(Sum., 1984), pp.213-236.
⑤ Margaret Bacon, "nan nu ping dun: men and women are equal", *Off Our Backs*, Vol.3, No.11 (Oct., 1973), pp.16-17.
⑥ Lucy Jen Huang, "A Re-Evaluation of the Primary Role of the Communist Chinese Woman: The Homemaker or the Worker", *Marriage and Family Living*, Vol.25, No.2(May, 1963), p.166.

策造成的。①关于妇女的育儿角色,贝弗利·胡珀(Beverley Hooper)认为比起男性,中国妇女,尤其是农村妇女在事实上仍然主要承担家务活。②关于妇女工作的薪酬,劳伦斯·宏指出中国妇女在家庭以外的工作中薪酬仍受歧视。③关于妇女的家内角色地位,朱迪斯·史泰西在《关于中国妇女的一种女权主义研究》④中指出,家庭是女性附属地位的普遍发生空间,中国的夫权制度导致对女性收入、教育和权利的歧视,劳动力的性分化也使妇女处于次等地位。

(六)中国妇女参政议政

中国共产党领导下的中国妇女是否实现参政议政以及参政程度、效果及反馈如何?美国学者基于文本和田野考察、访谈做了分析研究。比沃利·胡珀的《中国妇女:毛泽东和孔子》指出,"从60年代末'文化大革命'以来日益增加的妇女政治参与已经实现,并有对妇女干部的培训",还指出应批评儒家思想"不让女人干预政治"、歧视培养女干部的言论。玛丽·诗里丹的《中国年轻的女领导》分析参政女干部对自我价值的认知,指出"今天中国的单身优秀女性群体仍被旧社会的顽固男性观点所谴责",发现女干部把赢得能起到"引领、支柱、桥梁作用的劳动模范"头衔视为非常重要。⑤肯特·詹宁斯在《中国农村的社会性别与参政》中基于调研评估改革开放背景下农村男女参政比例,发现在各种模式下农村男性参与率均超过女性,因此仍存在参政领域的性别不平等⑥。斯坦利·罗森的《中国妇女和政治参与》在对1949年后的中国妇女参政研究中指出中国妇女参政水平将持续受到政府政策、现代化、外来文化等因素的影响。⑦

概言之,美国学者对中国妇女在中国共产党的领导下获得解放的状况及

---

① Phyllis Andors, "Politics of Chinese Development: The Case of Women, 1960-1966", *Signs*, Vol.2, No.1(Aut., 1976), p.90.

② Beverley Hooper, "Women in China: Mao 'v.' Confucius", *Labour History*, No.29, Women at Work(1975), p.140.

③ Lawrence K. Hong, "The Role of Women in the People's Republic of China: Legacy and Change", *Social Problems*, Vol.23, No.5(Jun., 1976), p.545.

④ Judith Stacey, "A Feminist View of Research on Chinese Women", *Signs*, Vol.2, No.2 (Win., 1976), pp.485-497.

⑤ Mary Sheridan, "Young Women Leaders in China", *Signs*, Vol.2, No.1(Aut., 1976), p.65.

⑥ M. Kent Jennings, "Gender and Political Participation in the Chinese Countryside", *The Journal of Politics*, Vol.60, No.4(Nov., 1998), pp.954-973.

⑦ Stanley Rosen, "Women and Political Participation in China", *Pacific Affairs*, Vol.68, No.3 (Aut., 1995), p.341.

程度做了专门探索,从社会与家庭分工、妇女组织与妇女干部培养、社会发展与城乡妇女参与等层面展示共产党在领导中国妇女解放运动中的角色、措施与效应,她(他)们在研究中试图描述和理解中国妇女的真实处境,认识到中国共产党已将妇女解放视为社会主义革命和建设的核心因素之一,详细探讨党的妇女发展策略如何改变男性权威和等级结构、妇女参政障碍和促进因素,以及共产党和妇女运动的组织和思想关系等问题。经其研究发现,中国共产党致力赋权妇女并提升其社会适应性,进而助力民族建设,而这些民族运动策略对重新定义男女两性形象和妇女发展实际上起到助推作用。

三、对美国关于中国妇女运动研究的评估与思考

综上分析,从美国中国妇女解放研究的理论演进来看,美国关于中国妇女运动的研究在西方学术谱系中发展变迁,成为妇女学、历史学、社会学以及文化研究的时代表征,印证了海外中国学本质上是外国学的属性。从其研究议题来看,美国对中国妇女解放的关注领域颇多,其视角独特的研究成为我们开展妇女问题研究绕不过去的海外知识必要参照。在整个20世纪尤其是中华人民共和国成立以来经历社会主义探索和改革开放,中国的失落、复兴,和具中国特色现代化道路的探索和发展道路引发世界热议,美国的中国妇女运动研究正处于这一世界格局转变的历史语境中。美国该领域的研究是其观察、评判中国的一个重要切入口,值得我们对其理论方法、研究议题和观察视角进行深入分析、思考和评估。

(一)从美国研究范式和话语概念层面探索其对中国研究的适用性和局限性

纵观美国女性主义学者对中国妇女运动的观察,其研究初衷总体上是出于对中国姐妹的女性主义关怀,然而其研究范式和话语概念需要我们持有理论清醒,经分析鉴别后进行批判和取舍。首先,20世纪八九十年代以来,美国中国妇女解放运动研究中出现了"性别研究"的范式转型,这一研究范式开拓了中国妇女解放研究与中国革命、中国文化等关联的诸多新研究领域,深化了中国妇女解放问题研究,因此这一分析框架对我国妇女研究学科建设具有方法论启示意义。其次,对于其研究中"父权制"概念应用的分析。前述可知,部分美国中国妇女研究论著中一直贯穿着"父权制"分析模式,这一源自希腊语

的概念首先被17世纪英国学者罗伯特·菲尔默系统论述①,后曾被马克思、恩格斯进行理论阐发②,进而在20世纪中期被法国女性主义学者波伏娃应用到女性主义理论中③,20世纪70年代被美国激进女性主义学者发展并进一步应用于中国妇女解放运动研究中。对此,我们要看到这一分析概念在解释中国问题时的有效性和有限性。中国在传统儒家社会,尤其是农村地区确实存在男尊女卑现象,也体现在儒家思想关于性别关系的观念表述、婚姻制度和女性活动领域中。然而儒家思想的丰富内涵和社会意义究竟如何,是否对女性来说完全意味着桎梏和压迫,值得深入讨论。伴随着西方后现代主义、后殖民主义的发展,西方对自身话语概念应用也有自省和反思,如克劳迪·布劳耶在研究中就指出,"我们不再对关于妇女的处境或'男权制'社会的以往观点感到满意,即使它们看起来很流行"。④目前以美国为代表的西方学术界对于中国儒家社会中女性主体性、才女文化、"缠足"的探讨颇多,打破了中国传统社会"纯粹受害者"的女性形象,⑤因此"父权制"概念适用性具有时代、区域、理论的局限性,不能将其没有限制地生搬硬套。

(二) 从历史文化层面理解认识中美学术阐释中国妇女运动的路径差异

从美国的研究可得,一些学者对世界妇女运动路径是自上而下还是自下而上进行的探讨直接影响到其对中国妇女解放运动的研究,即是妇女自发独立组织运动还是通过官方力量制定政策自上而下推动实施,这基本反映了中美历史文化因素导致的妇女解放之路的差异。美国妇女运动受启蒙运动"天赋人权"思想的启发,认为妇女也拥有与男子相同的权利,对本国社会存在的性别不平等、妇女在公众领域缺乏参与的敏锐感悟促使她们自发组织起来,争取自身权益。而作为拥有悠久历史的中国实行的中央集权制度具有办事效率高、见效快的特征,当前中国共产党领导的妇女解放和发展实际上兼顾自下而上和自上而下两种路径,通过民主座谈调研等方式征求妇女群众意见,进而上升到决策层制定并推行维护妇女权益的法律法规,保证妇女发展收到切实的稳步成效。历史文化的底蕴与发展决定了不同国家的道路差异,其妇女解放

---

① [英]罗伯特·菲尔默:《"父权制"及其他著作》,中国政法大学出版社2003年版,第7页。
② 《马克思恩格斯选集》(第4卷),人民出版社1995年版,第54页。
③ [法]西蒙娜·波伏娃:《第二性》,陶铁柱译,中国书籍出版社1998年版,第3页。
④ Claudie Broyelle, *Women's Liberation in China*, Atlantic Highlands: Humanities Press, 1977, Preface.
⑤ [美]曼素恩:《缀珍录》,定宜庄等译,江苏人民出版社2005年版。

和发展也必须遵循实事求是原则,从实际出发解决问题。

(三)从事实层面辨析美国关于中国妇女运动的研究结论

一是大量美国学者和观察家对中国共产党领导的妇女解放运动持高度肯定,表现在对官方法律文本规定层面、实践层面男女平等的观察,认为中国妇女参与共产主义运动并获得解放和地位提升,成为"社会主义创新"的一部分,是关于妇女解放的"中国道路",反映出西方妇女争取自身解放时面临的诸多问题。[1]对此,我们应予以肯定和尊重。

二是部分因文化隔阂、材料使用和语言生疏等导致的一些美国学者对中国妇女解放问题产生误读和偏差,[2]认为社会主义革命带来中国妇女解放的巨大进步,然而最终实现妇女解放仍需长期曲折的过程。对此,我们应予以理解并开拓更多渠道展开中美妇女研究深度对话,欢迎更多相关领域的学者精英来华实地考察,亲身了解共产党领导的中国妇女解放取得的巨大历史性成绩,达到对中国妇女全方位、多层次的清晰理解。当然我们还应留意到因历史遗留问题和市场经济的发展,目前确实存在一些不同阶层、区域的女性发展不均衡问题。对此我们应着眼全局,逐步解决,最终实现妇女整体的发展和进步。

三是对于极少数学者因西方中心论和意识形态偏见故意完全否认中国妇女在现当代中国得到解放的事实,[3]应需予以辨别和指正。自从20世纪20年代中国共产党成立之初至今,中国共产党一直将中国妇女解放和发展作为党的行动纲领、共产主义运动和社会主义建设所有环节的一个有机组成部分[4],中华人民共和国成立以后尤其是改革开放以来,从相关统计数字可知上海女性官员、科学家、学者、管理人员等受教育程度较高的人数和所占性别比例逐年稳步增长,各公共领域女性劳动者的劳动保障和收入水平也稳步提升,[5]也

---

[1] Nancy Milton, "A Response to 'Women and Revolution'", in Marilyn B. Young ed., *Women in China: Studies in Social Change and Feminism*, Ann Arbor: Michigan University Press, 1973, p.180; Helen Snow, *Women in Modern China*, The Hague, 1967, p.1; Margaret Bacon, "nan nu ping dun: men and women are equal", *Off Our Backs*, Vol.3, No.11(Oct., 1973), pp.16-17. Etc.

[2] Judith Stacey 曾在其研究中明言,"我的分析一定基于整个的二手资料,所以特别容易被不准确的信息所迷惑和影响,这一障碍是不能补救的", See: Judith Stacey, "A Feminist View of Research on Chinese Women", *Signs*, Vol.2, No.2(Win., 1976), p.486; Beverley Hooper, "Women in China: Mao 'v.' Confucius", *Labour History*, No.29, Women at Work(1975), p.143. Etc.

[3] Tani Barlow, *The Question of Women in Chinese Feminism*, Durham and London: Duke University Press, 2004, pp.59-61.

[4] 1922年中国共产党第二次全国人民代表大会9个决议案之一,即为《妇女运动》。

[5] 荒沙等主编:《上海妇女志》,上海社会科学院出版社2000年版,第244、327、402页。

是中国各地妇女发展的一个缩影,说明中国妇女基本权益得以维护,妇女解放和发展总体上取得翻天覆地的变化。

(四)在学术实践层面对中国妇女运动研究开展多学科、跨领域的合作

当前中国妇女研究在社会学、史学、哲学、人类学、文学、心理学、生理学等学科已取得丰硕成果,在中国妇女解放运动研究中开展跨学科、跨领域的合作和协同创新,实现对中国妇女综合、全面、深入的研究,是建立更有逻辑性和系统性妇女研究的重要环节。比如对当前妇女问题的讨论既有社会学意义上的数据调研,又有对该问题历史渊源和发展脉络的解读;加之对不同女性群体多元声音的聆听,兼顾女性生理学、心理学解析等多学科研究,有对历史和现实、人文学科和社会学科的兼顾。如此,在学术上方能提出更经得起推敲和实践检验的观点,这也是实现中国妇女解放和发展的必要途径。

苏联解体后俄罗斯学界对中国共产党的研究概述

廉晓敏

近年来,随着我国国力的不断上升,特别是,"一带一路"倡议的提出为国际社会提供了一种全新的公共产品,海外对中国问题研究的深度和广度不断拓展,其中,当然也包括对中国的执政党——中国共产党的全面研究。

谈到对中国共产党研究的海外视角问题,俄罗斯(苏联)学界是个绕不过去的领域。中国共产党最初期的历史与共产国际有着紧密的联系,而共产国际虽然是国际组织,但如果把它简单地与"苏联共产党"画等号也不是全无道理。此外,作为曾经"社会主义阵营"里的两个大国,我国和苏联(以及后来的俄罗斯)的国家间、执政党间也有着千丝万缕的复杂关系。而当下,中俄两国已进入"新时代全面战略协作伙伴关系"阶段,因此,对俄罗斯(苏联)学界有关中共研究情况的审视和分析,是完全有必要的。

一、俄罗斯(苏联)学界对中共研究的历史分期

苏联与中国共产党的诞生及发展历程有着独特的联系,这种独特性延伸至苏联及之后俄罗斯联邦的中共研究领域,使得苏联及俄罗斯学者在海外中共研究领域,特别是中共早期相关历史研究中占有相当的"便利性"。最典型的例证之一,就是苏联解体初期大量解密的档案中有部分涉及中国共产党,现存于俄联邦的诸多档案馆。对这些史料的挖掘利用显然可以进一步丰富当今中共研究领域的相关成果。

由于历史与现实,俄罗斯学者历来对中国共产党的研究十分关注,不同时期的研究侧重也被打上时代烙印,成为反映中俄(苏)两国关系的一面镜子。

回顾苏联学界对中国共产党的研究，可以大致划分为如下几个阶段。

第一个阶段始于20世纪20年代，止于苏联卫国战争爆发前，这个阶段大致和共产国际的存在时间重叠。就研究背景而言，此时的中国处于新民主主义革命阶段，中国共产党尚未成为执政党，处于"初创—国共合作—求生存—不断壮大"的过程中。早期，中国共产党是作为共产国际的一个支部存在，后来才在探索自身发展道路的过程中逐渐独立。作为"研究对象"的中国共产党并非当时中国政治舞台上的一支强大力量。

如此背景下，当时苏联从事中国共产党研究的学者，大多是有共产国际背景的苏联共产党人，有些还是中共早期历史的亲历者，其研究内容主要涉及中国共产党早期创立的历史，这些文章对于今天研究我党早期历史肯定是有一定的史料价值，但其中主观性问题要引起我们的注意。同时，虽然这一时期的研究属于初级、不够深入的阶段，但也是在这个阶段，苏联学者编辑出版了许多中共、联共（布）和共产国际关于中国问题的重要文件汇编和文献资料集，如《共产国际和联共（布）关于中国革命问题的主要决议》（莫斯科1927年）、《远东各国共产党的纲领性文件》（莫斯科1934年）、《共产国际在民族殖民地革命中的战略与策略（以中国为例）》（莫斯科1934年）、《中国苏维埃（文献资料汇编）》（莫斯科1935年）、《中国问题资料》（莫斯科1927—1928年，共16册）等。此外，在当时的《革命东方》《新东方》《太平洋》《中国问题》《中国学研究所通讯》《布尔什维克》《共产国际》《国际新闻通讯》等刊物上还发表大量与中共党史有关的史料性文章。①这些其实对后来的研究是很重要的史料。

受到第二次世界大战（简称"二战"）和此前国内一系列政治运动的影响，苏联学界损失了一批搞中国问题的学者，对中共的研究经历过一段既没人也没时间的停滞状态。

苏联学界对中国问题研究真正的繁荣始于20世纪40年代。战后几十年间，不管是对中国历史的整体研究，还是对处于不同历史时期的中国的研究，苏联学者都取得很多开创性的成果。齐赫文斯基（С. Л. Тихвинский）、弗·伊·格鲁宁（В. И. Глунин）、亚·米·格里戈里耶夫（А. М. Григорьев）、阿·伊·卡尔图诺娃（А. И. Картунова）、米·菲·尤里耶夫（М. Ф. Юрьев）、叶·菲·科瓦廖夫（Е. Ф. Ковалев）、鲁·马·阿斯拉诺夫（Р. М. Асланов）和娜·

---

① 梁怡、李向前主编：《国外中共党史研究述评》，中共党史出版社2005年版，第33页。

列·马马耶娃(Н.Л. Мамаева)开创了中国近现代史研究领域的新方向——中国政治史研究。对中国共产党及其所领导的中国革命、抗日战争等历史都有了深入的研究。①

第二阶段始于二战结束,止于中苏两国关系由好转坏,其时代大背景是中苏两国关系友好,中国进入由中国共产党领导的社会主义革命和建设阶段。在这个阶段,经过一个时期的人员培养和补充,从事中国问题研究的机构得以发展壮大,研究界总体处于一个新生发展期,也基本上奠定了今后,并直到今天俄罗斯中国问题研究的一个机构版图,比如说当今俄罗斯科学院系统的东方学所、远东所。这一时期学者们的主要研究成果是对中共在中国新民主主义革命阶段的历史进行一种"概论"性的阐述,其中当然会涉及中国共产党在其中所扮演的角色和发挥的作用。

第三个阶段从中苏两国关系交恶开始,即 20 世纪 60 年代中期,直到 20 世纪 80 年代中苏关系缓和前。在两国关系敌对不友好的氛围下,苏联一部分学者的学术研究很难完全独立于国家政策的大环境,这一阶段的研究,不管是其视角、结论还是目的,更多的是服务于苏联国家和政府的外交政策利益,成果的论述基调总体呈负面。但也需要指出,还是有一部分苏联学者没有被政治论战牵着鼻子走,选择避开当时的"时政热点",在对档案资料的挖掘基础上,专注对中共过往历史的研究,既有断代性质的,也有概论性质的,到了这个阶段的中后期,涌现出较以往更丰富的研究成果。比较有代表性的是远东所在 1987 年出版面世的《中国共产党历史》,分两卷本,一卷的起止是 1920—1949 年,另一卷是 1949—1982 年。其他的一些研究成果还包括文献资料性的著作,以及各种回忆录。

第四阶段始于苏联后期中苏关系正常化,并延续至今。戈尔巴乔夫领导的苏联进入转型期,在对华态度上也出现转变,苏联学界对包括中共研究在内的涉华问题研究也出现转变,研究风向明显有别于前一个阶段,而且学界的这种转变并没有因为苏联解体而停止,反而是更加趋向开放,相对于之前各个阶段的研究,更具开放性和自由度。②

---

① *Основные направления и проблемы российского китаеведения*,М.,2014,с12.
② 有关苏联、俄罗斯学界对中共研究的历史阶段划分,参见梁怡、李向前主编:《国外中共党史研究述评》(2005),娜·列·马马耶娃(Н.Л.Мамаева)、伊·尼·索特尼科娃(И.Н.Сотникова)主编:《俄罗斯的中华人民共和国研究编年史》(《Отечественная историография КНР: некоторые направления》,2015)。

二、苏联解体后俄罗斯学界中共研究领域的新特点和新动向

苏联解体对俄罗斯方面中共研究的重要影响意义主要在于意识形态层面的"解绑"和"脱钩",这种"解绑"极大程度上重新定位了俄罗斯的中共研究,乃至整个中国问题研究领域。

（一）众多解密档案极大丰富了中共研究的史料基础

俄罗斯方面基于其所掌握的历史史料形成的有关我党历史的研究成果,为我们提供了一种有关中国共产党历史研究的他者视角。

苏联解体初期,大量的历史档案文件被集中解密,学者们得以接触大量之前保密的档案文件,这成为俄罗斯联邦从事中共研究乃至整个中国学研究界的学术"富矿"。尽管苏联时期远东所的研究人员就被允许利用苏共中央马列主义研究院中央党务档案馆的材料,但是20世纪90年代的形势是,取消政治思想上的"限制",为研究者开放许多苏联时期档案。[①]

从20世纪90年代至21世纪初,整理编辑出版系列史料文件集成为俄罗斯学界最重要的特点之一。这期间,除了苏联时期就已经开始的《17—20世纪俄中关系》系列文件集整理出版工作被继续推进,《联共（布）、共产国际和中国1920—1943》五卷本系列[②]、《俄共（布）—联共（布）中央政治局与共产国际：1919—1943文件集》[③]和其他一些直接或间接与莫斯科、共产国际涉华政策、20世纪20—40年代中国民主革命运动史等相关的重要文件材料集,都被整理出版。

大量历史档案的解密不只带来众多文件集的整理出版,一些基于解密档案的研究著述也涌现出来。

1996年,俄罗斯汉学泰斗级人物齐赫文斯基的著作《中国走向统一独立之路(1898—1949)——根据周恩来生平资料叙述》[④]出版。这是齐赫文斯基人物

[①] [俄]B.格卢宁、A.格里戈里耶夫:《俄罗斯科学院远东研究所对中国历史的研究》,马贵凡译,《中共党史研究》1998年第1期。

[②] 俄文版于1994—2007年间陆续出版,收录1 517件文件,由俄科学院远东所、俄罗斯社会政治史档案馆和德国柏林自由大学的学者们合作完成。全卷本已被翻译成德文和中文。

[③] 俄文版于2004年出版,文件来源于保存在俄罗斯社会政治史档案馆中的涉及俄共(布)—联共(布)、中央、共产国际执委、意大利共产党和中国共产党的部分。

[④] Тихвинский С.Л., *Путь Китая к объединению и независимости*, 1898-1949, М., 1996.

传记三部曲的最后一部,前两部分别是有关康有为和孙中山的。齐赫文斯基在书中研究和使用了斯大林档案中揭示周恩来活动中、苏中关系中和中共领导对外政策中的鲜为人知的片段。

已被翻译成中文的亚历山大·瓦季莫维奇·潘佐夫(Александр Вадимович Панцов)的《毛泽东传》是在我国知名度最高的一部此类著作。2007年,潘佐夫出版了俄文版《毛泽东传》①,并于2012年修订再版。潘佐夫的《毛泽东传》还曾出版过英文版。2009年,潘佐夫还出版了《毛泽东的故事》②,但这部书更侧重毛泽东的个人生活。2013年,潘佐夫出版了另一位中共领导人的传记——《邓小平传》③。作者用同样的写作手法,将人物生平与国家所面临的历史和发展问题穿插记述。潘佐夫在书中对邓小平给予高度评价。2019年,潘佐夫出版了俄文版《蒋介石传》④。潘佐夫早年主要研究国际工人运动,21世纪以来将研究兴趣逐渐转向名人传记,常年在美国教学。潘佐夫还曾与另一位俄罗斯知名的中国问题专家乌索夫合译过《彭德怀自述》。

就潘佐夫的《毛泽东传》而言,俄罗斯学界有观点认为,该书的一个"强项"是史料基础,很多史料是首次使用。⑤然而,对此,我国学者是有不同观点的。2016年第3期的《近代史研究》杂志刊发了华东师范大学杨奎松教授的《评潘佐夫〈毛泽东传〉——兼谈潘书中的若干史实错误》。潘佐夫对来自中国的关于他这本传记的评论声音还是很关注的。2017年第6期的《近代史研究》上刊登了潘佐夫的《对杨奎松教授关于〈毛泽东传〉书评的回应》。而2018年第3期《近代史研究》又刊登了杨奎松教授的《著史切忌过急、过糙——对潘佐夫〈回应〉的回应》。除了杨奎松教授,中国社会科学院的李义彬教授也曾在《中华读书报》撰文,对潘佐夫《毛泽东传》中的史实进行了质疑,潘佐夫也同样刊文进行了回应。

2009年,维克多·尼古拉耶维奇·乌索夫(Виктор Николаевич Усов)撰写的专著《邓小平和他的时代》⑥由俄罗斯青年近卫军出版社出版,属于这个出版社打造的"名人传记"系列丛书。潘佐夫的《毛泽东传》《邓小平传》和《蒋介

---

① Панцов А.В., *Мао Цзэдун*, М., 2007.中文版《毛泽东传》2015年由中国人民大学出版社出版。
② Панцов А.В., *Рассказы о Мао Цзэдуне*, Ростов-на-Дону, 2009.
③ Панцов А.В., *Дэн Сяопин*., М., 2013.
④ Панцов А.В., *Чан Кайши*, М., 2019.
⑤ *Основные направления и проблемы российского китаеведения*, ИДВ РАН, М., 2014, с.85.
⑥ Усов В.Н., *Дэн Сяопин и его время*, М., 2009.

石传》也属于该系列丛书。

在远东所乌索夫的个人主页里,有关《邓小平和他的时代》的评介是"关于一位杰出中国政治家生平的最全面的原创研究"。通过丰富的史料,包括一些新的档案文献,作者在书中详细讲述了邓小平的生平和事业,讲述了邓小平个人和国家所经历的时代和变革。乌索夫认为,邓小平的主要功绩在于为国家消除了"文化大革命"后的混乱和贫穷,制定了让国家的社会经济稳定发展的方针。

新发掘的史料档案除了被应用到名人传记类著述中,还被应用到一些专题研究型著述中。

2011 年,俄科学院远东所伊莉娜·尼古拉耶夫娜·索特尼科娃[①](Ирина Николаевна Сотникова)发表了文章《共产国际与中国共产主义运动的开端》[②]。此文中,她在史料基础上,其中包括一些首次被使用的史料,分析了 1919—1920 年代苏联西伯利亚、远东的党和外交机构与中国革命界领导人的首次接触。文中观点认为,维经斯基领导的俄共(布)远东局对中共一大的筹备工作和经费解决具有特别的意义。该文曾被译为中文发表在 2011 年第 4 期《党的文献》上。2015 年,索特尼科娃出版了专著《共产国际中国分部:组织结构,人事与财务政策 1919—1943》[③],书中在大量史料基础上研究了联共(布)、共产国际与中共相互间的组织形式、互动方式,研究了共产国际和苏联的代表在中国的革命活动,共产国际对中共成立和发展的影响,以及共产国际对中共在经济方面的支持。2019 年第 4 期《中共创建史研究》杂志刊登了索特尼科娃的《玛丽亚·米哈伊洛芙娜·萨赫扬诺娃在远东的活动》。

有关中共革命干部在位于莫斯科的共产国际高校学习的这段历史研究,自苏联时期就有学者涉足,包括弗·尼·尼基福罗夫(В.Н. Никифоров)、格·瓦·叶菲莫夫(Г.В. Ефимов)、维·尼·乌索夫(В.Н. Усов)、亚·瓦·潘佐夫(А.В. Панцов)等。由于此前相关档案没有公开,这些研究多是片段性的。2012 年,达利娅·阿列克珊德罗夫娜·斯皮恰克(Дарья Александровна

[①] 索特尼科娃目前研究的主要领域是共产国际与中共关系和 1949—1960 年间的苏联援华问题。1991 年曾出版专著《30 年代王明在中共战略与战术制定和执行中的作用》。

[②] *Коминтерн и начало коммунистического движения в Китае*/Проблемы Дальнего Востока. 2011. No.6.

[③] Сотникова И.Н., *Китайский сектор Коминтерна: организационные структуры, кадровая и финансовая политика: 1919-1943гг.*, М., 2015.

Спичак)的专著《克里姆林的中国先锋队：莫斯科共产国际学校中的中国革命者 1921—1939》①出版，对这一主题进行了系统研究。作者研究了共产国际的几所学校，包括东方劳动者共产主义大学、中国劳动者孙逸仙大学、中国劳动者共产主义大学、国际列宁学校，等等。这些学校在不同的年代经历过机构重整。之前有关国际列宁学校的相关信息较少，该书中提供了一些有关该校活动的新资料。此外，书中还提供了在此学习的学生们生活中一些事件的新史料，以及他们与共产国际、中共领导层的相互联系。该书作者提出的一个结论是，在这些学校学习过的大部分学生是中国共产党人，他们中的167人在国家的历史进程中发挥了相当的作用。其中一些后来成为中华人民共和国的领导干部，在1970—1980年代，这些人中相当一部分倡导了中国大规模的经济改革。

（二）对中国改革开放的研究

改革开放之后中国共产党在经济和政治两方面的表现是俄罗斯学界研究的主要热点，但总体上，俄罗斯官方更看重对中共政治领域的研究。

中国共产党领导下的改革开放极大改变了中国的社会面貌和国际地位，并且在时代上与俄罗斯联邦的国家转型历程形成比较。自20世纪90年代以来，除了加强对改革开放以来中国共产党指导思想的研究，俄罗斯学者中共研究方向上的关注点主要集中在政治和经济两个领域，包括中国的政治体制发展、政党与国家建设、中共的政策分析与干部培养管理、中国经济发展的趋势与面临的问题、新时代中国的深化改革工作与相关文本解读，等等。俄罗斯学者对中共历次代表大会及会议文件非常关注，对历次会议各种文件的文本解读和比较分析，是俄罗斯方面预测研究中共和中国未来发展防线的重要手段和路径。

俄罗斯的学者在总结邓小平的理论时认为，邓小平改造中国社会的理论概念中，主要在于认识方面的全面改革，其经济层面和社会层面的目标在于摆脱贫困落后，发展生产力，保证中等收入生活水平，加强精神文明建设。

俄罗斯汉学家认为邓小平理论具有创造性，强调发展国家生产力，提高人民生活水平，理论中涉及政治的部分没有经济领域那么激进。

---

① Спичак Д. А., *Китайский авангард Кремля. Революционеры Китая в московских школах Коминтерна*（1921-1939），М.，2012.

有关毛泽东思想与邓小平理论的关系问题，起初，俄罗斯学者的观点是，邓小平理论是在否定毛泽东思想的基础发展的。俄罗斯学者的这种观点倾向，在我国学者的论述中也有印证体现。《国外中共党史研究述评》一书中，在总结俄罗斯学者的研究情况时认为，"对毛泽东和毛泽东思想基本上持否定态度，在邓小平理论研究方面仍存在抑毛扬邓现象。"[1]

然而后来，一些俄罗斯学者在对两者进行比较研究后提出了新的观点和看法。已故俄罗斯科学院院士、远东所前所长米·列·季塔连科在《中国：文明与改革》[2]一书中，对邓小平理论和毛泽东思想的联系与区别进行了分析。他认为，邓小平理论继承了1940年代毛泽东的"新民主主义"思想，并对其进行了与时代相适应的改造和发展，而两者对于社会主义的观点在方法论和理论层面都有很大不同。邓小平对社会主义理论的认识更实用，更多地考虑中国具体的历史条件和民族特性。

如果说苏联解体前，大部分苏联历史学者对建设中国特色社会主义理论持怀疑态度，认为邓小平"把中国带离了社会主义"，那么从20世纪90年代开始，俄罗斯的学者在对改革开放时代进行全面研究后，开始对邓小平及其理论给予越来越高的评价。他们认为，邓小平的智慧在于他不是否定毛泽东领导下的中国和中共所做的一切，而是总结、利用中共在中华人民共和国成立前后积累的正面和负面经验，为新的理论政策所用。[3]

2001年，在中国共产党成立80周年之际，俄科学院远东所出版了一部系统展示有关中共研究历史的论文集——《中国共产党：历史与现实问题》[4]。这本书中的文章，既有关于中共理论的，也有涉及中共政治实践中的各种独立事件，时间跨度从中共一大召开、国共第一次统一战线之前，直到20世纪与21世纪之交。在当时已掌握的各种史料基础上，学者们审视了联共布、共产国际与中国共产党、国民党在北伐时期的互动关系，中国共产党人在莫斯科高校进修军事的历史，以及中共在"大跃进"后寻找走出危机的历史。此外，论文集中的文章主题还涉及邓小平与中国特色社会主义理论、中国的现代化过程以及

---

[1] 梁怡、李向前主编：《国外中共党史研究述评》，中共党史出版社2005年版，第56页。
[2] Титаренко М.Л., *Китай：цивилизация и реформы*, М.：Республика, 1999.
[3] *Отечественная историография КНР：некоторые направления*, М.：Наука-Вос.лит., 2015, c152, c156.
[4] *Коммунистическая партия Китая：история и современные проблемы. К 80-летию Коммунистической партии Китая* / Сост.：Р.М. Асланов, Н.Л. Мамаева, М., 2001.

社会主义中国模式的形成。

2001年,远东所还出版了一本集体成果《如何治理中国》[①],该书的修订版于2004年出版。这本书主要研究了20—21世纪之交的中国政治体制和法制发展,其中很大一部分内容集中在对中国共产党在国家和社会中扮演何种角色的讨论。该书的主要作者之一阿斯拉诺夫强调,中国共产党是中国政治体制的核心。他在书中详细分析了中共的"三个代表"重要思想。在这本书中,马马耶娃撰写的部分,主要涉及中国共产党在中国政治体制改革中的角色和地位。她认为,在中国,党的政策通过非党的机构执行,本质上,党的治理与国家的治理是平行的。中国经验的特别之处在于,积极的经济改革虽影响着其政治体制发展,却没有伴随着革命性的政治转型。但也要承认,中国在政治体制方面已经发生深刻变化。马马耶娃详细描述了中国共产党制定改革战略的过程,以及管理体制和党自身转型的过程。此外,她还在文中谈到了中共的干部政策、反腐政策等。马马耶娃认为,中共领导层在探寻政治制度完善和发展过程中考虑到了中国的特点,在完善党政体制的同时避免政权脱离社会的倾向,所谓"自由主义经济加威权"的公式并不适用于中国,中国领导层关于有中国特色的政治制度完善的立场,总体上是符合中国现实情况的。

2006年出版的专著《从江泽民到胡锦涛——21世纪初的中华人民共和国》[②]主要关注中国的政治生活,著者是俄科学院远东所资深的中国问题专家弗拉基米尔·雅科夫列维奇·波尔加科夫(Владимир Яковлевич Портяков)。书中的一部分内容涉及对中共第四代领导集体有关政治体制改革的主要纲领、观点的研究。

2007年出版的《中国改革进程中的政治体制与法律1978—2005》[③]一书中,有一篇文章论述中国政治体制和政治改革进程中的中国共产党,另一篇文章则探讨了中国的各民主党派及中共与民主党派的关系。

2013年,远东所中国政治研究与预测中心的年度学术会议主题是中共十八大,会后出版了《中共十八大:新的任务和发展前景》[④]论文集。中共十八大

---

① *Как управляется Китай*. 1-е и 2-е изд., М., 2001, 2004.
② Портяков В. Я., *От Цзян Цзэминя к Ху Цзиньтао: Китайская Народная Республика в начале XXI века.*, М., 2006.
③ *Политическая система и право КНР в процессе реформ, 1978-2005*. М., 2007.
④ *XVIII съезд КПК: Новые задачи и перспективы развития*, М., 2013.

的报告内容和中共新一代领导集体是俄罗斯学者们关注的焦点。2014年，俄罗斯学者又围绕中共十八届三中全会的召开和《中共中央关于全面深化改革若干重大问题的决定》（以下简称《决定》）举行了专题研讨会，并出版了论文集《中共中央十八届三中全会：改革的前程》①，其中对《决定》文件进行了详细的分析解读。

2018年出版的《新时代：中共十九大之后的中国》②是远东所举行的中共十九大专题研讨会论文集。这次研讨会的研讨主题围绕中共十九大报告，研讨内容既涉及十九大前后中国内政外交各个不同方面的问题，也涉及中共自身发展问题。

2019年，远东所出版论文集《从中共十九大决议看中国经济》③。该所中国社会经济研究中心在2018年举办了学术研讨会，主要分析了十九大之后中国经济领域的各种形势、问题和前景，此次会议的论文被收录在论文集中。俄罗斯学者认为，尽管中国的国民生产总值从2002—2011年的9%—11%降至2012—2017年间的6.9%—7.9%，但同时其经济结构发生优化，创新成为科技领域的主要增长引擎，内需扩大。这些都让中国经济可以稳定保持超过世界平均水平的增长速度，缩小地区间和城乡间差异。"一带一路"让中国经济可以在世界经济不稳定的情况下减少对外贸的过度依赖。适龄劳动力人口下降、环境污染、能源短缺等是中国内部发展存在的问题。

（三）21世纪俄罗斯中共研究领域的代表性学者与其他新成果

俄科学院远东所前副所长鲁斯塔姆·马米多维奇·阿斯拉诺夫（Рустам Мамедович Асланов，1937—2009）的主要研究领域是现当代中共党史，他的研究内容包括中共在实现中国现代化事业中的战略与战术，邓小平在"改革开放"这一政策制定和执行中的作用，等等。他认为，通过改革开放，中国在建设市场经济的同时，保留了以人民代表大会制度为基础的政治体制，而中国共产党居于执政党地位。他还认为，建设法制国家是中国国家政治建设中的一个新特点。他的论著包括《中国共产党：当前阶段的战略形成（1977—1997）》④，

---

① *3-й пленум ЦК КПК 18-го созыва : горизонты реформ* /отв. ред. А.В. Островский, сост. П. Б. Каменнова. В 2 частях-М. : ИДВ РАН, 2014.
② *Новая эпоха : Китай после XIX съезд КПК*，М.，2018.
③ *Экономика КНР в свете решений XIX съезд КПК* /отв. Ред. А.В. Островский, М.，2019.
④ Асланов Р.М., *КПК : формирование стратегии на современном этапе（1977-1997）*/Китай на пути модернизации и реформ. 1949-1999. М.，1999.

以及前面提到的《如何治理中国》和《中国共产党：历史与现实问题》。

娜塔莉亚·列昂尼德夫娜·马马耶娃（Наталья Леонидовна Мамаева，1945— ）是俄罗斯科学院远东所的资深研究员，长期从事与中国共产党议题相关的中国问题研究，目前是远东所现代中国史与俄中关系中心主任。俄联邦独立以来，她的一些涉及中共研究的论著和文章有《中共与苏共：比较分析中的几个方向》①《党与政权：中国共产党与政治体制改革中的问题》②《当前发展阶段的中国共产党》③《中国共产党与内政稳定问题及俄中关系发展基础》④《中国共产党——政治体系核心》⑤，等等。此外，她还主编了《俄罗斯中国学的主要方向和问题》⑥和《俄罗斯中国学的编年史》⑦，后者的出版得到中国驻俄罗斯大使馆的支持。马马耶娃关注改革时期中国共产党在中国政治体系中的地位和作用。她认为，在施行改革开放政策的20年间⑧，中国不仅在经济方面取得了巨大的成就，在国家的政治体系发展方面，也向世人展现了"变化"的可能和方向，而这首先就涉及国家政治体系中最重要的主体——中国共产党。中国在政治体系方面发生的变化，当然不像经济领域那样的"革命性"，但是就中国这样的特定条件而言，中国在政治体制层面因为中国共产党的变化而发生的变化，已经具有深层意义。中国共产党推进的改革，其典型的特点是循序渐进分阶段。在《党与政权：中国共产党与政治体制改革中的问题》一书中，马马耶娃详细研究了中华人民共和国成立后中国共产党的各主要历史阶段，分析了世纪之交中共通过不断的自我调整以适应国内变化的环境。马马耶娃认为，相较于苏联的"停滞"，中国的党政精英层对变化做好了准备。同时，她强调了中国所面临的贪腐威胁，且国家整体处于复杂的时期环境，这就需要协调好经济的高速增长和政治社会领域的发展两个方面。她认为，不断提高的执

---

① КПК и КПСС-некоторые направления сравнительного анализа/Проблемы Дальнего Востока. 2009. No. 5.

② Мамаева Н. Л., Партия и власть: Компартия Китая и проблема реформы политической системы. М., 2007.

③ КПК на современном этапе развития/Проблемы Дальнего Востока. 2006. No. 2.

④ Компартия Китая и проблема внутриполитической стабильности как основы развития российско-китайских отношений/Российско-китайские отношения: Состояние, перспективы. М., 2005.

⑤ Коммунистическая партия Китая-ядро политической системы/Китай на пути модернизации и реформ. 1949-1999. М., 1999.

⑥ Основные направления и проблемы российского китаеведения，М., 2014.

⑦ Отечественная историография КНР, М., 2015.

⑧ 马马耶娃在1999年《中国共产党——政治体系核心》一文中的观点。

政能力证明中国政治体系发展的潜能。在《当前发展阶段的中国共产党》一文中，马马耶娃分析了中国共产党的执政活动。文章指出，尽管共产党保持了在国家和社会中的领导地位，但从 20 世纪末以来，它一直在艰难探索，努力使自己的纲领和政策适应时代的挑战。作者关注的中心是执政党在国家管理体制中的地位、作用以及整个政治体制的巩固和完善，因为这些问题关系到中国这个"苏联式"国家在新世纪的命运。

维克多·尼古拉耶维奇·乌索夫（Виктор Николаевич Усов，1943—　）是俄罗斯研究中国历史，特别是现代史和研究中共的著名汉学家，目前在俄科学院远东所工作。他毕业于莫斯科大学东方语学院（现亚非学院），其副博士和博士论文主题都是关于 20 世纪 60 年代中国复杂发展道路的研究。乌索夫将一些中文的历史回忆文献翻译成俄语，其中就包括《彭德怀自述》。乌索夫的著述颇丰，被翻译成多种文字。他是俄罗斯首套两卷本《中华人民共和国史》[①]（2006）教材的作者，是 6 卷本百科全书《中国精神文化大典》第四卷（2009）的主要作者，是 10 卷本中国历史丛书中《中华人民共和国史 1949—1976》[②]的作者。

德米特里·阿纳托里耶维奇·斯米尔诺夫（Дмитрий Анатольевич Смирнов，1952—　）是俄科学院远东所的资深研究员，主要研究现当代中国，关注中国政治体制改革和现代化过程中的意识形态和理论问题，中共政策中的意识形态问题。他的相关论著有《中国现代化理论：从毛泽东到邓小平》[③]。斯米尔诺夫认为，邓小平开辟的社会主义现代化的中国道路特点本质，是经济自由主义与权威政权的结合。他认为，中国共产党面临非常复杂的意识形态环境，既包括国际环境层面，也包括国内层面，不同于苏联，中国在经济和政治领域的改变，发生的并不同步，社会贫富差距和新的阶层出现，带来思想领域的不统一。中国共产党的领导角色是保证社会政治稳定的基本原则，而"稳定"的重要性是排在"改革"和"发展"之前的，同时也承认"依法治国"的必要性。

2004 年，俄科学院东方学所斯维特兰娜·利沃夫娜·雷科娃（Светлана

[①] Усов В.Н.，*История КНР*，М.，2006.
[②] *История КНР. 1949-1976*.
[③] Смирнов Д.А.，*Идейно-политические аспекты модернизации КНР：от Мао Цзэдуна к Дэн Сяопину*，М.，2005.

Львовна Рыкова，1935—2003)的遗著《陈独秀早年的生平与活动 1879—1914》①出版。这是俄罗斯学者第一次关注陈独秀人生中的这段时期。作者的研究向人们展现了陈独秀的思想变化历程，从支持改革思想者变成民主革命者，也展现了在辛亥革命前和革命中陈独秀成长为中国青年学生领袖的过程。陈独秀的革命活动鲜明地反映了中国史学界的一个观点，很多参加过辛亥革命的革命者后来都成为共产党人。

2009 年出版的第四卷《中国精神文化大典》之《历史思想：政治和法制文化》②中，对于中国共产党的历史有专门的章节论述，包括 1921—1949 年的中国共产党，毛泽东的新民主主义论，1949—1976 年间的政治意识形态运动，邓小平理论，和 1978—2007 年间改革开放时期的中国共产党。

2009 年，俄科学院远东分部历史、考古和民族学研究所东方学研究室主任根纳季·彼得洛维奇·别拉格拉佐夫(Геннадий Петрович Белоглазов)出版了专著《满洲里(中国东北)的土地改革 1945—1949》③。俄罗斯学者对于中国 1949 年民主革命胜利的原因有多种观点，其中一种原因就是 1945—1949 年间中共在满洲里成功实施了土地改革。此前这方面研究并没有形成专著类成果。在别拉格拉佐夫这本书中，作者详细研究了包括《中国土地法大纲》在内的中共农业政策方面的法律基础文件。

远东所学者伊戈里·叶甫盖尼耶维奇·博日罗夫(Игорь Евгеньевич Пожилов)从事的研究主要围绕朱德元帅。他的两本专著《朱德：政治生平》④和《钢铁斗士：云南大将朱德》⑤分别于 2011 年和 2014 年出版。博日罗夫的著作主要基于中国的文件，共产党和国民党一些政治人物和军事将领的回忆录。博日罗夫认为，朱德在中国的史学研究中长期没有得到应有的关注，朱德深知军队在当时军阀治下中国的重要性，他是军事天才但野心最小。

---

① Рыкова С.Л.，*Ранние годы жизни и деятельности Чэнь Дусю*（*1879-1914гг.*）. М.，2004.
② *Духовная культура Китая：энциклопедия. Т. 4. Историческая мысль. Политическая и правовая культура* / Ред. М.Л. Титаренко и др. М.，2009.
③ Белоглазов Г.П.，*Аграрная реформа в Маньчжурии*（*Северо-Восточный Китай*）. *1945-1949 гг.*，Владивосток，2009.
④ Пожилов И.Е.，*Чжу Дэ. Политическая биография*，М.，2011.
⑤ Пожилов И.Е.，*Стальной воитель：из жизни юнаньского генерала Чжу Дэ*，М.，2014.

日本智库对"一带一路"倡议的认知及其影响研究

顾鸿雁

"一带一路"倡议提出后,在日本各界引起了广泛关注,其中在是否加入亚洲基础设施投资银行(简称"亚投行")问题上的讨论尤为激烈。尽管日本至今尚未加入"亚投行",但基于地缘政治、经济发展等考虑,日本政府加强了与"一带一路"沿线国家和地区在安全防卫、贸易投资和开发援助等领域的合作,成为我国在推动"一带一路"倡议过程中不可忽视的外部因素。2017年5月以来,日本高层对"一带一路"倡议展现出一定积极姿态,并表示愿在"自由开放的印度洋—太平洋战略"下与中方进行合作。这一态度转变究竟是权宜之计还是战略调整目前尚难定论。对日本智库的相关研究进行综合分析,将有助于我们更准确地理解和把握日本政府在"一带一路"问题上的立场和政策走向,同时也为更好地发挥智库在中日"二轨外交"中的作用提供参考。

一、从事"一带一路"相关研究的日本智库概况

与英美等主要发达国家相比,日本智库的兴起和发展相对较晚,主要集中在20世纪下半叶。随着"经济大国"地位的确立,日本国内出现了一轮智库建设热潮,在2001年曾达到最高峰的337家,形成了由政府智库、企业智库以及民间智库等构成的智库体系。[①]进入21世纪以来,由于国内外形势的变化,以谋求"政治大国"为目标的日本开始进一步追求外交上的"自主性",更加积极地参与全球事务以及国际新秩序的构建,其外交决策过程也日趋多元化。在此期间,日本智库的决策咨询功能得到进一步完善,特别是在外交、安保领域

---

① 刁榴、张青松:《日本智库的发展现状及问题》,《国外社会科学》2013年第3期。

的研究成果日益受到政府重视，一些官方、半官方以及民间著名智库都为日本国家战略制定提供了重要的政策构想和理论依据。①一般来说，日本智库影响外交决策的途径主要有两个：一是智库课题组向政府提交有关当前重大外交课题的报告书或政策建议，同时利用网络平台向公众及时推介研究成果，以发挥舆论引导功能；二是智库专家担任首相顾问，或参与政府组织的各种恳谈会及内部咨询会议，从中发挥资政建言作用。②

对于近年来备受国际社会瞩目的"一带一路"倡议，日本各大智库也给予了高度关注。由于"一带一路"倡议涉及经济、金融、外交等领域，日本智库的相关研究也呈现出多元化的视角，且大多围绕中国崛起、国际秩序变革以及日本外交战略等热门话题展开论述。

本文所选取的日本智库主要包括以下两类：一是以日本国际问题研究所、防卫研究所、亚洲经济研究所和经济产业研究所等为代表的官方、半官方智库，此类智库经常受政府部门委托开展专题研究，如日本国际问题研究所承担的外务省外交与安全保障调查研究项目"中国的国内形势与对外政策"，③日本防卫研究所受防卫省委托开展的"中国大国外交战略研究"。④还有一些研究直接服务于日本外交战略的制定，如日本国际问题研究所在2012—2015年间相继开展了以"亚洲安全保障秩序"和"印度洋—太平洋时代的日本外交"为主题的外务省招标课题，⑤为日本政府出台"自由开放的印度洋—太平洋战略"提供了政策建议和理论支持。这些研究中不乏关于"一带一路"倡议的分析和建议，为我们理解日本政府的立场提供了有益的参考。二是以日本综合研究所（JRI）、国际通货研究所、PHP综合研究所、国际贸易投资研究所和野村资本市场研究所等为代表的民间和企业智库。此类智库主要偏重于"一带一路"倡议的经贸影响研究，其研究成果多由相关领域的中国事务专家执笔，这些研究为日本政经界认识"一带一路"倡议的内涵及其影响提供了较为深入的分析。

---

① 王屏:《从研究智库的理论与方法看日本智库的作用及影响》,《日本学刊》2017年第5期。
② 吴寄南:《浅析智库在日本外交决策中的作用》,《日本学刊》2008年第3期。
③ 高木誠一郎等:『中国の国内情勢と対外政策』,日本国際問題研究所,2017。
④ 増田雅之:『中国:大国外交の展開と課題』,兵頭慎治編『東アジア戦略概観2017』,防衛研究所,2017。
⑤ 山本宣吉編:『アジア（特に南シナ海・インド洋）における安全保障秩序』,日本国際問題研究所,2013;菊池努編:『インド太平洋時代の日本外交:スイング・ステーツへの対応』,日本国際問題研究所,2015。

除此之外，本文的研究对象还包括一些日本知名学者在智库刊物上发表的相关论文，以及刊登在智库或参议院等机构官方网站上的发言纪要。通过对这些学者及其研究成果和主要观点进行系统分析，本文试图从不同层面解析日本智库对"一带一路"倡议的认知和研判，并探讨其对日本政府相关政策的影响。

二、日本智库对"一带一路"倡议内涵与定位的研究

日本智库对"一带一路"倡议的研究大多从内涵与定位分析着手。不少专家认为，"一带一路"倡议既是中国对外开放的升级版，也是中国为推动建立国际新秩序所制定的外交战略，具体可从以下几个方面进行解读。

（一）"新常态"时期的中国对外经济发展转型

有日本智库专家认为，"一带一路"倡议是中国经济发展进入"新常态"时期所采取的对外经济发展战略，意在通过扩大海外投资和基础设施建设来缓解国内过剩产能。例如，亚洲经济研究所高级研究员大西康雄指出，所谓"新常态"是中国为了跨越"中等收入陷阱"而采取的一系列政策措施，其中"一带一路"倡议是在中国对外贸易关系日益多元化、对外投资超过外资利用规模的背景下提出的。基础设施建设是其首要支柱，中国希望通过铁路、公路、港口等基础设施建设促进沿线国家产业集聚发展，并鼓励本国企业参与"一带一路"建设和产业投资。"亚投行"是"一带一路"倡议的另一个重要支柱。大西认为随着"亚投行"的成立，将来还可能会形成以中国为中心的"人民币经济圈"。在特朗普宣布退出"跨太平洋伙伴关系协定"（TPP）、当前国际经济前景变得愈加不明朗的情况下，这种势头依然不可阻挡，日本需要以此为前提调整对中国的政策。[①]

专修大学经济学系教授大桥英夫认为，在"对外开放 2.0"时代，中国正在从出口主导型向内需主导型经济发展模式转变，并以更加积极的姿态参与全球治理。"一带一路"倡议具有开拓新市场，促进海外投资和人民币国际化，加强周边外交等多重目的，将有助于促进中国国内产业升级改造，地区协调发展

---

① 大西康雄:『一带一路構想とその中国経済への影響』,『アジ研ポリシー・ブリーフ』, 2017, 86: 1—2.

以及国际产能合作。①国际通货研究所高级研究员梅原直树指出，国际产能合作是与"一带一路"倡议和供给侧改革同时提出的，意在构建中国与周边国家之间的跨境产业链，形成区域性乃至全球性的生产网络和价值链体系，是中国深化对外开放的表现。"一带一路"倡议鼓励向亚洲、中东、非洲和中东欧等地区进行投资，为中国对外投资指明了新方向。②

（二）中国区域协调发展的重要举措

在一些日本智库专家看来，"一带一路"倡议是中国区域发展战略的重要组成部分，旨在通过基础设施的互联互通推动中西部地区协调发展，形成全方位对外开放新格局。比如，日本综合研究所主任研究员佐野淳也认为，"一带一路"倡议与京津冀协同发展以及长江经济带发展具有同等重要的战略地位，其重在促进中国内陆地区的发展，部分省区设立了具体目标，如新疆将成为面向中亚地区开放的门户，西藏是面向南亚开放的重要通道，云南和广西将成为通往东盟各国的起点和中心。与周边国家加强交通设施、贸易和产业方面的合作将为内陆地区提供新的发展机遇，特别是2013年之后中欧班列营运线路和频次的增加使中国内陆地区的交通瓶颈问题逐步得到改善。与沿海地区相比，中国内陆地区在铁路运输通达性方面的优势开始显现。③

（三）中国推动建立国际政治经济新秩序的外交战略

"一带一路"倡议也被看作中国外交战略的主轴，意在通过扩大基础设施建设、构建金融合作网络和促进人文交流，加强与沿线国家的关系，同时为中国参与全球治理、提升在地区和国际事务中的话语权创造良机。国际贸易投资研究所首席经济学家江原规由分别从区域经济和世界经济发展的角度给予"一带一路"倡议积极评价。他认为，从区域经济发展角度来看，"一带一路"倡议超越了过去以日本为雁首的亚洲产业分工和产业转移模式④，也不同于亚太地区的各类自由贸易协定，其覆盖范围更广，有望形成一个以共同发展为目标的区域合作新模式。江原指出，综观21世纪以来的世界经济发展，以"金砖国

---

① 大橋英夫：『対外経済政策の新たな展開』，『アジ研ワールド・トレンド』，2017，265：14—15。
② 梅原直樹：『中国"一帯一路"構想の特徴と今後について』，『国際通貨研究所 Newsletter』，2017，11：1—14。
③ 佐野淳也：『一帯一路の進展で変わる中国と沿線諸国との経済関係』，『JRIレビュー』，2017，4(43)：24—39。
④ 即"东亚雁行模式"，是指20世纪60年代至90年代初形成的以日本—亚洲四小龙—东盟和中国为梯队的垂直型区域分工体系，是建立在动态比较优势基础上的"追赶型"发展模式。

家"为代表的新兴大国正在群体性崛起,而以欧美为中心的发达国家却频频陷入金融危机和债务危机。由西方发达国家主导的国际经济秩序正受到越来越多的质疑,而"一带一路"倡议却获得了沿线国家的广泛支持,这也说明要求改写国际经济规则的呼声日渐强烈。①

日本国际问题研究所研究员角崎信也认为,"一带一路"倡议和"亚洲新安全观"的提出是中国对美国"亚太再平衡"战略的回应,反映了中国重视地缘政治的传统外交思想。与周边国家加强合作一方面是为了避免形成"对华包围圈",另一方面也是为经济可持续发展创造良好的周边环境。正是基于这种危机感与自信心,中国在周边外交中表现出更加积极主动、有所作为的姿态。②大桥英夫指出,从全球治理的观点来看,"一带一路"倡议有助于推动包括人民币国际化在内的、由中国主导的区域贸易金融体制及规则制定,其所倡导的"渐进式贸易自由化"更适合中国"国情"。从这个意义上讲,"一带一路"倡议可以被看作中国应对 TPP 的策略,或者是对美国主导的国际秩序发起的新挑战。同时,也应该看到"一带一路"倡议具有开放性的一面,中国正在加快构建高标准的自由贸易区网络,这将进一步推动国内改革进程。③

(四)具有中国特色的"印太战略"

还有部分日本智库专家认为,"21世纪海上丝绸之路"是中国"海洋强国"战略的重要组成部分,意在突破美国、日本、印度和澳大利亚"菱形包围圈"的封锁,保障海上能源通道安全。日本国际问题研究所顾问高木诚一郎指出,近年来中国明确将"亚太"这一地域概念向印度洋延伸,正在积极推进的"21世纪海上丝绸之路"与"印度洋—太平洋"(以下简称"印太")地区多有重合之处,可以说是具有中国特色的"印太战略",今后可能会对日本的"印太"外交带来重要挑战。④PHP综合研究所顾问山本吉宣认为,中国之所以不使用"印太"概念,是因为在中国政府看来,美、日、印、澳等国在提出这一概念之初就蕴含着

---

① 江原規由:『21世紀海上シルクロード建設の意義とアジア太平洋地域の共同発展』,『国際貿易と投資』,2015,99:51—60。
② 角崎信也:『中国指導部の国際情勢認識の変容と政策—「世界金融危機」と「リバランス」の影響を中心として』(高木誠一郎編『中国の国内情勢と対外政策』,日本国際問題研究所,2017),132頁。
③ 大橋英夫:『TPPと中国の"一帯一路"構想』,『国際問題』,2016,652:29—39。
④ 高木誠一郎:『中国と「インド太平洋」概念』(菊池努編『インド太平洋時代の日本外交:スイング・ステーツへの対応』,日本国際問題研究所,2015),67頁。

牵制中国的意味。为了强调其和平目的，中国借用了"郑和下西洋"和"海上丝绸之路"等历史话语，其中"21世纪海上丝绸之路"作为"印太"的替代概念已成为其主要政策符号，并与"中国梦"和"中华民族伟大复兴"等宏伟目标联系在一起，这不同于以地缘政治或"普世价值"为基础的国际秩序构想。①

三、日本智库有关"一带一路"倡议和"亚投行"对国际秩序影响的研究

在"一带一路"倡议的国际影响方面，日本智库最关心的是"一带一路"倡议和"亚投行"将会对西方发达国家主导的现行国际秩序和价值规范产生何种影响。比如，高木诚一郎认为中国国际影响力的上升不仅表现为其外交活动范围的扩大，而且表现在涉及领域的日益多元化，但最根本的问题在于中国崛起将对日本发展和繁荣所依赖的"自由主义国际秩序"产生何种影响。②这一认知不仅反映了日本外交政策的价值取向，也是日本智库讨论如何应对"一带一路"倡议的重要出发点，代表性观点主要有以下几种。

（一）"一带一路"和"亚投行"是对现行国际秩序的挑战

有日本学者认为，"亚投行"的成立是对新兴国家利益诉求的回应，它给欧美发达国家主导的国际金融秩序带来了挑战。日本综合研究所高级研究员藤田哲雄指出，"亚投行"以及新开发银行是在国际货币基金组织（IMF）改革进展缓慢的背景下设立的，是中国等新兴国家为了获取与其经济实力相匹配的话语权所做出的努力。这些新机构虽然还未达到能够改变现有国际金融秩序的规模，但因其所秉持理念的不同以及新兴国家长期以来的不满情绪，这些机构的存在将会对未来IMF改革形成"一定压力"。③国际通货研究所研究员凑直信则认为，以中国为代表的新兴国家崛起对全球经济而言是好事，但其行为规范与发达国家建立的现行国际秩序之间难免会发生摩擦。这些发达国家普遍担心，"亚投行"在治理方面存在的不足可能会给发展中国家带来基础设施

---

① 山本吉宣：『インド太平洋と海のシルクロード：政策シンボルの競争と国際秩序の形成』，PHP総合研究所，2016，55—67頁。
② 高木誠一郎：『中国対外戦略・政策の新展開』，『国際問題』，2017，661：1—3。
③ 藤田哲雄：『AIIBは国際金融秩序変革の転換点と成り得るか』，『環太平洋ビジネス情報』，2015，15：70—97。

项目质量问题以及运营管理方面的负面影响,甚或引发债务危机乃至国家破产。为了更好地发挥新机构的作用,发达国家有必要对其进行治理能力建设方面的援助,"亚投行"若能建立高标准治理体系,将有望与现有国际金融机构和双边援助机构形成"合作互补关系"。①

(二)"亚投行"是对国际金融秩序的"修正而非挑战"

不过,也有日本智库专家认为,"亚投行"的成立是对国际金融秩序的"修正而非挑战",是近年来国际实力格局变化的反映。比如,青山学院大学副教授和田洋典认为,中国设立"亚投行"并不是要与现有秩序诀别,应该看到中国过去几十年的政治经济发展受益于开放型的世界经济规则,中国接受并尊重国际货币基金组织等多边国际金融制度,在国际金融危机之后积极参与筹办20国集团峰会,对巴塞尔银行监管委员会和金融稳定理事会都表现出积极配合的态度,然而现有制度却没有对中国崛起表现出一个自由主义国际秩序所应有的包容性,这也是促使中国设立"亚投行"的重要原因之一。②京都大学教授三重野文晴以日本自身的发展经历为参照,认为近现代以来的国际货币金融秩序并非一成不变,其时常接受来自新兴经济体的挑战,日本在20世纪80年代通过贸易顺差积累了大量的外汇储备,并以此为契机扩大了开发援助的规模,比如增加了双边贷款和对国际开发性金融机构的出资以及设立新基金等。日本政府开发援助规模在1989年达到世界第一,当时日本GDP占全球15%、相当于美国的一半,而中国在2014年的GDP占全球13%、接近于美国的2/3。因此,中国在当前国际货币金融体系中寻求更大发言权也是理所当然的事情。三重野还指出,中国在短期内还很难对现有国际秩序构成全面挑战,因为塑造和维护国际秩序需要付出可观的成本。在美国和日本的出资份额相对减少、中国资金实力不断提高的当下,如何促使中国朝着有利于现有国际秩序的方向发展才是"真正体现智慧之处"。③

(三)挑战与机遇并存:日本智库对"一带一路"倡议认知的两面性

除了前述两种观点外,也有日本学者认为,无论是"一带一路"还是"亚投

---

① 凑直信:『G20 新興国のガバナンスと金融―アジアインフラ投資銀行(AIIB)を例に』,『国際通貨研究所 Newsletter』,2015,15:1—9。

② 和田洋典:『対外経済上の"攻勢"がもつ潜在性:AIIB は多角主義と地域主義に何をもたらすか』,『国際問題』,2016,649:16—26。

③ 三重野文晴:『アジア金融・通貨秩序と中国:AIIB をどう捉えるか』,USJI Voice,2016,13:1—4。

行",对日本而言都是挑战与机遇并存。比如,山本吉宣认为,"一带一路"倡议一方面可以在基础设施建设、打击海盗和恐怖主义等领域为国际社会提供更多公共产品;另一方面也将进一步扩大中国的国际影响力,并随之产生一些不确定性。对周边国家特别是日本而言,参与"一带一路"建设既可以产生可观的经济效益,但也同时意味着对中国依赖度的增加,并将在更多领域受制于中国。对此,山本认为如果"一带一路"倡议能够在国际公共产品供给方面发挥积极作用,就应该给予高度评价,并有必要协助其制定有关海陆通行自由和高标准贸易自由化的规则,通过制度规范建设来维持国际体系的稳定。[①]

从根本上说,日本智库学者对"一带一路"倡议国际影响的"两面性"认识在很大程度上反映了当前东亚地缘政治格局的现状。亚洲经济研究所所长白石隆指出,当前东亚地区的安全保障体系和经贸体系之间存在着明显的结构性矛盾。前者是以美国为中心、以日美同盟为基轴、与其他双边和多边机制相互交织形成的安全保障网络;后者是以中国、日本和美国的三角贸易为基础、与以东盟为中心签订的自由贸易协定以及横跨太平洋的 TPP 共同构成的区域贸易体系。尽管绝大多数东亚国家的最大贸易对象国是中国,但在安全保障方面这些国家仍将美国视为自己的盟友或伙伴。随着东盟与对话伙伴国合作机制从"10＋6"扩大到"10＋8","亚太"甚至"印太"正逐渐取代"东亚"成为新的地域概念。在"亚太再平衡"战略下,美国对中国采取"合作"和"防御"政策的同时,也将行动范围从太平洋延伸至印度洋以维持"势力均衡"。因此对周边国家来说,在与中国开展经济合作的同时,还密切关注日本、美国和澳大利亚在安全保障方面的动向,并从中保持平衡显得尤为重要。[②]

四、日本智库关于应对"一带一路"倡议的思考

从上述讨论可以看出,作为战后自由主义国际秩序的主要受益者和维护者,日本视"一带一路"倡议为中国对外战略转型的缩影,同时也认为日益强大的中国将会带来更多挑战,需要新的外交思维和战略来应对,以减少中国崛起

[①] 山本吉宣:『中国の台頭と国際秩序の観点からみた"一帯一路"』,*PHP Policy Review*,2015,9(70):1—20。
[②] 白石隆:『海洋アジア VS. 大陸アジア:日本の国家戦略を考える』,ミネルヴァ書房,2016,127—128 頁。

给现有秩序带来的不确定性。对此,日本智库积极建言献策,这些政策主张可以概括为以下几个方面。

(一)以"国际协调主义"指导对华政策

有智库专家认为,日本应该从国际协调主义出发,与主要国家在对华政策上保持一致性,避免过度渲染"中国威胁论",努力促使"一带一路"倡议朝着有利于国际社会整体利益的方向发展。随着中国在区域和全球经济与安全事务中的影响力不断上升,日本在制定对华政策时不应继续局限于传统的双边关系,而是要加强与利益相关国家之间的沟通与合作,以共同应对中国崛起带来的新形势。日本国际问题研究所在外务省委托的《主要国家的对华认识和政策分析》研究报告中指出:鉴于美国、俄罗斯、印度和澳大利亚等国对中国的认识普遍存在"两面性",日本若与中国形成对立关系,则很难获得这些国家的支持;相反,如果日本能够表现出积极改善对华关系的姿态,则可赢得更多外交空间,并可"通过公共外交向国际社会表明日本维护现有国际规范和国际秩序的立场和决心",使国际舆论朝着更加有利于本国的方向发展。[①]针对日本政府拒绝加入"亚投行",并采取其他措施来牵制"亚投行"的行为,和田洋典认为这样的政策措施只会适得其反,无法产生预期效果。事实上,为了保证"亚投行"和"一带一路"倡议的成功实施,中国极力避免与日美发生对立冲突,而此时日本若表现出对抗的姿态,则会挫伤中国开展对外合作的积极性,使"亚投行"朝着重商主义或者国家利益至上的方向发展。日本应该认识到,"亚投行"旨在推动区域内基础设施互联互通,这也符合日本的经济利益,日本政府应该就此表现出合作的姿态。[②]

(二)以"开明的国家利益观"引导"亚投行"发展

一些智库专家建议,日本应该基于"开明的国家利益观"引导"亚投行"向公正透明的方向发展,以确保国际规则得到有效遵守和实施,为日本经济发展创造更加有利的国际环境。"开明的国家利益观"是日本政府关于开发援助的新理念,它强调日本的和平繁荣与世界休戚与共,日本应该为解决国际社会面临的各种问题做出积极贡献,包括提供人力、资金、技术和经验等方面的援助。

[①] 高木誠一郎、角崎信也:『総括・提言』(高木誠一郎編『主要国の対中認識・政策の分析』,日本国際問題研究所,2015),118—119頁。

[②] 和田洋典:『対外経済上の"攻勢"がもつ潜在性:AIIBは多角主義と地域主義に何をもたらすか』,『国際問題』,2016, 649:16—26。

在"亚投行"成立之初,日本智库专家特别关注其是否能够在环境与社会保障政策方面遵循世界银行等主流国际金融机构所确立的价值规范。藤田哲雄指出,"亚投行"若实行宽松的保障政策、简化审批手续确实可以加快项目的融资速度,但可能会在环境保护方面产生负面效应,进而影响到整个亚洲地区,甚至连亚洲开发银行也不得不降低融资标准,这将有损于国际开发金融机构至今为止所做的努力。因此,即便日本决定不加入"亚投行",也应该对其提供知识转移方面的协助。①这一观点得到了野村资本市场研究所研究员关根荣一的回应,他认为现有国际金融机构应该加强与"亚投行"之间的合作关系,与其分享最佳实践经验,日本和美国即使不加入"亚投行",也可以通过多边或双边框架来把握"亚投行"的动态,了解其是否在建设性地推动并执行国际金融机构通行的规则惯例。②在日本是否应该加入"亚投行"问题上,东亚共同体评议会副会长、亚洲开发银行研究所前所长河合正弘认为,如果"亚投行"是以推动亚洲地区的和平与稳定为目的,并且能够在国际公共产品供给方面发挥积极作用,那么日本应该考虑参加。这将有助于强化"亚投行"的治理能力,提高基础设施建设的水准和质量,促使中国更好地融入国际社会。③

(三)以具有包容性的"印太战略"应对"21世纪海上丝绸之路"

有智库专家建议,日本应该以具有包容性的"印太战略"应对中国提出的"21世纪海上丝绸之路",尽可能将其纳入以自由开放规则为基础的国际海洋秩序当中。随着全球地缘政治重心从"亚太"转移至"印太"地区,作为"海洋大国"的日本开始加强与周边国家在海洋安全保障领域的合作,并试图发挥主导作用。日本国际问题研究所在题为《印太时代的日本外交》的政策报告中指出,日本除了关注美国和中国的动向之外,还应加强与印度、印度尼西亚、澳大利亚和东盟等"摇摆国家"之间的伙伴关系。④但这并不意味着日本应以"海洋

---

① 藤田哲雄:『AIIBは国際金融秩序変革の転換点と成り得るか』,『環太平洋ビジネス情報』,2015, 15(58):70—97。

② 関根栄一:『AIIBの発足と今後想定される融資活動』,『野村資本市場クォータリー』,2016, 19(3):1—15。

③ 河合正弘:『第69回政策本会議"アジアインフラ投資銀行(AIIB)と東アジアの経済統合"メモ』,東アジア共同体評議会事務局,2015。

④ 菊池努等:『「インド太平洋」地域外交に向けた日本の外交政策への提言』(菊池努編『インド太平洋時代の日本外交:スイング・ステーツへの対応』,日本国際問題研究所,2015),144—147頁。该报告借用了美国大选"摇摆州"(swing states)的概念,是指在印太地区具有重要地理位置、在外交政策上摇摆不定但却对海洋秩序的形成具有一定影响力的中等实力国家群体。

联盟"来对抗中国。日本防卫研究所主任研究员佐竹知彦指出,日本国内存在着以"海洋亚洲"和"大陆亚洲"区分的二元对立论,这种认识忽略了印太地区各国在历史、文化、经济、政治以及对美中两国政策上存在的多样性,是"不切实际甚至是危险的"。为了解决该地区面临的各种问题,日本应该与中国以及其他国家一起在非传统安全等领域开展务实合作。[1]

此外,还有智库专家建议中日两国可以发挥各自在技术、资金和市场等方面的互补优势,在第三方国家开展合作。亚洲经济研究所研究员篠田邦彦指出,在日本企业较为集中的亚洲地区,尤其是在东盟国家,"一带一路"倡议和"亚投行"有助于促进当地基础设施建设,改善投资环境,而中日两国在基础设施制造业和服务业方面的合作有助于进一步发挥经济协同效应。[2]

五、日本智库"一带一路"倡议研究对政府相关政策的影响

在"一带一路"倡议提出之初,日本政府曾对其战略意图深表怀疑,故而采取了观望乃至抵制的立场。日本政府甚至以所谓"缺乏公正透明"等为由与美国政府一起反对中国建立"亚投行"。然而,随着"一带一路"倡议的深入推进,日本政经界逐渐开始对"一带一路"倡议表现出积极姿态。2017年5月,有日本政界"亲华派"之称的自民党干事长二阶俊博率团出席了在北京召开的"一带一路"国际合作高峰论坛,并向习近平主席递交了日本首相安倍晋三的亲笔信。信中提到希望两国能够基于战略互惠原则,在各领域构筑稳定的友好关系,包括就"一带一路"加强对话与合作。6月5日,在东京召开的第23届"亚洲的未来"国际交流会议晚餐会上,安倍首次对"一带一路"倡议做出正面评价,称其为"具有连接东西方之间不同地区的潜力"。11月在越南举行的亚太经合组织峰会期间,安倍表示愿与中方共同探讨在"一带一路"框架下的合作事宜。12月4日,安倍在东京出席中日企业家与前高官对话会时进一步表示,日方愿在"自由开放的印度洋—太平洋战略"下与中国主导的"一带一路"倡议开展广泛合作。据日媒报道,日本政府计划对在第三国开展的日中民间经济

---

[1] 佐竹知彦:『日本:戦略地平の拡大』(兵頭慎治編『東アジア戦略概観2017』,防衛研究所,2017),242—244頁。

[2] 篠田邦彦:『新シルクロード(一帯一路)構想とアジアインフラ投資銀行(AIIB)—インフラ整備や産業振興を通じた中国の広域経済開発戦略』,『アジ研ワールド・トレンド』,2015,235:37—44頁。

合作项目提供融资支持,主要集中在节能环保、产业升级、工业园区建设和物流等领域。①2018 年 5 月李克强总理访日期间,中日两国正式就第三方合作达成备忘录,为推动今后务实合作提供了制度保障。

促成日方对"一带一路"倡议态度转变的因素无疑是多方面的。其中,既有国际环境变化等外部因素的影响,也不乏日本智库学者积极探讨和呼吁所带来的社会政治影响。

首先,与欧美发达国家相比,虽然日本外交决策系统对智库的开放程度相对较低,只有少数智库如日本国际问题研究所能够接受政府委托开展专题研究,或被邀请参加政府智囊团以及内部咨询会议,但日本智库专家在"一带一路"议题上的集体发声对社会舆论和政府决策产生了不容忽视的影响。比如,河合正弘曾应邀出席 2015 年 5 月参议院财政金融委员会会议,就日本如何应对"亚投行"发表见解;白石隆在 2017 年 2 月参议院国际经济外交调查会会议上做了专题报告,从地缘政治角度分析"一带一路",并对日本外交政策提出方向性建议。②此外,日本主流智库的官网还不时刊登专题报告和学术论文等,或以研讨会和媒体宣传等方式向外界推广。通过对这些研究成果的系统分析可以看出,日本政府对"一带一路"倡议的态度转变更多可能是一种长期性变化,其中既有经济利益的需要,也有对地缘政治因素的考量。随着国际实力格局的变化,日本政府在制定对华政策的过程中正在超越传统的双边关系,开始将其置于"印太战略"框架内进行思考,在日美同盟关系之外,还注重加强与"摇摆国家"之间的伙伴关系,试图将"一带一路"倡议融入基于所谓法治与规则、自由与开放的国际秩序。

其次,美国对华政策的不确定性促使日本不得不重新审视与中国的关系,并将"一带一路"作为改善中日关系的突破口。东京大学教授川岛真认为,当前中日关系相对良好运行不能简单归结于 2017 年是中日邦交正常化 45 周年、2018 年是《中日和平友好条约》缔结 40 周年这样的历史契机,更是因为特朗普政府的亚洲政策尚未成型,中日两国为了减少外交变数而采取了逐步靠近的策略。从长期来看,如果美国在一定程度上撤离亚洲,中国在东亚地区的

---

① 松井望美、山口博敬:『日中企業協力促進、「一帯一路」で指針 政府、省エネなど3分野』,《朝日新聞》2017 年 12 月 5 日。

② 河合正弘的发言刊登于 2015 年 5 月 28 日参议院财政金融委员会会议录第 14 号,白石隆的发言刊登于 2017 年 2 月 8 日参议院国际经济外交调查会会议录第 1 号。

主导性势必会得到进一步增强,届时日本将不得不调整向美国"一边倒"的外交政策,转而在中美之间寻求平衡。①对日本而言,如何在加强日美同盟的同时处理好与最大贸易对象国——中国之间的关系将是今后外交面临的重要课题。上智大学教授宫城大藏指出,日本无法阻止中国变得日益强大,即使把美国留在亚洲也无法改变这一事实。因此,日本应该看到中国发展为本国经济带来的好处,并试图缓解其负面影响。无论喜欢与否,日本都"必须探索与中国共存的方式"。②

再次,在以美国为代表的部分西方国家贸易保护主义抬头、逆全球化浪潮不断高涨的当下,日本有意展现维护和引领多边贸易体制的姿态,包括对"一带一路"倡议表现出更加积极的态度。作为日本"经济成长战略"的重要支柱,安倍希望借TPP来建立一个基于高标准投资贸易规则的亚太经济圈,以拓展海外市场,进一步巩固以日本为核心的产业分工体系,促进国内经济复苏。但是,奉行"美国优先"的特朗普政府在贸易和外交上更倾向于双边主义,上任初期即单方面宣布退出TPP,迫使安倍政府不得不采取更加多元化的区域合作策略,以避免陷入孤立。从日本近期在TPP11国谈判、区域全面经济伙伴关系(RCEP)和日欧经济伙伴关系协定(EPA)谈判中的表现可以看出,安倍政府仍在致力于将TPP所倡导的"高质量、高标准"理念融入国际经贸新规则的框架体系中,以维护美、日、欧等发达资本主义国家主导的国际经济秩序。对于"一带一路"倡议,安倍在发言中多次提到希望其能够遵循自由、公平、开放、透明的市场原则,并以此作为与中方开展合作的前提,其真实意图则是希望通过公共外交平台掌握国际话语权,促使中国按照自由主义国际规范行事。

最后,维持海洋秩序、保障印太地区的海上通道安全是日本国家安全保障战略的重要组成部分,安倍提出将"自由开放的印度洋—太平洋战略"与"一带一路"倡议进行对接,一方面旨在寻求合作共赢的机会,另一方面也是为了加强日本在"海上丝绸之路"沿线国家和地区的影响力,确保在海洋安全事务上发挥主导作用。经济产业研究所研究员榎本俊一指出,自铃木善幸前首相在1981年提出"1 000海里航线防卫构想"以来,海上通道防卫成为日本经济安全保障的重心,特别是从日本经东南亚和印度直至中东和东非的海上通道是日

---

① 川島真:『中国の対外政策目標と国際秩序観』,『国際問題』,2018,668:28—36。
② 遠藤乾、大芝亮、中山俊宏、宮城大藏、古城佳子:『国際秩序は揺らいでいるのか』,『国際問題』,2018,668:15。

本进行海外投资、对外援助以及能源运输的要道,即使受到财政资金等制约,日本也要维持在海上通道重要节点国家和地区的影响力。①作为安倍"俯瞰地球仪外交"和"积极的和平主义"政策的延伸,"自由开放的印度洋—太平洋战略"得到了美国、澳大利亚和印度的支持,客观上对中国构成了菱形包围圈,其牵制中国的意图彰显无遗。由于印太地区有不少国家对构建"对华包围圈"持谨慎和回避的态度,日本国际问题研究所建议日本政府在实践中应该强调日美印澳合作的"公益性"而非"排他性"。②由此可以理解安倍为何在发言中有意淡化"自由开放的印度洋—太平洋战略"牵制中国的色彩,转而寻求与"一带一路"倡议共存共荣。这种"接触加遏制"的对冲战略恰恰凸显了日本对华政策的两面性,反映了其外交政策的现实主义本质,也是影响日本今后应对"一带一路"倡议的关键因素。

六、结　　语

过去五年间,日本政府对"一带一路"倡议的态度经历了从谨慎观望到有条件支持的转变,这一态度转变既是出于经济利益的现实需要,也有对地缘政治因素的考量,更与日本智库的认知变化和影响密不可分。从以上分析可以看出,日本智库专家对"一带一路"倡议的认知普遍存在两面性:一方面认为如果"一带一路"和"亚投行"能够在国际公共产品供给方面发挥积极作用,那么日本应该考虑参与其中,并有必要协助其遵循自由主义国际规范;另一方面认为如果"一带一路"倡议仅是服务于中国利益,那么日本应持观望态度,通过双边或多边框架来把握其动向,引导其向公正透明的方向发展。随着"一带一路"倡议的深入推进和国际形势变化,日本智库对"一带一路"倡议的认知更趋理性和务实,不少专家学者建议日本政府应以新的外交思维和战略来应对中国崛起。其中,较有代表性的观点包括以"国际协调主义"思想指导对华政策、以"开明的国家利益观"引导"亚投行"发展和以具有包容性的"印太战略"应对"21世纪海上丝绸之路"。

---

① 榎本俊一:『中国の一帯一路構想は"相互繁栄"をもたらす新世界秩序か?』,経済産業研究所ポリシー・ディスカッション・ペーパー No.17-P-021,2017,98 頁。
② 山本宣吉編:『アジア(特に南シナ海・インド洋)における安全保障秩序』,日本国際問題研究所,2013,165 頁。

总体而言,日本智库对"一带一路"倡议的认知反映了其对于当前东亚地缘政治格局认识的深化。随着中国崛起和中日两国在经济实力对比上的逆转,东亚地区在经济上以中国为中心、在安全上以美国为核心的"二元架构"正在发生改变,越来越多的日本智库专家开始更加务实地探讨"一带一路"倡议的影响及其应对策略。尽管在日本国内依然存在"海洋亚洲"和"大陆亚洲"的争论,但仍有不少智库专家认为日本政府应以合作包容的姿态应对中国崛起,并力图将"一带一路"倡议融入自由开放的国际秩序中。这些智库专家的讨论和研究对日本社会舆论和政府决策产生了不可忽视的积极影响。及时把握日本智库的研究动态不仅有助于更好地理解日本政府在"一带一路"议题上的立场,也有助于我们以《中日和平友好条约》缔结 40 周年为契机,通过"二轨外交"与日方开展建设性对话与合作。

海外研究视角中的民主原则与党的建设

侯 喆

政党是现代国家政治体系中不可或缺的重要力量,甚至是主导力量。中国共产党在国家治理体系中的核心地位要求党加强自身的政治、组织和思想建设。贯彻执政方略、革新领导体制、构建监督机制,落实民主原则是中国共产党党的建设的重要内容。海外中国研究者对与党组织制度建设、组织建设、思想建设密切相关的民主原则的研究由来已久,他们关注党内以及与党组织活动相关的民主原则。

党内民主是党的生命,党的十九大报告指出,过去五年"党内民主更加广泛"。[1]党的组织方式也深刻烙上了民主原则的要义。中国共产党的组织模式是在革命时期大规模动员社会的形势下形成的,这种模式也有利于中华人民共和国成立后为建设社会主义大规模地调动资源。但是,改革开放后国家与社会关系发生变动,以执政党身份存在的中国共产党需要面对的是一个社会结构已然发生变化的国家,为了实现代表最广泛民意的这一诉求,中国共产党不仅在党的组织与活动中要贯彻民主原则,还需要改进和完善党的领导体制和执政方式,形成一种适应社会变化的新的活动机制。[2]

就发展落实民主原则的具体举措,海外学者的关注点各不相同,形成了多样化的成果,极大地丰富了海外中国研究。有学者认为,作为执政党的中国共产党的不断发展以及中国社会发生的变化向党的执政方式与党的建设提出了

---

[1] 习近平:《决胜全面建成小康社会 夺取新时代中国特色社会主义伟大胜利——在中国共产党第十九次全国代表大会上的报告》,新华网(http://www.xinhuanet.com/2017-10/27/c_1121867529.htm),2017年10月27日。

[2] 陈明明:《在革命与现代化之间:关于党治国家的一个观察与讨论》,复旦大学出版社2015年版,第256页。

新的挑战,需要进行理论和制度的创新。党内领导与党内智囊都在寻求促进民主原则的机制,其关注的主要举措包括:(1)通过严格执行集体领导来加强各级党委会的功能;(2)赋权党代会以扩大党内精英所享有的权力基础;(3)在党内发展制约与平衡机制;(4)增加党内选举中的竞争。①另有学者总结出党内民主动议的一些组成部分,包括通过差额选举党委会来提高透明度,并且让党内其他成员、民主党派与普通民众可以来问责党委会。②还有学者认为党内民主意味着各个层级的党代会应当更加规律性地召开,党内决策应该更透明可查。③从党内民主发展的具体实践来看,20世纪90年代以来,在发展党内民主的过程中形成的党内民主制度包括:党内选举制度,党代表大会任职制度,党委常委会向委员会全体会议定期报告工作的制度,民主化的决策体制,监督制度,基层组织的民主制度等内容。

本文将从制度建设、基层组织、思想建设等不同层面,通过对决策体制、基层实践、思想创新等具体内容的考察来探究海外学者研究视角中的党的建设与民主原则,从而理解他们对这一问题发展轨迹、建设重点、现实意义的独特理解,了解其真知,反思其谬误。

一、制度建设维度下的民主原则

制度建设下的民主原则关系到党内人才选拔、决策机制、选举制度和任职制度等方面的民主化。有学者认为,党内领导用党内民主这一术语来描述党内制约与平衡的制度化需求。然而,这一政治机制不会一成不变,而是会在动态的过程中使得党内活动更加透明化,增强其合法性,同时使党内选举更加规律。④

(一)党内选举制度与代表大会制度的完善

如何保障最普通党员的基本权利,是实践民主原则首先要考虑的问题。

---

① Gang Lin and Xiaobo Hu, eds., *China After Jiang*, Washington, DC: Woodrow Wilson Center Press, 2003, p.4.

② David Shambaugh, *China's Communist Party: Atrophy and Adaptation*, University of California Press, 2008, p.138.

③ Gunter Schubert, "One-party rule and the question of legitimacy in contemporary China: Preliminary thoughts on setting up a new research agenda", *Journal of Contemporary China*, 2008, 17(54), pp.191-204.

④ Cheng Li, "China in the Year 2020: Three Political Scenarios", *Asia Policy*, 2007, 4, pp.17-30.

保障党员主体地位,营造党内平等的同志关系、民主讨论的政治氛围、民主监督的制度环境,关注对党员民主权利的保护都是题中要义。[①]在探索民主原则落实路径的过程中,中国共产党找到解决这一问题的方法是通过完善党内选举制度,将党内的领导、决策、管理权授予党的各级领导机关和领导人,从而使广大党员得以履行属于自己的党内民主的权利。

中国共产党党内领导机关是经由民主选举制度产生的,20 世纪 90 年代以来,中国共产党在落实党内民主原则的过程中,试图完善制度建设,进行过一系列党内选举制度的改革。例如,逐步建立党代表和领导人、候选人的提名制度,同时扩大党代表和领导人的直接选举和差额选举的范围和比例。在海外学者看来,党内选拔程序恰好是民主原则的一个测量表。[②]各级党组织的选举案例都被用来分析民主原则落实的具体进程。有学者认为,中国共产党引入民主原则的方式是在各层级选举中推出多个候选人。以对 17 届党的代表大会候选人提名的观察中看出,其中大约 15%的人选都在党内投票中被淘汰了。[③]而从改革的过程来看,有学者将党内选举改革与人大选举改革进行对比,认为党内选举改革与人大选举改革相比较而言,较为迟滞。[④]

在党的代表大会制度方面,完善党内民主这一制度的方式主要表现在:落实并完善党的代表大会代表任期制,提高工人、农民代表比例,实行党代会代表提案制,深化县(市、区)党代会常任制试点。改革并完善党内选举制度,改

[①] 党的十六大提出建设党内民主的基本路径是要以保障党员民主权利为基础。党的十七大提出尊重党员主体地位,保障党员民主权利。党的十八大提出保障党员主体地位,健全党员民主权利保障制度,落实党员知情权、参与权、选举权、监督权。参考江泽民:《全面建设小康社会,开创中国特色社会主义事业新局面——在中国共产党第十六次全国代表大会上的报告》,中国新闻网(http://www.chinanews.com/2002-11-17/26/244504.html),2002 年 11 月 17 日。胡锦涛:《高举中国特色社会主义伟大旗帜,为夺取全面建设小康社会新胜利而奋斗——在中国共产党第十七次全国代表大会上的报告》,光明网(http://www.gmw.cn/01gmrb/2007-10/25/content_688159.htm),2007 年 10 月 25 日。胡锦涛:《坚定不移沿着中国特色社会主义道路前进,为全面建成小康社会而奋斗——在中国共产党第十八次全国代表大会上的报告》,人民网(http://cpc.people.com.cn/18/n/2012/1109/c350821-19529916.html),2012 年 11 月 9 日。

[②] Andrew James Nathan and Bruce Gilley, *China's New Rulers: The Secret Files*. New York Review of Books, 2003, p.7.

[③] Cheng Li, "China's Political Trajectory: Internal Contradictions and Inner-party Democracy", paper prepared for the conference "The Rise of China" Mount Holyoke College, March 7-8, 2008; John L. Thornton, "Long Time Coming: The Prospects for Democracy in China", *Foreign Affairs*, 2008, 87(1), pp.2-22.

[④] J. Bruce Jacobs, "Elections in China", *The Australian Journal of Chinese Affairs*, No.25 (Jan., 1991), pp.171-199.

进候选人提名制度和选举方式,规范差额提名、差额选举,形成充分体现选举人意志的程序和环境。①新的任职制度也是党内民主实践的重要内容之一,党代表大会代表任期制与党代表大会常任制是党内民主建设的重要内容。党代表大会代表任期制是党内民主建设中的一项重要动议。党内民主追求通过改革体制机制来健全充分反映党员和党组织意愿的党内民主制度,建设党内民主要以完善党的代表大会制度和党的委员会制度为重点。党的代表大会常任制是党内民主建设的另一项重要内容。扩大在市、县进行党的代表大会常任制的试点,积极探索党的代表大会闭会期间发挥代表作用的途径和形式是党代表大会常任制的重要内容。②在海外学者的认知中,民主原则的落实是社会主义民主的关键所在。民主原则的诸多动议可以在过往党章中找到源头,党的代表大会被寄予厚望,在权力提高的同时在其间建立分权机制。③

(二) 决策机制的民主化与监督制度的完善

党内民主原则的落实还牵涉到党内议事决策机制与监督制度的创新与发展,进一步发挥、强化党的委员会全体会议的决策和监督作用,完善常委会议事规则和决策程序。民主原则指导下党的建设要求建立和完善党内情况通报制度、情况反映制度和重大决策征求意见制度。按照集体领导、民主集中、个别酝酿、会议决定的原则,完善党委内部的议事和决策机制。④建立健全中央政治局向中央委员会全体会议、地方各级党委常委会向委员会全体会议定期报告工作并接受监督的制度。完善党的地方各级全委会、常委会工作机制,发挥

---

① 胡锦涛:《高举中国特色社会主义伟大旗帜,为夺取全面建设小康社会新胜利而奋斗——在中国共产党第十七次全国代表大会上的报告》,光明网(http://www.gmw.cn/01gmrb/2007-10/25/content_688159.htm),2007年10月25日。胡锦涛:《坚定不移沿着中国特色社会主义道路前进,为全面建成小康社会而奋斗——在中国共产党第十八次全国代表大会上的报告》,人民网(http://cpc.people.com.cn/18/n/2012/1109/c350821-19529916.html),2012年11月9日。

② 江泽民:《全面建设小康社会,开创中国特色社会主义事业新局面——在中国共产党第十六次全国代表大会上的报告》,中国新闻网(http://www.chinanews.com/2002-11-17/26/244504.html),2002年11月17日。

③ Chien-min Chao and Yeau-tarn Lee, "Transition in A Party-state System Taiwan as A Model for China's Future Democratization", in Kjeld Erik Brodsgaard and Zheng Yongnian, eds., *The Chinese Communist Party in Reform*, Routledge, 2006, pp.210-230.

④ 江泽民:《全面建设小康社会,开创中国特色社会主义事业新局面——在中国共产党第十六次全国代表大会上的报告》,中国新闻网(http://www.chinanews.com/2002-11-17/26/244504.html),2002年11月17日。胡锦涛:《坚定不移沿着中国特色社会主义道路前进,为全面建成小康社会而奋斗——在中国共产党第十八次全国代表大会上的报告》,人民网(http://cpc.people.com.cn/18/n/2012/1109/c350821-19529916.html),2012年11月9日。

全委会对重大问题的决策作用。①此外,党内民主原则的落实过程中还试图在地方党委讨论决定重大问题和任用重要干部时采用票决制。②

有学者认为,决策机制的制度化与民主原则的实践是党的建设的重要内容。改革开放后的中国领导人更加重视在革命后时代进行领导体系的制度化建设。在这样一种制度化过程中,扩大并落实民主原则成为重要内容。其中,加强体系的透明性、增加决策时的商讨、加强内部监督、引入竞争机制是重点。扩大党内民主要求维护决策过程中集体领导的规则和程序。规则的透明化并且将干部置于监督中可以抑制腐败的蔓延,同时阻止绝对权力的滥用并减少其他对党执政地位有消极影响的错误行为。领导体制的制度化路径的结果是党的领导干部的个人权威的弱化。③此外,有学者认为,党内民主原则需要与党在一些重要决策领域的参与达到动态平衡。④

民主原则的落实意味着中国共产党内部更多的政治参与。它一方面旨在为党员,尤其是党内领导建立表达对不同事务观点的渠道,另一方面也是为了使普通党员可以问责党内领导。在这样的背景下,民主原则的落实对党的建设发挥了不可替代的积极影响。⑤让广大党员享有更多的民主权利,可以吸引更多年轻党员特别是受过良好教育的党员参与其中,在党内领导选举和党内政策形成的过程中彰显党员权利。⑥20 世纪 80 年代起,党内开始强调民主原则的重要性,这一阶段将重点置于改革党和国家的领导体系上。在党领导的

---

① 胡锦涛:《高举中国特色社会主义伟大旗帜,为夺取全面建设小康社会新胜利而奋斗——在中国共产党第十七次全国代表大会上的报告》,光明网(http://www.gmw.cn/01gmrb/2007-10/25/content_688159.htm),2007 年 10 月 25 日。

② 胡锦涛:《高举中国特色社会主义伟大旗帜,为夺取全面建设小康社会新胜利而奋斗——在中国共产党第十七次全国代表大会上的报告》,光明网(http://www.gmw.cn/01gmrb/2007-10/25/content_688159.htm),2007 年 10 月 25 日。胡锦涛:《坚定不移沿着中国特色社会主义道路前进,为全面建成小康社会而奋斗——在中国共产党第十八次全国代表大会上的报告》,人民网(http://cpc.people.com.cn/18/n/2012/1109/c350821-19529916.html),2012 年 11 月 9 日。

③ Suisheng Zhao, "The China Model: can it replace the Western model of modernization?", *Journal of Contemporary China*, 2010, 19(65), pp.419-436.

④ Barry Naughton, "China's economic leadership after the 17th Party Congress", *China Leadership Monitor*, 2008, 23, pp.1-12.

⑤ Yongnian Zheng and Liang Fook Lye, "Political Legitimacy in Reform China: Between Economic Performance and Democratization", in Lynn T White ed., *Legitimacy: Ambiguities of Political Success or Failure in East and Southeast Asia*, 2005, pp.183-214.

⑥ Gunter Schubert, "One-party rule and the question of legitimacy in contemporary China: Preliminary thoughts on setting up a new research agenda", *Journal of Contemporary China*, 2008, 17(54), pp.191-204.

任职系统、退休制度、任命制度等方面都做了一些改变。改革中最难的部分是建立领导问责机制。以"非典"期间官员被问责以及其他一些问责与党内透明化的机制为分析对象,一些学者认为党内正在建立一种有限度的问责机制,这也是为了维持并夯实党的政治建设的基础。①

从党的政治建设的维度来考察海外学者对党内民主的研究偏好可以看出,他们将党内民主原则的落实视为中国共产党在政治改革,尤其是制度层面改革的探索,他们热衷于用西方民主理论与其他政治学理论来分析这一问题。例如,海外学者特别关注党内选举中的提名、投票等传统政治学范畴的相关议题。

二、基层组织维度下的民主原则

从基层组织维度下考察民主原则关注党基层组织的结构优化与发展巩固以及基层民主实践与党内基层民主的互动等问题。有海外学者认为,党内领导已明确意识到党内组织方面的问题,例如组织重叠、工作职责不明确等。针对这些问题,党内试图以合理改革权利机制与落实民主原则的方式来推行改革,相关动议的主要方向是朝向社会主义民主的制度化与法律化。②而建设党的基层民主要求完善党员定期评议基层党组织领导班子等制度,推行党员旁听基层党委会议、党代会代表列席同级党委有关会议等做法,增强党内生活原则性和透明度。③推广基层党组织领导班子成员由党员和群众公开推荐与上级党组织推荐相结合的办法,逐步扩大基层党组织领导班子直接选举范围,探索扩大党内基层民主多种实现形式。④

---

① Yongnian Zheng and Liang Fook Lye,"Political Legitimacy in Reform China: Between Economic Performance and Democratization", in Lynn T White ed., *Legitimacy: Ambiguities of Political Success or Failure in East and Southeast Asia*, 2005, pp.183-214.

② Lowell Dittmer,"The 12th congress of the communist party of china", *The China Quarterly*, 1983, 93, pp.108-124.

③ 胡锦涛:《坚定不移沿着中国特色社会主义道路前进,为全面建成小康社会而奋斗——在中国共产党第十八次全国代表大会上的报告》,人民网(http://cpc.people.com.cn/18/n/2012/1109/c350821-19529916.html),2012年11月9日。

④ 胡锦涛:《高举中国特色社会主义伟大旗帜,为夺取全面建设小康社会新胜利而奋斗——在中国共产党第十七次全国代表大会上的报告》,光明网(http://www.gmw.cn/01gmrb/2007-10/25/content_688159.htm),2007年10月25日。

（一）基层组织与党内民主化建设

海外学者认识到,伴随着中国迅速城市化的进程,基层乡镇仍然承载了诸多有益的政治实践。[1]有学者将民主原则的落实与基层民主实践在政治改革中的地位与经济改革中的价格改革相提并论,将其纳入地方民主实践的进程,充分肯定了其作为改革重要组成部分的地位。[2]部分海外对党内民主基层实践的探究更多地关注实务。地方和基层党组织中的政治运作是很多海外学者关注的话题,这一系列的研究多以具体党内基层选举实例为分析对象,同时也关注与这一主题同样重要且密切相关的基层民主选举。

海外学者热衷于从基层民主实践中寻得民主原则实践的线索。其中,选举制度的革新是一些学者关注的重点。有研究以在2006—2007年的选举周期中,16个省的296个镇为分析对象,发现地方党领导都是通过党员直接选举产生的。在很多地方,党委书记也是通过直接选举产生的。[3]在地方层面,更多兼顾民主与透明的提名与选举系统出现。同时,在地方党委会的选举中,可以看到越来越多的差额现象。[4]在观察到党内民主原则助力党的建设的同时,也有海外学者关注到中国特色社会主义民主的特点。例如,有学者发现,在一些地方选举中,候选人名单要同时经过党的领导、地方人大和群众的意见征集。[5]此外,还有学者观察到,在党内民主实施的过程中,中央与地方实践之间存在着一定的张力,不同层级的领导对党的地方民主实践的态度并不完全一致。部分领导对民主原则落实过程中的权力调整、制度化原则与其他相关问题的看法各不相同。[6]

从基层民主的结果来看,海外学者通过对选举的评估中可以看出,基层选

---

[1] Lily L. Tsai, *Accountability without Democracy: How Solidary Groups Provide Public Goods in Rural Northwest China*, Cambridge: Cambridge University Press, 2007, pp.187-227.

[2] He Baogang, "Intra-party Democracy: A Revisionist Perspective from Below", in Kjeld Erik Brodsgaard and Zheng Yongnian, eds., *The Chinese Communist Party in Reform*, Routledge, 2006, pp.192-209.

[3] Bruce J. Dickson, "Populist authoritarianism: the future of the Chinese Communist Party", *Occasional Papers. Carnegie Endorsement for International Peace*, 2005, pp.1-13.

[4] Luo R, Zhang L, Huang J, et al., "Village Elections, Public Goods Investments and Pork Barrel Politics, Chinese-style", *The Journal of Development Studies*, 2010, 46(4), pp.662-684.

[5] Jonathan Tomm, "Village and township elections in China Elements of democratic governance", *On Politics*, 2006(Spring), pp.85-95.

[6] 江田宪治、田庆立、杨晓峰:《中国共产党"党内民主"建设的现实理路及历史警示》,《国外理论动态》2010年第12期,第76—81页。

举中还是存在着因制度化不足而引发的诸多问题。①有学者关注民主原则与党内团结的关系,认为党组织建设中民主原则的落实与党内分化可能有着密切的联系,特别是民主原则的落实程度与范围将起着重要的影响。②海外学者同时观察到,党内民主原则的落实不是单层级的,而是在中央、地方与基层多个层面推进,当然,在每一层级的体现与落实情况并不完全相同。这意味着,中国未来的改革预期需要依赖于党提出的动议、规划与社会反馈的互动。中央层级对思想建设领域变化的更多关注与更多在基层展开的竞争性选举实践相映成趣。③

(二) 基层实践与党内基层民主

随着 1990 年中央第 19 号文件的出台,民政部大力推广乡村选举。同年,各省实践基层党组织选举条例,并于 1994 年 1 月正式成为规范地方党组织选举的规定。④有赖于此,党内民主原则的落实与基层民主的发展形成了有趣的对照和互动。

有海外学者认为,落实党内民主原则的意义不亚于乡村选举,而且涉及的领域与产生的影响可能更大。自 20 世纪 80 年代以来,基层民主与行政改革等内容一样,是中国现代化改革的重要举措之一。乡村选举和党内民主对于理解中国自 20 世纪 70 年代末以来的系统性的政治改革有重要意义。民主原则的落实对于维持中国共产党作为执政党地位与党的建设的深入有重要的指标性作用,它是中国式民主不断深化与建设和谐社会的重要象征。而且,一些学者认为,民主原则的正效应是扩展性的,从党内到整个社会,从基层到更高层级,同时也承担了工具性的作用。在将党内民主原则与基层民主实践相对照的过程中,探究诸如村支书与村主任选举的异同等问题。⑤

---

① Lily L. Tsai, *Accountability without Democracy: How Solidary Groups Provide Public Goods in Rural Northwest China*, Cambridge: Cambridge University Press, 2007, pp.187-227.

② Cheng Li, "China's Inner-Party Democracy: Toward a System of 'One Party, Two Factions'." *China Brief* 6.24, 2006, p.9. 与 Bruce J. Dickson, "Populist authoritarianism: the future of the Chinese Communist Party", *Occasional Papers. Carnegie Endorsement for International Peace*, 2005, pp.1-13.

③ Gilboy, George J., and Benjamin L. Read. "Political and social reform in China: Alive and Walking". *The Washington Quarterly*, 2008, 31(3), pp.143-164.

④ 中央纪委法规室、中央组织部办公厅编:《中国共产党党内法规选编(1978—1996)》,法律出版社 2009 年版,第 247—254 页。

⑤ Jon R. Taylor and Carolina E. Calvillo, "Crossing the River by Feeling the Stones: Grassroots Democracy with Chinese Characteristics", *Journal of Chinese Political Science*, 2010, 15.2, pp.135-151.

与这样的疑问同时被提出的还有海外学者对村委会主任与党支部书记之间关系的疑问。村民委员会选举,尤其是其中的选举过程是学界和公众都非常关注的问题。但是基层民主选举的创新对由选举产生的村委会主任与被任命的党支部书记之间关系的影响鲜有提及。由于岗位基础与职责的差异,村委会主任与党支部书记之间可能会在集体经济资源与财政决定权方面有分歧。如在广东这样工业化与富裕程度都比较高的地区,权利对支部书记的倾斜会产生两个岗位之间的龃龉。在这种情况下,乡镇领导有时会在其中斡旋,而且会向支部书记倾斜。当然,为了解决这些冲突,党支部书记兼任村委会主任成为被普遍接受的办法。[①]

个案、小范围和基层的实践带来的不断扩大的示范化的可能,会进一步带来制度化预期,这种制度化会从基层民主的建设中蔓延开去,最终形成更深层次政治建设的推动力。基层民主也提供了一种试错机制,可以为党内民主原则的稳定落实带来可能的示范性操作方式。从基层实践到基层民主的制度化建设,下一步讨论的就是基层民主的溢出效应。即党内基层民主建设是否可以形成长效机制,而这种长效机制又可否产生扩散性的影响,扩展到全国范围。

三、思想建设维度下的民主原则

从思想建设的维度来看,党内民主以及与其相关的民主原则及其示范效应是学者们关注的重点问题。从党内一项原则开始升级到思想建设的层面,民主原则的落实随着中国共产党所处的环境和执政方式的变化面临着新的挑战。2002年中共十六大开启了对党内民主的新认识,提出:"党内民主是党的生命,对人民民主具有重要的示范和带动作用。"[②]而后,党的代表大会又先后提出"积极推进党内民主建设,着力增强党的团结统一。党内民主是增强党的创新活力、巩固党的团结统一的重要保证。要以扩大党内民主带动人民民主,

---

[①] Zhenglin Guo and Thomas P. Bernstein, The Impact of Elections on the Village Structure of Power: The Relations between the Village Committees and the Party Branches. *Journal of Contemporary China*, 2004, 13.39, pp.257-275.

[②] 江泽民:《全面建设小康社会,开创中国特色社会主义事业新局面——在中国共产党第十六次全国代表大会上的报告》,中国新闻网(http://www.chinanews.com/2002-11-17/26/244504.html), 2002年11月17日。

以增进党内和谐促进社会和谐"①"积极发展党内民主,增强党的创造活力。要坚持民主集中制,健全党内民主制度体系,以党内民主带动人民民主",并再次重申"党内民主是党的生命"。②

(一) 思想创新以及党内民主的示范效应

将民主原则的落实视作一种党在意识形态领域的创新是很多海外学者在观察这一问题时的直接反应。从思想角度探索"党内民主"往往将其置于对中国式民主观念追踪的一部分。有海外学者关注中国式民主理念,认为在中国,民主更多承担了工具价值。党内民主实践形式中,差额选举是一个重要方面。与基层选举一样,党内民主也被视作巩固中国共产党的政治建设以及改善政府管理的重要方式。③改革开放后,"民主""社会主义民主""党内民主"等词语经常出现在历届中国共产党全国代表大会的报告中,显示出党内思想建设的趋势性动态。

一方面,党内民主的概念并不是一个新词,它在竞争性政党体制中也存在,因此,很多海外学者对这一名词并不陌生;另一方面,中国共产党在中国政治体制中的领导地位又赋予了党内民主这个概念独特的中国内涵,这些内涵是需要争辩与探讨的。因此,从思想角度探索党内民主原则的价值意义非常重要。有海外学者认为,在论证党内民主这个概念的过程中,中国共产党试图追溯党内民主原则的发展历史。有学者认为,这种追溯是要在建设社会主义民主制度的过程中,在社会主义民主的实践中,将其区别于西式民主。④

党内民主原则的具体实践最终走向何处,特别是其对人民民主示范效应是海外学者的兴趣所在。⑤党内民主与基层民主一样,代表的是一种从内到外

---

① 胡锦涛:《高举中国特色社会主义伟大旗帜,为夺取全面建设小康社会新胜利而奋斗——在中国共产党第十七次全国代表大会上的报告》,光明网(http://www.gmw.cn/01gmrb/2007-10/25/content_688159.htm),2007年10月25日。

② 胡锦涛:《坚定不移沿着中国特色社会主义道路前进,为全面建成小康社会而奋斗——在中国共产党第十八次全国代表大会上的报告》,人民网(http://cpc.people.com.cn/18/n/2012/1109/c350821-19529916.html),2012年11月9日。

③ Michael F. Martin, "Understanding China's Political System", CRS Report for Congress, April 14, 2010, pp.16-17.

④ Joseph Fewsmith, *The Logic and Limits of Political Reform in China*. Cambridge University Press, 2013, pp.69-71.

⑤ Cheng Li, China in the year 2020: Three political scenarios. *Asia Policy*, 2007, 4, pp.17-30. 与 He B and Thøgersen S., "Giving the People a Voice? Experiments with consultative authoritarian institutions in China", *Journal of Contemporary China*, 2010, 19(66), pp.675-692.

的民主化路径,其理念与功能的扩展会外溢到党外以及与党组织密切相关的事务。①海外学者认为,党内民主原则的观念背后蕴含着某种精英主义或者贤能政治的意涵。党员在政治上成熟度与其在政治过程中话语权的关系应该是呈正比的。同时,党内民主中的协商性质也是他们所关注的。②有海外学者认为,当做出重要的政策决定或人事变动时,通过协商与妥协来达成共识,并最终形成决定是这一协商性质的表现之一。此外,党的路线方针、国家重大的决策也以一种稳定且和平的方式予以讨论。③有海外学者赋予了党内民主原则更多的功能性意义,特别是将其与一般的多数决民主进行对照。中国共产党作为工人阶级先锋队,其指导思想对全社会的影响之深远可以晓见。如果更深层次的党内民主原则的落实意味着领导层更大的透明度、更多的合议决策以及党代会审议角色的深入,那么党在国家政治生活中的积极作用将会辐射更广。与此相对应的,其他相关的国家制度,例如人民代表大会制度和社会主义法治制度也要积极发展。④

（二）思想建设与党的建设

党内以及与党相关的民主原则对党的建设至关重要。自 20 世纪 90 年代以来,这一议题开始逐渐显现出更大的价值,特别是更深刻的思想领域的价值。⑤海外学者们关注党的建设以及中国改革、发展历程中的民主原则。

有海外学者认为,落实民主原则是优化党的建设的重要路径。当然,党内民主本身是否能达到这一目的还有待商榷,党内问责与党外监督的实际效用还有待考察。在各种客观原因下,改革很可能会是渐进的,从理论上可能是多样的,在策略上也会存在分歧。包括私营企业主入党等现实以及落实民主原则的相关策略可能会在事实上优化党的建设,回应党内与社会的各类

---

① HE, Kai and FENG, Huiyun, "A path to democracy: in search of China's democratization model", *Asian Perspective*, 2008, pp.139-169. Cheng Li, "China's Inner-Party Democracy: Toward a System of 'One Party, Two Factions'." *China Brief* 6.24, 2006.

② He B and Thøgersen S., "Giving the People a Voice? Experiments with consultative authoritarian institutions in China", *Journal of Contemporary China*, 2010, 19(66), pp.675-692.

③ Young Nam Cho, "Elite politics and the 17th Party Congress in China: Changing Norms amid Continuing Questions", *The Korean Journal of Defense Analysis*, 2008, 20.2, pp.155-168.

④ Brantly Womack, Democracy and the Governing Party: A Theoretical Perspective, *Journal of Chinese Political Science*, 2005, 10.1, pp.23-42.

⑤ Yongnian Zheng, "The Party, Class, and Democracy in China", in in Kjeld Erik Brodsgaard and Zheng Yongnian, eds., *The Chinese Communist Party in Reform*, Routledge, 2006, p.255.

诉求。①同时，不论是自上而下，还是自下而上，民主原则的贯彻落实可能并不拘泥于某一种路径或某一种方向，同时，这是一种政策要求还是政策动议还有待商榷。②

另有观点认为，党内民主原则的落实是党内领导集体进行制度建设的重要努力。③中国共产党主动开启很多党的建设的举措以提高治理能力并且增强党的合法性。④有海外学者将党内民主的发展作为中国制度建设的一个案例来研究，认为原先的政治运行规则会对民主原则的落实有深刻影响。例如，在民主集中制与多数决原则之间有着不可忽视的张力。⑤同时，党内民主是逐渐重塑政治制度形态的一个重要表现，其他诸如对法治、宪法权威、人大的强调也是重塑政治形态的重要组成部分。这些都与思想领域的改革相契合，目的是在巩固中国共产党治理能力的基础上加强人民主权、法律规范与宪法权威。⑥

另有海外学者在政治体制改革与党的建设的语境中讨论民主原则落实的问题。他认为党内民主对党的执政地位的巩固有积极作用。⑦也有学者积极评价党内民主的动议和实践，认为各类民主实践体现了党中央的改革意图。⑧有学者认为，通过将党委会等组织置于问责制度中，可以更好地实行监督功能。⑨

---

① Gang Lin, "Ideology and Political Institutions for a New Era," in *China After Jiang*, Gang Lin and Xiaobo Hu, eds., Washington, DC: Woodrow Wilson Center Press, 2003, pp.39-68.

② Joseph Fewsmith, *The Logic and Limits of Political Reform in China*. Cambridge University Press, 2013, p.75.

③ Cheng Li, "China's road ahead: Will the new generation of leaders make a difference?", *Brown Journal of World Affairs*, 2002, 9(1), pp.342-345.

④ Yongnian Zheng and Liang Fook Lye, "Is Democratization Compatible with China's One-Party System?" in Liang Fook Lye, ed. *Political Parties, Party Systems and Democratisation in East Asia*. World Scientific, 2011. David Shambaugh, *China's Communist Party: Atrophy and Adaptation*, University of California Press, 2008, p.3.

⑤ Gang Lin, Leadership Transition, Intra-party Democracy, and Institution Building in China. *Asian Survey*, 2004, 44.2, pp.255-275.

⑥ Heike Holbig, "Ideological Reform and Political Legitimacy in China: Challenges in the Post-Jiang Era". in Thomas Heberer and Gunter Schubert eds., *Regime Legitimacy in Contemporary China*, Routledge, 2008, pp.27-48.

⑦ Gunter Schubert, "One-party Rule and the Question of Legitimacy in Contemporary China: Preliminary Thoughts on Setting up A New Research Agenda, *Journal of Contemporary China*, 2008, 17(54), pp.191-204.

⑧ 江田宪治、田庆立、杨晓峰：《中国共产党"党内民主"建设的现实理路及历史警示》，《国外理论动态》2010年第12期，第76—81页。

⑨ David Shambaugh, *China's Communist Party: Atrophy and Adaptation*, University of California Press, 2008, p.138.

四、余　　论

　　基于海外学者对中国共产党党内民主原则研究的梳理，初步展现了这一领域的研究趋势及其变化。在不同的时间段，海外学者们对这一主题关注的问题不尽相同，这些差异的背后既有基于党内思想建设转向的变化，又有自身研究旨趣的转变。而在观察中国共产党党内民主原则的视角中，既可以看到聚焦高层政治，也不乏对中国地方、基层政治运作的细腻机理的观察。改革开放以来，党内民主原则的概念与实践的变化反映了这一理念的历史与其形塑党的建设的过程。从思想建设的角度来探究党内民主原则的价值意义更多地关注宏观与上层维度。而对党内民主原则实践的观察则更多将重心置于基层层面。从思想层面到民主实践再到制度维度的探索，是一个从形而上到形而下，从微观到宏观的过程。一些海外学者认为，党内民主原则的有效落实预示着中国共产党在政治体制改革的道路上迈出了新的一步，无疑是一种制度层面的创新。在具体的分析方式上，从民主理论出发与从中国现实出发成为两大核心导向。对党内民主原则的研究可归于西方民主理论下的中国政治观察，亦可归为中国学领域中中国政治研究的一个主题。作为政治学学术话语体系中的一部分，从政治学学科中的民主理论来看，对中国共产党的党内民主原则研究可以从民主理论的范畴与党内民主理论的范畴来进行探索。这是学者们基于民主理论，并与中国案例相结合而形成的中国政治研究成果。从区域研究的角度来看，对中国共产党党内民主原则研究可以视为中国学研究核心的中国政治研究的一部分，它与对中国共产党的诸多研究密切相关。这两个分析方式并不是完全脱离的，无论是将民主政治的理论用于分析中国的个案，还是从中国政治研究中构建新的理论，都需要结合中国实际并进行科学化的探索。梳理海外中国政治的相关研究，不仅可以丰富中国学研究的子领域，而且有益于建构中国特色的民主理论，进而科学阐释党内民主原则以及中国政治的其他相关问题。

海外"中国威胁论"及应对策略探析

张其帅*

改革开放以来,随着中国综合国力的不断增强,西方国家关于"中国威胁论"的论调甚嚣尘上,其实质意在遏制中国的崛起,维护其现存的霸权地位。本文通过翔实的资料归纳海外关于"中国威胁论"的观点,分析其形成的原因以及对中国发展的影响,并建言中国政府应对海外"中国威胁论"的策略。

一、"中国威胁论"历史由来与发展脉络

"中国威胁论"是指随着中国经济持续的高速增长,综合国力不断提升,国外对于中国崛起、强国战略等充斥负面舆论,认为中国变得强大,其膨胀的影响力就会对其他国家的发展以及国际秩序构成威胁和挑战。"中国威胁论"是西方国家对于中国的冷战思维的延续。

在近代中国积贫积弱的时候,并没有"中国威胁论"的说法,西方国家却存在歧视中国人的"黄祸论"的调子。随着冷战结束,以美国为首的西方国家失去苏联这一个强有力的竞争对手。随着20世纪80年代实施社会主义制度的中国进行经济政治体制改革,实施改革开放,经济迅速腾飞,综合国力提升,国际影响力不断增强;以美国为首的西方国家从国家实力、意识形态等因素考虑而将中国作为竞争对手,各种国外反华势力逐步掀起了宣扬以"中国威胁论"的论调来遏制中国的发展新思潮。

"中国威胁论"始作俑者为日本防卫大学副教授村井友秀,他在1990年一篇《论中国这个潜在的敌人》文章中,首先提出并论述了中国的发展和对其他

---

* 作者系上海社会科学院世界中国学研究所 2020 级在职博士生。

国家的威胁。在学术界当今"中国威胁论"舆论中心在美国,第一次炒作风潮是在 1992—1993 年,代表性文章为美国外交政策研究所罗斯·芒罗在刊物《政策研究》发表名为《正在觉醒的巨龙:亚洲真正的威胁来自中国》的文章,其观点认为"中国对美国重要的经济利益和战略利益构成重大的挑战"。此间,美国哈佛大学政治学教授亨廷顿教授在美国 1993 年夏季的《外交》杂志上发表题为《文明的冲突》的文章,正式提出"文明的冲突论",他认为冷战结束使美国失去一个明确的敌人,政治日益混乱,无法塑造国家认同,中国将会成为一个新的敌人。①第二次炒作风潮是在 1995—1996 年,背景或导火索是台湾海峡危机以及由此而起的美国国内对华政策的大讨论,对于如何看待中国的发展产生热议,仇华主义者以香港回归、台海危机、经济增长、环境污染等做"中国威胁论"的文章。当时舆论界最具有影响力的是美国外交政策研究所罗斯·芒罗、《时代》周刊记者理查德·伯恩斯坦两人合著的《即将到来的美中冲突》,其观点认为:"在可以预见的将来,冲突将是中美关系最有可能呈现的状况。"②第三次炒作风潮是在 1998—1999 年,由美国众议院考克斯主持撰写的《考克斯报告》,制造了政治献金案、李文和案等,一段时间里,中国"窃取"美尖端技术,"威胁美国家安全"成为"中国威胁论"的主要内容。③经统计,自从 1991—1995 年,在以美国为首的西方国家的传媒上发表了 100 多篇关于"中国威胁论"的政治文章,其中以美国、日本的文章数量最多。除了美国以外,其他西方国家也不断有关于"中国威胁论"的言论。在中国周边国家,"中国威胁论"在韩国、俄罗斯、东南亚国家和印度等也有一定市场。

  进入 21 世纪后,随着反恐和中美关系的升温,"中国威胁论"略显沉寂。但是 2002 年 7 月,美国公布了两份报告:第一份出自美中安全委员会,为《美中经济关系对美国家安全的影响》,宣称中国利用经济贸易关系危害美国家安全;第二份出自美国防部的《中国军事力量年度报告》,宣称中国军事力量对中国台湾乃至对中国周边国家甚至美国构成威胁。美国芝加哥大学教授约翰·米尔斯海默是"中国威胁论"有影响力的代表人物,在其著作《大国政治的悲剧》写道"中国会像美国一样,最大限度地占有世界权力。如果生存是其最高

---

① Samuel. Hungtington, "The Erosion of National", *Foreign Affairs*, Sept./Oct., 1997.
② 姜大为:《中国的和平发展是对世界的巨大贡献——驳"中国威胁论"》,《当代政治》2007 年第 1 期。
③ 李凤斌:《西方鼓吹的"中国威胁论"的由来与实质》,《当代世界经济与政治》2003 年第 12 期。

目标,那么中国便别无选择;这正是大国政治的悲剧"且"如果中国在未来数十年内仍然保持其令人瞩目的经济增长,它也可能会建立起庞大的军事力量,像美国支配西半球一样支配亚洲。中国将会寻求地区霸权,是因为地位是生存的最好保证"。[①]约翰·米尔斯海默认为,中国经济的快速增长,中美冲突难以避免,未来中国达到一定实力后将会将美国赶出亚洲,主张限制中国的发展,反对美国为首的西方国家和中国接触,并力主美国要及时遏制中国的发展。

近两届美国政府继续宣扬"中国威胁论"。2015年美国国内出现了反思中国崛起和美国对华政策的大辩论,美国兰德公司发布《美中军事打分表——军队、地理和力量均势的演变(1996—2017)》的报告,新的关于"中国威胁论"的书籍《百年马拉松:中国要取代美国成为全球超级大国的秘密策略》《相向而行:如何缓和中美之间日渐显现的竞争关系》《中国的挑战:如何影响一个崛起大国的选择》等著作问世。2016年以来,美国特朗普政府时期,将中俄列为"首要威胁",以蓬佩奥、佩洛西为首的美国高官敌视中国,在国际社会掀起了抹黑、贬损、施压中国的风潮,不断渲染中国的威胁,时有关于"中国威胁论"的言论见诸媒体。拜登总统任期内,美国对华政策有所调整,但其国家安全团队仍延续了上届政府对中国的强硬政策,"中国威胁论"的对抗广度和烈度有过之而无不及。

纵观海外关于"中国威胁论"的观点和论调,有不同的区分方法:一是按照领域可以分为中国的政治体制威胁论、军事威胁论、粮食威胁论、经济威胁论、网络威胁论、环境威胁论、地缘政治威胁论等;二是从不同国家的观点,可以分为"中国威胁论"美国观点、西欧国家的观点、俄罗斯观点、日本观点、中国周边国家观点以及其他国家观点等;三是按照中国影响力程度,分为认为发展中的中国是严重威胁、一般威胁、很弱的威胁、没有威胁等观点。

二、海外关于"中国威胁论"观点的成因

海外"中国威胁论"的观点渊源较久,成因复杂,站在客观角度去分析内在原因,主要剖析如下:

第一,东西方之间不同的意识形态和文明。资本主义社会和社会主义社

[①] [美]约翰·米尔斯海默:《大国政治的悲剧》,王义桅、唐小松译,上海人民出版社2003年版。

会具有一定程度的差异性和对立性。著名学者亨廷顿在其代表作《文明的冲突与世界秩序的重建》中从文明差异的角度系统论证了"中国威胁论",亨廷顿认为西方文明是普世文明,适用于全世界,而儒教及伊斯兰文明则属对立文明,两者会联合起来挑战西方文明。①二战结束后,以美苏不同的社会阵营高度对立,东欧剧变苏联解体后,中国成为最大的社会主义国家,以美国为首的资本主义集团长期戴着有色眼镜看待中国,甚至不惜进行颜色革命和平演化等手段来遏制中国社会主义的发展。

第二,中国综合国力快速发展给传统西方国家霸权行为造成压力。自中国改革开放以来,中国社会经济快速发展,各项事业不断取得进步,综合国力不断得到提升,中华民族迎来从站起来、富起来到强起来的伟大飞跃。2020年以来,由于新冠肺炎疫情的影响致使全球经济大幅度下滑,美国在疫情传播、国内种族冲突、总统选举中政见分裂等因素的影响,导致国力有一定程度的下滑。在中国公布的国内各省GDP数据中,发现广东、江苏等省份GDP实力超越了诸多发达资本主义国家,被誉为强省份"富可敌国"。西方国家将中国强大的综合国力以及继续上升的趋势视为威胁。庞大的人口数量和人口素质也是综合国力的重要表现。中国人口数量庞大,是世界上人口最多的国家。如今中国人口14亿人,约占世界总人口的1/5,大量人口需要吃饭、就业和发展,每天消耗巨量资源,亦被诸多西方国家认为是一种威胁的体现。

第三,中国军事力量的快速发展。随着中国经济的快速发展,中国军费开支也大幅度提升,建设航空母舰、开展反导试验、发射卫星等发展高精尖军事装备。2021年两会期间公布的最新的军费预算,开支约1.35万亿元,同比增长6.8%。美国媒体趁机渲染"中国正在建设世界上最大规模的海军"等。西方国家故意忽视中国军费开支增加的原因是中国面临严峻的安全挑战。中国适当增长军费乃形势需要,无可厚非。中国政府致力和平发展道路,执行的是防御性的国防策略,提升自身军事实力不会威胁其他国家的安全,而是平衡国际力量,有助于世界的和平与稳定。

第四,古代中国王朝的对外扩张是其历史原因。在中国古代史上,尤其汉朝、唐朝、明朝和清朝,中央封建王朝积极对外扩张,拓展领土,并形成古代以中国为中心的朝贡体系。周边国家对于中国古代历史上的扩张心存阴影,担

---

① [美]亨廷顿:《文明的冲突与世界秩序的重建》,新华出版社2002年版。

心中国实力强大以后会走上古代的"朝贡体系",侵蚀周边国家的发展。

第五,对华不友好的国家政客出于国内政治博弈的需要。塑造"共同敌人"以转移国内矛盾,不少西方国家的政治家为了在国内竞选中获得民众支持和票仓,大力宣扬"中国威胁论",塑造"共同敌人"并对其不断污名化,承诺上台后对中国采取的遏制政策,以博得民众的支持,这方面最为明显的案例是2021年美国大选中,特朗普和拜登多次提及遏制中国的对华政策,不断刻意强调对付中国"威胁"、执行强硬的对华外交手段。特朗普政府的贸易顾问克莱特·威廉姆斯所言:"在一个两极化的国家中,目前能够使我们团结起来的是对中国的强硬态度。我们在政治上两极化,但我们在中国问题上没有两极化。"①

三、中国政府应对海外"中国威胁论"的态度

第一,中国政府义正词严声明中国走和平发展道路,中国的发展不会对世界造成威胁。中国走和平发展之路,中国的崛起和综合国力的提升并非对全球造成安全威胁,中国中央政府向国际社会表明发展的基本国策,并举例以事实说话。中国自改革开放以来,虽然国力得到持续提升,但未对其他国家造成威胁或干涉他国内政。反而是以美国为首的西方国家在冷战结束以来军事干涉伊拉克、利比亚、叙利亚等国家内政,扶持其他国家的反对派力量,在中亚、西亚、东欧鼓动"颜色革命",肆意干涉他国内政,造成所在国持续不断的国内冲突,民不聊生。

第二,中国政府应主动掌握国际话语权,批判"中国威胁论"论调。中国国家主席习近平多次在联合国、国际组织等重大国际会议上,宣传我国的共建人类命运共同体的主张,获得许多国家的认同和赞赏,赢得国际社会的支持,所以中国政府是智取国际话语权。中国官方不断通过诸类渠道批判"中国威胁论"的论调,近几年的外交部发言人在回答西方国家记者提问时,有理有据、铿锵有力地回击了"中国威胁论"的论调。中国政府通过孔子学院和吸纳国外来华留学生,传播中国文化和文明,也是增强话语权的途径。

---

① Choudhury, S.R., "Being Tough on China Is What Unifies a Polarized U.S.", https://www.cnbc.com/2020/11/05/elections-clete-willems-on-us-china-relations-under-biden.html.

第三，中国政府应向国际社会指出美国才是对中国乃至世界最大的威胁，对于敌对势力坚决予以回击。在当前的国际形势中，呈现出"一超多强"的国际格局，美国是超级大国，军事实力居全球首位，但美国却一直在唱高调宣扬"中国威胁论"，其自身才是对中国乃至世界最大的威胁，在全球尤其中东地区发动了一系列的军事行动，造成大量人员伤亡和地区动荡。美国不断在南海进行军舰航行，以台湾问题、香港问题、新疆问题和人权问题等强行干涉中国内政，搅浑钓鱼岛争端和南海局势，遏制中国的发展。中国政府要在国际社会反复亮明观点"中国的发展并不是对他国的威胁，而美国才是对中国发展的最大的威胁"。

四、海外"中国威胁论"对中国发展的影响

海外"中国威胁论"对中国的发展带来消极影响和严重危害，给中国的和平发展制造障碍，损害了中国的国际形象，影响中华文化海外传播，主要表现在：

第一，"中国威胁论"的论调下容易形成一定的国际反华势力，遏制中国发展，影响中国综合国力的提升。中国在和平和稳定的国内外环境中才能得到经济社会的快速发展，综合国力的持续提升。但是如果外部环境持续复杂，在"中国威胁论"的国际负面舆论环境下，美国以塑造共同敌人中国以修补欧美国家内部矛盾和裂痕，共同从军事、贸易、人权等方面施压于中国，势必造成中国分担精力应对外部压力，影响国内经济社会的建设。

第二，"中国威胁论"的论调下容易引发军备竞赛，造成地区局势紧张，加重中国国防防御的压力。中国随着综合国力的提升，不断加强国防能力建设，加快军队现代化建设，发展军事科技，已建有三艘航空母舰及大批量高精尖的卫星，同时中国采取防御性的军事政策。但西方国家炒作"中国军事威胁论"，并不断联合起来通过军事手段来骚扰中国国防，势必造成中国国防强大的压力。近几年来美国军舰不断在南海游弋，日韩蠢蠢欲动，印度军队在中印边境一带挑衅中国。

第三，在"中国威胁论"的论调下，恶意丑化"妖魔化"中国，影响中国外交活动。西方国家刻意渲染中国发展带来的威胁，给诸多中立国家在如何看待中国发展的问题上带来消极的影响。例如在以美国为首的西方国家"中国威胁论"的影响下，美国军政官员访问越南等东南亚国家，而越南等东南亚国家予以隆重接待；美国等西方国家在蒙古开展代号为"可汗探索"的联合军事演

习;印度追随美国,禁用中国100余款APP软件产品。以上中国周边国家虽然与中国保持稳定的外交关系,但试图引进美国等西方国家抵御中国带来的政治、经济和文化影响力,对华充满不信任感。

第四,"中国威胁论"盛行,阻碍中国和国外正常的经贸往来、文化交流等。最为明显的事例是中美之间贸易摩擦,特朗普政府认为中国在中美贸易中受惠巨大,所以加收关税,对芯片等关键技术产品予以禁运,禁止华为公司参与美国及欧洲国家的5G建设等,甚至一些美国高校强行关闭了孔子学院。"中国威胁论"论调造成中外各项交流中摩擦增多,影响中国和一些国家的正常的经贸往来和文化交流。

第五,对中国改革开放起消极影响,恶化投资环境。海外"中国威胁论"的渲染,对于中国"一带一路"建设造成极大的消极影响,例如中国参与斯里兰卡的港口建设,在"中国威胁论"的肆意传播下,当地民众的民意反弹,造成反复产生矛盾以及带来中国投资的损失;中国在马来西亚投标建设中南半岛高铁,连接吉隆坡和新加坡,本来给马来西亚带来极大的经济利益,但由于"中国威胁论"的论调,马来西亚举棋不定,多次重新审核中国在其国内的高铁投资建设。

虽然,海外"中国威胁论"对中国发展带来消极影响,但同时亦带来一些积极作用:一是中国发展的步伐大大加快并日益稳健。不管"中国威胁论"在海外如何被炒作,中国国内保持稳定,一如既往地高速发展。二是客观上强化了中华民族的凝聚力。"中国威胁论"在客观上让中国人民面对国外敌对势力,更加团结一致,共同对外,同仇敌忾,客观上强化了我国民众的向心力和凝聚力。三是有利于培育大国心态、中国更好地走向真正的大国。"中国威胁论"是对中国的考验,能以昂扬的姿态和雄厚的实力经受海外挑战和舆论的挑战,中国才能更好地迈向强国的建设。

五、中国政府应对海外"中国威胁论"的策略

第一,坚定走和平崛起的道路,在国际社会表明中国和平发展道路的主张,积极宣传中国政府的人类命运共同体主张。中国以经济建设为中心,提高人民生活水平,聚精会神搞社会建设。按照既定国策走和平发展的道路,保持国内的团结和稳定,不断发展社会生产力,提升综合国力。走和平崛起的发展道路,在国际部分地区冲突中保持清醒头脑,对于国际复杂的矛盾和局部冲突

保持谨慎态度,防止在国际上被西方国家寻找借口冠以"中国威胁论"。对于近些年发生的叙利亚内战、土耳其军事攻击库尔德人、亚美尼亚与阿塞拜疆纳卡军事冲突以及俄乌冲突等,中国均保持一定局外的中立,积极斡旋,呼吁和平解决分歧,并未直接军事介入。

第二,掌握国际话语权,加强宣传力度,讲好中国故事,在国际社会上塑造良好国际形象。中国奉行和平发展、合作共赢的外交理念,政府采取行动让国外媒体了解中国,客观真实记录中国和平发展、合作共赢的故事,把爱好和平、文明进步、开放包容、互帮互助互爱、绿色发展、重视人权和自由的负责任的中国介绍给国际社会。利用国际会议的平台向世界主动定义中国发展道路和核心价值理念,增进国家间相互认知。充分发挥互联网新媒体和各类社交软件的优势来宣传中国的正能量。当今中国是全球第二大经济体,甚至还曾被国际社会以中美并列而提出"G2集团"。中国综合国力增强后,更积极主动参加到全球治理,与国际社会密切互动,为人类发展进步勇于担当。中国加强同世界各国的文化交流、文明对话,讲好中国故事,掌握塑造中国正面形象的主导权,构建解释中国发展模式的理论体系和话语体系。

第三,与周边国家、友好国家积极交往,团结友华国家。随着中国对外交往的日益深化,友华"朋友圈"日益增大,中国重视外国政党、政要、友好组织、友好人士对我国的积极评价和针对"中国威胁论"发出的理性声音,求同存异,在国际社会上团结广大的友华国家,发展睦邻友好的外交政策,拓展合作交流的空间。

第四,对敌对反华势力坚决予以回击。西方敌对反华国家对中国采取遏制的敌对措施,侵犯中国利益,中国政府对于敌对势力坚决反制,维护我国正当的国家利益。在美国特朗普政府时期,对华政策咄咄逼人,不断开展贸易战、科技战等,对中国新疆问题、台湾问题和香港问题指手画脚,干涉内政,中国政府均采取对等政策进行反制,坚决予以回击。美国政府多次售台武器装备,中国对于相关的美国官员和军工企业进行强有力的制裁。

第五,与欧美国家展开对话,一如既往推进国际交流合作。在气候变化、核不扩散、疫情防控等利益共同体的问题上与美国为首的西方国家展开积极对话、沟通、磋商和必要的相互妥协,中国认识到在和平的环境中综合国力才会继续提升,人民生活才会更加幸福。坚持对外开放和合作交流才能实现中国利益的最大化。美国对华虽有贸易战、科技战,但中美领导人仍进行友好的电话对话,对国际重要问题初步进行沟通,寻求合作共识,促进两国关系的发展。

古代丝绸之路的历史经验对"一带一路"倡议实施策略的启示[*]

苏乔拓

一、引 言

自汉代张骞出使西域以来,丝绸之路上的声声驼铃已回荡两千余年。中国与沿线各国的商贸运输、友好交往、文化传播,成为中国和沿途各国人民重要的历史记忆。作为中国提出的顶层国家倡议,"一带一路"沿用了丝绸之路和海上丝绸之路的名称,反映出中国人对复兴古代丝绸之路繁盛的美好愿景,也同样反映出古代丝绸之路的原则、模式对"一带一路"倡议有着重大借鉴意义。

2013年中国提出"一带一路"倡议以来,既取得了许多丰硕的成果,也面临着不少问题。在古代丝绸之路的历史经验中寻找对当今"一带一路"建设有益的部分,这既是"一带一路"名称中的应有之义,也是具有现实性的考量。尽管2 000多年的岁月流逝,古代丝绸之路上的许多政权、民族已发生更替,但目前在古代丝绸之路上沿线各国的气候、地理、宗教、人口密度、经济结构、发展水平等仍有可比较的价值。

二、古代丝绸之路的一些历史经验

(一)节点式的贸易网络

古代丝绸之路并不是有一条从长安直达罗马的康庄大道。即便在今天,

---

[*] 本文系在王战教授课堂上讨论之结果,感谢梅俊杰研究员、褚艳红副研究员的修改意见。作者系上海社会科学院世界中国学研究所2020级博士生。

从河西走廊到亚平宁半岛,沿途人迹罕至的高山、荒漠仍对基础设施建设提出很大挑战,更毋论在生产力水平低下的古代了。同时沿途政权多变,又有盗贼横行。丝绸之路之所以能名垂青史,也恰恰是因为在恶劣的条件下,古人克服了众多艰难险阻,将中原与广袤的西域连接了起来。尤其是在出敦煌以西的新疆段,星星点点的绿洲外尽是荒漠戈壁,又有天山、帕米尔高原等天险阻挡。也因此,丝绸之路在新疆分出了北、中、南三条线路,根据地理条件延伸,同时也在不断变化,通达至亚欧大陆的各地区。①

这种在各绿洲间进行穿梭的贸易,使得古代丝绸之路上的商队不可能执行长距离点对点式的贸易活动。13世纪末出版的《马可波罗游记》在当时的欧洲产生了很大影响,激发了欧洲人对富饶中国的向往。然而有关于马可波罗究竟是否到访过中国,在国内外史学界长期以来都存在着争议。即便是在张骞出使西域近一千五百年后的马可波罗,是否从意大利旅行至中国都尚无定论,可见走完丝绸之路全程之困难,对于携带辎重的商队来说更是几无可能。故此在古代丝绸之路上呈现的是一种节点式的贸易网络,单个商队所进行的通常是相邻节点间的贸易。货物从生产地由一支商队贸易至一个集散的中转节点,再从这个中转节点前往下一个节点,最终到达其消费地。②无数的贸易路线最终构成了丝绸之路完整的贸易网络。

节点式的贸易网络带来的结果是,即使更远端的贸易对象的消费能力更强,相邻的贸易节点间贸易的密度和数量仍然会更高。这与当今国际贸易情况有很大差别。根据国家统计局数据,以国别进行计算,2019年中国的前五大贸易伙伴(不含港澳台地区)分别是美国、日本、韩国、德国和澳大利亚,中国与其进出口总额分别为5 416亿美元、3 150亿美元、2 845亿美元、1 849亿美元和1 695亿美元。五个地区中只有两个属于中国的海上邻国,陆上邻国则无一进入前五。而在中国魏晋南北朝隋唐时期的出土文物中可以发现,古代丝绸之路上流通的金银币十分多样,其中萨珊波斯银币的出土数量是拜占庭金币的300多倍。③拜占庭帝国延绵千年,而萨珊王朝国祚相较之下只有400余年。

---

① 吐鲁番学研究院、吐鲁番博物馆编:《吐鲁番学研究——吐鲁番与丝绸之路经济带高峰论坛暨第五届吐鲁番学国际学术研讨会论文集》,上海古籍出版社2016年版,第15页。
② 杨建新:《从古代丝绸之路的产生到当代丝绸之路经济带的构建——亚欧大陆共同发展繁荣和复兴之路》,《烟台大学学报(哲学社会科学版)》2016年第5期。
③ 邹磊:《中国"一带一路"战略的政治经济学》,上海人民出版社2015年版,第33页。

尽管出土金银币的数量并不完全代表贸易量的相应水平,但如此巨大的差距使我们仍可以推断出在古代丝绸之路上距离较近的贸易对象国之间的贸易交往会更加密切。

(二)胡人的主导性作用

胡人是中国"古代中原汉民族对北方和西方异族的通称"。胡人的称谓在中国不同时期的指代对象各有不同。秦汉时期的"胡"通常特指匈奴一族,"到了东汉至魏晋南北朝时期,胡人的概念逐渐发生了一些变化,胡人包括了匈奴系统和西域白种人两个层次"。隋唐时期又逐渐缩小到粟特人。①本文所说的胡人表示通称意味,特别强调在古代丝绸之路起到了重要作用的粟特人。

"丝绸之路"是德国地理学家李希霍芬1877年在对中国多年的实地考察后提出的概念,他在1882年的《中国》第二卷中进行了相应论述。海内外学者对古代丝绸之路的研究也多认同中国在丝绸之路发展历程中的核心地位。但在实际的商贸活动中,中原汉族并不是丝绸之路上的绝对主角,胡人则占据了多数。以至于国与国之间的商贸活动在当时被称为"兴胡"或"商胡"。②

胡商中最为知名的群体是粟特人。粟特是一个中亚古国和民族,主要分布在今乌兹别克斯坦,首都在今撒马尔罕附近。粟特土地肥沃,地处欧亚交通枢纽,使得其商业繁荣。早在张骞到访此地时就说此地人巧于商业。③粟特人在古代丝绸之路商贸中的统治地位在这个案例中可见一斑:敦煌藏经洞中有一组于阗语文书详细记载了一次进贡之旅,沿途的买卖双方加起来一共48人,其中粟特人有41人。④

胡人的民族构成复杂。由于丝绸之路上的国家多样,政权更迭频仍,必然需要熟悉各地情况的各民族人氏参与商贸之中。在缺乏国际规制的古代,以经贸而非军事为目的的商队便必须与途经各国的当局交好。粟特人虽然是商

---

① 侯世新:《"胡人"的变迁及其对东西方文化交流的促进》,《文博》2010年第3期。
② 李瑞哲:《古代丝绸之路商队的活动特点分析》,《兰州大学学报(社会科学版)》2009年第3期。
③ [日]羽田亨:《西域文化史》,华文出版社2017年版,第57—61页。
④ 陕西师范大学历史文化学院、陕西历史博物馆编:《丝绸之路研究集刊》第3辑,商务印书馆2019年版,第144—151页。

贸聚落中的主力,但他们在进行贸易时仍然要组建多民族的商队。有学者分析认为仅在史君墓商队中就同时存在粟特人、嚈哒人、波斯人、突厥人、大食人。在历史发展过程中,兴替的民族会继承性地发展丝路上的贸易,"如匈奴、月氏、乌孙、粟特、鲜卑、嚈哒、突厥、回鹘等北方游牧民族,他们都曾先后参与了丝路贸易,在丝绸之路贸易中发挥过积极的作用"①。

胡人除了在商贸中占据主导作用,还对中西间文化交流传播做出了杰出贡献。丝绸之路上的商队常常有僧侣同行。商人需要僧侣在苦难的商路上提供精神慰藉,僧侣需要商人的物质支持。在此背景下祆教、摩尼教、景教、佛教等宗教都从中获益广泛传播。②粟特人的语言文字也影响深远,回鹘文是由粟特字派生而来,其变型进一步成为蒙文字体和满文字体的基础。粟特字和回鹘字常被用于书写古突厥语。③盛唐时期古代丝绸之路繁荣达到鼎盛,大量胡人聚居于中国西北尤其是长安。以商贸兴盛的胡人多聚居于长安东、西市,此外也环绕祆祠呈辐射分布。其数量可占长安上百万人口中的2%。④聚居的胡人既使得长安胡风日盛,同时胡人也在不断汉化,且速度较之河西走廊、新疆等地的胡人汉化速度更快。⑤隋唐时期的胡人不仅在民间如鱼得水,还在中国出将入仕,进入了禁军和宫廷系统。⑥可见胡人沿丝绸之路对中国影响之甚。

(三) 多国政府的长期开拓

"丝绸之路"以"路"命名,意味着在一定时间内存在着较为稳定的固定路线。超远距离的路线开拓,如果没有政府力量的参与,仅靠商队自身的力量是难以达成的。古代丝绸之路之所以能绵延千年,与多国政府长期的、持续性的开拓密不可分。

对古代丝绸之路的理解有广义和狭义之分。狭义的通常指代西汉至隋唐中原与西域间西安—河西走廊—中亚的贸易路线,广义的则将历史上由中国

---

①② 李瑞哲:《古代丝绸之路商队的活动特点分析》,《兰州大学学报(社会科学版)》2009年第3期。

③ [德]冯·佳班:《高昌回鹘王国的生活 850—1250 年》,吐鲁番市地方志编辑室 1989 年印,第122—123 页。

④ 罗曼:《唐长安城胡人居所分布研究》,《北京化工大学学报(社会科学版)》2018年第2期。

⑤ 韩香:《唐代长安中亚人的聚居及汉化》,《民族研究》2000年第3期。

⑥ 毕波:《中古中国的粟特胡人——以长安为中心》,中国人民大学出版社2011年,第124—161页。

出发,连接沟通至非洲欧洲的商贸通道总体统称为丝绸之路。有学者从广义的理解出发,将丝绸之路的滥觞追溯至公元前 3500 年两河流域苏美尔人的商贸活动,将希腊城邦和迦太基人在地中海沿岸的贸易斗争视为丝绸之路的雏形。[①]当然学界更普遍的意见通常认为公元前 139 年张骞凿空出使西域是丝绸之路的发端。无论何者,都不难发现政府在丝绸之路开拓中的重要作用。张骞出使西域首要的是政治目的。匈奴击败月氏后对中原政权构成了很大威胁,到武帝时期双方已是剑拔弩张。张骞第一次出使西域便是为了联络月氏共同抗击匈奴,但未能成功。在成功击退匈奴后,第二次出使的经贸需求才得以提升。[②]

在成功凿空之后,古代丝绸之路的维护和新路线开拓在中国多个王朝都得到重视。张骞在两次从西北方向出使西域后,又奉汉武帝之命打通西南的"蜀身毒道",尝试开拓丝绸之路的西南线,未能成功。至东汉中央势力到达滇西得以与缅甸、印度直接交往。唐代在西域设置了安西大都护府、西域都护府为核心的"安西四镇",管理西域的军政事务。"宋、金、西夏、河湟吐蕃通过丝绸之路和西域诸国仍保持着密切的联系。而蒙元帝国横跨亚欧大陆,东西方交流一直得以维持。"[③]

更值得注意的是,中原王朝并不是古代丝绸之路上唯一支持的政府力量。历史上的诸多大国如罗马帝国、贵霜王朝、萨珊王朝、阿拉伯帝国等,都曾大力在其势力范围内修筑道路驿站,推动宗教文化传播,繁荣商贸经济,客观上都帮助了古代丝绸之路不断焕发生机。中亚的一些城邦如"西域三十六国"很大程度上因古代丝绸之路上的商贸而兴,互相的连接关系更加紧密。[④]2014 年由中国、哈萨克斯坦、吉尔吉斯斯坦跨国联合申报的"丝绸之路:起始段和天山廊道的路网"项目被列入《世界遗产名录》。33 处代表性遗迹中国境内有 22 处。这既是世界上第一个以联合申报的形式成功列入《世界遗产名录》的丝绸之路项目,也是中国第一个跨国联合申报世界遗产的项目。联合申报获批的形式,也可以被认为是古代丝绸之路在历史上的多元共生在当今的映射写照。

[①④] 杨建新:《从古代丝绸之路的产生到当代丝绸之路经济带的构建——亚欧大陆共同发展繁荣和复兴之路》,《烟台大学学报(哲学社会科学版)》2016 年第 5 期。
[②③] 傅梦孜:《对古代丝绸之路源起、演变的再考察》,《太平洋学报》2017 年第 1 期。

三、"一带一路"倡议推进过程中出现的一些问题

（一）所涉国家范围过大

目前中国已与138个国家、31个国际组织签署了201份共建"一带一路"合作文件。这个成绩是值得欣喜的，意味着中国的合作倡议在世界范围内得到了回应。但同时也应注意到，138个国家的数量已远远超出古代丝绸之路的涉及范围。

即便将古代丝绸之路进行广义理解，即囊括了所谓海上丝绸之路、草原丝绸之路、绿洲丝绸之路，从中国出发可通达的范围约为亚欧大陆大部、北非东非部分沿海，但可以看到，当今欧美多数发达国家在近代以前与中国没有成规模的交往，且西欧、美洲大部、非洲大部无论与何种丝绸之路都难以产生相应联系。而从目前"一带一路"沿线国家的分布范围之广来看，显然对于加入"一带一路"倡议不存在地域或历史上的限制。

"一带一路"从名称上沿用丝绸之路和海上丝绸之路的历史记忆，是为了表明中国无意通过军事力量来推行自己的战略意图，而是要着重于经贸合作和人文交流。2016年前后中国官方的有关表述中，"一带一路"的口径逐渐从中国提出的"战略"更改为"倡议"。显然这种变化也折射出中国更希望向外界强调"一带一路"和平与建设性的属性。

然而目前"一带一路"所涉国家范围已经过大，已经远远超出了古代丝绸之路可通达的范围。这容易提升西方对中国的战略担忧情绪。近年来随着中国经济实力的快速提升，美国内部正在形成与中国进行全面竞争的共识。无论是特朗普政府对中国的"全政府"对抗，还是拜登政府多位阁员"战胜中国"的表态，以及美国战略界大国竞争的意识转向，都反映出中美间紧张的战略关系。"一带一路"在所有大洲的落地，很容易引起美国战略界的误判，认为这是中国的全球战略而非合作倡议，进一步加深美国对中国的战略忧虑。同样在"一带一路"框架下，中国在中东欧尤其是西巴尔干地区参与力量逐渐加强，也引起了欧盟和许多欧洲观察家的关注。

（二）外国力量相对薄弱

"丝绸之路经济带"和"21世纪海上丝绸之路"是国家主席习近平分别在哈萨克斯坦纳扎尔巴耶夫大学和印度尼西亚国会访问时提出的。这样的地点选

择显然是希望得到沿线国家的支持关注。但目前看来在"一带一路"的合作互动过程中,中国占据着主导地位,相比之下外国力量的参与较为薄弱。

从贸易情况来看,中国与"一带一路"沿线国家的进出口近年来表现较好。总体贸易保持了较为稳定的增长,在中国整体贸易额中的比重也有所上升。同时进出口两端也趋于平衡,"一带一路"沿线国家对中国的贸易赤字整体上有所缩减。

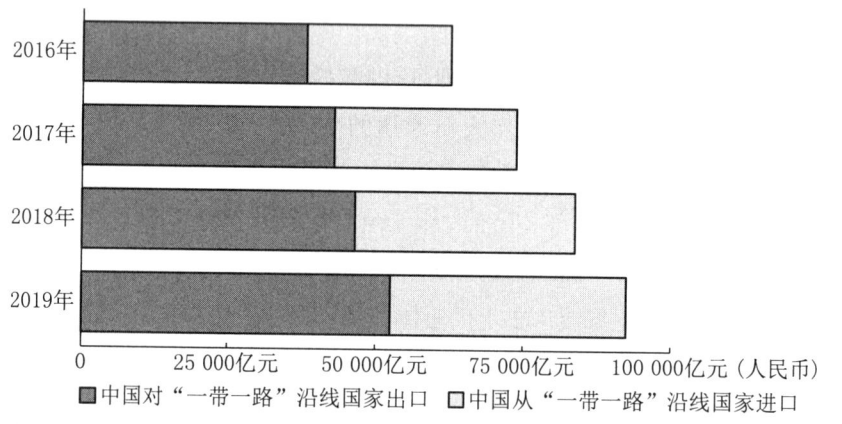

资料来源:中华人民共和国2016年—2019年国民经济和社会发展统计公报;笔者制图。

图1 中国与"一带一路"沿线国家进出口情况

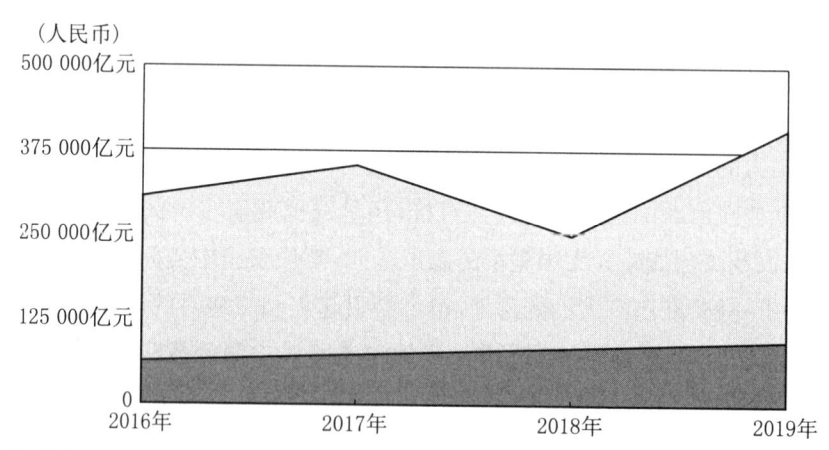

资料来源:中华人民共和国2016年—2019年国民经济和社会发展统计公报;笔者制图。

图2 中国与"一带一路"沿线国家贸易情况

但在投资方面则不容乐观。中国对"一带一路"沿线国家的投资始终高于"一带一路"沿线国家对华投资,相差最大时后者尚不足前者一半。从投资占比上来说,"一带一路"沿线国家对华投资在当年中国吸收外资的占比始终低于中国对"一带一路"沿线国家投资在当年中国对外投资的占比。且来自"一带一路"沿线国家的投资表现更为不稳定,最低年份投资额仅为最高年份的 65.88%。

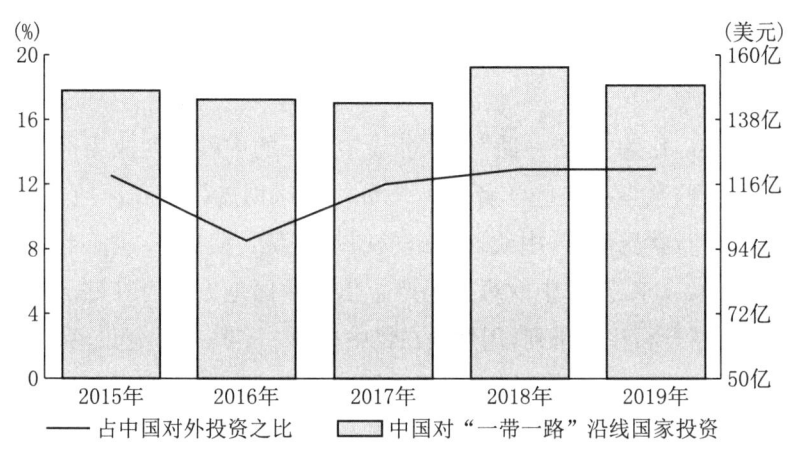

图 3 中国对"一带一路"沿线国家投资情况

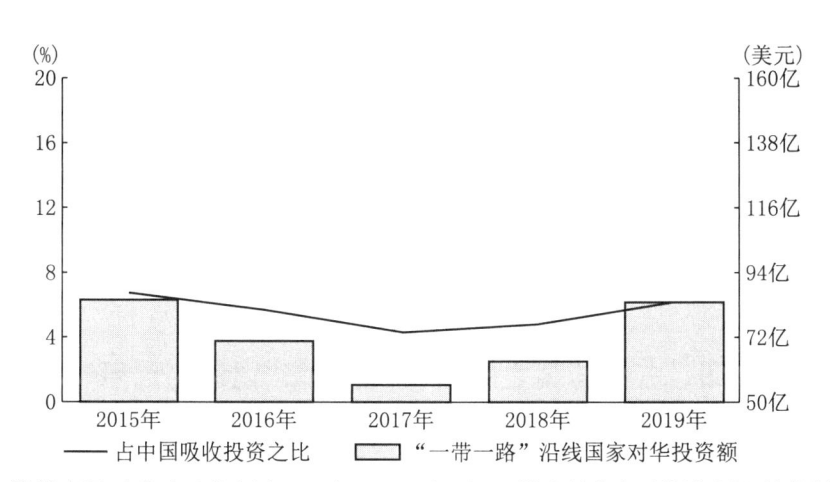

资料来源:中华人民共和国 2015 年—2019 年国民经济和社会发展统计公报;笔者制图。

图 4 "一带一路"沿线国家对华投资情况

资料来源:中华人民共和国 2015 年—2019 年国民经济和社会发展统计公报;笔者制图。

而与此同时"一带一路"沿线国家对华投资新设企业却在稳步增长。可以推测出在中国与"一带一路"沿线国家的经贸往来过程中,中资企业的体量显著高于"一带一路"沿线国家的企业。其中固然应当考虑到"一带一路"沿线国家中发展中国家比例较高,但与古代丝绸之路胡商占主导地位的情况仍有很大不同。

(三) 过分依赖政府投入

目前"一带一路"的推进过程中,中国政府和国企仍然是绝对主力,而民间资本的参与仍然只是补充性的力量。在大量补贴和亏损的支持下,一些项目看似运转红火,但如果没有长期盈利可能的话又会进一步抑制民企为"一带一路"建设的意愿。

举例而言,作为"一带一路"标志性成果之一的中欧班列成为部分地方政府的门面工程,甚至被一些学者认为是重构全球物流体系和区域经济的"法宝"。单从开行状况来看,中欧班列市场增长迅猛。但自 2011 年首趟中欧班列从重庆出发以来,至今中欧班列仍严重依赖中国地方政府补贴。众多地方政府争相支持开行中欧班列,固然是在将中央的"一带一路"建设落地,另一方面也难免有片面追求政绩之嫌。为了将铁路成本拉低至与海运相比存在竞争力,地方政府为中欧班列提供了高额财政补贴。从财政部下达的限制要求看出这种补贴是多么不可为继:财政部从 2018 年开始,要求地方政府降低中欧班列补贴标准。以全程运费为基准,2018 年补贴不超过运费的 50%,2019 年补贴不超过 40%,2020 年不超过 30%。[1]

在投资方面,中国对"一带一路"沿线国家的大项目多数投资来自国企。国家信息中心 2018 年对参与"一带一路"建设的企业影响力进行测算,排名前十的企业中只有阿里巴巴和华为是民营企业,其余均为国有企业。民企中排名最高的阿里巴巴位于第五,前四名分别是国家电网、国家电力投资、中石油和中石化。[2]

四、古代丝绸之路对"一带一路"倡议的启示

(一) 短期集中力量,打造样板区域

古代丝绸之路的通达范围有限,主要是因为生产力不发达,交通物流和信

---

[1] 《财政部要求中欧班列逐年降补贴 2019 年不超运费四成》,中国经营网(http://www.cb.com.cn/index/show/zj/cv/cv13450891269),2019 年 6 月 5 日。

[2] 国家信息中心:《"一带一路"企业影响力评价报告》,国家信息中心 2018 年印。

息传输成本高昂。随着科技发展,通信技术和交通设施的改善、进步,通达全球不再是难事,但国家间距离的远近,仍然是物流成本和时间效率的重要影响因素。回顾后发崛起大国的历程来看,无论是美国的"门罗主义"、德国的"大陆政策"还是日本的"大东亚共荣圈",崛起国在早期阶段都不约而同将精力集中于周边区域。这是因为崛起国在整体实力尚且有限的情况下,贸然尝试全球范围的影响投射会得不偿失。德意志帝国抛弃俾斯麦政策、日本发动太平洋战争后都遭遇了毁灭性打击,而坚持经营美洲、避免深度介入旧大陆事务的美国则在两次世界大战后成为霸权国。

"一带一路"倡议是中国提出的"人类命运共同体"理念的现实实践,与以往崛起国的国际战略有所区别,但在推进策略上,仍有必要借鉴过去的历史经验。这是因为威斯特伐利亚体系尚未发生根本性变化,民族国家的基本原则仍然没有改变的前提下,任何国际性倡议或战略仍主要通过国家这一实体实现落地。笔者认为"一带一路"倡议的推进应避免四处开花,在短期之内集中精力,着重推进丝绸之路和海上丝绸之路的主要枢纽节点,即中亚和东南亚的发展,一方面有利于发挥社会主义"集中力量办大事"的体制优势,另一方面也是向目前的霸权国表明中国并没有在世界范围内进行全面竞争的意图。

中亚国家普遍人口密度低,环境较为恶劣,但其地理位置处于世界岛的中心区域,长期以来在地缘政治学中被高度重视,同时中亚资源丰富,与中国有很好的产业互补优势。东南亚国家人口稠密,交通便捷,近年来被一些国际资本视为中国制造业转移的首选地。与其让西方资本从难以避免的制造业转移中获利,不如主动出击,让中资成为东南亚新兴制造业的生力军。中亚和东南亚国家大多发展水平低,政局也经常不稳,不少国家是西方模式治理下的"失败国家"。如果中国能集中精力帮助几个较为落后的国家,借鉴中国发展经验,取得显著发展成果,对于"一带一路"的全面推行,和中国理念、中国模式的推广都大有裨益。

从具体实施策略来看,同样以中欧班列为例。2020年新冠肺炎疫情在全球肆虐以来,中欧班列的东西向不平衡的空载问题仍难以得到解决。主要是欧洲发出的货物过少,造成了西向东的空车在边境的大拥堵。[1]笔者认为应充

---

[1] 《中交协杨杰:中欧班列运量不平衡态势加剧 光靠中国努力还不够》,中国经营网(http://www.cb.com.cn/index/show/zj/cv/cv135103801260),2022年11月12日。

分认识到铁路实际上是一种"钢铁驼队",其核心竞争优势不是点对点的终点运输,而是沿途的节点贸易。铁路在时效性不如空运、经济性不如海运的情况下,沿途贸易却可以大进大出,这是其他货运方式不能做到的。这也恰恰与古代丝绸之路的运行模式不谋而合。中国应着重推进与中途节点,甚至是中途节点间的贸易。目前中欧班列不接受起终点都在国外的订单,正是在大量政府补贴情况下的必然结果。①这充分反映出在非竞争情况下所实现的成绩是非市场化导向的。

(二)引导民间力量,担当商贸主力

从世界范围来看,主导国际贸易和投资的巨型跨国公司,除了少数能源公司外,多来自私营部门。目前由中国政府大量补贴,国有企业不计亏损所主导的对"一带一路"沿线各国的投资是不可长期持续的。应尽快引导民间力量成为"一带一路"沿线上的商贸主力,实现"政府搭台,企业唱戏"。

"一带一路"建设过程中所提倡"政策沟通、设施联通、贸易畅通、资金融通、民心相通"的"五通",从现实推进情况来看存在一定程度上的先后次序关系。这与"一带一路"沿线国家的发展程度普遍较低有关。目前"一带一路"的建设项目中基础设施建设的占比较高,一些典型的项目如瓜达尔港、雅万高铁、复兴大坝水电站等都是基建工程,这也是中国国企的优势领域。下一步在中资海外产业园广泛落地生根后,应大力支持民营企业进驻海外产业园,推动中国制造业在海外的溢出、融合,同时进一步打开海外市场。

除了传统制造业外,也应进一步支持中国的ICT产业在"一带一路"沿线国家的出海。特朗普政府上台以来,美国对中国的科技企业进行了多轮制裁。硬件企业如中兴、华为、中芯,软件APP如tiktok、微信、支付宝先后成为美国政府的制裁对象。一些西方国家也效仿美国,对中国企业的正常经营活动横加干涉,如英国就宣布将在2027年前的5G网络建设中排出华为公司的设备。②对于中国崛起的防范,使得中国科技企业在一些国家市场频频受阻。而与此同时,虽然也出现了一些外国政府干预的案例,但许多中国科技企业却逆势而上在发展中国家市场发展迅速。如印度2020年6月以来累计封禁了多

---

① 孙丽朝:《中欧班列挤"泡沫"》,http://news.cb.com.cn/index/show/jj/cv/cv1153240787/p/s.html,2019年8月3日。

② 郭涵:《英国宣布2027年前从5G网络中排除华为,华为回应》,https://www.guancha.cn/internation/2020_07_14_557583.shtml,2020年7月14日。

达267款具有中国背景的APP。①但同样在2020年,在印度智能手机市场整体下跌的背景下,vivo、realme、oppo等公司的出货量却大幅上扬。市场占有率前五大公司中,除第二名的三星外全部是中国公司,小米继续雄踞头把交椅。②这反映出中国ICT产业在发展中国家具有较强的竞争力,适合作为"一带一路"民企参与的鼓励性产业。

除了支持中国民企走出去之外,也应大力欢迎"一带一路"沿线国家的民营资本在中国投资兴业,进行商贸活动。在资金、货物流动前首先要通畅人员流动。目前中国对发展中国家的签证入境要求较为严苛,申请时间长、申请条件高、滞留时间短,一定程度上影响了发展中国家人员与中国的商贸、文化交流。习近平提出中国开放的大门只会越开越大,那么这扇大门对于广大发展中国家也是如此。可以从"一带一路"沿线国家开始,逐步降低发展中国家人员的入境限制,重现昔日丝绸之路上长安包罗万象的盛景。

(三)培植友好力量,稳定当地环境

古代丝绸之路的一个重要特点即线路的灵活变通。丝绸之路上并不是所有政权都长期稳定支持丝绸之路上的商贸活动,自然条件也经常使得线路被迫改道,这使得商旅和使团就得慎重选择更为稳妥的节点。海上丝绸之路的开拓在一定程度上就是因为传统西北方向丝绸之路的断绝导致的。这说明在"一带一路"建设中,中国同样可以灵活选择支持发展的对象。

古代丝绸之路上政权林立,部族、城邦多样,给予了线路改道的不同选项。今天"一带一路"沿线的许多国家虽然建立了民族国家,但实质上国内不同政治势力的斗争残酷,仍然存在代表特定利益的部族政治的特点。这使得"一带一路"建设在众多国家都存在面对政治动荡的严峻考验。即便国际社会普遍认为是中国最亲密的"准盟国"巴基斯坦,也会出现宗教部长批评质疑中国在新疆的民族政策,③新政府大范围重新审查中国投资项目的事件发生。虽然从经济结构上来说,许多沿线国家已经难以脱离中国发展了。但在代议制民主

---

① 钱小岩:《专家谈印度永久封禁59款中国APP:象征意义大 重创外资信心》,https://www.yicai.com/news/100929121.html,2021年1月26日。

② 安迪:《2020年印度智能手机市场中国厂商出货量占比77%,小米继续称霸》,https://www.c114.com.cn/4app/3542/a1152090.html,2021年1月31日。

③ Alexandra Ma, China's largest Muslim ally broke ranks to criticize its repression of the Muslim Uighur minority, https://www.businessinsider.com/pakistan-criticizes-china-over-repression-of-muslim-uighur-xinjiang-2018-9, Sep.21, 2018.

体制下,一些国家政治局势多变,容易让一些利益集团忽略国家发展大局而只顾为自己争取选票。这为"一带一路"倡议的推进埋下了隐患。

相对于古代丝绸之路上城邦林立的状况,目前"一带一路"沿线国家相对而言单个国家疆域较大,但部族政治下地方自主性较强的情况没有改变。因此在选择具体合作对象时,可以有的放矢,选择培植友好力量,支持他们在所在国政坛发挥更大作用,稳定"一带一路"项目建设的当地环境。化被动为主动,建设性介入当地局势,预防政治事件对项目推进所造成的不良影响。西方国家对此经验更为丰富,要积极学习经验。

当然,避免培植友好力量与中国不干涉他国内政的外交原则相冲突,是极为细致的工作。应避免直接介入所在国不同势力的直接冲突,也不挑动不同势力间的矛盾深化和激化;而是要尽力找到各方都能接受的最大公约数,在此基础上为当地建设提供更多的有益增量,而不是进行存量斗争。

五、小　　结

"一带一路"倡议沿用了古代丝绸之路和海上丝绸之路的名称,不只是要从历史记忆中寻找自身的正当性,更需要从历史经验中汲取营养、改进策略。

古代丝绸之路是一种节点式的贸易网络,通过相邻节点间的贸易最终成网。而如今"一带一路"沿线布局不存在明显的网络特征,布局也遍及全球,容易形成"撒胡椒面"的状况。应短期之内集中力量建设周边的中亚、东南亚地区,使有限的资源得以集中形成样板效应,同时降低国际社会对"一带一路"的担忧。

古代丝绸之路的中坚力量不是官方的使团而是商人和僧侣,如今"一带一路"倡议主要依赖国家行政力量推动、政府大规模补贴和国有企业不计亏损的投资,这显然是不可持续的。应鼓励民营资本成为"一带一路"倡议的主角,支持中资企业优先选择发展中国家市场出海,使沿线各国人民共享中国经济发展的红利。

古代丝绸之路不仅有中原王朝的努力开拓,也离不开沿线各国的鼎力支持。如今"一带一路"建设仍是以中国推动为主,与所在国之间的互动性较弱。应积极培养所在国的友好力量,稳定项目建设的当地环境,使"一带一路"建设形成各国共建共享的局面。

2020 年以来新冠肺炎疫情肆虐全球,国家间的大规模人员交往受阻,"一带一路"的建设推进也同样受此影响。部分西方国家借新冠肺炎疫情对中国进行攻击,意识形态之争有愈演愈烈之势。中国更应在这一时期,认真审视"一带一路"倡议近年来的成功经验及其不足之处,积极从古代丝绸之路中吸取经验,调整实施策略。对于崛起国来说,要避免对外国力的过度损耗,同时也要避免进一步引起霸权国的战略担忧,将主要精力集中于国内民生福祉的改善。

如何在国际传播中讲好"一带一路"故事

巫明川 *

2021年5月31日,习近平总书记主持召开"5·31会议",提出中国要因应新形势,加强建设国际传播能力。①中国要在战略上,"讲好中国故事、传播好中国声音",塑造"可信、可爱、可敬"的中国形象。中国在新形势下要加强建设国际传播能力,形成同综合国力和国际地位相匹配的国际话语权,营造有利外部舆论环境,引导国际社会共同塑造更加公正合理的国际新秩序。

复杂的国际舆论环境要求我们加强新闻生产能力,大力推动"一带一路"倡议信息在国际舆论场的分发,精准回应国际社会对"一带一路"倡议的关切。本文吸收借鉴史安斌、王友明、郑雯等学者的研究成果,就如何在国际传播中讲好"一带一路"故事提出以下三点建议。

一、用战略传播思维做好宣介"一带一路"的顶层设计

"5·31会议"把加强国际传播工作上升到了国家战略的新高度,明确要求把加强国际传播能力建设纳入党委意识形态工作责任制,各级领导干部要主动做国际传播工作,主要负责的同志既要亲自抓也要亲自做。像抓国家安全等其他重大事务那样,由主管部门作为主导力量来进行战略传播的规划和实施,尽快建立适合我国国情和内政外交需求的国家战略传播机制。努力把我们的制度优势、组织优势、人力优势转化为传播优势,开创官方、精英、民间多层次话语圈同频共振、复调传播的新局。②

---

* 作者系上海社会科学院世界中国学研究所2020级在职博士生。
① 习近平:《讲好中国故事,传播好中国声音》,求是网(https://mp.weixin.qq.com/s/PM8iP2vqlb9U66xIiutPKg),2021年6月2日。
② 史安斌:《推动国际传播上升为战略传播》,环球网(https://www.sohu.com/a/470551702_162522),2021年6月5日。

值得注意的是，由于中美主要发言人的影响力和舆论场声量差距过大，直接导致了中方被动地被框定在美方设置的议程中。建议中方就"一带一路"倡议等事务发言的发言人规格不应停留在外交部和商务部层面，应提升至国家级领导层面。近期，我国外交部门在中美外长会谈中向美方提出"两张清单"，主动设置议程引导舆论走向的做法得到国内网民的普遍肯定和点赞。

二、充分施展各类媒体定义"一带一路"倡议的话语能力

一方面要持续发挥新华社、《人民日报》等传统主流媒体对"一带一路"倡议的宣传推介；另一方面，更要加强央媒网络新媒体在境外网站上对"一带一路"倡议的有效承载。打造优质的有情感感染力的国际传播短视频，利用推特、优兔、脸书等国际互联网平台在境外传播。传播云南野象迁徙、李子柒式田园生活、阿木爷爷等草根故事，同时中国还有很多对全球网民有巨大吸引力的中国故事可以发掘。

在战略传播思维引领下，中央主管部门做好顶层设计，国家主要媒体、互联网技术公司和民间智库等作为具体实施单位，一起努力形成上下联动的宣介"一带一路"传播体系。限于篇幅要求，本文未讨论B站、抖音、快手等大型互联网平台公司，观察者网、环球网等影响力大的商业媒体，以及大型央企、国企通过塑造企业品牌和形象，加强对"一带一路"倡议的媒介支持作用。

三、发挥北上港广深等城宣介"一带一路"的门户作用

（一）发挥北上广深宣传介绍"一带一路"的门户作用

由于篇幅限制，在此仅以社会主义现代化国际大都市上海为例。上海是"一带一路"的桥头堡和枢纽节点，也是世行评估中国营商环境的两个打分城市之一。2021年，上海市委、市政府制定重磅文件，全面提升上海城市软实力，着力增强全球叙事能力。[1] 上海的举措包括：一是塑造城市品牌形象。以"上海元素"为核心，构筑城市战略品牌，让独具特色的都市魅力精彩绽放。提炼体

---

[1] 上海市委：《中共上海市委关于厚植城市精神彰显城市品格全面提升上海城市软实力的意见》，上观新闻（https://m.thepaper.cn/baijiahao_13339540），2021年6月28日。

现独特内涵的上海城市形象视觉符号体系,精心设计城市地标、城市天际线等形象标识。持续打响"上海服务""上海制造""上海购物""上海文化"等"上海品牌",树立一批有口皆碑的新时代品牌标杆。二是讲好精彩城市故事。以"上海实践"为题材,加强国际传播能力建设,传播好中国精神和中国价值观。发挥"感知上海"平台作用,建设适应新时代国际传播需要的专业人才队伍,鼓励和支持各类民间主体参与对外传播,营造"人人都是精彩故事传播者"的良好氛围。三是构筑对外交流平台。以"上海主场"为载体,加强多层次文明对话,增进国际社会对上海的了解和认同。用好中国国际进口博览会、世界城市日等重大平台,提升上海城市国际形象。推进城市外交、民间外交和公共外交,深化友城交流,加强教科文卫、旅游、智库等多领域合作,扩大海外"朋友圈"。优化长三角传播资源,联合开展对外交流合作,合力提升长三角城市群的国际影响力。

在2021年10月的第九届世界中国学论坛上,上海市市长致辞时指出,希望国际学术界透过上海这个重要窗口,更好地认识和研究中国。同时,上海将进一步创造良好的研究环境,努力使上海成为具有国际影响力的中国学研究中心。从另一个侧面可以说明,通过持续打磨"四大功能"和擦亮"五个中心",上海已经成为宣传介绍"一带一路"的重要门户。

(二)发挥香港宣传介绍"一带一路"的重要作用

香港因为高度发达的通信及出版业,多年来一直是亚洲区内的传媒资讯中心。香港仍然是中国搞好"一带一路"国际传播的好平台,香港还能再次发挥"望北楼"的角色。可以借助"离岸"的概念,在香港举办大型国际活动、记者会,对外宣扬"一带一路"。在香港而不是北京召开发布会,推动国际媒体朋友更好认同"一带一路":认同"一带一路"实属国际公共产品而非地缘政治工具;认同"一带一路"是优势产能转移而非劣质产能倾销;认同"一带一路"是资金融通而非"债务陷阱"[1]。

总而言之,乘着我国正在展开新一轮"加强国际传播""讲好中国故事"的东风,整个国际传播战略体系的各部门和各位专家学者一起努力,及时纠偏国外民众对我国"一带一路"倡议的认知差距,让"一带一路"倡议这一合作之路、健康之路、复苏之路、增长之路,更好地造福整个人类命运共同体。

---

[1] 王友明:《疫情危机使拉美更认同"一带一路"》,环球网(https://opinion.huanqiu.com/article/3zJGNxxBfKy),2020年8月3日。

利玛窦文化适应策略与儒家思想

朱婳玥 *

一、利玛窦思想的来源和"合儒"的思想基础

利玛窦来华传播的时期正值中国封建社会日陵月替之时,随着资本主义在西方开始了"单元直线进化式的"萌芽并呈现出欣欣向荣之貌,中国似视西方文明为可资借鉴的"他山之石"。而当时的欧洲的确是各种新思潮纷纷迭起,尤其是在文艺复兴之后,"崇古重文"的思想开始兴起。对于出生在意大利的利玛窦来说,他深受这种思想的熏陶,同时也深受人文主义思想的浸染,这些都在利玛窦的著述中得以体现,如在《交友论》中引用了大量的人文主义代表人物"德西德里乌斯·伊拉斯谟"的格言,并对古代圣贤之经典大为赞赏,他认为《四书》所述的伦理犹如第二位赛尼加(Seneca)的作品,不次于古代罗马任何著名作家的作品。[①]

建立在对中国古典文化的钦敬的基础上,利玛窦开始将中国的文化传入西方。于1593年利玛窦相继完成了《大学》《中庸》《论语》的翻译,于1594年11月又完成了《孟子》的翻译,至此,"四书"全部翻译完成。利玛窦也将西方的科学文化技术引入了中国,他还亲自绘制并出资刊印了《坤舆万国全图》,使中国人看到了"中央之国"之外的世界,"为了迎合中国知识分子,他巧妙地移动了本初子午线,让中国处于整个世界的中心,满足了中国人天朝上国的心理"[②];另一方面"崇古重文"思想和"人文主义思想"为利玛窦后来的"合儒"提供了内在思想上和外在行动上的动力。中国"礼仪之争"的时候,耶稣会士还

---

* 作者系上海社会科学院世界中国学研究所2019级在职博士生。
① [意]利玛窦:《利玛窦全集》(3),罗渔译,辅仁大学出版社1986年版,第139页。
② 朱菁:《穿儒服的传教士》,李燕萍译,五洲传播出版社2010年版,第449页。

和欧洲思想家一起,把儒家定义为"人文主义",加以维护。①

深受天主教思想沐仁浴义的利玛窦对中国传统的儒家思想也表现出了的宽容态度,当然也不仅限于此。西方的理性思想不仅使利玛窦能够用理性的方法在中国官场的士大夫中间传教,而且,也成了他在思想交流沟通层面上与儒家的理性思想得以融合的重要基础。

二、利玛窦心中的儒家:儒家是学术团体不是宗教

对于儒家,利玛窦认为只是一个学术团体,是为了修身齐家治国而设立的,对此,利玛窦还说道:"因此虽然属于这一团体,但仍有充分可能成为基督教徒。因为(儒教)在本质上并不含有任何违背天主教信仰的要素,天主教信仰不仅不会妨碍共和国的安宁与和平,而且可能会促进这种安宁与和平。"②而利玛窦没有直视儒教的本质的目的是:"……为了合儒,他先否认了儒家的宗教性质,认为它仅仅是为正统政府和国家普遍利益建立起来的一个学派……"③对于祭孔,利玛窦认为这仅仅是中国人对于死者的敬意,不属于崇拜偶像,仅仅为一种礼节:"儒教不信偶像崇拜,实际上,他们没有任何的偶像。"并说:"儒教所建庙宇形同虚设仅为新上任的官员就职宣誓所用,不是祭礼之所。"④即凡此种种,皆为"一种风俗习惯,祈求只为了达到一种心理上的满足和安慰,换言之,这是一种无关于神的活动"⑤。

对于利玛窦的"合儒"的评价,有学者认为:"利玛窦神学思想之所以能在中国引起强烈的反响,很大原因在于利玛窦把西方基督教神学思想附着于中国正统的儒家思想上,而获得了强大的生命力,更加适应中国本土的需要。"⑥

综上所述,利玛窦如此否定儒家是一种宗教,其目的在于抹杀天主教和儒家的矛盾,是为了"合儒"进而传播天主教的出发点。不过,在利玛窦旨在使西

---

① 李天纲:《中国礼仪之争:历史、文献和意义》,上海古籍出版社1998年版,第18页。参见李天纲:《跨文化的诠释:经学与神学的相遇》,新星出版社2007年版,第416页。
② [日]平川祐弘:《利玛窦传》,刘岸伟等译,光明日报出版社1999年版,第147页。
③ 林金水,邹萍:《泰西儒士利玛窦》,国际文化出版社2000年版,第126页。
④ 同上书,第129页。
⑤ 李天纲:《跨文化的诠释:经学与神学的相遇》,新星出版社2007年版,第290页。
⑥ 林金水,邹萍:《泰西儒士利玛窦》,国际文化出版社2000年版,第125页。

方天主教思想在中国能够生根和获得发展①,和其践行的结果对中西方文化交流所具有的深远意义,还是应予以肯定的:利玛窦为中西文化的交流创造了契机,让中西文化的两个核心即基督宗教和儒家思想开始了真正意义上的对话,这一切都与利玛窦的"合儒"策略是密不可分的。

再者,还有学者认为利玛窦承认:"复数思想及宗教共存的,伏尔泰等启蒙思想家先驱的角色。"②对于当今正处于一个多元化的时代而言,宗教和文化都呈现出多样性的特征,利玛窦的"文化融合态度"和其人不无自觉地站在了"欧洲中心论"对立面上,对于促进不同宗教和文化之间的对话、共存及共荣所付诸的努力,都具有重要的借鉴意义,因为只有多元宗教与文化的共存,才使得人类的文明宝库可以散发出如此璀璨夺目的光芒。

三、利玛窦附会的"合儒"的基础——社会伦理

利玛窦在向西方传达儒家思想的时候,或者说为了给天主教与儒家思想融合找到契合点时,他似乎误读,无论这种误读是否是有意或无意地,也或者说一种"附会"儒家的伦理思想。例如利玛窦将:"己所不欲,勿施于人"的解读附会为福音书(《马太福音》第七章十二节、《路加福音》第六章三十一节)中所说的友爱之教。事实上,《圣经》中所阐发的积极的友爱之教与消极的"己所不欲,勿施于人"之间有着微妙的差异。③"Therefore all things whatsoever ye would that men should do to you, do ye even so to them.(若想让人为之,汝亦当如是对人为之。)"而所译的《论语》中的英语表述是这样的:"Never do to others what you would not like them to do to you.(我不欲人之加诸我也,吾亦欲无加诸人。)"④,而在伏尔泰的著述中也看到了这种混同的余波:在伏尔泰的《风俗论》的一节中说:"孔子与默哈麦得⑤不同,不是预言家。他从未说过自

---

① 在利玛窦等耶稣会传教士的努力下,天主教终于在中国立足。到他去世的时候,天主教在中国已经有了四处教堂,分别在北京、南京、南昌、韶州,欧洲神父13人,中国修士7人,领洗的中国教徒达到了2 000人。利玛窦临死前曾对庞迪我、熊三拔以及中国修士游文辉、钟鸣仁说:"我给你们打开了一扇大门,从这座门进去,可以建立许多大功劳。"参见江文汉:《明清间在华的天主教耶稣会士》,知识出版社1987年版,第19页。

② [日]平川祐弘:《利玛窦传》,刘岸伟等译,光明日报出版社1999年版,第6页。

③④ 同上书,第139页。

⑤ 可能是翻译问题,笔者认为应该是穆罕默德。现在译为"他不是先知,他不自称得到神的启示"。参见[法]伏尔泰:《风俗论》上册,梁守锵译,商务印书馆1995年版,第218页。

己受到心灵感应。他的道德与伊壁克提特①的道德一样纯粹而有人情味。"紧跟着便说:"他不说:'己所不欲,勿施于人,'而是'若想让人为之,汝亦当如是对人为之。'"②作为孔子思想邈远的见证,若董仲舒知道在他与世长辞时过千年之后有人却将他的神圣徽章在经过教皇的辇车骊驾,穿过中世纪的墙垣时遗失在了塞纳河上后又会作何感想? 然而,伏尔泰又说:"我读孔子的许多书籍,并做笔记,我觉着他所说的只是极纯粹的道德,既不谈奇迹,也不涉及玄虚。"③所以,细细想来,儒家经典译著的西传对于伏尔泰高度评价儒家思想的理性和道德,对伏尔泰用崭新的视野、深邃的目光以全景式的笔触抒写人类摆脱迷信的枷锁,从浩如烟海的远古尘埃中走来,从荒蛮走向文明的历史画卷是不无裨益的。虽然,孟德斯鸠笔下的中国却呈现出"别样"的风貌,然而这种西方对儒家思想的褒贬不一,确是由利玛窦为西方人勾勒的中国画面所营造出的中西文化互动的一种氛围。

当然,我们也可以发现这种混同主要在于:利玛窦将前者的肯定与后者的双重否定附会为并无二致④,这与利玛窦"合儒"的做法也是高度一致的。西方的天主教和中国的儒家思想可谓天差地别,一个是讲求在彼岸追求理想天国,一个是用"外王"和"内圣"便可实现理想的此岸,而利玛窦却不甘心:"……一心想要深入中国主流社会的利玛窦并不甘心就此罢手,为了让福音在这个东方顺利传来,他只能牵强附会,努力探寻一条用西方神学思想来附和儒家思想的道路。"⑤

另外,利玛窦"合儒"与"附儒"相形佛教却是严加批判,这是为何呢? 这在利玛窦的书信和言论中可以寻找到些许蛛丝马迹。利玛窦说:"佛教传入印度是一种误传,圣多默在下印度和南方,巴多罗买在上印度传播福音,中国人对

---

① 伊壁克提特——Epiktetos 柱廊派哲学家。初为奴隶,后被尼禄帝解放,讲述实践本位的哲学。其著述有弟子编辑的《语录》。参见平川祐弘:《利玛窦传》,刘岸伟等译,光明日报出版社 1999 年版,第 140 页。现在译为"爱比克泰德",爱比克泰德(约 55—约 135),古罗马斯多噶派哲学家。他的言论由弟子阿利安编成《爱比克泰德语录》和《爱比克泰德手册》。参见[法]伏尔泰:《风俗论》上册,梁守锵译,商务印书馆 1995 年版,第 219 页,译者注。
② 同上。现在译为"他不说:己所不欲,勿施于人",而说:"己欲立而立人,己欲达而达人。"(《论语·雍也》)不过,虽然这两句皆出于孔子的言论,但是还是存在区别的,而伏尔泰认为孔子不说"己所不欲,勿施于人"显然还是存在混同的余波。参见[法]伏尔泰:《风俗论》上册,梁守锵译,商务印书馆 1995 年版,第 219 页,译者注。
③ [法]伏尔泰:《哲学词典》上册,商务印书馆 1991 年版,第 322 页。
④ [日]平川祐弘:《利玛窦传》,刘岸伟等译,光明日报出版社 1999 年版,第 140 页。
⑤ 林金水,邹萍:《泰西儒士利玛窦》,国际文化出版社 2000 年版,第 126 页。

基督福音信仰很感兴趣,想从印度取回基督福音,大概是由于中国使者找错经书,或者是中国使者见到的人对基督福音的鄙视,结果中国使者取回的不是他们要取的基督福音,而是释教邪说。"①利玛窦又说:"佛教思想来源于西方哲学,而且抄袭了基督教的某些教义。"②其实这都是因为利玛窦谙知佛教相形中国本土的儒家思想,其地位也仅仅是略高于天主教,在当时,儒、释、道三家中,佛教的地位最为低微。儒家还时常讥讽僧侣为"佞",用利玛窦的话说和"托钵修会"一样在中国不受重视。明朝末期,万历皇帝因为士大夫多崇信佛教,而鄙弃传注,还下诏厉禁佛教,导致佛教日渐衰微,还规定凡科举考试皆要驳斥佛教,否则不予录取。③加之随着对佛教的深入了解,佛教按照西方的宗教概念而言,确实已经是比较成熟的制度性宗教,又与天主教的教义迥然相异,若此时利玛窦还与佛教"同船",成为"一丘之貉",恐怕是行不通的,而如果能够成为儒家的"盟友",那么,天主教在中国才能获得更为广阔的发展空间。

四、利玛窦的天观:援儒证"天"

利玛窦将儒家经典的"上帝"与"天"和天主教的"天主"画上了等号,在利玛窦的《天主实义》中第二篇讲就11处引用了这些词句。④事实上,儒家经典中的"上帝"是具自然化、境域化和去人格化的,强调"以仁释理",使外在的天向内在转化,"上天之载,无声无息。"(《中庸》)而无天堂地狱之说,利玛窦却说:"《西伯戡黎》祖伊谏纣曰……非先王不相我后人,惟王淫戏自绝,祖伊在盘庚之后,而谓殷先王既崩,而能相其子孙,则以后者之灵魂为永不灭矣。"⑤利玛窦所望文生义的儒家所谓灵魂万世不刊的说法及利玛窦所信奉的天主教关于死后审判思想与儒家的善恶还报的说法是判然两途的。当然,利玛窦后来解释道这是因为宋明理学将"理"("理"之总和为"太极")和"心"作为世界本体是抹杀了先儒对"天"理解的意思,从而批判宋明理学为儒家反正。

---

① 林金水,邹萍:《泰西儒士利玛窦》,国际文化出版社2000年版,第135页。
② 同上。亦可参见"中学西源",李天纲:《跨文化的诠释:经学与神学的相遇》,新星出版社2007年版,第54页。
③ 林金水,邹萍:《泰西儒士利玛窦》,国际文化出版社2000年版,第136页。
④ 同上书,第130页。
⑤ [意]利玛窦:《天主实义》第四章,《天学初函》第3册,万历刻本。

"为了阐发吾国天主即华言上帝的论断",利玛窦在博览先秦之书后,对程朱理学再加以批驳。例如:"朱熹在《中庸》引孔子曰:'郊社之礼,以事上帝也'句下有注文'不言后土者,省文也'";①"在《天主实义》中,利玛窦引述了《中庸》的原话之后,立即对朱熹的注文大加驳斥:'窃意仲尼明一之不可为二,何独省文乎?'"②除此之外,利玛窦再次采取"分而治之"的方法③,将"太极"从儒家思想里分割出去:"余岁末年入中华,然窃视古今书不怠,但闻古先君子敬恭于天地之上帝,未闻有遵奉太极者,如太极为上帝万物之祖,古圣何隐其说乎?"④

利玛窦又曰:"若太极者,止解之所以所谓理,则不能为天地万物之源矣。盖理亦依赖之类,自不能立,曷立他物哉?中国文人学士,讲论理者,只谓有二端,或在人心,或在事物。事物之情,合乎人心之理,则事物方谓之真实焉。人心能穷彼在物之理,而尽其知,则谓之格物焉。据此两端,则理固依赖,奚得为物原乎?二者皆在物后,而后岂先者之原?"⑤因为在利玛窦看来只有"自立者"才能成为本体,而"理"要么依赖于"物"要么依赖于"心",它和"太极"一样都属于"依赖者",从而否定了"太极"和"理"具有本体的属性。

非但如此,利玛窦对理学的"五行说"也进行了无情地批判,他说:"试问于子:阴阳五行之理,一动一静之际辄能生阴阳五行,则今有车理,岂不动而生一乘车乎?又,理无所不在,彼既是无意之物,性必直遂,任其所发,自不能已,何今不生阴阳五行于此?孰御之哉?"⑥接着,利玛窦又拿出"中源西说"⑦的理论对"五行说"进一步进行攻击:"五行就是基于印度的四元素'地,水,火,风'四种构成万物的基本元素,只是又加了一个元素就变成了五行,而印度的四元素的思想也是从西方哲学家那里得来的。"⑧其实,凡此种种皆因利玛窦饱谙无论是"太极"还是"理"或者"五行"主宰天地的概念都是否认上帝是唯一的创造世界万物之主宰,这与天主教的教理是相违背的,只有先证明"先儒"与天主教教

---

①② 朱维铮主编:《利玛窦中文译著》,复旦大学出版社2001年版,第21页。

③ 对佛教、道教也是分而治之。参见李天纲:《跨文化的诠释:经学与神学的相遇》,新星出版社2007年版,第401页。

④ 朱维铮主编:《利玛窦中文译著》,复旦大学出版社2001年版,第17页。

⑤⑥ 同上书,第18、19页。

⑦ 即认为佛教、道教、儒家的某些教义其实就是西方哲学和西方基督教的变种,并且认为中国文化的基本内容是从西方传入的。不过,徐光启等人和利玛窦在此问题上存在分歧。李天纲:《跨文化的诠释:经学与神学的相遇》,新星出版社2007年版,第54页。

⑧ [意]利玛窦,[法]金尼阁:《利玛窦中国札记》,中华书局1983年版,第106页。

义具有一致性再批判与天主教教义违背的"后儒"(即宋明理学),将儒家一分为二才能够进一步合儒。

对此,应该从三个方面来解读利玛窦的精心设计:第一,利玛窦显然秉承了西方人理性思维的传统,并善于应用"两分法",无论是"批驳"还是"赞同"都有自己的一套逻辑推理,并且不会"头发胡子一把抓",显然这也为日后为儒家辩护留有了一定的余地;第二,利玛窦为"合儒"的确竭尽所能,不惜为儒家"拨乱反正";第三,与此同时,利玛窦的心中依然有一个不能逾越的底线,即天主教的教义。然后,利玛窦说孔子"先儒"的思想虽为正确,但乃是白璧微瑕,要为儒家"补过拾遗"。当然,如此一来,利玛窦和儒家的关系就更近了一步,可谓一箭双雕。利玛窦先"合儒",进而"补儒",最后再达到"超儒"的目的,步步为营,从这个层面上说,利玛窦生有一颗"七巧玲珑心"也不为过。

五、利玛窦是文化相对论者还是文化适应论者

曾承担着文化传播之媒介[①]和帮助中国文化"指导性变迁"[②]的利玛窦站在了文化相对论者[③]应有的立足点上,认识到了文化融合[④]的趋势,但利玛窦更是一位文化适应论者。利玛窦的文化适应策略之一便是走上层路线并广交上流社会的朋友;一方面这与利玛窦以及耶稣会长期以来络绎来华的大多数传教士的教育程度较高,所处的社会阶层大多是中产阶层有关(见附录二),这

[①] 天主教文化进入中国的传播模式是一种媒介传播,主要依靠像利玛窦这样的来华传教士进行的,而媒介传播主要是指两种文化之间的交流不是直接进行的,而是通过第三者做媒介,一般情形下,商人、士兵、使者、旅行家都是较为常见的文化媒介。而事实上,笔者认为在天主教的在华传播的历史跨度中我们所看到应该是一个类接力赛的,多个人协作的场景。如果说传播的成果如楼阁台榭,其中的每一块砖瓦都是由为之付出努力的"媒介"堆积的结果。

[②] 主要引用的意义在于指导性迁移指的是某一文化的某些人有计划地帮助或促使另一文化的人们发生社会或文化变迁。参见孙秋云主编:《文化人类学教程》,民族出版社2004年版,第44、52页。

[③] 文化相对论:每一种文化都是一个独立的体系,不同文化传统和价值体系是无法比较的,每一种文化都只能按照其自身的标准和价值观念来进行判断。一切文化都有它存在的理由无从分别孰优孰劣,对异质文化要充分尊重,不能以自己文化标准来判断和评价。参见庄孔韶主编:《人类学通论》,山西教育出版社2002年版,第27页。

[④] 文化融合是一种文化发生变迁中对于涵化的一种反应,是一种适应,只有异质的文化在几乎相同的水平上才会出现调和和融合现象。

使得利玛窦与上层结交是情理之中的事情,当然更重要的是利玛窦从而可以利用上层传播天主教,除此之外,也正是因为同利玛窦一样的知书之人才看到了同化中华文化的不可操作性。他们看到①,中华文化之强大与根深蒂固,以及儒家思想在中国的地位。

为此,我们看到无论是在技术上、社会组织上乃至价值观及信仰的三个维度上②,利玛窦都是有所作为的。在技术上,即指在制造事物或提取资源所需的知识和技巧上③,利玛窦学习了中文,并深入了解中国文化和儒家文化。在社会组织上和价值观及信仰层面,利玛窦也是不断和中国社会靠拢。从他"教士服"易"僧服"到"僧服"易"儒服"的两次的"易服"上,我们看到的"易服"已经不再是一个表面化的行为,服饰作为一种非语言的交流方式,是表现着利玛窦内在思想的一个符号。他先是向佛教靠拢,大量使用佛教的用语,发现在中国处于社会尴尬地位的"僧侣"定位并不能帮助他进一步开展天主教的传播活动,他决定脱去"西僧"这个标签,换上"儒服"的标签。换句话说,利玛窦通过一系列"努力"获得成为与中国社会或儒家交流的合格成员之后期望成为儒家的盟友。但是,隐藏在儒家背后的还有一只无形的手——宗法伦理制度。"中式宗法犹如一块强大的磁铁它可以把人的欲望、思路、道德标准、理想蓝图等统统吸收到宗法观念的起点上。"④儒家思想能够以"孔颜乐处"的一种准宗教的体系之长期占领中国人民的心灵,⑤并且,儒家思想一度还曾成为统治阶级的利用的"矩蠖绳尺",那是因为它没有触动维护统治阶级的宗法伦理制度,否则也难避免巢倾卵破的悲惨结局,所以,秦始皇"焚书坑儒"自是本末相顺的事情。事实上,"儒家"这种准宗教体验在中国社会和文化条件下经常是纯净观的、被动的、安宁平静的快乐,而缺乏那种具有巨大内在震荡和积极冲击力量的悲剧精神和苦难精神的。⑥

同时,儒家的"天人合一"思想却又帮助统治阶级的皇帝推至"神化"的地位。在前述的前提下,在一段时间里,他们似乎是分形同气共相唇齿的。而这种隐匿于中华千年历史背后的深层的文化文法,恐怕也是很难一时梳

---

① 这里主要指的是文化适应论者,罗明坚是"适应策略"的实践者,利玛窦也是沿袭了范礼安文化适应策略。后来新教传教士马礼逊、理雅各、林乐知、丁韪良等也是遵循了利玛窦的传教路线。
②③ 文化适应策略的三个重要维度,见孔秋云主编:《文化人类学教程》,民族出版社2004年版,第10页。
④⑤⑥ 李泽厚:《中国古代思想史论》,人民出版社1986年版,第266页。

理清的。其实,文化适应的结果会出现这么几种可能性,要么是如上文所说的文化同化,表现为强势的文化将弱势的文化同化,使弱势文化完全解体和丧失;要么就是文化融合;要么就是拒斥。无论是从"非我族类,其心必异"的民族自我中心主义的角度或者宗法制度的强大向心力角度去看,都似乎能够预见作为文化适应者的利玛窦也因融摄过多的儒家思想模糊了宗教界限,并在中西文化双向流动之后,致使梵蒂冈介入天主教在华传播事务的严重后果,即两种文化接触后也会导致相反的结果——发生了历时300多年之久的"礼仪之争",但不因此而否认利玛窦传播天主教所作出的杰出贡献。

如果说利玛窦是一位全然的"文化相对论者",即不是单纯地、全盘接受或赞成,而是从人们与社会,历史、环境与历史关联中来评估中国的文化形态,①那么利玛窦处理儒家问题的时候,则不会:"……登用中国制度的侧面,没有直视儒教的本质,利玛窦只是停留在现象面。而回避了从正面与儒教本质的对峙。"尽管这是利玛窦文化适应策略中"合儒"的一部分。然而,当我们熟读精思这段历史之后,进而反思,便知一个国家、一个民族的文化都是原始文化,新文化以及异质文化经过取舍,将有利用价值的,与自己需要联系在一起并行的文化在时间、空间上两个维度上融合和激荡之后的结果。在这个不断嬗变、人类不断拾级而上的历史进程中,当两种异质的文化碰撞之后,对于异质文化的接受和重新解释以适应自己的需要都是需要时间的。而"礼仪之争其实就是两个文明如何相处的问题"②,这也是基督教中国化核心的问题。

---

① 韩芸:《文化人类学通论》,首都师范大学出版社 2008 年版,第 92 页。
② 中国"礼仪之争"的发生绝非偶然,其在于:当西方文化,天主教文化进入中国文化内部时,中国的天主教徒和士大夫文人必然会对之做出自己的反应。如果说是"教案""教难"是教徒与非教徒之间,为中国文化是否容纳基督教而起的争议,那"中国礼仪之争"就是天主教内部,中外各方为基督教应否适应中国文化而起的争议。这两种争议来自不同的方向,但关键点都在于中西文化相交之初,不同的文明如何相处。这方面"中国礼仪之争"像"教案""教难"一样提供可贵的经验和教训,完全应是中国文化史的一部分。300 年里,中西文化交往中生出许多更复杂的现象,不过由中国礼仪之争表现出来的中西文化基本矛盾好像还是一再重现的,只不过,这种尖锐的矛盾对立双方已不主要是外来的传教士,或者是中西的教廷和宫廷,而是中国自己的知识分子了。参见李天纲:《跨文化的诠释:经学与神学的相遇》,新星出版社 2007 年版,第 289、292 页。

六、结　　论

可以说,利玛窦,一个明朝来华的耶稣会士,他是贯通中西的使者,他所摹绘的万国不仅帮助我们还原了缩小的世界图式①,将更为真实的世界的缩影呈现给了中国,使中国实现了从秦以前"中国之中国",汉至宋"亚洲之中国"到"世界之中国"的转变②,他的译著(参见附录一)也成了中西文化交流史上的重要著作,利玛窦式的对儒家思想的"误读"却创造性地拓展了中西文化对话与思索的空间,而且这是不同文化、不同宗教之间和平对话的一个值得借鉴的范本,对于评估跨文化交流中的"普世价值"也是至关重要的。③然而,毋庸讳言,利玛窦的"合儒"与文化适应策略是迫于压力的一种权宜之策,没有从根本上实现与中国文化结构的结合,但利玛窦"合儒"的做法也是因生活在中国受到中国文化潜移默化影响的结果,并且这也是建立在钦敬中国文化的基础之上的。作为文化适应论者的利玛窦所采用的适应政策在当时也获得了一定的成效,虽然此时的在华天主教也只是再实之木,随后便发生了"礼仪之争",但是不置可否的是,利玛窦的"合儒"政策使得东西文化的核心儒家思想和基督宗教文化都进入了彼此的视域,西方世界重新审视中国,在儒家思想传入欧洲后连青年时期抨击中国的西方著名的文学家歌德都一改往日的态度说:"东方的诗人比我们西方的诗人,更为伟大,这一点你得承认!但是要说敌视跟我们同等的人,这方面我们却完全超过他们。"④而文明之发轫本就是繁荣与废墟的渊薮。各个文明也是在彼此借物反射的光辉中才能依稀映照出世界的原型。只有放下民族深层的"自我中心主义",在探索无限未知的道路上,才不至于落入谬误的陷阱,文明之间审视的目光才能更为冷静。在文化交流史上,已然有许多这样的先知先觉者,利玛窦则为其中之一。

---

①　明朝建立在朝贡体系下的海外交往政策和海禁政策对中国和外部世界交流都产生了非常消极的影响,这导致了中国人的世界图式大大缩小。明穆宗于1567年逐步恢复了对外开放政策,允许商人自由贸易和出海。
②　张明、于井尧:《中外文化交流史》,吉林文史出版社2006年版,第80页。
③　李天纲:《跨文化的诠释:经学与神学的相遇》,新星出版社2007年版,第415页。
④　[德]歌德:《格言诗》,《欧德文集》第8卷,人民文学出版社1999年版,第271页。

附录一

利玛窦中文著作表①

科学技术类	译	《几何原本》《同文算指》《测量法义》《圆容较义》《经天该》《格雷历法》《乾坤体义》《浑盖通宪图说》《勾股义》
	编著	《万国舆图》《西琴八曲》
	著	《四元行论》《西国记法》《斋旨》《奏疏》
宗教人文类	译	《新编西竺天主实录》
	编著	《交友论》《平常问答词意》《西字奇迹》(今名《明末罗马字注音文章》)
	著	《天主实义》《二十五言》《畸人十篇》《辩学遗牍》《天主教要》《基督教要》《要理对话》

附录二

耶稣会中国传教区的247位神父与修会士的社会出身,64位是贵族出身:②

时间(年)	大贵族	农林小贵族、乡绅	金融寡头
1582—1610	5	1	3
1610—1700	7	15	6
1700—1776	6	17	4
总　计	18	33	13

出身于意大利入华耶稣会士大致如下:③

时间(年)	中产阶层	大学	法官、法律与行政专家	医师、外科医生、药剂师	商贾、船东
1582—1610	—	3	—	—	2
1610—1700	3	4	3	1	2
1700—1776	2	1	3	—	—
总　计	5	8	6	1	4

---

① 陈登:《从西学翻译看利玛窦对中国文化的影响》,《湖南大学学报(社会科学版)》2002年第1期。

② Jean-Pierre Duteuil, *Le Mandat du Ciel, Le rôle des jésuites en Chine*, Paris: Arguments, 1994, p.29.

③ Ibid., pp.30-33.

出身于中产阶层来自中部欧洲，德国和荷兰的入华耶稣会士：[①]

时间（年）	中产阶层	大学	官方非贵族城市精英	商贾、批发商
1582—1610	—	—	1	—
1610—1700	1	1	2	2
1700—1776	2	—	2	—
总　　计	3	1	5	2

出身于中产阶层来自法国的入华耶稣会士：[②]

时间（年）	中产阶层	大学	法官	医师、外科医生、药剂师	商贾、批发商
1582—1610	—	—	—	—	—
1610—1700	14	3	4	4	1
1700—1776	16	4	9	5	2
总　　计	30	7	13	9	3

[①][②] Jean-Pierre Duteuil, *Le Mandat du Ciel, Le rôle des jésuites en Chine*, Paris: Arguments, 1994, pp.30-33.

西方的植物学运动与福钧的中国之旅

秦 岭*

随着1842年鸦片战争的结束,中国被迫向西方世界打开大门。在西方植物学运动的感召下,1843年,福钧带着英国皇家园艺协会的任命前往中国搜集植物,开启了他改变命运的中国之旅。此后,福钧又接受其他机构的委派前往中国。在华期间,他借助英国在华力量、乔装打扮、与中国人打交道等方式,突破游历范围限制,搜集到许多新奇的中国植物,获取了中国茶种植与制作的秘密。

一、福 钧 其 人

罗伯特·福钧[①]是一位苏格兰植物学家。1812年9月16日出生于苏格兰贝里克郡的埃德龙(Edrom)教区,在邓斯南教堂(Duns South Church)受洗。他5—8岁时在埃德龙教区学校学习。学业结束后,在他父亲的雇主乔治·布肯(George Buchan)那里当园艺工学徒。19世纪30年代,福钧成为蒙特克里夫(Montcreiffes)的园丁。1838年10月1日,他与格拉斯哥的斯温顿镇农场仆人之女简·佩妮(Jane Penny)在爱丁堡结婚。成家后,他在凯洛(Kelloe)和爱丁堡附近的花园接受园艺学教育,得到威廉·麦克纳布(William Mcnab)[②]指导,出色地完成了所有职业课程。1840年他任职于爱丁堡皇家植物园。

---

* 作者系上海社会科学院世界中国学研究所2019级硕士生。
① 中文名为"Sing Wa",即粤语的"鲜花"之意。
② 威廉·麦克纳布(1780—1848):1801年在英国皇家植物园邱园(Kew Gardens)工作,1803年被派往广州。1810年,班克斯推荐其担任爱丁堡皇家植物园园长。1848年底去世。他的职责之一是向雇主推荐园艺师,他支持福钧成为伦敦园艺协会的候选人。1840年向英国皇家园艺协会推荐福钧担任暖室部主任。

1842年,而立之年的福钧转到英国奇斯威克皇家园艺协会(The Royal Horticultural Society)①担任暖室部主任。同年12月,该协会委派他前往中国搜集稀有植物。

福钧作为一个苏格兰花匠的儿子,在维多利亚时期的英国社会地位低下,又一文不名。但是,他的命运却因为这次中国之旅而被彻底改变。在1842年年底皇家园艺协会派遣他去中国时,他被认为没有资格享受任何福利待遇。协会仅仅为他提供了采集植物的工具和一根用来防身的木棒,尽管在其强烈要求下,协会勉强为他提供了一把猎枪和一把手枪。然而,福钧的首次中国之行大获成功。在他这次考察中国即将结束时,他搜集并运到英属印度殖民地的首批植物种子,已经生根发芽。在英国国内,他已然被视为海外科学探险的成功典范②。回国后,福钧升任切尔西植物园(Chelsea Botanical Garden)园长。1848年、1853年,他再次受命于英国东印度公司前往中国收集茶种,并探查中国茶叶种植和制作的秘密。1857年10月,他又接受美国专利局的任命,前往中国搜集茶树和其他物产,成功地将中国茶树、茶种输送到美国。1858年,他被提名为法国林奈学会荣誉会员,并获颁荣誉奖章。③1860年,福钧自费前往日本进行植物考察,并在回程时到访中国首都北京。福钧将自己前后5次访华经历撰写出版,大获成功。退休后,他靠书籍的版税,过着不错的日子,甚至称得上腰缠万贯。1880年4月13日,他在伦敦逝世,葬于布朗普顿墓地,他的遗产价值超过4万英镑。

福钧命运的转折点始于他与中国的意外结缘,而这背后是19世纪中英交往史上的两个重要推动力量:英国植物学运动在远东地区的发展和中英茶叶贸易。

二、福钧来华背景

19世纪是西方植物学研究的黄金时代。伴随英国殖民力量在东方的不断

---

① 由植物学家约瑟夫·班克斯创建于1804年,最初名为"伦敦园艺协会",1861年由阿尔伯特王子授予其皇家宪章,因此该机构更名为"皇家园艺协会"。
② [美]萨拉·罗斯:《茶叶大盗:改变世界的中国茶》,社会科学文献出版社2015年版,第26页。
③ 参见《村舍园丁》(Cottage Gardener)杂志的报道("Robert Fortune" 19:192)。转引自濑淑芳《航向花之中土:苏格兰植物学家福钧及其游记文类书写之探讨》,《中外文学》2021年第1期。

扩张,英国人对东方植物的好奇和猎取蔚然成风。中国被视为"未被开发的中央花园",成为其进行植物考察的首选之地。同时,19世纪上半期,英国国内茶叶消费的需求带来了中英茶叶贸易的快速增长,形成巨大的贸易逆差。为打破中国茶叶垄断局面,英国一直尝试在印度殖民地喜马拉雅山种植、生产茶叶,却仍然与中国茶叶存在差距。英国认为只有将优质的中国茶苗进行移植才能够繁育出上等的茶叶,这导致英国人对中国种茶和制茶技术有了进行转移的追求。为达成此目的,英国官方借助植物学家的力量来华探访,福钧前后数次来华即担负了这样的使命。

（一）英国植物学运动在远东地区的发展

西方对中国植物的探索是一个漫长的过程。1656年,波兰耶稣会士卜弥格(Michel Boym)的《中国植物志》在维也纳出版,开启了西方对中国的植物学研究,这不仅增加西方人对中国的了解,也构成全球植物学知识体系的一部分。1735年,瑞典植物学家卡尔·冯·林奈(Carl von Linné)出版了《自然系统》一书,创立了使用拉丁语以植物生殖器官进行分类的方法,此书不仅对植物学界具有重大意义,更为建立有序的世界提供了必不可缺的工具。西方世界的植物学家为扩充本国的植物体系,到世界各地进行探索和搜集,类似于基督教发动的全球性的传教活动,植物学界也发动了一场全球性的科学考察活动。

18世纪是西方植物学研究受到推崇的鼎盛时代。18世纪下半叶,无论探险是否具有科学性,抑或探险家是否是科学家,植物标本的搜集、新物种的发现成为探险活动的主题之一,成为推动探险游记发展的重要力量。最早在中国进行大规模植物采集的英国人是肯宁海(J. Cunningham)[1],他在1698年、1701年先后两次来华,在厦门、舟山采集500多种植物标本,包括茶叶、铁线莲等植物。"18世纪末19世纪初,园艺学和相关的植物学是英国在华科学研究的重点。"[2]英国皇家学会会长约瑟夫·班克斯(Joseph Banks)[3]曾将园艺师安插到1793年马嘎尔尼使团和1816年阿美士德使团中。马嘎尔尼使团的访华日记有记载:

---

[1] 罗桂环:《近代西方人在华的植物学考察和收集》,《中国科技史料》1994年第2期。

[2] Sarah Rose, *For all the tea in China：How England stole the world's favorite drink and changed history*, London：Hutchinson, 2009, p.15.

[3] 约瑟夫·班克斯:英国植物学家、探险家。曾前往纽芬兰、冰岛和环太平洋科考。1778年起任英国皇家学会会长,他还是林奈学会、英国皇家科学研究所(Royal Institution)和皇家园艺学会的创始成员。1781年,他被封为准男爵,1795年被受封K.C.B衔,1797年被任命为枢密院议员,1820年去世。

吾随员中有喜研究博物之学者数人,沿路见奇异之虫、鱼、花、草即采集之,长大人并不加禁阻。余见一处茶树甚多,出资向乡人购其数株,令以泥土培壅其根,做球形,使人舁之以行,意将携往印度盂加拉种之。果能栽种得法,地方官悉心提倡,则不出数十年,印度之茶叶必能著闻于世也。①

虽然这些自然学家来去匆匆,但也有所收获,例如斯当东(Sir George Staunton)1793 年在浙江发现了苦柏等。

19 世纪是西方植物学研究进一步发展的黄金时期。随着西方植物学研究的盛行,越来越多的西方探险家踏上中国的土地,类似的考察研究达到前所未有的高度。在专业的植物学家之前,欧洲的海外商人、远洋船长等在搜集植物学标本的工作中扮演着重要角色,因为航海贸易是植物学标本获取的主要途径。远洋商船载着丝绸、香料、瓷器和茶叶等中国物产的同时,也载着世界各地的珍奇动植物标本。西方来华传教士也从事一定的植物学标本搜集工作,例如约翰·里夫斯(John Reeves)、乔治·韦切尔(George Vachell)、马礼逊(Robert Morrison)等人。

1804 年,班克斯建立伦敦园艺协会,该协会积极召开会议,为动植物学家提供学术研讨和论文发表的平台。随着英国在各地建立殖民统治,英国国内的新物种不断增加,学术领域的新成果也不断增加。协会的期刊详细记录了来自帝国统治领域的新物种,协会的植物学家们利用林奈的植物分类方法为这些新的物种命名。英国在整个 19 世纪不断向世界各地派遣植物学家,中国也是一个重要的科考目的地。19 世纪 20 年代初,英国皇家园艺协会曾派约翰·波茨(John Potts)前往中国搜集植物,在他于 1822 年去世后,约翰·达姆帕克斯(John Damper Parks)也被派往广东。然而,当时的植物学家只限于澳门和广州,所以他们的大部分材料都是来自花地苗圃的栽培植物,如果他们想深入中国采集植物,就必须雇用中国的采集者。虽然搜集范围有限,但负责鉴定植物的约翰·林德利(John Lindley)②还是发现了足够多的新的分类群。英

---

① 刘半农:《马嘎尔尼——1793 年乾隆英使觐见记》,天津人民出版社 2006 年版,第 203 页。
② 约翰·林德利(John Lindley,1799—1865):英国植物学家、园艺家。生于诺维奇。担任伦敦园艺协会助理秘书和伦敦大学植物学讲座教授。1828 年,被选入皇家学会。1838 年前往澳大利亚西部考察,并长期担任园艺协会刊物的编辑。著有《植物学入门》《不列颠蔬果志·蔷薇属》《毛地黄属》《珍奇植物图选》。

国国内植物种子和标本增多,广州、澳门的植物已经不能满足其欲望。19 世纪 40 年代,英国工业革命接近尾声,城市化和工业化使广大农民离开他们赖以生存的土地。英国人开始怀念一切自然形态的事物,"一种新型的、专门向英国家庭供应花花草草的市场随之发展,种类繁多的盆栽蕨草风靡全球,甚至随处可见"①,英国国内具有广阔的植物需求市场。

虽然鸦片战争之前,英国对中国的内地还没有进行探索,但他们认为,中国是未被开发的园艺香格里拉,一定有一些神奇的植物能够使大不列颠的经济发展从中获益②。1842 年 8 月,中英和谈的消息传到英国皇家园林协会,这为协会向中国派遣考察队进行深入探索提供了前所未有的契机。1842 年 12 月,皇家园艺协会确定罗伯特·福钧为该协会派往中国的植物搜集者。福钧作为一位植物学家,对植物永远保持着最纯真的热情,从植物采集中不断获得成就感和满足感,他的中国科考行动也成为构建帝国知识体系的重要一环。

(二)英国茶叶需求与茶叶贸易逆差的不断扩大

中国茶是通过荷兰东印度公司传到欧洲的,1610 年茶叶第一次到达阿姆斯特丹,17 世纪 30 年代抵达法国,1657 年抵达英国③。茶叶被证明是商船的理想货物,因为它重量轻,易于包装,可以承受在海洋穿越中数月的变幻莫测。中国茶是一种异国情调的奢侈品,随着葡萄牙凯瑟琳公主嫁给英王查理二世,饮茶迅速成为上流社会最喜欢的社交方式,以表示礼貌和品味。后来饮茶风尚扩展到豪门贵族之家和中产阶级,到 18 世纪末,这种风尚已经成为伦敦街头劳动人民的习惯,普及到英国社会各阶层,茶叶成为英国人日常生活的重要组成部分,茶叶的需求量甚至超过了啤酒④。

18—19 世纪,除中国以外,英国是世界上最大之茶叶消费国。此时的中英贸易基本以茶为主,并且规模迅速上升。清朝因为茶叶贸易获得了丰厚的利润,而这些利润绝大部分都是由英国支付的,很多英国商人不得不运送白银到

---

① [美]萨拉·罗斯:《茶叶大盗:改变世界的中国茶》,社会科学文献出版社 2015 年版,第 22 页。
② Sarah Rose, *For all the tea in China: How England stole the world's favorite drink and changed history*, London: Hutchinson, 2009, p.16.
③ [英]艾伦·麦克法兰(Alan Macfarlane),艾丽斯·麦克法兰(Iris Macfarlane):《绿色黄金:茶叶帝国》,扈喜林译,社会科学文献出版社 2016 年版,第 88 页。
④ Sarah Rose, *For all the tea in China: How England stole the world's favorite drink and changed history*, London: Hutchinson, 2009, p.27.

中国购买茶叶。英国东印度公司从西方到达中国,90%都满载着白银。据记载:

> 1712年,英国东印度公司茶叶的总进口量是150 000磅,几乎全部供应国内消费;一个世纪以后,就超过了21 000 000磅,其中有4 000 000磅重新出口。输入英国的茶叶,从1812年到1830年则超过30 000 000磅(这些数字并没有把从欧洲大陆和爱尔兰走私进来的茶叶包括在内)。英国政府从茶叶贸易中获得的利润,1793年是600 000英镑,1833年上升为3 300 000英镑①。

整个18世纪,英国茶叶消费量增长超过200倍②。这一巨大的增长量,使英国人开始担心是否有足够白银来购买中国茶叶。中国与英国的茶叶贸易,有时并不是直接进行的。例如1833—1834年间,新加坡进口华茶出口到英国,占其总出口额的7.5%。③对茶叶的巨大需求,使茶叶消费成为英国政府的重要收入来源,而相比之下,英国的各种初级商品在中国很难找到市场和销路,从而导致了严重的贸易逆差。

英国国内市场的茶叶价格一直居高不下。"英国的茶叶税在1784年为119%,并且在18世纪的大部分时间内都保持在这个水平上"④,茶税成为英国解决财政危机的主要方法。直到1784年《抵代税法》(Commutation Act)的颁布,茶叶税降低到12.2%。最便宜的武夷茶价格,在1793年是每磅1先令8便士,加上税收后为1先令10.5便士,而在1833年价格是2先令到3先令11便士。⑤这显然抑制了英国人民的茶叶消费需求,十分不利于英国茶叶市场的进一步扩大。而茶叶的种植、采摘、制作加工和出口几乎完全被中国垄断,英国人被迫仰人鼻息。

鸦片战争之前,植物产品(山茶和罂粟)的贸易,已经成为世界经济的引

---

① 姚贤镐编:《中国近代对外贸易史资料》,中华书局1962年版,第268—270页。
② [英]罗伊·莫克塞姆:《茶——嗜好、开拓与帝国》,毕小青译,生活·读书·新知三联书店2009年版,第50页。
③ 姚贤镐编:《中国近代对外贸易史资料》,中华书局1962年版,第72页。
④ [英]罗伊·莫克塞姆:《茶——嗜好、开拓与帝国》,毕小青译,生活·读书·新知三联书店2009年版,第26页。
⑤ 姚贤镐编:《中国近代对外贸易史资料》,中华书局1962年版,第269—270页。

擎。随着世界范围内经济扩张高潮的到来，英国人首先试图打破中国将贸易限制在广州一地的枷锁，打破中国在世界茶叶贸易中的垄断地位。1842年中英战争，正是"山茶"与"罂粟"的短兵相接，中国开放五处通商口岸所指向的目的便是茶叶贸易。鸦片战争后，英国担心清政府将鸦片种植合法化，因为中国的土地被证明和印度一样适合种植鸦片。如果中国将鸦片种植合法化，那么中英之间的植物产品三角贸易将会出现巨大缺口，英国政府的财政收入将因此受到打击，后果是没有足够的资金购买中国茶叶。英国政府官员认为最好的对策便是在印度种植茶叶，发展茶叶产业。

茶叶贸易和茶税的征收成为英国增加财政收入的重要组成部分，国内旺盛的茶叶消费需求和严重的贸易逆差，使英国政府不再满足掌握世界茶叶贸易，转向种植和生产茶叶。正是英国对中国茶叶的巨大需求和茶叶贸易逆差的扩大，为福钧来华提供了契机。虽然他第一次来华的目的并不是为了盗取中国茶种，但他对宁波和福州的茶区进行了考察，证实了红茶与绿茶是产自同种植物，只是加工方式不同，这为此后中国茶种输往国外做了准备。

三、探险式的中国经历

为了完成搜集中国植物，获取种茶、制茶秘密的使命，福钧在限制性的特定时空条件下，采取了不同的策略，包括借助英国在华力量、变装、收买、与当地中国人打交道等策略。通过这些策略，他成功收集众多新的动植物标本和活体，成功将中国茶种、茶苗、种茶和制茶知识、制茶工具，甚至是制茶工人转移到国外。这丰富了西方植物学研究机构和植物学家的收藏，促进了印度阿萨姆、锡兰茶业的发展。

（一）搜集中国植物的过程

1843年7月6日，福钧乘坐"鸸鹋号"抵达香港，颠地洋行已经为他准备好了房间。他这次来华的主要任务是收集在大不列颠尚未种植的具有装饰性或有用的种子和植物，其次是了解中国的园艺和农业，以及中国的气候性质和气候对植被的影响。来华之前英国皇家园艺协会拟定了一份植物清单交予他，嘱托他要特别注意。这个清单上有：北京御花园重两磅的桃子、不同种类的茶苗、双黄玫瑰、可以制造米纸的植物、莲属植物的变种、忘忧草、金橘、福建白百合、板栗、酢浆草、石松、广州罗浮山的杜鹃花、大柏天蚕蛾茧、香橼、甘蔗、鸡冠花和马齿苋、牡丹、八角茴香属等品种。爱德华·史密斯·斯坦利爵士①在得知福钧前往中国时,要求他带回一些动物标本。为达成这些任务,福钧奔波于宁波、舟山、上海、福州等地,对当地植物状况进行了考察和记录,搜集植物活体,制作植物标本。

19世纪英国大臣史丹利勋爵(Lord Stanley)在给林德利的信中表示,他打算向福钧提供一封给中国军事当局的介绍信,并指出在鼓浪屿和舟山恢复到中国政府统治之前,应该先访问这些地方,所以福钧在到达中国后先访问了厦门和舟山。福钧在厦门期间,沿河而上、深入内地进行植物学研究,有时会让孩童帮忙搜集各类植物活体和标本。7月,福钧前往南澳岛考察。为了植物考察工作的顺利进行,他特地带上几瓶白兰地酒拜访当地官员,态度谦恭,官员的态度也缓和很多,他在岛上的植物考察行动得以顺利进行。

1843年,福钧第一次到达舟山时,他看到种类如此丰富的植物,认为如果他的工作一直在这里进行,一定会顺利完成任务。因此,福钧决定把舟山作为此次游历中国的总部。英军司令官詹姆斯·肖德(James Holmes Schoedde)少将,为福钧在定海城内安排好了住处,使他能够迅速展开工作。当时驻扎在岛上的步兵团医生马克维,十分热衷于植物搜集,为福钧提供了许多有价值的一手资料②,便利了福钧在定海的植物研究。字里行间能够感受到福钧在舟山的喜悦:

> 我特别想描述的是舟山岛上随处可见的杜鹃花。很多人已经在奇斯威克的游园会上见到过作为单独标本的杜鹃花,但与同一花系中的本土花朵相比,中国的杜鹃花显得更加美丽。很少有人能够想象到漫山遍野都是杜鹃花的壮丽景象,在这里,目光所及之处,都是杜鹃花海,非常漂亮。引人赞叹的不仅仅是杜鹃花,还有铁线莲、野玫瑰、金银花,前面提到的紫藤,以及上百种其他花卉,与杜鹃花交相辉映,让我们不得不承认中国确实是"中央花园"。③

---

① 爱德华·史密斯·斯坦利爵士(1775—1851),第十三任德比伯爵,动物收藏家,热衷于收集动物,尤其是鸟类。

② Robert Fortune, *Three Years' Wanderings in the Northern Provinces of China: including a visit to the tea, silk, and cotton countries: with an account of the agriculture and horticulture of the Chinese, new plants, etc*, London: John Murray, Second Edition, 1847, p.52.

③ Ibid., p.56.

这年秋天,福钧从舟山到达宁波。在宁波,他对官员们的花园进行了考察。中国官员赠予他的园艺小礼物,有些是市场上买不到的稀见品种,只有在富人的花园中才能见到。同时,他还一直派人四处打听黄色山茶花的下落,但并未在此得到货真价实的黄色山茶花。上海之行与宁波的不同之处在于,上海没有属于官员的私家花园,但在郊外有许多出售植物的苗圃。福钧初次寻找苗圃时,遇到了极大的阻力。中国人不愿透露一点郊外苗圃的信息,只告诉他在城里的花卉商店购买。幸运的是在当地孩子的带领下,他找到了离北城门最近的一家苗圃。但等他隔天造访时,这些苗圃都紧闭大门,任何劝告、请求和利诱都没有效果。最后他求助于英国驻上海领事乔治·巴富尔(George Balfour)上尉。巴富尔派领事馆里的一位中国官员,陪同福钧前往郊外的苗圃,并告诉他其他几个苗圃的位置和名字①。之后,福钧对这些苗圃一一考察,在几周内收集了许多植物。他与苗圃主人建立了良好的关系,甚至将植物寄养在苗圃。他从这些苗圃中发现了很多欧洲人从未听闻的新的植物品种,包括一些具有价值和观赏性的品种。若是在冬天,很难判断某种植物属于哪个品种,福钧首先会判断这一植物的科系,再根据中国人对植物习性的描述,结合他自身的植物学研究知识,对这些植物的价值做出判断。

1844年,福钧再次来到宁波,住在天童寺里。他几乎每天都在外面进行植物考察,直到晚上才带着采集到的植物回到庙里。与广州人不同的是,寺庙里的和尚,无论是职位高的和尚还是最底层的和尚,都对福钧表达了关心和善意,甚至会陪他在寺院附近散步。和尚们"一个拿着我的标本书,另一个拿着采来的植物标本,第三个则拿着我抓来的鸟儿"②。1844年夏天,福钧经常去舟山群岛的各个岛屿进行植物考察。他特别提到金塘岛,这个岛虽然邻近舟山,但很少有英国人在此游历,从植物学的角度来说,岛上的植物资源具有非常大的考察价值。此时,福钧已经会说一点中国话,当他与中国人用汉语交流时,当地人都很欢迎他的到来。到1845年时,他已经能够用汉语表达自己的想法了,不再需要中间翻译。1845年年底,他的植物搜集考察任务已经完成。12月22日,从广州登船返回英国。

---

① 福琼:《两访中国茶乡》,敖雪岗译,江苏人民出版社2015年版,第75页。
② 同上书,第100页。

第二次造访中国的主要任务是搜集中国茶树、茶种等相关信息,所以植物采集,是福钧在搜集茶种的基础上进行的。在前往徽州、武夷山的途中,福钧会考察沿岸城镇的植物情况,试图发现一些新的植物品种。例如 1849 年,在前往武夷山途中,福钧听闻兰溪有三四个苗圃,便决定上岸考察当地对外出售植物的苗圃,希望能够在这里发现一些苏杭等沿海城市没有的新的植物品种,但却被告知苏州没有的植物兰溪更不可能有,最后无功而返。但他却在武夷山发现不少新的植物。武夷山的山谷里长满了竹子,到处都是马尾松。他在这里搜集到了绣球花、绣线菊和糯米条等品种。这些植物都寄养在上海比尔(T.C. Beale)①先生的花园里,最后运输到英国。

第三次对中国访问时,福钧也发现了不少新的植物品种。例如在宁波西北的慈城古城,福钧发现了中国松(Pinus sinensis)、杨梅和板栗等。他曾多次尝试将中国板栗引入欧洲,但一直未成功。他说"橡树、板栗、茶叶等树木的种子,采集后如果不播种生长,它们的活性只能维持很短的时间。因此,试图将这些种子装在干燥的纸包或密封的瓶子里向国外运输是没有用的"。②他在慈城古城发现了板栗的生长地,并在秋天大量采购,播种在沃德箱里,最终 300 多株栗子树被送往印度。大量的金松种子也被运往英国,现在已经生长在奇斯威克的苗圃中了。前往徽州帮他采集绿茶茶种的中国人,也采集到许多有价值的植物,例如车厘子、麻栎种子等。福钧详细考察了在印度和欧洲备受关注的"绿靛",记录了这种绿色染料的制作方法。在福钧此次到达中国后不久,印度农业和园艺协会的理事会向孟加拉政府提出申请,希望他能够为协会提供任何帮助,送去有用的和有观赏价值的树木和灌木的种子和植物。③

1854 年 4 月,福钧搭乘从福州至淡水的"孔子号"前往台湾岛,在此停留一天。当他在船上遥望台湾岛时,一直用望远镜观察岛上的植物:

> 在离船之前,我一直在用望远镜观察生长在岸边和山坡上的一些大白花,现在我朝那个方向走去,以确定它们是什么。当我到达它们生长的

---

① 19 世纪中叶在华最主要的英资洋行,颠地洋行的合伙人之一。
② Robert Fortune, *A Residence Among the Chinese*: *in land*, *on the coast*, *and at sea*, London: John Murray, Albemarle Street, 1857, p.51.
③ Ibid., p.145.

地方时，它们被证明是非常好的日本百合花的标本①，这我所见过的最大和最有活力的②。

他误把百合记载为日本百合，探集所得的标本存放于皇家植物园的标本馆，最后被专家鉴别为不同于日本百合的新品种，被称为台湾百合。除了百合花，他还在这里发现了蒟草，这是一种制造米纸的植物。福钧将在此搜集的植物带到上海，存放在比尔先生的花园里，最后运往英国和印度。宝岛名声因此远播重洋，吸引好奇的探险家及植物的追星族，前赴后继探访台湾。

他此次在中国的收集工作完成后，有的交给各地的中国朋友帮忙保管，有的在英国驻宁波领事馆密迪乐先生的花园里种植，最后他把这些植物收集到一起，运到上海比尔先生的花园。在上海进行包装并运到香港，再转运到印度。根据印度政府的指示，福钧还引进了许多中国的观赏产品，例如木材和果树、产油植物、染料，等等。这些东西一部分被送到政府花园，一部分被送到农业和园艺协会。

1861年，福钧从日本到中国，此行的目的是获取新植物，引入欧洲。因为北方的气候与他之前探索过的地区有所不同，所以他非常希望可以找到全新的树木和灌木，丰富他的收藏。福钧将在日本获得的藏品存放于上海韦伯(Webb)先生的花园后，9月份到达天津后，在他的老朋友哈森先生(Hassen)的家里留宿。

由于我访问中国这一地区的主要目的是为了获得新的植物以引入欧洲，我不失时机地对苗圃花园进行了通常的询问。汉森先生的邻居威尔达(Wild)先生曾在天津居住过一段时间，他告诉我在西郊的大运河岸边有一个很大的苗圃，并表示愿意陪我去看看。我很高兴地接受了他的提议。③

---

① 误把百合记载为日本百合，然而探集的标本存放于皇家植物园的标本馆，最后被专家鉴别为不同于日本白合的新品种，成为台湾百合，宝岛名声因此远播重洋，吸引好奇的探险家及植物的追星族，前赴后继探访台湾。

② Robert Fortune, *A Residence Among the Chinese: in land, on the coast, and at sea*. London: John Murray, Albemarle Street, 1857, pp.231-232.

③ Robert Fortune, *Yedo and Peking*. London: John Murray, Albemarle Street, 1863, pp.316-317.

在烟台逗留期间,福钧有幸结识了驻扎在天津的军队指挥官斯塔维利(Staveley)准将和戈登(Gordon)医生。他们同福钧一起从烟台前往天津。因为两人对天津城比较熟悉,为福钧提供了许多信息。特别是戈登医生,热衷于植物学研究,对天津附近所有的花园都非常熟悉,经常与福钧结伴前往花园考察。但福钧发现天津的植物与南方的植物并没有什么不同,并未在此找到新的植物品种。

从天津到达北京后,福钧想要找到当地出售植物的苗圃和花园。当地人告诉他北京城的西南郊区有许多花园,里面种植了一些可出售的植物。但寻找苗圃的过程却并非十分顺利。

> 我毫不费力地找到了西南门,因此我认为只需沿着围墙走就行了。但当我到达那里时,我被告知,我所要寻找的花园在南边大约两三英里的地方。我毫不畏惧,沿着路人指明的方向出发,决定边走边打听。一路上,我收到了许多相互矛盾的说法和指示。有时我确信我走对了路,而且离我寻找的目标只有一小段距离。然后,当我确定这段距离已经走完时,我遇到的下一个人就会冷静地告诉我,在这个国家的那个地方没有我所寻找的那种东西。①

最终,福钧找到了出售植物的苗圃,主人非常礼貌地接待了他。他急切地在每一个角落寻找新的植物品种,但显然这里也没有他要寻找的新物种。他询问苗圃主人附近是否还有其他花园,苗圃主人说还有很多,但都与他的苗圃里的植物种类相同。

后来,福钧前往北京西郊的山丘寻找植物。他在这里发现了一种新的橡树(Quercus sinensis)。这种橡树"有 60 至 80 英尺,叶子很大且有光泽,树皮粗糙,有点像欧洲南部的软木树"②。现在正是橡子成熟的时候,附近所有的寺院都有成堆的橡子,商人们争相采购,用于制作某种染料。福钧也采购了大量橡子,他认为这种橡树完全耐受欧洲的环境,可能会成为这次到中国北方获得的最有价值的东西之一。在这些山上他还发现了一种枫树和一种巨大的乔

---

① Robert Fortune, *Yedo and Peking*. London: John Murray, Albemarle Street, 1863, p.366.
② Ibid., p.382.

木,以及一些值得引进欧洲的具有观赏和实用性质的树木的种子,这些种子与在中国更南部省份发现的物种是不同的。

1861年9月28日,福钧结束了在北京的工作,于10月20日返回上海。在上海,他开始着手于打包在日本和中国北方获得的植物。1862年1月2日,福钧带着他的植物藏品返回英国,结束了他的中国植物探索之旅。

(二) 获取中国茶的秘密

福钧第一次前往中国时,英国皇家园艺协会拟定的植物清单里,包括不同种类的中国茶苗。为了完成这一任务,1844年5月,福钧与英国驻宁波领事罗伯聃等人,一起造访了宁波及其周围的绿茶产区,住在绿茶产区中心的天童寺。天童寺拥有一部分茶田,福钧在这里参观了茶园以及绿茶制备的过程。除去绿茶之外,最重要的是对红茶的考察。1845年,福钧前往福州府对红茶产区进行考察。福钧一直都认同林奈对茶树的分类方法,即红茶是由武夷茶树(Thea Bohea)制成的,而绿茶是由普通常见的茶树(Thea Viridis)制成的,红茶与绿茶是产自不同的植物。但西方对这一分类方法却一直存在争议,所以对红茶的考察旨在确认这一分类方法是否正确。幸运的是,福钧在福州的红茶产区,正好遇见当地茶农在采摘和加工茶叶。在这次参观考察后,他详细记录了茶叶采摘的季节和方法、红茶和绿茶的制作过程与制作工序的差异。他不仅采集到新的植物标本,而且还得到一棵活的茶树。福钧将在福州获得的茶树带回浙江,经过细致对比研究,他发现与生长在绿茶产区的茶树毫无差异,即红茶与绿茶实际上为同一种植物所制成,只是由于加工制作方式不同,导致颜色和口感的不同。第一次探访中国,福钧不仅出色地完成了园艺协会的任务,还获取了茶叶相关的许多信息。

1848年,英国东印度公司决定派福钧前往中国,以茶叶猎人的身份寻找与中国茶有关的一切消息,特别是优质的茶种和茶树。英国东印度公司给福钧提供的待遇是,除去500镑年薪,其他相关费用一一支付,福钧的任务仅仅是收集茶叶,其他植物都归他所有。

第二次抵达中国后,他将这次茶叶狩猎的任务分成两部分,即前往徽州采集绿茶和前往福建武夷山采集红茶。福钧作为一名科学工作者,他以严谨的态度对待这项工作。福钧不想假手于人,为了工作的真实可靠性他必须亲自查明茶树生长的环境和种植过程等相关情况。因此,他决定亲自前往徽州松萝山的绿茶茶区。这样不仅可以得到真正优质的绿茶茶树,还可以考察徽州茶区的土壤特质和茶树栽种方法。不同于几个通商口岸的是,徽州深入中国内陆,属于外国人活动的禁区①。在这里没有英国在华势力的庇护,不能为他提供便利。所以,为了能够成功深入徽州,福钧特地找来两个徽州人做他的仆人,他将头发剃光,戴上假发,穿上中式服装,打扮成中国人的模样,一举一动也仿照中国人的做事风格,连吸烟的节奏也与中国人保持一致。他在内陆旅行时,会放弃所有的欧式生活习惯,使用筷子而不是刀叉,饮用茶而不是葡萄酒,吸中国烟杆而不是马尼拉雪茄。②因为他的乔装打扮,在旅途中没有中国人注意到他,他为此而沾沾自喜。

福钧到达徽州松萝山后,住在他的仆人王氏的家里,位于松萝山山脚两英里内。每天早出晚归,在松萝山上收集绿茶种植和加工的各种信息,采集到大量优质的茶种和茶苗。上次探访中国时,福钧就发现了绿茶染色的秘密,却没有详细记录染色的工序。这次在徽州绿茶产区,他详细考察和记录了绿茶外销之前的染色工序③。这种上过色的绿茶,色泽更加明亮,外观会更加一致,通常会卖出好价钱。经过调查,福钧发现"每100磅染过色的绿茶带有半磅以上的普鲁士蓝和石膏"④。他将在中国获得的染色剂样本寄回英国,调查分析报告发表在英国化学学会的期刊上。1851年,这些样本在伦敦世博会上展出,为英国种植、生产茶叶提供了新的依据⑤。在松萝山附近考察一周后,福钧开始将收集到的种子和植物进行打包,离开徽州,返回宁波。从宁波又转到银岛(舟山群岛中的一个岛屿),银岛比舟山其他小岛种植的茶叶都要多。福钧拜访了岛上的所有茶园,采集到大批茶种。1849年1月,福钧将目前采集到的所有茶树、茶苗和茶种输往印度。

将第一批采集到的茶树等植物成果,从香港发往印度之后,福钧来到广州调查寄往国外的植物种子是如何加工包装的。大部分外国商人都认为,中国人为了防止植物种子外流,在外销之前将这些种子煮过。经过调查福钧发现,

---

① 根据中英《南京条约》《五口通商附粘善后条款》等条约规定,英国人的活动范围限制于五处通商口岸,不可随意到乡间游历、贸易。
② 福琼:《两访中国茶乡》,敖雪岗译,江苏人民出版社2015年版,第312页。
③ 详细工序见 *A Journey to the Tea Countries of China*,第92—94页。
④ Robert Fortune, *A Journey to the Tea Countries of China: including Sung-Lo and the Bohea hills: with a short notice of the East India Company's tea plantations in the Himalaya mountains*, London: John Murray, 1852, p.94.
⑤ [美]萨拉·罗斯:《茶叶大盗:改变世界的中国茶》,社会科学文献出版社2015年版,第127页。

中国人包装种子时放入的稻草灰是为了防止虫子的叮咬,并非将植物种子杀死。①

从香港返回北方的过程中,福钧派他的两个中国仆人前往武夷山红茶产区和徽州绿茶产区采集茶树幼苗,他自己则乘船返回宁波。几星期后,他的仆人带着采集到的植物和茶苗回到宁波。虽然福钧得到了一些不错的茶种和茶苗,但为自己没有亲自前往武夷山考察而遗憾。因此,他决定前往武夷山红茶产区进行实地考察。这年5月15日,他动身从宁波出发前往福建武夷山,换上一身中国人的服装行头。到达武夷山后,在山上的寺庙里落脚。尽管福钧已经能够用汉语与人交流,但他还是十分谨慎,交予仆人与和尚进行交涉。福钧在武夷山的好几个寺庙里借宿,走遍了大半个武夷山,参观了许多茶田,有些道观的道士还赠予他一些茶苗。最后福钧成功采集到400多株茶苗②,并与搬运工签订了合同,将茶苗等植物运到指定的地方。1849年年底,这批植物发往印度。他在武夷山调查了各处茶田的土壤情况、采集和播种茶种的时间、移植茶苗的时间和种植方法、采摘茶叶的方法。为了调查清楚中国人每年从茶叶贸易中获得的利润,福钧详细考察了红茶从出产地到出口码头(广州或上海)的整条运输路线,包括茶叶的生产成本、运输距离、花费的时间和费用等。他认为大部分利润都被中间商占有,茶农占有极少的利润。福钧把徽州绿茶产区的茶树和武夷山红茶产区的茶树进行对比,再次证明红茶与绿茶的区别,仅仅是由于加工方式不同导致的颜色不同,两者同种同源。

亲自考察完徽州和武夷山的茶区后,福钧又派人前往徽州和武夷山搜集茶树种子,自己在宁波、舟山采集茶种和茶苗。从茶叶种植转移角度讲,福钧认为不仅要考虑当地的气候和土壤,还需要考虑当地的劳动力成本,只有廉价的劳动力才能与中国人竞争。到此为止,福钧还有一个任务没有完成,那就是招募一些优质茶区的茶农。由于这些茶农处于中国内地,福钧只好请求颠地洋行的合伙人之一比尔先生帮忙。比尔先生的代理商是一位知名中国人,在这位中国代理商的协助下,他成功招募到制茶工人。1851年2月16日,福钧带着这些制茶工人和制茶工具,以及收集到的植物种子前往印度。福钧认为,

---

① 福琼:《两访中国茶乡》,敖雪岗译,江苏人民出版社2015年版,第277页。
② 同上书,第347页。

前几年到加尔各答或阿萨姆的中国制茶工人,并不具备一流的制茶技术,他这次带回去的制茶工"没有广东人的偏见,而且非常愿意把他们的技艺传授给当地人"①。他明确指出,这种引进中国制茶工的做法,只是临时举措,喜马拉雅山地区的茶叶最终还是要本地人自己制作,每个当地的农民都必须学会如何制作和种植茶叶。

1848年的中国之旅,福钧已经为英国东印度公司招募到一些优质绿茶产区的制茶工人。1852年,他再次被英国东印度公司聘请,前往中国为印度的茶叶种植园搜罗制作红茶的中国制茶工,并提供大量中国茶种和制茶工具。1853年,福钧乘船前往宁波,寻找宁波内地的茶区。他把阿育王寺作为在这里的活动总部,将所有的时间都花在访问附近的茶园上,以获取有关茶叶种植和加工制造的信息。现在正是茶叶的丰收季,在每个山坡上都能看到当地人在忙着采集茶叶。由于在宁波以南地区还有许多重要的事情要做,福钧决定在天童寺住下。仍然和之前住在这里一样,他把天童寺作为植物收藏基地。

> 在老地方安顿好住处后,早上和晚上的时间用于户外探险,一般白天炎热的时候都会在家里待着。在我的僧人老朋友的帮助下,与许多小农户签订了供应茶籽的协议,待秋天茶籽成熟后立即收集。②

1853年10月,从白天到黑天福钧的时间全部用于检查种子,根据种子的质量确定价格,并对其进行称重。这年秋天他在这里成功购买了五六百斤茶籽。在宁波收集茶种的同时,福钧还派可靠的中国人前往江西婺源和平水等地区收集绿茶种子。1853年有不少于23 892株茶树被运往加尔各答。

亲自到香港转运茶种工作完成后,福钧决定前往广州探访茶香的信息。他认为茶叶产生香味的方法只有在这个港口才能查清。在这之前,福钧一直向外国人和中国人打听这一信息,但他对得到的答案和描述都不满意,所以决

---

① Robert Fortune, *A Journey to the Tea Countries of China*: including Sung-Lo and the Bohea hills: with a short notice of the East India Company's tea plantations in the Himalaya mountains, London: John Murray, 1852, pp.392-393.

② Robert Fortune, *A Residence Among the Chinese*: in land, on the coast, and at sea, London: John Murray, Albemarle Street, 1857, p.98.

定亲眼验证并作出判断。

当我到达广州时,我被告知在那个季节的任何一天,我都可以在一家茶厂看到整个运作过程。沃金肖(Messrs. Walkinshaw)先生和索伯恩(Thorburn)先生非常熟悉每年送往欧洲和美国的各种茶叶,他们同意陪我去这个工厂,我们还带上了广州中国商人。因此,我能够非常便利地了解茶香的问题。[1]

在这里福钧了解到,中国人用各种植物的鲜花来制香,例如玫瑰、茉莉和桂花等,不同的鲜花与干茶按照不同的比例混合放置。他还发现,带有香味的茶叶会与大量无香的茶叶混合。他认为"不仅要找出这些不同植物的中文名称,而且要通过对植物本身的检查,能够给每一种植物起一个被世界各地的科学人士所熟知的名字"[2]。通过调查福钧发现,除了中国人使用的这些鲜花,还有很多种鲜花可以达到同样的目的。因此,他认为在印度可能存在大规模生产茶叶的地方,可以用任何有香味的茉莉花、水仙花、金雀花或其他类似的本土植物进行制香试验。除了茶叶制香的工序,福钧在英国驻广州副领事莫里森(M. C. Morrison)先生和一名中国商人向导的陪同下,参观了"毛尖"(Caper)和"橙白毫"(Orange Pekoe)的制作处理过程,记录了茶叶制作的工序和秘密。1854年3月,完成茶叶转运和以上调查之后,福钧前往福州安排茶籽供应工作,保证在秋季茶叶成熟时从武夷山附近最好的红茶产区获取茶籽。

福钧认为自己在采购茶叶和茶籽方面的工作,比发现新的植物种子的工作要完成得更加出色。他在夏秋两季的不同时期,收集了大量茶叶相关物资,准备好打包运往印度。为此,他必须前往上海完成此项工作。在珀西瓦尔先生(Percival)和帕特里奇先生(Patridge)的帮助下,他可以自由地乘坐"艾琳号",往来于上海和宁波两个港口,免受海盗的攻击。1854年冬至来年春,他一直致力包装收集到的大量植物和种子等,大量的制茶工具也在同一时间被运往印度。

1853年,在与宁波的农户签订协议工作完成后,福钧开始着手寻找送往印

---

[1] Robert Fortune, *A Residence Among the Chinese: in land, on the coast, and at sea*, London: John Murray, Albemarle Street, 1857, p.197.

[2] Ibid., p.200.

度的红茶制作工人。

> 有两种方法可以达到预期的目标,一是我自己去这些人的家里,二是通过北方某个港口有名望的中国人把他们招募来。第一种方法不太可能成功;无论向他们提供多么诱人的条件,一个陌生人和一个外国人也不可能劝说这些人离开自己的家。因此,我决定采取第二种方式来完成这项任务。现在,我决定回上海几天,看看答应为我提供援助的中国人在这件事上取得了什么进展。①

由于此时中国国内正处于动乱中,人们无暇顾及其他事情,回到上海后福钧发现此事毫无进展。1854年3月,福钧前往福州的另一目的便是寻找茶叶制作工人。他决定通过在这一港口有影响力的朋友的帮助下,雇用出色的红茶制作工人。康海宁(Cunningham)先生和在福州开展业务的克拉克(D.O. Clark)先生承诺为其提供帮助。但直到1854年年底,这项工作也未成功。福钧认为聘请中国优质茶区的一流的红茶制作工人是绝对必要的,所以他决定在完成这一目标之前绝不离开中国。直到1855年回到上海,他发现克拉克先生已经帮他雇好了8位福建的红茶制茶工人。英国驻上海领事布鲁克·罗伯逊先生也在一直为福钧寻找制茶工人,在他的帮助下,福钧成功聘请到9位江西本地的一流红茶制茶工人。此时宁州红茶在国外市场拥有很高的评价。同年8月份,这两批人带着本地的制茶工具启航前往印度加尔各答。

在完成这项任务后,福钧在中国的任务已经全部完成,接下来的工作便是前往茶区各处与中国人结束合约关系。宁波茶区的当地人一直为福钧采购植物、种子和其他相关物产,现在他要与这些中国人算清账单,结束植物种子供应,并将所有种子打包离开中国。

> 现在,我在中国的工作已经圆满结束。在最好的地区获得的数千株茶树已经到达喜马拉雅山的目的地,政府种植园的主管詹姆森博士报告

---

① Robert Fortune, *A Residence Among the Chinese: in land, on the coast, and at sea*, London: John Murray, Albemarle Street, 1857, p.117.

说,这些茶树的状况良好;这些地区使用的大量工具也已送达,来自福建和江西的一流的红茶制茶工人已经被聘用,现在正在前往印度西北省份的路上。①

1853年,美国的旗昌洋行为避开战乱在福州开设贸易,直接到武夷山收购红茶,成为福州口岸的真正开辟者。

> 他们公司中有可以完全信任的中国人,他们被赋予大量的资本,并在生产季节被派往内陆的茶叶生产地,以便购买公司所需要的茶叶,并将他们购买的茶叶顺着闽江送到福州。②

福钧为英国东印度公司采集输送中国茶引起美国的关注。1857年10月28日根据华盛顿发出的电报,福钧被美国聘引进茶树和其他中国产品的代理,1858年2月《北华捷报》(*The North-China Herald*)对此事进行报道,并指出福钧在当时的上海已经小有名气,对中国观察已经近14年,公开发表过他的3次研究成果。1858—1859年美国专利局雇用福钧携带茶种到美国,期望在美国南部的农业地区建立茶叶种植业。1859年福钧成功将大约5 000棵茶树从中国移植到美国新大陆,其中包括许多其他的植物产品,比如樟树和乌桕等。据《北华捷报》报道,这些茶叶种子足够种植100英亩,不仅引进到东部各州,还被移植到西部、大西洋和太平洋两岸,在美国申请种植的人数很多,以至于必须向国会请示。结束这次中国之旅后,他肩负的获取中国茶叶种植和制作信息的任务已经全部完成。

(三)福钧的中国探险意义

福钧在他的游记中经常提及植物学研究,称自己为植物收藏家,但他前往中国的任务是为英国花园收集活体植物和种子,而且这一任务完成得非常出色。他对欧洲植物知识的贡献,部分是通过晒干的标本完成,部分是通过活体植物,后者中的许多植物在开花时才发现是新的物种,英国现在的许多植物以fortune命名,众多西方国家因他的行动而获益。据记载,福钧第一次访问中

---

① Robert Fortune, *A Residence Among the Chinese: in land, on the coast, and at sea*, London: John Murray, Albemarle Street, 1857, pp.420-421.

② Ibid., p.220.

国时获得的植物标本,包括大约 450 个品种,其中大约 25 种是新物种,例如荚蒾(Viburnum Hanceanumn Maxim)、金银花(Lonicera Maackii Maxim)等,这些植物标本来自厦门、宁波、舟山、上海等地。植物标本在 1847 年被分发给欧洲的大型植物学机构和各国的一些杰出植物学家。此后他游历中国不断发现新的植物品种,使欧洲新物种的数量大大增加,这丰富了植物学机构和植物学家的收藏。福钧的植物发现开创了欧洲园艺发展的新时代,使花园的面积大大增加,开放性的园艺花园成为时尚,促进了花园设计中形式主义的废除。

随着福钧对中国茶秘密的探索,从获取绿茶到获取红茶,证明两者为同一种植物所制造;从获取绿茶染色的秘密到调查茶香制作的工序;从聘请优质茶区的绿茶制茶工到聘请红茶制茶工,并携带中国制茶工具前往印度。中国茶叶种植和制作的秘密逐渐公布于众。同时,他还从中国浙江、福建、安徽、江西等地采集大量茶种,运到印度的加尔各答,再从加尔各答分配到大吉岭、阿萨姆等地区进行种植。随着中国大量的茶苗、茶籽和中国的一些制茶师被输送到英属印度殖民地,中国茶种与印度本土茶种进行杂交,在喜马拉雅山地区成功种植推广。经过半个世纪,中国茶叶在全球贸易中的地位已经发生明显转变。据记载,1868 年从中国输送到英国的茶叶,占"英国茶叶贸易总额的 97%,1888 年占 40%,1895 年占 20%,到 1902 年仅占 2%"。1932 年《字林西报》曾发表文章评论福钧,认为他最大贡献就在于对锡兰茶叶贸易,他成为"猎取茶种最多、最有成效的英国植物学家"。他的成功运输,提升了喜马拉雅山茶叶储备的质量,中国茶种与喜马拉雅山原有的茶种杂交,经过数代培养,成为口感独特的阿萨姆茶叶。

四、结 语

1843—1863 年,福钧先后 5 次来到中国游历,对中国的植物进行科学考察,探索中国茶的种植和制作知识,将中国茶种输往英属印度殖民地、美洲、欧洲等地。福钧的来华探险游历,离不开 19 世纪中英接触史的大背景。西方植物学运动的发展、中英贸易与外交关系的变化促使一个与中国本毫无关系的英国人与中国发生了深刻的联系。为了完成来华任务,福钧借助英国在华力量、乔装打扮、与中国人打交道等方式,突破游历范围限制,搜集中国植物,获取中国茶的秘密。作为植物学家，他的行为促进了茶叶种植的全球流动，打破了中西茶叶贸易的平衡，将几百种中国植物引种到欧洲，改变了近代欧洲园艺面貌，为西方植物学研究和印度茶业的发展做出了重大贡献。作为旅行家，他对中国的日常生活进行敏锐观察和记录，书写了5部关于中国的游记，成为西方认识了解中国的重要素材。

荷兰东印度公司与荷兰使华团活动

田 蕊[*]

1500年地理大发现以来,在基督教和商贸活动的双重推动作用下,欧洲实力雄厚的国家都在不同程度上推行着向外殖民扩张的政策。17世纪,荷兰作为继葡萄牙、西班牙而新兴崛起的资本主义国家,在海权争霸中获得优势,成为全球海上贸易活动的马车夫。16世纪末以后,荷兰商船开辟了亚洲航线。与东方的香料和陶瓷贸易给荷兰带来了丰厚的利润,但也引发了其国内各商队和贸易公司的竞争与摩擦。

17—18世纪,欧洲国家在对海外进行贸易扩张和殖民活动时,产生了一种早期的现代商贸机构的组织形式,即特许经营公司。1602年,为了避免国内商团和贸易公司的恶性竞争,荷兰联省共和国议会决议在阿姆斯特丹组建荷兰东印度公司(Vereenigde Oost-Indische Compagnie,VOC),并成立十七绅士董事会管理公司事务。该公司作为一个军政商联合体,是荷兰向远东扩展贸易和殖民活动的最主要机关,它拥有雇佣军队、批准垄断贸易、发行货币、与外国签署条约、派遣使节甚至发动战争等一系列特权,成为荷兰国家在亚洲的延伸。1617年,在VOC董事会的授意下,科恩(Jan Pieterszoon Coen)在印尼的巴达维亚城(原名雅加达)建设了VOC的海外新总部,并成立巴达维亚城议事会和总督,负责对东亚贸易的具体事宜。1625年,荷兰人又伺机占据中国台湾地区,并以这两地作为在东方贸易的据点,试图构建荷兰在中国、日本、朝鲜及东南亚的贸易商圈,拓展其市场。

荷兰一向积极与中国、日本往来,希望在这两个东亚大国取得贸易许可。早在1609年,荷兰便获许在日本长崎建商馆,并成为1633年日本锁国令颁布

---

[*] 作者系上海社会科学院世界中国学研究所2019级硕士生。

后唯一被允许与日本进行贸易的西方国家,但荷兰同中国的接触却迟迟没有进展。晚明时期,碍于葡萄牙人从中作梗,荷兰人始终未能与中国官方建立贸易关系,他们只得通过贿赂沿海地方官等方式,在东南沿海一带从事走私贸易。但借助中国商人用舢板运输商品,并控制货物定价的方式,使荷兰人的贸易活动受制于人。

1644年明清易代,荷兰期冀能得到清廷在中荷贸易上的许可,因此以极大热情同清朝接触,在自1655年到1794年的一个多世纪以来,荷兰先后数次尝试派遣使华团。其中,1655—1657年以侯叶尔为首的使节团,1666—1668年范·霍恩领队的使节团,1685—1687年文森特·佩茨为首的使节团,以及1794—1795年德胜率领的使节团,得以与清廷接触,并成行北京。

下文将对四次成功抵达北京的荷兰使团所处时代的世界环境、荷兰东印度公司的亚洲商贸布局,以及使团的使华背景与目的、使团成员构成、出使始末以及路线和结果进行详细叙述。

一、1655—1657年,侯叶尔使团

（一）荷兰的海权争霸与亚洲贸易战略

1649年,结束内战[①]的英国恢复海军扩张路线,而此时经济急速发展、海上贸易繁盛的荷兰成为其亟待打败的竞争对手。1651年,英国颁布《航海条例》,要求所有运往英国及其殖民地的商品,只能由英船或生产地船只运送,以此限制荷兰海上航运生意。面对英国严苛的商贸条例,1652年5月,双方爆发战争。经过一年多的角逐,荷兰海军主力被英国海军击溃,但从大西洋到地中海的诸次战斗也将英国拖得疲乏不已。1654年,双方谈判签订《威斯敏斯特和约》,按和约荷兰承认《航海条例》,并允许英国在东印度群岛进行贸易。

荷兰国土面积狭小、本土资源匮乏,商贸与航运业在其经济结构中占支柱地位,接受《航海条例》对荷兰的经济打击沉重,但内战及英荷战争亦使英国力困筋乏。经年的战争消耗使英国缺少足以代替荷兰的商船数量,因此,荷兰的

---

① 1642年8月至1651年9月,在英国议会派与保皇派之间发生的一系列武装冲突及政治斗争。斗争以议会军胜利,克伦威尔上台执政告终。

商贸业并未真正衰落,只是在全球市场中的份额相对缩减,布罗代尔甚至提出:荷兰的商贸实力在18世纪30年代,才逐渐式微①。然而此刻在海权争夺中处于守势的荷兰,不得不面对在欧洲航运贸易受阻的现状,于是其将视角转向亚洲。

根据荷兰史家包乐史(Leonard Blussé,1946—　)的研究:17世纪中叶,VOC每年在东方花费500万左右的荷兰盾,用以购买货物出口至欧洲,再在国内高价拍卖;而从欧洲出口至东方的货物,远不能覆盖进口所需。②他们换取亚洲货物只能支付金银。17世纪是重商主义主导欧洲的时代,该理论认为金银就是财富,是货币的唯一形态,因此主张通过对外贸易的顺差来增加国家财富,而金银流失会导致国家经济的衰落。英国东印度公司就曾因为对亚洲的贸易逆差,饱受英国议会诟病。因此在亚洲区域内部建立贸易网络,通过在这一区域内进行商贸转运,谋取利润,成为荷兰此时的题中之义。1617年,VOC在印尼建立商贸据点,1633年,它又获得日本的贸易许可,因此VOC希望能够对华通商,以此建立一个东印度群岛到日本和中国的贸易内循环网络。

1624年,荷兰人攻占中国台湾,并将之打造成与中国大陆及日本进行商贸活动的据点,但荷兰的商贸活动一直未能取得官方许可,导致VOC的对华贸易只能通过不稳定的沿海走私进行。荷兰人深感沿海走私贸易的不确定性,他们希望能像葡萄牙人一样,在中国获得一个类似澳门的贸易据点,从而拓展在华贸易。

(二) 寻求通商的首个荷兰使团

明清鼎革之际,让荷兰人看到了对华贸易的转机,VOC多次尝试接触新建立的清廷,希望能获得官方许可,对华进行大规模商贸活动。由于当时中国整体局势尚未完全明朗,VOC总部和巴城议事会没有直接向北京派出使团,而是在1653年先后派出初璘(Frederick Schedel)和瓦赫纳尔(Frederick Schedel)率领的议事团前往广州,这是"按照传教士以及葡萄牙商团的书信和记录,公司决定先向广州城派遣使者,已便考察判断公司能否与满人初建的清王朝进行商贸活动"③。初璘写下详尽出使报告,向巴城议事会陈述其在华期

---

① [法]费尔南·布罗代尔:《15—18世纪的物质文明、经济和资本主义》第3卷,生活·读书·新知三联书店1993年版。
② [荷]包乐史:《荷兰在亚洲海权的升降》,《海洋史研究》2015年第3期。
③ 程绍刚译注:《荷兰人在福尔摩莎》,联经出版社2000年版,第370页。

间收集的各种情报以及广州官员态度。①

1654年,VOC总部决定,派使节携带贵重礼物赴北京谒见顺治帝,以谋求荷兰在中国南部海岸通商的官方许可。

本次赴华使团的大使为侯叶尔(即清代中文史料中的"杯突高啮"或"郭佑"),他是常年在东南亚地区从事贸易的荷兰商人,本次出使任务是他主动向VOC和巴城议事会请缨的,使团的副使是凯塞尔(Jacob De Keyzer,即清代中文史料的"惹诺皆色"),纽霍夫(Johan Nieuhoff)担任使团的秘书,负责撰写使节报告,并绘制沿途的中国景观图画。除此之外,这个使团还配有六位干事、一位医生、两位翻译以及两位商人等共计16位成员。

根据《热兰遮城日志》的档案文献记载,1655年7月,使团从爪哇的巴城启程前往中国,1个月后到达广州城,但由于使团与当地官僚沟通未达成一致,在广州耽误了数月。在得到清廷许可后,使团才得以通过觐见皇帝的传统贡道继续北上。使团沿水路由南向北行进,沿途经过广州、虎门、黄埔、九江、杭州、通州、南京、芜湖、扬州、天津等重要城市,最后于1656年7月抵达京城。

进入北京的使节们被安排在"四夷馆",在清廷官员反复检查荷使所带表文和贡品、核验使臣礼仪后,最终被允许进宫朝拜。这是荷兰与中国首次正式的官方交往,使团受到清廷礼遇,并得到丰厚的回赠,但并未能取得他们的贸易许可。

此时,供职于钦天监的耶稣会士汤若望(Johann Adam Schall von Bell,1592—1666)担任本次接见使团的清廷翻译,他考虑到荷使们所提的希望在葡萄牙控制的澳门设商馆、传播新教、通商等请求可能妨葡萄牙人和天主教的在华利益,因此他进谏皇帝不要批准荷使的诸要求。纽霍夫在其出使日志中就抱怨过从中作梗的葡萄牙传教士:"在北京的这些传教士是上帝的信徒中的渣滓和全世界的败类,他们在这里造谣丑化我们,使得二位使臣阁下必须时时刻刻去应付所有好奇的问东问西而随后又走开的官员。"②另一方面,清廷自身也不愿打破澳门地区葡萄牙人、荷兰人与南明政权三者彼此制衡的局面。

最终,清廷仅仅给出"着八年以此来朝,员役不过百人,止令二十人到京,

---

① 报告并未公开出版,但其内容散见于荷兰史料《巴达维亚日记》1653年5月条;《荷兰人在福尔摩莎》巴达维亚1654年1月19日报告;《热兰遮城日志》1653年3月条等。
② 约翰·纽霍夫、包乐史、庄国土:《〈荷使初访中国记〉研究》,厦门大学出版社1989年版,第87页。

所携货物在馆交易,不得于广东海上私自买卖"①的许可,荷兰使节们失望而归,在1657年3月回到巴达维亚城。

二、1666—1668年,霍恩使团

(一)黄金时代荷兰在亚洲的贸易扩张

由于《航海条例》未能有效遏制荷兰的海权扩张和殖民贸易,17世纪60年代,英国又针对荷兰订立了更加严苛的航海法,还出兵抢占了荷兰在北美的殖民地新阿姆斯特丹,并且极力打击其在西印度群岛的商贸活动。1665年2月,英荷之间爆发了第二次海权争霸战争。

这一时期,荷兰国内的金融业和海外的商贸航运事业正蓬勃发展、云兴霞蔚;此外,出于对第一次英荷战争失利的教训的总结,荷兰重整了海军战略部署,加紧建造大型战舰,任命改革派将军勒伊特出任海军统帅,且先后同法国、丹麦结成反英同盟,增强军事后援,一直等待着重夺制海权的时机。而此时的英国正值斯图亚特王朝复辟时期,海军战斗力今非昔比。在两国数次海战中,英国遭遇大败。加之黑死病在英国肆虐,伦敦又恰遇火灾,国内一片混乱,无力再战。因此,双方于1667年,订立《布雷达和约》,正式止战。条约规定英国退出在东印度群岛的商贸和殖民活动,归还荷兰属地;而荷兰将其在北美的殖民地给予英国,并承认其在西印度群岛的权益。这一条约旨在划分两国在全球殖民活动下的势力范围。

在确立了对东度群岛的殖民权益后,荷兰将商贸活动的重心放在了对亚洲的经营上。在此前几年,VOC已向东印度群岛的葡萄牙殖民者发起了攻势,通过马六甲之战,荷兰东印度公司获得了对印度洋至太平洋航线走廊的控制权,即马六甲海峡,以及苏门答腊岛和爪哇岛间的巽他海峡。②《布雷达和约》更是使VOC获取了对东印度群岛地区的商贸控制权,并且垄断了对胡椒、肉桂等香料的控制权。

与在东南亚的扩张势头不同,荷兰在东亚的殖民贸易活动却遭遇难题。17世纪60年代,荷兰在中国东南沿海商贸走私活动,陷进了明残余势力和清

---

① 《清世祖顺治实录》卷103,顺治十年八月甲辰条四,中华书局影印本1986年版,第803—804页。
② [荷]包乐史:《荷兰在亚洲海权的升降》,《海洋史研究》2015年第3期。

王朝两股势力的纠缠之中,并失去了其在东亚的商贸据点台湾岛。这使 VOC 在亚洲部署的贸易内循环网络遭受打击。

（二）谋求与清廷合作抗台的荷兰使团

1661 年,郑成功收复了台湾岛,将盘踞在此的荷兰人赶离该处,这使得荷兰丧失了在东亚贸易的一大据点。VOC 随后派遣荷兰舰队赶往台湾海峡驰援,但已无力抢回据点,所以巴城议事会决定与清廷配合打击郑氏势力。

1663 年荷兰东印度公司派出由范·甘贝(Jan van Kampen)和诺贝尔(Constantijn Nobel,中国史料文献中译为"户部官老磨军士丹镇")为首的使团出使福建,他们拜谒了当地官员,提出愿意派出 17 艘荷兰的舰船援助清廷围剿台湾的明余势力。本次使团行动在清廷官方档案和实录中并无确切记载,由此我们能推测本次的使团活动仅仅是在福建的一次地方性活动。清廷接受了荷兰的军事协助,并在 1664 年允许荷兰人每隔两年来华朝见和通商一次,然而 1665 年荷兰商团运载货物至福建沿海贸易时,清廷却禁止了这次商贸活动,并下令"荷兰国既八年一贡,其二年贸易,永著停止"①。

为解决此事,1666 年荷兰东印度公司再次遣使到中国。本次使团大使是 VOC 的财政部负责人范·霍恩,他作为董事会成员,在政治和文化方面都具有很高素养,他还曾用荷兰语向欧洲首次翻译儒家典籍②。使团的副使是诺贝尔,他参与了三年前去往福建的使团,以及在 50 年代荷兰与台湾的谈判。除了两位特使,从巴城出发的使团中还包括秘书、医生、士警卫、管事等 21 位随员。

使团于 1666 年年底抵达福州,他们与地方官僚的谈判并未取得实质成果,于是在靖南王耿继茂的示意下,使团通过地方官员向清廷上书,希望能前往北京朝贡。在获得清廷批许后,霍恩使团北上进京,于 1667 年 6 月抵达③。为方便行程,使团没有从传统的广州贡道前行,而是违例从福建贡道入京。

使团于 6 月 25 日等到了皇帝的正式召见,他们奉上礼物,并且遵循清廷朝贡礼节向皇帝行了"三叩九拜之礼"。霍恩使团向清廷提出希望每年能在东

---

① 《大清会典事例》卷 510,礼部·朝贡·迎送市易,中华书局 2012 年版。
② Pieter van Hoorn. *Eenige voorname eygenschappen van de ware deugdt, voorsichtigheydt, wysheydt en volmaeckteydt: Getrocken uyt den Chineschen Confucius, en oprym gebracht door den E: P.V.H..* Batavia: Joannes Van den Eede, 1672.
③ [美]卫思韩:《清朝与荷的关系,1662—1690》,[美]费正清:《中国的世界秩序:传统中国的对外关系》,杜继东译,中国社会科学出版社 2010 年版,第 252 页。

南沿海进行贸易的请求,但是清廷方面并未当即给出回应。因此使团在京期间,除了"领略清皇帝的威严外,并未取得任何进展"①。

直到使团动身离京时,礼部官员才将皇帝的密信交予荷兰特使,并指示他呈交给"巴达维亚王"。这封信中除了交代给进贡国王的赏赐外,并未答复其关于通商的请求,而且之前两年一次的贸易许可也已作废,信中更强调:"除今次不议外,嗣后遇进贡之年,务由广东道,入别道不许放进。"②因此本次使团行动宣告失败。1668年1月,使团回到巴达维亚城。③

三、1685—1687年,佩茨使团

（一）大震荡后荷兰的竞争压力

1672年,荷兰遭遇了历史上重要转折的"灾难年"④。西班牙遗产战争⑤中被荷兰遏止的法国与第二次英荷战争中失败的英国,于1670年签订《多佛密约》,议定两强联手,从海、陆两方面夹击围攻荷兰。1672年,12万法军入侵荷兰,打得荷兰措手不及,迅速占领荷兰大部分领土,荷兰只能以决堤的方式勉强阻止法国陆军攻占首都阿姆斯特丹。与此同时,英国也对荷宣战,并从海上向荷兰舰船发起攻势。荷兰海军抵御住了英军的四次海战,迫使查理二世在1674年结束英荷战争,但与法国的拉锯战漫长艰巨。最终,荷兰通过与西班牙、法国洛林和德意志结盟,以及迎娶英国玛丽公主等外交手段,将法国推向谈判桌。1678年,《奈梅亨条约》签订,荷法止战。在这场战争中,荷兰在地中

---

① Arnoldus Montanus/Olfert Dapper/John Ogilby. *Atlas Chinensis*: *Being a second part of a relation of remarkacle passages in two embassies from the East-India Company of the United Provinces to the Vice-roy Singlamong and General Taising Lipovi*, *and to Konchi*, *Emperor of China and East-Tartary*. London: Thomas Johnson, 1971.

② [清]梁廷:《海国四说·粤道贡国说》卷3《荷兰国》,中华书局1997年版。

③ [美]卫思韩:《清朝与荷兰的关系,1662—1690》,[美]费正清:《中国的世界秩序:传统中国的对外关系》,杜继东译,中国社会科学出版社2010年版,第252页。

④ 灾难年(Rampjaar)是荷兰历史上重要转折的一年。1672年,荷兰被英法两强海陆围攻,首都险些被法军攻占。灾难年之后,荷兰的经济遭受重创,而法国的外交势力与总体财富正式超越荷兰,建立起欧洲霸权与外交仲裁权,法荷争霸因此成为17世纪后期欧洲政局的核心课题。

⑤ 遗产战争(The War of Devolution)发生于1667—1668年。战争因法国与西班牙争夺遗产继承而起,路易十四的王后是西班牙国王腓力四世的长女,1665年腓力死后,路易要求继承西属尼德兰的遗产。当时荷兰与法国在贸易上有竞争,便改变传统政策同西班牙结成联盟,出手干涉法国。路易十四因为战争准备不足,被迫接受荷兰的要求而答允和议。

海的制海权被法国夺去,因而失去海上第一强国的地位,而法国的外交势力和国家财富超越荷兰,建立欧陆霸权与外交仲裁权,黄金时代的荷兰在欧洲遭遇了大震荡。

与此同时,荷兰在亚洲的殖民贸易也受到冲击。1674年,为了尽快结束第三次英荷战争,摆脱被英法夹击的困境,作为战胜国的荷兰同意部分殖民地与东印度群岛的贸易特权,与英国签订第二个《威斯敏斯特和约》。因此在17世纪80年代,荷兰对亚洲的贸易转运的垄断地位被英国打破,英国商人的香料贸易量不断增长,挤占着荷商在欧洲的市场份额。

1683年郑氏降清。由于台湾问题已解决,康熙帝于1684年12月将海禁政策解除,在福建设置海关关口管理贸易,对所有洋人开放港口贸易,这使得荷兰在中国沿海进行贸易活动也面临了更多竞争者,英国人、葡萄牙人以及东南亚的华商都会对VOC的贸易造成冲击。于是,搁置20余年的使华活动,被巴城议事会重新提上日程。

(二)争取在华贸易特权的荷兰使团

清廷对台湾郑氏政权作战时,荷兰东印度公司的舰船驰援不利。清军在荷兰人赶到之前,已经消灭郑氏的海军势力,大获全胜。荷兰海军的行动迟缓,并未影响到清军取胜,但荷兰人未能参战助清的事实,使VOC无法借此向清皇帝邀功,也就无法获取对华商贸特权,扩大对华贸易规模。为了抓住中国市场,1685年5月,巴城议事会决定派遣一个使团使华,解释驰援迟缓一事,同时争取更多的对华贸易权力。[1]

本次使团的正使是文森特·佩茨(Vincent Peats,1658—1702,在中文史料中被译为"宾先吧芝"),他具有良好的学识并潜心研究过以往使华的记录,本次出使任务也是他主动请缨的。副使为路易斯·德·凯泽(Luís de Keyser,在中文史料中被译为"热诺皆色"),此前他曾驻福州城外管理荷兰商人在此处的贸易活动。此外,这个使团中还有作为翻译的方斯·哈芬布鲁克亦(Alexander van's Gravenbroeck),作为使团管事的弗兰斯·弗勒廷格(Frans Flettinger),以及一个擅长西洋乐器的爪哇奴隶。[2]

---

[1] John E. WIills. *Embassies and Illusions*, *Dutch and Portugueses Envoys to K'ang-his*, 1666-1687. Cambridge & London: Havard University Press, 1984, p.150.

[2] 林发钦:《康熙二十五年荷兰使臣文森特·巴茨出使北京》,《暨南学报(哲学社会科学版)》2017年第2期。

1685年7月,使团携带着致康熙帝的信件和礼物从巴达维亚城出发,次月到达福州。由于使团没有遵照清廷指令去广东贡道,因此在福建遭遇地方官盘查并滞留许久,直至次年3月才再度启程。使团先沿海岸线行至杭州,又转入大运河北上,在1686年7月到达京城。

8月,康熙帝召见了佩茨使团,并对该使团报以好感,但依旧没有允诺使团提出的贸易请求。清廷仅仅是把贡期从之前的八年改成了五年,并同意荷兰使臣从福建贡道入贡,然而关于建立贸易据点和减税的请求未获批复。9月,使团携带清廷回馈的赠礼返航,并于次年回到巴城。

本次使团出使清廷的行动也以失败告终。从出使前踌躇满志,到出使后大失所望,VOC董事会和巴城议事会对中荷交往前景产生悲观预判,他们重新审视对华的贸易政策,不再积极组织派遣来华使节团,认为:"无需再准备下一个使华团,因为这无济于事,无法达到预期的目的。而且在毫无保障的情况下,我们无力承担沉重的出使费用负担。"①

1727年,荷兰又得到了清廷的批准,在广州十三行设置商馆,专事对华贸易,其遣使动机再度下降。因此在佩茨使团之后一百余年的时间里,荷兰都未再派遣使团赴华。并且本次使团也影响了西方其他国家对华交往的态度,正使佩茨就指出,"若是我们能在本次行动中获利,那么在中国沿海贸易的英国人也许也会派出一个使团。而且据说,主要在暹罗从事贸易的法国人,也在观望中国市场,他们曾派人打听使团的进展情况。"②

四、1794—1795年,德胜使团

(一) 危机中寻求贸易转型的荷兰东印度公司

荷兰史家博克赛称"十八世纪是荷兰东印度公司的'粉饰时代'"③。18世纪西班牙王位继承战、奥地利王位继承战、第四次英荷战争等一系列战争,不仅使荷兰军事力量被削弱、阿姆斯特丹的世界金融中心地位被伦敦取代,VOC

---

① 程绍刚译注:《荷兰人在福尔摩莎》,联经出版社2000年版,第489—490页。
② Jan. Vixseboxse. *Een Hollandsch Gezantschap naar China in de zeventiende Eeuw*(1685-1687), Leiden: Leiden University, 1946.
③ C.R. Boxer. *The Dutch Seaborne Empire 1600-1800*. Harmondsworth: Penguin Books Ltd., 1973, p.86.

亦被战败影响出现经济危机。

在早期欧亚贸易中，胡椒等香料一直是占据主要地位的商品。VOC 在巴达维亚城建立据点后，通过"枪炮加谈判"的系列外交手段，在印度尼西亚群岛建立了从香料种植到航运贸易的一整条垄断贸易链。①但是第三次英荷战争后，荷兰将部分的殖民地与贸易特权让渡给英国。因此，从 17 世纪 70 年代起，荷兰东印度公司的贸易对头英国东印度公司逐渐突破前者在亚洲的贸易垄断，将巨额香料运往欧洲市场，使得香料售价下滑、利润缩减，荷兰商人不再能依赖香料贸易牟取暴利。

此外，18 世纪以来，西方对亚洲贸易的大宗商品构成发生了转变。在 17 世纪占据主导地位的胡椒等香料的交易量日渐下滑，而纺织品与茶叶的需求量则逐年攀升，并最终后者取代香料，成为欧洲最为畅销的亚洲舶来商品。根据日本学者浅田实的研究，1700 年，棉和纺织品占了 VOC 总商贸额的 55%，超过其他所有商品总和。②18 世纪 60 年代英国工业革命开始，为配合其纺织行业飞速发展，英国东印度公司在其殖民地印度大力推广棉花种植，并开辟了通往北美再到西欧的三角贸易渠道，占据广大市场。而第四次英荷战争的失利让荷兰彻底失去了其在海外殖民地的商贸特权，它无法打造像英属殖民地那样的原料产地，也因为海权衰落，在海外航运贸易方面无法同英国竞争，只得向欧洲运输廉价的纺织品维系贸易，因此荷兰急切需要一个广阔的棉花产地。

荷兰在亚欧茶叶贩售方面走在前列，VOC 建立伊始，荷兰商船便从事着向欧洲贩运茶叶的贸易。茶叶进入荷兰市场之初，陌生且价格昂贵的茶叶尚未被民众普遍接受。17 世纪中叶起，茶叶作为具有药用价值的中国饮品被欧洲人所了解，逐渐从荷兰扩散至整个欧洲上层社会，成为贵族社交时常用饮品，此后饮茶的习惯逐渐在西方蔓延，至 18 世纪中叶，茶叶成为欧洲人不可或缺的日用品。17 世纪中国茶叶的转运贸易主要由荷商掌控，但在世纪之末，英国商船开辟了自中国直接航运至欧洲的贩茶路线，开始抢占荷商市场份额。18 世纪 70 年代后，英国的茶叶贩运份额超越荷兰，而发展至 90 年代，英国成为欧洲市场最大的茶叶贩售商，其贩售量超越其他国家总和。③

---

① John E. Wills, Jr. Pepper, Guns and Parleys. *The Dutch East India Company and China 1622-1681*. Los Angeles: Figueroa Press, 2005, pp.14-18.
② ［日］浅田实：《东印度公司：巨额贸易资本之兴衰》，顾姗姗译，社会科学文献出版社 2016 年版。
③ 庄国土：《18 世纪中国与修的茶叶贸易》，《中国社会经济史研究》1992 年第 3 期。

受第四次英荷战争战败的影响，VOC出现经济危机，这更是暴露了公司长期以来内部腐败无能、管理混乱等多重问题。公司董事会及巴城理事会在此压力下继续寻求突破口，而盛产棉花与茶叶的中国，成为他们期待的"救命稻草"。

（二）向乾隆帝庆寿的荷兰使团

为加强对洋人的防范与限制，乾隆帝将对外贸易关口收为广州一口，这一举措引得与清朝有贸易关系的欧洲国家纷纷派使前来交涉。1794年，在英国马戛尔尼（Macartney）使团访华后不久，荷兰东印度公司借以庆贺乾隆登基六十年盛典，再度派遣使团出使北京。

本次使团的大使是德胜（Isaac Titsingh，1745—1812），他是VOC的高层官员，长期居于日本，并且作为"日本通"被公司任为与江户幕府进行外交的全权代表两度出使江户，具有丰富的出使经验，副使范罢览（Andreas Everardus van Braam Houckgeest）多年效力于VOC的对华贸易事务，本次使团之行即由其促成，使团的翻译为法国汉学家德经之子小德经（Chrétien Louis Joseph de Guignes，1759—1845），他曾任法国驻广州的代表；加上书记、医生、杂役等随员，使团一行共计25人。①

1794年10月，德胜使团从巴达维亚出发，在次月抵达广州。与前几次赴京的荷兰使团不同，本次使团选择不沿运河水路，而是从陆路跋涉至北京，因此也得以见到之前不曾向西方人开放的内地一隅。使团在1795年1月，即中国的新年庆典前及时抵达了北京。

德胜使团吸取马戛尔尼使团失败的教训，他们为了符合繁复的清廷礼节作出了巨大的努力。使团以恭顺的态度，严格依照中国礼仪向乾隆皇帝行了三拜九叩大礼，他们也因此得到清廷高规格的接见和礼遇，乾隆皇帝在紫光阁赐宴荷兰使团，并赠予丰厚礼品。使团虽然得到了乾隆帝和清廷的厚待，但其所提出的实际贸易请求依旧未能实现，可以说依旧是燕无而归。在京停留40天后，使团动身返程，于1795年5月原路回到广州。

这是鸦片战争之前，荷兰向中国派出的最后一支正式的大型使团。1795年，荷兰被法国军队攻陷，沦为法兰西帝国附属国，再无暇顾及东方的贸易。此外，使团遵照中国礼节却仍以失败告终的结果激起了欧洲的广泛讨论，一定程度上影响了此后中西关系的走向。

---

① 黄谷：《乾隆五十九年荷兰来使》，《紫禁城》1990年第3期。

福开森的中国艺术生涯
——从"文物代购"到中国古代艺术品收藏家的转变

夏 天*

19世纪中后期到20世纪中期这段时间,随着中西之间高频次的进行着人员、观念、金钱的流动,文物藏品自然也流动了起来。西方收藏家、学者、艺术家的参与,对近代中国艺术的影响是把双刃剑,一方面西方人的参与推动了艺术领域近代化、现代化体系的进程,包括博物馆、艺术展览、艺术教育等,但另一方面文物向海外流失也给中国带了难以估量的损失。在众多涉足中国文物的西方人中,有声名狼藉的文物大盗,也有积极促进中西文化交流的收藏家,福开森属于后者,是近代中西文化交流中一个不可忽视的收藏家、研究者、捐赠者。虽然他是作为传教士的身份来华,主要工作并不是收藏,但是在中国生活的56年间,他和中国各界人士的交往也让他逐渐成长为一个资深的中国艺术品收藏家,并在中西文化交流中发挥了重要的作用。从早期作为美国大都会艺术博物馆等机构的中国艺术品"代购",到自己也成为对中国艺术颇有研究的收藏家,并最终将自己毕生藏品捐赠给金陵大学,正是在华的经历逐渐改变了他对中国艺术品的观念,增进了对中国艺术品的理解,也成就了他的艺术生涯。

一、福开森其人

福开森1866年出身于加拿大安大略湖一个牧师家庭。年幼时在家附近的一所教会学校读书,后来进入波士顿大学取得文学学士学位。1887年,福开森以传教士的身份来到中国,一边从事传教活动,一边学习汉语。来华的次

---

* 作者系上海社会科学院世界中国学研究所2021级博士生。

年,他在南京创立汇文书院,并担任院长。1910 年,汇文书院与宏育书院合并,组建成金陵大学,也就是今日南京大学的前身。1902 年,随着在中国的继续学习,福开森获得了波士顿大学博士学位,博士论文题为《宋代儒家文艺复兴》("Confucian Renaissance in the Sung Dynasty")。而在汇文书院任职 10 年之后,正当汇文书院蒸蒸日上的时候,福开森不满于汇文书院一直局限于教会学校的身份而没有走向真正意义上现代化的高等学府,同时又受到了盛宣怀的邀请,从而辞去书院职务离开南京来到上海,担任南洋公学的监院。从 1897 年来沪之后一直到 1911 年又应盛宣怀之召去北京发展,这时的盛宣怀任邮传部尚书。而在上海的 10 多年间除了南洋公学的办学活动之外,他还参与了清廷两江总督应对处理上海租界扩界活动,担任中国教育会总编辑及筹备该会第三次年会,收购《新闻报》,助力促成东南互保,出任中国铁路总公司英文秘书、参赞,为中美、中日续约谈判做翻译,介入"苏报案",参与粤汉铁路废约谈判,在《亚洲文会会刊》做编辑,参加基督教青年会、广学会的活动,参加华洋义赈会和中国红十字会的活动,等等。为了表彰福开森在上海公共租界和法租界的扩界活动,以及在这个活动中发生的"四明公所事件"起到的协调作用,1907 年,法租界公董局将徐家汇越界新修的一条马路(今武康路)命名为"福开森路"。①

离沪赴京之后没有多久,随着清王朝的覆灭,福开森在清廷的一切工作和薪酬也随之归零。但在短暂的困顿和迷茫之后,作为同时在清廷和西方的诸多在华机构都曾任职的经历,另一份工作——西方博物馆艺术馆在华的中国古代艺术品"代购"又给福开森的在华事业带来了新的机遇。1925 年故宫博物院在北京成立,福开森是首位担任故宫博物院顾问的西方人士。一直到福开森 1943 年回到美国,他都一直活跃在中国的教育界和艺术品收藏界,在一些重要的政治事件中也履见他的身影。作为近代中西方交流中重要的桥梁人

---

① 郭峰:《福开森在华五十六年:参与兴办中国近代高等教育的视角》,上海交通大学出版社 2019 年版,第 381—391 页。笔者按,关于"福开森路"的命名,有多篇论文都提及这条路之所以以福开森的名字命名,一方面是因为福开森在"四明公所事件"中的重要作用,民众对其表示感激从而以他的名字命名。并且这条路的修建是福开森为了方便南洋公学的师生出行,用自己的薪资自费修建,故而得以命名,但对这个故事的出处并没有过多的考证。在郭峰先生《福开森在华五十六年:参与兴办中国近代高等教育的视角》一书中并未提到出资修路的事件,并且对"福开森路"的命名也不是民众的行为,而是法租界公董局的命名。在美国学者聂婷的《福开森与中国艺术》一书中有提及"福开森在描述自己的成就时,通常会添油加醋一番",并且当时福开森的艺术品代购事业还未开始,是否有这样的财力修路也有待考证。

物,福开森的多重身份、在华近 60 年的经历、与中国各界人士的交往,从教育界、政界到收藏圈的经历都颇为值得关注。而本文重点关注的就是福开森在中国独特的艺术生涯,尤其是从早期的西方博物馆艺术馆在华中国艺术品"代购"到将自己毕生所藏捐赠给金陵大学,成为享有盛名的收藏家、研究者的转变。

二、福开森与中国艺术品的交汇

福开森与中国艺术品的初识,应始于 19 世纪 90 年代在南京与缪荃孙、张謇、蒯光典、沈敦和等人的交往,尤其是缪荃孙对福开森的影响十分关键,是他后来进行藏品研究、编目的重要助力。福开森在南京期间和两江总督刘坤一、张之洞等人都有关系,与其下属缪荃孙、张謇、柯逢时、蒯光典等人也有了交往。据荷兰汉学家高佩罗等人的研究,认为是缪荃孙把青铜器学术的基本知识介绍给福开森。① 而接着由于福开森和盛宣怀、张之洞等人的关系,在 1902 年端方任湖广总督时,福开森也被聘为端方的外籍顾问,随后端方又赴任南京,两人进而有了更密切的交往,福开森对金石学的研究也在端方的影响和帮助下正式开始。但福开森与中国艺术的交集远没有这么简单,在短暂了解接触之后,福开森就迎来了新的机遇,并一路促使他和中国艺术的关系越来越密切。1903 年福开森出任中国铁路总公司秘书长,参与了粤汉铁路的建设中中国政府与美国合兴公司的谈判。盛宣怀派福开森前往美国协调,最终作为美方公司原始股东之一的 J.P.摩根(J.P. Morgen, 1837—1913)回购了大量股票重掌公司的控制权。美国学者聂婷认为也许正是这个契机,让福开森结识摩根,也就有了日后委托福开森为大都会艺术博物馆收购中国艺术品的开端。②

在清王朝倾覆之后,大量失去庇佑的前清权贵陷入了前所未有的困境,经济拮据、生活潦倒,很多人沦落到靠卖家藏祖产为生。而福开森和这些拥有众多藏品的前清官员的关系使他成为当时西方人眼中代购中国古代艺术品的最佳人选。除了大都会博物馆最先抛来的橄榄枝,1912 年纽约市市立艺术博物馆也请福开森代为收集"中国艺术的代表性样品",在他购买的数件早期青铜

---

① 郭峰:《福开森在华五十六年:参与兴办中国近代高等教育的视角》,上海交通大学出版社 2019 年版,第 280—281 页。
② [美]聂婷:《福开森与中国艺术》,郑涛译,上海书画出版社 2017 年版,第 28 页。

器范本中,一些就是来自清朝皇族的一员盛昱(1850—1900)的藏品。① 盛昱去世后,他的家人因为生活所迫而将藏品出售。这一段艺术品代购的经历也让福开森对中国艺术的认知不断提高,为日后建立自己的收藏奠定了基础。1925年故宫博物院成立之后,福开森受邀作为顾问专家之一,和罗振玉、容庚、马衡、郭葆昌、爱新觉罗·宝熙、王国维等学者共同参加了大批文物的真伪鉴定工作,可以近距离接触诸多珍贵文物,并和中国的专家共事求教。这是当时很多在中国收集中国古代艺术品的西方人几乎不可能有的经历,也是福开森能够长期为西方博物馆艺术馆收集中国古代艺术品的重要原因之一,更是为福开森的中国艺术研究,包括《历代著录画目》《历代著录吉金目》等著作的编写积累了丰富的经验。

除了艺术品的收藏,福开森还积极推动了中国艺术展览的发展。1908年福开森还参与筹办了由皇家亚洲学会北中国支会赞助的"古代中国瓷器和艺术品展",这是首场中国的艺术展览,在中国艺术鉴赏的历史中是一个重要的转折,标志着中国艺术品的鉴赏不再只局限于私人空间,而逐渐转向公共空间。这场展览的筹办委员会成员包括秘书长白威廉、司库福开森、斯坦利医生、弗洛伦斯·艾斯库和清朝官员沈敦和,展示的藏品中也有端方的部分私藏。② 中国政府官员之所以对展览的参与,一方面是因为当时清廷积极在海内外的展会上投放中国的工业产品和艺术品,例如1873年维也纳世界博览会和1904年圣路易斯的万国博览会,等等;另一方面也得益于福开森和中国政府官员的良好关系。在此之后,艺术展览也正式在中国活跃起来,1908年,日本人长尾雨山、佐佐木苏江、铃木孤竹等人在上海六三亭举办了古画展览会。1917年叶恭绰等人组织了京师书画展览会,1920年颜世清又组织了第二次京师书画展览会,接下来还有1923年的晋赈书画展览会和1924年第三次中日联合绘画展览会等,这几次重要的展会福开森也曾贡献藏品参展,内藤湖南等当时

---

① [美]罗覃:《两位中国艺术品收藏家的交汇——端方与福开森》,苗巍译,山东画报出版2013年版,第147页。笔者按:《两位中国艺术品收藏家的交汇——端方与福开森》的作者美国学者罗覃先生是最早研究福开森艺术生涯的学者之一,曾在台湾大学的斯坦福中心学习汉语,后又多年供职于台北故宫博物院,是继福开森先生作为故宫博物院顾问之后又一位在中国担任中国文物顾问的西方人。1967年归国后,成为弗利尔美术馆(Freer Gallery of Art)馆长助理,继而历任弗利尔美术馆中国艺术部主管和馆长。福开森的诸多书信,尤其关于中国艺术品相关的信件现保存在弗利尔美术馆和塞克勒美术馆中。

② 《古代中国瓷器和艺术品展》,《皇家亚洲学会北中国支会会刊》1908年第40期。

的在华海外学者也都积极参与并留下了许多展会的文字记载。①1934 年,福开森将自己几十年来的藏品悉数捐赠给金陵大学,其中包括商周青铜器、殷墟甲骨、古陶瓷和古书画等多门类的藏品。因当时金陵大学没有合适的收藏展示场地,所以这些藏品先保存在故宫博物院。这批藏品在故宫博物院暂存期间,也有办展览进行专门展示,并专门设"福开森古物馆"。时任北平古物陈列所所长的钱桐也是这次展览的组织者之一,有人专门撰文记载,报纸上也有刊登展览的盛况:

> 北平古物陈列所福开森古物馆于七月一日正式开幕,先日下午四时,特先招待各界名流学者参观,福开森博士与钱桐所长等,亲在场招待。到各界来宾约三百余人,外交界有美大使詹森夫妇、日使馆参事若杉、参赞清水及程锡庚等,学术界有马衡、沈兼士、梅贻琦、李麟玉、吴贯因、顾颉刚、洪煨莲、李书华、容庚、郭葆昌、刘衍淮等,政界有蔡元、谭炳训、周起凤等,名流有江朝宗、周肇祥及妇女节王子文夫人、康同璧女士等,金陵大学特派金仲藩代表参加。福开森氏周旋来宾间,侃侃叙述收集经过,兴致勃勃,毫无倦容。梅贻琦、若杉等在王齐翰《挑耳图》陈列处参观最久。马衡谓王右军《大观贴》,故宫虽有,但确不如福氏所藏者。来宾在殿内各处参观后,在集义殿用茶点,至六时许始散,钱桐氏对该馆筹备经过,印有书面报告,分散来宾,兹录其原文如下:
>
> 鄙人奉令承乏本所,六载于兹,自愧驽庸,常惧弗胜,加以连年国内多故,未能积极进展,良兹歉忱。迨二十二年长城战事发生,行政院与内政部为慎重国宝起见,派员来平将古物南迁存沪,以策安全。本所精华,运去大半,古铜书画陶器等类,尤感缺乏,因之文华殿不敷陈列,无形空废。虽社会多能谅解,不加责备,然亦不能无疚于心。去年福开森博士就商鄙人,愿将捐赠首都金陵大学之巨量古物,寄托本所保管,并开文华殿为陈列之处。当时鄙人聆悉之下,对于福氏此种豪举,十分钦佩,亦十分惭感,爰据情清史内政部是否可行,奉批拟呈草约候核。旋与福氏拟定三方面契约,呈部批准,奉令接收,即日陈列。该约原文,各报曾经披露,无庸赘述。嗣以种种关系,迁延至今,未得陈列,对于福博士有失信用,非常抱

---

① 叶公平:《叶恭绰、福开森与民初北京的艺术品展览会》,《美术》2020 年第 4 期。

歉。现本所已于国难万分严重中,在文华殿布置就绪,如是阒寂将逾二年之文华殿,复得璀璨名贵之古物表里辉映,晔晔重光,与社会相见。今承诸君惠临参观指导,实深荣幸。现所陈列者,举凡铜器、陶器、玉器、书画等品,皆宋代徽宗皇帝、米芾、项子京及近代端方、张之洞、吴大澂诸收藏家所蒐罗之物,俱有历史。此次布置,系福博士躬自设计,采欧美各国博物馆最新陈列方法,光线合度,古朴清雅,以比武英殿另有一种气象。就中如南唐王齐翰《挑耳图》,有宋徽宗、苏东坡、苏子由、王晋卿四人题跋,为当代画卷绝品。宋拓王右军《大观贴》,为清代金石大家翁方纲旧藏,翁氏题识不下万言,为稀世碑帖绝品。以上两件,据闻某国愿以百万圆购之未允,福博士为爱华精神所激励,将原得诸华者,仍归诸华,其志趣为何如耶。福氏古物综计约千余件,莫不有关文化历史,补助社会教育厥非浅鲜。以文华武英两殿比较,品类虽略有互同,但武英殿以瓷器雕刻为大宗,文华殿以古画铜器、陶器为大宗,皆极精审,各有系统,可资观摩,以供研究。此则鄙人所私信庆幸堪以告慰社会者也。惟文化事业无国界,无止境,此后务望国内外名流学者及社会贤达,随时都督指导,共相维护,俾本所得年有进步,幸甚幸甚。招待未周,尚乞亮宥,古物陈列所主任钱桐,中华民国二十四年六月三十日。①

本次的展览还以换展的形式展出,福开森古物共计千余件,首次展出约500件,其余的展品会在接下来的换展中依次呈现,社会各界人士均可参观,在开幕式的次日正式对公众开放,票价一元。②福开森的捐赠中还包括一组刻字甲骨,其中有一些都是甲骨最早的发现者和收藏者王懿荣的私藏,王懿荣去世后,他的儿子王崇烈为了还债把100多片甲骨卖给了福开森。③所幸这些甲骨最终又被福开森捐赠给金陵大学,得以留存在中国大陆上。

三、福开森在中国的交游圈

福开森在南京的10年,是他传教、办学以及参与清末新政的重要时期,这

---

① 《福开森古物馆开幕》,《科学》1935年第7期。
② 《福开森氏古物展览纪详》,《兴华》1935年第26期。
③ [美]罗覃:《两位中国艺术品收藏家的交汇——端方与福开森》,苗巍译,山东画报出版社2013年版,第159页。

段时间与清廷中诸多要员的交往为他在中国几十年的事业打下了基础,除了担任多地总督的顾问之外,还直接在政府部门有任职。在此期间,福开森和盛宣怀、张之洞、曾国荃、刘坤一、沈敦和等人都有不同程度的交往,其中和盛宣怀的关系尤为重要。与盛宣怀的交往是福开森和清廷保持长久关系的第一步,在盛宣怀的支持下,更多的政府重要职位陆续向福开森开放。从参与南洋公学的创办、选校址、建校舍、订定功课、推荐教习,到服务清末新政。1902年年底,在盛宣怀的安排下,福开森进入总部设在上海的中国铁路总公司(Imperial Chinese Railway Administration),出任铁路总公司参赞。众多的职务和具体事务的参与给福开森带来的除了在华重要的关系网络,也为福开森在中国的生活和事业提供了经济的保障。当时福开森在南洋公学的薪酬是每月银元350两,到铁路总公司还有另外的薪酬,具体数额不明,但有盛宣怀"请销铁路总公司华洋员司薪费"的奏折。① 而盛宣怀对于福开森来说不只是伯乐,二人在长期的政治交往中也产生了深厚的友谊。盛宣怀去世后,福开森曾为盛宣怀的《愚斋存稿》作序,讲述了他们相识交往的历程。② 在清朝倾覆的那段时间,福开森给盛宣怀的书信中依然在继续处理盛宣怀所交代的各项事务,还有对盛宣怀依然的尊重和关心,摘录部分信函如下:

宫保钧鉴:

别后于一号到沪。道过长崎,得晤伯行侍郎,畅谈汉冶萍及东方地产公司之事,伯公云当函达钧右矣。汉冶萍事此间舆论反对甚炽,渐知孙、黄主动之非。森与绶卿兄会商,此事原委情形必使董事全悉底蕴,事之真相乃得昭然,至于股东本意主张取消,一经开会议及,可不烦言而解,故内容详情,不必尽行通告。盖孙、黄势衰而理屈,直揭隐微,恐有一激怒而另生枝节也。电文想先达览,兹再钞呈。南京政府权力渐替,人心日趋于袁,此又近日之变相。京城兵变,于组织临时政府大有障碍。北方危象渐露,森明日赴京,接眷南旋,在沪仅耽延两日。

程德彝未及往晤,已托煦生与之讨论组织。林稚眉之函已交,渠以江皖义赈,仍求钧处援助。灾情之重屡见报章,兵荒之后继以饥谨,诚令人

---

① 郭峰:《福开森在华五十六年:参与兴办中国近代高等教育的视角》,上海交通大学出版社2019年版,第401—402页。

② 《(盛尚书)愚斋存稿初刊》第一卷,影印思补楼藏版。

心恻也。咏诠之恙已愈,昨日始第一次出门,一切已与畅谈。宋君已晤,差官小队裁撤之事已遵办。匆匆倚装,余情到京再达。附上南京政府保护人民财产通令一则,呈祈察阅。

现在各省秩序甚乱,兵哄之事迭起环生,人心日险,公道日非,钧驾可从缓回沪。睹此情形,恐上海亦非安乐之土,奈何奈何!肃上,敬颂钧祺。

开森谨肃。三月二号①

这是 1912 年 3 月 2 日福开森致盛宣怀的信函,尤其当时他自己也身处乱世之中,新政权对于他们来说还是未知,福开森对自身境况也有很大的担忧和焦虑,但依然选择继续辅助盛宣怀的工作,并为当时身在日本的盛宣怀及时汇报中国的情况。经历了政权的更迭,福开森在 1915 年又继续获得新政府的委任,他被当时的国务卿秘书徐世昌任命为国务卿顾问。福开森在给弗利尔美术馆创始人查尔斯·兰·弗利尔的信函中表示"我从没想过重新参与中国政府行政部门,但这项任命在中国最亟须我之际负于我身,显示出其强烈的感召力"。在同一封信中还提到自己的一些疑虑,担心这只是一份闲职,并表明如果是一份闲职,自己则不会接受这项委任。②所以福开森一直是有强烈的愿望能够深度参与中国政治的,尽管清朝的任职已经是明日黄花,但在民国政府,福开森依然积极参与了中国的政界、教育界、报业等多领域的重要事件,也并没有因为清朝的覆灭和收藏事业的蒸蒸日上而放弃对政治、教育事业的追求。

除了政界人士,福开森的交往圈中还有众多的收藏家例如端方、盛昱、完颜景贤、郭葆昌、蔡乃煌,等等。他们对福开森研究中国古代艺术品都有不同程度的贡献,福开森的很多藏品也是通过他们进行收集的,他们曾共同对文物进行编目研究、校对书籍。其中对福开森影响最大的就是端方,他的《陶斋吉金录》也为后来福开森的《历代著录吉金目》的编写奠定了基础。

福开森和端方是在南京相识并且进一步密切交往的,弗利尔美术馆的创始人查尔斯·兰·弗利尔在访问中国期间曾经会见了福开森和端方,在端方

---

① 陈旭麓、顾廷龙、汪熙主编:《盛宣怀档案资料》第 4 卷,《汉冶萍公司(下)》,上海人民出版社 2016 年版,第 223—224 页。
② [美]罗覃:《两位中国艺术品收藏家的交汇——端方与福开森》,苗巍译,山东画报出版社 2013 年版,第 122 页。

去世以后,弗利尔从端方遗孀手中购得博物馆现藏中的许多藏品,而福开森正是中间人。①端方是 19 世纪末至 20 世纪初访美的清朝官员中唯一在收藏和鉴赏方面有所建树的,但是在访美的过程中并没有接触太多的博物馆或美术馆,毕竟端方等人此次访问的目的是研究美国和欧洲的宪政情况,为清廷当时预备实行的君主立宪制进行考察。在参观芝加哥的菲尔德自然历史博物馆(Museum of Natural History)时,赠送馆方一件唐代道教造像碑。这在当时对于西方的艺术馆来说是非常重要的捐赠,当时西方各艺术馆还并未有很多中国艺术品收藏。

据罗覃先生对端方的研究,认为端方更多的是受到西方世界的认可,而当时中国国内的学者对端方普遍并没有太好的评价。这与端方在官场的诸多行径有关,例如书中提到的行贿、买官、利用官职之便敛财,等等。在福开森的笔记中确实也提到在端方南京的居所处见到很多青铜器,并且诸如大型的青铜鼓之类设计独特的文物,都直接被端方用作家具,可见其收藏之多,亦可见其生活的奢侈,引起众多的不满也可以理解。但是罗覃先生著作《两位中国艺术品收藏家的交汇——端方与福开森》中提到一个关于端方广为流传的故事:包括盛昱和王懿荣数位杰出的鉴赏家正在探讨碑刻时,端方在场。当端方打断他们提出一个问题时,王懿荣很厌烦像端方之流还轻率地开口提问,因为他被描述为只对像捧戏子吃花酒这样的享乐感兴趣。端方冷冷地回答王懿荣,发誓在三年之内要成为这方面的权威。因此,据说端方找到北京文物中心琉璃厂的碑刻铭文专家,非常刻苦钻研,以至于 3 年内赢得了鉴赏家的盛誉。虽然端方可能确实因为其为官的行径曾被士大夫所不齿,但端方和当时收藏界前辈们如王懿荣、杨守敬等人的交往状况也许并不像罗覃先生书中所说的那样不入流。有学者在研究端方的往来书信中也发现了一些端方与这些收藏家们的交往情况。上海敬华 2007 年秋季拍卖会中国古代书画专场上曾拍过一组端方《书与莲生十三兄信札》,是端方写给王懿荣的书信,从上海博物馆魏小虎对其书信内容的研究考证中可以看到,端方在收藏的过程中经常向王懿荣先生虚心求教,至于罗覃先生在书中所提及的故事,恰好在魏小虎《端方致王懿荣书札十通考释》一文中也有提及,这个故事的源头应出自《清代野记·海王

---

① [美]罗覃:《两位中国艺术品收藏家的交汇——端方与福开森》,苗巍译,山东画报出版社 2013 年版,第 2 页。

村人物》,原文如下:

> 当光绪初年,各衙门派员恭送玉牒至盛京,盛伯兮侍郎、王莲生祭酒、端陶斋尚书,皆在其中。一日夜宿某站,盛与王纵谈碑版,端询之,王奋然曰:"尔但知挟优饮酒耳,何足语此。"端拍案曰:"三年后再见。"及妇,遂访厂肆之精于碑版者,得李云从,朝夕讨论,购宋明拓本无数,又购碑碣亦无数,其第一次所购,即郭休碑也,以五百金得之,罗列满庭院,果不三年而遂负精鉴之名矣。①

而同时文中还列举出《翁同龢日记》中对端方的认可和夸奖,书中记载,光绪十七年辛卯(1891)正月十九日:"访王莲生,遇端午桥于座,谈碑读画,抵暮方行。"光绪十年甲申(1884)五月二十二日:"端午桥方来长谈,借《史通》读,勤学可嘉也。"又六月初九日:"端午桥来还《史通》,借归评《史记》。其人读书多,与名流往还甚稔。"所以可以看到,罗覃先生书中的这则关于端方的负面故事确实是一个广为流传的故事,甚至可以说是西方人评价端方时负面消息的主要来源之一。但书中罗覃先生也并没有说明这则故事的出处或者对其真伪进行考证,而记载这则故事的《清代野记》作为民间流传的笔记小说,其中所述的端方与真实历史之间的距离也需要进一步求证。②目前获得的这些资料至少可以表明,端方虽然在为官行径上确实有很多为当时士大夫所诟病的地方,但是综合他与前辈学者的交流、请教以及对福开森等西方人文物研习的帮助,西方一些学者的书中对端方形象的认识还是有很多有失偏颇的地方。尤其是研究者对中文文献的利用程度不够,而对端方和福开森交往的研究大部分资料是

---

① 梁溪坐观老人著,王淑敏点校:《清代野记》,《民国笔记小说大观》(第二辑),山西古籍出版社1996年版,第119页。
② 笔者按,这里还要补充说明下罗覃先生《两位中国艺术品收藏家的交汇——端方与福开森》一书中还有提到辜鸿铭对端方更为尖锐的评价,限于本文的主题和篇幅在此不做展开,但是其中提到辜鸿铭说张之洞也对端方有十足的厌恶情绪,在辜鸿铭先生《中国的牛津运动》一书中曾说"端方是我认识的唯一不仅品质败坏而且令人震惊的行为恶劣的中国八旗子弟。后来张之洞对满族端方憎恶不已,有一次在武昌,我记得,他模仿端方一瘸一拐的蹒跚步态,咬牙切齿地说:'此人现在竟成为一省之总督!'"但是在陆德富先生《张之洞致端方信札六通考释》一文中,对中贸圣佳2010夏季艺术品拍卖会"中国古代书法专场"中得见的"张之洞写给端方的六通未刊信札墨迹"的研究,从中可以看出,端方任湖北巡抚期间,与张之洞、梁鼎芬等人的关系密切,并且相处融洽。因此对于罗覃先生此书中和聂婷所著《福开森与中国艺术》书中提及的同样对端方的负面评价都还有待进一步的考证。

来源于与他们二人有过交集的西方人记述,所以存疑的地方也很多。

四、福开森中国艺术生涯中的转变

在1911年年末到1912年年初这段时间内,清朝大厦将倾,时局动荡,福开森也曾多次书信家人表达内心的担忧和对未来的不确定。福开森写给在美国的儿子查尔斯的信中说道:

> 中国目前的混乱局势让我无法预料明天我会身在何方。中央政府仅控制了北京附近的小片地区,其他省份都在闹革命。政府无钱发饷,我只能靠积蓄生活,等待着……之时的到来。对……我来说,这是最令人担忧的处境,不过总有什么事会发生的。(1911年11月21日)①
>
> 我想回家,然后在哈佛或是别的大学谋一个汉学教职,那样我就可以再次和你们生活在一起。我在中国已经待了二十五年,这也足够了吧。(1912年2月25日)②

这时候的福开森虽然对自己在中国的前途倍感担忧,但还是依然选择留在中国,其中与盛宣怀的故交让他选择在此困难之际继续帮助盛宣怀工作是一个原因,另一个原因也与当时美国的求职环境相关,1912年时,福开森在中国的艺术事业还并未展开,美国的艺术领域对他并未有认可,他在中国的大部分工作也都是跟清廷相关,随着清廷不复存在,回到美国也很难有如他信中期待的教职岗位。而在1912年6月17日,大都会艺术博物馆秘书长和董事会副主席罗伯特·W.福里斯特(Robert W. de Forest)给福开森的一封信里,提出了博物馆可以与他达成的协定:福开森可以获得25 000美元,其中包含了他的薪水和10%的佣金。③而这份意义重大的代购工作无疑给福开森当时的困顿状况带来了曙光,也坚定了他留在中国的意志。1914年福开森又促成了弗利尔美术馆创始人查尔斯·兰·弗利尔收购端方的藏品,这时端方已经去世,

---

① [美]聂婷:《福开森与中国艺术》,郑涛译,上海书画出版社2017年版,第49页。笔者按,这些信件来自美国国立亚洲艺术博物馆所藏福开森家族信件。
② 同上书,第51页。
③ 同上书,第61页。

根据弗利尔美术馆艺术档案馆所藏 1914 年福开森和弗利尔的信函，福开森说自己能够获得全部端方藏品，问弗利尔是否能够在办理过程中提供资金资助，但弗利尔拒绝了。[1]显然这也可以看出经济原因或许是福开森最初开始做西方中国古代艺术品"代购"的重要原因。但这一过程也并非可以长久，随着中国古代艺术品在海外市场上的流通和其巨大的经济回报，在中国的"市场"中也开始了竞争。琉璃厂、国子监多个文玩市场上都开始有越来越多外国人的身影，如日本山中商会都开始成为福开森的竞争对手。

因此，促使福开森对中国艺术进行深入研究并开始进行私人收藏的契机，笔者认为，除了他自身对中国艺术的热爱，也与他在中国"代购"事业的瓶颈有关。一方面更多的西方人在对中国艺术有了兴趣之后，并且也有更多的机会亲自来到中国购买，而中国的很多古玩商人在乱世之中，也顾不得考虑文物流失的代价，纷纷出售给这些愿意花高价购买的外国人。因此福开森作为中间人的角色就显得不是十分重要了。原北平古物所所长周肇祥先生有记载当时外国人在琉璃厂的收购情况，如"冰窖胡同大吉祥，专售金石古物于西人，每年流出海外者不可数计，古物之断头台也"[2]，还有"西人之豪富者，以有中国旧瓷为荣。故近年旧瓷益贵。各国博物院亦事搜罗，奇异之品莫不随番舶以俱去。将来欲考求旧瓷，必有借镜于人之一日"[3]。很多古玩商家不仅是乐于接待外国商人，还专门将文物卖给这些外国人，美国人、日本人分别喜好或常买哪些品类他们都非常清楚，也会投其所好的为他们搜罗。

而与此同时，福开森早期经手到西方各大博物馆的中国艺术品的真伪问题也在当时有一定的争议。很多与福开森有过交往的人都曾对他有过"自负"的评价，罗覃先生曾与美国学者席克门有过关于福开森的交谈，席克门向他描述 20 世纪 30 年代在北京和福开森的多次偶遇，尤其对福开森"自负"的举止印象深刻："因为当时席克门在北京的古董市场为纳尔逊-艾特金斯博物馆遍地搜寻中国艺术品，所以他有时征询福开森对一些特殊文物的意见。福开森的回应一律反映出他传统中国品鉴方面的渊博知识。"[4]然而这种对自我的肯

---

[1] [美]罗覃：《两位中国艺术品收藏家的交汇——端方与福开森》，苗巍译，山东画报出版社 2013 年版，第 150 页，第 177 页注 67。
[2] 周肇祥著，宋惕冰、赵珩、海波整理：《琉璃厂杂记》，北京联合出版公司 2016 年版，第 28 页。
[3] 同上书，第 436 页。
[4] [美]罗覃：《两位中国艺术品收藏家的交汇——端方与福开森》，苗巍译，山东画报出版社 2013 年版，第 2 页。

定并没有给福开森的委托人们带来好的印象,除了弗利尔美术馆和纳尔逊-阿特金斯博物馆拥有来自端方藏品的大量收藏以外,世界上几乎每一家有中国藏品的博物馆都拥有曾经端方之手的一些赝品。①并且因为福开森的中国艺术研究绝大部分都是在中国进行的,他的众多中国古代艺术品相关的知识基本都是来源于中国传统的收藏家和中国古典文献,所以他对文物的鉴定方式也是中国传统的鉴定手法,例如他对维多利亚—艾尔伯特博物馆在1874年得到的大型青铜器皿"晋侯盘"的鉴定如下:

(1)至于绿锈,它主要是深棕色或赤褐色,尽管有几点浅橄榄绿,这是在土中埋藏时间不长或埋藏在干燥的土壤中的青铜器的绿锈。

(2)敲打大浅盘时发出的声音清越,不像宋代青铜器的声音那样模糊不清。

(3)当用掌心轻快摩擦时,没有腐臭,而唐代和宋代青铜器情况则是如此。②

而相较于中国,西方彼时已经有了现代考古理论体系和一些科学的鉴定方法,所以福开森的这套"传统中国式"的鉴定方式也常为西方学界所诟病。最后福开森判断这件青铜器是属于周朝后半期,但随后的研究证明这件藏品为赝品,实则应该是铸造于18世纪。③这个结果无疑不可能给福开森的鉴定口碑加分了。

不过在西方的信任危机中,反而促使福开森又加深了对中国艺术品的认知。他另辟蹊径,不再苛求西方认同传统中国式的鉴定方式,而是积极探究让西方理解中国艺术的路径,为此他在西方也做了多场介绍中国艺术的演讲。福开森强调要用中国自己的审美鉴赏标准来看待中国艺术,他认为"一个具有浓厚艺术气息的民族,拥有着阐释自己的艺术并定下自己的价值标准的权力"④。试图用西方审美理论中的语言和对比的方式使西方人更好地理解中

---

① [美]罗覃:《两位中国艺术品收藏家的交汇——端方与福开森》,苗魏译,山东画报出版社2013年版,第3页。

② 同上书,第147页,鉴定描述内容是作者转引自福开森在1915年发表在《皇家亚洲文会北中国支会会报》上题名为《卜士礼藏盘或晋侯盘》("The Bushell Platter or the Tsin Hou P'an")的文章。

③ 同上书,第147页。

④ [美]福开森:《福开森说中国艺术》,刘永安译,万卷出版公司2019年版,第3页。

国艺术,他在一场青铜艺术的演讲中说起"青铜器因为要用于祭祀,所以器型多高贵庄重。同时,它们外形优美,线条简洁。但是布谢尔却认为,这些器皿大多粗鄙笨重,比例失调,显见它们缺乏自由的精神和对线条的热爱,而后者正是激励古希腊铜匠进行创造的因素"①,并进一步讲述了他对于中国青铜器审美的理解,他认为中国古代早期统治者对于青铜器的需求量是巨大的,其中肯定是精品和普通实用器都存在,不能因为个别平庸的作品就来否定整个青铜艺术的价值,"每件青铜器都有考古学价值,虽然它可能缺乏艺术品质;但也有足够多的造型优美的例子,可以证明古代中国人确实具有出色的造型感。在他们所制作的最出色铜器上,我们可以看到果敢和精准,表明艺术家对其所使用的材料有着正确理解——他充分了解,金属的要求不同于木材或大理石"②。而对于玉器,西方人更是缺少同为汉文化圈的日本人的理解,福开森就尝试用"通感"的方式解释:"人们用'润'字形容这种感觉。'润'意味着晨露、细雨般的轻柔,同时也意味着外表的优美、光滑。这是一种品质,犹如声音里的和谐,运动中的优雅。人们又谓之'温',即温暖、平滑、如婴儿的肌肤;又谓之'缜密',精美紧致,如上等丝织品的质地。我斗胆说,这样一种对敏感触觉的艺术性欣赏,是中国人的特权。"③这样积极努力地向西方阐释中国艺术,对中国文化在世界的传播起到了重要的作用,所以今天再看在作为近代西方眼中非专业的海外中国艺术研究者的福开森,他对中国艺术的各种解读依然非常有价值。

五、结　　语

纵观福开森在华 56 年的历程,除了在中国政治、教育领域的参与和贡献外,福开森在华的艺术生涯也同样不可忽视。从 19 世纪末初识中国文物到发现商机成为西方各大博物院艺术馆的"文物代购",再到深入研究中国艺术,向世界传播中国艺术,最终"得诸华者,仍归诸华"将所藏悉数捐赠给中国的大学,这些转变并不是突然发生的,正是在那个特殊的历史时期,在华的大半生复杂的经历逐渐让他对中国艺术不断有着更深刻的认识和更深厚的感情。但

---

①②　［美］福开森:《中国艺术演讲录》,张郁乎译,北京大学出版社 2015 年版,第 39 页。
③　同上书,第 60 页。

是文物流失的一些既定事实还是无法随着功绩和时间磨灭，2014年，上海博物馆的跨年展览"周野鹿鸣——宝鸡石鼓山青铜器展"里，这件来自美国大都会艺术博物馆的青铜禁组器，就是通过福开森走出国门的，作为海外的展品再次回到中国的国土上进行展示，不禁想起周肇祥先生遗憾的预言："将来欲考求旧瓷，必有借镜于人之一日。"所以对于福开森在中国的艺术生涯，很难用褒贬的话语去定性评判，只能从这一段复杂的经历中去看到其中的相互成就和历史的反思。如若要追究近代文物的流失，除了西方的掠夺，或许也还有很多需要我们自省的地方。

中 篇
本土中国学

从世界史看中国现代化

梅俊杰

中国人关注海外中国研究,本质上还是为了借他人视野更好地认识自我。就此而言,"从世界看中国"实乃"中国学"研究的基本方法。值此上海社会科学院世界中国学研究所成立十周年之际,我愿采用"从世界看中国"的方法,探讨一下中国的现代化问题。

由世界史观之,"现代化"是欧洲中世纪晚期便开启的一个超长历史进程。20世纪80年代,现代化研究在国内成为一个热点,是因为罗荣渠等历史学家希望在"革命史观"之外,找到一个具有国际可比性的历史坐标,不仅用来客观认识世界和中国的近现代史,而且能借此更好地指导本国的发展实践。

学界由"革命史观"转向"现代化史观",这与当时执政党和国家的工作重心从"以阶级斗争为纲"转向"以经济建设为中心"相关联。那个年代,现代化成为时代最强音,官民都有共识。邓小平1983年题词:"教育要面向现代化,面向世界,面向未来。"这"三个面向"就是当时的眼光和胸怀。

进入21世纪后,现代化这面旗帜反而举得不那么高了。逐渐地,另外两个口号从左右两翼开始占上风,一是"民族复兴",另一是"全球化"。必须承认,"民族复兴"的取向是往后看的,"全球化"又难免与新自由主义挂钩。因此严格说来,还是现代化这面旗帜最为中正宏大。

尚可喜的是,党的十九大报告重申了作为国家最高奋斗目标的现代化,提出以2035年为界分两步走,最终在本世纪中叶把我国建成"富强民主文明和谐美丽的社会主义现代化强国"。不过,相比于20世纪80年代,如今对现代化的宣传无论在力度上还是在一贯性上,都相对逊色,这方面大有增强的必要。

一、现代化的普遍性:从西方向全世界扩散

现代化本质上是"现代性"向外扩散的一个过程,现代社会的某些特征最早集中出现在西欧,但随后就向世界辐射。这一过程的实质是由传统农耕社会向现代工商社会转型,这种现代转型以工业化为驱动力,其他各个方面也相应变迁,包括经济、科技、政法、军事、交通、城市、观念等各个方面。转型成功的国家即成为现代"发达"国家,否则便是"发展中"甚至"欠发达"国家。

有人说,西方文明不过是一种"地方性现象",所以现代化缺乏普遍性。这种说法并不正确。任何创新总是先起源于某个地方,之后再向外辐射的。可是,不同的创新具有不同的辐射力。世界史早已表明,西欧的现代性恰恰具有强大的辐射力,最终成为一种冲击全球的普遍性力量,至今也未停歇。再把这种普遍性力量称为"地方性现象",不免有点自欺欺人。

世界现代化进程肇始于西方而不是中国,这未必就是中华民族智慧不够,问题出在"大一统"上,体制一旦形成,就会产生身不由己的约束力。本来,秦汉王朝与罗马帝国颇相类似,后来彼此也都经历了大动乱,中国是所谓"五胡乱华",欧洲也有乱欧"五胡"(日耳曼人、匈人、马札尔人、维京人及穆斯林)。但随后双方就各奔东西:中国从隋唐重回大一统,西方却分裂出民族国家,其中原因错综复杂、利弊未便妄断。然而,从竞争能激发创新、多元更容纳先进生产力这些方面看,列国多元体系无疑有其所长,而且越往后发展,其优势越发显著。由此可见,西欧成为现代化的发源地和发动机,实不足为奇。

当代西方文明成熟之后,讲究"政治正确性",自己起来批判欧洲中心论,不愿意把现代化称为"西方化",这种姿态值得欢迎。但是,我们不要"把人家的客气当福气",自己还是要有一个客观的认知。非西方社会的积极因素当然应该融入现代化,但现代化进程内含的西方本源、西方原动力、西方文明框架我们是无法否认的。

有鉴于此,不妨把现代化理解为一条从西方起始的大道,这条大道是"多车道"的,可以允许有不同的速度、开不同的车,但这条大道又是"单向"的,不允许走回头路,大家总体上始终在你追我赶、加速向前。故而从世界史看,现代化的一般性大于特殊性,普遍性高于民族性。

二、现代化的特殊性:尤其可见于后发国家

历史上,英国是第一个工业化社会,人们一般把英国当作现代化的原型。原型意味着它是某种标准,具有示范意义。但实际上,其他国家的现代化不可能跟英国的现代化一模一样,毕竟时空条件总有差异。因此,作为一般的现代化原型又派生出各种变体,所谓特殊性就此而来。

这方面较典型的是德国的现代化。德国政治经济学家弗里德里希·李斯特等人认为,德国政治分裂、经济落后,使得德国无法照搬英国的自由主义发展药方,而必须有自身独特的现代化方式。李斯特强调德国的赶超要靠关税同盟、政治统一、政府干预经济活动、保护本国幼稚产业。简言之,19世纪德国的现代化采用了一种"民族主义赶超发展模式",以李斯特学说为基础,明显有别于当时英国倡导的、以亚当·斯密学派为基础的"世界主义一体发展模式"。

如今我们知道,德国的那种现代化模式其实并无原创意义上的独特性,因为英国15—18世纪长期努力改变自身落后局面时,所采用的也是这种模式。只不过英国进入19世纪开始拥有显赫竞争优势后,就抛弃原有的保护主义,转而实行自由贸易,还劝说其他国家一起来搞自由贸易和自由主义。如此看来,德、英两国在落后情况下,其现代化的模式实际上是一样的,它们的差别主要是前后时空上的差别而已。

当然,德国现代化的特殊性也不是一点没有,毕竟德国是在英国这个工业强国先已崛起的阴影下推行自己现代化的,它已经不可能再像英国那样从容不迫地搞上几百年。因此,德国的现代化是比较急风暴雨式的、更加政府干预式的,以后德国发展中出现纳粹主义之类问题,跟德国现代化的后发"速成"方式有一定关系。

三、社会主义:一种特殊的后发现代化方式

社会主义现代化的特殊性,在于它比德国、美国等国的现代化更加后发。一般而言,一国率先现代化之后,就获得了先发优势,先发与后发国家之间会形成能力上的差距,在军事、工业、技术、行政、金融、文化各方面都会有落差。领先强国相对于落后弱国会形成压倒性的竞争力,会释放一种"边缘化压力",

惯于把弱国改造成自己的附庸。强国与弱国越晚相互遭遇,其间的差距就越大,大到一定程度,弱国就难以靠常规手段来翻身。比如,越到后来,东南欧、亚洲不少国家就越是难以复制德国之类的成功。

社会主义正是在这个时候发挥作用的。如果说,早期的社会主义着眼于缓解资本主义社会的内部矛盾,那么,后来实际出现的社会主义体制则是要解决国家与国家之间的矛盾,落后国力图用社会主义把自己从列强手中拯救出来并寻求自主发展。当代国际发展学家迪特·森哈斯就把社会主义称作现代化的"起搏器"(起死回生)和"助产士"(加速推进)。后来的社会主义国家基本上都属于自我拯救这一类,只有民主德国和捷克情况有所不同。

由于这一历史背景,社会主义的起步条件和运行环境自然是苛刻的。不过,借助与资本主义世界的脱钩、高度强制的治理架构、自我牺牲式的内部积累,社会主义国家一般还是在付出高昂代价后取得了不俗的进步,表现为:总体经济粗放增长,工业体系基本建立,自主力量显著增强,社会福利较为平均。其核心成就是,克服了边缘资本主义社会易发的部分结构缺陷,包括有增长无发展,工业和出口呈飞地特征,经济动力来自外部,贫富差距日益拉大。

当然,恰恰是社会主义体制在强行推动发展过程中所采用的那些工具,从长远看却妨碍了可持续的经济增长和有活力的社会发展。比如,与发达世界的持续隔断造成外部激励的缺乏,权力对经济活动的严控导致经济效益不断递减,对超大工业部门的扶植牺牲了民众的合理消费,对农业发展的束缚也妨碍了国内市场的开发,等等。这些特征可谓社会主义时期"斯大林模式"的通病,而改革开放正是在这一背景下发生的。

四、当今发展趋势:普遍性与特殊性的融合

中国的现代化,既然属于社会主义现代化,放在世界现代化系列中看,当然也有特殊性,但也不宜夸大其特殊性。即使跟东亚"四小龙"非社会主义的现代化相比,彼此也有不少共同点,可以说大家同属某种"动员体制",都有较大的计划因素和产业政策推动,还有高储蓄率、金融压制、外资引进、出口加工等类似特征,所以有人干脆用"儒家文化圈"来统称之。可见,普遍性中有特殊性,特殊性中又有普遍性,情况是相互交织的,但普遍性越来越占上风。

总体而言,在最近这轮全球化中,原来的左翼和右翼发展道路出现了明显

的趋同和混合。国家主导与市场运作、保护主义与自由贸易、进口替代与出口导向、产业政策与放手竞争、内部积累与吸引外资,等等,在当今发展中国家的现代化进程中都得到了兼收并蓄,因时因事因人而灵活调整的情况不断发生,这是全球化时代的新特点。

然而,现代化的成效一如既往地千差万别,不存在简单的规律或神奇的妙方。经济的成功,更不用说总体现代化的成功,总需要凑足一系列因素,而只要一个因素出问题就足以招致失败。因此,现代化进程中的失败者总是远远多于成功者。世界范围内,从落后起步、成功走通现代化大道的国家实在有限。据研究,20世纪60年代以来,全世界共有101个国家进入中等收入行列,但只有13个成功跨越"中等收入陷阱"而成为发达经济体。

显然,绝大多数发展中国家不必对跃升到现代发达水平抱太大期望,成功的概率本来就低,要晋升并稳居中等收入水平也谈何容易!世界经济这片森林中不可能都长成参天大树,发达经济体的交椅从来都是有限的。韩国于2021年7月被正式认定为"发达国家",这可是1964年联合国贸发会议成立以来首个成功晋升的国家。其实,在这个不确定性已经大增的世界,发展中国家若能陷于"中等收入陷阱"就算不错了,就怕还不断往低收入层级下坠。如果国家返贫不再是小概率事件,那应该做的恰恰是在正面努力之外,现实地管理好社会预期,同时做好基本的"托底"工作。

五、实现现代化超越:需创造新的制度条件

中国作为一个大国,当然应该有宏大的雄心,何况实现社会主义现代化强国的目标原不再遥不可及。尽管在近代我们曾是现代化的落伍者,在现代我们曾是现代化的跟随者,但在当代我们确实有完成现代化并力争超越的机会。然而,行百里者半九十,最后一程是最困难的,没有相应的体制配套,功亏一篑的风险总挥之难去,对此我们应该有清醒的认识。

统观世界史可以发现,通常所说的后发者的"赶超",其实包含了"追赶"和"超越"两个阶段,从"追赶"向"超越"迈进是需要政策转换甚至体制转型的。以英国为例,到19世纪上半叶,它在经过政府长期的贸易保护、产业扶持、经济激发后,获得了显著的竞争力。于是,英国便着手废除原本限制性的一系列政策和法律,转向了以自由贸易为核心的自由竞争体制。假如没有这种自由

化转变,就不可能有后来"日不落帝国"的辉煌。

不同阶段采纳不同的体制,此乃天经地义。当处于"追赶"阶段,落后者面对领先者的竞争优势,依照领先者的成功榜样,在发展方向、前进路径、需要突破的领域都十分清晰的情况下,自然可以依靠政府干预等超经济手段来"集中力量办大事"。例如,在后发工业化过程中,无论是资本的原始积累、外部的技术引进,还是工业化意识形态的确立、相应的社会改造和动员,都不能简单依靠市场力量,否则无以实现追赶所需的加速度和大突进。

然而,在完成"追赶"、趋向"超越"之时,或者但凡在具备相当国际竞争力的任何领域,都应该把社会资源和选择权利更多地留给企业和民间,交由市场力量来决断,原有的动员体制理应向自由竞争体制转变。这既是在走到发展前沿、缺乏先驱榜样情况下需要依靠众智、避免决策错误的需要,也是回归自发秩序常态、借助竞争提高效率、真正实现长治久安的合宜道路。

一段时间以来,一直在说我们进入了一个"新时代",可惜对何谓"新时代"缺乏明确的定义。现在看来,完全应该把从"追赶"跨入"超越"当作进入"新时代"的标志和依据,也应该把"新时代"建立在充分打造法治化、市场化的自由竞争体制这个基础上。党的十九大报告提及的现代化目标就包括了平等参与、权利保障、法治完善、充满活力、科技创新等内容,现在理应把这些内容不折不扣地落实到"超越"所需的新体制中。

六、享受后发优势:同时又要谨防后发劣势

中国的现代化是一种颇为典型的后发现代化,过去,学界谈论后发现代化时,一般都比较乐观地谈到"后发优势",即后发国可从先进国家引进技术、知识、管理、资本、人才、观念、做法等,从而实现加速发展。后发者通过学习和模仿而大大缩小与领先者的差距,在世界现代化进程中反复发生过,舍此无以后来居上。正因如此,我们要始终"睁眼看世界",要始终保持与世界的良性联系并虚心向先进者学习,这种现代立国之策永远不能丢弃。

与此同时,在尽可能享受"后发优势"的时候,也要警惕"后发劣势"的风险,华人经济学家杨小凯特别提醒过这个风险。所谓"后发劣势"是说,在后发者这里,因为可以模仿和照搬,短期内也的确效果显著,所以会助长一种"国家机会主义",即只走容易的路,只做容易的事,甚至只追求短期利益而缺乏长远

追求。最突出的表现就是无心去改造旧体制,以为通过非市场化手段、非竞争性方法照样可以成功。如此一来,到一定时候却会出现制度瓶颈,使得技术、工商、经济等方面的发展因缺失制度保障、碰到体制天花板、缺乏社会自动力而难以再向上提升,甚至还会导致发展成果得而复失。这方面,近代中国就有教训,洋务运动虽然轰轰烈烈 30 多年,但最终还是未能避免失败的结局。

为此,当中国现代化走到这个转型升级的关头,如何发扬"后发优势",避免"后发劣势",应当加以重点研究。考虑到中国历来陷于夷夏之辨、体用之争、政治经济"两张皮"之类劣根性,现代化一直缺乏彻底性、全盘性,则在改革开放已经充分享受"后发优势"的基础上,如何切实防止可能日益突出的"后发劣势",实在是一个攸关全局的大问题。因"后发劣势"而造成"现代化断裂",这在世界近现代史上屡见不鲜,我们不能不杜微慎防。

在当今世界,成功的现代化无不有赖于良好的国际环境,可就在这方面,我们正面临至少改革开放以来前所未有的挑战,使得原所设想的"国际战略机遇期"大有丧失之虞。面对这一复杂局面,我们确实需要"平视"世界,既不能有"救世主"心态,也不要有"受害者"心理,还是应该根据自身需要,坚定不移地走全面深化改革、持续开放互利的道路。在这个时候,理性务实的外交包括对外经贸交往尤其是一种必需,千万不能自废武功。如果把"韬光养晦"理解为"低调图实利",则这样的国策永远不会过时,也永远不该放弃。

总之,世界史对国人而言仍是一门需要加强研究的大学问,客观历览世界现代化进程的大势,有助于我们知己知彼、戒骄戒躁、解放思想、实事求是,如期建成社会主义现代化强国。

传播学科史的辉格史书写及对中国传播学科的反思

胡冯彬

一、引　言

我国传播学界对于芝加哥学派、文化学派等不同传播研究取向的关注与研究,是对施拉姆关于早期传播学发展观点的一种反思。施拉姆影响着国内外众多传播学者对传播学的认识。其笔下的传播谱系图,一次次成为传播研究者出发的起点,"似乎一提传播学,就是由四大奠基人首创。我们的视野也囿于这样的知识地图,在这种情况下,对于传播学多元源头的探究就显得十分必要"[①]。正因如此,针对传播学多元源头的种种探究,不仅是对施拉姆的传播学科史观点的重新审视,更是一次对传播研究源头的探寻之旅。这种审视不是有意去否定四大奠基人及施拉姆在传播领域中的开创作用,而更多的是去尝试打开那些被"一种个人主义的、短期研究的样式"[②]所尘封了的研究图景。

在传播研究学史中,论及欧洲学者时,德国的法兰克福学派自然是无法绕开的对象。但是它常常被描述为与美国主流传播范式对立的形象:永远保持着一个与美国主流范式势同水火的对立交战的姿态。以法兰克福学派作为代表的传播批判研究与美国主流传播范式对立,这种简单的"非黑即白"的二元分法直接导致了对传播学研究的单一化认识,也限制了传播学科的发展。

"当前美国的传播学在多大程度上受到芝加哥传统的影响? 主流的实证主义是不是经验主义传播学唯一正确的学科发展方向? 重续芝加哥学派传统

[①] 张军芳:《经验社会学路径下的传播研究:论罗伯特·E.帕克的传播研究》,《现代传播》2006 年第 2 期。

[②] [美]罗杰斯:《传播学史:一种传记式的方法》,殷晓蓉译,上海译文出版社 2002 年版,第 204 页。

会对传播学的学科发展方向产生何种影响？如果从芝加哥学派的视角重新审视传播,传播学的研究就有可能走出'5W'模式的狭窄天地,向更为宏观的研究方向——如传播与人性或者传播与社会生态的关系推进。因此,走出结构功能主义的禁锢,追寻、追释和追续芝加哥学派的传播理论谱系。……对于解决当前的传播理论危机以及未来传播学理论与学科的发展、范式的转型与革命都具有不可低估的意义。"[1]芝加哥学派传播思想的研究,使传播学者站在一个更为宽广的视野来理解、看待传播研究。实质上,不仅芝加哥学派,如法兰克福学派为代表的批判学派同样可以拓宽传播视野,其学者重新审视传播研究以及传播学科。简单的两分法,并不利于传播学科自身的发展以及解决学科发展过程中所面临的学科危机。

自传播学科的奠定伊始,学科范式危机始终是一个话题,不间断地被学者发问讨论。20 世纪 50 年代末,伴随着美国整个人文社会科学领域的集体反思,有关传播学科范式危机的争论愈发激烈,甚为演变成学术热点问题。《传播学学刊》(*Journal of Communication*)等传播学领域的学术期刊展开广泛学术讨论,甚至多次出版专刊。比如 1983 年,《传播学学刊》刊发了"领域的发酵"(*Ferment in the Field*)[2]专刊,围绕着"传播学者和研究者的角色"(the role of communications scholars and researchers)与"传播学科在社会中的角色"(the role of the discipline as a whole, in society)两个"角色"主体,征集了 41 位学者的 35 篇论文。10 年之后,《传播学学刊》继续深化争鸣,再度以专刊形式刊发续篇"领域的未来"(The Future of the Field)。源于 20 世纪 60 年代的传播学科范式讨论,余响延续至今。"一个科学的发展是需要借助于范式的革命的,施拉姆应该没有这样的野心也没有能力去控制传播学范式的

---

[1] 胡翼青:《再度发言:论社会学芝加哥学派传播思想》,中国大百科全书出版社 2007 年版,第 11 页。

[2] 虽然对于传播学科的讨论滥觞于 20 世纪 50 年代,但是正是 1983 年《传播学学刊》的这期特刊算是把对于相关讨论推至了顶峰,甚至把此作为一直以来该问题研究的一座里程碑不为过。这可以从当时撰稿的 35 位学者组成就能见一二,例如有施拉姆(Wilbur Schramm)、阿芒·马特拉(Armand Mattelart)、伊莱休·卡茨(Elihu Katz)、赫伯特·席勒(Herbert Schiller)、E.罗杰斯(E.M.Rogers)、文森特·莫斯可(Vincent Mosco)、詹姆斯·凯瑞(James Carey)等这些传播研究的学者。《传播学学刊》能在一期中召集如此众多的知名学者,足见该问题的重要性,其讨论已在传播领域中引起大多数人的关注。同时也不能忽略期刊当时的主编,时任宾夕法尼亚大学安纳堡传播学院院长乔治·格伯纳(Geroge Gerbner)的作用,他也是上述 35 位作者中的一位。

革命。所以,传播学至今没有达到这样的范式革命的出现,主要的责任在后继者身上。"①

罗宾·彭曼曾提出用一种新的传播范式来替代经验主义范式,因此他提出了这种范式的五个前提假设:(1)行动是自愿的;(2)知识是社会创造的;(3)理论是有历史性的,理论随着时代而变化;(4)理论影响它们所概括的"现实",因为理论家是世界的一部分;(5)理论史有价值的,它们从来都不是中性的。……可以用四个关键词来突出人本主义范式的深层结构:整合、主体性、学术化和探索性。这些关键词与主流范式的主张是对立的。……巧合的事,传播学人本主义范式这四个关键词恰恰与芝加哥学派传播研究思想遗产中的某些精神与气质是完全吻合的。②

与美国芝加哥学派相似,欧洲的法兰克福学派对传播研究领域产生了重要作用,否则多数传播学史的著作成果中也不会对此书上一笔。相比于前者所处的社会学领域,法兰克福学派学者更为注重哲学学科,离传播研究更为遥远。早在20世纪30年代,霍克海默出任法兰克福社会研究所主任发表的演说与文章,如《社会哲学现状和社会研究所的任务》(*The Current Condition of Social Philosophy and the Task of an Institute of Social Research*)、《传统理论和批判理论》(*Traditional and Critical Theory*)等论著中可找到类似于罗宾·彭曼有关研究范式的观点。基于此,霍克海默对于研究范式及研究对象的强调重新规划了法兰克福社会研究所的发展方向,正是霍克海默具有纲领性的论著,促使法兰克福社会研究所成了日后大家所描述的"法兰克福学派""批判学派"。

二、传播学史的辉格式研究倾向

不仅国内学者对传播学史的书写存在质疑,即便是在最早开设传播学科的美国同样存在着不同的声音,"整部大众传播研究史仍旧有待于书写。"③詹

---

① 吴飞:《传播学的反思要正视芝加哥学派的传统:兼评胡翼青的〈再度发言:论社会学芝加哥学派传播思想〉》,《当代传播》2008年第5期。

② 胡翼青:《再度发言:论社会学芝加哥学派传播思想》,中国大百科全书出版社2007年版,第384—387页。

③ Brown, R.L. "*Approaches to the Historical Development of Mass Media Studies.*" In *Media Sociology: A Reader*, edited by Jeremy Tunstall, Urbana: University of Illinois Press, 1970, pp.41-57.

姆斯·凯瑞认为"严格来说,大众传播研究是没有历史的"①,美国新闻史研究中存在着"辉格党式的历史阐释"的观点。所谓辉格党式的历史阐释即新闻史家们通常将进步假设为历史最重要的原则。

以法兰克福学派作为代表的传播批判研究与美国主流研究范式的对立,"非黑即白"的二元分法导致了对传播批判研究的简约化认识。"从人文社会科学发展的历史进程来看,两种学派的两元对立是常有的事,在某个学科的某个历史发展阶段,这种二元对立往往会激发学科内部各种主张的争鸣,从而使学科的理论变得更加丰富多彩。对立的学科之间常常在研究对象的不同侧面各有所长,在研究课题上各有侧重,如果能将这些长处综合起来,对学科的发展将极其有利。"②认识论、研究方法等层面存在差异的不同研究范式,通常会被过分夸大,凸显了其对立面,却缩小甚至忽略掉彼此间的互动与融合。过分着眼于传播批判研究对于经验学派研究的看法,能发现"不优雅""太简单""幻象""形式的和抽象的""更为顺从的和非批判的"③等描述,再次证实传播学领域正如路易斯·沃思笔下所描述的那样,充满着相互敌对的情绪。

早期的知识界中似乎有一个共同的参照系,它对知识界的参与者提供了必然的事物的衡量标准,并且给予了他们互相的尊重和信任感;当代的知识界不再是一个统一体,而是呈现为相互敌对的派对和相互冲突的学说的战场。各种学说不仅有自己的一套利益和目的,而且有自己对世界的描述,它们把相同的物体描述为具有十分不同的含义和价值。在这样一个世界里,知识交流和达成一致的可能性被降至零点。由于缺乏共同的感知,人们诉诸关于相关

---

① James W. Carey. *The Chicago School and Mass Communication Research*. Edited by Everette E. Dennis & Ellen Wartella. *American Communication Research: The Remembered History*. Lawrence Erlbaum Associates, Publishers. 1996:21.虽然在新闻传播学界中,詹姆斯·凯瑞较早提出了"辉格式研究倾向",也被大多数学者所接受。但是"辉格式研究倾向"这一术语并非是凯瑞创用的,它是由英国史学家巴特菲尔德(Herbert Butterfield)首先提出的。他从分析辉格史学出发,指出19世纪初期属于辉格党的一些历史学家从辉格党利益出发,用历史作为工具来论证辉格党的政见,依照现在来揭示过去和历史。这就是"辉格党式的历史阐释"(the Whig interpretation of history)。在这些历史学家笔下,只要是成功了的革命,就会被赞扬,强调过去的一些进步原则,以及编造一些修正当今的叙述。当然,巴特菲尔德也承认没有一点"辉格式的历史阐释"的历史书写,只能是一种极为理性化的想法。(参见 Herbert Butterfield. *The Whig Interpretation of History*. New York: W.W.Norton & Company, Inc. 1965.)

② 胡翼青:《传播学:学科危机与范式革命》,首都师范大学出版社2004年版,第213页。

③ 殷晓蓉:《战后美国传播学的理论发展:经验主义和批判学派的视域及其比较》,复旦大学出版社2000年版,第43页。

性和真理的同一标准的可能性大大减少。①

即便两者存在着某种不可调和的方法论与认识论差异,但二分法却极具误导性,遮蔽了两者彼此间的一些共通性和相关性。

"辉格党式的历史阐释关键正在于,结合现在研究过去……因为它把对历史的认识理解为直接地、永远地参照现在来研究过去。通过这种直接参照现在的体系,历史人物会很容易而且不可抗拒地为促使时代进步的人以及试图阻碍时代进步的人。这样,就产生了便捷的经验法则,历史学家依照它可以任意挑选和淘汰,从而突出他的重点"②且"辉格党式的研究方法必定会导致将历史叙述过分戏剧化,它往往会让历史学家误读任一时代中任一争论的双方。与现在更类似的那一方被认为具备连仔细研究也无法证明的更多相似性、更多现代性,原因仅仅是历史学家重视相似性,并且正在把它们从历史背景中抽取出来,正让它们成为他的主要论点"③。

这种站在当下的维度,通过论述过去的人物、事物来解决当前问题的研究方法,常常会遮蔽住两者的共通性,夸大彼此的差异。其逻辑出发点,是为了得出所预设好的结论。而辉格党式研究方法却存在于大量的传播学史叙述之中,即过分夸大了法兰克福学派与哥伦比亚大学应用社会研究所之间的矛盾。法兰克福的阿多诺和哥伦比亚的拉扎斯菲尔德一次不成功的研究合作,被无限地放大,聚焦成了学派间的方法之争,甚至在后来者的描述中,升级为势不两立的学派间的敌对情绪。并由此,逐步掀开了以霍克海默、阿多诺等人为代表的批判学派,持有绝对地、粗暴地反对当时美国主流研究范式经验学派量化研究方法的固有刻板印象。这样的叙述手法,无视了霍克海默、阿多诺等人离开纽约后,在美国西海岸所进行的一系列经验量化研究,遮蔽了那段在踏入美国这片土地之前,这些法兰克福社会研究所的研究者们早早地在欧洲本土展开相关经验研究的历史,更是对霍克海默、阿多诺两人在 20 世纪 50 年代重返德国后,极力推广经验研究种种举措的视而不见。过于着眼在两个学派的差

---

① Louis Wirth. Perface. From Karl Mannheim. *Ideology and Utopia*: *An Introduction to the Sociology of Knowledge*. Translated from the German by Lousi Wirth and Edward Shils. New York: Harcourt, Brace & CO., INC. 1954: XXV. 参见中文译本: [德]卡尔·曼海姆:《意识形态与乌托邦》,黎鸣、李书崇译,上海三联书店 2011 年版。

② Herbert Butterfield. *The Whig Interpretation of History*. New York: W.W.Norton & Company, Inc. 1965, p.11.

③ Ibid., p.34.

异点,过分放大彼此差异的举措,似乎也是为了迎合当时美国传播学者面对本土传播学科范式危机的无奈之举。批判研究和经验研究、定性和定量、理论和应用等二元对立论纷至沓来。这些未被加以审度、被简约化的二元对立,逐渐演变成一个个"常识"。传播学者的研究视野与方法与"辉格党历史学家站在20世纪顶端,从他自己时代的视角来组织他对历史的规划"①多么相似。

当然,来自欧洲大陆的法兰克福学派学者们与美利坚大地上的传播研究者们之间的确存在着方法论、认识论等维度的差异。或许这些差异让双方难以接纳彼此,也可能在合作中产生种种不愉快,无论如何,都无法成为只见两者差异,却无共通性的借口。正是"这种把过去与现在直接联系起来的方式,让一切变得容易,并能做出一些极端危险的明确推断,但这必将过于简化事件之间的关系,导致一种对过去与现在关系的完全误解"②。若以方法论层面的差异,作为评判两者关系的标准的话,那并不只有法兰克福学派与哥伦比亚学派存在差异,同属于批判研究阵营的英国文化研究、政治经济研究及法国后结构主义等,即使也和美国主流传播研究范式存在着较大的差异,但他们并没有被夸大成为经验研究的对立面。即便在美国,哥伦比亚大学社会学系对于研究方法存在不同的声音,典型代表就是拉扎斯菲尔德与默顿。同于1941年进入哥伦比亚大学的拉扎斯菲尔斯与默顿两人的合作是成功的,即便未达到两人所期望的中层理论,但是一系列研究成果仍是卓有成效的。正是因哥伦比亚大学社会学系在研究方法认识的不统一,无法就教职达成共识,方才同时聘请偏重理论研究的默顿和侧重方法研究的拉扎斯菲尔德。③这也算是社会学系内部不同研究立场的相互妥协。同系的社会学家怀特·米尔斯在与拉扎斯菲尔德的多次合作后,无法接受其研究方式,最终愤而出走。米尔斯的代表作《社会学的想象》便是对拉扎斯菲尔德种种尖锐的批判。同处一个系,甚至是同一阵营的同事间的不同认识,并为此大动干戈的冲突,却很少被纳入传播学史的书写。

---

① Herbert Butterfield. *The Whig Interpretation of History*. New York: W.W. Norton & Company, Inc. 1965, p.13.

② Ibid., p.14.

③ 参见 Peter Simonson and Gabriel Weimann. *Critical Research at Columbia: Lazarsfeld's and Merton's "Mass Communication Popular Taste, and Organized Social Action"*. From edited by Elihu Katz, John Durham Peters, Tamar Liebes and Avril Orloff. *Canonic Texts in Media Research: Are these any? Should there be? How about these*. Malden: Polity Press. 2003, p.18.

自从学科奠定以来就未消停过的学科范式危机,使传播学者们思考问题出于对学科范式危机思考的起点,把过去与当下问题直接联系的方式,做出了表面看似正确,实质却较为极端的推论。这导致对过去与现在关系的误解。这种做法正是巴特菲尔德所要批判的:"通过利用观点与我们自己更为相似的那些历史人物及党派,把这一切同历史的其他内容作对比,他就找到了现成的历史结构及历史节选,直接看到了一条平坦大道。"① 二元对立的研究格局,试图解决传播学科发展困境,但也使得传播研究陷入了一个怪圈:仿佛离开了这种非此即彼、二律背反的理论程式,传播研究再无其他演进的方式和向上的动力。这种二分法,不仅忽视了批判学派研究方法的多元丰富,单一地认为其研究只是以意识形态的形式展开,同时也无视了美国传播研究中除经验学派之外的其他研究范式。

三、施拉姆学科建制史的选择倾向

英国科学史家霍尔对科学史书写方式的态度值得我们思考,"赞扬或夸大科学的成就,或为了当前占优势地位的科学成就进行宣传鼓动,这些肯定不是科学史家所要做的事"② "在美国大学里建立一个新的科学领域是一个极其罕见的事件。自 1890 年左右,即当 5 个传统的社会科学(经济学、心理学、政治学、社会学和人类学)建立以后,只有极少的新的学术领域能够发展起来。过去 90 年来,传播学或许是美国大学里最广受欢迎的新领域"③。但是,"所谓传播学四位奠基人的说法将传播学的侧重点压缩成一种个人主义的、短期的效果样式。因此,他们关闭了许多最近刚刚被学者们重新打开的研究领域"④。

施拉姆"运用简单的'过客'和'定居者'的寓言替换其学术位置,降低其学术影响力,这种选择策略似乎有些可疑,在学术史书写中也不算高明。让这些

---

① Herbert Butterfield. *The Whig Interpretation of History*. New York: W.W.Norton & Company, Inc. 1965, p.29.
② A.R.Hall. *On Whiggism*, *History of Science*. 1983.21:45.转引自刘兵《历史的辉格解释与科学史》,《自然辩证法通讯》1991 年第 13 期。
③ [美]E.M.罗杰斯:《传播学史:一种传记式的方法》,殷晓蓉译,上海译文出版社 2005 年版,第 393 页。
④ 同上书,第 395 页。

人作为烘托明月的几颗稀疏暗淡的星光,更有失学术立场的公正"①。施拉姆所书写的传播学科史,是一段"被粉饰过(airbrushed)和辉格式的(Whiggish)"②的历史,他利用历史来树立传播研究领域在美国大学中的合法性地位。施拉姆对四大奠基人学术背景详尽着墨之中,却一笔带过各自的欧洲学术理论背景。"在他们当中,三个在欧洲接受了全部或者部分的学术训练"③,至于具体受到了哪些欧洲学者的影响,只字未提。"四个奠基人的神话并非是完全错误的。拉斯韦尔、勒温、拉扎斯菲尔德和霍夫兰的确是开创传播学某些领域方面发挥了关键的作用,但是还有许多其他的创始人,其中有几个人就构成传播学来说,具有与这4个人相等同、或更加大的影响:威尔伯·施拉姆,罗伯特·E.帕克,西奥多·阿多诺,克劳德·E.香农,诺伯特·维纳和罗伯特·K.默顿。进而言之,四个奠基人反过来又有'奠基人',即影响了他们的传播思想的那些人。"④

　　施拉姆有着强烈个人倾向的人物选择与书写方式,他的观点自从提出之后就不断地被质疑和反思。但是,站在当时传播学科尚未建立的角度上,似乎能理解施拉姆的"用心良苦"。"学科历史的编纂,是学科认同与合法性建构的重要手段,也是学科历史意识和集体记忆的主要载体。但编纂学科理智史,学者必须面对学科历史编纂学的认识论问题,无论是隐含的还是凸显的;对这些认识论问题的态度和立场,左右学者对学科历史材料的取舍及其解释……如何合适地评价学者的理智贡献,是依据特定的历史情景还是今天的意识形态的主流倾向,即厚古说—厚今说;学科的演化,是一系列的研究成就和研究传统的连续累积还是不断的断裂过程,即连续性—断裂;概而言之,学科的演化,是一系列失败的记录还是理智进步的庆典式的狂欢,即批评史—庆典史/辉格史。这一系列的二元对立,作为学科历史建构的认识论框架,潜藏在历史话语的叙述之后。"⑤由此看来,施拉姆书写的是传播学科史,而后来质疑者的出发

---

① Wibur Schramn. *The State of Communication Research*. in *The Public Opinion Quarterly*, 1959(23.1), p.8.

② Jefferson Pooley. *The New History of Mass Communication Research*. In *The History of Media and Communication Research: Contested Memories*, Edited by David Park, and Jefferson Poolcy. Peter Lang. 2008, p.43.

③ Wibur Schramn, *The Beginning of Communication Study in the United States*, edited by Dan. Nimmo, *Communication Yearbook 4*, An Annual Review Published by International Communication Association. 1980, p.74.

④ [美]E.M.罗杰斯:《传播学史:一种传记式的方法》,殷晓蓉译,上海译文出版社2005年版,第3页。

⑤ 方文:《学科制度和社会认同》,中国人民大学出版社2008年版,第20页。

点多是站在传播研究发展史的维度上。

施拉姆所书写的传播学科史,犹如其他主流的学科史书写方式,即社会心理学学科一样,即庆辉格史或典史,有其特有的历史编纂的认识论偏好和书写策略。"就其认识论偏好而言,它以厚今式的态度,来言说和建构学科内部的理智演化不断进步的神话;它以学科现状为关注的重点,替学科现状辩护;……其后果是替学科现状和不平等的社会现状辩护。"①

"在20世纪中叶美国传播学学科渐渐成形的过程中,传播学的发展方向曾经是高度多元化和不确定的。有很多方向已经被'遗忘',而又有一些方向的思想被放大和强化,并最终成为主导性的方向。无论是遗忘还是强化,其背后都有一种强大的推动力在起作用,那就是现行的主导性学科思想。遗忘,通常是在社会的压力之下发生的。"②遗忘或强化,都体现了主流学科史编撰过程中的认识论偏好和书写策略。Lubek与Apfelbaum在反思社会心理学学科史时,特意强调了学科史书写策略中的学科界定、时空框架和社会文化脉络几个基本构成要素。两人的论述同样能诠释施拉姆的传播学学科史。对学科界定的理解,直接决定了学科史书写所涵盖的范围。所有的社会行动包括学科的研究实践,也都是在具体的时空场景中发生的,因此时空框架也是学科史书写的基本维度。就时间维度而言,何时为学科历史叙述的起点和终点,何时为历史叙述的中心,它们决定历史书写对不同时期材料的取舍重心;空间维度中的材料选择,同样能够反映出书写者可能的意识形态倾向。而学科的发展,亦处于一个具体的社会文化脉络之中,它必然会负荷特定的社会文化脉络的意识形态。③

由此,即便欧洲的学术传统对传播研究的影响再大,法兰克福学派、芝加哥学派等众多学者对传播研究的贡献,都已在施拉姆圈定的范围之外。政治学家拉斯韦尔是美国行为主义政治学的创始人之一;霍夫兰隶属于实验社会心理学领域;作为社会心理学的创始人之一的勒温,以一己之力为社会心理学树立了新的研究典范,与传播研究走得最近的拉扎斯菲尔德,研究领域为实验心理学。施拉姆在所圈定的范围之内,更乐意寻找已取得杰出成就的学者,从而构建传播学科的合法性身份。之所以摒弃了芝加哥学派的美国学者,既跟

---

① 方文:《学科制度和社会认同》,中国人民大学出版社2008年版,第40页。
② 胡翼青:《传播学科的奠定(1922—1949)》,中国大百科全书出版社2012年版,第7页。
③ 方文:《学科制度和社会认同》,中国人民大学出版社2008年版,第38—39页。

研究超出了其对于学科界定的范围有关，也可能是芝加哥学派学者来自传统意义的老牌学科社会学的原因。若他们成为奠基人，传播学更像是社会学之下的分支，依附于其下。这与施拉姆的初衷并不相符。而在20世纪30年代，秉承了社会学和心理学两大社会科学传统的社会心理学，也正经历学科建制，争取学科合法性的过程。为了应对社会学和心理学两学科之间的论争，社会心理学争取独立学科的身份诉求日渐凸显。从这个立足未稳的学科挖掘合适人选，有利于传播学科的学科身份合法化。为此，施拉姆有意无意地舍弃、屏蔽有碍于其学科建制目的的"杂质"。由此，身处五大传统社会科学学科之内的学术精英，很难成为施拉姆的首选。同样，欧洲学术的传统也会被遮蔽。霍克海默、阿多诺、帕克、米德等，这些已隶属于老牌社会科学研究领域的研究者，便早早地被排除在施拉姆所圈定的范围之外。

同样，深受施拉姆影响的罗杰斯虽能站在更为宽广的视野重新审视这段历史，他在《传播学史》中提及了欧洲学术传统对美国传播学科的种种影响，甚至直言这些思想对于学科具有开创性的作用，如"从欧洲思想中追溯传播学的起源，其意义在于从一个重要侧面表明：传播学史本质上是社会科学的历史……欧洲思想向美国的知识迁移和过渡、包括传播学在内的社会科学研究的经验主义取向、传播学在社会学领域中的孕育和逐渐的分离过程、由诸种冲突和矛盾所推动的理论发展，相当程度上是通过详尽论述三个学派（法兰克福学派、芝加哥学派和帕洛阿尔托学派）的开创性作用而得以完成的"[1]，但这些仍只不过是其为施拉姆立传的注脚与垫脚石罢了。

这样辉格史式的选择不仅是传播学科创始人施拉姆，其他学科的创始人也会面临相同的情景，做出相似的选择。奥尔波特[2]通过对社会心理学的学科界定和学科历史的厚今论式的梳理、表述和论证，使社会心理学获得正统和权威性，而学科理智进展的连续性和学科知识再生产得以合法化，学科的诞生神话得以确立。在学科制度结构中，通过对奥尔波特的正统历史话语的表述、传承和再生产，主流的实验社会心理学的学科认同和历史话语得以制

---

[1] ［美］E.M.罗杰斯：《传播学史：一种传记式的方法》，殷晓蓉译，上海译文出版社2005年版，第5页。
[2] 奥尔波特（Gordon W. Allport）：美国人格心理学家。他以特里布利特有关社会促进或社会助长的实验研究，建构了社会心理学的"诞生神话"，从而主张只有实验程序被引入有关人类社会心理和行为的研究，才是标志着现代社会心理学的正式诞生。而其胞兄弗劳德·奥尔波特（F. H. Allport）亦是美国心理学家，实验社会心理学的创始人之一。1924年，他的社会心理学手册被认为是现代社会心理学的第一本教科书。兄弟联手建构了现代社会心理学的学科范式。

度化和合法化。①

四、结　语

对于传播学科,施拉姆的贡献远远大于他所圈定的四位奠基人。"威尔伯·施拉姆才是传播学的真正奠基人。如果他对于这个领域的贡献能够以某种方式被取消的话,那么就不会有传播学这样一个领域了。对于任何其他什么人能够创建这个领域这一点是值得怀疑的。"②因为学科创始人施拉姆早有自己的学科范畴规划,出于学科建制的目的,为获取学科身份的合法性,而有目的性地选择了拉斯韦尔、拉扎斯菲尔德、勒温和霍夫曼四位学者作为传播学科的奠基人。这样的选择势必有着"以学科现状为关注的重点,替学科现状辩护","厚今式"③的认识论偏好和书写策略,所以在其预测范围之外的研究对象,如法兰克福学派、芝加哥学派、李普曼等,都不会进入施拉姆的传播谱系之中。法兰克福学派的第一代学者,错过了被纳入第一张传播学谱系图的机会,反而因批判的研究方式,成了美国经验学派的对立者。

---

① 方文:《学科制度和社会认同》,中国人民大学出版社2008年版,第21页。
② [美]E.M.罗杰斯:《传播学史:一种传记式的方法》,殷晓蓉译,上海译文出版社2005年版,第420页。
③ 方文:《学科制度和社会认同》,中国人民大学出版社2008年版,第40页。

状况的共有与分歧：
近代中日社会科学翻译史比较研究

宋晓煜　王广涛

19世纪中叶以来，中日两国都深深感受到来自西方列强的强大压力，为了探查西方列强走向强大的原因，两国都翻译了大量的西方书籍，迎来了翻译的"黄金时代"。1883年，矢野文雄描述日本的翻译盛况道，"方今译书出版之盛，其数几万卷，何止汗牛充栋"①。这一概括同样适用于近代中国。

近代中日两国的翻译以学习西方为主要目的，虽有相似之处，却也呈现出路径的差异。除了西方路径以外，中日两国也曾相互经由对方国家获取西方的相关信息。在社会科学类书籍的翻译领域，该状况尤其明显，进而影响到两国的政治动向、社会制度、思想演变、语言表述等方面。

基于这一状况，本文将在比较近代中日两国社会科学著作翻译史的基础上，考察两国在翻译西学问题上的相互影响和正向互动。同时，以进化论思想在中日两国的翻译传播为例，深入探讨"翻译的思想"在中日两国近代化过程中所扮演的不同作用。

一、"状况的共有"：近代西学译介的诞生

中日两国之所以经历翻译的盛况，与当时两国所面临的时代状况息息相关。概括而言，该时期中日两国在翻译西学的过程中，大致具有如下几个相似的特征。

---

① 矢野文雄：『訳書読法』(1883年)，吉野作造编『明治文化全集第十六卷·外国文化篇』，(東京)日本評論社1928年版，第455页。

第一，中日两国都在西方列强的压迫下打开国门，这一历史背景都给两国近代翻译史带来了重大影响。1840 年以前，中国历史上总共发生过两场大规模的翻译活动。第一场是佛经翻译，"从汉末到宋初，历时一千多年，以唐代为鼎盛时期"；第二场是明末清初西方耶稣会传教士来到中国时兴起的以宗教、自然科学为主的翻译活动。[1]总体而言，中国人在这两场翻译活动期间并未感受到外国的威胁。而要论及 1840 年以前的日本翻译史，按照翻译对象国来分类似乎更为贴切。日本虽然也曾翻译过朝鲜及欧洲的著作，不过还是以中国和荷兰的著作为主要翻译对象。日本从开始使用汉字起就在"翻译"中国的书籍，即所谓的"汉文训读"。1720 年，江户幕府第八代将军德川吉宗允许输入与基督教无关的外国书籍后，荷兰语书籍的翻译开始兴盛起来。[2]在加藤周一看来，1840 年以前的日本在翻译两国书籍时也很少感受到外国的威胁。[3]

与此形成鲜明对比的是，中日两国的近代翻译史与锁国体制的崩溃密切相关。清朝乾隆年间，清政府把中国通商口岸限定在广州，并先后出台《防夷五事》等条令，标志着闭关锁国政策的实施。17 世纪到 19 世纪中叶，日本同样实行锁国政策，仅保留长崎、对马等港口同中国、荷兰、朝鲜等国进行有限贸易。其后，中日两国长期以来的"锁国"状态分别被鸦片战争（1840—1842 年）和佩里来航事件（1853 年）打破，两国开始与西方频繁交流，来自西方列强的威胁促使中国和日本积极开展翻译活动。

第二，随着与西方交流的深化，两国翻译活动的焦点也呈现出相似的推移顺序。正如魏源主张"师夷长技以制夷"，佐久间象山主张"东洋道德、西洋艺术"那般，[4]两国知识分子先是被西方列强的强大军事实力所震撼，于是主要翻译实用性较强的自然科学类书籍。

随着留学生和使节的增多，越来越多的知识分子实地体验过国外的生活，或是间接获知了外国的情况，国际交流、制度改革等课题促使人们大量翻译出版具有实用价值的社科类书籍。[5]举例而言，严复于 1877 年被派往英国格林威

---

[1] 郭延礼：《中国近代翻译文学概论》，湖北教育出版社 1998 年版，第 3—5 页。
[2] 丸山真男、加藤周一：『翻訳と日本の近代』，（東京）岩波書店 1998 年版，第 31 页。
[3] 加藤周一：『明治初期の翻訳——何故・何を・如何に訳したか』，加藤周一、丸山真男校注：『日本近代思想大系 15・翻訳の思想』，（東京）岩波書店 1991 年版，第 343 页。
[4] 此处的"艺术"是指西方科学技术。
[5] 郭延礼：《中国近代翻译文学概论》，第 8 页。

治海军学院留学,专业是"驾驶",①然而在留学过程中,他对西方社会制度与思想等产生了浓厚的兴趣,主动学习了许多社会科学方面的知识,回国后相继翻译了《天演论》《原富》《群学肄言》等社科类书籍。同样,日本学者津田真道于1862—1865年期间在荷兰的莱顿大学(Leiden University)留学,师从西蒙·卫斯林(Simon Vissering)教授。1868年,他把当年在卫斯林课上用荷兰语记录的笔记翻译出版,命名为《泰西国法论》。

最后受到关注的是文学翻译。郭延礼认为,经世致用思潮、中国知识分子对中国文学的自我优越感、文学翻译的高难度等是造成文学作品最晚受到中国翻译界关注的原因。②另一方面,人们对实用价值的重视是日本较晚聚焦文学翻译尤其关注"写实类"文学作品的原因之一。③此外,在近代日语文体尚未完全成形的时代,文学作品的翻译绝非易事。

第三,翻译标准尚未规范,译文中往往能见到译者自己的增删修改。为了使翻译更为规范,中日两国知识分子曾做出不少努力。比如,严复提出"信达雅"翻译三原则;森田思轩的"周密译"备受日本文坛欢迎。从另一方面来说,正是因为翻译标准尚未规范,才产生了各种各样的翻译观。例如,日本曾出现"豪杰译"一词,这种不拘小节、恣意改动原文的翻译手法甚至传到中国,梁启超就是中国"豪杰译"的代表之一。④如果只从翻译质量来看,近代翻译作品良莠不齐,不像现在这样忠实于原文。可是,正因为近代的译者们对原文进行了各种增删加工,才使今天的我们能够了解到近代译者是如何理解西方文化的。

第四,翻译体系中存在"文言译——口语译"的对立。⑤1902年,梁启超与严复围绕翻译问题展开争论。对于严复在译著《原富》中使用的复古文体,梁启超表示,"吾辈所犹有憾者,其文笔太务渊雅,刻意摹仿先秦文体,非多读古书之人,一翻殆难索解。夫文界之宜革命久矣。欧美日本诸国文体之变化,常与其文明程度成比例。……著译之业,将以播文明思想于国民也"。⑥对此,严复答道:"若徒为近俗之辞,以取便市井乡僻之不学,此于文界,乃所谓凌迟,非

---

① 孙应祥:《严复年谱》,福建人民出版社2003年版,第32页。
② 郭延礼:《中国近代翻译文学概论》,第11—15页。
③ 吉武好孝:『明治·大正の翻訳史』,(東京)研究社1974年版,第46頁。
④ 蒋林:《梁启超"豪杰译"研究》,上海译文出版社2009年版。
⑤ 水野:『近代日本の文学の多元システムと翻訳の位相——直訳の系譜』,『通訳翻訳研究への招待』1号,2007年1月,第4頁。
⑥ 梁启超:《绍介新著:原富》,载梁启超主编《新民丛报》第1册,中华书局2008年版,第135页。

革命也。"①1902年是清政府多方位模仿日本推行清末新政的第二年,在这一时间点提出改革文体的人还比较少见。其后,经历了科举制度废除、新文化运动等事件,白话文作为一种崭新的文体迅速发展起来。

与近代中国的"白话文运动"相比,日本的"言文一致"运动兴起更早。二者都主张书面语与口语相一致,而要实现这一主张,则需通过翻译活动来获知及模仿外语的语法、词汇等。言文一致和白话文在翻译实践中取得的成功极大地推动了两国的语言改革。举例而言,木村毅认为,"奠定日本言文一致基础的,……功劳首推二叶亭四迷。而在二叶亭四迷的作品当中,译作《幽会》的影响力应该比著作《浮云》更胜一筹"。②正如柳父章所言,"通过翻译西方语言,日语自身也被重新创造了"。③中国的情况也很相似。1919年,胡适用白话翻译了美国诗人莎拉·蒂斯黛尔(Sara Teasdale)的诗歌《关不住了》(Over the Roofs),以此为契机,中国的白话诗歌逐渐成熟。④

第五,翻译为两国近代化做出重要贡献,给两国社会带来巨大的影响。中日两国都是迫于西方列强的压力才打开了国门,这就促使其尽可能多地获取西方的信息情报。加藤周一指出,日本当时有两条路可选,一条是把英语作为日本的国语,例如,森有礼就主张过英语国语化;另一条就是翻译,最终日本选择了翻译。⑤中国同样面临此类选择,梁启超曾言,"欲救斯弊,厥有二义。其一使天下学子自幼咸习西文,其二取西人有用之书,悉译成华字"。⑥因为第二种方法效率更高,所以梁启超一直大力推进翻译活动。对于中日两国而言,发展国力是当务之急,翻译可以有效加速两国吸收西方科技、文化知识的进程。

如上所述,中日两国近代翻译史存在诸多相似之处。然而,在近代翻译史的研究领域,常能见到文学翻译的相关研究成果,而自然科学翻译和社会科学翻译的相关研究却不多见。并且,当人们提及"近代翻译"这个概念时,往往会忽视自然科学翻译和社会科学翻译。而本文接下来将以社会科学翻译以及其

---

① 严复:《与梁启超书·二》,载王栻主编《严复集》第3册,中华书局1986年版,第516—517页。
② 木村毅:『日本翻訳史概観』,『明治文学全集7·明治翻訳文学集』,(東京)筑摩書房1972年版,第391页。
③ 柳父章:『近代日本語の思想:翻訳文体成立事情』,(東京)法政大学出版局2017年版,第27页。
④ 王飞:《翻译与现代白话文的形成》,《安庆师范学院学报(社会科学版)》第27卷第1期,2008年1月,第125页。
⑤ 加藤周一:『明治初期の翻訳——何故·何を·如何に訳したか』,第346页。
⑥ 梁启超:《论译书》(1896年),载《饮冰室文集》第1册,(台湾)中华书局1960年版,第66页。

中的进化论部分为中心,详细探讨中日两国在该领域的互动及影响。

二、中日社会科学译介的互鉴与演变

1. 近代社会科学翻译的相关研究成果

《中国译日本书综合目录》对清朝至 1978 年的译书进行分类,其中,社会科学类译书分为 10 类,分别是:总论、统计、教育·体育、礼俗、社会、经济、财政、政治、法律、军事。[①]该书把财政与经济相区分,并把军事管理类书籍纳入社会科学的范畴。本文采用社会科学的广义定义,结合具体情形会把"地理"等跨学科领域纳入社会科学范畴。

关于社会科学翻译,日本学界尤为关注译词的选择和确立。比如,柳父章曾考察"社会""个人""近代""权利""自由"等译词的形成过程。[②]在日本的一些中国学者也颇为关注译词研究,如沈国威、陈力卫等。此外,山室信一在《明治期社会科学翻译书集成(微缩胶片版)》中收录了明治初年到明治 20 年代共计 212 部社科译书,按照国别进行归类,有利于人们开展日本明治时代社科译书的相关研究。[③]而且,中日两国学界往往会选择某部社科译书或某位翻译社科书籍的译者进行分析。例如《万国公法》《天演论》等译书,丁韪良、严复、西周、中江兆民等译者。

然而据笔者调查,关于中日两国社会科学翻译史的比较研究却极少,仅能查到金耀基的一篇短文。文章虽然未对近代社科翻译史进行更深入详细的讨论,却总体考察了 110 年来的社会科学翻译史,强调了翻译史中社会科学翻译的重要性,对推进中日两国社科翻译的研究具有引领性作用。[④]

2. 社会科学翻译的相互影响

中日两国近代翻译史不仅具有许多相似点,而且还相互产生了深远影响。下文主要讨论中日两国近代社会科学翻译史之间的相互影响,必要时也会涉

---

① 实藤惠秀监修、谭汝谦主编、小川博编辑:《中国译日本书综合目录》,香港中文大学出版社 1980 年版,凡例第 119 页,分类表第 123—124 页。
② 柳父章:『翻訳語成立事情』,(東京)岩波新書 1982 年版。
③ 山室信一编集:『明治期社会科学翻訳書集成(マイクロフィルム版)』,(東京)ナダ書房 1988 年版。
④ 金耀基:《中日之间社会科学的翻译(代序)》,载实藤惠秀监修、谭汝谦主编、小川博编辑《中国译日本书综合目录》,第 30—31 页。

及其他翻译领域。

第一，中国曾经是日本了解西方的重要渠道。1842 年中国在鸦片战争中败给英国，该消息给江户末年的日本带来了巨大冲击，一些日本人急切地希望了解西方。虽然德川幕府在 1842 年废除了"异国船打击令"，但其锁国政策一直维持到 1854 年 3 月幕府与佩里签订《日美和亲条约》。换言之，从 1840 年到 1853 年佩里来航，日本主要经由中国和荷兰吸收西方文化。

然而查阅《日本译中国书综合目录》后发现，1840 年到 1853 年期间，日本人只翻译了一本中国的西方相关书籍，即《坤宇外纪译解》(1852 年)。原著《坤宇外纪》是 17 世纪比利时传教士南怀仁(Ferdinand Verbiest)在中国撰写的地理类书籍，"主要介绍世界各地奇木异兽，在江户时代后半期的日本颇为流行"。[①]从该书的出版难以看出日本知识分子的焦虑心情。在同一时期日本经由荷兰引入了许多西方相关书籍。如《豪斯多刺利译说》(箕作阮甫译，1844年)、《新宇小识》(安部兰甫译，1849 年)、《地学正宗》(杉田玄端译，1851 年)等地理类书籍。[②]也就是说，从 1840 年到 1853 年，日本主要经由荷兰，而非中国来引入西方的相关信息。

虽然 1840 年到 1853 年期间日本人翻译的中国的西方相关书籍比较古老，但是 1854 年以后，日本人翻译了中国最新的西方相关书籍，并给日本带来了深远的影响。例如魏源的《海国图志》(1842—1852 年)。该书以《四洲志》为基础收集了各种西方相关信息，而《四洲志》是林则徐的编译作品，其底本是慕瑞(Hugh Murray)著《世界地理大全》(Cyclopaedia of Geography)。[③]《海国图志》传入日本后立刻被翻刻和翻译。由于幕末时期的日本人会从书中选取各自需要的部分加以翻译，所以《海国图志》的日译版很多，仅《日本译中国书综合目录》就收录了 16 种，出版年为 1854 年和 1855 年。[④]对比这 16 种译书可以发现，以佩里来航为契机，美国成为日本人重点关注的西方国家。除了翻译

---

① 实藤惠秀监修、谭汝谦主编、小川博编辑:《日本译中国书综合目录》，第 103 页。《坤宇外纪译解》由小说家城北清溪译解，被《日本译中国书综合目录》归为"历史·地理"中的"地理"类。

② 详情可参见，開国百年記念文化事業会編:『鎖国時代日本人の海外知識』，(東京)乾元社 1953 年版，第 116—122 页。

③ 邹振环:《影响中国近代社会的一百种译作》，中国对外翻译出版公司 1996 年版，第 40—43 页。

④ 16 种译书可参见，实藤惠秀监修、谭汝谦主编、小川博编辑:《日本译中国书综合目录》，第 4 页、第 98 页、第 101—106 页、第 136 页、第 206 页。

西方地理知识以外,日本人还翻译了西方政治、军事等内容,如《海国图志筹海编译解》(1855年)、《海国图志训译》(1855年)。此外,《墨利加洲沿革总说总记补辑和解》(1854年)还涉及贸易类知识。

调查整理《日本译中国书综合目录》可知,从1840年到1911年,日本共翻译了中国的10部社会科学类书籍,①这10部译书的出版年份横跨1855年到1904年,分别是《海国图志筹海编译解》(1855年)、《海国图志训译》(1855年)、《万国公法释义》(1868年)、《清英交际始末(上·下)》(1869年)、《(和译)万国公法》(1870年)、《清鲁关击论》(1881年)、《支那古代万国公法》(1886年)、《中东战纪本末》(1898年)、《刘张变法奏议:清国改革上奏》(1902年)、《大清律》(1904年)。虽然译书数量很少,但其影响力却不容小觑。

在10部译书当中,最受日本社会关注的是《万国公法》。《万国公法》本是美国传教士丁韪良(William A. P. Martin)在清政府的许可支持下以惠顿(Henry Wheaton)《国际法原理》(Elements of International Law,1836年)为底本译成的中文版。该译书传入日本后被数次译成不同版本,影响深远。"天皇陛下意欲不论平时战时,皆依照欧美各国所尊奉之万国公法,处理与外国交际事宜。"②此句出自岩仓使节团副使伊藤博文呈递给全权大使及其他副使的意见书。岩仓使节团的使命有两个,其一是为修改不平等条约进行预备谈判,其二是开展海外调查。从伊藤博文的言论可以看出,明治政府打算以《万国公法》为依据,与西方国家缔结平等条约。然而结果并不如人意,弱国无外交,岩仓使节团未能顺利完成使命。

第二,中国亦曾通过日本来了解西方。甲午中日战争以前,中国没有一所学校教授日语,③甲午中日战争以后,中国社会因为遭到严重的心理打击,开始出现向日本学习的呼声。作为近代化的优等生,日本不仅起到模范作用,而且为中国提供了近代化的捷径。

首先,许多中国人认为日语汉字较多,比英语等西方语言易学。刘建云指出,日本主流报纸多以政论为主,往往采用汉字和假名掺杂的汉文训读体,蔡

---

① 《海国图志》的16种日译书当中,只有《海国图志筹海编译解》和《海国图志训译》被归入《日本译中国书综合目录》的社会科学类。
② 伊藤博文:『特命全権使節の使命につき意見書』(1872年),芝原拓自、猪饲隆明、池田正博编:『日本近代思想大系12·対外観』,(东京)岩波书店1988年版,第29页。
③ 任达:《新政革命与日本:中国,1898—1912》,李仲贤译,江苏人民出版社2006年版,第116页。

元培、梁启超等知识分子都注意到了此类文体的特点。①1899年,梁启超与罗普合写《和文汉读法》,教中国人在阅读日语文章时颠倒日语词汇的罗列顺序,此法一度大受好评。1935年周作人回忆道:"其影响极大,一方面鼓励人学日文,一方面也要使人误会,把日本语看得太容易,这两种情形到现在还留存着。"②虽然周作人对《和文汉读法》有所批评,但同时也承认该书的强大影响力。

其次,中日甲午战争结束之时距离日本明治维新已有大约28年,从幕末到明治二十八年(1895年),日本已出版大量译书。对此,梁启超曾在《论学日本文之益》(1899年)中指出,日文译书"尤详于政治学、资生学(即理财学、日本谓之经济学)、智学(日本谓之哲学)、群学(日本谓之社会学)等,皆开民智、强国基之急务也"。③虽然该文主旨在于提倡中国人学习日文,以便阅读日译书籍,不过梁启超在《论译书》(1896年)一文中强调过翻译书籍是引入西学的捷径。④

查阅《中国译日本书综合目录》可知,从1868年到1895年,只有一本社科类日语书被译为中文,书名为《万国通商史》。该书作者是英国人琐米尔士,原著先被日本的经济杂志社译为日语,后被古城贞吉以日译版为底本译为中文,于1895年出版。也就是说,从1895年起,日本成为中国引入西方社会科学的一条渠道。

谭汝谦的统计结果显示,1896—1911年,共计366部日语社科书籍被译为中文。不过笔者实际统计《中国译日本书综合目录》的书目后发现,该时期共有386部日语社科书籍被译为中文。当然,这些日语社科书籍既包括日本人的著作,又包括日本人的译书。在此以孟德斯鸠著《论法的精神》(1748年)的译书为例。1876年,日本翻译家何礼之以英译本为底本将其翻译出版,书名为《万法精理》。1902年,张相文以何礼之的日译本为底本翻译出版中译本,依旧定名为《万法精理》。1904—1909年,严复以英译本为底本翻译出版该书,定名为《法意》。姑且不论翻译水平如何,辛亥革命以前的中国人多从张相文而非严复的译书中知晓孟德斯鸠。⑤

---

① 劉建雲:『中国人の日本語学習史:清末の東文学堂』,(東京)学術出版会2005年版,第221页。
② 周作人:《和文汉读法》(1935年),载《苦竹杂记》,河北教育出版社2002年版,第180页。
③ 梁启超:《论学日本文之益》(1899年),载《饮冰室文集》第2册,第80页。
④ 梁启超:《论译书》(1896年),载《饮冰室文集》第1册,第66页。
⑤ 錢国紅:『日本と中国における"西洋"の発見:十九世紀日中知識人の世界像の形成』,(東京)山川出版社2004年版,第311页。

第三,中日两国在译词方面相互影响。在江户时代,汉学是日本知识分子不可或缺的素养。到了明治时代,虽然汉学的重要性有所降低,但是日本的许多西学学者都具备汉学功底。例如西周、加藤弘之、中江兆民、中村正直等西学学者都精通汉学。日本学者在翻译西方书籍时,很大程度运用了他们的汉学知识。他们不仅从中译词汇中借用译词,而且从中国古文中借用词汇作为西方概念的译词,比如"权利"最早出自中国典籍,后被丁韪良用作"right"的译词,其后被日本译者沿袭,"自由"出自《后汉书》,福泽谕吉将其作为"liberty"的译词。①换言之,日语译词的产生离不开中文。当日语书籍被翻译成中文后,日本译者用汉字创造出的译词又被传到中国,这就是所谓的"和制汉语",如"哲学""体操""电话""图书馆"等。

总之,在吸收西方文化的过程中,近代中日两国的翻译史曾相互影响。如钱国红所言,日本的近代化是在同时观察中国和西洋的过程中摸索实现,其近代化过程不乏中国的存在感;同样,中国的近代化是在同时观察西洋和东洋(日本)的过程中推进,其近代化过程不乏日本的刺激。②

3. 西学的取舍选择

1875年2月,27岁的中江兆民就任东京外国语学校的校长。中江兆民除了教授西方文化以外,还把《十八史略》《史记》等汉学典籍列为必修科目。可是当时的文部省高官九鬼隆一毕业于福泽谕吉创办的庆应义塾,而福泽谕吉则主张学习实学。结果中江兆民的意见未被采纳,不久,中江辞去校长一职。③1887年,德富苏峰提出,"于我国今日之学问社会,应举其全力聚焦知识之一点,尤其应凝聚于形而下之一点"。④他所谓的"形而下"之学问,就是实学。在这样的社会背景下,社会科学作为"接近世间一般日用的实学",⑤自然受到日本社会的重视。

另外,19世纪60—90年代,尽管清政府在洋务运动中大力引入西方技术、创办新式工业等,却于中日甲午战争落败。对此,梁启超质疑道,"中国之效西法三十年矣。……何以效之愈久。而去之愈远也"。⑥当洋务运动遭遇严重挫

---

① 加藤周一:『明治初期の翻訳——何故・何を・如何に訳したか』,第361—366页。
② 錢国紅:『日本と中国における「西洋」の発見:十九世紀日中知識人の世界像の形成』,第342页。
③ 松永昌三:『福沢諭吉と中江兆民』,(東京)中央公論新,2001年版,第63—64页。
④ 德富猪一郎:『新日本之青年』,(東京)集成社1887年版,第73页。
⑤ 福沢諭吉:『学問のすゝめ』,(東京)岩波書店1942年版,第13页。
⑥ 梁启超:《论译书》(1896年),载《饮冰室文集》第1册,第65页。

折时,以维新派为首的中国知识分子开始把视线转向社会科学的翻译。

那么,近代中日两国知识分子到底对社会科学的哪些领域尤为关注? 1862年,西周与津田真道同赴荷兰留学,攻读法学等课程,"此乃日本人在海外学习西方近代社会科学之滥觞"。① 1877年,出使英国大臣郭嵩焘在伦敦与日本人相识,"询问日本在英国者二百余人,伦敦九十人,学律法者为多"。② 1882年10月,日本政治家小野梓在东京专门学校(早稻田大学的前身)的开学典礼上发表祝词,强调道,"如今尤其要求政治、法律这两门学科速成。……政学、法学既然为本国所需,就不得不响应国家之需求"。③ 1882年11月,教育家新岛襄在同志社大学的创设方案中指出,应创立设有各种学科的大学,首先应开设"宗教兼哲学""医学""法学"三部。④ 在社会科学众多学科当中,新岛襄专门提出建设法学部,因为随着自由民权运动的爆发,日本国民参加政治的热情急剧上涨,1881年10月12日明治天皇发布诏书,约定于1890年开设国会。在新岛襄看来,培养法律人才是为即将开设的国会做准备。⑤ 总而言之,当日本政治体制逐步近代化时,众多知识分子顺应时代浪潮,对法学、政治学表现出强烈的关注。

与日本相同,中国知识分子也对法学和政治学相当关注。如上文所述,笔者统计《中国译日本书综合目录》的书目后发现,1896—1911年期间,中国共翻译日本社科书籍386部。这386部社科译书分属如下几个类别(见下表)。⑥

毋庸赘言,《中国译日本书综合目录》不可能收录所有的中国译日本书籍。但是从表中可知,法律、政治类译书所占比例明显高于其他类别。从以上数据可以管窥1896—1911年,即中日甲午战争结束后到中华民国成立前清末出版界的出版趋势。

---

① 山室信一:『五科口訣紀略(西周)・解題』,松本三之介、山室信一編:『日本近代思想大系10・学問と知識人』,(東京)岩波書店1988年版,第14頁。
② 郭嵩焘:《伦敦与巴黎日记》,岳麓书社1984年版,第166页。
③ 小野梓:『東京專門学校開校祝詞』(1882年),松本三之介、山室信一編:『日本近代思想大系10・学問と知識人』,第155頁。
④ 新島襄:『同志社大学設立之主意之骨案』(1882年),松本三之介、山室信一編:《日本近代思想大系10・学問と知識人》,第164—165頁。
⑤ 新島襄:『同志社大学設立之主意之骨案』(1882年),第165页。
⑥ 表1书目共计395部,这是因为有9部译书同时被《中国译日本书综合目录》列入两个类别,去掉9部之后正好为386部。9部书籍当中,2部同属教育和社会,1部同属社会和经济,1部同属经济和法律,5部同属政治和法律。

中国译日本社会科学书目的类别表

类别	数量	类别	数量
统计	1	财政	21
教育·体育	76	政治	102
礼俗	3	法律	105
社会	8	军事	52
经济	27		

全面对比中日两国近代翻译史、近代社会科学翻译史是一项庞大的工程，因此只能在已有研究的基础上简单比较概括，把握中日两国的共同点和相互影响关系。然而需要指出的是，以往的研究成果虽然揭示了翻译史的种种细节，却少有从近代思想传播史的角度看待社会科学的近代翻译史，未能完整展现出反映近代思想变动的近代翻译史。比如进化论思想曾在近代中日两国引起强烈反响，许多相关书籍都被译成中文或日文，可以作为近代翻译史、近代思想传播史的典型案例。

三、进化论思想的翻译

"进化论"是近代中日两国思想史的关键词之一。两国学术界多从进化论的传播、吸收、影响等角度对其展开分析。事实上，中日两国的进化论翻译史、传播史是近代翻译史特别是近代社会科学翻译史的一个重要环节。"翻译"作为中西方文化思想传递的重要中介，如果未能做到忠实再现，那么中日两国读者接受的极有可能是被"加工"的西方学说，进而导致连锁反应。在中国学界，尽管严复翻译的《天演论》备受瞩目，其他进化论译书却极少受到关注，以笔者管窥，尚未有研究涉及中日两国的进化论翻译史、传播史的系统比较。

1. 作为自然科学"真理"的进化论

英国生物学家达尔文于1859年出版《物种起源》，最早系统地提出进化论。由于进化论对基督教的"创世说"造成冲击，故而在西方引起巨大争议。可是在19世纪下半叶的日本和中国，基督教的影响力较弱。在日本传统中，把自然万物拟人化的万物有灵论根深蒂固；[①]而在中国，人们理所当然地认为

[①] 上山春平、川上武、筑波常治编：『現代日本思想大系 26・科学の思想Ⅱ』，(東京)筑摩書房1964年版，第19页。

人与动物之间存在着某种连续性,这就成为近代中国人接受进化论思想的重要前提。①因此,当美国动物学教授莫斯(Edward Sylvester Morse)在东京大学的讲座上介绍进化论时,"听众们似乎特别感兴趣,并且,在美国介绍达尔文的理论时往往会与宗教偏见产生冲突,而在这里却没有这种情况发生"。②同样,中国也甚少有人对进化论发动宗教层面的攻击。

当然,上述只是中日两国轻易接受进化论思想的原因之一。如众多研究者所述,当时中日两国尚未构建出关于生物学的完整知识体系,进化论突然传来之时自然也就难以产生科学层面的讨论。③如此一来,进化论传入中日两国之际,很多人都将其视为自然科学的真理。

19世纪被称为"科学的世纪"。人们陆续发现了许多科学史上的重要理论,甚至产生了可以用科学方法解决社会、人类所有问题的主张。④在这样的大环境下,既然进化论被视为自然科学的真理,人们必然会期待进化论在社会科学领域的运用。

2. 迟来的《物种起源》译本

虽然1874年进化论就已传入日本,⑤不过学界普遍认为,美国动物学家莫斯最早向日本人系统介绍进化论。1877年9月,东京大学初代动物学教授莫斯开始讲授进化论,10月起,他还开展了关于进化论的公开讲座。其讲义及讲座内容被当时的学生石川千代松译为《动物进化论》,于1883年出版。尽管莫斯为进化论的传播做出了巨大的贡献,但他介绍的进化论与达尔文的理论尚有不少不同之处。换言之,日本的进化论"从一开始就非达尔文的进化论,而是莫斯的进化论"。⑥

与日本相比,进化论较晚传入中国。虽然伊藤秀一认为早在严复译《天演论》(1897年12月起连载,1898年出版)出版的26年前进化论就已传入中国,

---

① 佐藤慎一:「『天演論』以前の進化論——清末知識人の歴史意識をめぐって」,《思想》792号,1990年6月,第247页。
② モース著、石川欣一訳:『日本その日その日 2』,(東京)平凡社1970年版,第58页。
③ 渡辺正雄:「明治初期のダーウィニズム」,芳賀徹、平川祐弘、亀井俊介、小堀桂一郎編:『西洋の衝撃と日本』,東京大学出版会1973年版,第88—89页。
④ 村上陽一郎:『日本人と近代科学』,(東京)新曜社1980年版,第138页。
⑤ 溝口元:「日本におけるダーウィンの受容と影響」,『学術の動向』,2010年15巻3号,第48—49页。
⑥ 上山春平、川上武、筑波常治:《生物系科学者的思想》,第20—21页。

不过学界普遍认为应将《天演论》视为中国系统引入进化论的起点。①《天演论》的底本是英国生物学家赫胥黎（Thomas Henry Huxley）著《进化与伦理》（Evolution and Ethics）的导论（1894年）和讲稿（1893年）部分。然而严复没有忠实地再现原著，而是在译文中自行增删加工，把进化论作为社会思想加以宣传。

尽管进化论在近代中日两国颇为盛行，进化论的核心著作《物种起源》却很晚才被翻译。莫斯于1877年开展讲座之后，直到1879年，日本出现了第一本关于进化论的译书，即伊泽修二译《生物原始论》，以赫胥黎的 Lectures on Origin of Species（1862年）为底本。换言之，在进化论著作的翻译史中，日本和中国最早翻译的是赫胥黎，而非达尔文的著作。这或许与赫胥黎行文平易、支持达尔文学说有关。

1896年，《物种起源》日译本首次出版，由立花铣三郎翻译，书名为《生物始源：一名种源论》，此时距离进化论传入日本已经过去了19年。据译者所言，由于动物学及植物学的许多专业术语在日本尚未确立或完备，导致他在翻译时感到极为困难。②由此可以推知，专业术语的翻译难度之高正是《物种起源》迟迟未被翻译的原因之一。

中国的情形也颇为相似。1901—1919年，马君武翻译完成《物种起源》，书名定为《达尔文物种原始》，并于1920年出版。距离《天演论》面世已经过去了22年。王中江认为原因有两个，其一，生物进化论作为新出现的跨学科学说，只能随生物学、植物学、地质学等一起传入中国；其二，和其他具有实用价值的"科学"相比，生物进化论比较欠缺"实用性"。③

考虑到当时中日两国历史背景的相通之处，两国很晚翻译《物种起源》的原因也应该是相通的。即，王中江所举两点，以及专业术语的翻译高难度。

马君武在《达尔文物种原始》的序词写道："且此书为全世界文明国所尽翻译。吾国今既不能不为文明国，为国家体面之故。亦不可无此书译本。……此等重要书类。诚有四五十种流行国内。国民之思想。或起大变化。"④在马

---

① 伊藤秀一：『進化論と中国の近代思想（一）』，『歴史評論』123号，1960年10月，第34页。
② チャーレス・ダーキン著，立花銑三郎訳：『生物始源：一名種源論』，（東京）経済雑誌社1896年版，例言第2页。
③ 王中江：《进化主义在中国的兴起——一个新的全能式世界观（增补版）》，中国人民大学出版社2010年版，第29页。
④ 达尔文：《达尔文物种原始》第1册，马君武译，中华书局1920年版，序词第2页。

君武看来,《物种起源》的翻译是文明国的一种象征,他期待着此类译书可以使国民思想发生变化。也就是说,虽然他翻译的是生物进化论的著作,但是比起自然科学,他更期待该书在文明、社会思想领域所产生的"实用性"。

如上所述,作为进化论的核心著作,《物种起源》在中日两国都遭到冷遇。由此可以窥知,近代中日两国不太重视自然科学领域的进化论。

3. 进化论在社会科学领域的传播

在达尔文出版《物种起源》之前,英国学者斯宾塞(Herbert Spencer)已在拉马克(Jean-Baptiste Lamarck)进化学说的基础上构筑了自己的理论框架,并于1858年发表了巨著《综合哲学体系》的草案,试图用进化的原理来解释心理学、社会学、伦理学等问题。当达尔文从生物学的角度用翔实的资料论证了进化论时,斯宾塞正处于学术创作旺盛期,他的进化论体系仿佛得到了自然科学的佐证,尽管斯宾塞拒绝自己的体系被误认为和达尔文存在联系,[①]且达尔文反对把生物进化论扩大到社会层面。也就是说,进化论传入中日两国之前,西方已存在生物进化论和社会等领域的进化论,并且生物进化论为社会等领域的进化论增添了一层自然科学的光环。

1882年,加藤弘之出版著作《人权新说》,主张将进化论应用于社会领域,并以进化论为武器批判天赋人权论,掀起了日本知识界的一场论战。自此以后,日本对社会等领域的进化论表现出更深的关注。渡边正雄曾对19世纪80年代的日本综合学术杂志《东洋学艺杂志》进行调查,发现进化论在社会科学类论文中出现的频率高于自然科学类论文。[②]

与之相比,由于严复对《天演论》的译文进行了加工,添加按语表达个人的思想倾向等,进而从《天演论》中能发现斯宾塞社会进化论的身影。换言之,中国人从进化论传入最初就期待着进化论在社会的应用。而且中国与日本的倾向相同,比如梁启超对于"自然淘汰""优胜劣败"等理论颇为关注,他认为进化论超越了自然科学领域,能被用来解释社会问题。[③]

从因果关系来看,进化论之所以被应用于社会科学领域,是因为社会上存在着需要用进化论这种科学理论来解决的问题。当我们回顾进化论在中日两国社会思想产生巨大影响的历史时,不难发现其中作为契机的政治事件。在日本,加

---

① 山下重一:『スペンサーと日本近代』,(東京)御茶の水書房1983年版,第47页。
② 渡边正雄:『明治初期のダーウィニズム』,第85页。
③ 梁启超:《天演学初祖达尔文之学说及其略传》(1902年),载《饮冰室文集》第5册,第18页。

藤弘之的著作《人权新说》以进化论为武器来批判天赋人权论,该书出版于自由民权运动盛行之时,自然引起强烈反响。在中国,严复译《天演论》强调物竞天择、自强保种,该书出版于中日甲午战争之后,同样引起了社会的广泛关注。

尽管近代日本与中国在进化论的翻译史、传播史上存在诸多共通之处,但是两国进化论思想的传播形式和路径颇为不同。进化论最初是以演讲的形式正式传入日本,并且在此之前,诸如文明开化、天赋人权论等近代欧洲思想已系统传入日本。而在中国,"进化论是第一个被系统介绍到中国的近代欧洲思想",①其传播形式始于翻译。而且,两国进化论思想的传播存在着一个"时间差"。日本从西方直接引入进化论,中国则不仅采取一条路径。任达(Douglas R. Reynolds)指出,1898—1907年是中日关系的"黄金十年"。②以此为背景,中国除了从西方直接引入进化论以外,还经由日本间接引入日本人的进化论译书和著作。例如,斯宾塞的不少著作先被译成日文,其后日译版又被转译成中文版。加藤弘之、有贺长雄、岸本能武太等日本学者的社会进化论代表性著作也被相继翻译成中文。例如,有贺长雄著、译者不详的《族制进化论》(1902年);有贺长雄著、麦鼎华译的《人群进化论》(1903年版、1933年版);岸本能武太著、章炳麟译的《社会学》(1902年)。其中,加藤弘之的著作被翻译的最多,从1899年到1903年共计出现9种中译版本,尤以杨荫杭译《物竞论》广为人知。

当进化论经由日本路径传入中国时,中国人接收的未必是原汁原味的西方思想。举例而言,进化论与人种论往往被联系在一起叙说,当进化论从大英帝国这个"白种人"国家传入日本这个逐步实现近代化的"黄种人"国家时,日本的知识分子需要对此做出回应与改写。中国虽与日本同为"黄种人"的国家,却逐渐沦为半殖民地半封建社会,当中国的知识分子翻译日本人的进化论译书和著作时,又会进行相应的改写。比如,加藤弘之在其著作《强者之权利之竞争》中写道,"亚细亚人种除日本、支那等以外,多安于怯懦退缩,类似女子之性质",而杨荫杭则在译书《物竞论》中翻译道,"亚人懦弱退缩",未将日本人和中国人排除在外。③从这个角度来看,进化论的翻译史可以说是近代思想传

---

① 伊藤秀一:『清末における進化論受容の諸前提:中国近代思想史における進化論の意味(1)』,《研究》22号,1960年3月,第62页。
② 任达:《新政革命与日本:中国,1898—1912》,李仲贤译,第6页。
③ 宋晓煜:『清末における加藤弘之の著作の翻訳および受容状況——「強者の権利の競争」とその中国語訳を中心に』,『ICCS現代中国学ジャーナル』第10卷第1号,2017年1月,第98—99页。

播史的一个经典案例。

四、结　　论

如上所述，通过比较分析中日两国近代翻译史，尤其是社会科学翻译史，可知二者存在诸多共同点，而且互相影响着对方。中日两国一衣带水、同属汉字文化圈，这为译书往来、译词互鉴提供了诸多便利。也正因此，中日两国在翻译西方社会科学著作时，除了西方路径以外，还可以选取日本/中国路径这一"捷径"。并且，由于日本经由中日甲午战争证明了自己近代化"优等生"的地位，在社会科学翻译领域，中国采用日本路径的频率急剧增多，不仅是日文译书，日本人的著作也进入中国人的视野当中。

然而，正如进化论的案例所呈示的那样，尽管两国在吸收同一种西方思想的过程中存在诸多相似之处，但是由于国情各有不同，两国关注该思想的契机呈现出明显差异，而且同一种西方思想传播到日本和中国时存在一个"时间差"。于是，当西学东渐的道路经过日本这个中转站时，中国人接受的不再是原汁原味的西方思想，而是经过日本人加工、再生产的思想。这不仅反映了日本在接受西方文化上对中国的全面超越，同时也是日本摆脱中国影响的具体体现。

来自西方的思想文化通过来自东方的日本传播并介绍到中国，这种方式并非仅仅凭借中日两国一衣带水、文化亲缘的便利，其背后恰如其分地反映了中日两国国力此消彼长的变化。这也促使了近代以来一大批仁人志士赴日本留学，并让诸多引领20世纪潮流的思想在中国生根发芽。

中国共产党百年金融思想演进

王 玉 韩汉君

金融活,经济活;金融稳,经济稳。①金融是现代经济的核心,也是实体经济的血脉,所谓"金融服务实体经济",根本要求就是有效发挥其媒介资源配置的功能,②打通金融资源与实体经济之间的管道,将金融资源融入实体经济中去,合理配置到所需要的产业、行业和企业,③促进国民经济的良性循环。中国共产党自成立以来,始终将金融服务实体经济工作视为革命斗争以及社会主义经济建设的重要组成部分,加以研究、推进。在此过程中,中国共产党金融思想在马克思主义经济金融理论的指导下,围绕不同阶段党的中心工作所需,不断创新和完善,发展成为独具中国特色的金融服务实体经济思想体系,其中蕴含的金融工作的一般规律与基本经验,对于进一步增强新时代金融服务实体经济能力、推动我国金融业高质量发展,提供了重要的历史借鉴意义与理论遵循价值。

近年来,学术界关于中国共产党金融思想的研究议题涌现了一系列研究成果,其中相当多的成果以中国共产党及其主要领导人的金融思想作为研究对象进行党派人物思想史研究,④也有成果以中国共产党金融制度变迁和阶段

---

① 习近平:《金融活经济活 金融稳经济稳》,新华网(http://www.xinhuanet.com/politics/2017-04/26/c_1120879349.htm),2017 年 4 月 26 日。
② 李扬:《"金融服务实体经济"辨》,《经济研究》2017 年第 6 期。
③ 蔡则祥、武学强:《金融资源与实体经济优化配置研究》,《经济问题》2016 年第 5 期。
④ 代表性研究成果包括:于永臻:《建党以来中国共产党的金融思想创新与实践》,《桂海论丛》2007 年第 1 期;温美平:《中国共产党金融思想研究》,复旦大学出版社 2012 年版;薛涵予:《新时代中国共产党的金融思想研究》,兰州大学博士论文 2019 年;樊弘宪:《让毛泽东的金融思想更加发扬光大——纪念毛泽东同志诞辰 90 周年》,《金融研究》1983 年第 12 期;易棉阳、赵昊铭:《论毛泽东的金融思想》,《湖南城市学院学报》2012 年第 3 期;曾伟:《邓小平的金融思想及其当代价值研究》,湖南工业大学硕士论文 2015 年;韩心灵:《习近平新时代金融思想论述》,《上海经济研究》2018 年第 9 期等。

性特征作为研究对象开展制度变迁史研究,[1]这些研究在深入挖掘中国共产党金融思想演进和制度沿革方面积累了相对丰富的历史资料及学术贡献,为本文提供了重要参照系。在前述研究基础上,本文尝试以专题思想史研究的方式,以中国共产党金融服务实体经济思想作为切入点,对建党百年间中国共产党关于金融服务实体经济思想形成的现实依据、理论渊源、演进理路以及规律经验等内容进行系统梳理和提炼总结,以期更好地领会其思想内涵与历史价值,最终从历史经验中汲取智慧推动新时代金融体系更好地服务于实体经济的高质量发展。

一、中国共产党金融服务实体经济思想的理论渊源和现实依据

中国共产党金融服务实体经济思想以马克思主义经济金融理论作为重要指导,兼顾对中国传统金融思想以及西方现代金融学说的批判吸收,同时立足于推动金融工作支持革命、建设、改革以及发展的各项经济事业与中心任务的具体实践之中,经过不断完善发展成为改善中国金融供给、提升服务实体经济质效的重要引领。

(一) 理论基础:马克思主义经济金融理论中国化的发展与创新

实体经济和金融分别作为国民经济的基石和血脉,两者之间的关系向来是马克思主义经济金融理论的重点研究对象。马克思认为金融行业的产生是为确保在信用作用下,银行能够将大量闲散的社会资金集中起来提供给实体经济,使其生产和消费可以不受自有资金规模所限,从而实现跳跃式增长。然而,当金融进入资本证券化阶段,就会给人造成有价证券"除了它们能够索取资本或权益之外,它们还形成现实资本"[2]的误解。但实际上,金融借贷资本只有和产业资本结合才能够创造价值,否则就会滋生金融风险,甚至有可能催生出工业危机。列宁在对金融与实体经济的脱节进行批判时,指出随着资本主义的发展,银行垄断逐渐产生,银行资本与工业资本相互融合继而形成金融资

---

[1] 代表性研究成果包括:中国人民银行编:《中国共产党领导下的金融发展简史》,中国金融出版社 2012 年版;周围:《中国共产党的金融政策对苏区经济变迁影响论析》,东北师范大学硕士论文 2013 年;陆岷峰、周军煜:《金融功能的近代史演变予现代金融地位的研究——基于中国共产党对金融工作的百年领导与金融发展历程的回顾》,《金融理论与教学》2021 年第 1 期等。

[2] 马克思:《资本论》(第 3 卷),人民出版社 2004 年版,第 453 页。

本。列宁将这种金融资本的统治视为帝国主义的最高阶段,①意味着货币资本同生产资本、占有资本以及使用资本被最大化的分离。金融资本通过确定垄断价格就可以获取巨额利润,这会使资本家丧失技术发明改进的动力,最终导致整个社会的发展陷入停滞。

中国共产党金融服务实体经济思想是党在金融工作的探索中,将马克思主义经济金融理论与中国实践相结合,由此确立的中国金融和实体经济协调发展的指导思路。早在19世纪末20世纪初,已陆续有国人通过译著或著述对《资本论》原理进行了初步介绍。十月革命之后,马克思列宁主义开始大规模传入中国,相关研究成果如雨后春笋般涌现。1919年5月,李大钊在其主编的《新青年》刊发了马克思专号,详细阐述了马克思主义经济理论,他可谓是中国认真研读《资本论》的第一人。②紧接着,1920—1949年,国人翻译自日、俄、德等国的马克思主义经济金融理论的经济学著作达28部,而学者们运用马克思主义理论探讨中国经济金融问题的自著更是多达50部,③为马克思主义经济金融理论中国化的探索奠定了宝贵基础。中国共产党也十分重视马克思主义的本土化改造,1938年10月,毛泽东就在党的六届六中全会讲话中明确提出"马克思主义中国化"这一重要概念,马克思主义中国化经济理论领域也相继形成了新民主主义经济理论与中国特色社会主义经济理论体系,而金融理论作为其中的重要组成,关于金融和实体经济两者互动发展的理论被不断明晰并深化,坚守金融本源的定位也成为中国共产党金融工作创新发展的重要指引。

(二)理论采撷:中国传统金融思想的传承与西方金融学说的借鉴

中国共产党金融服务实体经济思想十分注重对各种金融思想的借鉴,既包括对中国传统金融思想的"古为今用",也含有对西方现代金融学说的"洋为中用"。中国历史上的金融思想及实践十分丰富,是中国共产党金融思想得以形成的重要根基。伴随着中国古代商品经济的发展,城市工商业日益繁荣,货币资金的借贷和流通在整个社会经济生活中的重要性不断凸显。以《管子·

---

① 列宁:《帝国主义是资本主义发展的最高阶段》,中共中央马克思恩格斯列宁斯大林著作编译局编译,人民出版社2014年版,第56页。
② 徐洋、林芳芳:《〈资本论〉在中国的翻译、传播和接受(1899—2017)》,《马克思主义与现实》2017年第2期。
③ 张家骧:《中国货币思想史》(下),湖北人民出版社2001年版,第1185、1190页。

轻重》为代表,"贷"被视为"调通民利"之法,即对百姓之间的经济利益往来进行调剂融通,防止"万民之不齐",以确保"民无废事",进而实现"国无失利"。《汉书·食货志》也提到王莽的城市工商业经济管理政策之一即"民或乏绝,欲贷以治产业者,均授之,除其费,计所得受息,毋过岁什一",①意为凡是想要从事生产经营活动但资金匮乏者,可以向钱府丞借贷,并需根据其经营所得利润缴纳利息,年利息的收取应少于其利润总额的1/10。可以看出,古人对于利用金融手段促进经济发展的思考和探索已有一定经验,但也应看到中国传统金融思想在很大程度上是一个相对孤立封闭的知识体系,因此并未汇流到现代金融学发展的主流中来,借鉴和模仿"西学"在近代中国随之被提上了议事日程。②

现代西方金融学伴随着近代"西学东渐"的潮流传入中国,其思想精髓拓宽了中国共产党金融思想的发展路径。晚清以来,大量中国学人走出国门接受西方经济学的正规训练,学成后通过译介著作、开展教育、成立学社等方式将西方金融学理论引入中国,带动了中国本土金融问题研究的热潮。1919—1949年,国人自编的金融学著作就已经达到了133部,③足见其融会贯通西学效率之高。改革开放后,在中国建立社会主义市场经济体制的目标下,欧美市场经济国家及其经济理论成为重要参考学习对象。通过西方金融学在中国大学教育中的推广和普及,中国金融学的研究范式基本实现了与国际的接轨,货币理论、信用理论、利息与利率理论、金融开放理论以及金融危机理论等现代金融理论工具开始被用于指导金融体制改革实践,金融和实体经济两部门关系的认知也得到理论深化。但是,中国在金融背景、结构以及发展水平等方面有其独特性,因此完全照搬西方理论并不可行,特别是随着中国经济改革的快速推进与金融业的蓬勃发展,所谓的西方主流金融学被证明无法完全解释中国共产党领导下的中国特色金融发展道路,以增强金融服务实体经济质效为指引的中国特色社会主义金融理论的构建已经成为重要的时代命题。

(三) 现实依据:中国金融的百年探索与实践

中国共产党在金融工作中,始终坚持以马克思主义经济金融理论为指导,以中国传统金融思想与西方金融学说为借鉴,同时不断总结和提炼中国金融

---

① 《汉书·食货志》(下),中华书局1999年版,第987页。
② 张杰:《金融学在中国的发展:基于本土化批判吸收的西学东渐》,《经济研究》2020年第11期。
③ 张家骧:《中国货币思想史》(下),湖北人民出版社2001年版,第1012页。

百年间的实践经验,促进中国共产党金融服务实体经济思想随着中国金融实践的发展而不断丰富。在中国共产党成立以前,近代中国的金融体系运转基本处于失灵状态。自1840年鸦片战争以后,中国逐步沦为半殖民地半封建社会,中国金融也被打上半殖民地半封建的烙印。帝国列强凭借其雄厚的金融实力以及在华特权,通过汇兑业务、商业放款以及货币发行等举措,控制中国金融业,操纵中国金融市场。中国民族资本金融业虽在这一时期得以兴起,在设立初期往往也都以民族责任感的姿态制定了一套支持工矿商业发展的信贷政策,但在帝国主义和封建势力的双重挤压下呈现出畸形发展态势,纷纷转向商业投机与外汇投机,金融系统功能几近丧失。[1]

1921年,高举反帝反封建大旗的中国共产党诞生后,开始探索建立新民主主义金融体系。自大革命运动起,中国共产党着手在革命根据地开展服务于根据地经济及政权建设的金融工作,一方面为工农业生产提供金融支持,盘活根据地内部经济循环,另一方面借助金融系统筹集军事费用,推动革命事业。中华人民共和国成立前夕,各根据地银行合并组建中国人民银行,负责领导全国金融工作,接管官僚资本金融业,整顿私营金融业,限制外资银行在华特权,组建全新的金融机构,至1949年12月,全国金融机构达1380个,从业人员达8.8万。[2]这些举措为促进新中国工农业生产恢复、实体经济增长打下良好的金融基础。之后以中国人民银行为核心的金融系统更是在全力配合国家工业化和基础设施建设中,多渠道吸纳社会闲散资金,大力开展信贷业务,为国民经济发展做出重要贡献。中华人民共和国成立起至1977年的不到30年时间内,虽历经若干天灾人祸,但中国依然搭建起了具有初步轮廓的工业体系,金融系统功能的发挥功不可没。

1978年以来,中国金融体制改革伴随着改革开放与经济建设的进程而深入展开。中国金融市场逐步形成多元化、多层次、多样化的发展格局,均衡金融与实体经济发展的治理手段不断完善,先后成功实现了1996年年末的经济"软着陆"以及1997年东南亚金融危机的风险规避,并为2008年金融危机的积极应对积累了宝贵经验。党的十八大之后,金融系统贷款投放加速、投向结构优化、产品创新发展,年社会融资规模增量已从21世纪初的3万亿元左右

---

[1] 张虎婴:《历史的轨迹 中国金融发展小史》,中国金融出版社1987年版,第159页。
[2] 于永臻:《建党以来中国共产党的金融思想创新与实践》,《桂海论丛》2007年第1期。

增长到34.86万亿元,[①]显著激发实体经济活力,为经济迈向高质量发展提供强有力的支撑。但与此同时,近些年中国经济"脱实向虚"问题日渐显现。如何确保金融回归服务实体经济的本源,成为新时代中国共产党金融工作面临的重要考验。中国金融自1921年以来的实践历程,及其所取得的经验成就与面临的问题挑战,既构成中国共产党金融服务实体经济思想形成与演变的现实依据,也成为推动其发展与完善的内在动力。

二、中国共产党金融服务实体经济思想的演进理路

中国共产党金融服务实体经济思想的演进理路,内嵌于中国共产党百年探索历程的不同阶段,为我国社会经济建设和健康稳定提供了有力支撑。本文以1921年中国共产党诞生、1949年中华人民共和国成立、1978年改革开放实施以及2012年新时代开启为四个关键节点,将中国共产党金融服务实体经济思想分为四个阶段进行勾勒和描述。

(一)新民主主义革命时期的金融思想(1921—1949):创设金融事业、满足经济建设及革命战争需要

在新民主主义革命时期,中国共产党吸收马克思列宁主义理论精髓及金融思想,同时与中国不同阶段具体实践相结合,领导了服务于政治、军事和经济斗争的金融事业,为解决革命根据地及解放区的经济问题提供了重要支撑。在此过程中,金融在经济建设中的作用逐渐明确,中国共产党金融服务实体经济思想得以生根发芽并初步发展,推动了根据地主要产业即农业的发展,同时促进了服务于战争和农业生产的工商业成长,使根据地社会经济和产业结构发生相应变化,奠定实体经济发展的基础。更为重要的是,作为一项开创性的事业,也为中华人民共和国成立后的金融工作提供了宝贵经验和理论准备。

中国共产党在早期领导农民运动中,逐渐认识到创设农民金融事业对于发展农村经济的重要性,并围绕各类金融机构的开办进行了有益探索。长期以来,由于封建主义与官僚资本主义的双重压迫,中国农村经济极为萧条,农民生活亦十分困苦。中国共产党顺应现实之需,将政治斗争和经济斗争结合

---

① 数据来源:中国人民银行社会融资规模增量统计数据。

起来开展农民运动,农村经济建设的重要性由此凸显。1922 年 12 月,中国共产党在《对于目前实际问题之计划》中明确提出"农业是中国国民经济之基础",而发展农业经济的措施之一就是"组织农民借贷机关"发放"利息极低的借贷"。①1923 年 11 月,中国农民运动先驱、共产党人彭湃,在主持制定《广东农会章程》时指出应成立"农业银行",专门为贫苦农民谋取利益。②时任中共中央农民运动委员会书记的毛泽东对农民经济问题亦十分关切,1926 年 12 月,在毛泽东和中共湖南省委领导下,湖南省第一次农民代表大会通过《金融问题决议案》和《农民银行决议案》,针对"现在的农村经济枯竭到了极点"这一现象,指出应创建"农民银行"解决农民资本匮乏问题。③1927 年 3 月,毛泽东等人在《对农民宣言》中进一步提出各省应将设立贷款条件极低的农民银行问题"列为专条"。④在这种"设立农民自己的金融机构"思想指导下,广东、湖南等地区的金融事业快速推进,以农民银行、平民银行、生产合作社或贫民借贷所等为名称的金融组织相继成立,通过资金融通、货币发行等手段,解决农民生产生活资金来源问题,进而巩固革命力量,推动各地农民运动的开展,中国共产党金融服务农业实体经济的思想渐现雏形。

土地革命时期,为繁荣根据地经济以巩固工农政权,中国共产党借助国家银行体系发展工农金融事业的基本思路得以确立。鉴于革命根据地基本上都建立在经济落后的偏远农村山区,而且面临着国民党的军事围剿和经济封锁,中华苏维埃政府成立后,为更好地开展金融工作、推进经济建设,开始对各地农民金融机构进行统一领导。1931 年 11 月,中华苏维埃全国第一次代表大会通过《关于经济政策的决议案》,提出要摧毁旧式金融机构,由苏维埃政府开办国家银行,将原有各苏区银行改为国家银行分行,建立起国家银行体系。之后又在《中华苏维埃共和国国家银行暂行章程》中明确本行为"巩固苏维埃金融,帮助苏维埃经济发展之国营事业",⑤并颁布定期信用放款暂行规则,提出"本

---

① 李忠杰、段东升主编:《中国共产党第二次全国代表大会档案文献选编》,中共党史出版社 2014 年版,第 98—99 页。
② 彭湃:《彭湃文集》,人民出版社 1981 年版,第 37 页。
③ 中国现代文史资料选编:《第一次国内革命战争时期的农民运动》,人民出版社 1953 年版,第 419—420 页。
④ 邓演达、毛泽东、陈克文:《对农民宣言》,1927 年 3 月 19 日,原载《湖北省农民协会第一次代表大会日刊》第 16 期。
⑤ 许毅主编:《中央革命根据地财政经济史长编》(下册),人民出版社 1982 年版,第 308—309 页。

规则专为各种合作社和贫苦工农群众,用途确系有利于发展社会经济之放款而定,其他放款非经本行特许者,不能适用本规则"。①1934年1月,中华苏维埃政府第二次全国代表大会上,毛泽东所做的报告提出,苏维埃银行在发行纸币时应极端的审慎,"基本上应该根据国民经济发展的需要,单纯财政的需要只能放在次要的地位"。②这些以发展工农经济为导向的金融机构运营原则,帮助中共苏区建立起独立自主的金融系统,不仅成功发展了苏区工农业经济,而且有效地防范了敌对势力对革命的破坏。

抗日战争爆发后,中国共产党采用灵活机动的管理思路将根据地金融机构发展成为经济枢纽,极大活跃了根据地经济。1937年10月,根据国共两党的协议,苏维埃国家银行西北分行改组为陕甘宁边区银行,负责接收国民政府按月发给八路军的军饷。中国共产党决定将其中一半交由边区银行管理,时任行长曹菊如利用这笔款项,组建附属光华商店,"组织土产出口和货物进口,供给军需民用",③在激活内部经济循环体系的同时又利用贸易手段疏通了外部经济联系,显著推动了边区经济发展。1941年,陕甘宁边区银行行长由朱理治接任,他将边区银行定位为"发展新民主主义经济之枢纽",④放款业务面向农业、合作事业、公私工业以及公私商业等领域展开,扶植边区农业、工商业经济的全面发展,使得农村阶级关系趋于缓和,边区一切抗日力量快速凝聚。边区银行经历战争考验,在处理各种复杂金融问题中积累的宝贵经验,也让毛泽东深刻体会到"贸易、金融、财政是组织全部经济生活的重要环节,离了它们,或对它们采取了错误方针,全部经济生活就会停滞,或受到障碍"。⑤这种对金融在经济发展中重要意义的肯定一直被延续到解放战争时期,早在1946年年初确定新解放区工作方针时,毛泽东就提出"我们已得到了一些大城市和许多中等城市。掌握这些城市的经济,发展工业、商业和金融业,成了我党的重要任务"。⑥由此看出,金融业已被中国共产党作为与工业、商业具有相同地位的经济建设关键抓手。随着解放战争的推进,分散的解放区逐渐集中,解放区的

---

① 许毅主编:《中央革命根据地财政经济史长编》(下册),人民出版社1982年版,第368页。
② 毛泽东:《毛泽东选集(第一卷)》,人民出版社1991年版,第134页。
③ 曹菊如:《曹菊如文稿》,中国金融出版社1983年版,第32页。
④ 陕甘宁边区财政经济史编写组、陕西省档案馆编:《抗日战争时期陕甘宁边区财政经济史料摘编·第五编·金融》,长江文艺出版社2016年版,第68页。
⑤ 毛泽东:《毛泽东文集(第三卷)》,人民出版社1996年版,第125页。
⑥ 毛泽东:《毛泽东选集(第四卷)》,人民出版社1991年版,第1173页。

金融工作也开始走向统一,并于 1948 年 12 月成立了中国人民银行,为新中国集中统一的金融体系的建立拉开了序幕。

(二)社会主义革命和建设时期的金融思想(1949—1978):理清金融工作思路、助力社会主义事业开创

中华人民共和国成立以后的社会主义革命和建设时期,经济发展面临着一系列困难和挑战。与中华人民共和国成立前最高水平的 1936 年相比,1949 年全国工农业产值严重下跌,其中,重工业减少 70%,轻工业减少 30%,粮食减少 25%,棉花减少 48%,[①]战争的摧残和破坏力可见一斑。为加快国民经济恢复和社会主义建设的步伐,中国共产党在新民主主义革命时期金融实践的基础上,运用和发展马克思主义关于无产阶级必须掌握银行的学说,逐步探索出依托中国人民银行发挥金融管理和调控社会主义经济的工作思路,并伴随着实践的深入不断进行反思与调整,为初步建立起比较完整独立的工业体系与国民经济体系做出了贡献,促使实体经济发展取得一定进展。

中华人民共和国成立初期的三年国民经济恢复期,中国人民银行被赋予领导和管理全国金融工作的重要职责,成为金融系统的核心机构。1950 年 2 月,中国人民银行召开第一届全国金融会议,时任中央财经委员会主任的陈云在会上指出,该行的中心工作应是"收存款、建金库、灵活调拨",时任行长南汉宸也在会议总结报告中强调,"银行工作的中心任务是用一切方法去争取存款,积累尽可能多的资金,支持工农业的生产和发展"。[②]在广泛吸存的前提下,同年 12 月《中国人民银行放款总则》颁行,规定放款对象是有益于国计民生并符合国家经济建设计划的国营、合作、公私合营、私营及其他个体经济,种类分为工业放款、农业放款、贸易放款、交通运输事业放款、公用事业放款以及其他放款。[③]这种通过银行信用将社会闲散资金集中起来投入社会主义经济建设中去的做法,有效解决了资金的供需矛盾,充分调动起各方积极性,使得战后国民经济能够平稳恢复。1952 年,我国工农业总产值比 1949 年增长 77.5%,比 1936 年增长 20%,[④]国家财政经济状况明显好转,实现了社会主义经济建设的良好开局。

---

① 李自忠等主编:《中国革命史新编》,武汉出版社 1992 年版,第 290 页。
② 中国人民银行编:《中国人民银行六十年(1948—2008)》,中国金融出版社 2008 年版,第 119 页。
③ 同上书,第 123 页。
④ 杨坚白:《我国八年来的经济建设》,人民出版社 1958 年版,第 19 页。

1953年起，中国全面学习苏联模式，中国人民银行也建立起集中统一的综合信贷管理计划，将"统存统贷"作为国家经济管理的重要手段。在这一阶段，无论是资金的来源或运用，都由中国人民银行全权掌握，为社会主义改造和大规模经济建设，特别是工业建设提供全面的金融保障。然而，金融也在此过程中简化为社会经济计划的操作工具，银行工作脱离实际，很多地方甚至开始出现随意增贷现象，迫使国家不得不增加货币发行。针对这一现象，1962年2月，中共中央、国务院曾出台《关于切实加强银行工作的集中统一、严格控制货币发行的决定》，规定应严格信贷管理，加强信贷的计划性，促进国民经济的调整和发展，①为银行工作提供重要规范。1973年，陈云还提出应学习运用资本主义金融技术为社会主义经济建设服务，"不要把实行自力更生的方针同利用资本主义信贷对立起来"，②这种吸收资本主义金融思想并将其运用在中国金融服务实体经济实践的主张，对拓展中国共产党的金融思想具有重要意义。

（三）改革开放时期的金融思想（1978—2012）：确立金融核心地位、推动市场经济体制建设

1978年党的十一届三中全会的召开标志着我国社会步入改革开放时期，中国共产党通过对我国社会主义建设正反两方面经验的深刻总结，成功开创和发展了中国特色社会主义的经济建设事业。在此期间，紧跟我国经济实力不断壮大、经济结构显著变化的实际情况，以"金融核心论"为思想指导的金融体制改革得以推行。此外，中国共产党还逐渐积累了应对各类金融风险的经验，深化了对金融发展、改革与稳定之间关系的认识，使金融在助力各产业全面蓬勃发展的同时又保证了实体经济的持续健康发展。相较于此前的新民主主义革命时期、社会主义革命和建设时期，这一时期的中国共产党金融服务实体经济思想体系更为丰富，也更具实践性。

在改革开放进程中，以邓小平为代表的中国共产党人金融服务实体经济思想随着经济市场化改革的深入不断完善，涵盖金融领域中一系列根本性、战略性的关键问题。1978年8月，邓小平视察天津，针对市委反映的资金不足问题，指出企业不应过度依赖国家资金分配，而应根据经营状况自行争取银行贷

---

① 中共中央文献研究室编：《建国以来重要文献选编》（第15册），中央文献出版社1997年版，第251—256页。
② 中共中央文献研究室编：《陈云年谱》（下），中央文献出版社2000年版，第177页。

款,①这无疑强化了金融对国民经济发展的作用。1979年10月,邓小平在中共、省、自治区委员会第一书记座谈会上明确指出"必须把银行真正办成银行",②将银行作为发展经济、更新技术的杠杆,充分发挥银行在调节、分配及使用资金方面的功能。根据这一指示精神,由中国人民银行领导,中国农业银行、中国人民建设银行、中国银行以及中国工商银行联手,共同致力于为改革开放事业提供充足的资金融通服务。之后,在中国经济改革深化与金融系统实践推进的基础上,邓小平对金融在现代经济中作用的认识不断完善,在1991年年初视察上海时,提出了著名的"金融核心论",即"金融很重要,是现代经济的核心,金融搞好了,一着棋活,全盘皆活",③这一论断一经提出,便成为中国共产党建立与市场经济体系相匹配的金融制度的思想指引和实践指南。1992年年初,邓小平又提出开展证券市场试验的设想,"证券、股市,这些东西究竟好不好,有没有危险,是不是资本主义独有的东西,社会主义能不能用？允许看,但要坚决地试",④将发展银行为中介的间接融资和开拓证券市场为载体的直接融资一同视为金融体制改革的重要内容,充分显示了邓小平对金融体制改革的全方位关怀,也正是他这份超人的胆识使得中国证券市场得以突破传统观念束缚并成长发展,扩充了金融服务实体经济的渠道方式。

世纪交替之际,全球化趋势不断推进,对我国金融适应现代化经济体系建设提出了更高要求。中国共产党贯彻发挥金融核心功能的精神指示,于1993年12月颁布《关于金融体制改革的决定》,对金融体制实行全面改革,通过建立中央银行宏观调控体系,国有商业银行为主、多种金融机构并存的组织体系以及统一开放、有序竞争、严格管理的市场体系,促进金融更好地适配社会主义市场经济体制需要,促进国民经济持续、快速、健康发展。然而,1993年中国经济高速增长中出现的通货膨胀、1997年亚洲金融危机以及2008年美国金融危机的发生,使得共产党意识到保持金融稳定、规避金融风险已经成为刻不容缓的任务。在对历次金融风险和危机进行反思的基础上,"金融核心论"的内涵被进一步深化,即金融不仅要服务实体经济的快速发展,更要保障实体经济

---

① 武市红等主编:《邓小平与共和国重大历史事件》,人民出版社2000年版,第265页。
② 中共中央文献研究室编:《邓小平思想年谱(1975—1997)》,中央文献出版社1998年版,第133页。
③ 同上书,第455页。
④ 中央财经领导小组办公室编:《邓小平经济理论学习纲要》,人民出版社1997年版,第70页。

的安全发展。江泽民指出我国的金融业"掌握着巨大的经济资源,在支持经济发展、调整经济结构、维护社会发展等方面,发挥着越来越重要的作用。如何运用金融这个经济杠杆,是一门很大的学问"。①而要确保这一杠杆发挥积极作用,就必须实行"安全、高效、稳健"的金融工作方针,②以实现其优化资源配置、调控宏观经济的功能,否则就会滋生金融风险甚至是危害经济社会全局的系统性风险。胡锦涛也结合新形势的特点对金融工作重要性进行深刻论述,提出"做好金融工作,保障金融安全,是推动经济社会又快又好发展的基本条件,是维护经济安全、促进社会和谐的重要保障,越来越成为关系全局的重大问题",③并对金融行业做出进一步规范,指出金融行业在努力提高效益、创造收益的同时,也应结合国家发展战略与目标任务对服务重点与方向进行调整,加大对社会经济发展以及改善人民生活的支持力度。④

江泽民、胡锦涛的这些重要论述,体现出这一阶段中国共产党对加强金融系统安全和完善金融治理手段的重视。在此思想指导下,金融改革发展史上具有里程碑意义的三次会议相继召开,⑤分别是:1997年第一次全国金融工作会议,研究部署深化金融改革、防范金融风险、整顿金融风险工作,为成功抵御亚洲金融危机奠定基础;2002年第二次全国金融工作会议,对进一步深化金融企业改革、加强金融监管、促进金融业健康发展做出部署,标志金融改革转入攻坚阶段;2007年第三次全国金融工作会议,对新形势下银行业、农村金融、证券、保险以及金融创新、调控、开放、监管等重要领域的改革做出细化,促进金融政策的顺利落实。这三次会议政策思路的阐述作为"金融核心论"的延伸,一方面极大促进了金融业发展,使金融在调节经济运行与服务经济社会方面的功能不断增强;另一方面为中国共产党沉着应对2008年国际金融危机提供了宝贵参照。面对危机,中国共产党果断对经济形势做出判定,将保增长、调结构、促民生作为中心任务,利用金融工具对宏观经济进行调控,有效遏制了经济增长明显下滑的趋势,实现国内实体经济的平稳较快发展,也为世界经济的恢复做出重要贡献。

---

① 戴相龙主编:《领导干部金融知识读本》,中国金融出版社2001年版,第1页。
② 江泽民:《江泽民文选》(第二卷),人民出版社2006年版,第71页。
③ 胡锦涛:《胡锦涛文选》(第二卷),人民出版社2016年版,第606页。
④ 同上书,第607—608页。
⑤ 魏礼群主编:《中国经济体制改革30年回顾与展望》,人民出版社2008年版,第166页。

（四）新时代以来的金融思想（2012年至今）：锚定金融本源使命、促进经济高质量发展

党的十八大以来，国际形势与国内实践发展都发生了显著变化，为深入回答新时代中国特色社会主义经济建设中面临的重大理论问题，习近平新时代中国特色社会主义经济思想应运而生。在中国特色社会主义金融思想这一分支领域，结合高质量经济新发展引致的金融新需求，习近平围绕金融如何更好地服务实体经济、促进产业结构优化升级提出了一系列新论断、新思想、新举措，为金融与实体经济之间的辩证关系、怎样发展中国特色社会主义金融等问题提供了科学解答，并形成了一个系统完整、逻辑严密的金融服务实体经济思想理论体系，成为新时代我国金融工作的重要指引。

对金融和实体经济之间辩证关系的认知是习近平金融服务实体经济思想的逻辑起点。2016年12月，习近平在中央经济工作会议上指出"不论经济发展到什么时候，实体经济都是我国经济发展、在国际经济竞争中赢得主动的根基。我国经济是靠实体经济起家的，也要靠实体经济走向未来"，①点明了实体经济对我国建设现代化经济体系的重要性。2021年3月，在全国两会审议通过的《中华人民共和国国民经济和社会发展第十四个五年规划和2035年远景目标纲要》中，也将"坚持把发展经济着力点放在实体经济上，加快推进制造强国、质量强国建设"②明确列入。而对于金融，习近平继承发扬"金融核心论"，在2017年4月主持中共中央政治局就维护国家金融安全进行第四十次集体学习时，指出"金融是现代经济的核心。保持经济平稳健康发展，一定要把金融搞好"。③2019年2月，在主持中共中央政治局第十三次集体学习时，习近平将经济比作肌体，金融比作血脉，认为两者是共生共荣的关系。④可以看出，习近平通过对金融与实体经济之间辩证统一关系的论证，将增强金融服务实体经济的能力明确为金融工作的重中之重，习近平金融服务实体经济思想也由此而来。

---

① 《中央经济工作会议在北京举行》，《人民日报》2016年12月17日。
② 《中华人民共和国国民经济和社会发展第十四个五年规划和2035年远景目标纲要》，中国政府网（http://www.gov.cn/xinwen/2021-03/13/content_5592681.htm），2021年3月13日。
③ 习近平：《金融活经济活　金融稳经济稳　做好金融工作维护金融安全》，《人民日报》2017年4月27日。
④ 习近平：《深化金融供给侧结构性改革　增强金融服务实体经济能力》，《人民日报》2019年2月24日。

对近年来金融和实体经济发展失衡的研判是习近平金融服务实体经济思想的现实起点。随着金融业的快速发展,金融与实体经济之间呈现出一定程度的不适配,也就是金融"脱实向虚"现象,本应流向实体经济部门的资金却集中在金融部门自我循环。这种现象不仅会造成资源配置的扭曲,阻碍实体经济的健康发展,甚至可能导致系统性金融风险。针对这一现象,结合对马克思主义经济危机理论的借鉴,2017年7月,在第五次全国金融工作会议上,习近平审时度势地提出金融业应"回归本源,服从服务于经济社会发展。金融要把为实体经济服务作为出发点和落脚点,全面提升服务效率和水平,把更多金融资源配置到经济社会发展的重点领域和薄弱环节,更好满足人民群众和实体经济多样化的金融需求"。①"金融本源论"这一思想及时对偏离服务实体经济航道的金融做出了警醒,不仅有助于中国在全球经济迷雾中保持战略定力,更是为低迷的实体经济注入了一剂"强心针"。

对金融供给侧结构性改革的推动是习近平金融服务实体经济思想的机制保障。目前我国金融业在市场结构、服务水平、创新能力、经营理念等方面还不能完全适应经济高质量发展的要求,因此在2019年2月,习近平强调要正确把握"金融本源论",立足中国实际,走中国特色金融发展之路,深化金融供给侧结构性改革,强化金融服务功能,找准金融服务重点。一方面,以金融体系结构调整优化为抓手,完善融资结构和金融机构体系、市场体系、产品体系,为实体经济发展提供更高质量、更有效率的金融服务;②另一方面,以科学严密的金融监管体系为依托,平衡好稳增长和防风险的关系。早在2016年9月,习近平主席在二十国集团领导人第十一次峰会开幕辞中就提出"如何让金融市场在保持稳定的同时有效服务实体经济,仍然是各国需要解决的重要课题",③党的十九大也指出决胜全面建成小康社会必须打赢三大攻坚战,其中一项重要内容是重大风险的化解,防控金融风险正是题中之义。④这些论断都反映了金融回归服务实体经济的本源固然是现阶段金融工作的重点,但也不能

---

① 《全国金融工作会议在京召开》,中国政府网(http://www.gov.cn/xinwen/2017-07/15/content_5210774.htm),2017年7月15日。
② 习近平:《深化金融供给侧结构性改革 增强金融服务实体经济能力》,《人民日报》2019年2月24日。
③ 习近平:《构建创新、活力、联动、包容的世界经济——在二十国集团领导人杭州峰会上的开幕辞》,新华网(http://www.xinhuanet.com/politics/2016-09/04/c_129268987.htm),2016年9月4日。
④ 郭树清:《坚定不移打好防范化解金融风险攻坚战》,《求是》2020年第16期。

急于求成或者冲动蛮干。特别是2019年年底突如其来的新冠肺炎疫情,严重影响了全世界各国经济的正常运转,增加了一系列新的金融风险和挑战。但我们仍需要迎难而上,牢记"稳"才是底线,沉着应对各类金融风险,构筑国家金融安全体系,为中国经济转型升级和高质量发展提供金融支撑。

三、中国共产党金融服务实体经济思想演进的经验启示

自1921年来,中国共产党金融服务实体经济思想的形成和发展在新民主主义革命、社会主义革命和建设、改革开放以及新时代的不同历史阶段呈现出不同的问题导向和研究重心,蕴含并凝结了中国共产党为探索中国道路而在金融领域所展开的有益思考和创新尝试,已经发展成为独具中国特色的金融思想理论体系,为根据地建设、社会主义事业开创、市场经济体制建设以及经济高质量发展提供了金融工作指导和服务,积累了一系列宝贵经验,具体体现在三个方面。

(一)立足中国实际,走出中国特色金融发展之路

中国共产党金融服务实体经济思想演进路径的重要特征之一就是来自中国金融实践,而又直接指导中国金融实践。在中国共产党领导下,金融作为党开展经济建设的重要抓手,以服务实体经济作为导向,致力解决党和国家发展进程中所遇到的一系列现实挑战和矛盾问题,取得了积极成效,也由此产生了一系列金融领域的创新性理念与开拓性举措。

在新民主主义革命时期,中国共产党为发展根据地经济,巩固革命政权,将开创金融事业作为党的重要任务,金融服务实体经济思想得以发轫。在这一思想指导下,各根据地的金融工作起步发展,粉碎了敌人的经济封锁,活跃了根据地人民群众的生产生活,为革命与战争的胜利奠定了坚实的经济基础。1949年后,首先是中华人民共和国成立初期,面对社会主义新中国建设的艰巨任务,中国共产党十分重视金融与社会主义建设之间的关系,在探索以中国人民银行为载体助力社会主义建设的曲折道路上,逐渐对金融运行的客观规律有了深入的思考和认知。接着迎来改革开放,围绕社会主义市场经济体制的目标,中国共产党以"金融核心论"为指导开展金融体制改革,同时强调金融安全与健康发展问题,消除威胁我国国民经济运行中的风险隐患。新时代以来,习近平金融服务实体经济思想作为中国特色社会主义经济思想的一部分,立

足中国金融市场实际情况,明确提出金融必须回归服务实体经济的本源使命,厘清了金融部门发展与实体经济发展的内在逻辑问题。

经过百年来的持续发展,当前中国金融改革发展步伐已逐渐与市场融合,建立起交易场所多层次、交易产品多样化、功能相互补充、监管相对完善的市场金融体系,对高速发展的国民经济形成了有力支撑,实现了金融服务实体经济质效的全面提升,坚定地走出了中国特色金融发展之路。

(二)注重改造创新,以中国理念推动全球金融治理

思想理论的创新发展是一个吸收前人智慧结晶并推陈出新的过程,中国共产党金融服务实体经济思想不仅是对马克思主义经济金融理论进行的借鉴和拓展,也是对中国传统金融思想进行的理论升华以及对西方金融学说进行的创新发展。

中国共产党成立早期,以毛泽东为代表的共产党人将马克思主义基本原理同中国革命和建设相结合,打破半殖民地半封建性质的中国金融体系,为中国传统金融思想赋予了现代化的金融理念并创办了新民主主义金融体系。中华人民共和国成立后,经过对苏联模式的效仿和突破,党内部分同志提出应充分学习与总结西方发达资本主义国家的金融市场发展经验,尽管在当时因各种因素并未付诸实践,但这些早期探讨构成了改革开放后金融体制改革的思想来源。1978年后,以邓小平为代表的中国共产党人将马克思主义基本原理同中国改革开放进程结合起来,同时广泛吸收西方金融学说来完善中国金融市场化发展,拓展了马克思主义必须由无产阶级掌握银行的主张,充分调动起市场积极性,为实体经济发展提供了更为充足的融资服务和渠道。但西方金融学说中蕴含的个人主义色彩造成一部分人将金融当作自己牟利的工具,金融与实体经济出现脱节。针对这种情况,以习近平为代表的中国共产党人将马克思主义基本原理同新时代中国具体实践相结合,依据马克思主义中关于实体经济与金融失衡将会阻碍社会发展的理论,对西方经济金融发展中的经验教训进行总结,坚定不移地贯彻"脱虚向实"的方针,为我国金融工作规避同类错误做出借鉴。

更有意义的是,随着中国在全球舞台上日益发挥着重要影响,习近平金融服务实体经济思想也为其他国家提升金融治理能力、发展实体经济提供了新的思路,推动了国际经济金融制度的完善,使得中国经验、中国智慧即使在西方经济学大行其道的当下,仍能因其扎实的理论基础和丰富的实践经验而葆

有强大的生命活力。

（三）坚持党的领导，充分调动一切积极因素

中国共产党百年金融思想演进历程中，始终高度重视党对经济金融工作的领导，充分发挥政府作用，保障金融市场在实体经济资源配置中的决定作用。也正因为党在领导金融工作中不断对不同时期的金融发展进行系统总结，才有了中国共产党金融服务实体经济思想的持续升华。

在中华人民共和国成立前夕，中国共产党即将取得革命胜利，为从领导革命的党转变为治国理政的党，1949年2月，毛泽东在为中央军委起草《把军队变为工作队》的电报时，就提出军队在是一个战斗队的同时，也是一个工作队，"军队干部应当善于处理金融和财政的问题"，①加强统一领导应对新形势下的任务转换。中华人民共和国成立以来，在党对金融工作的战略部署和统筹协调下，中国在促进实体经济和金融健康发展和良性循环方面取得了显著成效，成为世界第二大经济体。然而，中国这艘经济巨轮的体量越大，面对风浪时，掌舵领航就愈发重要。2017年7月，习近平在第五次全国金融会议上强调，做好新形势下金融工作，要坚持党中央对金融工作的集中统一领导，确保金融改革发展正确方向，确保国家金融安全，②点明了加强和改善中国共产党对金融工作的领导是金融发展的重要政治前提，这也是中国金融发展明显有别于西方的独有特征。

但是，加强党对金融工作的领导，并不等同于党对金融工作的包办包揽，而是充分尊重金融发展规律，以市场为导向，调动和发挥各方创造性和积极性。改革开放以来，中国共产党金融服务实体经济思想逐步形成了严密清晰的政府与市场分工的思路框架，通过市场机制引导金融资源主动流向实体经济部门，发展多层次资本市场，创新金融产品和服务。对于在市场机制下无法有效解决的问题或者存在金融风险隐患的环节，政府则主动补位，实行科学有效的监督管理，促使金融服务实体经济真正落到实处。

四、结　　语

"求木之长者，必固其根本；欲流之远者，必浚其泉源。"实体经济的发展，

---

① 毛泽东：《毛泽东选集》（第四卷），人民出版社1991年版，第1406页。
② 《全国金融工作会议在京召开》，中国政府网（http://www.gov.cn/xinwen/2017-07/15/content_5210774.htm），2017年7月15日。

离不开金融积极赋能。中国共产党自成立之初就面临着如何开展金融工作为根据地经济建设以及革命政权提供保障的问题,历经百年,共产党依然致力探索立足中国实践且有助于推动实体经济高质量发展的金融服务模式。在此过程中,中国共产党金融服务实体经济思想贯穿新民主主义革命时期(1921—1949)、社会主义革命和建设时期(1949—1978)、改革开放时期(1978—2012)以及新时代以来(2012年至今)四个阶段,其思想内涵通过不同时期的金融运行体制、金融调控政策以及金融改革措施得以体现,这样一段为探索中国特色金融发展道路而矢志不渝、开拓创新的辉煌党史,为中国金融事业发展提供了丰富的精神财富。在乘势而上开启全年建设社会主义现代化国家新征程、向第二个百年奋斗目标进军的新时期,中国金融业的发展进入重要战略机遇期,也面临着一系列新要求、新任务和新挑战。如何在新发展阶段谋篇布局,引领金融为实体经济源源不断地注入"源头活水",促进现代化经济体系建设,助力社会主义现代化国家目标的实现,仍将会是摆在中国共产党人面前的重要课题。

中国创新短板与创新能力提升的战略举措

沈桂龙

中国经济转型的关键在创新,但目前创新存在诸多短板,其中,最需解决的短板是动力不足问题。大众创业,万众创新,就是要从普通民众出发,关注直接的利益驱动,这是持续动力形成的最根本来源。只有创新的赚钱效应得到普遍认同,创新风险和成本不再高企,创新成果的市场价值能便利化实现,创新的金字塔结构才会形成。

一、创新乏力是抑制供给侧改革的主要短板

(一) 创新能力尚未达到新常态要求

所谓新常态就是经济增长从高速增长转为中高速增长,经济结构不断优化升级,从要素驱动、投资驱动转向创新驱动。近两年中国经济已经逐步符合前两个特征,但是在动力转化上远未成型。世界经济论坛发布的《2015—2016年全球竞争力报告》显示,尽管中国仍是全球主要新兴市场中最具竞争力的经济体,但在科技创新相关的各项指标上表现欠佳,如创新总体状况排名世界第31位,高等教育和培训世界排名第68位,技术完备度排名第74位。创新能力不足已经成为我国经济增长的主要掣肘。

(二) 技术水平提升缓慢,阻碍"三去一降一补"落实

"去产能、去库存、去杠杆"的本质是降低经济增长对传统要素的依赖,转而依靠科技和制度创新。一方面大刀阔斧降低企业成本,增强竞争力;另一方面发展高质量的可创造需求的产品和服务,从消费端创造出新的经济增长点,其核心都是创新。"降成本"中最现实的降低能源、物流、人工成本等,难点分别在于能源科技进步、水电气路互联互通及新一代信息基础设施、劳动生产率

改善。

"补短板"则需要提高农业综合生产能力以补农业短板,做大做强战略性新兴产业和智能制造业以补制造业短板,加快与现代科技手段相结合以补服务业短板。总之,缺乏技术创新便无法建设配置优化、附加值高的要素质量和效率体系。

(三)创新不足、供需错配与经济发展负外部性

目前我国中高端产品和高新技术市场存在着明显的供需缺口。一方面,国内诸多生产建设领域所急需的高端装备、医疗器械、新材料等依赖进口;另一方面,国内同类产品因为质量欠佳、技术水平不高造成相对产能过剩。此外,节能环保、生物技术、信息技术、智能制造、高端装备、新能源、新材料等新技术空间和新市场开拓不足,导致污染、资源滥用等粗放型发展后遗症长期无法根治。

二、创新本身存在多重短板

(一)创新的赚钱效应还未成为人们的普遍共识

创新动力来源于多方面,包括个人的崇高理想和特定偏好,但从广泛的群体角度看,创新动力最为直接和根本的来源是利益驱动,通俗地说,就是创新的赚钱效应。目前,从中央到地方已经出台许多激励创新的相关政策,但往往不直接明确创新与利益的直接关系,而是通过专利、股权转让或拍卖进行"搭桥",这使得大部分人不能从内心去感知创新的赚钱效应,因此,难以扭转被动创新的局面。

(二)创新内在追求向实际行动延伸存在机制缺陷

创新如何由内在追求向实际延伸,从实践情况看,存在两个机制缺陷。一是万众创新从想法到行动缺少足够的风险保障,二是应用创新与学术创新的动力导向有失衡倾向。现有创新激励政策大多关注面向企业的天使资金、种子基金、风险基金或者政府科研项目等,但一些商业模式创新,却难以通过注册专利得到保护,很容易被模仿而难以获得创新收益,如目前的共享单车就是这种情况。对于绝大数普通民众来说,有创新的内在追求,但外部资金支持少,风险相对较高,加上长期以来形成的厌恶风险心理,很难为创新付出实际行动。此外,职称评审、学术评奖等仍然偏重学术创新,导致很多创新成果不

注重应用,甚至出现学术造假。

(三)创新成果产业化的审批和监管责任不清,导致其市场价值实现出现障碍

目前,在创新成果走向市场的过程中,存在监管链条不同环节主体责任不明确的问题。在审批环节终身和全链条追究责任的行政强约束下,由于审批责任和事中事后监管责任没有明确,负责审批的政府官员往往强化审批,提高审批门槛,对创新成果运用宁可不进入市场,也不愿承担潜在责任风险。这导致创新成果的市场利益难以实现,削弱了创新持续动力的形成。

(四)持续有效的创新动力源泉尚未形成

(1)资本"脱实入虚入房",实体经济回报率过低。大量资金涌向房地产行业和金融市场,"炒房""投机"收益远远高于其他行业,一方面诱导越来越多企业从实体经济中抽离,对实体发展造成"挤出效应",导致就业减少与收入降低;另一方面,抬高了个人创业创新的租金及其他成本,抑制整个经济体的创新动力,甚至造成新时代的"脑体(房)倒挂",即高学历高技术不如有房产,加剧劳动力资源的错配误配。

(2)公私产权保护不力,"双创"战略严重受阻。一方面,对专利权、商标权、名誉权等无形产权的保护和管理不力,创新主体对创新成果的支配权和使用权以及通过成果转移转化获取收益的权利没有完全得到保护,不利于激发个人的创新、创造、创业热情,一定程度上导致中国的科技人才外流,损失了最重要的创新资源;另一方面,侵害私有产权的事件时有发生,致使民营企业家缺乏安全感,造成民间投资的萎缩。

(五)缺少创新的社会环境和文化氛围

(1)对原始创新的重视程度不够。原始创新是指加强面向国家战略需求的基础前沿和高技术研究,围绕涉及长远发展和国家安全的"卡脖子"问题,加强基础研究前瞻布局,大力支持自由探索的基础研究,促进学科均衡协调发展,加强学科交叉与融合,建设一批支撑高水平创新的基础设施和平台。发展战略性新兴产业不能仅仅局限于跟踪消化吸收,必须依靠原始创新,产业转型升级没有技术的突破和支撑难以实现。当产业发展到一定程度,再靠引进技术已经很难突破。而关键核心技术的突破、新兴产业的培育都需要雄厚的基础研究积累和自由探索的创新研究,只有这样才能解决核心技术瓶颈制约和新兴产业更好发展的问题。

(2) 未能形成具有全球竞争力的民企群体。仅仅靠技术还不足以形成企业和好的产业,还需要企业家把科技和资本、市场、管理等要素有机整合,真正让好的技术变成好的产品和收益。资金、科研机构、技术人才等创新要素积聚于大型国企,向民营企业的溢出和释放渠道严重阻塞,难以形成协同创新氛围,导致创新链阻断。2017年全球百强创新企业排行中,仅有华为1家企业入围,世界500强中仅有华为、联想属于民企,说明中国民营企业在创新方面仍有待突围。

三、提升我国创新能力的举措

(一) 让创新赚钱效应深入人心

要突出强调创新的利益驱动,不讳言创新的赚钱效应,让大众明白创新能够让人体面生活、获得更多财富。要通过各种渠道宣传个体创新者、民营企业家的事迹,在各类人物评选中为创新创业者留出席位,让赚钱效应深入人心,创新创业有内在的利益驱动。

(二) 在机制上保证创新动力的持续性

长期看,要通过教育和文化培育大批创新主体;短期看,要在机制上进行创新,降低创新创业的风险。对于商业模式等容易被模仿的创新,可以考虑采取官方特许经营方式,根据行业特点和合理保护首创者利益的需要,给予一定的特许经营期。此外,要在职称评审、学术评奖等方面,不断加大对应用创新的鼓励和支持。中共中央办公厅、国务院办公厅印发的《关于深化职称制度改革的意见》2017年实施,科研成果的经济效益和社会效益将作为职称评审的重要内容,但需要各有关部门出台细则和具体措施。

(三) 对创新成果产业化审批要分清责任,降低市场价值实现的准入门槛

明确创新成果进入市场的审批责任边界。首先,避免科研成果产业化审批环节承担无限责任,导致有限权利下的过大责任。要借鉴美国对科研成果产业化审批的方式,只进行形式审核,而不对内容进行真实性审核。要建立一个比较好的容错机制,允许政府官员非主观因素出现的审批失败,这样才能鼓励创新成果的产业化。其次,要划分不同环节的行政主体责任。新技术、新业态、新模式不断出现,行政审批主体不可能对所有行业和技术都有充分的认识,允许行政审批制度下放,鼓励改革创新,就应避免行政审批主体的非主观

因素导致的责任纳入业绩考核。

发挥第三方组织对创新成果产业化的专业判断。借鉴美国创新成果产业化审批中引入第三方组织的做法，充分发挥其对科研成果产业化认定的专业优势，加快科研成果产业化的审批进度。

（四）尝试建立"研发与创业特区"，打造"政产学研服"创新链

韩国的大德研发特区经过40年发展，从一个国家科学研究基地，发展成为韩国最大的科学中心与产学研集聚区。借鉴这类经验，可在"张江国家自主创新示范区"等园区设立研发与创业特区，主要聚焦成果转化、新兴技术孵化企业，吸引全国乃至全球的大学、研究机构创办企业或转让成果。要建立更加开放的激励政策和宽松的体制机制，吸引更多的民间投资者。培育一批中介和创新组织，提供法律、知识产权、成果转化交易等服务，通过政府购买服务和市场化配置资源的方式，将技术发掘、评估、嫁接、培育和产业化的创新链接通，形成创业最活跃、资本最集中、人才最集聚、想象力最丰富、成果流动最畅通的区域。为了与国际创新前沿元素直接对接互动，也可以建立"国际创新社区"，吸引国际知名科研组织、创新机构、咨询机构、企业、专家、创业者入驻或开展合作交流。

（五）进一步打通创新与财富结合的通道

（1）改革科技成果产权制度、收益分配制度和转化机制，在科技成果自主转移、科技人员兼职、开展成果转化、取得更多股权期权等方面进一步松绑，加大对科技人员和开展科研、成果转化等工作的奖励力度，更好地体现知识和创造的价值。

（2）推广创业保障保险。运用金融手段为科技创新创业者补偿潜在沉没成本，减少个人损失，进一步释放大众创业、万众创新强大动能。

（3）使金融回归服务实体经济的本质。一是金融机构应端正经营指导思想，平衡好追求经济利益和履行社会责任的关系，将服务实体经济的成效作为评价经营绩效的重要指标，坚决遏制资金"脱实向虚"倾向。二是调整商业银行的信贷结构，合理配置金融资源。商业银行应立足于振兴实体经济，坚持有保有压、有扶有控，做好信贷投放的加减法。通过盘活沉淀在僵尸企业和低效领域的信贷资源，将其投向符合国家和地区重大发展战略、有发展潜力的实体经济，从而矫正要素资源的错配，促进经济结构调整和产业优化升级。三是把支持制造业由大变强作为金融服务实体经济的重心。要着眼于推动先进制造

业发展,全面实施《中国制造 2025》,使金融供给与制造业转型升级有效匹配。四是注重金融创新,积极创新产品和服务。有条件的金融机构应适当增设产品和服务研发中心,提供更具特色、更有差异性的优质产品和高效服务,以更好地服务实体经济发展。

（六）转变教育理念和社会价值观

基础教育方面,学校要从"知识游戏"转变为"思想游戏",以开发学生想象力和创造性素质为培养目标,鼓励质疑、批判、求异、冒险精神。高等教育方面,从培养工程师向培养"创新者"转变。人事制度方面,要改革人才评价体系,让潜心研究的人心无旁骛,无后顾之忧,让创业创新者放开手脚,有施展空间。

要建立包容创新的文化环境,在科学研究、国民教育、创业就业等各个领域,鼓励创新思维,倡导淡泊名利、追求卓越等科学精神,摒弃急功近利、学术失范等行为;破除论资排辈、门户之见、头衔崇拜,以真才实学论英雄,敢于让年轻人挑大梁、出头彩;营造鼓励探索、宽容失败和尊重人才、尊重创造的氛围,使创新成为一种价值导向、一种行为方式、一种时代精神。

（七）防止投机资本扰乱创新发展路径

创业项目往往伴随着技术、产品和商业模式的创新,在这个过程中,需要大规模的、风险承受能力较高的、投资经验丰富的创投资金予以支持。各级地方政府已经开始进行产业引导基金的实践,但最终能否取得良好的效果,取决于能否充分调动起社会资本的活力。在这方面,英、美、德等发达国家在支持创业方面的做法值得借鉴。例如,美国政府参与创业投资引导基金的主要方式是信用担保,而不是直接为企业提供融资,同时通过实行"小企业投资公司计划",选择合格的创业投资基金公司,再对这些创投公司进行注资或融资并监管创业投资基金的运营。以色列政府通过采用有限合伙人制度,联合国际知名的创业投资基金、产业投资基金以及其他机构投资者发起创投基金,同时规定这些创投基金的投资对象应主要集中于战略新兴产业,如通信、信息、医药生物医疗等领域。

"构建人类命运共同体"

——新时代中国特色社会主义的内在要求

焦世新

构建人类命运共同体思想是中国特色社会主义进入新时代后,应该如何定位和构建与世界的关系的理论构想,是习近平新时代中国特色社会主义思想中有关人类社会和外部世界关系的重要论述。为什么构建人类命运共同体是新时代中国特色社会主义的内在要求?它与新时代中国特色社会主义的理论联系是什么?本文将从社会主要矛盾与时代变迁的关系入手,分析为什么"构建人类命运共同体"思想在习近平新时代中国特色社会主义思想体系中具有重要的理论地位。

一、中华人民共和国成立以来我党对社会主要矛盾的判断与时代变迁

根据唯物主义辩证法,"事物发展的根本原因,不是在事物的外部而是在事物的内部,在于事物内部的矛盾性。——社会的变化,主要地是由于社会内部矛盾的发展,即生产力和生产关系的发展,推动了社会的矛盾,新旧之间的矛盾,由于这些矛盾的发展,推动了社会的前进,推动了新旧社会的代谢"。[1]所谓"时代",是指人类社会发展过程中的不同的历史阶段,以经济、政治、文化等状况为依据而划分的某个时期。时代特征是指与特定时代相适应的国际政治经济关系的基本状态以及由世界的基本矛盾所决定和反映的基本特征。对我国面临的主要社会矛盾的判断,始终是党判断时代主题、决定时代任务、制定

---

[1] 《矛盾论》,载《毛泽东选集》第 1 卷,人民出版社 1991 年版,第 301—302 页。

路线方针政策的基本依据。

（一）改革开放以往

中华人民共和国成立后，中国开始由新民主主义革命向社会主义革命过渡，对资本主义工商业和生产资料私有制进行社会主义改造。1956年年初，在社会主义改造不断取得胜利的形势下，中共中央开始认识到中国面临的主要矛盾已经随着社会主义改造在发生着变化，所以也开始把党和国家工作的着重点从阶级斗争向社会主义建设方面转移。1956年4月，毛泽东发表了《论十大关系》的讲话，初步总结了我国社会主义建设的经验，提出了探索适合我国国情的社会主义建设道路的任务。

党首次明确提出对社会主要矛盾变化的判断是在社会和经济体系完成社会主义工商业改造之后。1956年9月，党的第八次全国代表大会通过的《关于政治报告的决议》指出，"我们对农业、手工业和资本主义工商业的社会主义改造，就是要变革资产阶级所有制，变革产生资本主义的根源的小私有制。现在这种社会主义改造已经取得决定性的胜利，这就表明，我国的无产阶级同资产阶级之间的矛盾已经基本上解决，几千年来的阶级剥削制度的历史已经基本上结束，社会主义的社会制度在我国已经基本上建立起来了"且"我们国内的主要矛盾，已经是人民对于建立先进的工业国的要求同落后的农业国的现实之间的矛盾，已经是人民对于经济文化迅速发展的需要同当前经济文化不能满足人民需要的状况之间的矛盾。这一矛盾的实质，在我国社会主义制度已经建立的情况下，也就是先进的社会主义制度同落后的社会生产力之间的矛盾。党和全国人民的当前的主要任务，就是要集中力量来解决这个矛盾，把我国尽快地从落后的农业国变为先进的工业国。这个任务是很艰巨的，我们必须在经济、政治、文化等方面采取正确的政策，团结国内外一切可能团结的力量，利用一切有利的条件，来完成这个伟大的任务"。[1]

但是，社会主义是一个开创性的新生事物，中国共产党对社会主义的探索也处在初期，没有任何经验，并且探索活动受到苏联社会主义模式的很大影响，这使得我们对社会主义发展阶段的认识不深。再加之，当时国际上冷战格局已经形成，在国内也刚刚脱离阶级社会，阶级斗争和矛盾仍然在一定范围内

---

[1] 《中国共产党第八次全国代表大会关于政治报告的决议》，中国共产党新闻网（http://cpc.people.com.cn/GB/64162/64168/64560/65452/4442009.html），1956年9月27日，上网时间：2018年12月15日。

长期存在,所有这些都使得中国社会主义建设初期的探索处在一个非常严峻的外部环境中。1957年10月,在"反右"斗争扩大化的影响下,毛泽东在党的八届三中全会上提出,无产阶级和资产阶级的矛盾、社会主义道路和资本主义道路的矛盾,仍然是当前我国社会的主要矛盾,党对社会主要矛盾的判断回到阶级矛盾斗争的轨道上。自1957年之后,党和国家的各项工作从根本指导思想上说均以"阶级斗争为纲",并成为后来"无产阶级专政下继续革命"理论的核心内容。中国逐步进入"文化大革命"时期,一直到党的十一届三中全会,这也是我们社会主义探索过程中经历的一个特殊的时代。

(二) 改革开放以来

党的十一届三中全会上,我们才开始纠正"左"的错误,重新将工作重心调整到经济建设上,其最根本的一点就是,我们重新将社会主要矛盾的判断回归到了生产力和生产关系的标准上来。再加之,中华人民共和国成立30年以来,中国共产党对于我国国情有了更多的认识,对社会主义现代化建设也有了更多的经验。经过党的十二大,党中央在1987年召开的十三次党代会上,正式提出了社会主义初级阶段理论,并确立了社会主义初级阶段的基本路线。党的十三大报告指出,社会主义初级阶段"是特指我国在生产力落后、商品经济不发达条件下建设社会主义必然要经历的特定阶段。我国从五十年代生产资料私有制的社会主义改造基本完成,到社会主义现代化的基本实现,至少需要上百年时间,都属于社会主义初级阶段。这个阶段,既不同于社会主义经济基础尚未奠定的过渡时期,又不同于已经实现社会主义现代化的阶段。我们在现阶段所面临的主要矛盾,是人民日益增长的物质文化需要同落后的社会生产之间的矛盾。阶级斗争在一定范围内还会长期存在,但已经不是主要矛盾。为了解决现阶段的主要矛盾,就必须大力发展商品经济,提高劳动生产率,逐步实现工业、农业、国防和科学技术的现代化,并且为此而改革生产关系和上层建筑中不适应生产力发展的部分"。[1]

根据辩证法唯物主义,事物的性质主要是由事物内部的主要矛盾或矛盾的主要方面决定的。自从20世纪50年代生产资料私有制的社会主义改造基本完成之后,我国社会的主要矛盾转变为人民日益增长的物质文化需要同落

---

[1] "十三大"报告:《沿着有中国特色的社会主义道路前进》,中国共产党新闻网(http://cpc.people.com.cn/GB/64162/64168/64566/65447/4526368.html),1987年10月25日,上网时间:2018年12月15日。

后的社会生产之间的矛盾,这一主要矛盾决定了我国已经进入社会主义时期。但是,由于我们对社会主义社会规律和发展阶段的认识也有一个反复探索和逐步深入的过程。党的十一届三中全会开启了改革开放伟大历史进程之后,一直到党的十三大正式提出并确立社会主义初级阶段总路线,我们才正式确立了"我们处于并将长期处于社会主义初级阶段"的认识。

进而言之,生产力水平的发展和逐步提高也具有阶段性,这意味着主要矛盾的演变过程具有阶段性的特征。党的八大提出这一主要矛盾的判断时,要解决"人民日益增长的物质文化需要"能不能满足和满足多少的问题,即"有没有,有多少"的问题。经过 60 多年的发展,尤其是经过改革开放 40 多年的发展,社会需求和社会生产两个方面的情况都发生了变化。社会主要矛盾已经转变为满足的"好不好、全面不全面"的问题,不仅是对物质文化生活提出了更好、更高层次的要求,而且还包括实现个人价值、社会尊重等制度和环境的需求。党的十九大报告指出,"我国稳定解决了十几亿人的温饱问题,总体上实现小康,不久将全面建成小康社会,人民美好生活需要日益广泛,不仅对物质文化生活提出了更高要求,而且在民主、法治、公平、正义、安全、环境等方面的要求日益增长。同时,我国社会生产力水平总体上显著提高,社会生产能力在很多方面进入世界前列,更加突出的问题是发展不平衡不充分,这已经成为满足人民日益增长的美好生活需要的主要制约因素"。[1]社会主要矛盾的变化也推动着社会主义初级阶段进入一个更高级的阶段,这也就意味着中国特色社会主义的探索进入了新时代。

二、新时代的内在要求包括内、外两个层面

如前所述,时代是指人类社会发展过程中的不同的历史阶段,我们通常以社会主要矛盾的变化来界定时代的变迁,不同的社会主要矛盾、同一社会主要矛盾的不同发展阶段,都是我们界定时代的根本依据,也决定了某一特定历史阶段的主要特征。换言之,在某一特定历史阶段或历史时期,可能面临诸多社会矛盾,但社会主要矛盾或矛盾的主要方面却只能有一个。如何解决这个主

---

[1] 习近平:《决胜全面建成小康社会夺取新时代中国特色社会主义伟大胜利(十九大报告)》,人民出版社 2017 年版,第 11 页。

要的矛盾或矛盾的主要方面则是推动时代发展、进步的内因或内部诉求,围绕着解决主要矛盾而提出的对外部因素、外部条件、外在环境的要求则是外因或外部诉求。时代只能在不断地解决社会主要矛盾中发展和进步,并且在时代的发展和进步中,社会主要矛盾也相应地发生变化,经过量变与质变的过程,社会主要矛盾发生变化或阶段性变化的时候,时代也就发生了变迁。在新的社会矛盾的动力下,时代朝着更高级的方向前进,人类社会不断从低级向高级的发展规律也就蕴含在这种时代变迁的历史进程中。所以,解决社会主要矛盾的时代诉求就构成这一特定时代的内在要求,这包括所谓内部诉求或内因和外部诉求或外因两个层面;如何解决社会主要矛盾和解决的历史进程就构成了这一特定时代的基本特征和内涵。

那么内因和外因是什么关系呢?唯物辩证法认为,事物的内部的矛盾性是事物发展的根本原因,一事物和他事物的相互联系和相互影响则是事物发展的第二位的原因。此所谓"外因是变化的条件,内因是变化的根据,外因通过内因而起作用"。①换言之,内因是事物发展的根本,外因即外部环境是事物发展的条件,如果外因与内因协调、一致、匹配,则能促使内因发挥作用,推动事物的发展;如果外因与内因对立、冲突、错位,则抑制内因发挥作用,迟滞事物的发展,甚至使得事物的发展出现倒退。内因的内涵和特征决定了需要什么样的外因,即何种外部环境和外部条件。如果只具备了内因,而不具备外因条件,那事物的发展进程则要缓慢得多,因此需要主动地去营造一个符合解决内部主要矛盾的外部环境。也就是说,必须内因的时机成熟,外因的条件具备,才能确保事物发展的顺利、成功,这在新民主主义革命、社会主义建设、改革开放时期都极其突出的表现了出来。如果外因条件不具备、内因时机过早或过晚,都需要耐心等待时机或者主动地去营造、创造有利的内部和外部条件。如果仓促发动革命,只会导致革命的失败。比如,如果不完成社会主义工商业和社会主义公有制的改造,不能将社会主要矛盾从阶级斗争转变为人民物质文化生活的需要同落后的社会生产力之间的矛盾,就不可能具备条件去展开社会主义的现代化建设。

具体到建设有中国特色社会主义的事业,如果我们要想取得成功,其关键仍然在于其内部的矛盾性,即内因。这个内因就是如何去解决社会主义初级

---

① 《矛盾论》,《毛泽东选集》第1卷,人民出版社1991年版,第301—302页。

阶段我们面临的社会主要矛盾。如前所述,自从20世纪50年代建立了社会主义公有制之后,我国面临的社会主要矛盾就已经变成建设先进的工业国的要求同落后的农业国的现实之间的矛盾,人民对于经济文化迅速发展的需要同当前经济文化不能满足人民需要的状况之间的矛盾。这就是建设有中国特色社会主义的社会主要矛盾,它贯穿于整个社会主义初级阶段的始终,围绕解决这一矛盾的发展和演变,决定着中国社会主义现代化建设和改革开放的布局和进展,也推动着中国特色社会主义的建设、发展和前进。党的十九大报告指出的中国特色社会主义已经进入新时代正是这个内部的矛盾的发展变化出现了新的特征,进入了新的阶段。

与此同时,社会主要矛盾变化而导致的时代变迁又对外部环境提出不同的时代要求。要想促使内因更好地产生动力、更顺利地解决主要矛盾,就必须创造一个更加良好和有利的发展环境。如前所述,我们解决社会主要矛盾的各种努力就是推动中国特色社会主义不断发展的内因,它在推动时代变迁的同时,也对外部环境和条件提出了时代要求。即需要一定的外部因素来促使内在矛盾的解决。这个外因就是为发展生产力、繁荣经济和满足人民日益增长的需求,即为解决社会主要矛盾,而创造的外部环境和条件。中国特色社会主义的内因必须在一定的外部条件之下才能得到更快、更顺利发展且不断向前推进,阻力也将会小得多。当外部环境和外部条件有利于社会内部主要矛盾的解决的时候,那它就是符合时代要求的;当外部环境和条件不利于社会内部主要矛盾的时候,这就需要我们主动地去营造一个有利的外部环境,积聚更多的有利的外部条件。

三、人类命运共同体与社会主义现代化总体布局的演变

根据以上论述,"社会主要矛盾已经转化为人民日益增长的美好生活需要和不平衡不充分的发展之间的矛盾",这是我们做出中国特色社会主义进入新时代的根据。围绕着解决这一主要矛盾,中国一方面从内因着手,不断探索进行内部改革,调整不适应生产力的生产关系,探索、丰富和完善中国社会主义现代化建设的总体布局;另一方面从外因着手,不断探索和扩大对外开放,为内部改革和发展生产力,营造一个良好的外部环境。这两方面都是新时代的内在要求,其中内因决定着外因,决定着我们希望建设一个什么样的外部

世界。

我们以党的十六大以来的经济和社会发展为例,简单梳理一下中国共产党围绕着解决社会主要矛盾,坚持以人民为中心的发展思想,探索中国特色社会主义的现代化总体布局的进程,这个进程也包含着对建设一个什么样的世界的外部诉求的演变进程。

(一) 从"经济现代化"到"五位一体"的总体布局

党的十六大以前,我们对党和国家的工作重心的提法主要是"经济现代化",这个阶段的经济发展主要还是着眼于解决广大人民的温饱、物质生活水平的需求,要让人民"吃得更好、穿得更好",生活更加富裕。到了世纪之交,这一任务基本完成,人民的基本生活需求得到满足,生活水平逐步达到了小康水平,基本建成了小康社会,人民对于精神文化生活的需求也日益上升。所以,2002年的党的十六大报告提出了"三位一体",即经济建设、政治建设、文化建设。相比"经济现代化"的提法,又增加了"文化建设"的部分。随着中国加入世贸组织后,中国的经济发展进一步提速,经济社会快速转型,社会贫富分化、利益分化,各种社会矛盾出现和增多,建设"和谐社会"成为人民追求美好生活的迫切需求。面对人民的新需求,党的十七大在十六大"三位一体"的基础上,又提出了"四位一体",即经济建设、政治建设、文化建设和社会建设。之后,生态、环境等问题日益成为全社会关注的问题,也成为人民追求美好生活的应有之义。在此背景下,党的十八大又将"四位一体"拓展到了"五位一体",生态文明建设被纳入社会主义现代化的总体布局中来。党的十八大报告指出,"建设中国特色社会主义,总依据是社会主义初级阶段,总布局是五位一体,总任务是实现社会主义现代化和中华民族伟大复兴……必须更加自觉地把全面协调可持续作为深入贯彻落实科学发展观的基本要求,全面落实经济建设、政治建设、文化建设、社会建设、生态文明建设五位一体总体布局,促进现代化建设各方面相协调,促进生产关系与生产力、上层建筑与经济基础相协调,不断开拓生产发展、生活富裕、生态良好的文明发展道路"。[1]中国特色社会主义事业总体布局从"经济现代化"发展到"五位一体",完全是在"以人民为中心的发展思想"的指引下,不断努力发展生产力、解决我国社会主要矛盾的结果。

---

[1] 胡锦涛:《坚定不移沿着中国特色社会主义道路前进,为全面建成小康社会而奋斗(十八大报告)》,人民出版社2012年版,第9、13页。

到了党的十九大,我党提出社会主要矛盾已经发生了阶段性的质变,同时要求,"必须认识到,社会主要矛盾的变化是关系全局的历史性变化,对党和国家工作提出了许多新要求",这些新要求也是新时代的要求。十九大报告将其概括为:"我们要在继续推动发展的基础上,着力解决好发展不平衡不充分问题,大力提升发展质量和效益,更好满足人民在经济、政治、文化、社会、生态等方面日益增长的需要,更好推动人的全面发展、社会全面进步。"①

(二)"人类命运共同体"的逐步形成

自从党的十一届三中全会之后,党和国家确立了必须长期坚持的"一个中心、两个基本点"的社会主义初级阶段的基本路线,其外部条件就是我们处于一个以"和平与发展"为主题的时代。到了党的十七大,党和国家开始为和平发展主动去营造良好的国际环境和外部条件,胡锦涛在报告中指出,"统筹国内国际两个大局,树立世界眼光,加强战略思维,善于从国际形势发展变化中把握发展机遇、应对风险挑战,营造良好国际环境"。到了党的十八大,围绕着解决内在的社会主要矛盾,党和国家基本形成了"五位一体"的社会主义现代化总体布局,与此相匹配,也提出了为"五位一体"的现代化建设营造良好的外部环境和条件的战略构想。党的十八大报告进一步指出,"和平发展是中国特色社会主义的必然选择。要坚持开放的发展、合作的发展、共赢的发展,通过争取和平国际环境发展自己,又以自身发展维护和促进世界和平,扩大同各方利益汇合点,推动建设持久和平、共同繁荣的和谐世界"。②正是在党的十八大报告中,"新型国际关系和人类命运共同体"的理念基本形成轮廓,它的出发点和内涵都与解决我国社会主要矛盾的社会主义现代化进程相一致。

到了党的十九大,基于对社会主要矛盾已经变化的判断,习近平主席宣布中国特色社会主义进入了新时代。在对新时代中国特色社会主义思想的"八个明确"中,既包括了明确新时代我国社会主要矛盾,及以人民为中心的发展思想;也包括了明确"五位一体"的总体布局,还包括了"明确中国特色大国外交要推动构建新型国际关系,推动构建人类命运共同体"。这八个明确逻辑紧密、内涵丰富、浑然一体,构成一个有机的整体。其中,明确主要矛盾是党和国

---

① 习近平:《决胜全面建成小康社会夺取新时代中国特色社会主义伟大胜利(十九大报告)》,人民出版社 2017 年版,第 11、12 页。
② 胡锦涛:《坚定不移沿着中国特色社会主义道路前进,为全面建成小康社会而奋斗(十八大报告)》,人民出版社 2012 年版,第 15 页。

家一切工作的出发点和内在的根本原因,明确五位一体的总体布局是围绕着社会主要矛盾的现代化总体布局,明确中国特色大国外交则是为解决内在矛盾创造良好的外部环境和条件。从内涵上看,解决社会主要矛盾所要满足的人民在经济、政治、文化、社会、生态等方面日益增长的需要,正是"五位一体"中的"经济建设、政治建设、文化建设、社会建设、生态文明建设",这与"构建人类命运共同体"所蕴含的政治、安全、经济、文明、生态五个维度也是基本一致的。这反映出中国特色社会主义的内在要求,即社会主要矛盾,决定了社会主义现代化"五位一体"的现代化布局,从而也决定了人类命运共同体的"五个维度"。换言之,构建人类命运共同体是解决社会主要矛盾的外在诉求,也是中国特色社会主义进入新时代的内在要求。

四、结　　语

"构建人类命运共同体"思想是习近平新时代中国特色社会主义思想体系的有机组成部分。与人类社会从社会主义阶段向共产主义阶段发展的思想相匹配,它是有关社会主义初级阶段的人类社会如何相处和发展的重要思想,是在中国特色社会主义道路的探索过程中,如何处理与资本主义等外部世界的关系、如何代表全人类共同进步的思想理论,是对科学社会主义的丰富和补充。鉴于社会主义初级阶段处于资本主义阶段和社会主义阶段的联结地位,人类命运共同体理论实际上打通了人类社会在资本主义阶段与社会主义阶段之间的一个演变环节。本文的主要目的就是为"人类命运共同体"的这种理论地位进行论证,分析了社会主要矛盾、时代变迁、人类命运共同体之间的关系,论证了主要矛盾的变化决定了"构建人类命运共同体"思想是新时代的内在要求,从而也成为习近平中国特色社会主义思想体系的有机组成部分。

明代后期科举策问的变化
与《皇明历朝资治通纪》的出现和流行

耿 勇

一、问题的提出

晚近以来,诸多研究明代(1368—1644)史学史和出版文化史的学者都注意到,明朝自正德(1506—1521)、嘉靖(1522—1566)以后,私人编撰和出版记录当代历史的史著逐渐成为一种风潮。16世纪以降的百余年间,众多史家撰就了卷帙庞大、体裁多样的明朝当代史作品。这可以说是明代史学演进过程中一个极为突出的特点。[①]在这些以明代历史为主题的私修史著中间,陈建(1497—1567)编撰的《皇明启运录》和《皇明历朝资治通纪》(以下简称《皇明通纪》)很具有代表性。作为第一部私修编年体明代通史,《皇明通纪》的出现,不仅弥补了明代自洪武(1368—1398)以来缺少系统记载本朝史事之作的缺憾,迅速地在当时的知识阶层中间传播开来,也在此后的知识界中掀起了一股改编和续补《皇明通纪》的风潮。

明代史学发展过程中出现的这一现象,颇受当今史学史研究者的重视,相关研究已有很多。[②]前辈学者的研究,多聚焦于陈建及续补诸家的生平、《皇明

[①] 仓修良在《中国古代史学史简编》一书中曾比较唐、宋、元、明四个朝代各自史学演进的特点,指出:"唐宋元时期的史学特点,在于以总结历代历史经验教训为主,而明代史学则以反映当代历史为主,虽然也总结前代历史,但主流却着重于当代历史的编写。"仓修良、魏得良:《中国古代史学史简编》,黑龙江人民出版社1983年版,第390—391页。

[②] 有关陈建《皇明启运录》《皇明通纪》及续补《皇明通纪》诸作的研究,参见钱茂伟:《明代史学的历程》,社会科学文献出版社2003年版,第226—236、313—317页;杨艳秋:《明代史学探研》,人民出版社2005年版,第194—206页;钱茂伟:《陈建及其〈皇明启运录〉初探》,《宁波师院学报(社会科学版)》1992年第14卷第1期;向燕南:《陈建〈皇明资治通纪〉的编纂特点及影响》,《史学史研究》(转下页)

启运录》和《皇明通纪》及续补《皇明通纪》诸作的版本、编纂特点以及其中蕴含的史学思想等方面。至于明人为何自嘉靖时期开始大量编撰和出版这一类私修编年体当代史,以及其在当时知识阶层中间的流行,之前的研究者多从社会整体背景和具体撰史条件出发,将之归因于明代中后期的政治、社会危机和因之兴起的"经世思潮"和"重史风气",以及明代列朝《实录》外传而在史料上提供的便利。

然而,20 世纪 30 年代,孟森(1868—1938)在考辨与"庄氏明史案"有涉的《明史钞略》一书时,曾有一段涉及《皇明通纪》及续补诸作的议论,颇值得留意:

> 明人节钞《实录》,即名为纪,盖自陈建之《皇明通纪》始。此书专备科举士人场屋中对时务策之用,故陈建《通纪》以后,撰续《通纪》者多。正德以前为陈氏《通纪》,嘉靖之后,诸家续之。①

对于孟森的这番议论,此前的研究者多将讨论的重心放在陈建编撰《皇明启运录》《皇明通纪》的过程中间是否参考过明代列朝《实录》这一点上②,而忽略了孟森认为《皇明通纪》以及此后诸多续补之作在当时的实际功用,即"专备科举士人场屋中对时务策之用"。

在现今的学术研究中,唐(618—907)、宋(960—1279)以来的科举取士之制蔚为显学,硕果迭现。对于明代科举,已有的研究多集中于科举考试的制度层面,以及科举考试与 14 世纪至 17 世纪的社会流动性这两方面,而较少涉及明代科举考试的内容与当时知识生产之间的互动关系;至于明代科举考试的内容与当时史学的发展之间究竟存在什么关联,学术界的讨论更是少之又少。

尽管目前学界对于科举考试的内容与当时史学发展二者关系的研究成果

(接上页)1993 年第 1 期;钱茂伟:《传统中国的历史叙事遗产:以陈建〈皇明通纪〉为中心的讨论》,《东吴历史学报》2008 年第 18 期;杨绪敏:《〈皇明通纪〉续补诸作考述》,《古籍整理研究学刊》2014 年第 1 期;钱茂伟:《陈建〈通纪〉书名与版本考》,《古籍整理研究学刊》2008 年第 3 期;庄兴亮:《明代史家陈建的学术生平及其〈皇明通纪〉研究述评》,《史学史研究》2013 年第 4 期。

① 孟森:《书明史钞略》,载氏撰《明清史论著集刊》上册,中华书局 1959 年版,第 142 页。

② 例如,钱茂伟在引述孟森的这段话之后,就说:"这个结论,对治明清史的专家影响很大。不知孟老先生讲此话的依据是什么? 因为,在嘉靖时代,《明实录》尚是宫内秘物,外人根本不可能读到。所以,称陈建抄实录成《通纪》,绝对是无稽之谈。"(钱茂伟:《明代史学的历程》,社会科学文献出版社 2003 年版,第 228 页)。

不多,但却存在两种不同的意见。第一种观点比较积极地肯定科举考试在明代史学发展中所起到的作用。乔治忠在探讨明代史学普及性潮流的文章中,提出明代科举取士以及因之而发展的官、私教育,是当时普及性史学繁盛的基础。①伍安祖与王晴佳概述明代私家史学的繁荣与创新时,也指出历史是明代科举考试的重要科目之一,因此催生了大量的史学作品。②另一种观点并不认为明代科举考试的内容对于当时史学的发展有促进作用。瞿林东虽然提出史学在明代"走向社会深层",历史教育也具有新的特色,却认为这与科举考试之间并没有特别大的关系,明代在科举层面也不重视历史教育,"史学在明代科举中的位置,是连辽、金二代也不如的"。③钱茂伟的观点则更加极端,尽管他也意识到有明一代出现了一大批历史教科书④,却提出"科考不需要考历史知识"。⑤

那么,是否真的就如钱茂伟所说,明代的科举考试不需要考历史知识呢?事实上,除了儒家经典,历史知识也是明代各级科举考试必不可少的考察对象之一。吴元年(1367)三月,尚未称帝的朱元璋(明太祖,1328—1398,1368—1398在位)就下令开文、武二科取士,"其应文举者,察其言行,以观其德;考之经术,以观其业;试之书、算、骑、射,以观其能;策以经、史、时务,以观其政事"。⑥从中可以看出,以策问的形式考察应试士子对于历史和时务知识的掌握,已是当时正在规划的文科考试中间的一大重点。洪武三年(1370)八月,朱元璋下令京师及各行省举行乡试,正式开科取士:

  自初九日始试初场,复三日试第二场,又三日试第三场。……考试之法,大略损益前代之制,初场,《四书》疑问、本经义及《四书》义各一道;第二场,论一道;第三场,策一道。⑦

---

① 乔治忠:《明代史学发展的普及性潮流》,载氏撰:《中国官方史学与私家史学》,北京图书馆出版社2008年版,第394—414页。
② Ng On-Cho and Edward Q. Wang, *Mirroring the Past: The Writing and Use of History in Imperial China*, Honolulu: University of Hawaii Press, 2005, p.193.
③ 瞿林东:《中国史学史纲》,北京出版社1999年版,第638页。
④ 钱茂伟有关明代历史教科书的论述,参见氏撰:《明代史学的历程》,第47—62、404—409页。
⑤ 钱茂伟:《明代史学的历程》,社会科学文献出版社2003年版,第212页。
⑥ 姚广孝等:《明太祖实录》卷22,吴元年三月丁酉,中央研究院历史语言研究所1965年版,据红格钞本校印,第323页。
⑦ 姚广孝等:《明太祖实录》卷55,洪武三年八月乙酉,中央研究院历史语言研究所1965年版,据红格钞本校印,第1084页。

此为明朝立国之后举行的首次乡试,虽然其中没有明言第三场策问具体考查的内容,但是因为明初的科举制度多因袭元朝旧制,所以策问基本上也是从"经、史、时务内出题"①。洪武十七年(1384)三月,明廷重开科举,礼部公布《科举成式》,不仅清楚地规定了乡试、会试第三场策问出题的内容,而且也增加了策问的数量:

> 凡三年大比,子、午、卯、酉年乡试,辰、戌、丑、未年会试。……乡试,八月初九日第一场,试《四书》义三道,每道二百字以上,经义四道,每道三百字以上;未能者许各减一道。《四书》义主朱子《集注》,经义,《诗》主朱子《集传》,《易》主程、朱传义,《书》主蔡氏传及古注疏,《春秋》主左氏、公羊、谷梁、胡氏、张洽传,《礼记》主古注疏。十二日第二场,试论一道,三百字以上,判语五条,诏、诰、章、表内科一道。十五日第三场,试经、史、时务策五道;未能者许减其二,俱三百字以上。次年,礼部会试。……所考文字与乡试同。②

这一年有关乡试、会试的规定,成为明代此后二百余年科举取士的定式。在重新划定的科考内容中,第三场策问的出题范围不仅明确为经、史、时务三个领域,而且策问的数量也从一道增加为五道。就科举所考内容的重要程度而言,明代考官衡量士子答卷,"首经义,次策、论"③,第三场策问的地位仅次于首场的《四书》义和本经义。由此看来,在决定明代读书人能否取得举人、进士功名的乡试和会试中,不仅会考查应考士子对于历史知识的掌握和理解④,而且策问的地位也不可谓之无足轻重。因此,科举考试第三场的策问与当时史学之间的关系,就很值得仔细探讨。

具体到陈建《皇明启运录》和《皇明通纪》这两种以明朝当代史为主题的编年体史学作品,它们在明代后期的出现以及在出版市场和知识阶层中的风行,又究竟与科举策问之间存在怎样的关联?接下来,本文一方面辨明陈建《皇明

---

① 宋濂等:《元史》卷81《选举一·科目》,中华书局1976年版,第2019页。
② 姚广孝等:《明太祖实录》卷160,洪武十七年三月戊戌,中央研究院历史语言研究所1965年版,据红格钞本校印,第2467页。
③ 茅坤著、张大芝等校点:《茅鹿门先生文集》,《茅坤集》卷18《刻初学记序》,浙江古籍出版社1983年版,第573页。
④ 实际上,明代各级考试中,以策问形式考查考生对于经学、历史和时务知识的掌握,并不限于乡试、会试,还包括殿试、童生试、岁试、季考、科试、武举、科道考选、岁贡就教、举人乞教等。

启运录》和《皇明通纪》的科举用书特征,指出它们的功用之一是服务于科举第三场策问考试;另一方面,则是依据《天一阁藏明代科举录选刊·会试录》《天一阁藏明代科举录选刊·乡试录》《明代登科录汇编》《中国科举录汇编》中所收录的历科《会试录》及各省《乡试录》,借由分析第三场策问出题之变化,试图回答这一问题。

二、作为科举用书的《皇明启运录》和《皇明通纪》

前文已经提到,前辈学者有关陈建及《皇明启运录》和《皇明通纪》的研究,多忽略了孟森的一个观点,即《皇明通纪》在当时是"专备科举士人场屋中对时务策之用"。那么,孟森所言是否有足够的证据支撑呢?如果《皇明通纪》并非用于科举考试,本文研究的前提也就不复存在。实际上,通过仔细考察流通于明代书籍市场之中的《皇明启运录》和《皇明通纪》,可以发现它们具有明显的科举用书特征及功用。

现今,我们一般将陈建完成于嘉靖三十四年(1555)的编年体明代通史概称作《皇明通纪》。其实,约在嘉靖三十一年(1551),陈建就将记述元至正十一年(1351)至明洪武三十一年(1398)间史事的部分,分为八卷,名之以《皇明启运录》,先行刊刻。现存的嘉靖原刊本《皇明启运录》上,就带有"标题"这一宋代以降科举用书所具备的特征。

在讨论这个问题之前,首先需要对宋代以后某些科举用书中所带有的"标题"略作一番说明。较之隋(581—618)、唐两代,宋代科举取士的规模显著扩大,士人借此步入仕途的机会也相应增多。同时,随着经济的发展和印刷技术的进步,教育普及的程度也有所提高,以科举为志业的读书人的数量也越来越多。[①]在这样的背景下,宋代的书籍市场因应士子参加科举考试的需求,编纂了相当数量的科举用书。它们不仅数量很多,而且流布的范围很广,以至于岳珂(1183—1234)感慨:"今此等书徧天下,百倍经史著录,盖有不胜禁且毁者。"[②]这些科举用书,一部分是图文并茂的考试整理书,可供快速阅读的节本;另一部分是士子参加科举考试时的随身备书,包括作为模板的时文、程文,以及方

[①] 张希清:《中国科举制度通史·宋代卷》,上海人民出版社2015年版,第786—788页。
[②] 岳珂:《愧郯录》,载《丛书集成新编》第29册,卷9《场屋编类之书》,新文丰出版公司1984年版,第209页。

便携带的巾箱小本。①

一方面为了士子日常检阅和更为有效地领悟科举所考的内容,另一方面为了提高书籍的吸引力,增加销量,宋代某些科举用书的编者开始在其编撰的书籍内,添加进"纂图""附音""互注""重言""重意""标题"等内容。叶德辉(1864—1927)曾说:"宋刻经、子,有纂图、互注、重言、重意、标题者,大都出于坊刻,以供士人帖括之用。"②以"纂图""附音""互注""重言""重意"命名者,今尚存有《婺本附音重言重意春秋经传集解》《监本纂图重言重意互注点校尚书》《纂图分门类题五臣注扬子法言》等。书中带有"标题"者,则有《四书标题》《新编分门标题皇鉴笺要》等。带有"标题"特征的书籍与科举考试之间所存在的直接关联,可以从林骃③《新编分门标题皇鉴笺要》一书中得到厘清。

《新编分门标题皇鉴笺要》约于南宋(1127—1279)嘉定九年(1216)成书④,现无宋、元刊本存世,仅存明钞本一部,藏于日本静嘉堂文库。⑤书中,林骃将宋太祖(赵匡胤,927—976,960—976在位)至宋光宗(赵惇,1147—1200,1189—1194在位)间的宋代历史,"区别事类,分门编纂"⑥,分为君德、君政、

---

① 许媛婷:《南宋时期的出版市场与流通空间探究——从科举用书及医药方书的出版谈起》,《故宫学术季刊》2011年第28卷第3期;祝尚书:《宋代科举用书考论》,载氏撰:《宋代科举与文学》,大象出版社2006年版,第261—283页;刘祥光:《印刷与考试:宋代考试用参考书初探》,《(台)政治大学历史学报》2000年第17期;刘祥光:《宋代的时文刊本与考试文化》,《台大文史哲学报》2011年第75期。
② 叶德辉:《书林清话》卷6《宋刻纂图互注经子》,《民国丛书》第2编第50册,上海书店1990年版,据观古堂宣统三年刻本影印,第6页b。
③ 林骃,字德颂,福建宁德人,生卒年不详。除《新编分门标题皇鉴笺要》外,还编有《新笺决科古今源流至论》一书。该书亦为南宋时期的科举用书,《四库全书总目》云:"是编于经史百家之异同,历代制度之沿革,条列件系,亦尚有体要。虽其书亦专为科举而设,然宋一代朝章国典分门别类,序述详明。"永瑢等编:《四库全书总目》卷135《子部·类书类一·源流至论》,中华书局1965年版,第1151页。
④ 《爱日精庐藏书志》及《皕宋楼藏书志》均录有林骃为该书所作之序,篇末云:"嘉定丙子孟夏,闽川林骃德颂序。"张金吾:《爱日精庐藏书志》卷26《子部·类书类·新编分门标题皇鉴笺要》,卷60《子部·类书类二·新编分门标题皇鉴笺要》,《清人书目题跋丛刊·四》,中华书局1987年版,第495页;陆心源:《皕宋楼藏书志》,《清人书目题跋丛刊·一》,中华书局1987年版,第675页。按,嘉定丙子,即宋理宗嘉定九年,据此推断,《新编分门标题皇鉴笺要》约于该年成书。
⑤ 对于该书的流传过程,陆心源云:"《新编分门标题皇鉴笺要》……张月霄(张金吾,别字慎旃)藏书记始着于录,此即张氏旧物,前有爱日精庐藏书印,后归汪士钟,余从金闾书估得之。"(陆心源:《仪顾堂集》卷17《明钞皇鉴笺要跋》,《续修四库全书》第1560册,上海古籍出版社1995年版,据清光绪刻本影印,第572页。)由此可知,该书曾先后为清代张金吾(1787—1829)爱日精庐、汪士钟(1786—?)艺芸书舍、陆心源皕宋楼收藏。光绪三十三年(1907),陆心源之子陆树藩(1868—1926)将皕宋楼藏书售于日本三菱财团,《新编分门标题皇鉴笺要》也随之入藏静嘉堂文库,《静嘉堂文库汉籍分类目录·子部·类书类》有著录。
⑥ 张金吾:《爱日精庐藏书志》卷26《子部·类书类·新编分门标题皇鉴笺要》,第495页。

官制、贡举、科目、用人、臣道、儒学、兵制、赋役、财用、荒政、时弊等十三门,每门之下又各分子目,合计一百二十一目,"每目各为一篇,而(林駉)自注之"。至于《新编分门标题皇鉴笺要》一书的功用,陆心源(1838—1894)说是"为场屋而设"①,亦即为当时士子参加科举考试提供参考。这一点,原书之中也确实存在着相当清楚的说明。据《爱日精庐藏书志》载,明钞本《新编分门标题皇鉴笺要》目录之后,附有三行从刊本影写的文字,云:"是书鼎新编述,与蹈袭尘言者不侔,取青之士幸详鉴。"②传统中国的读书人大功举业,也被称作拾取青紫之术,此处所说的"取青之士",应是志在取得科举功名的读书人。由此可以看出,某些南宋时期的科举用书编者,已经开始在其编撰的书籍内添入"标题"。

较之南宋,元、明两代编撰和出版的科举用书采用"标题"形式的情况更为多见③,范围也不限于经、子,许多历史类科举用书上也有"标题",如《校正新刊标题释文十八史略》《新刻补遗标题论策指南纲鉴纂要》《新刊论策标题古今三十三朝史纲纪要》《新刊相国精校标题便览资治通鉴纲目》等。概括来说,这一时期科举用书上面的"标题",主要的功能是为读者指示科举考试可能要出的试题。如《新镌张太史注释标题纲鉴白眉》一书,编者在该书的凡例中清楚地向读者表明,"凡论、表、策关要诸题,各标于上,可称瞻而不紊,详而有体"④,作为该书的一大噱头。在科举用书之中添加"标题","便人讲贯,及试之日,源流粲如"⑤,为士子准备科举考试提供一定程度的便利。同时需要指出的是,明代出版的科举用书,并非唯有书名之中带有"标题"二字,书中还会标出论、策题目。如《鼎锲赵田了凡袁先生编纂古本历史大方纲鉴补》一书,书名之中并未含有"标题"二字,然而作者于凡例之中明确对外说明:"论、策、表、诏、诰诸题,悉标明于上,同坊间旧刻挂一漏万者判霄壤矣。"⑥

---

① 陆心源:《仪顾堂集》卷17《明钞皇鉴笺要跋》,第572页。
② 张金吾:《爱日精庐藏书志》卷26《子部·类书类·新编分门标题皇鉴笺要》,第495页。
③ 根据沈俊平的研究,除"标题"外,明代坊刻科举用书还采用"评林""增改""全补""注释""音注"等形式。沈俊平:《举业津梁:明中叶以后坊刻制举用书的生产与流通》,(台湾)学生书局2009年版,第285页。
④ 张鼐:《新镌张太史注释标题纲鉴白眉》卷首《白眉纲鉴凡例》,《四库禁毁书丛刊》史部第52册,北京出版社2000年版,据明李潮刻本影印,第8页。
⑤ 张溥:《七录斋诗文合集》近稿卷5《二三场合钞序》,《续修四库全书》第1387册,上海古籍出版社1995年版,据明崇祯九年刻本影印,第382页。
⑥ 袁黄:《鼎锲赵田了凡袁先生编纂古本历史大方纲鉴补》卷首《袁先生合编大方资治纲鉴补凡例》,《四库禁毁书丛刊》史部第67册,北京出版社2000年版,据明万历三十八年双峰堂余氏刻本影印,第111页。

明代带有"标题"的科举用书,就版式而言,多分为上下两栏,下栏刊刻正文,在上栏相对应的位置,刊刻科举考试的论、策试题。冯梦龙(1574—1646)曾提到,当时科举用书的编者所标示出来的考试题目,"随人摘拟,原无定句,混杂书头"①。

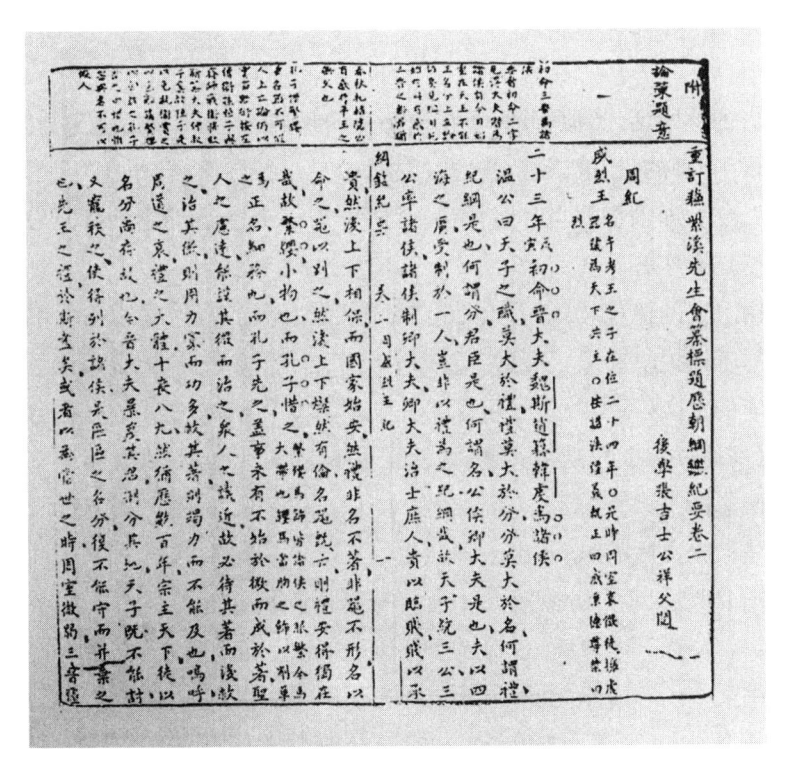

图1 苏濬《重订苏紫溪先生会纂标题历朝纲鉴纪要》(明崇祯刻本)

如图1所示,《重订苏紫溪先生会纂标题历朝纲鉴纪要》卷二,下栏刊刻周威烈王二十三年(前403年)"初命三晋大夫魏斯(?—前396)、赵籍(?—前400)、韩虔(?—前400)为诸侯"②和司马光(1019—1086)对于三家分晋的议论,在上栏中的对应位置,刊刻的是"论、策题意"③。上栏中附刻的"论、策题

---

① 冯梦龙:《纲鉴统一·发凡》,凤凰出版社2007年版,第5页。
②③ 苏濬:《重订苏紫溪先生会纂标题历朝纲鉴纪要》卷2,《四库禁毁书丛刊·史部》第52册,北京出版社2000年版,据明崇祯刻本影印,第634页。

意",首先是将下栏所载三家分晋一事及相关史论总归纳为"初命三晋为诸侯"①,作为论、策题目,紧接着是编者对于这一题目所作之解释:

> 要看"初命"二字,见得大夫僭为诸侯自今始,重在天王不能王名分上立论,仍要见《纲目》托始于此,有感于三晋之无君,犹《春秋》托始隐公,有感于平王之无父也。②

编者的这段话,类似解题,意在提醒阅读此书的士子,日后遇到与"初命三晋为诸侯"有关的论、策试题,答题时要紧扣"初命"二字,着重于"天王不能王名分上"立论,即围绕着当时诸侯势力强大,周王室已经不能维持原来的统治秩序这一点来作答。

经由上文的梳理,可以看出带有"标题"之书籍的直接功用是为了给士子参加科举考试提供参考。借助上面标示出来的论、策题目,配合阅读下栏中与之相对应的正文,备考的士子可以事先揣摩和练习将来考试中可能会出现的考题,提高通过考试的概率。《皇明启运录》的嘉靖原刊本,现存于南京图书馆和北京国家图书馆。③宋代以来某些科举用书带有的"标题"这一特征,同样存在于陈建最先出版的《皇明启运录》中。

同图1所示《重订苏紫溪先生会纂标题历朝纲鉴纪要》一样,图2所示之《皇明启运录》原刊本,每页也分为上下两栏,下栏刊刻正文,作者有选择性地对下栏中某些内容所作之概括总结,则刊刻于上栏中对应的位置。那么,如何确定图2上栏中的"廖永忠(1323—1375)计破瞿塘关"④与图1上栏中的"初命三晋为诸侯"⑤一样,也是为士子指示考试题目的"标题"呢？关于这一点,尽管《皇明启运录》原刊本的书名之中并没有含有"标题"二字,陈建在该书的序言中也未作说明,然而依据其他资料的佐证,可以确定嘉靖原刊本《皇明启运录》上栏中的文字,正是当时科举用书上的"标题"。

---

①② 苏濬:《重订苏紫溪先生会纂标题历朝纲鉴纪要》卷2,《四库禁毁书丛刊·史部》第52册,北京出版社2000年版,第634页。

③ 钱茂伟:《陈建及其〈通纪〉》,陈建著、钱茂伟点校:《皇明通纪》,中华书局2008年版,第3—9页。

④ 陈建:《皇明启运录》卷6,洪武四年六月,《稀见明史史籍辑存》第4册,线装书局2003年版,据明刻本影印,第158页。

⑤ 苏濬:《重订苏紫溪先生会纂标题历朝纲鉴纪要》卷2,第634页。

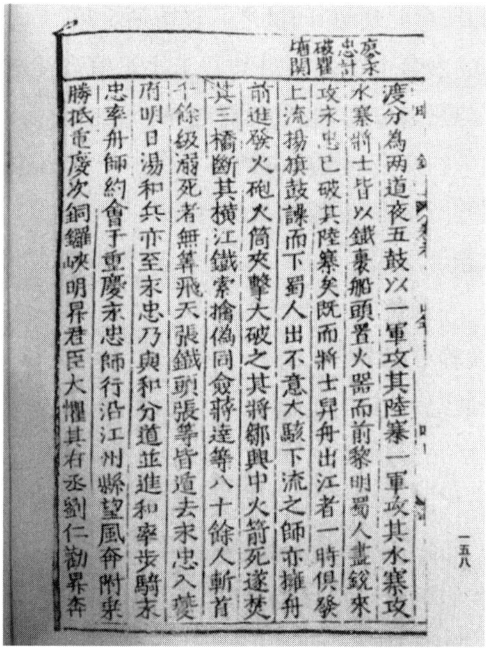

廖永忠計破瞿塘關

渡分為两道夜五鼓以一軍攻其陸寨一軍攻其水寨攻
水寨將士皆以鐵裹船頭置火器而前黎明蜀人盡鋭來
攻永忠已破其陸寨矣既而將士舁舟出江者一時俱發
上流揚旗鼓譟而下蜀人出不意大駭下流之師亦擁舟
前進發火砲火筒夾擊大破之其將鄒興中火箭死遂焚
其三橋斷其橫江鐵索擒偽同僉蔣達等八十餘人斬首
千餘級溺死者無筭飛天張鐵頭張等皆遁去永忠入夔
府明日湯和兵亦至永忠乃與和分道並進和率步騎永
忠率舟師約會于重慶永忠師行沿江州縣望風奔附來
勝抵重慶次銅鑼峽明昇君臣大懼其右丞劉仁勸昇奔

一五八

图 2　陈建《皇明启运录》(北京国家图书馆藏明嘉靖原刊本)

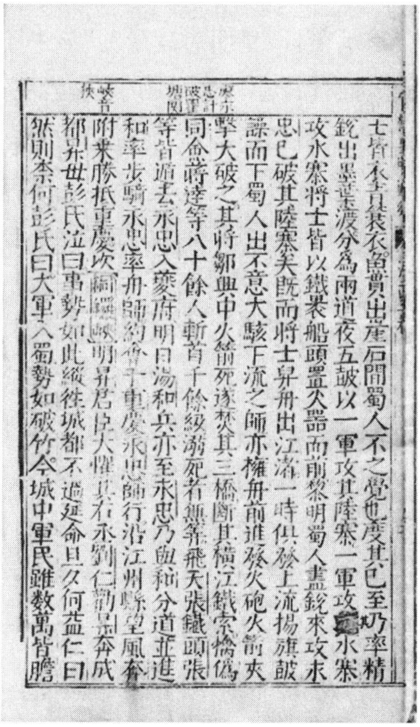

廖永忠計破瞿塘關　峽音狹

士皆衣青蓑衣魚貫出崖石間蜀人不之覺也度其已至乃率精
鋭出墨葉渡分為兩道夜五鼓以一軍攻其陸寨一軍攻其水寨
攻水寨將士皆以鐵裹船頭置火器而前黎明蜀人盡鋭來攻永
忠已破其陸寨矣既而將士舁舟出江者一時俱發上流揚旗鼓
譟而下蜀人出不意大駭下流之師亦擁舟前進發火砲火筒夾
擊大破之其將鄒興中火箭死遂焚其三橋斷其橫江鐵索擒偽
同僉蔣達等八十餘人斬首千餘級溺死者無筭飛天張鐵頭張
等皆遁去永忠入夔府明日湯和兵亦至永忠乃與和分道並進
和率步騎永忠率舟師約會于重慶永忠師行沿江州縣望風奔
附來勝抵重慶次銅鑼峽明昇君臣大懼其右丞劉仁勸昇奔成
都昇母彭氏泣曰事勢如此縱往成都不過延命旦夕何益仁曰
然則奈何彭氏曰大軍入蜀勢如破竹今城中軍民雖數萬皆膽

图 3　陈建《新锲官板音释标题皇明通纪》(日本内阁文库藏明万历刻本)

《皇明启运录》及《皇明通纪》问世之后,"坊刻纷然"①,坊间一再翻刻此书,而当时很多翻刻本的书名中就带有"标题"二字。值得注意的是,将书名中带有"标题"的翻刻本与嘉靖原刊本《皇明启运录》对比之后,则发现嘉靖原刊本《皇明启运录》上栏中的文字与这些翻刻本上栏中的标题并无任何差别。姑以日本内阁文库藏明万历刻本《新锲官板音释标题皇明通纪》为例,如图 3 所示,该书下栏刊刻廖永忠于洪武四年(1371)六月进攻当时明升(1356—1416)大夏政权据守之瞿塘关,并最终攻入重庆的过程,上栏中"廖永忠计破瞿塘关"和"峡,音狭"分别是编者对于下栏正文内容所作的"标题"和"音释"。图 3《新锲官板音释标题皇明通纪》上栏中"廖永忠计破瞿塘关"的标题,与图 2 所示嘉靖原刊本上栏中的文字完全相同。由此可以确定,嘉靖原刊本《皇明启运录》上栏中的内容,就是宋代以来科举用书中的"标题"。也就是说,《皇明启运录》最初的功用之一是为当时士子参加科举考试提供参考。

关于这一点,我们可以从明代后期众多续补《皇明通纪》的私修编年体当代史中得到进一步证明。例如,明末苏州书坊五车楼出版的《皇明二祖十四宗增补标题评断实记》,该书嘉靖以前的部分题为"粤滨臣陈建纂辑",前四卷记载洪武一朝史事的部分是承袭自《皇明启运录》。该书不仅在书名中就以"标题"二字吸引读者的注意,而且在卷首的凡例中,编者更是明确说:"录中有石画格言,可参庙谟国是而有备后场经济者,各标道抉旨,令攻公交车业者可以家修而廷献。"②

如图 4 所示,《皇明二祖十四宗增补标题评断实纪》的页面也是分为上下两栏,下栏刊刻正文,上栏则为编者在书名和凡例中所提到的"标题"。对比图 2、图 3,可以看出,同样是洪武四年(1371)六月廖永忠用计攻破瞿塘关一事,《皇明二祖十四宗增补标题评断实纪》上栏中的标题为"计破瞿塘关"③,只比嘉靖原刊本《皇明启运录》和《新锲官板音释标题皇明通纪》上栏中的标题缺少"廖永忠"三字。由此可知,《皇明二祖十四宗增补标题评断实纪》上栏中的"标题",大体上承袭自嘉靖原刊本《皇明启运录》及翻刻本上栏中的标题。嘉靖原刊本《皇明启运录》上栏中的文字正为科举用书中的"标题",也由此得到进一步的确定。

---

① 冯梦龙:《纲鉴统一·发凡》,第5页。
② 陈建、陈龙可:《皇明二祖十四宗增补标题评断实纪》,《四库禁毁书丛刊·史部》第32册,北京出版社2000年版,据明崇祯刻本影印,第6页。
③ 陈建、陈龙可:《皇明二祖十四宗增补标题评断实纪》卷3,洪武四年六月,第71页。

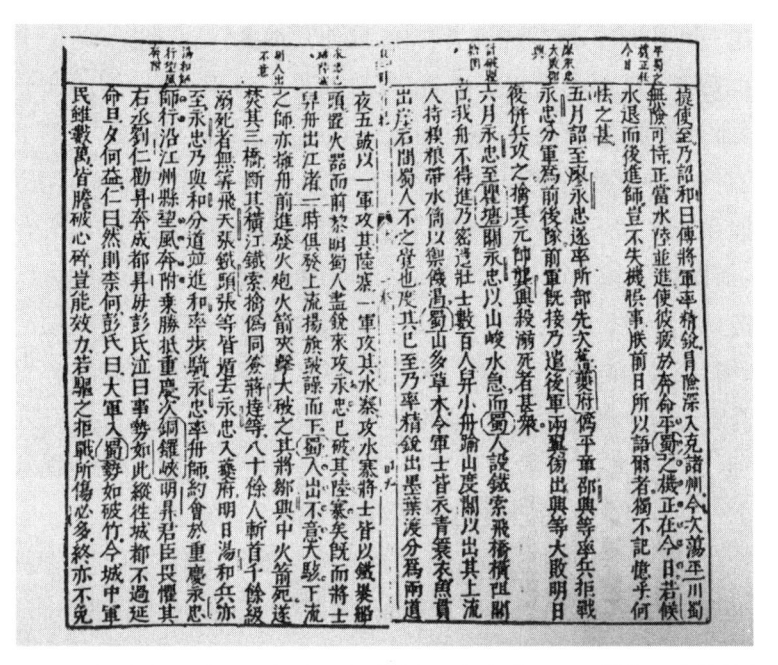

图 4　陈建、陈龙可《皇明二祖十四宗增补标题评断实纪》(明崇祯五车楼刻本)

《皇明启运录》刊行之后,受到著名粤籍学者黄佐(1490—1566)的肯定和鼓励,陈建继续编撰建文(1399—1402)至正德间的明代历史,与此前已经刊行的《皇明启运录》"合前后共为一书""并冠之以《通纪》之名"①,于嘉靖三十四年(1555)刊行。

较之《皇明启运录》嘉靖原刊本,点校本《皇明通纪》中,建文至正德间的部分并未加有"标题"。仅凭这一点,是否就能认为《皇明通纪》中的洪武朝部分——即《皇明启运录》——具备科举用书的功用,而此后的部分与科举考试没有关联呢?陈建没有为《皇明通纪》建文朝以后的部分添加"标题"的原因,现今已不可考。然而,在《皇明通纪·凡例》中,陈建却很清楚地对外表示,其编撰该书的目的之一,是为了帮助士子熟悉明朝当代历史。《皇明通纪》卷首载有七则凡例,向读者说明该书的编撰方法与用意,最后一则云:

　　韩子云:"人不知通今古,马牛而襟裾。"今学者博古或有之,而通今殆鲜。以群籍棼而无统,考索惟艰也。今芟繁会要,统为此纪,庶便士子通今之略,工拙不暇计云。②

---

① 陈建著、钱茂伟点校:《皇明通纪·序》,第 2 页。
② 陈建著、钱茂伟点校:《皇明通纪·凡例》,第 22 页。

在这一则凡例中,陈建向读者交代,促使其编撰《皇明通纪》的一个动因是当时缺少系统记载明朝当代史的著作,造成士子对于本朝历史"难于考索贯通"①,故而他才要"芟繁会要,统为此纪",最终要达到的目的是"庶便士子通今之略"。而在当时的科举考试领域中,"通今"——士子对于明朝当代历史和时务的掌握和理解——同样也是科举策问所要考查的重点之一。明人有相当多的言论,都提到了科举第三场策问与"通今"的关系。杨慎(1488—1559)说:"末场(按,明代乡试、会试分三场考试,第三场出策问五道,故第三场又被称为后场、末场、策场)在通今而知务。"②正德八年(1513),山西潞州儒学学正佘大纲被聘为顺天府乡试同考试官,他在批改考生第三场策问答卷的评语中也说:"策场正欲观士子博古通今之学。"③陈建于《皇明通纪·凡例》中所揭示的该书有助于士子"通今"之功用,契合了当时科举策问考查的重点。

尽管在点校本《皇明通纪》所据之台北国家图书馆藏明东莞陈氏刊本上,建文至正德间的部分没有"标题",然而一部书在知识阶层中间的传布与流行,依靠的并不仅仅是其最初的刊本,重刻本、翻刻本以及钞本所发挥的影响也不容小觑。《皇明通纪》同样也是如此,该书自初次刊行之后,就不断地被坊间翻刻和重印,用以牟利。《中国古籍总目》中收录了多种《皇明通纪》的翻刻本,如《新锓钞评标题皇明资治通纪》《新刊校正增补皇明资治通纪》《合锓纲鉴通纪今古合录注论策题旨大全》《重刻校正增补皇明资治通纪》《新锓校正标题皇明通纪》《新锲官板音释标题皇明通纪》等。从中可以看出,这些流行于当时知识阶层中间的《皇明通纪》翻刻本,很多已经添入"标题"。

依据现存的资料,坊间在翻刻《皇明通纪》过程中为建文至正德间部分添加标题的活动,开始得相当早,在该书初刊之后不久就已经进行。日本东京大学综合图书馆现藏有一部《新锲官板音释标题皇明通纪》,《东京大学综合图书馆汉籍目录》著录为"万历中东莞陈氏据嘉靖三十四年金陵摘星楼刊本重刊"④。《皇明通纪》于嘉靖三十四年(1555)成书和初次刊行,而该年南京摘星楼翻刻的《皇明通纪》上,就已出现了标题,可见当时坊间翻刻《皇明通纪》及为

---

① 陈建著、钱茂伟点校:《皇明通纪·凡例》,第23页。
② 杨慎撰、李贽辑评:《李卓吾先生读升菴集》卷1《云南乡试录序》,《四库全书存目丛书》子部第124册,齐鲁书社1995年版,据明刻本影印,第322页。
③ 吴一鹏编:《正德八年顺天府乡试录》,《天一阁藏明代科举录选刊·乡试录》第1册,宁波出版社2016年版,第304页。
④ 东京大学综合图书馆编:《东京大学综合图书馆汉籍目录》,东京堂1995年版,第125页。

其添加"标题"的速度之快。

通过上文的梳理可以看出,《皇明通纪》(包含记载洪武一朝史事的《皇明启运录》)的原刊本及此后众多的翻刻本,刊行的目的之一是为士子参加科举考试提供参考。

《皇明通纪》在当时实际的流通与使用中,也的确可以发挥科举用书的功用。首先,明代负责一省学政的提学官曾正式发布告示,将《皇明通纪》列为士子诵习举业时的参考书籍。万历三十六年(1608)至万历三十八年(1610)间,董光宏出任河南提学佥事。①在任期间,董光宏发布《训饬诸生五条》,指导和规范河南各地府、州、县学生员日常所习之举业。其中,对于如何应对科举考试中所出的论、策试题,董光宏指出:

> 国家取士,经义之外,论以阐发古迹,策以条画时宜。……本朝律、令、《通纪》及古今诸名臣奏议,亦当备观。从此浸而广之,渐而及之,何患不为博雅。②

此处,董光宏明确将《皇明通纪》列为考生日常所应阅读的书籍之一,提醒士子可以通过阅读包括《皇明通纪》在内的记载明代历史和典章制度的书籍,为日后参加考试时应答论、策试题预先做好准备。

其次,结合明代科举策问试题来看,《皇明通纪》中的内容不仅存在着直接对应的策问考题,而且官方公布的标准答案,在内容和文字上也与《皇明通纪》所记多有重合。隆庆四年(1570)广东乡试第三场第二问,以历代帝王之"俭德"为主题,其中对于明太祖节俭之事迹,考官所出之问目云:

---

① 顾秉谦等:《明神宗实录》卷445,万历三十六年四月己未,(台湾)"中央研究院历史语言研究所"1965年版,据红格钞本校印,第8444页;卷475,万历三十八年九月癸卯,第8962页。
② 董光宏:《秋水阁墨副》卷5《训饬诸生五条》,台北故宫博物院藏明万历间刻本。除此以外,万历间,湖广提学副使王在晋(? —1643)也训谕湖广各地生员,"如《性理》《左(传)》《史(记)》、诸子及《大学衍义》《名臣奏议》、国朝正史等书,乃生本领,读之皆后场作料、时文机括。"王在晋《越镌》卷17《学政类·重实学》,《四库禁毁书丛刊》集部第104册,北京出版社2000年版,据明万历三十九年刻本影印,第444页。王在晋此处为士子所开列的科举后场考试所应阅读书目中包括"国朝正史",然而明代除了卷帙庞大且一般读书人难以接触得到的列朝《实录》外,官方并未编撰完成本朝正史。(有关明代官方编撰本朝正史的情况,可参阅李小林《万历官修本朝正史研究》一书的研究。)这样看来,王在晋要求士子阅读的"国朝正史",所指的应该是诸如《吾学编》《皇明通纪》《宪章录》等私人编撰的明朝当代史著作。

洪惟我太祖高皇帝承帝王之统,敦俭德以为天下先。开国之初,屡却珍献,巨若金玉饰鞍马、镂金床、水晶漏,细若香米、蕲簟、蒲萄酒,不但毁绝不受,且下令以为戒,而又谕省臣以惜民力法子孙至意。此岂与古帝王有异较耶?①

面对这一考题,考生需要根据题目之中提及的关键词,回答出明太祖开国之初躬行节俭、禁止官员贡献珍贵物品的事迹和言论。策题中提出的这些问题,在《皇明通纪》中,不仅存在着与之相对应的内容,而且还在正文之上加有"标题"。同时,广东官方该年所公布的标准答案,在内容和文字上,也与《皇明通纪》中的相关记载,相似程度很高。

由表1可以看出,隆庆四年广东乡试第三场第二问中明太祖躬行节俭、禁止贡献珍异之物的考题,《皇明通纪》中的确存在着与之对应的记载,而且大多数的条目之上加有"标题"。考生根据该书中元至正十九年(1359)三月条、元至正二十四年(1364)二月条、洪武元年(1368)四月条、洪武元年十月条、洪武六年(1373)十一月条的内容,以之为基础,稍作变通,就可以较为完备地回答出这个问目。同时,《隆庆四年广东乡试录》所刊该题之程文,从内容上看,并没有逸出《皇明通纪》中的相关记载;从文字上看,两者重合之处甚多,程文似是从《皇明通纪》中的相关文字节略而成。

经由上文的分析,可以看到陈建编撰和出版《皇明通纪》的目的之一,是为了给当时士子参加科举考试提供系统而简要的明朝当代史知识,以便于回答相应的试题。而且在实际的流通和使用中,该书也的确发挥着科举用书的功能。这使得《皇明通纪》在当时的知识阶层中迅速地流行起来,自初次刊行之后,就不断地被翻印出版。即便是明廷于隆庆六年(1572)下令予以禁毁,但是不仅"海内传诵如故"②,而且"复有刻行于世者,其精工数倍于前"。③崇祯(1628—1644)时期,"坊刻有十数种"④,可见其流行程度。

---

① 邹秦编:《隆庆四年广东乡试录》,《天一阁藏明代科举录选刊·乡试录》第9册,宁波出版社2016年版,第7853页。
②③ 沈德符:《万历野获编》卷25《焚通纪》,中华书局1959年版,第638页。
④ 陈建撰、马晋允增补:《皇明通纪辑要·凡例》,南京图书馆藏明崇祯宝日堂刻本,第1页b。

表1 《皇明通纪》所载明太祖节俭事迹与隆庆四年广东乡试第三场第二问程文对照表

《皇明通纪》所载明太祖节俭事迹		隆庆四年广东乡试第三场第二问程文
标题：却宝玩	（元至正十九年三月），（方）国珍既又以金玉饰马鞍来献。上曰："吾方有事四方，所需者文武才能，所用者榖粟布帛，其他宝玩，非所好也。"悉却之。①	洪惟我太祖高皇帝躬神圣之德，承帝王之统，澹然无欲，不假虚声，姑自自却珍献一节言之。方国珍以金玉饰马鞍献之，则却之，曰："宝玩非所好也。"江西行省以陈氏镂金床进，则命毁之，曰："穷奢极欲，亡之道也。"司天监以元氏水晶宫刻漏进，则命碎之，曰："此谓作无益害有益也"。其大者类如此。至若香米进于金华，蒲萄酒进于太原，则以口腹累民却；竹簟进于蕲州，则以劳民伤财罢。其细者类如此。又下令曰："四方非朝廷贡献所需，不得妄献。"又语省臣曰："宋太祖家法，子孙不得于远方取珍异，甚得贻谋之道。"嗟乎！我皇祖节用爱人，谨始范后之微意，与古帝王何间然哉！⑥
标题：毁陈氏镂金床	（元至正二十四年二月），江西行省以陈氏镂金床进。上观之，谓侍臣曰："此与孟昶七宝溺器何异？以一床工巧若此，其余可知。陈氏父子穷奢极侈，安得不亡？"即命毁之。②	:::
标题：却贡献	（洪武元年四月），蕲州进竹簟，却之。上命中书省臣曰："古者方物之贡，惟服食用，故无耳目之娱，玩好之失。今蕲州所进竹簟，固为用物，但未有命而献；若受之，恐天下闻风，皆争进奇巧，则劳民伤财自此矣。"命却之，仍令："四方非朝廷所需，毋得妄有所献。"③ （洪武元年十月），司天监进元主所制水晶宫刻漏，备极机巧……上览之，谓石晨曰："废万机之物而用心于此，所谓作无益害有益也。使移此心以治天下，岂至灭亡？"命左右碎之。④	:::
标题：禁止贡献	（洪武六年十一月），（明太祖）谓省臣曰："往年金华进香米，朕命止之。……太原进葡萄酒，自今亦令其勿进。国家以养民为务，岂以口腹累人哉！尝闻宋太祖家法，子孙不得于远方取珍珠，甚得贻谋之道。"⑤	:::

---

① 陈建著、钱茂伟点校：《皇明通纪》卷2，元至正十九年三月，第43页。
② 陈建著、钱茂伟点校：《皇明通纪》卷3，元至正二十四年二月，第76页。
③ 陈建著、钱茂伟点校：《皇明通纪》卷4，洪武元年四月，第124—125页。
④ 陈建著、钱茂伟点校：《皇明通纪》卷4，洪武元年十月，第134页。
⑤ 陈建著、钱茂伟点校：《皇明通纪》卷6，洪武六年十一月，第196页。
⑥ 邹秦编：《隆庆四年广东乡试录》，第7871页。

三、明代中前期的科举策问

　　前文已经提到,从制度层面而言,自洪武年间开始,乡试、会试的考官,用策问来考查应考士子对于历史和时务知识的理解和掌握,一直以来都是必不可少的。那么,为何明代中前期缺少这类以明朝当代史为主题的编年体史学作品,而在嘉靖以后,这类历史著作却由私人一再编撰和出版,并且风行于知识阶层之间?通过下文的分析,可以看出这与洪武至弘治(1488—1505)间科举策问出题的倾向密切相关。具体说来,在这一时期内,无论是乡试,还是更高一级的会试,以经学、历史、时务这三个领域为出题范围的第三场策问,涉及明朝当代历史和时务的题目不多,题目地位也不重要。

　　从科举策问出题的角度讨论明代中前期私人较少编撰和出版涉及明朝当代史事的历史著作,首先面临的一个问题就是如何划分策问所属的知识领域。明代乡试、会试,第三场五道策问的出题范围虽然涵盖经学、历史、时务三个方面,但并不是说一道策问仅仅局限在某一个单独的知识领域内。实际上,每一道策问存在一个明确的主题,而在这个主题之下,却包含着若干个相互关联的问目。问目所属的知识领域是比较容易区分的。另外,尽管存在融合经学、历史、时务等三类问目于一道策问的情况,但是经学类策问通常较为独立,少与历史、时务的问目相结合,而后二类问目的关联度比较大。成化二十三年(1487)会试第三场第五问,比较直观地反映出明代科举策问的这一特点:

　　　　问:四夷向风,固足为太平之气;而外患既靖,不能必内治之修。粤若尧、舜继盛,未免三苗之患;文王太竞,不免密人之侵。汉之高帝,盛德所被,亦云广矣,然不能忘平城困辱之仇,而匈奴愿朝,乃再见于哀帝之世,岂高帝之力不敌哀帝欤?

　　　　唐之太宗征伐所向,靡不捷矣,然不能无辽左无功之悔,而屡年乃克,顾有见于武后之时,岂太宗之谋不及武后欤?

　　　　晋之所患者秦也,秦灭而晋益衰;宋之所忧者金也,金亡而宋益危,倚伏之故,果何如哉?抑夷狄强弱,皆不足为有无也?

　　　　方今封域已弘于一统,而夷虏未见其悉降。将以为可虑欤,而古之盛时,皆未免于抢攘之患,而患之全除,乃在于叔季之世。将以为不足虑欤,而烽火告警,又未免有出师之命,而师行粮食,实深为生民之劳。兹欲虏有款塞称臣之效,而我无命将出师之费,是必有可常之嘉谟焉。诸生有志于天下者,幸为天下言之。①

这道会试策问的主题是"御虏",中间包含四个问目,是一道典型的历史与时务类问目相结合的策题。具体来说,第一、第二、第三个问目属于历史类问目,分别考查士子对于汉、唐、宋三朝处理与当时少数民族政权关系等历史知识的掌握。第四个问目则属于时务的范畴,要求士子在上述三个历史类问目的基础上,提出应对当时蒙古频繁骚扰明朝北部边境的措施。

正是因为每道策问之中包含了若干个分属不同知识领域的问目,故而笔者以问目所属之具体知识领域作为划分标准,对明代会试、乡试两级科举考试第三场的策问进行区划和统计。具体而言,以儒家理、气、心、性、道统传授等作为出题对象的题目,归为经学类问目;以历代典章制度、历史事迹、历史人物等作为出题对象的题目,归为历史类问目;要求考生分析当时政治和社会弊端并提出相应解决办法的题目,归为时务类问目。据附表 1 中之统计,《天一阁藏明代科举录选刊·会试录》《明代登科录汇编》《中国科举录汇编》所收录的 47 科《会试录》中,洪武至弘治间共有 25 种。这 25 个科次的《会试录》中,载有 119 道策问②,总共可以划分为 485 个问目。其中,经学类问目最多,有 227 个,占总量的 46.8%;历史类问目次之,有 213 个,占总量的 43.9%;时务类问目最少,有 45 个,占总数的 9.3%。具体到涉及明朝当代史的历史类问目,仅有 26 个(占总问目数的 5.4%,占历史类问目数的 12.2%),共分布于 16 道策问之中。

至于乡试这一层级,据附表 2 中之统计,顺天、应天、浙江、福建、山东、四川、江西、河南、山西、陕西、广东等两京九省刊刻于洪武至弘治间的《乡试录》,有 60 种。③依据同样的标准,这 60 种《乡试录》中所载的 298 道策问④,可以被

---

① 尹直编:《成化二十三年会试录》,《天一阁藏明代科举录选刊·会试录》上册,宁波出版社 2016 年版,第 530 页。
② 依据洪武三年礼部颁布之规定,洪武三年(1370)各地乡试、洪武四年(1371)会试第三场只出一道策问,故而《洪武四年会试录》中仅附策问一道。《正统十三年会试录》和《景泰五年会试录》中第三场第一问均阙。
③ 其中,顺天府 7 种,应天府 6 种,浙江 9 种,福建 6 种,山东 7 种,四川 1 种,江西 6 种,广东 6 种,山西 3 种,河南 4 种,陕西 5 种。
④ 《成化十七年陕西乡试录》和《弘治十一年顺天府乡试录》均阙第三场第五问。

划分出 1 459 个问目。其中,历史类问目数量最多,有 682 个,占总量的 46.7%;经学类问目次之,有 628 个,占总量的 43.1%;时务类问目仍然最少,有 149 个,占总量的 10.2%。而在 682 个历史类问目之中,以明朝当代史为主题的历史类问目,仅有 41 个(占总问目数的 2.8%,占历史类问目数的 6.0%),分布在 30 道策题之中。

由此可知,自洪武至弘治的一百多年间,无论是中央举行的会试,还是各地举行的乡试,第三场策问出题均显现出两个特点:一是与经学类问目相比,历史类问目并不具有优势地位,甚至在会试这一层级,经学类问目在数量和所占总数的比例上均超过了历史类问目;二是在历史类问目内部,较之以三代、春秋、战国、两汉、唐、两宋为主题的问目,以明朝当代历史发问的问目,不仅数量上极少,而且所占比例几乎可以忽略不计。这一点,在各省乡试策问中表现得更为突出,仅有 41 个问目是以明朝当代史为主题,所占总问目数的比例更低至 2.8%。

具体到这 67 个(其中会试 26 个,乡试 41 个)以明朝当代史为主题的历史类问目,它们中的绝大多数所要考察的对象是洪武以来历朝颁布的御制劝诫教化类书籍,与明朝的史事、典章制度、人物关联不大。明代科举策问之所以会出现这样的状况,与洪武二十四年(1391)官方的规定有很大的关系。该年,朱元璋命令礼部:"今后科举、岁贡于《大诰》内出题,或策、论、判语参试之。"[1]永乐(1403—1421)以降,由官方编纂的劝诫教化类书籍,也渐次地成为各级科举考试策问出题的对象。

在会试层级,姑以天顺七年(1463)会试第三场第一问为例。该道策问共包括三个问目,第一个为经学类问目,要求考生阐释上古尧、舜、禹、汤、文、武等三代圣王以人文化成天下之道。在紧接着的第二个问目中,考官要求士子回答朱元璋所颁布之《大诰》《大明律》《大明令》和明成祖朱棣(1360—1424,1402—1424 在位)御制《为善阴骘》《孝顺事实》,以及明宣宗朱瞻基(1399—1425,1425—1435 在位)御制《五伦书》等书的主旨大意:

> 洪惟我朝圣圣相承,皆法二帝三王以为治,而敷言垂训,皎若日星。在太祖高皇帝时,则有《律》、《令》、《大诰》;在太宗文皇帝时,则有《为善阴

---

[1] 姚广孝等:《明太祖实录》卷 212,洪武二十四年九月己酉,第 3141 页。

鹭》《孝顺事实》;在宣宗章皇帝时,则有《五伦书》。圣制辉煌,遍布海宇。其皆有关于人文欤? 究其所至,真可以化成天下欤?①

同样,在乡试这一层级,明代中前期科举策问中涉及明朝当代史事的问目,也是以明初以来的御制劝诫教化类书籍为主要的出题对象。如成化十九年(1483)山东乡试第三场第一问的首个问目,要求士子回答明初以来的御制诸书的意旨,并铺张扬厉其与三代的典、谟、训、诰之间的关系:

> 自古帝王之兴,必有经世之典以风化天下,垂鉴万世,如典、谟、训、诰之书是已。洪惟我朝太祖高皇帝条成《大诰》三编,太宗文皇帝御制《孝顺事实》《为善阴骘》二书,宣宗章皇帝采辑经传,为《五伦》一书,皆欲天下后世晓然知大经所在,真古帝王以善养人之盛心也。其间大旨果有同欤? 抑与典、谟、训、诰相表里欤?②

明代中前期的科举策问中,存在着少量以明代历史人物为对象的问目,但其目的也是考查应试士子对于御制劝诫教化类书籍的记诵与理解。成化二年(1466)会试第三场第一问,中间有以《五伦书》中所载国初文武大臣为考察对象的问目:

> 《五伦书》非特载古,亦兼载今。于逮事祖宗诸臣,文孰为廉介? 武孰有功勋欤? 夫衿珮而学者,苟徒远探隆古之籍,而近遗昭代之规,是与孔子所从所究章者异意也,可乎?③

对于传统中国后期的士人而言,在其未考获功名,或最终放弃这项追求之前,他们知识活动的中心基本上是围绕着科举考试而展开的,即所谓"士人之

---

① 彭时编:《天顺七年会试录》,《天一阁藏明代科举录选刊·会试录》上册,宁波出版社 2016 年版,第 321 页。
② 汪恕编:《成化十九年山东乡试录》,《天一阁藏明代科举录选刊·乡试录》第 3 册,宁波出版社 2016 年版,第 1936 页。
③ 刘定之编:《成化二年会试录》,《天一阁藏明代科举录选刊·会试录》上册,宁波出版社 2016 年版,第 363 页。

习,必由科举"①。而在决定考生成败与否的诸多要素之中,科举设定的考试内容无疑扮演着最为重要的角色,对众多士子的日常学习和备考具有导向性,亦即"科举之程度,上以此取,下以此应,虽贤豪之士,不能自拔"②。

通过上文对洪武至弘治间会试和乡试第三场策问问目的统计,以及对所考具体内容的分析,可以看出在明代中前期的科举考试之中,明朝当代史并不是当时策问出题的重点,相关问目极少;即便涉及明朝当代历史的问目,考查的对象也多以官方编撰和颁布的御制劝诫教化类书籍为主。这样的情况,一方面使得大量以获得科举功名为目的的士子在其漫长的备考期间,没有多大必要去关注本朝的历史;即使考试中出现这类问目,凭借官方编纂和颁布的劝诫类书籍,也足以应付。另一方面,正因为科举考试较少触及,也造成了当时民间缺乏编撰和出版以明朝当代历史为主题作品的动力,来满足士子应试的需要。笔者以为,明代中前期缺少私修当代史的现象,可以在这样的背景下理解和解释。

四、策问在明代后期的新变化

明代中前期缺少由私人编撰和出版的明朝当代史,与这一时间段内科举考试中涉及明朝当代史的问目数量较少有关。那么,正德、嘉靖以降,科举考试是否仍不重视考察士子对于本朝历史的掌握和理解呢?

根据附表1中的统计,《天一阁藏明代科举录选刊·会试录》《明代登科录汇编》和《中国科举录汇编》收录的正德至万历(1573—1620)间的《会试录》,有22种。依据之前经学、历史、时务的划分标准,可以将其中登载的110道策问,区分为434个问目。其中,历史类问目最多,高达269个,占问目总数的62.0%;经学类问目次之,有97个,占问目总数的22.3%;时务类问目有68个,占问目总数的15.7%。在历史类问目中间,以明朝当代史事为出题对象的问目,有81个,占历史类问目数的30.1%、总问目数的18.7%。

在乡试层级,据附表2中的统计,《天一阁藏明代科举录选刊·乡试录》《明代登科录汇编》及《中国科举录汇编》中收录的顺天、应天、浙江、江西、河

---

① 娄坚:《读史商语序》,载王志坚《读史商语》卷首,《续修四库全书·史部》第449册,上海古籍出版社1996年版,据明万历四十七年刻本影印,第370页。
② 刘克庄撰、辛更儒校注:《刘克庄集笺校》卷96《许先辈集》,中华书局2011年版,第4068页。

南、山东、陕西、山西、福建、广东、四川等两京九省在这一时期内编撰的《乡试录》，有 178 种。①这 178 种《乡试录》中，共有 888 道策问。②依照之前经学、历史、时务的划分标准，可以将之区分为 3 405 个问目。其中，历史类问目最多，有 1949 个，占总问目数的 57.2%；经学类问目次之，有 737 个，占总问目数的 21.7%；时务类问目也有 719 个，占总问目数的 21.1%。在历史类问目中，以明朝当代历史作为出题对象的问目共有 543 个，占历史类问目的 27.9%、总问目数的 15.9%，分布于 211 道策问之中。

可以看出，较之洪武至弘治间的策问，明代后期的科举考试在策问出题上，出现了三点变化：一是经学类问目的数量有了明显减少。明代中前期，经学类问目所占总问目数的比例，与历史类问目旗鼓相当，甚至在会试这一层级中超过了历史类问目，而正德、嘉靖之后，无论是在会试还是乡试中，经学类问目的比例已经下降了一半以上。二是时务类问目所占比例上升，尤其是在乡试这一层级的考试中，与经学类问目所占之比例相差无几。三是以明朝当代史事出题的问目日益增多。在乡试和会试中，几乎有三成左右的历史类问目是以明朝当代历史作为出题对象；而在明朝中前期，这一类问目仅占会试历史类问目的一成左右，乡试中尚不及一成。③

明代后期科举考试在有关明朝当代历史问目上出现的新变化，还表现在其具体内容的转变上。概括来说，就是这一时期出题考查的对象已经不止于明初以来的御制劝诫教化类书籍，明代历史事件、典章制度和人物等方面的内容，都开始作为科举策问出题的对象。

嘉靖二十六年(1547)会试第三场第二问，就是考查应试士子对于明初历史事件的掌握和理解：

> 我祖宗以神武取定天下，其攻取形势大略，古所未有也。夫我太祖高皇帝之提剑而起也，自北而南，经营审顾而基成矣。于是右麾而西，左麾

---

① 分别为顺天府 21 种，应天府 19 种，山西 19 种，河南 20 种，浙江 16 种，广东 16 种，山东 15 种，江西 16 种，福建 16 种，陕西 11 种，四川 9 种。

② 其中，《嘉靖十三年福建乡试录》阙第三场第五问，《隆庆四年浙江乡试录》阙第三场第一问、第二问。

③ 造成这一时期科举考试策问中经学类问目比例下降、历史(包括明代历史)和时务类问目上升的原因，涉及 16 世纪以后一系列政治和社会危机的出现，王学的兴起，以及当时思想界对于经史关系和古今关系的态度的变化，较为复杂，笔者另撰有专文讨论。

而东，则始转北向矣。又右麾而东，左麾而西，中立而整严，再指而北，无有当之者矣。

我成祖文皇帝之靖难而兴也，一旦决策，不崇朝而定其国中，其基固矣。于是舍之而趋东北，而复南，正之奇也。又舍之以趋西北，而再南，奇之奇也。屡出扰之，其后也乘之而益南，而无有当之者矣。凡此，非所谓得知之形势乎？①

这个问目以朱元璋起兵削平群雄和朱棣发动的"靖难之役"两个明初的历史事件为题。面对这一问目，考生不仅需要回答出朱元璋、朱棣具体的"攻取形势大略"，还要进一步分析二人最后之成功是否"得之形势"。

明代后期以本朝人物出题的历史类问目，姑以嘉靖二十八年（1549）福建乡试第三场第四问为例。该道策问共包括四个问目，前两个问目以两汉循吏为题，要求考生解释其行为相互抵牾之处，后两个问目则是以明初以来的循吏出题：

我国朝遴选守令，屡厪诏旨，特加优重。百八十年来，民安物阜，厥有由然，其人可以殚述欤？其最著者，如况之治苏，刘之治雄，王之治维扬，林之治润，顾之治庄浪，许之治乐陵，皆守令之卓异者也。其遗风善政，孰可以为法欤？②

考生如果想要比较圆满完备地回答出这两个问目，首先需要清楚明代180年来被社会公认为贤良守令的历史人物及在地方上的具体施政，方可在此基础之上进行评断。

一如明初以来的历史事迹、人物，诸如马政、祀典、经筵、学校、选举、钱法等当代典章制度，也是这一时期策问出题的对象。以嘉靖十年（1531）顺天府乡试为例，考官所出的第三场第三问，先要求考生概述汉、唐、宋三代的考课之法，进而以明代的官员考课之法为问，要求考生比较其与前代制度的异同：

---

① 孙承恩编：《嘉靖二十六年会试录》，《天一阁藏明代科举录选刊·会试录》下册，宁波出版社2016年版，第235页。
② 寇韦编：《嘉靖二十八年福建乡试录》，《天一阁藏明代科举录选刊·乡试录》第8册，宁波出版社2016年版，第6958页。

> 国家监观前代而着为成法,行之百六十年,得人之盛,比迹成周,诚有非汉以下可望者,不知与古同乎否也?①

从以上内容可以看出,明代后期的科举策问之中,不仅涉及明朝历史的问目数量有所增加,而且就出题对象而言,也不限于明初以来御制劝诫教化类史书,转而侧重于明初以来的历史事迹、当代的典章制度以及本朝历史人物。

与此同时,自嘉靖、隆庆(1567—1572)开始,明朝官方也一再发布命令,纠正此前科举录取过程中过于注重首场的倾向,强调兼重第三场的策问。万历元年(1537),礼部奏准:

> 各处乡试,除初场照旧分经外,其二、三场改发别房,各另品题,呈送主考定夺。查果三场俱优者,即置之高选;后场俊异而初场纯纰相半者,酌量收录;若初场虽善,而后场空疏者,不得一概中式。②

同时,很多负责官员也从"重实学"的角度出发,重视策问的作用。针对士子偏重经义而弱于后场的状况,浙江提学副使王在晋(?—1643)明确表示:"本道考试生儒,论、策、表分场间出,以观所学。论、策、表极工而时义稍欠,亦优取观场、帮补,时义近荒而后场颇习者,亦免黜革。"③

这一时期,明朝官方对于策问的重视,从现存的明代资料中可以发现很多实例。嘉靖二十六年(1547),恽绍芳(1518—1577)赴京参加会试,"主司阅经书义不甚许,至策则终篇嘉奖,遂得中式";万历十六年(1588),袁宏道(1568—1610)赴湖广乡试,正主考冯琦(1548—1603)"见其后场出入周秦间,急拔之"④,遂得中式。

与此同时,现存的资料之中,也有很多因为策问答卷不佳而导致排名靠后乃至落榜的例子。吴甡(1589—1670)曾经自述:"己酉(万历三十七年,1609)

---

① 陆粲编:《嘉靖十年顺天府乡试录》,《明代登科录汇编》第7册,(台湾)学生书局1969年版,据明嘉靖中刊本影印,第3659页。
② 申时行等:《(万历)明会典》卷77《礼部三十五·贡举》,中华书局1989年版,第448页。
③ 王在晋:《越镌》卷17《学政类·重实学》,《四库禁毁书丛刊》集部第104册,北京出版社2000年版,据明万历三十九年刻本影印,第444页。
④ 袁中道(1570—1623):《珂雪斋前集》卷17《吏部验封司郎中中郎先生行状》,《续修四库全书》第1367册,上海古籍出版社1995年版,据明万历四十六年刻本影印,第11—12页。

秋,予年二十有一,中乡试二十六名。房师喻养微先生得予卷最早,已首录矣。大座师何崑柱(何宗彦,1559—1624)、南玄象(按,南师仲,玄象为其室名)两先生以后场少弱,次之。"①晚明举业名家袁黄(1533—1606),参加隆庆五年(1571)会试,首场七义已被"本房取首卷",却因为第三场"五策不合式",最终名落孙山。②

科举策问出题的转变及朝廷和考官对于策问的重视,使得考生在备考期间,不得不注重获取和学习明朝当代历史的知识。同时,随着出版业在明代后期的复兴,民间也抓住这一机会,出版和编辑了相应的当代史作品,来满足科举士人的需要。《皇明通纪》的编撰和一再由坊间再版,以及在知识阶层中间的风行,正是在这一背景下展开。

五、结　语

20世纪20年代,"新史学"的提倡者梁启超(1873—1929)在南开大学讲授研究中国历史的方法,指出"中国史书既然这么多,几千年的成绩,应该有专史去论述他"③。至于用何种方法撰写以中国传统史书为对象的"专史",他认为应该集中在"史官""史家""史学"的设立与发展,以及"最近的史学趋势"等四个方面。④自此之后,有关中国史学史的论述不可谓不多,但研究者多从历史编纂学的角度去概述中国传统史学的发展脉络。具体到明代部分,研究者多以史家、史著为单位,讨论史家的撰史过程、史著的史料来源、编纂体例、史料价值以及其中蕴含的史学思想。这样的研究路径,固然是我们了解明代史学的重要面向之一,但若仅限于此,而忽略了科举策问在明代史学发展过程中间所扮演的重要角色,很多明代史学现象并不能得到有效地解释。通过本文的分析可以看出,较之明代中前期,明代后期的科举考试中,出现了越来越多以明朝当代历史为出题对象的问目,这是《皇明启运录》和《皇明通纪》在嘉靖时期出现,并在此后的知识阶层中风行,以及书坊一再翻刻的重要历史背景。

---

① 吴甡:《忆记》卷1,《四库禁毁书丛刊·史部》第71册,北京出版社2000年版,据清初刻本影印,第687页。
② 袁黄撰、黄强等校订:《游艺塾文规》卷4,武汉大学出版社2009年版,第460页。
③④ 梁启超:《中国历史研究法补编》,上海古籍出版社1998年版,第297页。

附表 1　明代会试第三场问目分类统计表

	洪武至弘治	正德至万历
科　次	洪武四年、建文二年、永乐十三年、宣德五年、宣德八年、正统元年、正统四年、正统七年、正统十年、正统十三年、景泰二年、景泰五年、天顺元年、天顺四年、天顺七年、成化二年、成化五年、成化八年、成化十一年、成化十七年、成化二十年、成化二十三年、弘治三年、弘治十二年、弘治十八年	正德三年、正德六年、正德九年、正德十二年、正德十五年、嘉靖二年、嘉靖八年、嘉靖十一年、嘉靖二十三年、嘉靖二十六年、嘉靖二十九年、嘉靖三十二年、嘉靖三十五年、嘉靖三十八年、嘉靖四十一年、嘉靖四十四年、隆庆五年、万历二年、万历五年、万历十四年、万历二十九年、万历四十七年
策问数	119 个	110 个
总问目数	485 个	434 个
经学类问目数	227 个	97 个
历史类问目数	213 个（其中，以明朝当代历史作为出题对象的问目有 26 个）	269 个（其中，以明朝当代历史作为出题对象的问目有 81 个）
时务类问目数	45 个	68 个

附表 2　明代乡试第三场问目分类统计表

	永乐至弘治	正德至崇祯
科　次	顺天：成化十年、成化十三年、成化十六年、弘治五年、弘治十一年、弘治十四年、弘治十七年	顺天：正德二年、正德五年、正德八年、正德十一年、嘉靖四年、嘉靖七年、嘉靖十年、嘉靖十三年、嘉靖十九年、嘉靖二十二年、嘉靖二十五年、嘉靖二十八年、嘉靖三十一年、嘉靖三十四年、嘉靖三十七年、隆庆元年、隆庆四年、万历元年、万历四年、万历七年、万历十年
	应天：景泰元年、天顺六年、成化四年、成化十年、成化十三年、成化十六年	应天：正德二年、正德五年、正德八年、正德十一年、正德十四年、嘉靖七年、嘉靖十三年、嘉靖十六年、嘉靖二十二年、嘉靖二十五年、嘉靖二十八年、嘉靖三十一年、嘉靖四十三年、隆庆元年、隆庆四年、万历元年、万历四年、万历七年、万历十年
	浙江：永乐十八年、天顺六年、成化四年、成化七年、成化十年、成化十三年、成化十六年、成化十九年、成化二十二年	浙江：正德二年、正德五年、正德八年、嘉靖七年、嘉靖十三年、嘉靖二十三年、嘉靖二十五年、嘉靖二十八年、嘉靖四十年、隆庆四年、万历元年、万历四年、万历七年、万历十年、嘉靖十年、万历二十二年

(续表)

	永乐至弘治	正德至崇祯
科次	江西:天顺三年、成化十年、成化十三年、弘治二年、弘治五年、弘治十四年	江西:正德十一年、嘉靖元年、嘉靖四年、嘉靖七年、嘉靖十三年、嘉靖十六年、嘉靖十九年、嘉靖二十二年、嘉靖二十五年、嘉靖三十一年、嘉靖四十年、嘉靖四十三年、隆庆四年、万历四年、万历七年、天启七年
	山东:天顺六年、成化元年、成化十年、成化十六年、成化十九年、弘治二年、弘治八年	山东:正德八年、正德十一年、嘉靖四年、嘉靖七年、嘉靖十九年、嘉靖二十八年、嘉靖三十四年、嘉靖三十七年、嘉靖四十三年、隆庆元年、隆庆四年、万历四年、万历七年、万历十年、万历十三年
	河南:成化二十二年、弘治八年、弘治十一年、弘治十四年	河南:正德二年、正德八年、正德十四年、嘉靖元年、嘉靖七年、嘉靖十三年、嘉靖十六年、嘉靖十九年、嘉靖二十二年、嘉靖二十五年、嘉靖二十八年、嘉靖三十一年、嘉靖三十四年、嘉靖三十七年、嘉靖四十三年、隆庆元年、隆庆四年、万历元年、万历四年、万历四十六年
	陕西:成化七年、成化十年、弘治八年、弘治十一年、弘治十七年	陕西:正德十一年、嘉靖四年、嘉靖十六年、嘉靖二十八年、嘉靖三十一年、嘉靖三十七年、隆庆四年、万历元年、万历七年、万历十年、崇祯十二年
	广东:成化四年、成化七年、成化十年、成化二十二年、弘治二年、弘治八年	广东:正德二年、正德五年、正德十四年、嘉靖十三年、嘉靖十六年、嘉靖十九年、嘉靖二十二年、嘉靖二十五年、嘉靖二十八年、嘉靖三十一年、嘉靖四十年、嘉靖四十三年、隆庆四年、万历元年、万历七年、万历十年
	山西:天顺六年、成化二十二年、弘治五年	山西:正德二年、正德八年、正德十一年、正德十四年、嘉靖元年、嘉靖十年、嘉靖十六年、嘉靖二十五年、嘉靖二十八年、嘉靖三十一年、嘉靖三十四年、嘉靖四十三年、隆庆元年、隆庆四年、万历元年、万历四年、万历七年、万历十年、天启元年
	福建:永乐十二年、宣德元年、景泰四年、弘治八年、弘治十一年、弘治十四年	福建:正德五年、正德八年、正德十一年、嘉靖七年、嘉靖十三年、嘉靖十六年、嘉靖二十五年、嘉靖二十八年、嘉靖三十一年、嘉靖四十三年、隆庆元年、隆庆四年、万历元年、万历四年、万历七年、万历十年

(续表)

科　次	永乐至弘治	正德至崇祯
	四川:成化元年	四川:正德八年、嘉靖十六年、嘉靖十九年、嘉靖二十三年、嘉靖二十五年、隆庆四年、万历元年、万历十年、崇祯六年
策问数	298 个	888 个
总问目数	1 459 个	3 405 个
经学类问目数	628 个	737 个
历史类问目数	682 个(其中,以明朝当代历史作为出题对象的问目有 41 个)	1 949 个(其中,以明朝当代历史作为出题对象的问目有 543 个)
时务类问目数	149 个	719 个

中国梦与中国社会转折

——以洋务运动为考察对象

陈如江

两次鸦片战争的失败,让清政府真切看到了中国马箭与西洋火炮之间的差距,于是一大批志士仁人怀揣着复兴自强的中国梦,开始了救国的探索,梦想实现国家的独立,民族的富强。伴随着他们的努力,中国社会开始渐渐走上近代化的道路。与西方所不同的是,欧洲的近代化是社会发展的自然结果,而中华民族的近代化是受到外界逼迫之后的选择,所以这个近代化的过程注定是艰难的。洋务运动是中国社会向近代化转折的第一步,也是近代以来中华民族谋求独立富强的第一步。本文以其为考察对象,旨在为当今民族复兴中国梦的实现提供些经验教训。

从"天朝"梦到"自强"梦

1842年,清政府被迫与英政府签订辱国的《南京条约》前后,少数中国有识之士就开始试图了解那些能够在战场上打败天朝的对手。他们究竟是怎样的国家?有着怎样的历史文化?希望能够从中找出"制夷"之策。从林则徐组织翻译班子翻译英国人慕瑞所著的《世界地理大全》而成《四洲志》(摘译),到魏源在此书稿基础上增补整理成50卷本的《海国图志》于1842年刊行(1847年扩展为60卷,1852年又扩展为100卷),再到1848年徐继畲十易其稿的《瀛环志略》出版,系统地向世人展示了西方各国的政治、经济、历史、地理和自然科学的概貌。魏源在《海国图志》的"叙"中明确指出,该书就是"为以夷攻夷而作,为以夷款夷而作,为师夷长技以制夷而作"。可是这些为世人打开眺望世界窗口的著作并没有得到应有的重视。1858年,兵部左侍郎王茂荫上奏咸丰皇帝,建议将《海国图志》重为刊印,"使亲王大臣家置一编",从而能够"明抵制之术,而日怀奋励之思",但是这个建议却遭到拒绝。咸丰以为一纸条约已经一劳永逸地解决了中英之间的纠纷,他不愿再重提大清帝国的这一耻辱,并试图淡化它。群臣们更是自欺欺人地将条约的签订视为"抚夷"的成功,以为从此天下可以长久相安,并且将这些"睁眼看世界"之作,视为"张外夷之气焰,损中国之威灵"。当时的社会状况是,"和议之后,都门仍复恬嬉,大有雨过忘雷之意。海疆之事,转喉触讳,绝口不提,即茶房酒肆之中,亦大书'免谈时事'四字,俨有诗书偶语之禁"①。

正因为清廷上下依旧沉迷于"天朝"旧梦之中,所以《南京条约》签订之后的十余年间,中国的局面没有任何改善。时人夏燮在《粤氛纪事》中记载:"国家承平二百余年,海防既弛,操江亦废。自英夷就抚后,始请以捐输之余作为船炮经费,而官吏侵渔,工匠草率偷减,不及十年,皆为竹头木屑。"②就当时的军事装备来看,茅海建先生曾有过一个比较:咸丰时用兵尚系弓箭刀矛,杂用土炮,而英法等国此时已是蒸汽铁舰逐步替代了木制帆舰,线膛炮更替了滑膛炮。新式的米涅式步枪和恩菲尔德式步枪也于此时试制成功并分发给部队。③在第二次鸦片战争中,清朝军队不堪一击,节节败退,也就没有什么好奇怪的了。

第二次鸦片战争以皇帝出逃,京城陷落,圆明园化为废墟,并被迫与列强签订一系列不平等条约,割让大批土地而结束。这"二十年间中国再败于泰西"以及败得如此之惨的事实,彻底打破了清廷上下的"天朝"梦。无论是朝内大官还是地方大吏,都切切实实地感受到西方大炮的威力,从梦幻中醒悟了过来。所以,"当和议之成,无人不为自强之言"。"自强"成了人们一个共同的梦想,史上所谓的洋务运动即由此而生发,从而启动了中国社会的近代化转折。

最早在理论上将"自强"梦与开展洋务联系在一起的是冯桂芬。与1840年代的林则徐、魏源、徐继畬等先觉者因第一次鸦片战争的失败而睁眼看世界不同,冯桂芬已是在寻求对付西方人的具体措施与方法了。他在第二次鸦片战争结束的第二年自刊发行的《校邠庐抗议》一书中,明确提出了中国的自强之道就是要"以中国之伦常名教为原本,辅以诸国富强之术"④。

---

① 中国近代史资料丛刊:《鸦片战争》(五),上海人民出版社1957年版,第529页。
② 夏燮:《粤氛纪事》卷3。
③ 茅海建:《第二次鸦片战争时期清军的装备与训练》,《近代史研究》1986年第4期。
④ 冯桂芬:《校邠庐抗议》,上海书店出版社2002年版。以下凡引冯桂芬论述,均出自该书。

冯桂芬坚持以中国固有的纲常伦教为"本",显然还是想延续千年不变的封建传统,但是他的"辅以诸国富强之术"的提出,在当时无疑是观念上的一大突破。中国的封建统治阶级在长期的封建文明中养成了一种民族自大的心理,他们以"天朝上国"自居,凡华夏以外一切外族的人和事均以"夷"来泛称。这个"夷"字,见出了大国的心态,文化的高低。如今要放下身段,学习"诸国富强之术",实际上就是承认自己不再是世界的中心,仅仅是地球上的诸国之一;自己不再具有先进的文明,必须要向西洋虚心学习。尽管冯桂芬在书中还时不时地用"夷人""夷务"等字眼,但更多地还是有意识地采用"洋人""洋器"等词汇,并且将他们放到了一个平等对手的地位来观察、分析,明确向西方学习乃是自强之道。这在当时显然是要有绝大的勇气的。

冯桂芬之能够自破"天朝"权威,乃在于他清醒地看到了世界的潮流,时代的变化。在他看来,当时的天下是列国并峙,危机四伏,"贼可灭,夷不可灭"。既然变局已定,绝无逆转之可能,那只能外采西学来强固自己。他将中国与西方诸国进行比较分析,得出了六大"不如":人无弃材不如夷,地无遗利不如夷,君民不隔不如夷,名实必不如夷,船坚炮利不如夷,有进无退不如夷。由此,他从"制洋器"起步,进一步提出了"采西学""改科举"等建议。这些建议已不是仅仅停留在"技"的层面了,而涉及社会管理、人才教育、官员选拔、民情上达等领域,这显然要比魏源"师夷长技以制夷"更进了一步。

冯桂芬是道光二十年(1840)进士,在中进士前,曾被林则徐招至公署读书,多加栽培,并几度出任名宦幕友,如江苏巡抚陈銮,两江总督陶澍,以及在第一次鸦片战争中殉职的裕谦。中进士后,被授翰林编修,在京十年,识见了无数高官。其后因在籍办团练有战功,升任五品衔的右春坊右中允。太平军攻入苏州,他遁居上海租界,与各国政商人士直接打交道,政见学识都发生很大改变。他开始筹划用洋人之力组织地方武装,上书说服曾国藩派李鸿章招募淮军援救上海。由此迫使李秀成处于守势,并使淮军借洋枪队重占财赋重心苏松等府。他的阅历与学养,不仅使他的《校邠庐抗议》一书提出了一系列极其接地气的自强方案,而且也因为他与朝中的关系,使这部自刊发行的论著影响到曾国藩、李鸿章等朝内大官,此书也就成为洋务运动的理论纲领。一场轰轰烈烈的洋务运动在他的理论影响下开展了起来。

梦想前行与社会转折

"自强"在当时是人们的一个共同梦想,但是冯桂芬在书中所设计的实现梦想的方案却不是人人都能接受的。"无事则嗤外国之利器为奇技淫巧,以为不必学;有事则惊外国之利器为变怪神奇,以为不能学"[1],就是对时人的一种描述。即使是要让能识世界大势的朝内大官认可并施行也不是一件容易的事。两江总督曾国藩在读了冯桂芬寄给他的《校邠庐抗议》的抄本后回复道:"粗读十数篇,虽多难见之施行,然自是名儒之论。"军机大臣李棠阶在读了书稿后认为,冯的主张"多可采,其说夷务,尤裨时用"且"虽不可尽行,而留心时事,讲求实用"。一个说"多难见之施行",一个说"不可尽行",虽然有他们的苦衷在,不过在当时国家几无御敌之能力的形势逼迫下,以曾国藩、李鸿章、左宗棠为代表的一部分地方大臣在自己的权力范围内,还是对冯桂芬书中最能体现时代要求也最易于马上实施的"制洋器"予以积极倡导,从而迅速演化成了一场洋务运动。

洋务运动最早是从枪炮舰船的制造起步的。对于洋枪洋炮的威力,主事战争的曾国藩、李鸿章最有体会。曾国藩早就对西人的"轮船之速,洋炮之远"表示钦佩与向往。咸丰十一年(1861)他在给皇帝的奏折中就建议朝廷陆续购买这些外洋器物"据为己有","购成之后,诏募覃思之士,智巧之匠,始而演习,继而试造。不过一二年,火轮船必为中外官民通行之物,可以剿发逆,可以勤远略"[2]。李鸿章于1862年4月率淮军到上海不久,即惊呼洋兵"落地开花炸弹真神技也"[3];"其大炮之精纯,子药之细巧,器械之鲜明,队伍之整齐,实非中国所能及"且"惟深以为中国军器远逊外洋为耻"[4]。可以说曾国藩、李鸿章对于洋枪洋炮的渴望程度,远在冯桂芬之上。在曾国藩、李鸿章等人的倡导下,从同治四年(1865)到光绪十六年(1890),洋务派共创建了规模不等的军事企业21个,其中规模较大的5个是:江南制造总局(1865)、金陵机器制造局(1865)、福州船政局(1866)、天津机器制造局(1867)和湖北枪炮厂(1890)。这

---

[1] 中国史学会主编:《洋务运动》(2),上海人民出版社1961年版,第33页。
[2] 《曾文正公全集》卷23。
[3] 《李文忠公全集·朋僚函稿》卷1。
[4] 《李文忠公全集·朋僚函稿》卷2。

些局厂的建设与发展,可以说基本形成了我国的军事工业。

光是兴办军事工业而没有其他企业的支撑,自然是走不远的,所以从1870年代开始,洋务运动陆续进入了燃料、运输、电力、电信等民团企业,如上海轮船招商局(1872)、开平矿务局(1877)、电报总局(1880)、上海机器织布局(1882)和湖北铁政局(1890)。这些企业按经营形式划分,有官办、官督商办、官商合办、商办这几种组织形式,其中以官督商办为主;从其经营范围分,则有航运、煤矿、金属矿、电信、纺织、冶炼等方面,其中以航运、煤矿、电信、纺织等经济为主。它们与缫丝、印刷、火柴、造纸、制糖、磨面等中小企业一起,奠定了中国近代民用工业的初步基础。

随着近代企业的发展,社会需要大量的人才,而传统的教育体制无法培养出懂得近代科学文化和技术的人才,于是洋务派一方面派遣留学生赴美、赴欧洲"学习军政、船政、步算、制造诸学","使西人擅之长技中国皆能谙悉,然后可以渐图自强"[①];另一方面设立同文馆,培养懂得各国语言的人才,随后又陆续增加算学(天文)馆、化学馆、格致(包括力学、水学、声学、气学、火学、光学、电学)馆、医学馆,使其成为一所多学科性质的学校。此外,东南沿海也陆续办了一些新式学堂。至甲午战争爆发前,洋务派在全国各地设立大大小小的新式学堂近三十所。

为实现"自强"梦而兴起的洋务运动因中日甲午战争戛然而止,但这三十多年的努力并没有白费,它使中国社会渐渐地跨出中世纪,向近代化迈进。这种转折主要体现在以下几个方面:

一是突破了民族自大心态。对西方的认识已完全越出了"夷""洋"之争的层面,而是渐渐地由排斥到适应,到认同,到交往,到学习。1861年始设的总理各国事务衙门,就是中国从古老的农业社会的故步自封、闭关锁国中走向近代化、走向世界的标志。总理各国事务衙门这一新设的政府机构,原称"抚夷局",是个临时性质的机构,仅仅是为外国公使驻京而服务的。它由"抚夷局"改称"总理衙门",由临时变为长设,本身就表明了天朝上国渐渐放低身段的心路历程。随着洋务运动的不断展开,其职权范围也不断扩大,外交、海防、海关、通商、税务均属其管辖,而且还遍及军事、财经、教育、内政、交通等各方面,凡办厂、采矿、铁路、电报、学校等洋务活动也无不综揽。其地位与影响最终超

[①] 中国史学会主编:《洋务运动》(2),第153页。

越了六部,也不在军机处之下。可以这样说,总理衙门本身是中国社会转折的产物,但它反过来又进一步推动了中国社会的转折。

二是建立了近代军事体系。有了军事工业的支撑,军队的近代化发展也有了保障。从海军看,南洋、北洋、广东、福建四支舰队的成立,改写了中国只有水师而没有近代海军的历史。舰队的装备也从落后的旧式船只替换成铁甲兵轮。如当时的北洋舰队,就拥有铁甲战舰两艘,巡洋舰七艘,其他船舰十四艘。此外在大沽、旅顺、大连、威海卫等地建有船坞、炮台、军港。从陆军看,部队基本上采用了西式编制操作,武器装备也由向国外购置逐渐转向自行制造,且不断改进,大量推广。中国军队的近代化建设,可以说在当时初步形成。

三是出现了新兴生产关系。大量兴办的新式企业,尽管其经营方式各有不同,但基本上是属于资本主义性质的近代工业。随着这些企业普遍采用机器生产与劳动雇佣制度,促使了中国资本主义的发生与发展,也使得社会阶级构成和阶级关系开始发生新的转变,产生了资产阶级与无产阶级这两个前所未有的新兴力量。据统计,1872年至1894年,仅洋务官僚兴办的大企民用企业就有近30家,雇佣工人近3万人。[1]如果将其他中小企业的工人数加在一起的话,则"到1894年,中国工人大约有9万多人之数"[2]。民族资产阶级的产生和近代产业工人的出现,作为经济力量,促进了中国封建自然经济的解体;作为社会力量,最终埋藏了中国古老的封建统治制度。

四是开启了新式教育脚步。派遣留学生出国学习,兴办以西学为主的新式学堂,中国的近代教育事业就是从洋务运动开始起步的。从1862年奕䜣在北京创办京师同文馆,到1894年李鸿章在天津创办北洋医学堂,这期间全国各地大大小小的新式学堂培养出了一大批国家急需的各类专门人才。当然其意义并不仅仅在于此,更在于它改变了国人"重理义、轻艺事"的传统观念,开始讲"经世致用",以技艺为重。在新式教育的影响下,一些旧式书院也开始开设一部分西学课堂,传统的封建教育制度渐渐瓦解。

"自强"的中国梦导致了洋务运动的产生与发展,而洋务运动又启动了中国社会向近代化转折的进程,中华民族终于迈出了漫长的中世纪黑夜。

---

[1] 许涤新、吴承明主编:《中国资本主义发展史》第2卷,社会科学文献出版社2007年版,第379页。

[2] 陈旭麓:《近代中国社会的新陈代谢》,上海社会科学院出版社2006年版,第146页。

梦想破灭带来的反思

1895年,当李鸿章屈辱地在《马关条约》上签署了自己的名字后,就宣告了民族复兴的"自强"梦被打得落花流水。

从洋务运动的发生、发展过程来看,其命运注定是艰难的,其结果也注定是失败的,它无法承担起完成中国社会向近代化转折的重任。

首先,思想理论的先天缺陷。洋务运动的理论家冯桂芬认为,中华民族的"自强"之道就是"以中国之伦常名教为原本,辅以诸国富强之术"。这一思想主张,被后来的张之洞概括为"中学为体,西学为用"。所谓"中学",就是指君主制度以及维护这一制度的三纲五常等伦理道德观念,这是"体",是不能改变的;所谓"西学",就是指西方先进的自然科学知识与科学技术,这是"用",是可以学习、效法的。李鸿章也曾经说过:"中国之文物制度,事事远出西人之上,独火器万不能及。""中国欲自强,则莫如学习外国利器。欲学外国利器,则莫如觅制器之器。师其法,而不必尽用其人。"[1]这样的思想理论所指导的"自强"之路,就是在用中国人的办法对付不了西方人之后,转而用西方人的办法来对付西方人,这就将这场运动局限在了"借法"而不是"变法"的范围内。其结果虽然也在一定程度上推动了中国社会的转折,但其进步只能是艰难而缓慢的,并逐渐陷于停滞不前的困境。因为随着改革面的不断扩大与深入,势必要摆脱中国封建专制体制和传统思想文化的束缚,进行制度层面的改革。以"西学"固"中体",没有明白西学的强大与进步,不仅仅在其本身,更在于其背后的运行机制。李鸿章在经历了中日甲午战争后也才明白:"若旧法能富强,则中国之强久矣,何待今日?"[2]在洋务运动之初的1860年代,在大多数国人还昧于世界大势,闭目塞听,盲目无知的情势下,我们显然不能要求冯桂芬等人跨越"借法"的阶段而直接提出"变法"的政治主张,所以这是时代所造成的思想理论的局限,我们没必要也不应该对其苛责,但是这却可以引起我们的反思,即当地方性的、局部的或技术性的改革进入一定的程度后,就应该及时地对原有的社会运行机制进行系统改造。没有相应的制度层面的支撑,再怎样的改革也是走不远的。

---

[1] 《筹办夷务始末》同治朝卷25。
[2] 《梁启超年谱长编》,上海人民出版社2009年版,第197—198页。

其次,最高层面的动力不足。洋务运动作为清王朝的自救运动,主要是由地方政府来推动的。这些地方督抚目睹了西方人的"战舰之精"与"机器之利",出于对西洋"利器"的钦佩与向往,所以在自己的权力范围内不遗余力地推动军民两用工业。至于涉及整个社会层面的改革,或者越出"利器"之外的改革,他们时时在观察上面的动向。而当时的清廷并没有从国家的层面提出行动方案,中央政府更没有对全局性的改革予以制度创新或制度供给。这就使得洋务官僚们不得不小心谨慎,圆滑尖巧,生怕有什么改革举动得罪最高当权者。冯桂芬《校邠庐抗议》一书的遭遇就能说明这个问题。他在1861年完成书稿后,立即呈送曾国藩,希望他能代为转呈中央政府领导。可因为慈禧、恭亲王刚掌权不到一年,政治趋向不明朗,此时呈上这部改革总方案,极有可能给自己带来不必要的麻烦,所以迟迟不出手,一放就是三年多。随着中央的改革意向趋于明显,觉得可以大行洋务的时候,谨慎的他仍然担心以自己的名义上呈会招致朝堂非议,又采取迂回策略,将此书寄给军机大臣李棠阶,由其代为转呈。李棠阶认真翻阅此书后,认为"尤裨时用",但也放着等待最佳时机。可惜的是,他拿到此书的当年便因病去世,此事也就搁浅了,使得热心洋务的恭亲王、文祥始终无缘一窥冯氏的改革理论,这也影响到他们推行"新政"的广度与深度。直到百日维新期间,在帝师翁同龢的力荐下,此书终于得到执政者光绪皇帝的重视,匆匆下令印制1 000册,分发给内阁六部九卿各衙门阅读,要求对它的可操作性签注意见。而此时距《校邠庐抗议》问世已经37年,距冯氏去世已经24年,已失去了最佳的改革时间。

我们看日本。魏源编于1842年的《海国图志》于1850年代初传入日本后,立即受到日本朝野人士的重视。1854—1856年间,日本翻印《海国图志》的各种版本就达21种之多。梁启超在论及《海国图志》的影响时说:"日本之平象山、吉田松阴、西乡隆盛辈,皆为此书所激刺,间接以演尊攘维新之活剧。"[①] 19世纪60年代,中日两国几乎同时走上近代化的道路,但两者执政者的态度差异决定了两国社会转折的不同速度。20多年后,基本完成了向近代化转折的日本就在甲午战争中彻底打败了它的老师——中国。

再次,洋务本身的变形变异。洋务运动是在不触及封建制度的前提下学习和引进外国先进技术的,它"一手欲取新器,一手仍握旧物",只变"用"而不

[①] 《饮冰室文集》(7),第97页。

变"体"。一旦"新"与"旧"发生矛盾,发生冲突,自然就是改"新"以适"旧"。这样改革的成效便大打折扣。比如,洋务派兴办的近代工业企业,广泛采取的是"官督商办"或"官商合办"的经营管理方式,这种经营管理方式在当时的社会条件下也有一定的合理性与必要性,但是不少洋务官员为了自己的利益,达到长期控制某些局厂的目的,竞相向其中安插亲信,遂使各局厂普遍出现机构臃肿、冗员充斥、管理混乱的现象,甚至还有不少挂名支取薪俸、从不到职任事的职员,导致各局厂如同官场一样腐败。大多数局厂每年的经费支出中,薪水、工食、修建、办公等项费用都要占到一半以上。本来就严重不足的经费大量地消耗于非生产性开支,哪里还拿得出多少钱来购置设备、发展生产或技术开发,提高质量。再以海军建设为例。海军的创立完全是仿照西方,是从无到有的,舰船根据需求购置、建造和配备,自然还得按照海军章程来运作。我们拟定的海军章程,除去语言、服装,其他均应遵循西法。因为西人创立海军这么多年,深知其中利弊,所制定的章程均是从实战中得出的,具有一定的合理性与科学性。而我们却因这些"西法"与"朝制"不同而随意改变,"采择与中国合宜者从之,不合宜者去之。盖去一不合宜,则生一私弊"[①]。光绪二十年(1894)的黄海大战,北洋舰队几乎全军覆没,就是让"西法"来适应"朝制"所导致的结果。实际上,洋务本身的"变形变异"并非完全出于洋务派之初衷,而是他们处处受到守旧官僚掣肘之后的无奈妥协。李鸿章在北洋舰队全军覆没后发表的一通感慨很能说明这个问题:"我办了一辈子的事,练兵也,海军也,都是纸糊的老虎,何尝能实在放手办理? 不过勉强涂饰,虚有其表,不揭破,犹可敷衍一时。如一间破屋,由裱糊匠东补西贴,居然成一净室,虽明知为纸片裱糊,然究竟决不定里面是何等材料,即有小小风雨,打成几个窟窿,随时补葺,亦可支吾对付。乃必欲爽手扯破,又未预备何种修葺材料,何种改造方式,自然真相破露,不可收拾,但裱糊匠又何术能负其责?"

习近平总书记指出:"关注中华民族伟大复兴的中国梦,就是要实现国家富强,民族振兴,人民幸福,既深深体现了今天中国人的理想,也深深反映了中国人自古以来不懈追求进步的传统。"这段话道出了"中国梦"的历史发展主线。如今我们依然是在"中国梦"的追求之中,回头看看过去走过的路,吸取一些经验教训,将有助于我们更快更好地实现这一中华民族的伟大理想。

---

① 盛宣怀档案资料:《甲午中日战争》下册,上海人民出版社1982年版,第414页。

从形式代表到实质代表：
我国民主党派代表性问题探讨

胡筱秀

民主党派代表性问题是中国政党制度与统一战线的一个传统问题和基础问题。正如中国共产党的代表性必须弄清"我是谁""为了谁""依靠谁"的基本问题，民主党派的代表性同样也必须回答这些问题。随着时代变迁和代际转化，民主党派代表性面临转型选择，因此，有必要对这一问题进行深入研究与探讨。

一、民主党派代表性的实质

（一）理论层面的理解

一般而言，代表(re-presentation)概念的字面意思是"再次(re)呈现(present)"，它描述的是在场者和缺席者的关系。代表制是通过某种机制的作用，以在场者为中介，达到和缺席者在场相同效果的制度。而代表性则具有典型性、象征性和再现的复合意涵。本文拟将代表分为形式代表与实质代表两种类型，形式代表即缩影性或象征性代表，实质代表则指有回应的行动代表和可问责代表。

代表性实际揭示的是合法性问题。理想的代表性设计应该是形式代表与实质代表相吻合与一致的制度，吻合程度越高，说明其再现性和替身度越高，代表性就越高，合法性就越高；反之，则再现性和替身度都弱，代表性就越低，合法性也低。封建社会的王权统治者借"奉天承运"的晓谕自诩为上天的使者取得统治合法性，而现代政府则基于对社会的代表性而获得政治合法性。因此，代表性成为权威主体合法性的必要条件和首要条件。代表性强弱体现了国家与社会之间的匹配和契合程度,一旦这种代表性发生问题,国家与社会之间的连接就会发生断裂,政治统治就会面临危机和挑战。虽然代表性从代表概念派生,但在西方代议制体制下,代表一般与选民联系在一起,议会代表代表的是各种不同类型的选民;在中国,代表问题有其特殊性。无疑,最广大人民的整体意志与根本利益是由人民的总代表和最先进代表——中国共产党来代表的,而各个具体部分和局部人民群体的特殊利益以及少数利益是如何实现其代表的呢?换言之,应该由谁来代表呢?依照伯奇关于代表的四种分类,中国共产党可以看成是受人民嘱托的人民利益与共同意志的总代表,人大代表是按照国家法定的选举制度按照地域特色设计代表各地区人民普遍参与国家管理的选举代表,政协委员是按照界别设计以协商委任的方式代表各界人民参与国家管理的委任代表,而统一战线领域包括各民主党派在内的党外代表人士是以各自领域所特定联系的部分人民群众的利益代表身份参与国家管理的辅助代表。这些代表各有侧重,分别代表不同类型人民的具体组成部分,并作为全体人民不同组成部分的"替身",各部分代表意志的叠加和整合构成人民的共同意志。这个由多种代表机制复合叠加构成的代表机制正是具有中国特色的社会主义民主政治的完整内涵和张力所在。亦有论者称之为中国共产党总代表和民主党派协助代表的新模式。①

(二)经验层面的理解

作为现代政党,民主党派具有一般政党所具有的共性和特质,即扎根社会,联系和代表社会,作为连接国家与社会的桥梁。正如英国著名政治学家欧内斯特·巴克所说:"政党具有双重性格或性质。也就是说,政党是把一端架在社会,另一端架在国家上的桥梁。"②亨廷顿也认为,政党充当社会势力与政府相联系的纽带。③

各民主党派产生于中国民主运动和抗日救亡运动期间,从它们所联系和代表的社会群体来看,"每个党派都有自己的历史,都代表着各自方面的群众"④,经历过从主要代表资产阶级、民族资产阶级、小资产阶级和旧知识分子的阶级联盟到新时期代表爱国统一战线"三者联盟"(一部分社会主义劳动者、

---

① 朱世海:《协助代表人民利益——关于民主党派代表性问题的实证研究》,《探索》2009 年第 4 期。
② Ernest Barker. *Reflections on Government*, Oxford Press, 1942, p.39.
③ [美]亨廷顿:《变革社会中的政治秩序》,李盛平译,华夏出版社 1988 年版,第 90 页。
④ 《周恩来统一战线文选》,人民出版社 1984 年版,第 163 页。

社会主义事业建设者和拥护社会主义爱国者的政治联盟)的角色定位变迁。从政治实践的经验来看,在政权创立和中华人民共和国成立初期,民主党派的代表性问题较好地实现了形式代表与实质代表的吻合。

事实上,早在陕甘宁边区时期,抗日民主政权实行的"三三制"原则通过吸纳开明士绅与各阶层人民积极投身于边区政权建设,保证民主党派有职有权,就是一次缩影代表与行动代表吻合的成功尝试。中华人民共和国成立初期,毛泽东曾以"一根头发与一把头发"的形象比喻生动揭示了民主党派代表性问题的重要性。周恩来在第一次全国统一战线工作会议上的讲话中也直接指出了民主党派的代表性问题,即"各个民主党派,不论名称叫什么,仍然是政党,都有一定的代表性。但不能用英、美政党的标准来衡量他们。他们是从中国的土壤中生长出来的"。那时,民主党派代表性的社会基础主要是人数相对较少的民族资产阶级、小资产阶级及其知识分子。新中国从旧社会接收了大约500万左右的知识分子,占全国总人口不到5%。所以相应地,当时中央对民主党派组织发展的方针也是"少量发展"和"三个为主"("以协商确定的范围和对象为主,以大中城市为主,以有代表性的人士为主")。当时,民主党派代表人士的人数与其所联系的社会群众的总体比例是基本相宜的,在缩影代表层面基本比例平衡;而在实质代表层面,中央对民主党派"有职有权"的指示保障了其参政的积极性和履职效能:一是民主党派人士在国家政权和行政机关占有大量席位。政务院下属34个部、委、院、署、行中,有11位民主党派人士担任正职,约占正职总数的1/3;二是在基层政权中也有数量较多的民主党派人士担任正职领导职务;三是在高校、企业和武装部队中,也有大量的党外人士担任领导职务,直接参与事务决策。因此,中华人民共和国成立初期党对民主党派代表性问题在形式代表和实质代表两个方面都给予了高度重视,既保证了民主党派代表参政议政的形式代表,同时也保证了民主党派履职议事的有职有权有为,为开创多党合作和政党协商积累了良好的经验。"反右"斗争和十年"文化大革命",使这一良好开端遭遇挫折,社会主义民主政治事业遭到极大破坏。

1978年改革开放以来,中国多党合作事业逐步得到恢复和步入正轨。经过1989年与2005年两个"5号文件"的颁布,中国各民主党派作为接受中国共产党领导、同中国共产党通力合作的亲密友党,致力协助执政党,与执政党肝胆相照合作协商的参政党定位进一步明确。新的历史时期,各民主党派作为各自所特定联系的一部分社会群体和人民群众的利益代表,在连接国家与社会关系方面同样承载着代表、联系和服务社会的重要使命和作用,所区别的只是代表人民的不同组成部分而已。各民主党派经过阶级联盟到"三者联盟"的成长,已经成为中国执政体制中不可或缺的重要组成部分。因此,在执政体制中,民主党派的代表性设计正好起到一个补充代表和辅助代表的作用。

同时,中国民主党派代表性问题有其特殊性,从代表类型来看,民主党派代表人士的产生不经过选举,因此它不同于选举代表,同时它又未被明确授权和赋权,因而是角色模糊的代表,是兼具委任代表与象征代表双重角色意涵的代表类型;从行动代表的角度来看,长期以来对民主党派广泛性和大团结的强调使得民主党派在国家政治生活中的角色和实际作用被形式化和象征化,所谓政治花瓶,正是民间对民主党派代表性在实质代表层面缺乏回应性的一种批判和暗讽。改革开放以来,中国社会涌现出的多元利益群体和社会阶层是从前的一元化格局所无法包容和代表的,迫切需要代表机制的创新。现阶段中国民主党派代表性问题既要实现形式代表的比例平衡,又要实现实质代表的行动能力和履职能力。因此,中国民主党派代表性问题的实质就是形式代表与实质代表之间的匹配和平衡程度问题,如果两者之间出现了偏差和扭曲,契合度不佳,则民主党派的代表性就会成为制约社会主义民主发展的瓶颈。

二、民主党派代表性的困境

当前中国民主党派代表性问题虽然已经引起一定的重视,但由于制度设计、时代变迁和代际转换,目前在代表和反映社会方面却面临着很大的脱节,面临发展困境。

(一) 代表性失衡:代表过度与代表缺失

当前民主党派代表性问题的首要表现是代表失衡,一些社会群体得到充分代表,乃至过度代表,而另一些群体则代表缺失,得不到代表。

在八大民主党派以及无党派人士中,由于历史渊源,其代表性指向向来都是以中高级知识分子为主体。1978年改革开放和市场经济的发展,导致社会利益格局和利益关系发生深刻变化。中国社会阶层结构发生了新的重大变化,这一时期民主党派的社会基础也发生了广泛而深刻的变化。随着经济和社会发展产生了新的社会阶层,它主要由非公经济人士和自由择业的知识分子组成,集中分布在新经济组织、新社会组织中。新阶层虽涵盖多种职业行业领域的社会群体,然而政治参与的水平却参差不齐。他们的基本特征,不属于体制内人士或"公家人",而属于体制外的"社会人"。尽管统战部门有意识地通过民主党派的组织发展对新的社会阶层人士进行一定程度的吸纳。如民建和民革对非公经济代表人士和海归知识分子有一定数量的吸纳,但大量新的社会阶层人士如律师、会计师及评估师等行业人士还是缺乏党派参与渠道。各种网络意见领袖和网络社群意见代表更是很少被纳入民主党派的发展视野。而新的社会阶层人士涵盖多个方面,据不完全统计,约有 1.5 亿人。根据 2010 年的统计数据,至 2009 年,在民主党派 80.7 万成员中,新的社会阶层人士只占 7.3%。这就导致代表比例的严重失衡。一方面,体制内科教文卫系统知识分子行业代表云集,过度代表,重复参政;另一方面,新生的体制外非党社会群体和杰出人才处于严重代表缺失状态。民主党派的代表性呈现为过度代表和代表不足的失衡状态。由于知识分子主要集中在事业单位、高校、科研院所、医疗卫生等体制内单位,有研究者将其归类为知识分子型政党,[①]整个党派工作都趋同于知识分子工作,执政党与参政党的协商合作被化约为党与知识分子的协商合作,再加上先天的"从严掌握"和"少量发展",这就明显窄化了民主党派的代表性。

总的来看,在民主党派基层组织中,仍然以高、中级知识分子为主体。无党派代表人士的界定也是以体制内知识分子为主体。换言之,各民主党派和无党派在行业界别上主要集中吸纳和代表的是知识分子群体,而改革开放以来出现的大量新的社会阶层人士并未得到吸纳和代表。

(二)代表性趋同:政党趋同、界别模糊与重复代表

中华人民共和国成立初期,各民主党派在代表性上具有明显的界别分工和自身特色。当时,在中共统战部门的协助下,各民主党派在尊重各自历史的基础上确定了各自分工活动的范围和重点。如民革发展的对象主要是原国民党员及其与国民党有历史联系的人士,民盟主要是文教界的知识分子等。但在改革开放中后期,在民主党派的代际转型过程中,出现了比较普遍的政党趋同、界别模糊与跨界别现象。一方面,有的民主党派组织联系的原阶层人士严重萎缩,在组织发展上面临资源枯竭境地,如民革;另一方面,有关组织部门在

---

① 宋俭:《关于政党协商若干理论问题的思考》,《中国政协理论研究》2005 年第 1 期。

新生代的民主党派代表人士的培养和发展过程中普遍追求"三高",即高层次、高学历、高职称,导致民主党派代表人士普遍呈现精英化、职称化与官僚化特征。正如有研究者指出,有些民主党派只强调其进步性,忽视其广泛性,在发展成员等方面也有与中共趋同的倾向。①而且,在新的社会领域,中国共产党和民主党派都可以发展党员,在社会基础方面出现了叠加现象。②再者,由于代际转换中的青黄不接,民主党派基层组织中普遍出现了跨界别发展的问题。笔者在某研究机构的一次民主党派主委发言中发现,许多党派负责人都不约而同地谈到了由于青黄不接党派的跨界别发展现象,以至饥不择食的争夺发展对象。各民主党派在争取新的组织资源时,往往相对集中于高校知识分子、非公经济人士、"海归"人员等界别人选,从而加剧了组织成分的趋同。由于跨界别和相互交叉现象普遍,各民主党派之间的界别特色越来越不明显,代表性严重趋同已是一个公认的事实,进而导致重复参政以及参政资源的浪费,影响参政党作用的发挥。③界别特色越模糊,代表结构就愈单一,与日益分化的多元社会反差就愈大,就失去代表多元社会的意义。

(三)代表性虚置:形式代表与实质代表的悖论

从代表理论来看,形式代表论关注的是样本代表,实质代表论则涉及代表意识和代表行动。理想的代表性设计在代表者与被代表者之间体现形式代表与实质代表之间的比例平衡和行动吻合。但目前中国民主党派代表性除了在结构比例方面的代表性失衡,还面临一个困境,即代表性虚置,即形式代表和实质代表之间的脱节和悖论,使代表徒具缩影性和象征性。

长期以来,民主党派履职的代表性主要通过传统的"一个参加三个参与"(即参加国家政权、参与国家大政方针和国家领导人人选的协商、参与国家事务的管理、参与国家方针政策、法律法规的制定和执行),以及选用干部的政治安排与实职安排。政治安排和实职安排是中国共产党领导的多党合作和政治协商制度中按照一定比例选配民主党派与无党派人士参与国家政权和国家政治生活的两种形式。华南师范大学政法学院教授王金洪认为,"将代表名额分配落实到具有不同的职业身份和社会身份的人,其根本的政治理由是,保证代

---

① 甄小英:《关于增强我国政党制度包容力的几点思考》,《上海市社会主义学院学报》2008年第4期。
② 刘舒、薛忠义:《中国政党趋同问题研究:回顾与展望》,《甘肃理论学刊》2013年第3期。
③ 孙秀华:《关于民主党派组织发展问题的几点思考》,《辽宁省社会主义学院学报》2014年第2期。

表机关具有广泛的代表性,进而象征社会主义民主具有广泛性"。这些从各种安排出发的代表性设计一定程度上满足了民主党派代表性在形式代表层面的样本意义,但在实际运作中也存在着一些明显弊端,如存在"两多两少""两重两轻"现象,即政治安排多,实职安排少;副职多,正职少和"重安排,轻使用;重选拔,轻培养"。①"实职安排少"意味着有职无权或虚职无权,这在很大程度上影响了民主党派作为行动代表的实质代表作用的发挥。加上所谓照顾同盟者利益的思维定势集中在保证民主党派代表人士自身的各种物质待遇和政治待遇上,而对其代表能力、代表责任未引起重视。民主党派很多代表人士一旦进入组织部门视野,得到政治安排与实职安排,各种荣誉纷至沓来,享受了作为代表带来的鲜花、荣誉和地位,但却缺乏代表意识和代表能力,并未发挥实质性的作用。目前,绝大多数民主党派代表人士的干部任用都是在有关部门的这种安排和选配制度下产生的,某种意义上说,代表人士本身就处于被代表状态,代表的形式性、象征性是首要考量因素,至于代表的代表意愿、代表意识、代表能力、代表行动处于次要考量位置,代表的真实履职能力往往依靠培训加以提高。这就导致代表在实际履职方面既缺乏代表意识,又缺乏代表能力,更影响代表成效。同时也导致党内优秀人才的拥挤,造成干部任用中极大的不公平。近年来各种"雷人"提案不绝于耳,"睡觉代表"(委员)、"请假代表"及"举手代表"等现象层出不穷,导致人民群众日益强烈的不满与批评。同时,政治安排集中在人大和政协,在政府、司法机构、高等院校以及企业的实职安排比较少。此外,经过政治安排和实职安排的选配,"在少数人中选少数人",使得民主党派的代表性也进一步弱化。

三、新时期民主党派代表性问题面临的新要求

(一)工农联盟内部的新变化要求民主党派代表性设计实现形式代表的比例平衡

工农联盟是中国国家政权的基础,也是统一战线的基础。1954年《中华人民共和国宪法》第一条规定:"中华人民共和国是工人阶级领导的、以工农联盟

---

① 鞍山市社会主义学院课题组:《党外代表人士政治安排和实职安排问题研究》,《辽宁省社会主义学院学报》2014年第1期。

为基础的人民民主国家。"社会主义改造完成后,民主党派的社会基础已从阶级联盟走向工农联盟。由于"反右"斗争和"文化大革命",民主党派社会基础遭到扭曲。改革开放以后,中国国情发生了很大变化,社会结构特别是阶级阶层结构发生了重大变化,虽然中国以工农联盟为基础的基本格局未发生大的变化,但在工农联盟内部具体结构比例上却发生了很大的变化。

一是农民阶级的变化。随着城镇化进程的推进和户籍制度改革,农村人口大量外流,农业人口逐年减少。最新统计数据显示,2015年年末,中国大陆总人口137 462万人,农村常住人口60 346万人,农业人口占总人口的比重为43.9%。与中华人民共和国成立初期农业人口占比将近90%相比,已经发生了巨大变化。随着城镇化的加速,这一比例差异将会进一步加大。此外,是农民阶级的职业分化,由原来单一的人民公社社员分化出了农业劳动者、农民工、个体工商户、私营企业主、乡村管理者等若干个亚阶层。[①]

二是工人阶级内部的变化,即工人阶级队伍不断壮大、工人阶级内部结构多样化、新阶层的崛起与两类新穷人的出现。首先,是工人阶级队伍不断扩大。2015年年末,全国参加城镇职工基本养老保险的人数为35 361万人,是改革开放前的近3倍,占城乡从业人员的50%。其次,除了工人阶级队伍不断扩大,工人阶级的内部结构日益呈现多样多层,即由从前相对固定、单一以产业工人为主体的状况,向多阶层分化和演化。从改革开放之前"工人、干部"的"两阶层划分法"演变到改革开放之后"产业工人、知识分子、管理人员"的"三阶层划分法"[②],再到2002年陆学艺等提出的"以职业分类为基础,以组织资源、经济资源、文化资源占有状况为标准"的"十大阶层"划分法。[③]伴随着工人阶级内部分层多元化,社会新阶层崛起。第二十次全国统战工作会议把新阶层人士界定为六个方面:(1)民营科技企业的创业人员和技术人员;(2)受聘于外资企业的管理技术人员;(3)个体户;(4)私营企业主;(5)中介组织的从业人员;(6)自由职业人员。此外,与新阶层崛起同步的,还有两类新穷人的出现[④]:一类是由农村流入城市"亦农亦工"的农民工,他们被称为新工人。根据2014

---

　　① 白蕴方、陈安存:《论社会阶层构成新变化对政治发展的挑战》,《陕西师范大学学报(哲学社会科学版)》2002年第3期。
　　② 桉苗、常凯:《试论现阶段我国工人阶级的社会结构》,《中国劳动关系学院学报》1987年第1期。
　　③ 陆学艺:《当代中国社会流动》,社会科学文献出版社2004年版,第2页。
　　④ 汪晖:《两种新穷人及其未来——阶级政治的衰落、再形成与新穷人的尊严政治》,《开放时代》2014年第6期。

年的统计数字,全国农民工的人数为 27 395 万人,近 3 亿。①城市的加速发展和农村的日益凋敝,使得这些新工人大部分已回不去农村,他们中的多数从事城市底层服务行业。同时,还产生了主要来自知识分子阶层中的一类既不同于传统工人阶级,也不同于新工人群体的"新穷人",主要是年轻的就业者和低职称知识分子,他们在房贷、职称压力下沦为学术民工和弱势群体,对社会分配体系强烈不满。这部分"新穷人"常常拥有较高的文化、教育和技术水平,是新兴媒体的积极参与者,相较新工人群体具有强烈的政治参与意识和动员能力。

总的看来,虽然中国人民民主专政的国体并没有发生改变,但工农联盟内部"两阶级一阶层"的内在结构和比例都发生了巨大变化,作为人民民主专政的基础与统一战线的基础,作为国体中的主人,工农联盟中的大量主体部分从体制的坚定依靠力量沦为体制的边缘力量或体制外力量。黄宗智的研究表明,在体制内公有制经济单位的工人阶级就业人数比例较小,而在体制外各种非公经济单位(个体、私营、外资)的就业人数比例较大。包含中产阶层在内的正规经济单位就业的人员中只占 16.8%,而在半工半农的非正规经济单位的劳动人口则占到 83.2%。②因此,目前民主党派代表性的形式代表严重滞后于工农联盟社会结构的新变化,无论是对新社会阶层的兴起还是对"新穷人"的出现都缺乏充分的制度考量。诚如汪晖所言,"新穷人"的出现,表明工人阶级作为国家领导阶级的宪法原则之空洞化,在人民代表大会、政治协商会议和中国共产党的各级代表机构中,充斥的是官僚精英和高端的财富精英、知识精英,却难以见到"新穷人"的身影,更听不到他们的声音。这种代表性断裂对我国工农联盟造成了很大损害,严重影响到党的执政合法性。民主党派从早期为少数思想待改造的知识分子代表与代言,迫切需要突破"三个为主"的制度设计束缚,为转型中各种体制外新兴政治群体代言,实现其在政治活动场域的"在场"与"再现"。

(二)政党协商的新定位要求民主党派代表性向行动代表和实质代表转变

虽然中国多党合作的政治协商已经走过 70 多年的历史,但明确政党协

---

① 国家统计局.2014 年全国农民工监测调查报告[EB/OL]. http://www.gov.cn/xinwen/2015-04/29/content_2854930.htm.
② 黄宗智:《重新认识中国劳动人民——劳动法规的历史演变与当前的非正规经济》,《开放时代》2013 年第 5 期。

商却是 2015 年才开始的。1989 年和 2005 年中共中央曾先后两次颁布两个"5 号文件",1989 年"5 号文件"的关键词是"坚持和完善",2005 年"5 号文件"的关键词是"进一步加强"。从措辞强烈程度上看,无疑是越来越重视多党合作与政治协商了,但当时明确的是都是政治协商而非政党协商。

"政党协商"是在 2015 年中共中央印发的《关于加强社会主义协商民主建设的意见》中首次得到明确的;2015 年 12 月,中共中央又专门出台了《关于加强政党协商的实施意见》,再次明确和突出强调了"政党协商",规范了政党协商的具体内容与形式,该文件明确赋予政党协商新的使命,把政党协商作为社会主义协商民主的重要渠道,并将政党协商定位为社会主义协商民主七大协商形式的首位,提出要"继续加强政党协商",政党协商在中国特色社会主义民主政治和社会主义协商民主中的重要地位和作用凸显。中共中央关于加强政党协商的决策部署,再次凸显中共中央对政党协商的重视程度,表明随着改革向纵深推进中国政党制度也在进一步向更高目标迈进,同时这也对民主党派提高协商能力和协商实效,更加有质量地参与协商民主提出了新的要求。

政党协商发端于中国新民主主义革命时期中国共产党同民主党派之间的团结合作,发展于我国社会主义革命、建设和改革历程之中。在新的历史时期,民主党派作为政党协商和社会主义协商民主的重要主体与特色主体,在政党协商、政府决策和国家治理过程中担负着多重重要使命和角色,民主党派代表性问题作为一个基础问题就更加重要了。

从民主党派参政议政与履职实践来看,中华人民共和国成立初期,民主党派在参政议政与政治协商的履职过程中,之所以能够较好地履职,实现形式代表与实质代表的统一,保障民主党派有职有权是其中一条关键经验。正是由于民主党派在参加政权与参与管理方面实职安排多,担任正职多,保障了有职有权,使得当时民主党派在诸如制定宪法、土改、社会主义改造等重大事项的决策和执行中,都充分地激发了民主党派的代表意识,较好地发挥了民主党派的知识优势,协助中国共产党巩固了政权,恢复了国民经济。而改革开放以后,民主党派的代表性逐步弱化,履职能力不强,根本原因也在于仅仅重视了形式代表和样本代表,而对于实质代表和行动代表缺乏关注和重视。虽然民主党派政治安排和实职安排的力度加大,但在保障有职有权方面难以与中华人民共和国成立初期相比。由于多数民主党派代表人士属于选配干部和安排干部,某种程度上说,这种"安排式参政"虽然可以满足民主党派代表性在缩影代表和象征代表层面的要求，但与实质层面的行动代表和履职代表相距甚远。政党协商的关键在于民主党派的行动能力和履职能力，这就要求民主党派在行动代表和实质代表层面进行一次升级和突破。

综上所述，民主党派代表性问题在发展社会主义协商民主和激活政党制度活力的新的历史背景下，正越来越凸显其在国家治理体系中的重要作用。民主党派作为整体的参政党越来越要求释放其代表功能和参政能力，要求政党协商落到实处。总的来说，在政党协商的时代背景下，民主党派的代表性建设面临一个深刻转型，即从形式代表向实质代表转化，从缩影代表到授权代表与实质代表转型。从代表理论的形式代表层面考虑，迫切需要民主党派代表性的制度设计突破"三个为主"的组织束缚，进行适度扩容，即首先从缩影代表角度层面对民主党派联系的社会群体予以再现与调整，以保持代表结构的比例平衡。同时，从实质代表层面来看，要加大对民主党派的赋权力度，强化代表意识和代表能力。只有紧跟时代步伐，保持人民性，民主党派的代表性才会接地气、有活力。

"一带一路"倡议沿线国家的国际贸易潜力分析

谢一青　乐文特*

一、引　　言

传统意义上丝绸之路起源于中国西汉时期，最早的丝绸之路的路线逐渐衍生和延伸，可以分为陆上丝绸之路和海上丝绸之路，变成了连接亚洲、非洲和欧洲的古代陆上以及海上的商业贸易路线，进而又发展成为东方与西方之间在经济、政治、文化等诸多方面进行交流的主要道路和海路。

世界全球化的进程于格局使得中国经济和世界经济高度关联。中国坚持对外开放的基本国策，构建全方位开放新格局，深度融入世界经济体系。处在整个欧亚大陆最东端的中国，致力加强这条能够贯穿整个欧亚大陆的丝绸之路是促进经济发展和国际贸易的一个自然选择。2013年9月和10月，中国国家主席习近平在出访中亚和东南亚国家期间，先后提出两个符合欧亚大陆经济整合的倡议：第一，丝绸之路经济带；第二，21世纪海上丝绸之路经济带。两者合称——"一带一路"倡议，并且得到国际社会高度关注。海上丝绸之路和丝绸之路经济带一起，从海上联通欧亚非三个大陆和丝绸之路经济带倡议形成一个海上、陆地的闭环。这一闭环覆盖了全世界63%的人口（44亿）以及超过全球30%的经济规模，如果能够成功形成并实现可持续发展，这个案例将是世界上最具经济影响力的区域一体化。

在当今反全球化趋势日益加剧的形势下，本文将从国际贸易的角度分析这一倡议是否能为中国带来充足的经济发展和贸易增长的机会。同时，在目前中美贸易冲突的紧张国际环境下，中国应该重点关注沿途的哪些国家来促

---

* 乐文特（Levente Horváth），就职于匈牙利国家银行。

进进一步的经济发展和维持经济的长期增长。

经过分析,笔者有如下发现:第一,在"一带一路"倡议沿途国家中,中国对亚洲和欧洲经济体量较大的国家存在一定的贸易依赖度,而大部分的亚洲国家对中国的贸易依赖度都很大。第二,经济大国在贸易潜力的广义边际(贸易产品种类)和集约边际(贸易总量)上对中国的国际贸易都更为重要。第三,中国与"一带一路"倡议沿线国家的贸易多处于基于资源禀赋不同的产业间贸易,然而更多的产业内贸易才能为中国经济的进一步发展提供更大的源动力。因此,在有限资源投入的情况下,中国更应该关注经济体量大的、经济发展程度好的以及与中国有更多产业内贸易机会的国家,这样有利于"一带一路"倡议快速加深区域一体化的合作。

二、有关"一带一路"倡议的各种观点综述

从中国经济发展和增长的动机来看,"一带一路"倡议可以帮助中国平衡地区发展,并开拓新的经济增长点。曹伟等(2019)已经发现中国人民币汇率传导在不同省份与"一带一路"沿途各国的贸易中是不一样的,其主要原因就是各省的产业结构和要素禀赋的不同。复兴丝绸之路能带动中国西部地区的经济发展,使其从目前没有贸易成本优势的"内陆"地区在改变贸易方向和路径之后形成新的开放前沿。本文的研究对象是"一带一路"倡议的沿途各国,能使我们从国际环境这一侧面分析中国不同省份产生国际贸易异质性的原因。

无论"一带一路"倡议提出的初衷是什么,将来可以给中国带来怎样的文化上(杨柏等,2016[①])和政治上的正面效应,历史的经验告诉我们,这类的国际合作和区域一体化只有以各个国家的经济利益为基础,才能使得"一带一路"倡议沿途的所有国家真正地长久地联合起来。对中国而言,王桂军和卢潇潇(2019)从中国企业产业升级的角度探讨了"一带一路"倡议的深远影响;徐思等(2019)发现"一带一路"倡议已经对中国的一部分处在新兴优势行业和外向型节点城市的企业产生了融资约束缓解的作用。对于"一带一路"倡议的沿途国家而言,姚星等(2019)发现在"一带一路"倡议的作用下,沿线国家的产业间融合的深度和广度都在不断提升。可以确定的是,"一带一路"倡议对区域内

---

① 杨柏等(2016)探讨了中国跨国企业在"一带一路"倡议沿线各国可能受到的文化冲击以及解决策略。

国家的经济和贸易会造成显著的正向影响。本文从"一带一路"倡议沿线国家本身的经济发展程度和国际贸易特征出发,根据"引力模型",可以更好地理解同样的倡议如何在不同国家中产生不同的政策效应。

中国与其他国家贸易产品的类型对中国内部的产业升级与经济发展也是息息相关的。徐梁(2016)和李敬等(2017)都发现中国与"一带一路"沿线各个国家之间的国际贸易存在互补的效应;刘志彪和吴福象(2017)根据全球价值链的计算分析,中国从"一带一路"沿线国家的中间品贸易大多集中在资源型中间品,而工业型中间品和精细型中间品的占比较少。本文利用产业内贸易指数(GL 指数)来分析中国与"一带一路"沿途国家国际贸易的产品类型,可以深入探讨中国与这些国家的不同贸易类型对中国未来经济发展的影响,从而判定不同国家的贸易潜力。

三、"一带一路"沿线国家的经济情况以及与中国之间的贸易现状

(一)"一带一路"沿线国家的经济规模和经济发展水平

"一带一路"沿线国家究竟在经济规模上有多显著是本小节想要探讨的问题。根据国际货币基金组织(IMF)数据,表 1a 显示了沿途各个国家的经过购买力平价调整过的 2014 年[1]的实际 GDP 以及其相应的实际 GDP 的世界占比。表 1a 共有三个组表,把这些沿途国家按区域分成亚非、南欧和东欧。

表 1a 中清楚地显示在亚非地区中,印度[2](金砖国家)、印度尼西亚、伊朗和土耳其的实际 GDP 超过了 1% 的世界占比,而土库曼斯坦、肯尼亚和吉尔吉斯斯坦的经济规模则是非常小。南欧国家的实际 GDP 主要以西班牙和意大利为主,罗马尼亚和希腊次之,其他国家都几乎小到可以忽略。东欧的主要经济规模则是来源于俄罗斯(金砖国家)。这些国家从个体经济规模来说都无法和中国 16% 的实际 GDP 世界占比相提并论,然而它们加总的实际 GDP 世界占比则高达 38% 以上,因此探讨中国与"一带一路"沿线国家的贸易机会是具有非常重要的经济利益的。

---

[1] 本文选取 2014 年的经济指标是为了排除"一带一路"倡议对这些国家产生的内生影响。
[2] 印度虽然在当下没有加入"一带一路"倡议的意愿,但也是中国重要的贸易伙伴之一,并且处于"一带一路"地理路径中的重要位置。

表 1a "一带一路"沿线国家的经济规模（分地区）

亚洲和非洲			南 欧			东 欧		
国家代码	国家名称	实际 GDP (billion $)	实际 GDP 世界占比（%）	国家代码	国家名称	实际 GDP (billion $)	实际 GDP 世界占比（%）
国家代码	国家名称	实际 GDP (billion $)	实际 GDP 世界占比（%）	ALB	阿尔巴尼亚	31.59	0.029	AZE	阿塞拜疆	165.93	0.153
AFG	阿富汗	60.81	0.056	BIH	波 黑	38.29	0.035	BLR	白俄罗斯	172.75	0.159
IDN	印度尼西亚	2 685.89	2.469	ESP	西班牙	1 572.11	1.445	EST	爱沙尼亚	36.78	0.034
IND	印 度	7 411.09	6.813	GRC	希 腊	285.3	0.262	LTU	立陶宛	79.93	0.073
IRN	伊 朗	1 357.03	1.248	ITA	意大利	2 135.36	1.963	LVA	拉脱维亚	48.36	0.044
KAZ	哈萨克斯坦	420.01	0.386	PRT	葡萄牙	281.36	0.259	MDA	摩尔多瓦	17.78	0.016
KEN	肯尼亚	133.01	0.122	ROU	罗马尼亚	393.83	0.362	RUS	俄罗斯	3 576.84	3.288
KGZ	吉尔吉斯斯坦	19.23	0.018	SRB	塞尔维亚	95.84	0.088				
LKA	斯里兰卡	218.24	0.201	SVN	斯洛文尼亚	61.56	0.057				
MYS	马来西亚	769.45	0.707								
TKM	土库曼斯坦	82.39	0.076								
TUR	土耳其	1 514.86	1.393								
VNM	越 南	512.58	0.471								

数据来源：IMF，2014。

表 1b　中国其他重要贸易伙伴的经济规模

其他经济体			
国家代码	国家名称	实际 GDP(billion $)	实际 GDP 世界占比(%)
BRA	巴　西	3 275.80	3.011
DEU	德　国	3 748.09	3.446
FRA	法　国	2 591.17	2.382
GBR	英　国	2 569.22	2.362
JPN	日　本	4 767.16	4.382
USA	美　国	17 348.08	15.948

数据来源：IMF，2014。

同时，我们在表 1b 中列出了中国其他重要贸易伙伴的实际 GDP 和其对应的实际 GDP 的世界占比。英美法德日以及金砖国家巴西六国的实际 GDP 世界占比高达 32%，仅美国就占 16%。因此，"一带一路"这一经济合作倡议对表 1b 中所列出的国家与中国的关系绝对不应该是替代关系，而应该起到互补作用。

尤其是 2018 年至今中美之间的贸易摩擦很可能会成为中美贸易关系的长期状态，由于关税增加和贸易不确定性的增加带来的美国市场的部分流失，更需要由"一带一路"沿途国家的市场份额的增加进行补差。随着中西欧大国（法国、德国和英国）以及东亚国家（日本）加入"一带一路"倡议意愿的增加，从全球经济价值的角度来看，"一带一路"倡议毫无疑问会带来最有潜力范围、最广区域经济一体化和多边自由贸易体系。

接下来，进一步讨论"一带一路"沿线国家的经济发展水平，它们和中国的经济发展水平的相似度可以从图 1 中观察到。图 1 中的虚框柱形代表的是 2014 年购买力平价调整过的中国实际人均 GDP 水平，在 13 000 美元左右，从经济发展水平上来说算得上是典型的中等收入国家。

除了亚洲地区有若干国家（阿富汗、吉尔吉斯斯坦、印度和越南等）的经济发展水平显著不如中国之外，大多数"一带一路"沿线国家都至少达到了中等收入水平或者甚至是发达经济体的水平。也就是说，单从实际人均 GDP 这一指标来看，"一带一路"沿途国家与中国的经济发展水平处在相似阶段。根据新贸易理论，经济发展相似的国家之间的贸易机会，尤其是产业内贸易的贸

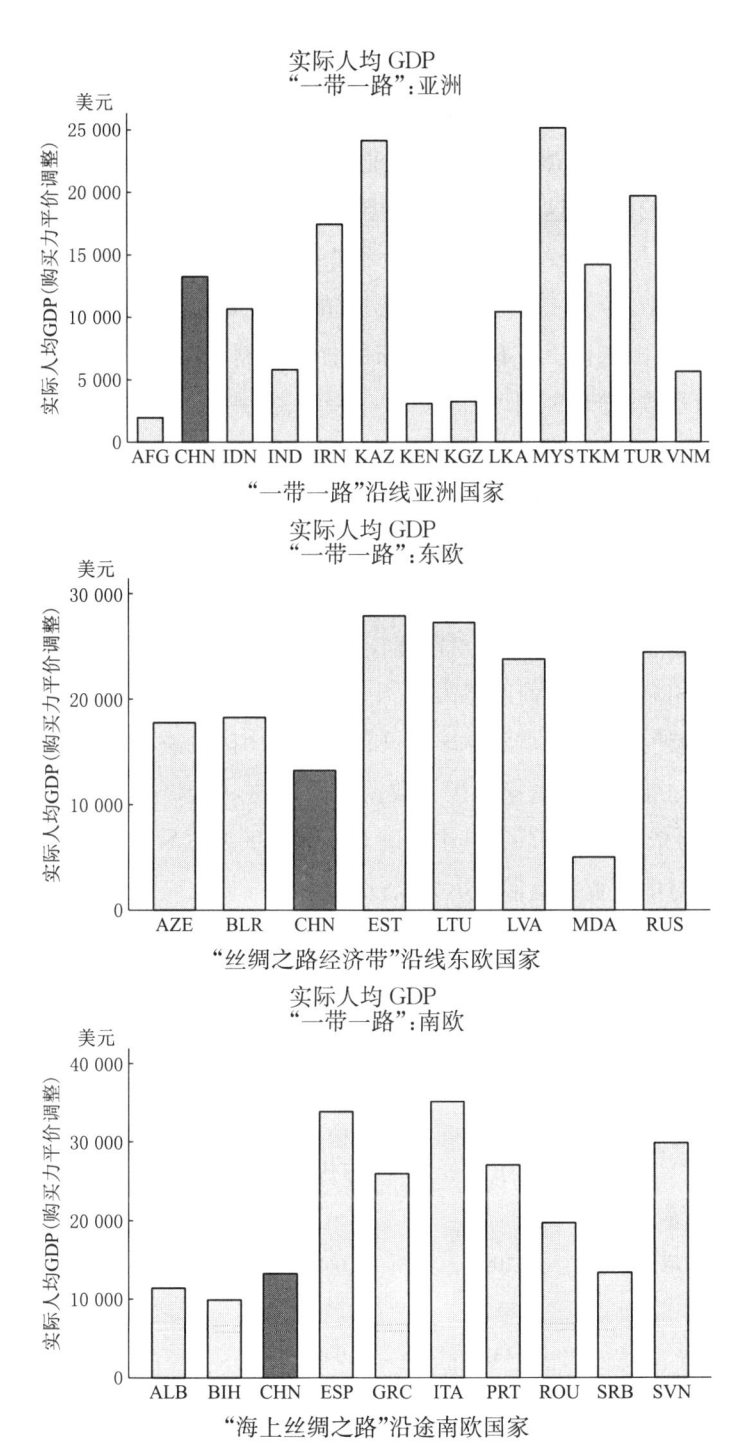

图 1 实际人均 GDP 的对比:"一带一路"沿线国家与中国

数据来源:IMF,2014。

易机会是比较大的。同时,"一带一路"沿线国家有不少是自然资源丰裕的国家(俄罗斯、哈萨克斯坦和伊朗等),它们的主要经济收入依赖于它们的资源,因此它们的整个产业结构都与以制造业为主的中国非常不同,根据新古典贸易理论中的比较优势,这些国家会和中国产生较大的产业间贸易。

（二）中国与"一带一路"沿线国家之间的贸易依赖度

为了探讨中国与"一带一路"沿线国家的国际贸易现状,在表2a的第 i 部分中,我们以中国从世界所有其他国家的总进口额和向世界所有其他国家的总出口额为基数(分母),计算中国对"一带一路"沿线国家的贸易依赖度;例如,印度占中国进口总额比重等于中国从印度的进口额比上中国从世界所有其他国家的进口总额。表2a把这些国家按区域分成亚非、南欧和东欧三个部分。

表2a第 i 部分中2014年联合国贸易数据库(UN Comtrade)的国际贸易数据显示,在亚洲国家中,中国对印度、印度尼西亚、伊朗和马来西亚等国家的贸易依赖度相对较大,在南欧诸国中,中国对更为发达的经济体西班牙和意大利的贸易依赖度较大,而东欧地区中只有俄国对中国的进出口贡献比较显著。我们把"一带一路"沿线国家的相关数据进行加总,中国对它们的进口依赖度为11%,出口依赖度为17%,其中中国对亚洲地区的贸易依赖度最高,而东欧大部分地区对中国贸易总量的影响比较小。

表2a 中国与"一带一路"沿途国家之间的贸易依赖度(分地区)

国家代码	国家名称	i. 中国对"一带一路"沿线国家的贸易依赖度		ii. "一带一路"沿线国家对中国的贸易依赖度	
		占中国进口总额比重	占中国出口总额比重	中国进口占进口额比重	出口中国占出口额比重
亚洲和非洲						
AFG	阿富汗	0.001	0.017	13.488	2.708
IDN	印度尼西亚	**1.209**	**1.668**	17.187	10.001
IND	印　　度	**0.852**	**2.319**	12.676	4.231
IRN	伊　　朗	**1.431**	**1.040**		
KAZ	哈萨克斯坦	0.500	0.544	17.876	12.545
KEN	肯尼亚	0.004	0.211		
KGZ	吉尔吉斯斯坦	0.003	0.225		

(续表)

		i. 中国对"一带一路"沿线国家的贸易依赖度		ii. "一带一路"沿线国家对中国的贸易依赖度	
亚洲和非洲					
国家代码	国家名称	占中国进口总额比重	占中国出口总额比重	中国进口占进口额比重	出口中国占出口额比重
LKA	斯里兰卡	0.013	0.162	17.742	1.572
MYS	**马来西亚**	**2.717**	**1.973**	16.915	12.054
TKM	土库曼斯坦	0.004	0.041		
TUR	土耳其	0.193	0.826	10.287	1.815
VNM	越南	1.036	2.706		
南欧					
国家代码	国家名称	占中国进口总额比重	占中国出口总额比重	中国进口占进口额比重	出口中国占出口额比重
ALB	阿尔巴尼亚	0.010	0.016	7.303	3.416
BIH	波黑	0.002	0.012	8.393	0.084
ESP	**西班牙**	**0.315**	**0.922**	7.473	1.700
GRC	希腊	0.018	0.179	5.329	1.035
ITA	**意大利**	**0.999**	**1.231**	7.055	2.637
PRT	葡萄牙	0.086	0.135	2.711	1.744
ROU	罗马尼亚	0.079	0.138	4.044	1.087
SRB	塞尔维亚	0.003	0.018	7.575	0.096
SVN	斯洛文尼亚	0.017	0.085	5.741	0.611
东欧					
国家代码	国家名称	占中国进口总额比重	占中国出口总额比重	中国进口占进口额比重	出口中国占出口额比重
AZE	阿塞拜疆	0.015	0.028	7.595	0.294
BLR	白俄罗斯	0.038	0.048	2.341	1.771
EST	爱沙尼亚	0.012	0.049	7.454	1.161
LTU	立陶宛	0.008	0.071	2.511	0.418
LVA	拉脱维亚	0.008	0.056	2.788	1.029
MDA	摩尔多瓦	0.001	0.005	9.050	0.351
RUS	**俄国**	**2.153**	**2.296**	17.741	7.515

数据来源：UN Comtrade，2014。

对比表 2b 的第 i 部分中的英、法、美、德、日及巴西,"一带一路"沿线中对中国比较重要的几个贸易伙伴(表 2a 第 i 部分中虚线框中的几个国家)对中国国际贸易的影响虽然无法和经济体量巨大的美国和离中国地理距离非常近的日本相提并论,但是它们的重要程度也不亚于其他几个欧洲经济强国。

表 2b　中国与其他重要贸易伙伴之间的贸易依赖度

国家代码	国家名称	i. 中国对"一带一路"沿线国家的贸易依赖度		ii. "一带一路"沿线国家对中国的贸易依赖度	
		占中国进口总额比重	占中国出口总额比重	中国进口占进口额比重	出口中国占出口额比重
BRA	巴西	2.691	1.493	16.302	18.044
DEU	德国	5.469	3.112	8.855	6.621
FRA	法国	1.388	1.242	8.550	3.789
GBR	英国	1.228	2.444	9.239	5.133
JPN	日本	8.458	6.392	22.322	18.307
USA	美国	8.260	17.009	19.893	7.636

数据来源:UN Comtrade,2014。

我们再来看"一带一路"沿线国家对中国的贸易依赖度。这一指标的计算是以"一带一路"沿途国家各自的总进口额和总出口额为基数(分母),在表 2a 的第 ii 部分中展示。即,俄罗斯的中国进口占进口额比重等于中国从俄罗斯的进口额除以俄罗斯的总进口额。由于 UN Comtrade 在 2014 年中有些汇报国的数据缺失,所以我们在表 2a 第 ii 部分中的亚洲组表中没有汇报若干数据缺失的国家。

中国毫无疑问对"一带一路"沿线所有国家的贸易量(无论是进口还是出口)都具有一定程度的重要性,尤其是这些国家对从中国进口产品的依赖度更为显著。"中国制造"对"一带一路"沿途国家是非常重要的标签,尤其是中国的亚洲贸易伙伴和俄罗斯。相对而言,南欧和东欧的大多数国家对中国贸易的依赖度较小,这是因为欧盟这个区域一体化组织会使得欧洲国家更倾向于在区域内贸易。由此可见,通过"一带一路"倡议进一步增进与沿途国家的贸易自由度是可以改变现有的世界贸易格局的。

值得关注的是,在表 2b 的第 ii 部分中,英、法、美、德、日及巴西对中国的贸易依赖度也很高,即中国的进出口对它们很重要;同样的,中国在国际贸易中的重要程度相对欧盟国家(英法德)较小;而对巴西、美国和日本的影响非常大。

四、"引力模型"理论下的"一带一路"沿线国家的贸易机会

国际贸易理论中的"引力模型"给"一带一路"倡议对国际贸易机会的促进提供了理论基础。Isard & Peck(1954)和Beckerman(1956)凭直觉发现地理位置上越相近的国家之间贸易流动规模越大的规律。Tinbergen(1962)和Poyhonen(1963)对"引力模型"在经济学领域做了发展、延伸,提出了一个比较完整且简便的经济学模型。这个模型认为两个经济体之间的贸易流量与它们各自的经济规模(一般用实际GDP来表示)成正比,与它们之间的距离成反比。

之后"引力模型"被反复使用和改进,随着运输技术的提升以及贸易壁垒的多样化,早期"引力模型"中与贸易机会呈反比的距离变量①已经逐渐被贸易成本变量所替代。如果想要增进两国之间的贸易机会(贸易量或者贸易产品的种类),在给定经济总量的情况下,降低贸易成本是可以起到直接作用的。而"一带一路"倡议无论是通过对沿线国家基础设施的建设,还是通过各国之间新贸易协定的签署,甚至沿线国家之间的政治友好度的提升,都是可以起到降低沿线国家之间的贸易成本的作用。同时,"引力模型"还指出,在给定贸易成本的情况下,经济规模比较大或者经济发展程度比较好的经济体将会给中国带来较大的贸易机会。无论是贸易总量(贸易的集约边际)还是贸易产品的种类数量(贸易的广义边际)都是与贸易伙伴的GDP总量和人均GDP呈现正相关的关系。

(一)"一带一路"沿线国家的经济规模与进出口贸易总量

图2描述的是"一带一路"沿线国家的经济规模(实际GDP)与双边贸易规模(中国出口总额或中国进口总额)之间的关系。如理论所预计的那样,沿途经济体量越大的国家对中国的贸易重要度就越高。俄罗斯(RUS)和印度(IND)的经济体量在数据中最大,因此它们于中国而言,贸易重要程度明显高于经济体量小的国家。同理,经济规模较大的南欧国家(意大利和西班牙)和东南亚国家(印度尼西亚和马来西亚)也比其他亚洲国家和东欧国家更为重要②。

---

① 方慧和赵甜(2017)发现国家距离对中国企业对"一带一路"沿线国家国际化经营(包括进出口和对外直接投资)是有显著的抑制作用的。

② "一带一路"沿线国家的经济规模具体数值参见表1a。

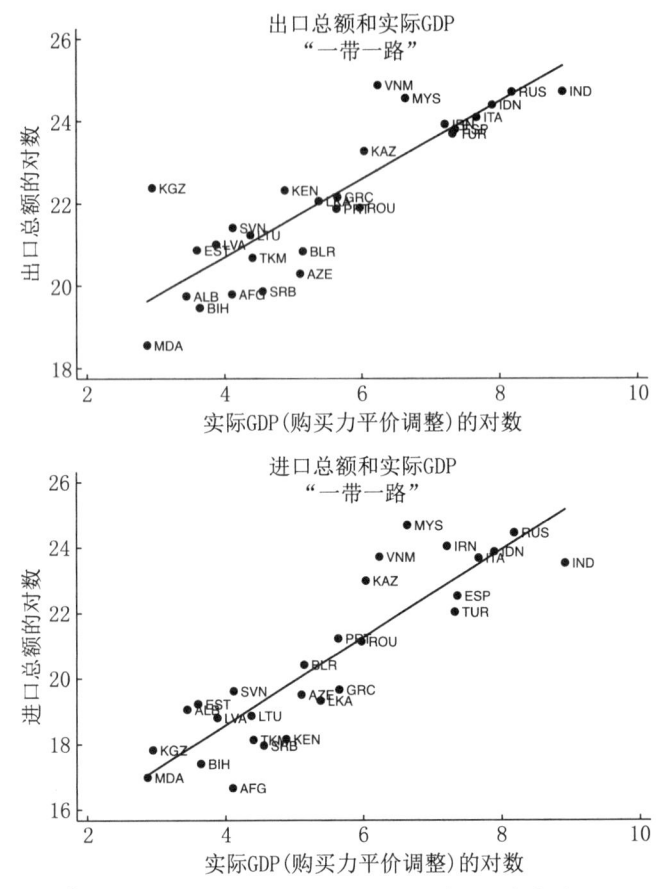

图 2① 中国对"一带一路"沿线国家的进出口总额与实际 GDP

数据来源：IMF 和 UN Comtrade，2014。

我们相信通过"一带一路"倡议降低中国与沿线国家的贸易成本对促进贸易总量是有效的政策；然而，贸易总量与经济规模之间的强正向关系（向上倾斜的实线拟合线）表明贸易成本的降低并不能反转贸易伙伴经济体的规模对贸易机会的重要性。也就是说，降低中国与哈萨克斯坦的贸易成本可以带来两国之间贸易流量的增加，创造出更多的贸易机会，但是由于哈萨克斯坦的经济规模远远小于离中国较远的意大利和西班牙，中国与哈萨克斯坦之间的贸易量很难超越中国与西班牙或意大利的贸易量。因此，在中国设计贸易成本降低的政策时，还是应该把政策资源集中在与经济规模比较大的经济体上。

---

① 图 2 至图 4 均对以美元为单位的产量值的对数进行分析，在取对数之前，出口总额的单位是百万美元，实际 GDP 的单位是十亿美元。计数值和比率不取对数。

（二）"一带一路"沿线国家的经济规模与进出口贸易种类

除了使用双边贸易规模数据（出口总额和进口总额）之外，图3还采取了中国进出口产品的种类数量（HS 6位产品编码）来研究"一带一路"沿线国家经济规模对中国对外贸易（进出口）广义边际的影响。国际贸易中的广义边际效应指的是贸易双方进出口的产品种类的增加。根据微观经济理论，消费者具有种类偏好的特性，即消费更多种类的商品会带来消费者的福利增加，因此增加国际贸易中的商品种类数量也是增加贸易利得的重要途径之一。与图2非常相似，经济体量相对较大的沿途国家（印度、俄罗斯、印度尼西亚、土耳其、意大利和西班牙等）和中国的进出口贸易涉及更多的产品种类，而中亚、西亚国家和东欧小国则不然。

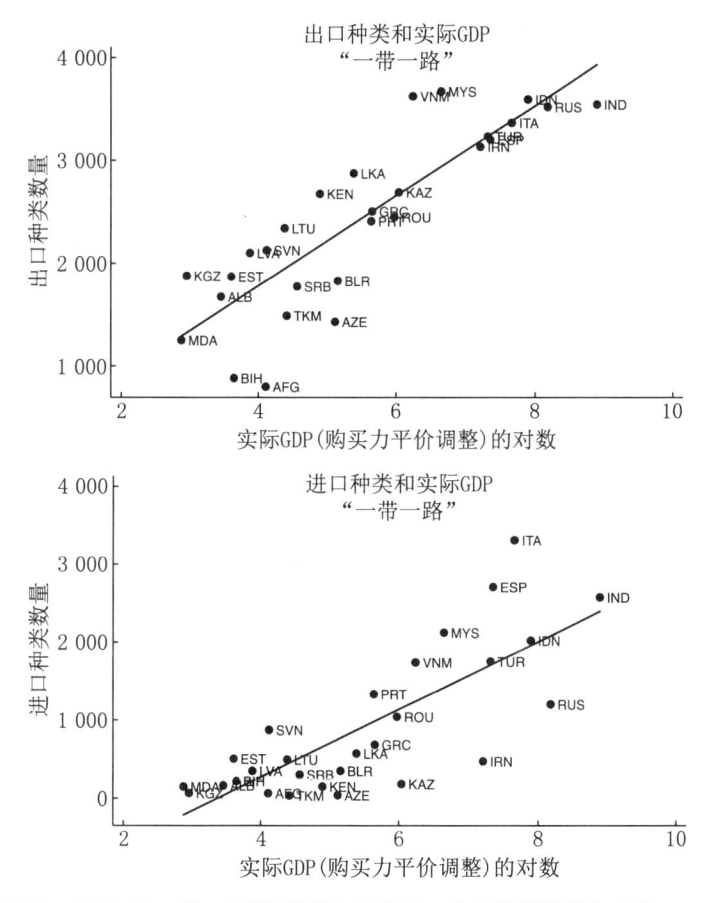

图3 中国对"一带一路"沿线国家的进出口产品种类数量与实际GDP

数据来源：IMF 和 UN Comtrade，2014。

无论是贸易集约边际(进出口总额)还是贸易的广义边际(进出口产品种类),在"一带一路"的沿线上,我们都可以清晰地观察到经济体量大的贸易伙伴对中国国际贸易发展更为重要的作用。

如果我们把陆上的"丝绸之路经济带"和海上的"21世纪海上丝绸之路"的沿线国家分开进行分析,从出口产品种类的广义边际角度出发(图4),"丝绸之路经济带"只有少数国家的产品种类超过2 000种;而"21世纪海上丝绸之路"的沿线国家中,大多数国家与中国的贸易产品种类都超过了2 500种。因此,从贸易的广义边际效应来看,中国与"21世纪海上丝绸之路"沿线国家国际贸易的发展潜力要优于"丝绸之路经济带"的沿线国家[①]。

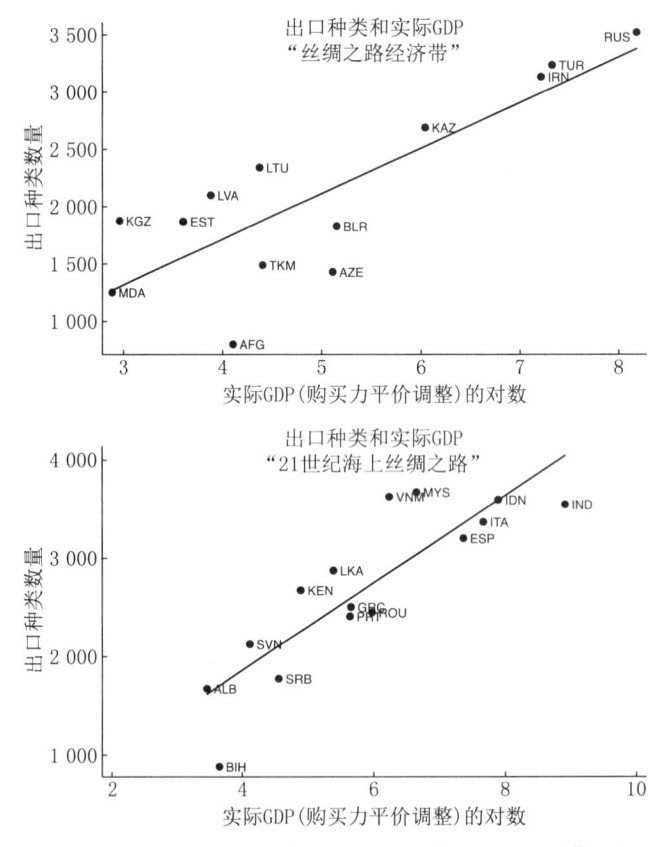

图4 中国对"丝绸之路经济带"和"21世纪海上丝绸之路"沿线国家出口产品种类数量与实际GDP

数据来源:IMF 和 UN Comtrade,2014。

---

① 除了国际贸易中的进出口,吕越等(2019)还发现中国对"21世纪海上丝绸之路"沿线国家的国际投资也更大程度上地受到"一带一路"倡议的正向影响。

同时，如果我们考虑到陆路运输成本要远高于海运运输成本，"丝绸之路经济带"沿途俄罗斯、土耳其和伊朗在与中国贸易广义边际上的表现再次确认了贸易伙伴的经济规模对贸易机会的影响是至关重要的。

（三）"一带一路"沿线国家与其他发达经济体贸易潜力的比较

"一带一路"沿线国家的贸易潜力相比中国与世界其他国家的贸易机会而言究竟处在怎样的一个层次？中国在全世界范围内的出口产品种类接近5 000种。中国出口到美国、日本、德国和法国这些经济强国的产品种类都接近4 000种，而大多数"一带一路"的沿途国家受到其经济规模的限制，即使它们在地理位置上远远优于美日德法，它们在贸易潜力上的表现远不如这些地理位置距中国较远的国家。此外，受到经济发展水平（人均GDP）的影响，即使是"一带一路"沿线中经济体量比较大的国家（如印度），比起美国和日本，在贸易产品的种类上仍然有很大的广义边际的增长空间。这一方面说明了经济规模对贸易机会的重要性，另一方面也是由于国家的文化与消费习惯会显著影响国际贸易可能性。因此，"一带一路"倡议中所倡导的"加强民心相通，加强人民友好往来和社会交往"确实可以促进经济意义上的国际贸易。

此外，根据国际贸易的网络效应（Chaney，2014），如果中国想促进与某个特定国家的贸易机会，通过与该国的重要贸易伙伴进行贸易可以帮助实现这一目标，而这一看似"曲线救国"的间接效应的作用不亚于降低与该特定国家贸易成本的直接作用。东欧国家的主要贸易伙伴是中西北欧洲发达经济体，如果中国把欧洲发达经济体作为进一步发展国际贸易的重要目标的话，通过"一带一路"倡议加强与东欧国家的联系也是一种有效的方案。

五、产业间贸易与产业内贸易的启示

产业间贸易（Inter-industry Trade）指的是同一产业部门的产品只出口或只进口的现象，造成这种国际贸易单向流动的主要原因可参考新古典贸易理论中的比较优势（技术或者相对要素禀赋不同）。产业内贸易（Intra-industry Trade）是同一产业部门的产品既进口又出口的现象。产业内贸易包含大量的中间品贸易，即某项产品的半制成品和零部件在两国间的贸易。

造成产业内贸易的主要原因是产品差异化,规模经济以及消费者偏好的不同。

产业内贸易相比产业间贸易更能促进一个国家的科技进步、产业升级和经济发展。第一,产业内贸易的原理之一是规模经济,增加出口额可以为个体企业带来更大的生产量,从而降低生产成本,提高生产效率。第二,带来产业内贸易的产品差异化可以为同一产品带来更多的种类选择,一方面竞争迫使国内企业产业升级,产品质量提升,另一方面消费者在获得更多的产品种类之后效用也随之上升。第三,产业内贸易意味着相似产品在国际进行交换,厂商在面临国外竞争和出口的过程中可以通过学习效应进一步提高自己的生产率。最后,产业内贸易中的中间品和零部件进口会对一国企业生产率有正向溢出效应(Halpern, 2015)。

同时,产业内贸易往往发生在经济发展水平接近和禀赋条件接近的国家之间,而中国与"一带一路"沿线大多国家还是存在着较大的差异,因此,如果中国要在"一带一路"倡议的执行过程中对有限资源进行调配,应该更加倾向能和中国产生较大产业内贸易的国家。

(一)中国与世界其他国家总贸易量的产业内贸易指数

产业间贸易和产业内贸易的产生原理不同,对一国经济发展的作用也不相同,中国既需要能带来资源和技术互补的产业间贸易,更需要能够带来技术溢出和内生增长动力的产业内贸易。

我们使用 Grubel-Lloyd 指数来计算一个行业内产业内贸易的比重,即 $GL = 1 - \frac{|\text{Export} - \text{Import}|}{\text{Export} + \text{Import}}$。这一指数通常在 0 和 1 之间,越接近 0,则该行业的产业间贸易比重较大,越接近 1 则说明该行业的产业内贸易比重越大。

我们把 UN Comtrade 的较为细分的 HS 6 位行业代码合并成较为综合的 2 位代码,数据显示出 97 个可贸易行业,涵盖了从原材料产品和初级产品到生产复杂度和科技含量较高的行业。这两种类型的贸易在国际贸易中同时存在,对于大多数发达经济体而言,产业内贸易的重要性远远超过了产业间贸易的重要性。通常情况下,在 HS 2 位的行业划分下,发达经济体的 80% 以上的行业的产业内贸易的 GL 指数会大于 0.8。

图 5 所示的是中国和世界其他国家进行贸易的 97 个 HS 2 位行业的产业内贸易指数(GL 指数)分布。可以发现,和发达国家不同,中国存在大量的行业仍然集中在产业间贸易,贸易靠的是技术或者要素禀赋天然的比较优势。因此,在中国制定贸易政策时,促进能带来更多技术溢出、生产效率和消费者福利的产业内贸易应该成为一个重要的目标。

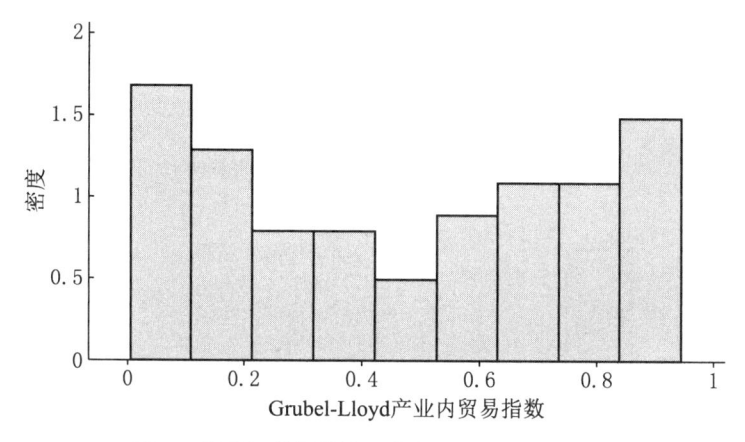

图 5　中国与世界其他国家贸易的 GL 指数分布

数据来源:UN Comtrade,2014。

(二)"一带一路"沿线国家与中国贸易的产业内贸易指数

图 6 展示了三类"一带一路"沿线的国家。哈萨克斯坦代表的一类国家是依赖自然资源的经济体,总经济规模不大,人均 GDP 高;印度代表的一类国家是新型经济体,经济总体规模大,人口多,人均 GDP 较低;意大利代表的一类国家是发达经济体,制造业发达,经济总量和人均 GDP 都比较高。

比较明显的是,"一带一路"沿线国家相比中国与其他国家贸易 GL 指数的平均水平(图 5)而言,都更加偏向于产业间贸易。与哈萨克斯坦这类自然资源密集但经济体量不大的国家,基本上只存在产业间贸易,中国用最终品出口换来哈萨克斯坦的能源类产品,这与刘志彪和吴福象(2017)根据全球价值链的计算分析结果相一致。而中国和意大利这类经济规模较大,有发达制造业的国家进行贸易,产业内贸易的比重明显上升。就对实体经济的影响来看,产业内贸易存在额外的溢出效应,能更快促进中国的经济发展。

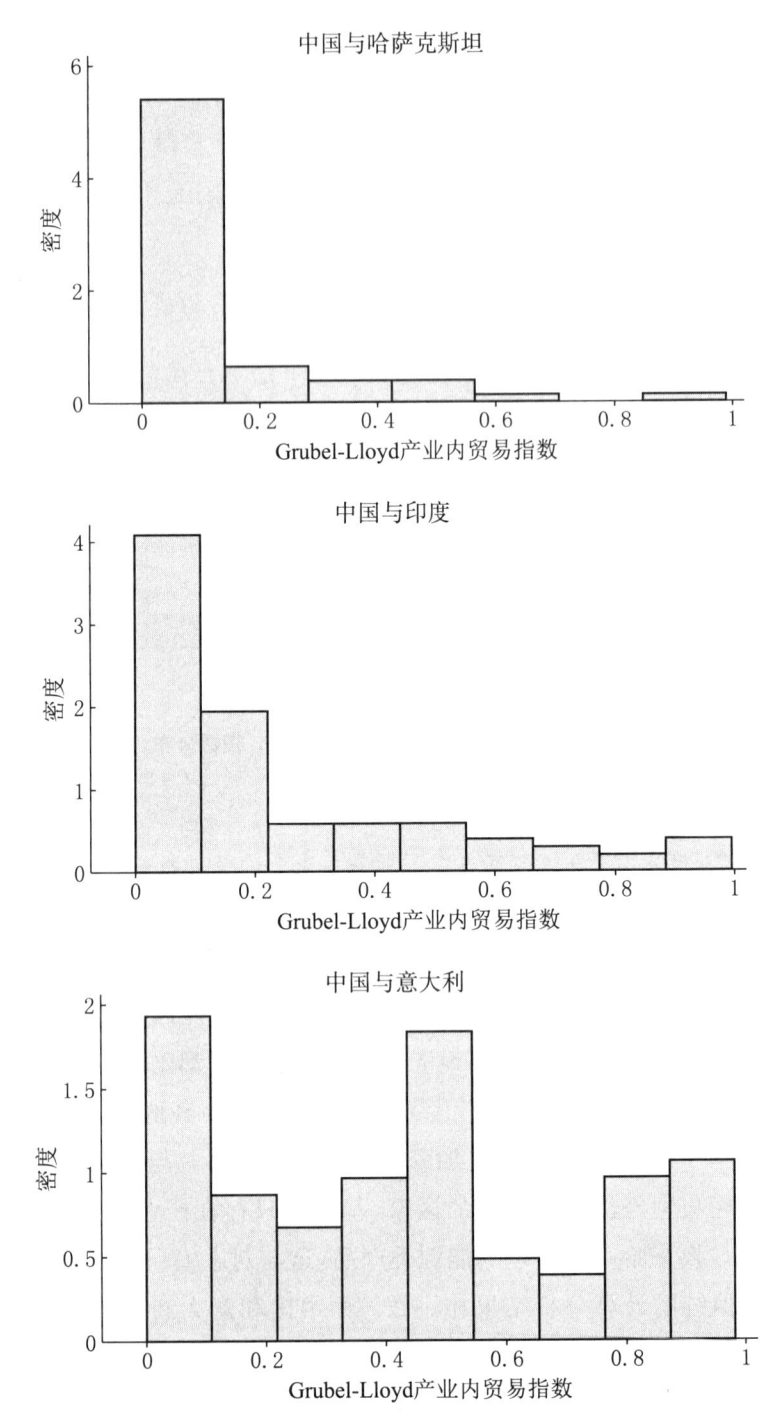

图 6 中国与哈萨克斯坦、印度和意大利贸易的 GL 指数分布

数据来源：UN Comtrade，2014。

六、"一带一路"沿线国家贸易政策的建议

中国与"一带一路"沿线的国家已经具有比较紧密的贸易关系,如何进一步通过这一倡议增加与这些国家的贸易量,从而进一步推进我国的长期经济发展与增长是本文研究最感兴趣的核心问题。

第一,在"一带一路"沿线国家中,经济大国在贸易潜力的广义边际(贸易产品种类)和集约边际(贸易总量)上对中国的国际贸易都更为重要。因此,我国应该加速与 GDP 总量较大以及经济发展较好的国家进一步拓展贸易关系,也就是说在"一带一路"沿线的国家中,印度、俄罗斯、土耳其、印度尼西亚以及南欧诸国应该是政策倾向的重点。

第二,中国与"一带一路"沿线国家的贸易多处于基于资源禀赋不同的产业间贸易,然而更多的产业内贸易才能为中国经济的进一步发展提供更大的源动力。因此,我国应该与以制造业为基础,尤其是技术含量较高的制造业为主的沿途国家进一步促进贸易往来,增加产业内贸易的比重,通过产业内贸易进一步提高我国企业的全要素生产率,并对我国的产业升级和生产技术带来更多的溢出效应。政策制定者不能仅看人均 GDP 这一指标来判断我国能从贸易伙伴那里得到的贸易利得的大小。

第三,中国对亚洲和欧洲经济体量较大的国家具有一定的贸易依赖度,而大部分的亚洲国家对中国的贸易依赖度都很大。我国可以通过"一带一路"倡议增强与经济发展水平相似的亚洲和东欧等国家的社会文化交流,带来与这些国家进一步的经济贸易交流。在与这些国家贸易量和贸易产品种类的增加过程中,我国也可以间接地打通与欧洲发达经济体进一步的贸易通道。

第四,"一带一路"沿线国家作为贸易伙伴的价值很大,同时美国、加拿大和中欧、西欧、北欧的诸个发达经济体如德国、法国和英国,东北亚国家如日本和韩国对"一带一路"倡议的支持更值得我国关注,有必要进一步努力增进多边的贸易关系。如果"一带一路"倡议能够在发展的过程中降低我国与欧美发达经济体之间的贸易成本,尤其是我国中西部地区向欧洲供货的成本,这将为我国在付出相同成本的情况下带来更多的福利。

本文的分析主要是以中国与"一带一路"沿线国家的贸易机会和经济共同发展为着眼点进行的。我们也意识到"一带一路"倡议更大的挑战来自政治协调,特别我国是大国之间的协调。同时,沿线国家地缘政治形势复杂多变,存在各种各样的矛盾和冲突。在推进经济合作和计算潜在经济效益的时候,"一带一路"沿线国家的国家风险的衡量和考量[1]也是我国在对外开放过程中不可忽视的因素。

参考文献

[1] Isard W., Peck M., Location Theory and International and Interregional Trade Theory[J]. The Quarterly Journal of Economics,1954,68(1).

[2] Beckerman W., Distance and the Pattern of Intra-European Trade[J]. The Review of Economics and Statistics,1956,38(1).

[3] Tinbergen J. Shaping the World Economy[M]. Twentieth Century Fund,1962, New York.

[4] Pöyhönen P., A Tentative Model for the Volume of Trade between Countries[J]. Weltwirtschaftliches Archiv,1963(90).

[5] Chaney T., The Network Structure of International Trade[J]. American Economic Review,2014,104(11).

[6] Halpern, L., Koren, M., Szeidl, A., Imported Inputs and Productivity[J]. American Economic Review,2015,105(12).

[7] 曹伟,万谍,金朝辉,钱水土."一带一路"背景下人民币汇率变动的进口价格传递效应研究[J].经济研究,2019(6).

[8] 杨柏,陈伟,林川,宋璐."一带一路"战略下中国企业跨国经营的文化冲突策略分析[J].管理世界,2016(9).

[9] 王桂军,卢潇潇."一带一路"倡议与中国企业升级[J].中国工业经济,2019(3).

[10] 徐思,何晓怡,钟凯."一带一路"倡议与中国企业融资约束[J].中国工业经济,2019(7).

[11] 姚星,蒲岳,吴钢,王博,王磊.中国在"一带一路"沿线的产业融合程度及地位:行业比较、地区差异及关联因素[J].经济研究,2019(9).

[12] 徐梁.基于中国与"一带一路"国家比较优势的动态分析[J].管理世界,2016(2).

[13] 李敬,陈旎,万广华,陈澍."一带一路"沿线国家货物贸易的竞争互补关系及动态

---

[1] 李兵和颜晓晨(2018)从公共安全的视角探讨了"一带一路"沿线国家的国际贸易机会。

变化——基于网络分析方法[J].管理世界,2017(4).

[14] 刘志彪,吴福象."一带一路"倡议下全球价值链的双重嵌入[J].中国社会科学,2018(8).

[15] 方慧,赵甜.中国企业对"一带一路"国家国际化经营方式研究——基于国家距离视角的考察[J].管理世界,2017(7).

[16] 吕越,陆毅,吴嵩博,王勇."一带一路"倡议的对外投资存进效应——基于2005—2016年中国企业绿地投资的双重差分检验[J].经济研究,2019(9).

[17] 李兵,颜晓晨.中国与"一带一路"沿线国家双边贸易的新比较优势——公共安全的视角[J].经济研究,2018(1).

印度视角下的"一带一路"倡议和"印太战略"

张 佳*

自 2013 年提出"一带一路"倡议以来,截至 2019 年 10 月底,中国已与 137 个国家、30 个国际组织签署了 197 份合作文件,但 6 年多来,世界各国对该倡议认知不一。在宏观层面,很多西方学者将中国的"一带一路"看作中国对海权和陆权的双向争夺,认为这是中国谋求世界霸权的战略;在微观层面,很多人在企业性质、信息透明度、政府采购、社会责任等方面对"一带一路"也提出了疑问。少数西方国家更是别有用心,用"中国威胁论"和"债务陷阱"等言论多方炒作,并用外交、军事威慑、政治力量等各种手段掣肘中国的发展。印度,这个天然与中国"一带一路"有着历史渊源和传统积淀的国家,是否加入"一带一路"、何时加入很大程度上取决于印度对中国的态度和中印关系的发展。

一、"一带一路"倡议背景下的中印关系

总体来说,"一带一路"倡议提出后,中印关系高开低走,2017 年洞朗事件后跌至冰点,此后逐渐缓和且带有波折。未来几年,面对中印在"一带一路"框架下的合作空间和美国"印太战略"的极力拉拢,印度短期内不会明确加入"一带一路",也不会和美国过于紧密,而是会随着中美两国大国博弈进程以及国际国内形势的变化,不断调适其对华政策,但其以遏制和防范中国为主基调的外交理念不会改变。

早在 2013 年 5 月李克强总理访问印度期间,就正式提出共建孟中印缅经济走廊(BCIM-EC)的倡议。该倡议作为"一带一路"的重要组成部分,得到印度的积极响应。中国在 2014 年首次邀请印度加入"一带一路"倡议,印度也曾

---

* 作者系上海社会科学院世界中国学研究所 2019 级在职博士生。

积极表态,此后两国元首在多个场合进行了正式和非正式会晤,双边关系进展顺利。这表现在:2014年7月,国家主席习近平同莫迪在巴西初次会面,同年9月,习近平主席对印度进行国事访问,并把莫迪的家乡古吉拉特邦作为行程的第一站。2015年,两国领导人又相聚在了习近平主席的家乡陕西。而2016年之后,印度对华态度发生转变。2017年6月18日,印度边防人员在中印边界锡金段越过边界线进入中方境内,阻挠中国边防部队在洞朗地区的正常活动,开始为期73天洞朗对峙,两国关系跌到谷底。

  从2017年12月开始,中印高级别会晤逐渐频繁,两国关系中合作的氛围也重新得以培育。12月20日,印度国家安全顾问多瓦尔邀请杨洁篪参加中印边界问题特别代表会晤并访问印度。2018年4月,习近平主席和莫迪总理在武汉成功会晤,中印关系迎来转机。双方围绕当今世界百年未有之大变局进行战略沟通,并强调了中印两国全方位合作规划。①在两国关系逐渐升温的背景下,各界期盼印度会有进一步动作时,印度却再次缺席2019年4月在北京举办的第二届"一带一路"国际合作高峰论坛。这是莫迪在国内各群体分歧加大、美国等域外大国强势施压下做出的举动。但随后的2019年10月,莫迪总理又精心挑选金奈这座历史文化名城与习近平主席会晤,并亲自部署安排,就中印关系和共同关心的重大国际和地区问题与习近平主席深入交换意见。2019年11月5—10日,印度作为主宾国参加了第二届中国国际进口博览会,并成为成交额增幅最大的参展国。2019年11月13日,两国领导人又在巴西利亚会面,莫迪回顾并积极评价金奈成功会晤,对第二届中国进博会取得圆满成功表示祝贺,并希望同中方不断扩大双边贸易投资,拓展在能源等领域合作。②

  从莫迪刚上台时对中国"一带一路"倡议积极回应到他的第二任期开始,通过正式和非正式会晤,与习近平主席在多个场合见面,为两国解决分歧和矛盾打下了高层的信任基础。莫迪政府充分认识到中国的重要性,印度的发展离不开中国,中国对印度机遇大于威胁,所以印度在与美国"印太战略"保持一定距离的同时,也在积极改善和发展同中国的关系。但出于"中国威胁论"的惯性思维、地缘政治考虑,以及大国博弈中的国家利益权衡,印度未来几年中

---

① 《习近平同印度总理莫迪在武汉举行非正式会晤》,新华网(http://www.xinhuanet.com/2018-04/28/c_112 2759716_2.htm),2018年4月28日。
② 《习近平会见印度总理莫迪》,新华网(http://www.xinhuanet.com/politics/leaders/2019-11/14/c_1125228993.htm),2019年11月14日。

在对华关系中仍将保持整体利好、竞争合作的态势。

二、印度视角下的"一带一路"倡议

印度,作为南亚和印度洋地区的大国,与中国虽然在诸多问题上有着分歧,但在国际治理、经济合作等许多领域有共识。印度未来将综合权衡和考虑印中关系及加入"一带一路"的可能性。

(一)印度参与"一带一路"的因素

同为发展中大国,中印处在相同的国际体系中,有着相似的经济和社会发展诉求,都走在民族复兴的道路上,也面临共同的全球性问题。两国均视发展与合作为战略需要,在国际治理和贸易体系、基础设施建设、产业合作以及反恐、能源合作等领域有着广泛的合作空间和契合点。

1. 国际治理和贸易体系领域

中印两国在国际治理方面有诸多共识,两国领导人都曾公开宣布有意在相互关心的经济问题上紧密合作。作为"金砖五国"成员,中印在维护现有经济体系、气候变化和国际恐怖主义问题上一直秉持共同的理念,特别是美国总统特朗普政府上台以来,采取单边主义和逆全球化政策,奉行"美国优先"原则,接二连三地"退群",与多个国家产生贸易摩擦,对现有国际经济秩序构成极大的挑战。印度与中国均表示了相似立场。2018年4月,莫迪在武汉与习近平主席会晤期间,表达了美国逆全球化对现有世界经济秩序造成的负面影响,双方一致认为可以在贸易、能源、安全等领域开展更多的合作。2018年6月,莫迪在第17届香格里拉对话会上也曾说过,印度是全球化的受益者,中国是印度的关键伙伴。他强烈相信"印度和中国以互信求合作,亚洲和世界的未来将更加光明"。[1]这与习近平主席对全球化等国际重大问题的观点高度一致。2019年10月两国领导人金奈会晤期间,莫迪表示,印中作为两大文明古国和发展中大国,要照顾彼此重大关切,有效管控和处理分歧,不让分歧成为争端,发展更为紧密的伙伴关系。[2]

---

[1] 莫迪香格里拉对话演讲:《让我们从前吠陀时代说起……》,观察者网(https://www.guancha.cn/modi/2018_06_05_459037.shtml),2018年6月5日。

[2] 《习近平同莫迪在金奈继续举行会晤:中印要相互成就、相互"照亮"》,中国新闻网(http://www.chinanews.com/gn/2019/10-12/8977321.shtml),2019年10月12日。

2. 基础设施建设领域

印度对区域一体化有着勃勃的雄心和宏伟的规划,不但在国内推行数个基础设施联通计划,在南亚、东南亚、非洲、中亚均有基础设施规划,但受制于资金与能力,这些计划难以付诸实施,需要外部资金加以支持。印度和平与冲突研究所维杰·沙胡加认为,中国"一带一路"中的"一路"给印度提供了大量的机遇,有助于缩小印度在海上基础设施上的技术差距。印度可以利用中国的生产能力建造高质量的船只,建设世界级港口,开发海上能源、潮汐能,等等。同时也有助于推进印度和东盟的海上互联互通,因为印度的这一倡议受制于基础设施。①2018 年,中国提出"2+1"合作方案,认为中国和印度可以利用各自的优势,在南亚国家的基础设施项目上进行合作,取得双赢或者多赢的格局,印度国内媒体对此进行深入解读和积极评价。

3. 产业合作领域

印度与中国在产业上具有互补性。印度经济增长主要来自软件、金融等服务行业,低端服务业、低端制造业和手工业吸纳了大量的就业人口,人口红利是印度经济发展的最大优势。印度总理莫迪上台后提出"印度制造",计划大力发展密集劳动产业吸纳就业人口。在中国人口红利不断耗尽、经济转型发展的过程中,印度有望从中国接收中低端制造业,通过产业对接实现效益最大化。例如,中国手机品牌商 OPPO 将扩大印度大诺伊达工厂产能,计划在 2020 年产量翻倍。在能源领域,中国在燃煤火电、核能及太阳能等新能源技术和设备制造领域领先印度,同时在技术和资金方面具有优势;而印度在能源信息化管理、风能领域具有优势,同时具有广阔的能源市场,企业国际化程度高,这些都为双方的投资合作提供了契机。②

此外,中印还在反恐、教育、文化等领域有着广泛的合作空间。

(二)印度不参与"一带一路"的考量

印度对于"一带一路"一直保持警惕,拒绝加入的说辞主要有两个,一是声称该倡议经过印巴边境争议地区克什米尔,二是所谓的"债务陷阱"。实际上,

---

① B.R. Deepak, "'One Belt One Road': China at the centre of the global geopolitics and geo-economics?" https://www.c3sindia.org/archives/one-belt-one-road-china-at-the-centre-of-the-global-geopolitics-and-geo-economics-prof-b-r-deepak/.

② 《中印应加强能源领域的合作》,第一财经网(https://www.yicai.com/news/5236890.html),2017 年 3 月 1 日。

印度对"一带一路"保持警惕的原因，除了美国"印太战略"的拉拢，还有自己更多地缘政治的考虑。

首先，印度把南亚和印度洋看作战略"后院"和必须掌控的天然"内湖"。1947年英国撤离印度后，印度天然地认为自己是英属印度的继承人，将南亚地区都看作自己的势力范围，并通过吞并锡金，数次与巴基斯坦进行战争，干涉斯里兰卡内政等行径，欲实现其类似"大印度联邦计划"的企图。不可否认，印度在除巴基斯坦之外的南亚各国都有广泛的影响力，周边外交也一直是印度政府的优先考虑。莫迪执政后，外交宣扬"周边优先"。这一外交理念在印度人民党还是在野时就出现端倪。莫迪曾经批评辛格政府不重视发展与周边国家的友好关系。莫迪刚上任时就首访不丹，2019年连任后首访马尔代夫和斯里兰卡。但现实是，印度没有足够的经济和军事实力为南亚小国发展提供更多的公共产品，却对保持地区的战略优势寸步不让，并将中国看作其地区领导权的主要竞争者。特别是中国提出"一带一路"倡议后，南亚诸国看到了中国日益强大的经济实力和巨大的合作机遇，与中国经济合作紧密，合作项目数量与贸易额逐年上升，政治联系也逐渐增强，这让印度更加肆无忌惮宣扬"中国威胁论""债务陷阱"，甚至用"珍珠链战略"抹黑中国与沿线国家开展的正常经贸活动。

其次，印度建立并大力推进由其主导的地区互联互通项目，以此来对冲中国"一带一路"倡议。印度倡导了"香料之路"，这是印度曾经在历史上和亚洲、欧洲等31个国家和地区进行贸易的路线。虽然计划进展缓慢，且没有获得太多周边国家的支持和响应，也没有相关资金配套和激励，但印度一直希望获得中国的尊重。2014年9月印度还提出"季风计划"，意图由印度主导印度洋，借历史文化重建与贸易伙伴的关系，在印度洋区域重建一个"印度的海洋世界"。两个计划被认为是印度反制"一带一路"倡议的对冲性方案。莫迪政府不光在原有的区域合作的基础上扩大合作范围，各方向发力，还一改过去印度对外行动能力上的不足，提高项目执行力，加紧由印度主导的地区间互联互通项目的建设。莫迪在国内提出"萨加马拉计划"（Sagarmala），意图将港口与内陆腹地发展联系起来，在周边，与孟加拉国、不丹、印度和尼泊尔四国签署《BBIN机动车协议》（BBIN Motor Vehicles Agreement），面对东南亚邻国，把"向东看"（Look East）政策升级为"东进行动"（Act East），与东盟国家签署《印度—东盟海上运输协议》和《印度—东盟航空服务协议》，针对西亚波斯湾国家，提出"西联政策"(Link West),推动建设伊朗查巴哈尔港,针对中亚国家的连接"中亚政策"(Connect Central Asia),最突出的动作就是土库曼斯坦—阿富汗—巴基斯坦—印度(TAPI)管道项目以及国际北南运输走廊(INSTC)的重启。这就不难理解孟中印缅经济走廊倡议自2013年提出以来,印度一直态度消极而使得项目迟迟不能顺利推进的原因了。

另外,印度还通过各种手段,破坏中国与南亚国家的友好关系。对于印度来说,其与生俱来的大国情结和雄心大而力不足的矛盾,使得印度需要利用美国及其盟友的力量来提升自己的政治影响力。凭借美国拉拢其参与"印太战略"的机遇,莫迪政府不惜牺牲周边国家利益,恶意阻碍中国与南亚国家正常的经贸关系开展。在印度看来,凡是中国在南亚次大陆和印度洋开展的活动,都是挑战其在南亚的主导权,是动了其"后院"。在印度的"煽风点火"下,马尔代夫退出刚签订一年多的中马自贸协定;印度还与美国和日本一起,干涉斯里兰卡内政,扶持亲印度政府上台。此外,还用"债务陷阱"和"非附带条件"的援助项目离间中国与孟加拉、尼泊尔等国的友好关系。

(三)中印边界问题

"两大缺少战略缓冲空间的地缘力量中心必将在'安全困境'的作用下重复过去法德争雄的梦魇。"[1]对于印度而言,中印领土争端远远超出了争议领土本身,这是作为一个"历史的存在"的挑战,牵涉到国家的尊严和自尊心。[2]独立后的印度是一个民族主义情绪相当浓厚的国家,文明自豪感、历史荣誉感与政治抱负等,是影响它的对外关系的重要因素。1962年中印边界冲突是印度政府和民众挥之不去的阴影。2017年,洞朗对峙是中印两国30年来最严重的边境武装对峙事件,也是近年来中印关系发展态势的分水岭。洞朗对峙后,印度政府与学界作出反思,结果是对中国的戒备进一步升级,在军事上和安全战略上作出了诸多安排,包括加紧中印边界的军事设施建设,加大与域外国家的安全防卫合作等。

此外,印巴关系也与中印关系息息相关。英国殖民者除了留给印度广袤的地域之外,克什米尔问题也是他们留下的"遗产",现已经成为印巴两国军事

---

[1] 李小华:《走向经济大国的中国与走向政治大国的日本——地缘政治与相互依存的双重分析》,《世界经济研究》,1999年第2期。
[2] 马荣久:《通向冲突之路——论印度对华边界政策与中印领土争端(1949—1962)》,北京:北京大学,2008年。

冲突的源头。印度与巴基斯坦长期缺乏互信，在面临共同的地区恐怖组织的威胁问题上，也是互相指责，印度更是在国际上指责和孤立巴基斯坦，想在道义上占据高点。作为"一带一路"旗舰项目的中巴经济走廊，从刚开始就受到印度强烈的抵制，印度声称该走廊穿过印巴争议的克什米尔地区损害其核心利益，新仇旧恨在走廊的建设过程中被激活。而巴基斯坦被印度看作中国的"准盟友"，虽然中国政府领导人在多个场合强调，"一带一路"秉承共商共建共享原则，多次向印度抛出橄榄枝，希望印度搁置分歧，共同发展。巴基斯坦也多次声明，不要将经济项目政治化，中巴经济走廊会给巴基斯坦和地区带来发展潜力，"一带一路"强调的是经济联通而非地缘政治。但印度迄今未改变立场。印巴关系仍然是中国推进"一带一路"的绊脚石。

（四）印度对中国在国际上涉印问题态度不满

印度对中国几次对印度加入核供应国集团（NSG）投否决票不满，对中国拒绝将"穆罕默德军"头目马苏德·阿兹哈尔列入恐怖主义分子名单的申请耿耿于怀，声称中国没有尊重印度的利益关切。印度外交部称："中印双方应尊重彼此的正当期待，中方不应将印度获取民用核技术的努力政治化，还强调两国合作打击原教旨恐怖主义问题，对两国无法在这一重要问题上加强合作感到沮丧。"①印度媒体认为："这是中国在亚洲权力博弈中试图实践自己的规则。"②莫迪上台后也在国内多个场合提到，印度在实力方面与中国处于同一等级，中国理应对印度的关切和要求作出反应。但涉及中印关系的一系列具体问题的发展态势，并未符合莫迪政府期待和设定的路径，莫迪的不断调整和多点发力渐渐转变成对中国的批评及政策上的空前强硬。③

（五）印日合作对印中合作的替代性

印度对日本基础设施资金和技术的依赖降低了对中国"一带一路"的需求。日本在亚洲的基础设施建设上有深厚的历史积淀和普遍的影响力。印日合作基础厚实，在地缘政治上有契合利益。例如，印度在东北部有领土争议地

---

① 《印度暗指中国反对印加入核供应集团　中方：分歧是次要的》，观察者网（http://www.myzaker.com/article/584ea8251bc8e03347000004），2016年12月12日。
② 《中国阻止印度加入核供应国集团　保持主导地位》，凤凰新闻网（http://news.ifeng.com/a/20160602/48899483_0.shtml），2016年6月2日。
③ Tanvi Madan,"What India Thinks about China's One Belt, One Road Initiative(but Doesn't Explicitly Say)," The Brookings Institution, March 14, 2016. htps://www.brookings.edu/blog/order-from-chaos/2016/03/14/what-india-thinks-about-chinas-one-belt-one-road-initiative-but-doesn't-explicitly-say/.

区对外资有严格限制,却对日本开放。目前两国就米佐拉姆邦 54 号国道扩建、梅加拉亚邦 51 号国道建设、锡金邦与那加兰邦森林管理、梅加拉亚邦乌米亚姆(Umiam)水电工程、阿萨姆邦杜布里(Dhubri)桥梁等项目展开合作。[①]日本自 2013 年以来,针对基础设施相继制定了"基础设施体系输出战略""高质量基础设施伙伴关系""扩展的高质量基础设施伙伴关系"等,都旨在提升在南亚和非洲原有的基础设施优势。不仅如此,印日还在第三方市场有着能源和基础设施的合作项目。2018 年印度总理莫迪访日期间两国发表联合声明,两国将加强合作修建孟加拉国境内拉姆加尔(Ramgarh)到巴拉亚尔哈特(Baraiyarhat)路段的道路与桥梁,并修建跨越贾木纳河两岸的铁路桥梁;在斯里兰卡则围绕液化天然气开发相关的基建项目展开合作。[②]除了南亚,两国在东南亚和非洲都有合作项目和规划。

三、印度视角下的"印太战略"

从 2010 年时任美国国务卿的希拉里首次提出"印太"概念,到 2017 年特朗普总统正式提出"印太战略",到 2018 年美国夏威夷珍珠港太平洋司令部改为印度洋—太平洋司令部,"印太战略"的内容不断充实,已事实上成为美国正式综合采取政治、经济、军事等手段,在更大范围内遏制和围堵中国发展势头、巩固其霸主地位的一整套外交策略。

(一)印度有限靠拢"印太战略"的考虑

中国和印度独立后经过多年的发展,双方整体实力都在不断增强,但随着中国产业结构优化转型,改革开放进程不断加快,中印经济差距越来越大。面对原本处于同一起点但实力日益增强的中国,印度在嫉妒中国崛起的同时,也感到了威胁。据印度媒体报道,以瓜达尔港为旗舰项目的中巴经济走廊建设,斯里兰卡汉班托塔港的建设让印度担心其能源通道的安全。在不断防范和警惕中国在南亚和印度洋地区的影响力的同时,印度在各领域强化了对中国的

---

① Takema Sakamoto, "For Promotion of Intra-Regional Connectivity: India-Japan Partnership for Economic Development in the Northeast," March 20, 2018. https://www.jica.go.jp/india/english/office/others/c8h0vm00009ylo4c-att/presentations_18.pdf.

② Ministry of External Affairs, Government of India, "India-Japan Fact Sheets: India-Japan Development Cooperation in the Indo-Pacific including Africa," October 29, 2018. https://www.mea.gov.in/bilateral-documents.htm?dtl/30544/IndiaJapan_Fact_Sheets.

竞争态势，殚精竭虑压制中国的生存空间。早在2012年，印度战略界就发布了《不结盟2.0：印度21世纪外交和战略政策》，报告认为，"作为一个主要大国，中国直接冲击了印度的地缘政治空间"。印度不愿看到"一个超级大国外加其他大国组成的世界"的出现。而美国的"印太战略"拉拢印度正逢时机。

虽然印度与美国在"印太战略"的认知上有着诸多分歧，但作为有着大国梦的印度来说，印度所希望的，不光是想借美日平衡中国，同时想打"中国牌"抬高对美要价，提升自己在南亚和地区的影响力和自身国际地位。①美国之前的"亚太再平衡"战略一直让印度有被排除在外的感觉，并无过多积极响应；而"印太战略"让印度看到了大国梦有望实现，反映了印度的崛起的需求；以及希望将"印太战略"与"东向行动"对接，掣肘中国在南亚和印度洋的实力。莫迪政府已明确表态，将与美国在防务安全领域开展紧密合作，依恃美国的力量加强与东亚、南太平洋和太平洋地区绝大多数国家的全面合作，共建所谓"自由、开放和繁荣的印太地区"。印度学者也普遍认为，印度在政治上和经济上已经数年保持平稳态势。印度拥有广大的市场，对外国投资、合资企业、商品出口等领域有着广泛的吸引力。印度近年以来，在国际事务中凸显自己的地位和角色，在塑造世界格局中发挥越来越重要的作用。莫迪再次当选让印度看到"大国崛起"时机已到。不久的将来，印度将从"规则追随者"成为"规则制定者"，有望成为世界多级中的一级。②

2019年12月，印美在华盛顿举行了"2+2"的对话会议，在会议上双方达成了一系列的合作协议，双方重申要加强相互的战略伙伴关系。印度已从美国的拉拢中获得了诸多受益。经济上，美国放松对印度实行技术出口管制，将其列入美国商务部《战略贸易许可例外规定》认定的第一层级，即"最受信任"国家。这意味着"印太战略"逐渐具备实质性内容，希望用印度牵制中国甚至取代中国在全球产业链中位置的意图日渐清晰；军事上，印度与美国的紧密合作前所未有，在延续之前的军事演习和军售基础上进行更多的资讯分享；政治上，美国大力支持印度加入核供应国集团（NSG）和成为安理会常任理事国。此外，双方还承诺在水管理、海洋、太空及司法等方面的合作，签署包括印美科

---

① 蓝建学：《印度"西联战略"：缘起、进展与前景》，《国际问题研究》2019年第3期。
② Achal Malhotra, "Modi Government's Foreign Policy 2.0: Priorities and Challenges," International Affairs Review, May 31, 2019. http://internationalaffairsreview.com/2019/05/31/modi-governments-foreign-policy-2-0-priorities-and-challenges/.

技合作协定(Science and Technology Cooperation Agreement)在内的一系列正式与非正式协定。

(二)印度与美国的分歧

1. 双方对"印太战略"认知上的差异

首先,双方对于战略的目标不一样。美国的"印太战略"目标和定位很明确,就是要在印太地区采取政治、经济、军事等综合手段,遏制中国的崛起,削弱中国影响力,以巩固美国的霸主地位。这个基于四边(美国、澳大利亚、日本和印度)合作的"印太战略",以"自由开放的印太"为虚,全面遏制中国为实。美国充分意识到印度是"印太战略"成功实施和推进的重要力量,将印度视作该战略的重要棋子。对于美国的企图,印度心知肚明。但印度深知,如果深陷"印太战略",将成为美国与中国对抗的工具,如果只是一味追随美国版"印太战略",不仅损害自己的大国追求,还可能恶化中印关系。相反,印度如果执行自己版本的"印太政策",通过"东向行动"加强与东亚的合作,向西加强与海湾和非洲地区的合作,凸显印度作为"印太"中心的地位,不但可以增进与印太其他国家的经济文化关系,还可提升印度的国际地位,成为亚太区域事务的重要参与者和印度洋地区的主导力量。①

其次,美印对于印太战略的地理范围认识上也存在差异。美国划定该战略的范围是从印度洋西海岸到美国的西海岸,而印度认为此战略具有"包容性",还包括非洲海岸和美洲海岸。②莫迪在2018年香格里拉对话演讲中称,印度的印太地区愿景是积极的,"印太战略"并不针对任何国家,新德里将包容性地与该地区国家进行接触,"印度洋—太平洋"不是一个战略概念,而是一个地区概念。印度希望通过"印太战略",维护地区和平,并与越南、印度尼西亚、菲律宾、新加坡等东盟国家开展合作。印度作为地区新兴大国,将联合这些国家共同应对中国在该地区"不断迅猛的势头",特别是中国在南海海域的立场。③印度学者库拉纳认为,"印度的意图是重新概念化亚洲如何把印度洋和太平洋

---

① 龙兴春:《印度版"印太"冲击美战略意图》,《环球时报》2020年1月4日。
② Richard M. Rossow, "Modi at Shangri-La: Covering the Waterfront While Pulling Punches," June 4, 2018. https://www.csis.org/analysis/modi-shangri-la-covering-waterfront-while-pulling-punches.
③ Rezaul Laskar, "New Delhi Decoding the Indo-Pacific and China in Indian Ocean," Hindustan Times, December 13, 2019. https://www.hindustantimes.com/india-news/decoding-the-indo-pacific-and-china-in-indian-ocean/story-G00YTptqR9wXfbZGJ196TK.html.

连在一起,首要目标是通过商业和战略性海洋合作维护全球和地区的稳定,而不是一个相反的,把亚洲分为朋友和敌人的地缘政治框架"。①

2. 印度与伊朗、俄罗斯的关系

2003 年印度就与伊朗商定共同开发恰巴哈尔港。在印度看来,恰巴哈尔港可以"为阿富汗提供关键物资供应线路,方便印度绕过巴基斯坦与中亚开展贸易,同时遏止巴基斯坦瓜达尔港变成中亚国家贸易的出海口"。②此后数十年中,该项目因伊核问题数次受到阻碍。虽然恰巴哈尔港项目被免除制裁,但却无法开展业务。2019 年 12 月,伊朗总统鲁哈尼在德黑兰与印度外交部长苏杰生 S.Jaishankar 会面,双方同意快速连接伊朗战略港口恰巴哈尔港及靠近阿富汗边界附近扎黑丹市的铁路建设,以促进区域贸易,突破美国制裁。此外,伊朗还是印度前三大石油供应国之一,所以印度要不顾美国制裁坚持与伊朗开展能源合作,努力维护自身能源安全和经济安全利益。印度专家认为,此举不仅是为了"寻找最省钱的能源和硬件来源",也是向美国表明,"印度不是一个可以让人随意摆布的香蕉共和国,它将首先关注自己的利益,哪怕面临着来自一个超级大国的压力"。③

印度和俄罗斯也一直保持良好的军事合作关系。除了武器贸易、联合军事演习外,双方还开展了众多联合研制项目,涉及导弹、核潜艇和战斗机等现代军事前沿,印度依靠俄罗斯逐渐建立起自己的军事体系。2018 年 10 月,印度仍不顾美国反对,同俄罗斯签订了总额高达 54.3 亿美元的 S-400"凯旋"防空导弹供应合同。紧密的印俄关系对美国来说自然是不愿意看到的。

3. 印美在其他领域的分歧

与特朗普政府接二连三的"退群"、搞单边主义和"美国优先"、逆全球化走向明显等行动与态度不同,莫迪政府在应对气候变化、防灾减灾及人道主义救援等全球性和地区挑战上,积极参与并尝试推动创建新的多边合作机制。例

---

① Gurpreet S. Khurana, "Trump's new Cold War alliance in Asia is dangerous," November 14, 2017. https://www.washingtonpost.com/news/theworldpost/wp/2017/11/14/trump-asia-trip/?noredirect=on&utmterm=.2c7d59664fa2.

② Rezaul H. Laskar, "India Takes over Operations of Iran's Strategic Chabahar Port," Hindustan Times, December 24, 2018. https://www.hindustantimes.com/india-news/india-takes-over-chabahar-port-operations-from-iran-will-ship-supplies-to-afghanistan/story-kWKZeStt1MfQR4s5Voz4fL.html.

③ "Four Ways India is Putting Its Own Interests before Washington's," RT News, February 20, 2019. https://www.rt.com/news/451820-india-defies-us-interests/.

如,印度和法国合作创建的"国际太阳能联盟",得到全球120多个国家的支持,提升了印度在应对气候变化问题上的影响力和话语权。

此外,印美在经贸领域的争端也由来已久,美国政府高官、特朗普本人也多次在公开场合批评印度的贸易政策,认为美国产品和美国公司在印度市场没有得到公平对待,印度"未能确保平等合理的市场准入"。[1]美国商务部长罗斯(Wilbur Ross)公开称呼印度为高关税国,敦促印度政府降低对美国出口印度商品的关税和放松对美国企业进入印度市场的准入要求。[2]

在防务领域两国也存在分歧。虽然困于国内产业基础和技术人才的短板,但印度从未放慢过自主研制武器的步伐。印度一直要求与美国联合研发联合生产,希冀消化和吸收美国先进的军工技术,提高自己自主研发和生产军事装备的能力,而美国只希望单独售卖武器。

四、中印关系未来走向及对策建议

(一)中印关系未来走向

在"一带一路"倡议继续推进和"印太战略"咄咄逼人的大背景下,中印两国将继续在竞争中略带合作。鉴于印度国内上下对于"大国梦"的追求,莫迪政府强烈的个人风格和奉行实用主义的传统,加上域外国家的介入和离间,中印关系将总体稳定但趋复杂化和多层次化,在合作基础上的摩擦与意见分歧将成为常态。在中国迅速崛起但尚不具备与美国实力相当的大国地位前,印度会积极在多个层面、多个议题上参与与中国有着竞争性的国家间、地区间和国际事务,削弱和对冲中国的势力,彰显其存在和地位。短期来看,如果没有"黑天鹅事件",印度明确加入"一带一路"倡议的希望渺茫,但不排除在替代国优势缺席的情况下,在地区个别非敏感国家的基础设施联通项目上与中国有小范围的合作。与此同时,印度也会根据国家利益有选择地提升与美国的合作,但在关键问题和中国的核心利益上不会铤而走险。印度多大程度上参与

---

[1] US Commerce Secretary Warns India on "Unfair Trade Policies," The Economic Times, May 8, 2019. https://eco-nomictimes.indiatimes.com/news/economy/foreign-trade/us-commerce-secretary-warns-india-against-any-retaliatory-tariffs/articleshow/69217711.cms.

[2] "'US Least Protectionist, India High-Tariff Nation': Official," NDTV, June 14, 2019. https://www.ndtv.com/india-news/us-official-wilbur-ross-says-us-least-protectionist-india-high-tariff-nation-2052958.

美国主导的"印太战略"取决于印度的国家利益和莫迪的"大国"政治诉求。

(二) 对策建议

"一带一路"倡议是在"百年未有大变局"背景下,中国提出的中国方案和世界之策,是中国"和平崛起"的战略选择,对于中国来说具有重要的战略和时代意义。2019年,中国人均GDP已超1万美元。这是一个历史性的进步和重要的关口,在国际上产生了强烈影响。对于实现中华民族伟大复兴进程中的中国来说,为了让"一带一路"倡议未来能顺利推进,不能忽视也无法回避印度这个崛起大国。无论从它的地理位置,还是历史文化,还是从维护现有国际经济秩序角度来说,印度始终应该是中国争取的对象。

中国在坚持中印关系"底线思维"的同时,要顾及印度的战略关切,加强战略层面的沟通,增强互信,关照印度在南亚地区的历史立场和现实利益诉求;要考虑地区力量平衡,充分认识和理解边界问题及"中国威胁"在印度国内的认知,以及这些问题对于印度民意和外交政策影响的走向;要理性系统分析莫迪提出的"印度制造""智慧城市""技能印度"等计划的内涵和具体举措,与我国的产业发展战略相对接;要重点关注印度国内问题对外交政策延伸的现实,例如引进外资和扩大开放与保护中小手工业的矛盾在"区域全面经济伙伴关系"(RCEP)协定等区域及双边自贸协定上的立场等;要将"一带一路"与印度主导的地区互联互通项目相结合,逐个攻坚和突破,积极共同开发地区第三国市场。此外,还要积极开展智库和民间交流,加强沟通,深化对敏感问题的了解和认识,正面引导舆论和民意,为"一带一路"倡议创造更好的合作空间和民意基础。

长三角城市群流量经济发展测度
——基于城市流的视角

王素云

一、引　　言

随着城市群的兴起和繁荣,城市群的持续协调发展已经成为我国经济社会可持续发展的主导力量(魏后凯等,2020;唐为,2021)。长三角作为最具全球竞争力的城市群之一,在链接国内国际两个市场和全方位开放格局中具有举足轻重的战略地位。长三角是国家高质量发展最强劲活跃的增长极,长三角中心城市面积22.5万平方公里,占全国面积的2.3%;常住人口1.6亿,占全国人口的11.8%;2020年长三角27市GDP总量21.2万亿元,占全国GDP总量的20.9%。2018年习近平总书记在首届中国进博会上提出,支持长三角一体化发展并将其上升为国家战略。促成长三角一体化发展已经成为共识,研究长三角城市群经济协同发展具有极其重要的理论意义和实践探索价值。值得关注的是,随着信息化和网络化的发展,世界经济从以实体经济为主体的工业文明时代,进入以实体经济与虚拟经济相互渗透的信息文明时代(Schwab,2016)。数字经济的快速发展促进了信息、人才、货物、技术等经济要素迅速地集聚和扩散,经济的流动性特征愈发突出(石良平等,2019)。在新发展格局下,长三角肩负在区域内通过分工协作实现共赢、在全球产业分工中占有重要地位的双重任务,一体化协同发展需最大限度推进人才流、货物流、资金流、信息流畅通集聚。如今,数字经济迅速发展且成为经济的重要动力,这为赋能长三角一体化提供了新的战略方向。为此,本文基于流量化导向的发展战略分析长三角城市群城市流强度和外向型功能,寻找长三角一体化新的结合点,探索数字经济赋能一体化的新途径。

二、文献综述

人口在空间上的流动与集聚会带来城市化,资本在空间上的集聚和流动逐渐带来产业集群,当两者同时发生同向的集聚和流动时,则会带来城市的发展和城市群的形成。信息化时代经济中的许多问题都与要素流动和空间集聚相关。Castells(1996)指出我们的社会是建立在要素流动的基础上,资金流动、技术的扩散流动、人员流动、物资流动,等等,未来经济社会的空间结构将建立在"流"、连接、网络和节点基础之上,形成"流动空间"。Kelly(2016)指出我们工业文明经济建立在堆满实体货品的仓库和工厂之上,这些实体库存仍然必要,但目前我们的注意力已经从实体货品的库存上,转移到无形产品的流动上。随着全球化广度和深度的不断拓展,"流"的总体规模趋于扩大、层级趋于分化、类型趋于多样化,继而改变了区域间的相互关系及其作用机制(刘卫东和甄峰,2004;方创琳,2013,2018)。要素流动与空间集聚已经成为现代经济发展中不可或缺的重要内容。信息、通信和互联网技术的迅猛发展,使得流量化成为新的城市发展趋势,各种经济要素在空间中的流动不再完全是传统意义上的实物形态的运动方式,更多是以网络化、信息化、虚拟化的形态存在(沈桂龙和张晓娣,2016)。周振华(2008)指出,虽然信息技术的广泛应用和网络效应能够压缩时间和空间,但是许多隐形知识是无法通过编码来传输的,信息化呈现出对城市特别是大城市有着较强的依附性,在信息化的背景下,现代城市不仅是其所在区域的物资、能源、资金、人才以及市场的高度集中点,更是各种信息产生、交流、释放和传递的高度聚合点,形成一种全新的流动空间的集中。

总体上看,对已有相关研究进行梳理发现,国内外关于城市流的探讨形成以下三个路径:第一种路径从信息网络角度出发,认为信息是社会过程和社会组织的原材料,经济生产、文化交流等社会构建都是依赖对信息和知识的收集、存储和生产的基础上,重点强调社会关系网络对要素流动的影响,强调经济的"节点和网络中心"的重要性(赵维良和韩增林,2015;王宁宁等,2018);第二种路径从流空间角度出发,认为信息、通信和互联网技术的发展使得信息流、人员流、物流、资金流、技术流得以在全球范围内顺畅流动,从而在实现空间形态由静态的位空间向各种流构成的动态流空间的转变,最终影响到地区经济的发展(王钊等,2017;陈维肖等,2020);第三种路径从外部经济性、比较优势、交易成本等理论角度出发,把城市流具体指标化为要素的流动,解释区域间或者国家间的人流、物流、信息流等要素流动的原因和机制和对经济的影响(李洪涛和王丽丽,2020;王雨和张京祥,2022)。这三个角度都指出了当前经济发展的关键在于知识和信息为基础发挥合能效果的能力直接联系到工业生产和商业应用,并结合城市所具有的文化、商业与制度优势。数字经济背景下城市不仅是其所在区域的生产和消费、资金和人才的高度集中点,更是各种信息产生、交流、释放和传递的高度聚合点。数字技术赋能使得部分行业呈现"地理摩擦几乎为零"的特点,经济的流动性被赋予新的内涵。规模和强度日渐增大的要素流动和空间集聚吸引了更多的关注,城市流成为人们关注的重点领域。

三、模型构建

在城市群内部,城市间的人员流、货物流、资金流、技术流、信息流等发生着频繁的、双向的或者多向的流动,促使各种要素在空间上集聚和扩散。本文选取长三角城市群26个核心城市[①]作为研究对象,采用第二产业和第三产业中的12个细分产业的数据,通过城市流强度模型观测长三角地区流量经济的发展趋势。

(一)理论模型

城市流强度(F)是城市外向功能量(E)与其所产生的实际影响力(N)之积,表示城市对外联系与辐射的能力。某个城市是否具有外向功能量,取决于该城市中某一部门从业人员的区位熵(LQ)。

$$LQ_{ij}=\frac{Q_{ij}/Q_i}{Q_j/Q} \tag{1}$$

[①] 2019年12月印发实施《长江三角洲区域一体化发展规划纲要》中把浙江温州纳入长三角一体化,自此长三角一体化中心区范围由26个城市扩展到27个城市。但是考虑到本文使用数据存在滞后性,因此数据采用的是26个城市。

其中，LQ_{ij} 为 i 城市 j 部门的区位熵，Q_{ij} 为 i 城市 j 部门的从业人员数，Q_i 为 i 城市总从业人员数量，Q_j 为全区域内总从业人数，如果 $LQ_{ij}>1$，表明 j 部门在 i 城市的集聚程度高于区域内的平均水平，因为 j 部门除了满足 i 城市自身经济发展需要外，还能为区域内其他地区提供经济服务，从而具有外向功能。

$$E_{ij}=Q_{ij}-Q_i\left(\frac{Q_j}{Q}\right)=Q_{ij}-\frac{Q_{ij}}{LQ_{ij}}=Q_{ij}\left(1-\frac{1}{L_{ij}}\right) \quad (2)$$

反之，如果 $LQ_{ij}<1$，则表明 j 部门在 i 城市的集聚程度低于区域内平均水平，不具有外向型功能，意味着 $E_{ij}=0$。

i 个城市 m 个部门总的外向功能量 E_i 为：

$$E_i=\sum_{i=1}^{m}E_{ij}(i=1,2,\cdots,n;j=1,2,\cdots,m) \quad (3)$$

i 城市功能效率 N_i 用人均从业人员的 GDP 来表示，即：

$$N_i=GDP_i/Q_i \quad (4)$$

GDP_i 为 i 城市的 GDP，i 城市的城市流强度 F_i 为：

$$F_i=E_i*N_i=GDP_i*\left(\frac{E_i}{Q_i}\right)=GDP_i*K_i \quad (5)$$

其中 K_i 为 i 城市外向总功能量占总功能量的比例，反映了城市总功能量的外向程度。城市流强度 F_i 是城市外向型功能所产生的集聚与扩散能量，说明城市与外界联系的数量指标。

(二) 数据来源

本文数据来源于 2016 年《中国城市统计年鉴》《上海市统计年鉴》《江苏省统计年鉴》《浙江省统计年鉴》《安徽省统计年鉴》，包括各城市群第二产业的制造业[①]以及第三产业的细分行业共计 11 个具备流量经济特征的行业的从业人数，其中城市统计数据按照《中国城市统计年鉴》中的地级市市区（全市）为统计单元。

---

① 第二产业细分行业为：采矿业、制造业、电力、燃气及水的生产和供应业、建筑业。基于流量经济的考虑，本文只选取第二产业中的制造业。

表 1 本文选取的城市产业部门

产　业	细分行业	流量功能
第二产业	(1)建筑业(2)制造业	表现为技术流、资金流，体现城市的生产功能
第三产业①	(3)批发和零售业；(4)交通运输、仓储和邮政业；(5)住宿和餐饮业；(6)信息传输、计算机服务和软件业；(7)金融业；(8)房地产业；(9)租赁和商业服务业；(10)科学研究、技术服务和地质勘查业；(11)教育业；(12)文化、体育、娱乐用房屋	表现为人员流、物流、信息流、资金流(金融资产流)，体现城市的服务功能

资料来源：根据《中国统计年鉴》《中国城市统计年鉴》2010年、2016年的数据归纳和整理。

四、实　证　分　析

区位熵的大小不仅反映城市在所在城市群中专业化水平的高低，还表明该部门外向型水平的强弱。由区位熵的公式计算出长三角城市群核心城市12个行业的区位熵情况。

表 2　2016年长三角核心城市制造业和服务业主要部门区位熵

城市	(1)	(2)	(3)	(4)	(5)	(6)	(7)	(8)	(9)	(10)	(11)	(12)
上海	0.22	0.84	2.09	1.97	1.81	1.66	1.45	1.78	2.41	1.76	0.82	1.34
南京	0.91	0.73	1.37	1.54	1.19	2.95	0.62	1.15	1.13	1.89	1.20	1.81
无锡	0.35	1.67	0.73	0.60	1.03	0.98	0.85	0.80	0.36	0.65	0.96	0.84
常州	0.51	1.41	0.49	0.64	1.29	0.40	1.04	0.65	0.79	0.88	1.36	1.57
苏州	0.23	2.05	0.59	0.51	0.68	0.60	0.63	0.85	0.45	0.41	0.58	0.45
南通	2.60	0.66	0.31	0.31	0.15	0.20	0.58	0.24	0.43	0.46	0.64	0.31
盐城	1.47	0.83	0.50	0.69	0.52	0.32	0.95	0.53	0.47	0.42	1.42	0.83
扬州	2.06	0.78	0.27	0.51	0.46	0.41	0.48	0.40	0.46	0.59	1.09	0.51
镇江	0.42	1.46	0.56	0.60	0.57	0.36	1.09	0.96	0.53	0.95	1.34	0.86

① 根据中国城市统计年鉴统计数据，第三产业共计15个细分行业，其中水利、环境和公共设施管理业，居民服务、修理和其他服务业，卫生、社会保障和社会福利业，公共管理和社会组织4个细分行业具有为本地区居民服务的属性，故在实证中剔除上述4个行业数据。

(续表)

城 市	(1)	(2)	(3)	(4)	(5)	(6)	(7)	(8)	(9)	(10)	(11)	(12)
泰 州	2.16	0.81	0.38	0.56	0.21	0.26	0.57	0.36	0.35	0.30	0.82	0.43
杭 州	1.24	0.69	1.08	0.85	1.19	1.73	1.15	1.59	1.00	1.50	1.07	1.21
宁 波	0.81	1.28	0.66	0.88	0.51	0.35	1.39	0.67	1.02	0.59	0.93	0.96
嘉 兴	0.31	1.69	0.51	0.51	0.55	0.26	0.89	0.95	0.82	0.57	1.17	0.97
湖 州	1.18	1.10	0.63	0.38	0.82	0.36	1.18	0.65	0.35	0.44	1.11	1.03
绍 兴	2.44	0.74	0.31	0.27	0.27	0.15	0.56	0.24	0.21	0.30	0.72	0.73
金 华	2.19	0.48	0.31	0.57	0.43	0.35	1.08	0.31	0.51	0.28	1.14	0.84
舟 山	0.67	0.65	2.42	1.73	5.54	1.00	0.64	0.87	0.91	0.50	0.56	1.75
台 州	1.66	0.89	0.39	0.36	0.35	0.24	1.46	0.49	0.31	0.44	1.09	0.63
合 肥	1.44	0.72	0.92	1.12	0.93	0.99	0.73	1.04	0.43	1.31	1.24	1.12
芜 湖	0.64	1.15	0.85	1.43	0.78	0.36	0.99	0.77	0.26	0.81	1.76	0.59
马鞍山	0.64	0.86	0.45	0.69	0.13	0.53	1.46	0.54	0.51	0.95	1.70	0.75
铜 陵	0.85	1.06	0.42	0.81	0.41	0.28	0.85	1.10	0.42	0.60	1.61	0.86
安 庆	0.50	0.79	0.67	0.69	0.67	0.74	1.03	1.02	0.25	0.69	2.68	1.17
滁 州	0.33	0.92	0.60	0.89	0.34	0.68	1.16	0.60	0.20	0.94	2.94	0.38
池 州	0.63	0.58	0.60	0.91	1.12	0.61	1.73	0.76	0.47	1.03	2.22	3.48
宣 城	0.30	0.90	0.74	0.64	0.31	0.77	1.41	0.81	0.22	0.67	2.46	1.23

通过理论模型对统计数据处理和计算,得到长三角群各城市主要部门区位熵,表2的研究结果表明:

一是长三角城市群以上海为中心的特征十分明显。上海在批发和零售业、交通运输、仓储和邮政业、住宿和餐饮业、信息传输、计算机服务和软件业、金融业、房地产业、租赁和商业服务业、科学研究、技术服务和地质勘查业、文化、体育、娱乐用房屋领域的聚集效应十分显著,上述产业的区位熵显著大于1,体现上海在该领域具备较高的竞争优势。

二是长三角城市群中省会城市资源集聚作用明显。区位熵大于1的产业部门数量相对较为密集,南京、杭州、合肥区位熵大于1的产业部门数量分别为9个、10个和6个,反映出省会城市在市场、人才、服务等方面的优势,具有显著的流量吸引力。

三是长三角城市群内部存在外向型产业发展不平衡的现象。例如,长三角城市区中,江苏省和浙江省的城市在建筑业和制造业领域具有较高的专业化水平,如苏州、镇江、嘉兴在制造业领域具有优势,南通、扬州、泰州、绍兴、金华在建筑业领域具有优势,而隶属于安徽省的部分城市的产业优势有待挖掘。

表3 长三角城市群外向型功能(按产业分类)

部 门	2010年	2015年	增长率(%)
(1)建筑业	84.19	257.09	205
(2)制造业	90.84	191.49	111
(3)批发和零售业	23.88	59.66	150
(4)交通运输、仓储和邮政业	5.52	39.09	608
(5)住宿和餐饮业	16.05	17.05	6
(6)信息传输、计算机服务和软件业	9.04	25.58	183
(7)金融业	10.81	17.20	59
(8)房地产业	7.64	17.14	124
(9)租赁和商业服务业	11.96	38.27	220
(10)科学研究、技术服务和地质勘查业	17.42	18.63	7
(11)教育	23.78	24.71	4
(12)文化、体育、娱乐用房屋	2.85	4.03	41

表3分别测算了2010年和2015年城市外向功能量,一方面,长三角城市群建筑业和制造业、批发和零售业位列前三名,辐射功能较为突出。另一方面,和2010年的数据相比,2010年长三角城市群中的交通运输、仓储和邮政业、租赁和商业服务业、信息传输、计算机服务和软件业产业外向功能量的增长显著。尤其是交通运输、仓储和邮政业的增长率高达608%,信息传输、计算机服务和软件业增长率为183%,表明信息化以及由信息化带动产业发展的力量在崛起中。

城市流强度反映城市与外界区域的联系程度,城市流强度越大表明其与外界区域的联系越紧密。从整体上看,长三角城市群的城市流强度总体上呈

表4 各节点城市总外向功能量、功能效率及城市流倾向度与强度

城 市	2010年 外向功能量 E_i（万人）	功能效率 N_i（万元/人）	城市流倾向度 K_i	城市流强度 F_i	2015年 外向功能量 E_i（万人）	功能效率 N_i（万元/人）	城市流倾向度 K_i	城市流强度 F_i
上 海	67.8	43.7	0.2	2 960.5	174.75	34.75	0.24	6 073.43
南 京	12.0	40.8	0.1	489.6	29.59	45.62	0.14	1 349.57
无 锡	11.9	69.8	0.1	831.5	26.87	71.71	0.23	1 927.00
常 州	3.2	79.8	0.1	253.3	11.81	75.45	0.17	891.12
苏 州	37.1	70.5	0.3	2 619.6	107.86	47.72	0.35	5 147.10
南 通	7.1	54.9	0.1	389.8	76.08	29.30	0.36	2 229.39
盐 城	3.8	44.9	0.1	169.8	11.57	47.22	0.13	546.16
扬 州	3.7	55.6	0.1	206.2	26.49	37.05	0.24	981.33
镇 江	3.9	53.3	0.1	206.2	9.07	69.36	0.18	628.93
泰 州	2.6	55.1	0.1	141.5	28.04	34.41	0.26	964.93
杭 州	34.2	25.6	0.1	873.6	32.35	34.83	0.11	1 126.87
宁 波	17.9	37.0	0.1	660.1	18.25	47.97	0.11	875.53
嘉 兴	19.7	28.6	0.2	563.8	19.63	43.48	0.24	853.62
湖 州	3.9	34.3	0.1	132.4	4.35	41.64	0.09	181.28
绍 兴	33.0	26.1	0.3	861.2	45.27	32.22	0.33	1 458.28
金 华	5.0	40.2	0.1	199.5	26.48	36.03	0.28	953.93
舟 山	1.7	38.4	0.1	63.6	9.77	23.45	0.21	229.24
台 州	11.2	34.8	0.2	388.1	17.12	35.15	0.17	601.64
合 肥	11.7	38.0	0.1	445.1	18.30	39.34	0.13	720.02
芜 湖	1.9	50.2	0.1	93.4	5.09	55.26	0.11	281.40
马鞍山	0.8	61.5	0.1	50.2	1.28	59.01	0.06	75.46
铜 陵	0.9	40.0	0.1	36.0	1.01	52.81	0.06	53.32
安 庆	4.1	40.8	0.2	167.4	3.32	42.39	0.10	140.80
滁 州	2.6	39.0	0.1	101.6	2.78	54.98	0.12	153.01
池 州	1.2	42.4	0.2	51.5	1.21	50.83	0.11	61.59
宣 城	1.4	42.6	0.1	59.8	1.59	60.55	0.10	96.21

现上升趋势,但是城市之间的城市流强度增长存在显著的"异质性"。长三角城市群中的上海、南京、苏州、无锡、南通等城市流强度增速较为明显,而泰州、安庆、池州的城市流强度增长趋势不显著。以上海为例,2010年上海市的城市流强度值是马鞍山的59倍,2015年这一比例已经增加到80倍。长三角城市群内城市间的城市流强度差距呈扩大趋势,核心节点城市的资源的集中度和凝聚力进一步增强,尤其在交通运输、仓储和邮政业、租赁和商业服务业、信息传输、计算机服务和软件业产业外向功能量显著增长,经济流量化背景下"强者恒强"的马太效应有进一步加强的趋势,特大城市的平台优势凸显。

五、结论及对策建议

本文在城市流的理论分析框架下研究城市间的经济流量化特征、城市流强度和外向型功能,并以长三角城市群核心城市的12个细分产业的数据进行实证。通过动态对比城市流强度发现,长三角城市群的城市流强度增长存在显著的"异质性",城市流强度差距呈扩大趋势。一方面长三角城市群中节点城市的外向型功能进一步提升,节点城市的城市流强度实现层级跃迁;另一方面,边缘城市的城市流强度虽然有所增长,但是缓慢的增速导致外向型功能被相对"压缩"。基于上述研究结论,本文得出以下政策启示:

一是伴随着数字经济赋能推动信息化与实体的进一步结合,以互联网为代表的数字经济蓬勃发展,信息和通信技术使得各种"流"突破空间距离的障碍,各种"流"流动的速度越来越快、效率越来越高、规模越来越大。城市不仅是其所在区域的物资、能源、资金、人才以及市场的高度集中点,更是各种信息产生、交流、释放和传递的高度聚合点。城市经济更加注重要素流动的内容、形态和层次。这种理论在经济层面体现为由对自然资源的依赖、对投资的依赖的传统发展战略,转变为基于流量化导向的发展战略。这也意味着城市需扭转固有的存量思维理念,在维护城市基础设施投入基础上,更加重视技术流、资金流、人才流动、信息流动等流量化的指标上。

二是推动长三角城市群一体化还需从要素流量化发展趋势出发,强调区域之间的协作和互动,强化协同创新网络功能,破除要素流动的障碍。在充分借力各地资源禀赋不同的基础上,加强战略协同和错位互补,从顶层上谋划一体化发展,在更大的范围内推动要素的整合和共享。信息化和服务化的趋势赋予了经济发展新的特点和比较优势,城市流强度的非均衡增长为推进长三角一体化提供了新的发展思路,在强调均衡发展的同时不可忽视强化节点城市的辐射作用。因此,推进长三角一体化需树立流量化的发展战略导向,强化以信息传输、计算机服务和软件业为代表的外向型功能量产业的集聚发展,抢占流量经济的战略高地。

参考文献

[1] 魏后凯,年猛,李玏."十四五"时期中国区域发展战略与政策[J].中国工业经济,2020(5).

[2] 唐为.要素市场一体化与城市群经济的发展——基于微观企业数据的分析[J].经济学(季刊),2021,21(1).

[3] 石良平,王素云,王晶晶.从存量到流量的经济学分析:流量经济理论框架的构建[J].学术月刊,2019,51(1).

[4] 克劳斯·施瓦布.第四次工业革命转型的力量[M].中信出版社,2016.

[5] Castells M. The Information Age I: The Rise of the Network Society. 2000.

[6] 凯文·凯利.必然[M].电子工业出版社,2016.

[7] 刘卫东,甄峰.信息化对社会经济空间组织的影响研究[J].地理学报,2004(z1).

[8] 方创琳.中国城市发展格局优化的科学基础与框架体系[J].经济地理,2013,33(12).

[9] 方创琳.城市群发展能级的提升路径[J].国家治理,2018(48).

[10] 沈桂龙,张晓娣.上海流量经济发展:必然趋势、现实状况与对策思路[J].上海经济研究,2016(8).

[11] 周振华,韩汉君.流量经济及其理论体系[J].上海经济研究,2002(1).

[12] 赵维良,韩增林.从城市首位度到网络中心性——城市规模分布的关系视角[J].城市发展研究,2015,22(12).

[13] 王宁宁,陈锐,赵宇.基于网络分析的城市信息空间与经济空间的综合研究[J].地理与地理信息科学,2018,34(4).

[14] 王钊,杨山,龚富华,刘帅宾.基于城市流空间的城市群变形结构识别——以长江三角洲城市群为例[J].地理科学,2017,37(9).

[15] 陈维肖,刘玮辰,段学军.基于"流空间"视角的铁路客运空间组织分析——以长三角城市群为例[J].地理研究,2020,39(10).

[16] 李洪涛,王丽丽.城市群发展规划对要素流动与高效集聚的影响研究[J].经济学家,2020(12).

[17] 王雨,张京祥.区域经济一体化的机制与效应——基于制度距离的空间发展解释[J].经济地理,2022,42(1).

依托上海城市软实力优势，打造国际传播国家级平台
——上海社会科学院推进学术外宣、讲好中国故事的探索与实践

吴雪明

2021年5月31日，习近平总书记在主持中央政治局第三十次集体学习时强调，讲好中国故事，传播好中国声音，展示真实、立体、全面的中国，是加强我国国际传播能力建设的重要任务。习近平总书记指出，要深入开展各种形式的人文交流活动，通过多种途径推动我国同各国的人文交流和民心相通，要更好发挥高层次专家作用，利用重要国际会议论坛、外国主流媒体等平台和渠道发声，要广交朋友、团结和争取大多数，不断扩大知华友华的国际舆论朋友圈。

一、背景情况

在100年的历程中，我们党始终重视对外宣传。党的十八大以来，党中央高度重视和全面推进国际传播工作。习近平总书记在2013年8月19日全国宣传思想工作会议上的重要讲话（"8·19"讲话）中首次提出国际传播能力建设，提出"增强在国际上的话语权"的战略目标，要求从创新外宣方式、建设话语体系和讲好中国故事三个方面推进国际传播能力建设。2013年12月30日，习近平总书记在主持十八届中央政治局第十二次集体学习时，在"提高国际话语权"这个短期目标基础上，提出了要"提高国家文化软实力"这一长期目标，要求塑造好文明大国、东方大国、负责任大国和社会主义大国四种国家形象。2016年2月19日，习近平总书记在党的新闻舆论工作座谈会上的讲话中，对国际传播能力建设的定位、方向、路径和方法等做了阐述，扩充了"讲故事"的内涵和范畴，要求讲好中国特色社会主义、中国梦、中国人、中华优秀传

统文化、中国和平发展等故事。2016年5月17日,习近平总书记在哲学社会科学工作座谈会上指出,要让世界知道"学术中的中国""理论中的中国""哲学社会科学中的中国",将话语体系建设上升到理论传播的高度。2017年10月18日,在党的十九大报告中,习近平总书记进一步完善了讲好中国故事的手段方法——"展现真实、立体、全面的中国",增强了国际传播能力建设的现实应用性和实践性。2018年8月21日,在全国宣传工作会议上,习近平总书记提出了"举旗帜、聚民心、育新人、兴文化、展形象"的使命任务,其中"展形象"的具体内容就是"推进国际传播能力建设,讲好中国故事、传播好中国声音,向世界展现真实、立体、全面的中国,提高国家文化软实力和中华文化影响力"。2019年1月25日,习近平总书记在十九届中央政治局第十二次集体学习时的重要讲话中,要求媒体"在构建对外传播话语体系上下功夫,在乐于接受和易于理解上下功夫,在乐于接受和易于理解上下功夫"。2020年2月3日,习近平总书记在十九届中央政治局常委会会议研究应对新冠肺炎疫情工作时提出,要"占据主动,有效影响国际舆论",回应关切、讲好故事、展现精神,成为抗疫期间和后疫情时代旗舰媒体做好国际传播工作的重要着力点。

  2021年5月31日,中共中央政治局就加强我国国际传播能力建设进行第三十次集体学习,此前虽然多次提到国际传播能力建设,但是将其作为主题尚属首次。习近平总书记在主持学习时,对加强国际传播能力建设进行系统阐述,要求加强顶层设计和研究布局,构建具有鲜明中国特色的战略传播体系,着力提高国际传播影响力、中华文化感召力、中国形象亲和力、中国话语说服力、国际舆论引导力,不断提高塑造国家形象、影响国际舆论场、掌握国际话语权的能力和水平,具体包括五个方面的战略要求:构建中国话语和中国叙事体系,宣介中国主张、中国智慧、中国方案,开展各种形式的人文交流,提升国际传播效能,把国际传播能力建设纳入意识形态工作责任制。这一系列关于国际传播能力建设的重要阐述和战略部署,对新时期做好外宣工作有着极强的指导意义。

  2021年6月22日,中共上海十一届市委十一次全会审议通过《中共上海市委关于厚植城市精神彰显城市品格 全面提升上海城市软实力的意见》。在地方党委全会上,以"软实力"为主题还是第一次。习近平曾亲自提炼概括了"海纳百川、追求卓越、开明睿智、大气谦和"的上海城市精神和"开放、创新、包容"的上海城市品格,并对提升软实力做出一系列重要论述,为上海城市软实力建设指明了前进方向。上海必须全面提升国际传播能力和国际影响力,更好向世界展示传统与现代交融、本土与外来辉映、有序与灵动兼具、文明与活力并蓄的社会主义现代化国际大都市形象。通过构筑对外交流平台,积极开展"中华文化走出去"活动,推进城市外交、民间外交和公共外交,加强教育、文化、旅游、卫生、科技、智库等多领域合作,扩大海外"朋友圈",增进国际社会对上海的了解和认同,提升上海城市的知名度和美誉度,是上海城市软实力建设的重要内容。

上海社会科学院(简称"上海社科院")创建于1958年,是新中国最早建立的社会科学院,是上海唯一的综合性人文和社会科学研究机构,是全国最大的地方社会科学院。2015年年底,上海社会科学院成为首批25家国家高端智库建设试点单位之一。上海社科院设有17个研究所,其中,世界中国学研究所承办了世界中国学论坛、青年汉学家研修计划(上海班)两个国家级学术外宣平台,2020年成为上海市首批重点智库之一。近几年来,在中共中央宣传部和上海市委宣传部的指导和支持下,上海社会科学院在推进国家高端智库建设的过程中,积极探索学术外宣的新路径,主动服务"中华文化走出去",推进国际合作交流平台建设,拓宽国际合作网络,扩大海外学术朋友圈,在开展公共外交、增强国际影响力、提升国际话语权等方面取得初步成效。

二、主 要 做 法

(一)举办世界中国学论坛及海外分论坛,积极打造国家级学术外宣平台

世界中国学论坛是一个高层次、全方位、开放性的高端学术论坛,每两年在上海举办一届主论坛。论坛由国务院新闻办公室和上海市人民政府共同主办,上海社会科学院和上海市人民政府新闻办公室联合承办。自2004年首届世界中国学论坛以来,历经18年、连续举办九届的不懈努力,该论坛现已成为中国学领域最具影响的学术盛会,成为中国与世界沟通的重要平台,也是中宣部和上海市政府部市合作的典范之作。2021年举办了主题为"中国共产党·中国·世界"的第九届世界中国学论坛。

自2015年起,世界中国学论坛开始走出国门,积极探索学术"走出去"的新路径,分别于2015年5月在美国、2016年5月在韩国、2017年7月在德国以及2018年12月在阿根廷成功举办美国分论坛、东亚分论坛、欧洲分论坛和拉美分论坛,上海社科院在精心挑选海外合作方、合理设置海外分论坛议题、

挑选与组织国内专家与会等方面做了大量工作,取得积极成效,受到中宣部和市委宣传部的肯定。

（二）设立和颁发中国学研究贡献奖,主动掌握中国学领域国际话语权

2010年,在上海举办第四届世界中国学论坛时,首次设立"中国学研究贡献奖"。该奖项由国务院新闻办予以指导,论坛学术委员会推荐和遴选,论坛组织委员会颁发。获奖者都是在中国学研究领域享有盛誉、学术成果卓著、影响广泛、对华友好的海外学者。该奖项一经设立就受到了海内外学术界和媒体的高度关注,认为这是中国第一次在社会科学领域对国际学者颁发重要奖项,这将成为国际学术界的重要荣誉称号,也是我们主动掌握中国学领域话语权的重要标志,将在引领海外中国研究方面发挥积极作用。至今,该奖项已连续颁发六届,共有来自9个国家和地区的22位中国学研究大师获此荣誉。

（三）在培训和研修中广交各国朋友,不断扩大知华友华人士的规模,探索"以外宣外"的有效路径与方式

1. 文化和旅游部交办的"青年汉学家研修计划（上海班）"

青年汉学家研修计划是由中国文化和旅游部2014年开始创办的一个长期资助项目,旨在为支持海外青年汉学家开展中国研究搭建全球性平台。自2016年7月上海社科院承办该研修计划以来,在文化和旅游部、上海市委宣传部的领导和支持下,上海社科院连续四年共承担了五期"青年汉学家研修计划（上海班）"（简称"上海青汉班"）,共培训来自欧洲、美洲、亚洲、大洋洲、非洲68个国家（地区）的156名学员。上海社科院在课程安排、教学方式、社会实践和导师队伍等方面精心设计,特别是安排学员到上海的一大会址、上海自贸区、洋山深水港、社区活动中心、市民文化中心、法院、隧道建设、上海证交所等进行实地考察与调研,很有特色,很受欢迎,很多青年汉学家都表示在上海的学习和调研的收获非常大。

2. 商务部委托的"'一带一路'专题研修班"

2017年,受商务部委托,上海社科院国际丝路学院与亚太地区经济和信息化人才培训中心合作举办两期"'一带一路'专题研修班",分别是6月底、7月初的"'一带一路'区域班"以及9月份的"'一带一路'宏观班"。来自塞尔维亚、巴拿马、蒙古国、赞比亚、阿富汗、拉脱维亚、马其顿、瓦努阿图、约旦、波斯尼亚和黑塞哥维那、叙利亚、白俄罗斯、巴基斯坦、马达加斯加、尼日利亚等"一带一路"沿线国家近80名政府官员和有关人士参加研修班,其中包括21名来

自与中国刚刚建交的巴拿马的学员。上海社科院国际丝路学院在课程设计、调研安排和学员交流等方面做了充分考虑,为学员提供充分了解中国和上海的机会,并举行以中国产业园区经验介绍和"一带一路"产业合作为主题的交流会,取得良好效果。

3. 国家汉办交办的"孔子新汉学计划"海外博士生中华文化游学课程班

根据"讲好中国故事要在落细、落小、落实上下功夫"的要求,上海社科院还创新性地推出"移民文化与江南儒学体验活动"项目。通过现场体验与专家串讲相结合的方式,在外国学员体验式学习中,传播中国文化、讲述中国故事、体验中国理念、促进民间交流。2016年共举办五期,分别面向驻沪领事官员、在沪留学生、第六届ISBEE世界大会与会嘉宾、青年汉学家研修班学员等,获得参与者非常积极的反馈。2017年继续推出"多元宗教文化""大运河文化""非物质文化遗产"和"丝绸、茶叶和瓷器文化"等多个新的体验项目。国家汉办对此十分认可,认为与其旨在培养和推动海内外一流大学一流水平的人文社科领域的优秀博士生研究中国和中华文化的"孔子新汉学计划"的宗旨十分契合,于2017年10月委托上海社科院承办"孔子新汉学计划"海外博士生中华文化游学课程班。来自全球不同国家著名大学的近60位博士参加此次文化学术研修之旅,分别选择参加"南孔儒学""多元宗教"和"江南丝茶瓷"等三条游学线路,深入江西景德镇,浙江金华、余姚和上海松江等地,实地探访中华传统文化的物质遗迹和精神传承。

4. 受乌兹别克斯坦总统人才基金会和总统国家行政学院的委托,与上海大学联合承办MPA领导力开发高级研修班

"乌兹别克斯坦总统国家行政学院MPA领导力开发高级研修班"于2018年4月13日—5月10日成功举办。该研修班是受乌兹别克斯坦总统人才基金会委托,经中国驻乌兹别克斯坦大使馆和上海市外办推荐,由上海社科院和上海大学联合承办。该班学员由乌兹别克斯坦总统国家行政学院精心挑选,主要是来自其外交部、财政部、总统办公厅、国家海关、中央银行、国家银行、工业建设银行、国家音乐学院等重要机构和部门的中青年精英。根据此次乌方来华研修的主要目的和主题,本次研修中不仅安排了中国改革开放、经济贸易、投资金融、城市发展与社会治理等内容丰富的专题讲座,而且安排学员到上海证交所、上海期交所、上海自贸区、洋山港、张江高科、隧道股份、上汽集团、华阳街道等开展实地调研和现场教学,以使学员们能了解更多实际情况,增加对中国与上

海改革发展的体会与认识,从而对于乌兹别克斯坦正在推进的改革、开放与发展进程有所借鉴。此次研修班取得积极成效,得到乌方的高度肯定。

（四）积极探索共建中国研究中心等开展国际智库合作的新路径、新方式

1. 积极探索合作共建中国研究中心,与海外合作伙伴联合举办活动,开展学术外宣

与哈萨克斯坦、荷兰、英国等国家的重要合作伙伴开展合作,于2017年10月、2018年4月和2018年10月在阿斯塔纳、莱顿和格拉斯哥各建成一个海外中国研究中心。与哈萨克斯坦中国研究中心自2017年10月开展合作共建以来,举办多期"中国发展系列讲座"、党的十九大和中国"两会"媒体交流会等,在哈萨克斯坦各界产生广泛影响,使其对中国和上海有了更全面和客观的了解和认识。上海社科院与荷兰国际亚洲研究所2018年4月签署共建海外中国研究中心的合作协议,该年9月,上海社科院院长率团访问非洲期间,与荷兰莱顿大学国际亚洲研究所、坦桑尼亚达累斯萨拉姆大学等联合主办亚非学术论坛,承办"中非关系"分论坛,取得良好效果。

2. 积极开展"一带一路"海外调研,并探索建立海外调研基地

近几年来,上海社科院深入开展"一带一路"沿线国与地区的海外专题调研,覆盖30多个沿线国家、60多个城市、20多个园区。在调研过程中,上海社科院的专家学者一方面积极做好面向国际社会的解疑释惑工作,将积极的声音传递出去,让沿线国家的政府、智库、企业和社会各界人士更清晰地了解和理解中国提出的"一带一路"倡议,更加积极主动参与"一带一路"建设;另一方面积极向党和政府建言献策,将外部的声音带回来,让国内有关决策部门更全面地了解"一带一路"沿线国家的真实情况,提出建设性的意见和建议。

在"一带一路"海外调研过程中,上海社科院还与不少国家的重要智库达成了合作意向,在2016—2019年间,就与哈萨克斯坦首任总统图书馆、白俄罗斯总统管理学院、塞尔维亚贝尔格莱德大学、老挝国家社科院、罗马尼亚国家科学院、卡塔尔布鲁金斯学会多哈中心、柬埔寨王家研究院、埃及开罗大学等16家"一带一路"沿线国家智库和高校签署了合作协议。其中,与塞尔维亚智库合作,在贝尔格莱德探索建立"一带一路"调研基地,辐射整个中东欧地区,合作举办中东欧"一带一路"圆桌会议,提交六份中东欧地区"一带一路"研究报告;在卡塔尔,通过与布鲁金斯学会多哈中心签署合作协议,辐射中东和非洲国家,已先后在上海和多哈合作成功举办"一带一路与中东合作论坛"。

三、初 步 成 效

（一）学术交流：以对话促共识

学术交流与对话是世界中国学论坛的主体功能，通过连续举办八届上海主论坛、四届海外分论坛，在主题演绎、议题设置、专家邀请、议程安排、记者专访、媒体报道等各个环节中得以充分体现。在交流、交锋、交融的过程中，中国理念、中国声音、中国道路得以被国际社会更充分地认识、理解和传播。

截至2021年10月，参加过世界中国学论坛的中外代表有近3 000人次，其中海外代表逾千名，覆盖近百个国家和地区。在邀请国内外参会代表方面，一方面突出高规格、高层次、高水平的要求，每届论坛有重点的邀请一批有思想的国内外理论大家、高层人士，同时兼顾国家、学科的代表性，近两年还重点邀请一批"一带一路"沿线国家的专家学者和智库人士与会，在相关议题上达到了很好的对话交流效果。

（二）学术引领：以创设奖项掌握话语权

创设"中国学研究贡献奖"是世界中国学论坛在学术交流基础上更好地发挥学术引领作用的重要举措。2010年开始颁发的中国学研究贡献奖，旨在弘扬中国学杰出学者和卓越成果，这为从事中国研究的后学树立了一个典范，在引领海外中国研究上发挥了重要作用。历届中国学研究贡献奖获得者在领奖和发表获奖感言时都表示这是他们从事中国研究事业中获得的最重要奖项。

（三）学术培育：和新一代"中国通"共同成长

中国学研究贡献奖主要面向老一辈的汉学家、中国通，世界中国学论坛之前主要是邀请比较资深的中国研究专家，而2016年开始在上海举办的"青年汉学家研修计划（上海班）"以及2019年在上海主论坛上开始正式设立"青年汉学家上海论坛"，则主要是面向青年一代的中国学研究工作者，希望能通过研修培训和互动交流，推动各国的青年汉学家和中国的青年学者一起共同成长。

（四）以外宣外：通过海外学员讲述中国、介绍上海

在上海社科院承办的研修培训班和文化体验项目的推进中，来自世界各地的海外学员，通过比较深入的调研考察和实践体验，对于中国和上海都有了更深切的了解，与上海社科院及本市高校的导师和专家学者也建立了良好的学术联系，他们在今后的学术研究和相关工作中，在他们国内和在国际上，都

可能会更主动、更积极的去"讲述中国""介绍上海",这种"以外宣外"的方式也可能会更有说服力。

四、经验启示

（一）围绕国家战略,抓好主题演绎,讲好中国故事

在世界中国学论坛主题和议题设置上,紧扣时代特征,体现文化底蕴和学术水平,既有连贯性,又有创新性。世界中国学上海主论坛前四届连续突出"和"的主题,从"和而不同"到"和谐和平"到"和衷共济"再到"和合共生",有深刻的中国传统文化内涵,同时通过副标题以及各分议题体现当代价值,取得非常好的效果。后五届以及海外分论坛则重点突出了当代中国的重大主题,包括中国现代化、中国改革、中国与全球化、新时代的中国、新中国成立70年历程、建党百年等。这些主题都是论坛学术委员会反复听取专家意见,形成方案后报中宣部同意后确定的。事实证明,这些主题和议题对于促进中外学术交流并形成共识起到了积极的引导作用。

上海主论坛和海外分论坛的举办总体上已形成一定的机制,每年或每两年举办一届,举办的具体日期则充分考虑我们国家当年的主场外交活动或国内的重大事件,比如上海主论坛的举办日期就充分考虑了2008年北京奥运会、2010年上海世博会、2017年党的十九大胜利召开、2019年新中国成立70周年、2021年中国共产党成立100周年等重要时机,海外分论坛的举办日期就结合G20德国峰会、G20阿根廷峰会以及中央有关领导率团出访等重要外交活动来确定,从而达到了积极开展学术外宣、配合国家总体外交工作、扩大论坛影响力的良好效果。

（二）立足上海城市软实力优势,提升在沪研修项目品质和吸引力

近几年,上海社科院承办的上海青汉班、"一带一路"专题班等各类研修项目中,可以说,所有学员来上海后都确实是"为之倾心",上海的发展活力、开放品格、创新实践、治理效率、城市形象、文化品位、人文魅力、宜居环境等都让他们留下深刻印象。国家文旅部在招募青汉班学员时,"上海班"都是最受欢迎的。在未来的研修项目设计中,特别是海外学员在上海的现场教学和调查实践,要进一步挖掘上海在"两张网""三大任务、一大平台""四大品牌""五个中心"等上海经济社会发展战略推进中的丰富实践、典型案例和精彩故事,充分

用好上海软硬实力优势资源,同时不断扩大上海城市软实力的国际影响。

(三)体现"开放、创新、包容"的城市品格,办出世界影响力

2004年8月,首届世界中国学论坛在沪成功举办。论坛由上海市政府主办、上海社会科学院承办,其创办初衷就是为海内外中国学研究界提供对话渠道和交流平台,自那时起,这个平台就持续发展、逐步壮大、不断深化,充分体现了"开放、创新、包容"的上海城市品格。2004—2021年间,实现了多次创新和升级,于2010年创设"中国学研究贡献奖"并已连续颁发六届,于2012年成立上海社会科学院世界中国学研究所,为举办论坛提供更加坚实的专业支撑和组织保障,于2015年走出国门,到海外举办分论坛,现已在美国、韩国、德国和阿根廷连续举办过四届海外分论坛,于2016年开始承办"青年汉学家研修计划(上海班)",现已连续举办五期,于2019年在上海主论坛期间首次举办"青年汉学家上海论坛"(如下图所示)。

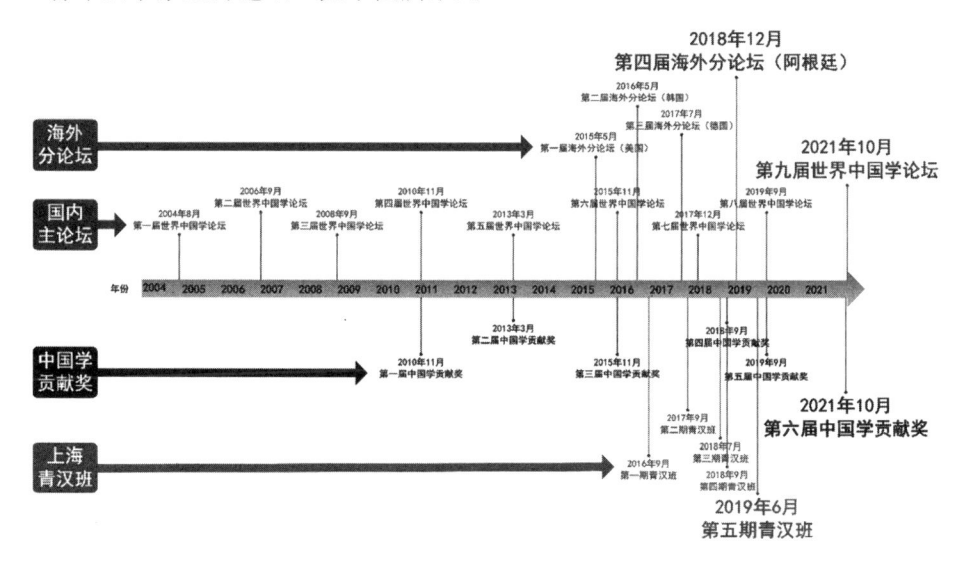

世界中国学论坛的创办与创新发展

2021年成功举办的第九届世界中国学论坛,充分体现了中宣部和市委、市政府关于该论坛要进一步开放创新、提升影响的要求,坚持开门办论坛,创新组织方式,整合全国资源,汇聚顶级智库,与中国社会科学院、中国国际经济交流中心、国家外文局和上海国际问题研究院共同承办论坛,切实用好世界中国学论坛这一平台,讲好中国故事,讲好中国共产党的故事,并为上海加快建设成为具有世界影响力的社会主义现代化国际大都市添砖加瓦。

后疫情时代中美关系及"双循环"新发展格局之思考
——以产业园区实践探索为例

信 超[*]

2020年注定是一个要在人类发展历史上留下浓重一笔的年份,新冠肺炎疫情在全球暴发,而新冠肺炎疫情在全球的蔓延态势短期内无法结束。全球各大经济体的发展都受到了巨大影响。与此同时,一些美国媒体、政客借机大肆炒作中美"脱钩",有助于帮助美国提振经济。中共中央政治局会议提出,加快形成以国内大循环为主体、国内国际双循环相互促进的新发展格局。这一重要方针战略的提出,充分反映了疫情时代以来出现的新现象、新问题。

一、新冠肺炎疫情中科技企业的生存状况

2018年以来,国内经济"三期叠加"和中美贸易摩擦等内外部因素交织,使我国经济下行压力持续加大,众多科技企业面临了市场需求减弱、融资渠道紧缩的困难,企业利润持续下降,创新创业信心受到重挫。直至2019年年底,随着宏观环境的持续改善、政府政策的持续加码和园区扶持的持续支撑,科技企业经营状况出现弱企稳、缓复苏的讯号。而新冠疫情叠加所带来的经济停摆效应,对企业持续经营又带来了巨大挑战。

中国通过发挥政策组合拳作用,统筹推进疫情防控和经济社会发展,疫情防控形势持续向好,经济运行边际改善、稳步复苏,经济社会基本面总体平稳健康。但境外疫情持续蔓延,全球经济陷入衰退,不稳定性不确定性明显增强,给中国经济社会发展带来了新的困难和挑战。

---

[*] 作者系上海社会科学院世界中国学研究所2019级在职博士生。

（一）科技企业问卷调查概况

开发区是区域经济发展的主要阵地，承担着促进国家产业经济发展的重要使命。受新冠肺炎疫情的冲击，全国产业园区的运营和发展都受到了不同程度的影响。笔者工作所在的上海漕河泾开发区有各类科技企业3600余家，其中，科技型中小企业超过2500家，占开发区科技企业总数近七成。当前，我国产业园区要在保证疫情稳定的前提下，实现保运行、促发展的目标，针对性解决科技企业的实际困难。为此，漕河泾开发区开展了新冠肺炎疫情中科技企业生存状况专题调研。

（二）调查研究样本情况

专题调研共回收有效调研问卷438份。从提交问卷企业的规模分布来看，包括总部型企业25家、规模以上企业48家、科技型中小企业及初创企业365家。

如下图所示，从提交问卷企业的产业领域来看，前六位的技术、产业领域分别是：软件、互联网服务（占43.3%）、电子信息（信息通信）（占24.7%）、人工

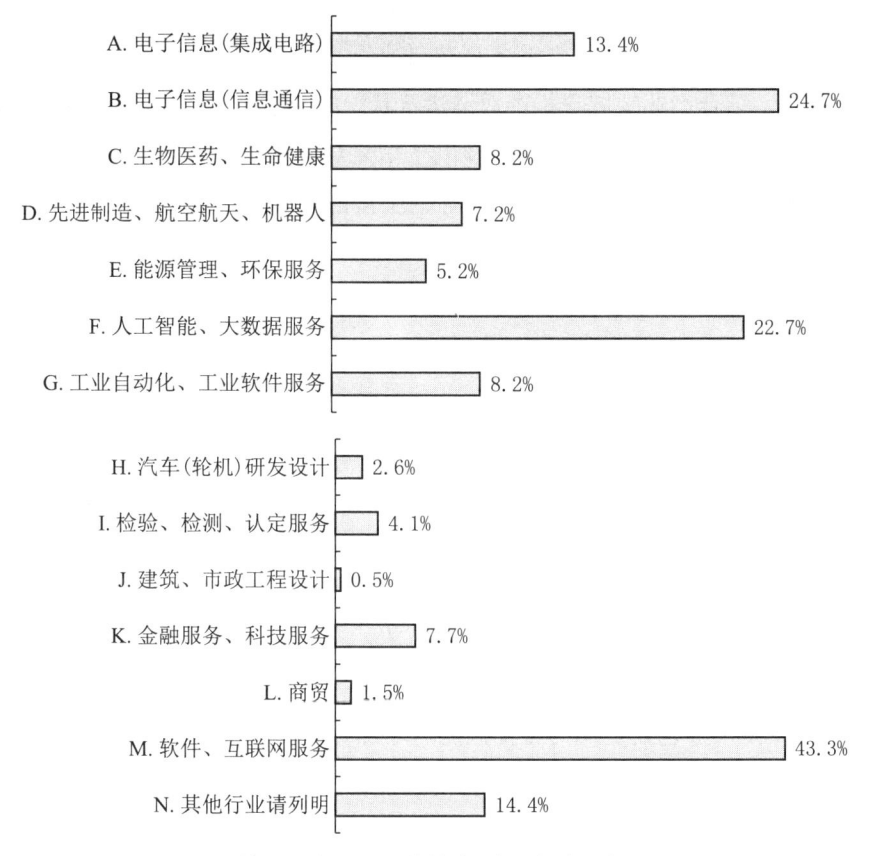

类别	比例
A.电子信息（集成电路）	13.4%
B.电子信息（信息通信）	24.7%
C.生物医药、生命健康	8.2%
D.先进制造、航空航天、机器人	7.2%
E.能源管理、环保服务	5.2%
F.人工智能、大数据服务	22.7%
G.工业自动化、工业软件服务	8.2%
H.汽车（轮机）研发设计	2.6%
I.检验、检测、认定服务	4.1%
J.建筑、市政工程设计	0.5%
K.金融服务、科技服务	7.7%
L.商贸	1.5%
M.软件、互联网服务	43.3%
N.其他行业请列明	14.4%

被调研企业所处的技术、产业领域比例

智能和大数据服务(占22.7%)、电子信息(集成电路)(占13.4%)、工业自动化和工业软件服务(占8.2%)、生物医药和生命健康(占8.2%)。①

因此,参与问卷调查的企业无论从规模或产业领域来看,样本总体均能较好地同开发区实际情况相匹配。

(三) 调查研究结论

从企业经营状况来看,调研显示疫情对企业近三个月内的生产、经营活动都产生了不利影响,其中超过半数的企业影响较大或影响严重。不利影响普遍集中在资金链紧张、业务订单量减少、生产或经营成本增加、产品(服务)销售渠道受阻等方面。

结合产业领域分析企业经营状况时,调研显示电子信息(信息通信)、人工智能和大数据服务等产业领域企业受影响程度最大,超过半数的企业流动资金支持不足3个月,其中初创企业则更甚。

从产业链运行状况来看,调研显示疫情对未来半年内主要产业的原材料、库存、生产、运输、订单等供应链各环节带来了困难;部分产业受到冲击,海外合作受阻。结合产业领域分析产业链运行状况时,调研显示工业自动化、工业软件服务和人工智能、大数据服务及电子信息(信息通信)等产业领域企业受影响最为显著,面临的最大困难是下游企业营销计划或市场推广受阻。其中,有65.59%的被调研企业反映,疫情对企业进出口、商务交流、技术交流等海外合作产生了影响,国外企业已有计划替代中国生产商,部分上下游企业打算迁往国外。

但可喜的是,调研也显示开发区部分科技型中小企业加快技术研发,提供了疫情防控关键产品和服务,电子信息(集成电路)和生物医药、生命健康产业相对具备优势。调研显示45.91%的被调研企业具备疫情防控物资的研发和生产能力。由于疫情防控,大部分初创企业难以获得订单,在产业系统中十分艰难。

从创新创业活动来看,绝大多数企业表示疫情对未来企业创新研发产生不利影响。超过六成的企业认为,疫情使得市场需求下降或不确定性增大,且获取投资、技术等创新资源的难度也陡然增加。为此,企业计划采取针对性应对措施,其中66.67%的被调研企业将加快新产品、新技术、新服务开发;51%

---

① 调查数据中部分企业在技术、产业领域有重叠。

的被调研企业将积极开拓新的市场渠道;17.74%的被调研企业将缩减企业规模,收缩市场。

二、中美关系局势对科技产业发展的影响

(一)"脱钩论"的发展演变

早在2008年美国爆发国际金融危机时,美国总统奥巴马曾提出再工业化战略,试图促使美国的制造业与中国的制造业脱钩并回归美国,但是由于当时美国在华企业与中国企业在产业合作发展中密切关联,以及面对美国企业的坚决反对,中美两国的产业"脱钩论"不久就无声无息了。

2016年特朗普政府上台以来,美国不断对华制造经贸摩擦并发动了多次大规模贸易摩擦之后,就不断出现美国的某些政客发出与中国的产业脱钩之言论,特别是在新冠肺炎疫情肆虐全球的情况下,此种言论就更为严重了。[1]

1."脱钩论"的由来

"脱钩"是指两种或多种活动互不联系、分开发展,或不以相同方式并行展开的事态。早在20世纪60—70年代,一些激进主义依附论者就提出了"脱钩论"的观点,认为外围国家在经历外部震荡而与中心国家脱钩后经济上才能取得重大发展。[2]进入21世纪以来,"脱钩论"主要用来描述新兴市场国家尤其是东亚国家与发达工业化国家之间的经济关系。2001—2002年,美国经济经历了一次衰退过程,但亚洲国家尤其是中国经济的增长速度并未如预期般减缓,经济学家们就此提出"脱钩论",认为亚洲经济可以靠内需拉动而不受发达国家经济的影响。[3]此后,有关发达国家和新兴市场国家的经济增长可以各行其道的"脱钩论"不断引发争论。在2008年国际金融危机之前,亚洲开发银行是支持"东亚脱钩论"的一个重要阵地,对"脱钩"的界定是"经济周期性变动的动力主要来自区域内自发的内部需求,并相对独立于全球需求变动趋势",即亚洲经济越来越独立于世界主要工业化国家。相似的观点认为,21世纪头几年

---

[1] Rana Foroohar, "Decoupling", The Financial Times, December 21, 2019, p. 37, http://www.ft.com/word.

[2] 严波:《论当代国际政治经济学流派》,《国外社会科学》2004年第3期;S.阿明:《论脱钩》,《国外社会科学》,1988年第4期。

[3] "The Decoupling Debate". The Economist,2008-03-06.

到2008年国际金融危机这段时间,"脱钩"是亚洲经济政策的一个主题。①

随着国际金融危机的爆发及演变,世界经济也在不断发生变化,"脱钩论"随之几经反复。2007年年底至2008年年初,许多新兴市场国家在美国次贷危机中持续反弹,"脱钩论"大为流行,认为在发达国家经济衰退的时候,新兴市场国家有可能继续维持经济增长,甚至有助于发达国家摆脱衰退②;2008年9月,雷曼兄弟公司破产导致全球市场整体衰退,东亚经济体的对外贸易急剧萎缩,"脱钩论"被暂时摒弃,从对"脱钩论"的自满转向呼吁东亚经济再平衡③,甚至出现"再挂钩"的讨论④;2009年新兴市场国家出现戏剧般的复苏态势,"脱钩论"又卷土重来,关于"脱钩"的讨论转向西方能否从亚洲率先复苏中获益,或者亚洲是否能够替代美国成为全球经济增长的动力。⑤然而到了2013年,新兴市场国家经济增长显著放缓,据桥水联合基金估算,2013年全球预计新增约2.4万亿美元的经济产出中,发达经济体的贡献率约为60%,自2007年年中以来首次超过新兴经济体。⑥在此背景下,"脱钩论"又有了新版本,"脱钩"的"主角"变成了发达国家,即发达国家经济复苏对新兴市场国家的带动作用趋于弱化。

2. 美国关于"脱钩"的舆论准备

进入美国现任政府执政时期,"脱钩"似乎从研究辩论层面变成中美现实关系叙事中的高频用词。2019年7月,美国130名前政府官员与退伍军人和

---

① Urata, Shujiro "A Shift from Market-driven to Institution-driven Regionalization in East Asia". Paper presented to Conference on Economic Policy Reform in Asia, 2006; Yoshitomi, Masaru. "Global Imbalances and East Asian Monetary Cooperation". In Duck-Koo Chung, and Barry Eichengreen(eds.). Towards and East Asian Exchange Rate Regime. Washington DC: Brookings Institution Press, 2007; Park, Yung Chul, and Kwanho Shin. "Economic Integration and Changes in the Business Cycle in East Asia: Is the Region Decoupling from the Rest of the World?" Asian Economic Papers, 2009, 8(1).

② 孙杰:《全球金融危机对欧洲经济的影响》,《欧洲研究》2009年第1期。

③ Asian Development Bank. "Asian Development Outlook 2010: Macroeconomic Management Beyond the Crisis", 2010; IMF. "Global Economic Outlook: Rebalancing Growth", 2010.

④ Michael P. Dooley, and Michael M. Hutchison. "Transmission of the US Subprime Crises to Emerging Markets: Evidence on the Decoupling-Recoupling Hypothesis". NBER Working Paper 15120, 2009; Korinek, A. Roitman, A. and C. Vegh. "Decoupling and Recoupling". American Economic Review, 2010, 100(2); Kim,Soyoung, Jong-Wha Lee,and Cyn-Young Park. "Emerging Asia: Decoupling or Recoupling?". The World Economy, 2011, 34(1).

⑤ Yetman, James. "The Decoupling of Asia-Pacific?" In Cheung and Ma(eds.). Frontiers of Economics and Globalization, 2011, 9(10).

⑥ 严婷:《全球增长六成来自发达国家后危机时代新兴市场光芒渐淡》,《第一财经日报》2013年8月13日。

学者联名发表公开信,在力挺美国对华强硬政策的同时,公然渲染中国正在对现有国际秩序构成"颠覆性威胁",称中国的最终目标是要从美国手中攫取更大的权力,美国应该趁早放弃同中国的"接触+融合"战略。①2019年年底,美国国会"美中经济和安全审查委员会"(USCC)在其提交的2019年度报告中,公开声称美国要进一步限制与中国在高科技等领域的合作,认为由于中国以往在合作中利用了"相关法律漏洞",导致美国的安全与经济竞争力遭到严重削弱。②而美国智库"国家亚洲研究中心"(National Bureau of Asian Research)则在其发表的报告《"半脱钩":美国与中国经济竞争的新策略》中更系统地阐释了这一观点,强调为了保持美国的长期繁荣富强,"必须在经济和高科技层面与中国部分分离",并具体提出了实施路径和策略。报告声称中美矛盾短期内不可能调和,中国已经成为美国面临的长期重大挑战。报告据此认为,由于中美全面"脱钩"的成本和代价太高,现阶段可采用"部分脱钩"的策略影响中国的发展。一方面,美国政府应该避免关税战全面升级伤害美国自身利益,加快推动与中国签订经贸协议;另一方面,美国应将重点转向创新、技术和教育领域,防止关键技术流入中国,同时加强同欧洲、日本等主要盟友,以及印度等重要伙伴在贸易、投资、合作、信息共享等领域的合作,打造新的升级版的多边合作框架。③

3. 美国关于"脱钩"的政治操作

新冠肺炎疫情加剧以来,一些美国媒体、政客借机再度炒作中美"脱钩论"。《纽约时报》2020年2月20日发表《新冠肺炎疫情对中美关系有何影响?》的文章称,新冠肺炎疫情暴露出中国在信息披露、公共卫生事件应对等领域存在的诸多问题,中国并非美国"可信赖的伙伴",美国应该进一步限制双方的人员和经贸往来,与中国进行更彻底的"脱钩"。④而美国商务部长罗斯则公开表示,在中美竞争加剧的背景下,中国的公共卫生危机甚至可能有助于把制

---

① 《美对华政策基调重大转变》,香港中评网(http://www.crntt.com/crn-webapp/doc/docDetail.jsp?coluid=1&docid=105581060),2019年10月26日。
② 《美国会咨询机构报告提议加强对中国企业监督》,日本共同网(https://china.kyodonews.net/news/2019/11/e2b1234bee16.html),2019年11月15日。
③ 《贸易战休兵之际 美国朝野酝酿中国新政策》,BBC中文网(http://www.bbc.com/zhongwen/simp/world-50307283),2019年11月6日。
④ 《美国作家:反华报道借疫情老调重弹,这是西方主流媒体的耻辱》,中新网(http://www.chinanews.com/m/sh/2020/02-25/9104251.shtml),2020年2月25日。

造业重新吸引回美国,帮助美国提振经济。贸易顾问纳瓦罗也表示,疫情加剧或可帮助改变美国依赖中国产品和其他医疗用品的情况。对此,国际智库欧亚集团总裁伊恩·布莱默在《时代》周刊发表文章指出,一场新冠肺炎疫情,让中美两国关系再次开始出现微妙的变化。由于疫情加剧,许多位于中国的外资企业延迟开工,全球各行业的供应链正面临严峻的考验,一些外资企业已经着手计划要把生产线移往中国以外的地区,此次疫情或可能进一步加剧美国与中国"脱钩"的趋势。

然而,随着新冠肺炎疫情在美国本土的爆发和持续蔓延,使美国的制造业更加困难,根据美国供应协会(ISM)的统计,2020年4月美国ISM制造业采购经理人指数PMI为41.5,为2009年4月以来最低水平。美国4月ISM就业指数录得27.5,创1949年2月以来的最低水平。不仅如此,美国的国际收支逆差问题也没有得到较好的解决,而且在进一步地扩大。2020年4月9日,美国白宫国家经济委员会主任库德洛表示,一种可能吸引美国企业从中国回流的政策是,"可以将回流支出100％直接费用化,如厂房、设备、知识产权结构、装修等。换句话说,如果我们将所有相关支出100％直接费用化,实际上等于为美国企业从中国搬回美国的成本买单"。中美"脱钩论"在一定程度上反映了当前中美关系正在发生的深刻复杂变化。

(二)"脱钩"对中美的影响

特朗普政府上台后,曾试图扭转美国制造业的颓势,主张制造业回归和实施再工业化战略,并提出了一些增强美国制造业优势的政策主张。但是美国政府为了维护所谓的"美国优先",维护美国的强势,继续采取军事扩张的军事霸权战略,使美国的债务日益沉重。同时,美国着重采取与中国和其他国家进行贸易摩擦及大打贸易战的增加关税政策手段。然而,美国的制造业不仅未实现大幅回流,而且多年来处于下滑状态。

1. 贸易摩擦的影响

2018年以来,中美之间出现了规模空前的贸易摩擦,使得中美经贸关系遭受严重冲击。以2018年7月特朗普对华加征第一轮关税为中美贸易摩擦正式爆发的时间起点,到2020年1月中美两国正式签署中美第一阶段经贸协议为止,中美贸易摩擦持续了约18个月。2019年,中美两国双边贸易额下滑极为明显。与2018年相比,贸易总额、中国对美出口以及中国自美进口分别下降了14.5％、12.5％和20.9％,创下了中国入世以来双边贸易额的跌幅纪录。

这充分显示了中美贸易摩擦对双边贸易的巨大影响。

表1 中美货物贸易情况(2016—2019)① 单位:亿美元

年份	进出口	出口	进口	进出口同比(%)	出口同比(%)	进口同比(%)	顺差	顺差同比(%)
2016	5 195	3 851	1 344	−6.9	−6.0	−9.6	2 507	−3.9
2017	5 837	4 298	1 539	12.4	11.6	14.5	2 759	10.1
2018	6 335	4 784	1 551	8.5	11.3	0.8	3 233	17.2
2019	5 414	4 187	1 227	−14.5	−12.5	−20.9	2 960	−8.4

根据中方统计,2019年中国对美货物贸易顺差为2 960亿美元,相比2018年3 233亿美元减少了273亿美元,下降8.4%。而按照美方数据,2019年美国对华货物贸易逆差为3 455亿美元,相比2018年4 196亿美元大幅减少741亿美元,下降17.7%,这几乎和2014年3 449亿美元的贸易顺差相差无几。同时,统计数据表明,在美国通过大范围、高税额的加征关税方式严格限制中国对美出口后,中国对美贸易顺差降幅也较为明显。

中美不仅双边贸易额急剧下降,中美双边投资额也大幅减少。按照美国荣鼎公司统计,2019年美国对华直接投资为68亿美元,和2018年130亿美元相比下降48%。2019年中国对美直接投资为31.3亿美元,和2018年53.9亿美元相比下降41.9%。如果把2019年中国对美投资与2017年的297.2亿美元相比,更是减少了89.5%。

从贸易和投资两个指标整体看,2019年中美经贸关系严重倒退。贸易数据表明,贸易战对中美经贸关系的冲击甚至要超过金融危机的冲击。由于2019年中美双边贸易急剧减少的影响,美国被东盟超越,从中国的第二大贸易伙伴变成第三大贸易伙伴。从美国的角度,中国也失去了自2015年以来取代加拿大成为美国第一大货物贸易国的地位,退居为美国第二大货物贸易国。

2."脱钩"对中美产业经济的影响

新冠肺炎疫情暴发,让中国供应链的生产活动几乎完全停顿,影响席卷全球。例如,具有全球影响力的苹果新5G iPhone因疫情而延期推出,特斯拉新

---

① 中国商务部网站,http://www.mofcom.gov.cn/article/tongjiziliao/。

款芯片无法及时交付、陷入"芯片门"纠纷,三星、索尼等著名跨国企业,均受到供应链停摆的影响。因此,开始有海外评论文章指出,全球科技的下一个趋势就是"Not made in China"。美国的某些政客就是此股言论的积极吹鼓者,想借机促使美国企业回归本国。美国部分政客极力主张的"脱钩"具体来说有如下三个方面:

(1) 中美高科技"脱钩"。高科技"脱钩"是美国政府着力推进的重点领域。美国行政当局和美国国会在这一问题上基本达成共识,通过行政命令、立法、外交施压等方式,正试图削弱中国自主创新的体制优势,打压中国高科技领军企业成为美国对华科技战略的重要着力点。从美方出手打击华为和中兴开始,越来越多的中国高科技公司被美方以各种理由列入"实体清单",对外业务往来受到很大限制。美国因为担心中国在高科技领域"弯道超车",对中国实施的高科技管制越来越严厉。说到底美国就是要切断美中之间的科技产业联系,防止中方在高科技领域缩小与美方的差距。在中美高科技竞争无法避免的情况下,美国对华科技防范"脱钩"政策,不会因为美国政府更迭而变化,最多只是封锁遏制的方式出现策略上的调整。

(2) 中美金融"脱钩"。中美金融"脱钩"目前主要体现在以下四个领域:一是两国货币联系程度降低。人民币汇率形成机制日益市场化,弹性增大,浮动程度更大。人民币国际化进程加速,独立性增强,全球美元体制对中国影响降低。二是中美相互投资增量减少,依存度下降。与中美两国各自所吸收的投资额相比,中美双向直接投资占比逐渐降低。尤其是受美国政府日益严厉的政策限制影响,中国对美直接投资显著减少。美国对华直接投资也是稳中有降。三是货币政策传导性降低。中美两国货币政策虽然相互影响,但是各自独立性增强,货币政策走向较少出现协同性。在贸易摩擦中,美联储曾数度降息,但中国基准利率未随之降低。四是美国对中国全球融资的重要性相对降低。受政治因素影响,中国企业赴美上市热情明显降低,在美 IPO 数量和规模大幅减少。2019 年,共计 33 家中国企业在美国资本市场 IPO,募资金额共计 247.65 亿元,数量同比下降 15.38%,规模同比下降 58.01%。与赴美融资退潮相反,中国企业在国内上市的数量和规模大幅增加。

(3) 中美经济增长"脱钩"。过去,经济增长出口导向以及美国市场占中国出口比重较高等原因,中国对美国出口持续增加带动了中国经济快速增长,中国经济一度较为依赖美国经济,美国经济走势对中国经济的影响较强。然而,中美贸易摩擦中美方不断以本国市场为工具施压中国政府,使得中国政府更加意识到国内市场的重要性,需要在符合规则的情况下加速摆脱对美国市场的高度依赖。在中美出现贸易摩擦的2018年和2019年这两年,国内消费和投资对中国经济增长的重要性不断增加。向美国出口对中国GDP的贡献率降低,其在中国经济增长中的重要性也逐渐下降,中国经济增长的内生性进一步增强。美国也是如此。这客观上导致中美经济增长的同步性降低,中美各自经济增长情况对另一方的经济影响相对减少。

（4）中美教育"脱钩"。美国政府施压美国高校、科研机构限制人员往来,不断排挤、刁难、歧视中美科技、教育交流。2019年度(2018年10月—2019年9月),美国对中国人发放的工作和留学生签证比2016年减少了45%。在美国的外国留学生中有34%来自中国,由于"收紧签证政策和贸易摩擦降低了中国学生赴美留学的速度。最近两年首次进入美国的中国留学生人数连续下降"。

（三）美国重建世界贸易秩序的构想

美国政府对以华为、字节跳动等为代表的中国科技企业采取的极限施压手段。比如,采取新措施,修改《外国直接产品规则》,拟议规则规定,某些基于美国技术或软件的外国产品必须遵循美国的监管规定,使用美国芯片制造设备的外国企业需要获得美国许可证,方可向华为供应特定的芯片,此举的目的是限制台积电等企业对华为的芯片销售。依据美国拟议规则,"因为这一把螺丝刀来自美国,导致整个生产线的生产受限,需要先得到美国政府的批准"。这虽然不是将美国企业撤回国内,但属于强制将带有美国技术、产品的全球产业链与华为"脱钩",甚至可以说是与中国企业"脱钩"。

美国商务部宣布,所有全世界公司,只要利用到美国的设备与技术,帮助华为生产产品,都必须得到美国政府的批准,已经下了订单尚未交货的公司可将此禁令宽限至120天。这消息一出,引起了高通、思科、苹果、波音等美企股价的剧烈波动,其中高通两小时跌幅一度超7%。这从另一个角度反映出美国作出的决定,不仅损害了中国的企业,而且损害了美国的企业,是美国的企业不希望看到的。

美国部分政客提出中美产业"脱钩论",是美国出现经济发展严重矛盾和困境的表现。美国正致力构建将中国排除在外的区域贸易体系。以世界贸易组织(WTO)为代表的全球贸易体制正在被更多的区域贸易体系所解构。

目前美国正致力构建的跨太平洋伙伴关系协议和跨大西洋贸易与投资伙伴关系协议都不包含中国。若达成这两个协议,中国将会有很长一段时间游离于一个包含美国、欧盟、日本、韩国等主要经济体的贸易格局之外,从而加剧中美"脱钩"。

三、国内国际"双循环"新发展格局的战略研判

当前,世界面临着百年未有之大变局,逆全球化盛行。尤其是在疫情的影响下,全球经济衰退已是定局,各国经济加速下行已成常态,国际局势发生了剧烈的变化,传统的凯恩斯政策框架逐步失灵。基于此,中央前瞻性提出的国内国际双循环,已成为 2020 年政策的关键词。尤其是近期,外部冲突升级,国内产业转型在即,打通双循环,重塑新格局,激发新动能,已经是势在必行。

(一)"双循环"的战略背景

构建"以国内大循环为主体、国内国际双循环相互促进的新发展格局",这是中央准确分析判断世界经济发展大势、我国当前与未来经济发展阶段转换存在的优势与劣势、面临的挑战与机遇,在新的国际环境下进一步利用好国际国内两个市场、两种资源,基于中华民族伟大复兴的战略全局所作出的重要战略决策,对我国未来发展具有重要指导意义。

1. 国际环境变化

当前世界处于前所未有之大变局,尤其是新冠肺炎疫情之下,世界经济低迷,全球市场萎缩,经济全球化遭遇逆流,美国等国家保护主义和单边主义盛行,大国之间的矛盾和冲突不可避免。一是经济因素,中国经济已经是全球第二,2019 年接近美国 70%,远超日本当年的占比。二是文化和政治因素,双方在政治体系、价值观和意识形态上又有很大差距,不是一个话语体系,所以双方冲突不断。美国更是不断试探,游说英国弃用华为 5G 技术、禁止台积电接受华为订单、通过所谓《香港自治法案》、发布南海声明、关闭休斯敦总领馆,开始在技术、经济、军事和政治等领域全面打压。未来 10 年是一个敏感的转折点,在这样不确定性的世界中谋求发展,重心和方式必须顺势调整,每一转折都可能会影响中国未来几十年的发展。

2. 国内发展环境面临多重挑战

从中长期来看,中国经济正处于减速换档期,需要经历艰难的经济结构改

变、优化及增长动能转变。从短期来看,疫情冲击之下,经济下行压力进一步凸显,传统增长动能正在消退,新兴增长动能尚未形成,产业结构优化升级还在攻坚,面临着三面夹击。首先,国内高新技术被严重打压,美国将多家中国实体企业列入"负面清单"。我国要大力推行自主创新,减少关键生产环节的对外依赖度,突破"卡脖子"技术。其次,传统制造被追赶,部分劳动密集型产业向印度、越南、马来西亚、泰国等东南亚国家转移聚集,这就需要进一步加大开放力度,优化营商环境,增强对外资的吸引力。最后,需求端本就疲软,租金、劳动力等自身成本又在上涨,生存空间被进一步压缩,亟待形成合力,增添动力。

3. 国家发展的新战略机遇

中国已经具备推行双循环的基础和条件。一方面,中国市场具有明显的巨国优势,无疑是全球最大的消费市场,而且产业链完善。中国很有可能是史无前例的统一大市场,内需潜力巨大。虽然双循环绝不是关起门来封闭运行,但内循环是双循环最重要的一环,而且这样的市场规模优势会让双循环更有底气。与此同时,中国还拥有最完整的生产产业链,也是全球唯一拥有全部工业门类的国家,传统制造优势明显,所以疫情之下全球产业链虽然是在重构,但有人担心的产业链去中国化并没有发生,因为其他国家很难完全承接,而且中国早已深度参与国际合作和竞争,在全球产业链中的地位很难被取代。另一方面,未来市场空间巨大,潜力还有待激发。我国人均GDP已经处于中等收入水平,但是人均收入水平还很低,还有很大的提升空间,另外,城镇化还有下半场,蕴藏着巨大的需求潜力。另外,我国还有大规模的下沉市场亟待被打通和被唤醒。

(二)"双循环"的实现路径

1. 通过体制改革降低要素成本,提升企业投资意愿

近年来,我国企业投资意愿下降,对我国经济增长和创新投资产生一定负面影响。为此要通过稳步推进要素市场化配置改革,降低制度性交易成本,提高企业投资意愿:一是完善土地供给制度,扩大土地要素市场化配置范围;二是加快完善资本要素市场,畅通资金流通,强化金融对实体经济的支持;三是促进劳动力素质提升,引导劳动力合理流动,加快发展技术要素市场,鼓励科技人员流动和多点从业,并给予相关税收优惠。

2. 进一步强化统一市场建设,消除阻碍商品和要素流动的壁垒

要着力打通阻碍生产、分配、流通、消费各个环节畅通的体制机制障碍,破

解因资源配置不合理在上述环节形成的"堰塞湖"和"断头路"。比如,在生产环节,要畅通实体经济和中小企业的融资渠道。在流通领域,要解决港口、铁路、公路基础设施连接短板,形成无缝对接物流网络,降低物流运输成本;优化产业空间布局,进一步加强基础设施建设,畅通不同区域之间的要素流、商品流、信息流。在对外开放方面,要通过建设高水平的开发区、自贸区、自贸港、保税区等,开创面向更多国家的国际大循环;从制度、技术、规则上打通国内循环与国际循环相互融合、相互促进的痛点和堵点。

3. 推进新技术的应用,增加技术研发、基础研究和教育的投入

政府要围绕重点产业链、龙头企业、平台公司、重大投资项目等,引领企业和社会进行投资,对于战略性新兴产业、新基建以及推进大数据、互联网、人工智能、区块链等新技术与产业深度融合的项目要给予融资和税收倾斜,重点加强产业配套发展能力,巩固传统产业链优势,促进新兴产业发展,增强参与国际循环的控制力和稳定性。在这一过程中,要用好政府采购手段,撬动民间投资,引导龙头企业盯紧关键环节的研发,逐步实现在关键环节、关键领域、关键产品的进口替代,向全球产业链高端环节攀升。要认识到,人才不足是我国制造业存在的突出问题。因此,要大力推动新工科教育发展,改革高等教育学科设置和人才培养制度,加大基础研究人才和工程科技人才的培养力度,为我国产业升级、增加国际竞争力储备人才。

4. 加强产业国际合作,提升产业发展空间

在当前的复工复产过程中,要注重加强恢复国际供应链,为外向型企业可持续发展提供支持。特别是要推动优势企业以核心技术、创新能力、自主知名品牌、营销网络等为依托,带动技术、标准、产品和服务"走出去",拓展供应链协同的广度和深度,增强对全球供应链的整合能力,努力成为全球供应链的"链主"企业。还要看到的是,我国中小企业贡献了80%以上的城镇劳动就业,中小企业停业或者关闭,直接影响就业形势。保住中小企业也就是保就业、保稳定。为此,我们要为中小企业持续稳定发展提供政策援助。

一方面为其创造条件加强与国内大企业的合作;另一方面要充分发挥中小企业在供应链体系中的配套作用,鼓励其"专、精、特、新"发展。要继续坚持鼓励有条件的企业通过参与跨国并购等方式,建立健全全球研发、生产和营销体系,提升企业国际化布局和运营能力。总之,我们绝不能主动关上大门,而要推动形成以"链主"企业为主导、中小企业相配套、高校科研机构与金融机构

相协同的产业发展生态,强化国内外创新链、产业链、供应链的关联互动,让开放的大门越开越大。

(三)科技创新承担新使命

科技创新是经济社会循环的根本动力,发展高科技产业是实现国内大循环的关键。一方面,科技驱动的技术密集型产业推动我国产业链从下游逐渐向中上游发展,实现价值链从低端向高端转型,为我国扩大内需提供物质基础,是释放国内需求的前提条件;另一方面,科技驱动产业升级才能真正带来人民群众生活品质的升级,激发国内消费市场,摆脱对国外高品质产品的依赖。

1. 打通创新链,加快自主创新的步伐

改革开放初期,正值经济全球化快速发展,我国采取的市场和资源"两头在外"发展方式,加速了融入世界经济的步伐,推动了我国工业的快速发展,但同时也形成了我国一些关键技术、关键零部件、关键原材料对国外的依赖,缺乏世界知名品牌,这些都对我国产业升级和产业安全形成较大的制约。创新链是由知识创新、技术创新、产品创新等一系列活动及其主体组成。推动国内大循环,首先要畅通产学研之间的联通,打通我国创新的市场障碍,构建自主可控的创新链,即面向企业和产业需求,加大我国基础性研究和技术创新的投入,整合科技力量,加大核心技术攻关力度,设立国家科技创新中心(或实验室)和中试平台,为企业和产业提供先进的科技成果和技术解决方案。同时,还要组织实施产业基础再造工程,通过创投基金等金融手段,构建自主创新的市场容错机制,培育一批采用国产技术和设备的产业群,为国产新技术、新装备、新产品建立市场空间,为自主创新"最后一公里"铺路架桥。

2. 补强产业链,确保经济协调稳定

国际金融危机以来,产业发展呈现本土化、区域化趋势,尤其是新冠肺炎疫情在全球蔓延,全球产业链进行调整和重构,直接影响我国产业链的安全和稳定。一方面,发达国家推进新兴产业全球价值链回缩国内;另一方面,随着我国产业升级提速,要素成本攀高,劳动密集型产业国际竞争优势不断减弱。链式发展是当今产业发展的基本形式,发达国家的打压与制约以及发展中国家的竞争与争夺,在一定程度上对我国建立在全球产业分工基础上的产业链形成了制约。加强产业链薄弱环节建设、维护产业链安全是保持我国产业体系完整性和发挥竞争优势的重要一环。具体来看,防止低端产业链被过早切割,要充分依托我国巨大市场及其需求层次的差异、国土幅员广阔及区域经济发展水平的梯度,促进多层次的产需对接,调整产业布局。避免产业链在高端断裂,要在经济发达、人力资源丰富的沿海地区和中心城市,加快发展科技型产业,完善国内产业配套体系,形成替代进口的技术储备、装备储备和产品储备,确保我国产业发展协调与产业链畅通,避免产业链中断对我国经济发展造成损失。

3. 稳定供应链,增强本国企业的合作力度

全球产业分工网络是以大企业为中心、跨国公司为主导的分工网络。长期以来我国制造企业以加工贸易为主,大多数企业经营规模、专业化协作与国际同行相比有较大差距,缺乏促进供应链上下游企业深度合作的"链主"企业,中小企业之间分工协作主要发生在产业集群,本国大企业对中小企业的带动力较弱。这导致我国供应链协同管理能力不强,产能过剩矛盾较为突出。同时,受疫情和贸易保护主义抬头的影响,我国中小企业发展面临着较大的压力。因此,构建新发展格局,需要畅通大中小企业和不同所有制企业之间的合作关系,引导中小企业加入国内供应链,为中小企业发展创造国内市场空间。

4. 提升价值链,实现高水平对外开放

强调"以国内大循环为主体、国内国际双循环相互促进",不是要关上国门,而是将我国创新链、产业链、供应链有机嵌入全球创新链、产业链、供应链之中,让其成为全球创新链、产业链、供应链必不可少的组成部分,增强不可替代性。要以产业需求和技术变革为牵引,推动科技和经济紧密结合,努力实现优势领域、共性技术、关键技术的重大突破,推动"中国制造"向"中国创造"转变。要利用我国在部分高端制造业领域的先发优势,增强"中国制造"的品牌影响力,以对外投资和产品输出带动中国设计、中国标准输出,增加技术服务价值,提升我国产业在全球价值链分工的位势。此外,我们还要更加积极地参与国际分工合作,稳住外贸外资基本盘,坚持进口与出口并重、利用外资和对外投资协调,增强国际国内两个市场、两种资源的黏合度,逐步实现由商品和要素流动型开放向规则等制度型开放转变,提升投资和贸易便利化水平,不断优化营商环境,利用"一带一路"建设给我国对外开放带来的新机遇,促进资金、技术、人才、管理等生产要素与相关国家的交流与合作。

四、产业园区的思考

"脱钩"事态发展的影响已为全球所关注。2019年年底,欧亚集团对未来

世界面临的主要风险进行预测时也明确把中美"脱钩"作为未来世界面临的重大风险之一,认为在可预见的将来中美"脱钩"的基本趋势仍会继续扩大,并将此作为苏联解体后对世界影响最大的事件。①

我国是全球唯一拥有联合国产业分类目录中所有工业门类的国家,但是在半导体、机器人及自动化、装备制造等领域仍然受制于人。与发达国家相比,我国科技实力仍然较弱,在国际供应链、产业链中仍然存在断链风险,生产经营活动受国际影响较大。从美国对华为的芯片制裁也可以清楚地看到,高新技术是掌控国际循环系统运营的撒手锏,影响了全球资源要素配置和系统循环效率。笔者所在的漕河泾开发区在本次科技企业生存调查中发现,有6.16%的被调研企业(27家)认为中美贸易摩擦、新冠肺炎疫情暴发等外部环境对创新活动没有影响或影响不大。分析这27家样本企业发现,电子信息(集成电路)和先进制造、航空航天、机器人、工业自动化、工业软件服务等高新技术、产业领域,仍具有一定的创新创业活力,而软件、互联网服务领域,在部分"疫后"产品市场形成了新的创新创业热点。

习近平总书记在北京调研指导新冠肺炎疫情防控工作时指出,要统筹推进经济社会发展各项任务,在全力以赴抓好疫情防控同时,统筹做好"六稳"工作。中共中央政治局常委会召开会议强调,各级党委和政府要努力把新冠肺炎疫情影响降到最低,保持经济平稳运行和社会和谐稳定,努力实现党中央确定的各项目标任务。

开发区是区域经济发展的主要阵地,新冠肺炎疫情和中美贸易摩擦不仅扰乱了开发区内企业的正常运作,也给开发区的管理和服务带来了挑战。为此,全国各类产业园区(科技园区)不仅要在疫情防控中要守牢底线,更要在后续的经济发展中发挥"顶梁柱"和"压舱石"作用,不失时机、系统安排,调配各种力量,保障开发区企业和开发区自身发展的平稳和可持续。

一是营造更好的营商环境,千方百计促进开发区企业发展。一方面积极配合企业做好复工复产和疫情防控工作;另一方面,切实发挥好政府沟通优势和企业服务优势,全面对接联络开发区企业,在充分了解企业需求的基础上,把相关扶持政策落地落实,争取更多政策支持、资金支持。

---

① 《美国智库预测2020年全球十大风险》,http://world.people.com.cn/n1/2020/0107/c1002-31537341.html。

二是提高开发区间产业合作能力,发挥产业链网群式效应。疫情之下,企业间的合作程度和协同能力,决定了疫情防控关键技术、产品供应链的安全性。各产业园区(科技园区)应深化产业链合作,提升装备生产、原材料供应等方面的优势,同时,还应加强研发创新合作,为全面提升产业科技创新水平和产业链协同能力打下基础。

三是重视和提升智慧服务能力。疫情影响下,"云上"招商、企业服务、政策培训、人才招聘等在线服务成为主流,搭建智慧服务平台将成为未来开发区服务的基本功能。一方面,能够提供"招商""科技、产业政策""人才招聘""商务配套"等在线智能服务系统;另一方面,要建立"流程化"服务机制,实时跟踪、动态管理,提高开发区服务覆盖率和服务提供效率,降低突发情况对开发区正常招商、运营工作的影响。

四是提升开发区和其他相关主体的共担共治能力。开发区的发展有赖于开发区管理体系和治理能力的建设。面对突发事件如何治理?如何处理好开发区稳定发展与改革的关系?只有加强开发区和其他相关主体的统筹,树立开发区、企业以及地方政府共同应对的理念,建立调动多元主体共同治理的体制机制,才能进一步提升开发区企业的凝聚力和核心竞争力,走上开发区持续发展的道路。

新冠肺炎疫情中,也暴露出我国产业园区发展中存在的短板,也为接下来产业园区的发展方向提供了思路。针对未来可能再次出现的"黑天鹅"事件,开发区要"未雨绸缪",构建中长期的战略研究和预警机制、制定系统性的应对策略。当"黑天鹅"事件发生后,开发区还有备选方案、备用物资、"外援"支持,会极大地增强其抗风险能力。

下 篇
书刊评论

有关当代国际秩序与中国对外关系的认知和思考
——以 2015—2019 年北美期刊中的相关文章为例

刘 晶

随着"一带一路"倡议的实施和中国在对外关系中展现出新气象,北美地区大学和研究机构编辑出版的中国学与亚洲学期刊中涌现出大量关于当代国际秩序与中国外交政策、对外关系的成果。笔者选择了 2015—2019 年这类具有代表性的综合期刊进行归纳分析,发现学者们主要关心三个议题:中国的历史经验与发展趋势及其与现有国际秩序之间的关系;中国外交政策的转型、实施及其影响与制约因素;中国对外关系背景下的国家与领土安全问题。这些期刊展现出最具时效性、最贴合当前形势变化的系统研究,为我们了解北美地区中国研究的焦点、动向与趋势提供了极大帮助。同时,综合性学术期刊关注的问题及其视角往往超越了单一学科的研究方法。对相关议题的总结,将有助于我们把握当前中国学研究的整体趋势。

一、有关中国在国际体系中地位的思考与争论:传统与现状

随着 21 世纪中国国际影响力的增强,传统中国对世界秩序的认知在当今国际形势中的作用、中国在现有国际体系中的角色等具有关联性的问题,逐渐引发了学界的深入思考。基于各自的学科认知和理论分析,研究者们对这些问题有着不同的看法。

(一)中国对国际体系的历史认识及其现实关照

中国认识外部世界的历史经验是否以及如何影响当前中国的对外关系,是历史学界与国际关系学界共同关注的话题。其中,朝贡体系的理论内涵、实践及其与现实之间的关系,尤其引发了学者们的争论。自 20 世纪 40 年代起,

以费正清(John King Fairbank)为代表的历史学家开始以"朝贡体系"阐释19世纪以前中国的对外关系,这曾对欧美学界的中国学研究起到了深刻的影响。这一理论认为,中国以对周边地区的文化优越性为前提,以中原王朝为中心,建立起对周边地区与族群的非武力等级秩序。近年来,朝贡体系理论在国际关系的研究领域有所复兴。一些学者强调朝贡体系的现实意义,以此理解传统中国的对外交往模式,并反观当今的世界局势,认为这种模式将使中国的崛起有机会以更为和平的方式重塑以西方为中心的国际秩序。[1]这一趋势的代表作是南加州大学的国际关系学家康灿雄(David Kang)在2010年发表的论著《西方之前的东亚》(*East Asia before the West*),在书中,康灿雄论述了中国如何基于朝贡秩序在过去500年间保持与周边国家的相对稳定与和平。[2]

但在历史学界,学者们则对朝贡体系的适用性及其以汉文化为中心的预设进行了全面反思。他们对朝贡体系所描述的单一、同质的华夷关系进行了修正,强调应在具体情境中审视动态的和交互的东亚国家关系。[3]因此,近年来国际关系学界对朝贡体系理论的关注重新引发了历史学者的反思和批判。例如,《当代中国》(*Journal of Contemporary China*)在2015年发表了系列文章,对朝贡体系理论的有效性提出了疑问。迈阿密大学的简·托伊费尔·德雷尔(June Teufel Dreyer)认为,以中国为中心的"天下观"并非总能描述历史现实。当帝国力量软弱之时,这一对世界的认知很少能影响到事件的进程。她还认为,将天下观作为一个和平世界的典范是存在缺陷的。[4]耶鲁大学的濮德培(Peter Perdue)甚至提出,由于古代中国的对外关系是由贸易、军事力量、外交和礼仪层面的多重互动构成的,因此并不存在一个朝贡体系来解释复杂

---

[1] Suisheng Zhao, Rethinking the Chinese World Order: The Imperial Cycle and the Rise of China, *Journal of Contemporary China*, vol.24, 2015, p.970.

[2] David Kang, *East Asia before the West: Five Centuries of Trade and Tribute*, New York: Columbia University Press, 2010.

[3] 以明清中国与朝鲜之间的关系为例,这一关系在过去被认为是最为典型的朝贡关系。近年来,历史学者也重新认识和定义这一关系,反对在华夷两分的话语体系中解释中国与朝鲜的关系,强调后者所具有的多层次与离心力的特征。具体研究例如:Yuanchong Wang, Civilizing the Great Qing: Manchu Korean Relations and the Reconstruction of the Chinese Empire, 1644-1761, *Late Imperial China*, vol.38, 2017, pp.113-154。

[4] June Teufel Dreyer, The "Tianxia Trope": Will China Change the International System? *Journal of Contemporary China*, vol.24, 2015, pp.1015-1031.

的历史事实。① 丹佛大学的赵穗生和曼彻斯特大学的威廉·A.柯兰汉（William A. Collahan）则认为，21世纪中国的发展模式和价值体系对传统中国的世界秩序进行了再理解和再构建。②

2017年，《哈佛亚洲研究学刊》（Harvard Journal of Asiatic Studies）发布专刊，进一步从赞成者与反对者各自的立场出发，讨论了朝贡体系理论的内涵、塑造过程和价值等问题。拉格朗日学院的约书亚·范·利厄（Joshua Van Lieu）从本体论的角度入手，认为尽管明清时期中国在亚洲地区进行了多种形式的朝贡实践，这些行为是否可以被称为一个"系统"是存在问题的。实际上，费正清等人所论述的朝贡体系并非一个全新概念，而是可以追溯到19世纪维多利亚晚期西方对中国的认知。③ 西北大学的亨德里克·斯普莱德（Hendrik Spruyt）和夏威夷大学马诺阿分校的桑卡兰·克里希那（Sankaran Krishna）从康灿雄的著作入手，具体指出其理论的问题所在。虽然并不否认朝贡体系中所共享的儒家文化的原则和规范，但斯普莱德认为其他多种因素的交织维持了东亚相对和平的国际秩序。其中，文化价值并未成为超越物质因素的根本原因。④ 克里希那还认为，康灿雄的理论构建尽管以东亚世界为主体，但并未摆脱西方中心论的经验。⑤

同时，莱顿大学的朴世英（音）（Saeyoung Park）探讨了康灿雄著作的学术影响力和应用价值，并分析了历史学和国际关系研究在构建理论模型、现实关照等问题上的分歧。她认为，前者关注历史事实的具体情境，认为应当与现在对过去的构建区分开来；后者则希望从历史经验中寻求可能解释和预测当前中国崛起的模式。朝贡体系也因此具有多重的、互相竞争的和重叠的维度，不同学者可以分别将其作为真实的历史经验、研究范畴、组织历史现象的解释理

---

① Peter C. Perdue, The Tenacious Tributary System, *Journal of Contemporary China*, vol.24, 2015, pp.1024-1025.

② Suisheng Zhao, Rethinking the Chinese World Order: The Imperial Cycle and the Rise of China, *Journal of Contemporary China*, vol.24, 2015, pp.961-982. William A. Callahan, History, Tradition and the China Dream: Socialist Modernization in the World of Great Harmony, *Journal of Contemporary China*, vol.24, 2015, pp.983-1001.

③ Joshua Van Lieu, The Tributary System and the Persistence of Late Victorian Knowledge, *Harvard Journal of Asiatic Studies*, vol.77, 2017, pp.85, 87.

④ Hendrik Spruyt, Collective Imaginations and International Order: The Contemporary Context of the Chinese Tributary System, *Harvard Journal of Asiatic Studies*, vol.77, 2017, p.33.

⑤ Sankaran Krishna, China is China, Not the Non-West; David Kang, Eurocentrism, and Global Politics, *Harvard Journal of Asiatic Studies*, vol.77, 2017, pp.93-109.

论或具有预测意味的理论模型。①她还指出,不管是经济利益还是文化价值都无法成为近代早期中国维持朝贡体系的驱动力。这一对外等级关系的实质是国家政权为合法化其国内统治所建立的必要规范。②康灿雄本人则回应称,这些评论和争议本身即说明了近代早期东亚地区国际关系的复杂和微妙。③

以上争论的核心是传统经验与现实问题之间、历史事实与理论构建之间的分歧。具体说来,是朝贡体系理论是否可以囊括传统中国看待外部世界和处理对外关系的复杂实践。在此基础上,历史学者更加关心理论本身的合理性和有效性、塑造理论的具体环境,将历史事实与理论模型区别看待;国际关系学者更加关注历史经验的借鉴意义,亦即是否可以为当下中国的崛起和未来发展提供解释依据。这一情形反映了历史学与国际关系研究领域不同的学术旨趣与关注重点,也展现出学者们对中国崛起背后历史原因的共同兴趣。

(二)中国的崛起与 21 世纪的国际秩序

除了关注中国的历史经验,更多学者着眼于中国在现有国际秩序中的地位及这一情形可能出现的改变。有学者认为中国将挑战美国的主导地位,并有可能因此发展出军事对立。例如,辅仁大学的林一凡根据权力转移理论的指标评估,认为中国是对现有东亚秩序"不满意"的挑战者,并有可能和主导者美国之间形成冲突。④不少研究指出,中美关系从特朗普执政以来确实存在日趋紧张的状态。⑤哈佛大学的格雷厄姆·艾利森(Graham Allison)在 2015 年提出"修昔底德陷阱"说,以过去 500 年间 16 个案例中的 12 个作为理论根据,认为大多数正在上升的力量和当前统治力量的对立会以战争告终。他认为,

---

① Sacyoung Park, Long Live the Tributary System! The Future of Studying East Asian Foreign Relations, *Harvard Journal of Asiatic Studies*, vol.77, 2017, p.3.

② Saeyoung Park, Me, Myself, and My Hegemony: The Work of Making the Chinese World Order a Reality, *Harvard Journal of Asiatic Studies*, vol.77, 2017, p.63.

③ David C. Kang, Response: Theory and Empirics in the Study of Historical East Asian International Relations, *Harvard Journal of Asiatic Studies*, vol.77, 2017, p.111.

④ Yves-Heng Lim, How (Dis) Satisfied is China? A Power Transition Theory Perspective, *Journal of Contemporary China*, vol.24, 2015, pp.280-297.

⑤ Suisheng Zhao, American Reflections on the Engagement with China and Responses to President Xi's New Model of Major Power Relations, *Journal of Contemporary China*, vol.26, 2017, pp.489-503. Robert Sutter, More American Attention to Taiwan Amid Heightened Competition with China, *American Journal of Chinese Studies*, vol.22, 2015, pp.1-16. Dean P. Chen, US-China Rivalry and the Weakening of the KMT's "1992 Consensus" Policy: Second Image Reversed, Revisited, *Asian Survey*, vol.56, 2016, pp.754-778. Gregory J. Moore, Avoiding a Thucydides Trap in Sino-American Relations (... and 7 Reasons Why that Might be Difficult), *Asian Security*, vol.13, 2017, pp.98-115.

以此来审视当前的中美关系,想要避免两者间的战争,就需要最高领导层持续对此问题予以关注,需要深度的相互理解,以及需要领导者和公众在态度和行为上发生更为根本的改变。①针对这一观点,《中国政治学学刊》(*Journal of Chinese Political Science*)曾在2019年年初发表系列文章,从概念、方法和预测的有效性、变量因素等方面进行讨论,认为中美两国领导者应致力寻找新的范式以避免"修昔底德陷阱"。②

丹佛大学的赵穗生持不同观点,认为中国只是现有秩序的修正者,而并非准备替换秩序的挑战者。中国想要改变的只是自身在当前秩序中的地位。③这一观点也反映在他对中美摩擦的分析上。他认为,虽然特朗普政府将中国作为战略上的竞争对手,并将中美贸易战升级成为多方面的冲突,但两国紧密的相互依存仍将继续支撑彼此之间的关系。④他还认为,无论是中国还是美国,在亚太地区都无法成为单一的主导者。要避免两国冲突升级成为新的冷战,需要在展现战略克制和维持微妙权力平衡的基础上建立两者间新型的大国关系。⑤相似观点认为,中国和美国之间不太可能在亚洲安全问题上形成战略或经济上的对抗,其原因在于中、美及美国的亚洲盟友之间存在相互牵制和依存的经济关系。⑥而从亚洲安全的角度出发,中国和美国在朝鲜和南海问题上的参与也显示出秩序的建立可以通过一系列复杂的商谈互动得以实现。⑦

还有研究者试图跳出现有的国际关系理论框架。他们认为,从具体情形出发,不应当假定中国的对外政策是一贯和统一的,也不应当将国际体系看作静止的整体。因此,单纯认为中国是秩序挑战者、维持现状者,或实用主义者

---

① Graham Allison, The Thucydides Trap: Are the US and China Headed for War? *The Atlantic Monthly*, 2015.

② Special Issue, Can America and China Escape the Thucydides Trap? *Journal of Chinese Political Science*, vol.24, 2019.

③ Suisheng Zhao, A Revisionist Stakeholder: China and the Post-World War II World Order, *Journal of Contemporary China*, vol.27, 2018, pp.643-658.

④ Suisheng Zhao, Engagement on the Defensive: From the Mismatched Grand Bargain to the Emerging US-China Rivalry, *Journal of Contemporary China*, vol.28, 2019, p.501.

⑤ Suisheng Zhao, A New Model of Big Power Relations? China-US Strategic Rivalry and Balance of Power in the Asia Pacific, *Journal of Contemporary China*, vol.24, 2015, p.377.

⑥ Joel Wuthnow, U.S. "Minilateralism" in Asia and China's Responses: A New Security Dilemma? *Journal of Contemporary China*, vol.28, 2019, pp.133-150.

⑦ Paul Lushenko and John Hardy, China, the United States, and the Future of Regional Security Order—An Unhappy Coexistence, *Asian Security*, vol.12, 2016, p.1.

都不能揭示其行为的本质。事实上,中国在坚持核心国家利益的同时会根据情况选择不同的立场。①也有人认为,应当摆脱现实主义和自由主义学派对中国崛起问题的争论,因为两者都无法解释中国外交政策中诸多不太符合理性主义框架的方面。从社会认同理论(Social Identity Theory)出发,中国从改革开放以来就持续地追求社会创造力(Social Creativity),即在承认与维持现有秩序的基础上,将负面属性重新构造为积极属性,或强调自身在另一领域内的成就。但当其他国家不尊重中国的主权和领土完整时,中国也会以军事手段予以回应。总的来说,中国的崛起带来的和平将大于威胁。②

以上这些研究讨论了中国崛起与现有国际体系之间的关系,其争论的焦点是中国的快速发展是否可以创造出新的模式、形成新的力量,及其对当前与未来的国际局势可能产生的影响。这些讨论或从历史案例中汲取经验,或从国际关系学或其他社会科学的相关理论出发,或注重实际情况的变化,对中国的发展趋势加以分析和预测。尽管研究者的方法与结论各有不同,他们普遍认为中国会对以美国为主体的国际秩序产生不容忽视的影响。有学者指出应当积极寻求两者间避免冲突的有效途径,而更多学者则认为中国的崛起会以相对和平的方式进行。

二、中国的外交政策与对外关系:转型与挑战

上述研究在理论层面上宏观探讨了中国的发展进程与国际秩序之间的动态关系。从具体层面来看,近年来中国外交政策的一些新变化、新特点以及所面临的新挑战直接反映了这一情形。近5年来的北美学术期刊对这些问题有相当全面的分析。

(一)中国对外政策转变的特点、内涵及原因

学者们主要探讨了党的十八大之后中国对外政策的特点与内涵。例如,中国台湾学者张廖年仲认为,中国的外交策略从邓小平时期的"韬光养晦"转变为"奋发有为"。这一变化主要表现在中国处理邻国关系时更为积极地提高

---

① Falin Zhang, Holism Failure: China's Inconsistent Stances and Consistent Interests in Global Financial Governance, *Journal of Contemporary China*, vol.26, 2017, pp.369-384.

② James Jungbok Lee, Will China's Rise Be Peaceful? A Social Psychological Perspective, *Asian Security*, vol.12, 2016, p.33, p.45.

吸引力和影响力上,尤其是中国通过"一带一路"倡议等向西部地区推进周边外交。"奋发有为"的外交政策是中国政府积极参与并试图改造国际机制的表现。但同时,这种策略的目标是遏制亚洲邻国加入美国同盟,而非建立中国同盟,其目的是通过合作、协调、谈判的手段,在亚太地区和美国建立新型的大国关系。①

不同观点则认为,中国当前的外交策略并非全新的和能被清晰定义的,而是正处在一个过渡阶段。尽管中国致力发展国际和平、全球治理,在贸易和安全方面都表现得更加自信,但中国并未完全摒弃之前低调的国际策略。原因在于,中国仍面临重大的、尚未解决的国内外挑战与政策困境,例如国内的社会经济问题、缺乏经验和能力处理国际安全和多边协商问题、亚太地区的冲突等。②这些因素对中国新外交政策的实施起到了限制性的作用。

还有学者的看法较为复杂和多面。例如,澳门大学的王建伟认为,现阶段,中国提出的"大国外交"思想是现实主义、理想主义与自由主义的结合。一方面,这一理念很明显与"韬光养晦"政策不同,显示出其变革的实质;但另一方面,中国在国家安全等问题上的核心现实主义设想会使这一思想中理想和自由的全球视野以及超越传统西方国际理论的努力更难实现。③

一些研究还强调了近年来中国外交政策得以转变的原因。通过对大国外交的考察,香港大学的胡伟星认为,在强调外部和结构因素(如权力平衡、国际形势、经济依存或其他系统性力量)的同时,中国领导人的领导能力在外交政策的转变中扮演了关键角色。④澳门大学的林至敏认为,大国外交策略在意识形态、机构设置、资源动员能力等方面得到了有力支持。中国内外政策的整合以及由上至下的行政管理系统也使"大国外交"能够更为有效地施行。⑤

---

① Nien-chung Chang-Liao, China's New Foreign Policy under Xi Jinping, *Asian Security*, vol.12, 2016, pp.87-88.

② Angela Poh and Mingjiang Li, A China in Transition: The Rhetoric and Substance of Chinese Foreign Policy under Xi Jinping, *Asian Security*, vol.13, 2017, pp.84-97.

③ Jianwei Wang, Xi Jinping's "Major Country Diplomacy": A Paradigm Shift? *Journal of Contemporary China*, vol.28, 2019, p.15, p.27.

④ Weixing Hu, Xi Jinping's 'Major Country Diplomacy': The Role of Leadership in Foreign Policy Transformation, *Journal of Contemporary China*, vol.28, 2019, pp.1-14.

⑤ Zhimin Lin, Xi Jinping's "Major Country Diplomacy": The Impacts of China's Growing Capacity, *Journal of Contemporary China*, vol.28, 2019, pp.45-46.

(二) 中国对外政策的具体措施、影响及制约

随着中国外交理念的变化,学者们开始重视中国采用何种措施进行区域整合、扩大对外影响。他们同时关注这些措施对现有国际秩序可能产生的作用,以及其他政策参与者和接受者的反应。具体而言,研究者的分析重点主要在以下几个方面:

1. "一带一路"倡议的作用、实施环境及回应

不少学者讨论了"一带一路"倡议如何帮助中国完成崛起、建立新的发展模式,并在国际秩序中创造对中国更为有利的局面。例如,有研究者认为,"一带一路"倡议由一个多层面的大战略所推动。其目的有三:第一,软性制衡美国对中国的约束和包围,并强调中国在欧亚大陆内外的优势;第二,建立新的观念和规则,合理化中国正在崛起的力量;第三,重塑全球治理并改变现有国际体系,使之反映中国的价值、利益和地位。总而言之,"一带一路"倡议是中国在国际秩序中确保安全、增强地位的决定性策略,帮助中国从规则接受者转变为规则制定者。[1]

与之相似的观点认为,"一带一路"倡议和亚洲基础设施投资银行的倡议是中国实力崛起的最新证据,可以促进区域经济增长、发展与整合,并建立经济合作的新模式。这些措施可以扩大中国在欧亚大陆的影响,缓解中国和菲律宾在领土问题上的冲突,并使发展中国家认同和接受中国的发展模式。[2] "一带一路"倡议在中亚地区的推进还可以帮助中国建立区域性的伟大战略,以此在其多边与双边关系中获得影响力。[3]

还有学者从"一带一路"倡议的经济角色出发,讨论这一倡议可能面临的问题和未来的不确定性。他们认为,这一倡议的成功与否将很大程度上取决于亚洲市场对中国产品和资本的认同。然而,发展中的亚洲国家吸收中国过剩工业供应的能力并没有达到预期,并且中国对中低收入亚洲国家的直接投资和政府之间的援助也仍然不足。中国或将面临来自经济合作与发展组织国

---

[1] Weifeng Zhou and Mario Esteban, Beyond Balancing: China's Approach towards the Belt and Road Initiative, *Journal of Contemporary China*, vol.27, 2018, p.487.

[2] Kevin G. Cai, The One Belt One Road and the Asian Infrastructure Investment Bank: Beijing's New Strategy of Geoeconomics and Geopolitics, *Journal of Contemporary China*, vol.27, 2018, pp.845-846.

[3] Jeffrey Reeves, China's Silk Road Economic Belt Initiative: Network and Influence Formation in Central Asia, *Journal of Contemporary China*, vol.27, 2018, p.518.

家(OECD)、欧盟甚至亚洲内部的日本等国的竞争。因此,中国需要将"一带一路"倡议融入现有的国际经济合作框架中,在自身亚洲经济策略和国际经济合作中寻求现实的平衡。①"一带一路"倡议的参与者还从多个层面对其作出回应,并由此对这一倡议本身造成了影响和挑战。例如,有学者认为,"一带一路"倡议无法从根本上改变中国与伊朗之间存在的"强国—中等国家"关系,因为区域安全的重要性要超过中国在经济层面上的考量。因此,尽管"一带一路"倡议为两国关系提供了前所未有的机遇,但中国仍然表现出对伊朗国际行为的担忧。中国在中东地区采取规避风险的外交策略,而伊朗会成为中国在这一区域不稳定的合作伙伴。这一双边动态将成为升级两国合作关系的障碍。②还有学者分析了大国与小国之间的关系,强调小国在区域权力转移模式中的作用。以南太平洋地区岛国为例,这些国家并非中国—澳大利亚之间线性、双向权力转移模式的被动接受者,而是具有多样、微妙的态度和视角。③从非国家参与者的视角出发,公司是跨国经济互动的主体,而"一带一路"倡议的成功与否取决于中国是否能够以及如何使公司行为符合国家的战略利益。和私有企业相比,国有企业表现出更强地参与"一带一路"倡议的意愿,显示了国家控制在经济国策中的重要性。④

"一带一路"倡议在东南亚地区实行的条件、制约,以及各国的反应尤其受到重视。研究者普遍认为,"一带一路"倡议的发展受到东南亚当地社会、政治、经济条件的重要影响,需要在具体情境下考虑参与国本身的环境与意愿。例如,东南亚地区的不同国家对这一政策采取不同的回应:一些国家表现出强烈的支持,另一些国家的态度则更为疑虑或摇摆。变化的国内政治是这一情形的主要决定因素。具体来讲,各国国内统治精英的政策重点,对中国的信赖程度,领导人的思想意识和偏好,以及社会反响等因素都会影响"一带一路"倡

---

① Cheng King and Jane Du, Could "Belt and Road" be the Last Step in China's Asian Economic Integration? *Journal of Contemporary China*, vol.27, 2018, p.829.

② Dara Conduit and Shahram Akbarzadeh, Great Power Middle Power Dynamics: The Case of China and Iran, *Journal of Contemporary China*, vol.28, 2019, p.480.

③ Chengxin Pan, Matthew Clarke and Sophie Loy-Wilson, Local Agency and Complex Power Shifts in the Era of Belt and Road: Perceptions of Chinese Aid in the South Pacific, *Journal of Contemporary China*, vol.28, 2019, pp.385-399.

④ Xiaojun Li and Ka Zeng, To Join or Not to Join? State Ownership, Commercial Interests, and China's Belt and Road Initiative, *Pacific Affairs*, vol.92, 2019, p.5.

议在东南亚地区的开展。①东南亚国际和国内的经济政治变量也会阻碍"海上丝绸之路"的完全实施,这些因素包括南海问题、印度或日本的反对声音、东南亚国内易变的政治环境等。②还有观点虽然同意东南亚地区现有的政治环境(尤其是南海领土争议)是实施"海上丝绸之路"的不利因素,但认为这一倡议的经济利益仍然是可实现的,制约发展的经济成本管理问题也是易处理的。在投入信任和努力使中国和东南亚国家共同获益的基础上,"海上丝绸之路"的经济利益或许可以超过或是减轻其政治成本。③

也有不少个案研究讨论"一带一路"倡议在东南亚各国的具体施行。例如,从马来西亚内部的能动性出发,有学者反对将"一带一路"倡议的描绘放在笼统而不加批判的主题下进行,并认为小国在这一框架中有其自身的政治和经济目标,享有充分的自治权来保持甚至增强其地位。④以斯里兰卡和巴基斯坦为例,有研究认为发展中国家过度依赖来自中国的投资,而这些项目本身亦缺乏经济可行性和持续性,忽视了接受国的国内情况。中国"一带一路"的投资应该以项目可行性与债务可持续性为衡量原则,从具体案例出发调查项目的成功性,向其他潜在的国际投资者和机构敞开大门,并成为成员国自力更生的来源。⑤

2. 地区多边机制的重要性及制约

研究者的另一个关注点是区域多边机构和组织在中国对外关系中扮演的重要角色及其所受的限制。不少学者肯定了这些机构对多边主义的促进作用。以亚洲基础设施投资银行(Asian Infrastructure Investment Bank, AIIB,简称"亚投行")为例。作为推进"一带一路"倡议的多边金融机构,亚投行若能真正发挥多边机构的作用,中国将提高自身在区域内的形象,有效证明自己可

---

① Shaofeng Chen, Regional Responses to China's Maritime Silk Road Initiative in Southeast Asia, *Journal of Contemporary China*, vol.27, 2018, p.344.

② Jean-Marc F. Blanchard, China's Maritime Silk Road Initiative(MSRI) and Southeast Asia: A Chinese "Pond" Not "Lake" in the Works, *Journal of Contemporary China*, vol.27, 2018, p.342.

③ Chien-Peng Chung and Thomas J. Voon, China's Maritime Silk Road Initiative: Political-Economic Calculations of Southeast Asian States, *Asian Survey*, vol.57, 2017, pp.448-449.

④ Hong Liu and Guanie Lim, The Political Economy of a Rising China in Southeast Asia: Malaysia's Response to the Belt and Road Initiative, *Journal of Contemporary China*, vol.28, 2019, pp.230-231.

⑤ Abdur Rehman Shah, China's Belt and Road Initiative: The Way to the Modern Silk Road and the Perils of Overdependence, *Asian Survey*, vol.59, 2019, pp.420-428.

以为提供全球公共产品作出贡献,并在多边领导中发挥更为积极的作用。①而亚投行"精益、清洁、绿色"的治理路径也需要被真正用于支持亚投行的机构运行和未来项目。②亚投行与"一带一路"倡议使得中国在地缘政治和地缘经济上成为区域内外的中心,以此加强了中国与亚洲其他国家之间的经济联系,改变了亚洲的经济和政治格局,使之成为21世纪最具活力、经济勃发的区域。但同时,这一蓝图也面临着来自中国内外的挑战,例如中国目前仍缺乏机构间和中央—地方间的协调,亚洲区域内部也存在政治问题。③

还有研究认为多边机构在中国的对外关系中扮演的角色更为灵活多变。中国领导下的区域平台模式,例如中国与中欧和东欧国家的"16+1"合作(2019年4月随着希腊的加入变为"17+1"平台)、中非合作论坛、中国—拉共体论坛等,具有松散和灵活的机构结构,这使得中国可以平衡多边与双边两种途径,并以此针对中国区域范围内的对外关系管理建立起一个高度适应性的蓝图。④多边机构还可以服务于中国自身的政治诉求,帮助中国发展象征权力(Symbolic Power),以对其他国家施展影响力。中国与中欧、东欧、东南欧的经济合作关系实际上隐含了对该地区主导思维方式的挑战,使之更符合中国观点,并成功使得中国对该地区的历史遗产与选择——尤其是其(后)共产主义的历史遗产与选择——进行再评估。⑤

中国领导下的区域合作机制的作用也受到参与国本身的反应与环境的影响。东亚思想库网络(The Network of East Asian Think-Tanks,NEAT)就是一例。作为二轨外交的参与者,由中国直接推动的东亚思想库网络使得中国在东亚共同体内的社会化进程取得了一定的成功。但同时,东亚思想库网络的作用由于区域内各国缺乏共同愿景而受到影响,例如不同国家对区域秩

---

① Mike Callaghan and Paul Hubbard, The Asian Infrastructure Investment Bank: Multilateralism on the Silk Road, *China Economic Journal*, vol.9, 2016, p.137.

② Rebecca LaForgia, Listening to China's Multilateral Voice for the First Time: Analysing the Asian Infrastructure Investment Bank for Soft Power Opportunities and Risks in the Narrative of "Lean, Clean and Green", *Journal of Contemporary China*, vol.26, 2017, p.633.

③ Hong Yu, Motivation behind China's "One Belt, One Road" Initiatives and Establishment of the Asian Infrastructure Investment Bank, *Journal of Contemporary China*, vol.26, pp.353-368.

④ Jakub Jakóbowski, Chinese-Led Regional Multilateralism in Central and Eastern Europe, Africa and Latin America: 16+1, FOCAC, and CCF, *Journal of Contemporary China*, vol.27, 2018, p.659.

⑤ Anastas Vangeli, Global China and Symbolic Power: The Case of 16+1 Cooperation, *Journal of Contemporary China*, vol.27, 2018, p.685.

序持有不同理解、制度方面的制约等。①这一情形也表现在中阿合作论坛上。中阿合作论坛是中国在阿拉伯国家实现经济外交的核心。因此,中国政府还发起机构间协调与中央—地方政府间的权力分享推进这一目标的顺利进行。然而,有学者指出,自2010年的"阿拉伯之春"运动后,阿拉伯国家之间互相纠缠的地缘政治与地缘经济的因素或许会使中国在发展经济的同时无法完全搁置对政治问题的考虑。②

从参与国的反应出发,其他"16＋1"国家(以塞尔维亚为例)对其与中国之间快速发展的关系呈现正负两极分化的理解。但这些评价范式本身无法得到现有证据的支持。因此,对"16＋1"的理解需要放在具体关系发生的情境之中,以便更加微妙和准确地理解中国与中东欧各国之间的关系。③

3. 中国文化和经济外交政策在具体环境中的施行

学者们注意到中国文化和经济外交政策的实行以及当地接受者、参与者的能动性。例如,有学者认为孔子学院的本土化和适应不同受众群的能力决定了其是否可以有效运行。④但也有人认为从接受者的角度而言,孔子学院并非有效推动中国软实力的工具。⑤在非洲地区,中国尝试利用电视剧投资这一具体方式来培养海外文化市场。⑥在经济活动方面,和美国相比,中国在西非的投入既深入又广泛,而当地的出口产业、部门投资和基础设施项目也能从中国的贷款中获益。⑦苏丹与南苏丹在中国海外石油工业竞争力上也发挥了重要作用。⑧

---

① Kim Hyung Jong and Lee Poh Ping, China and the Network of East Asian Think Tanks: Socializing China into an East Asian Community? *Asian Survey*, vol.57, 2017, pp.592-593.

② Degang Sun and Yahia H. Zoubir, China's Economic Diplomacy towards the Arab Countries: Challenges ahead?, *Journal of Contemporary China*, vol.24, 2015, p.903, p.921.

③ Dragan Pavlicevic, "China Threat" and "China Opportunity": Politics of Dreams and Fears in China-Central and Eastern European Relations, *Journal of Contemporary China*, vol.27, 2018, p.702.

④ Xin Liu, China's Cultural Diplomacy: A Great Leap Outward with Chinese Characteristics? Multiple Comparative Case Studies of the Confucius Institutes, *Journal of Contemporary China*, vol.28, 2019, pp.646-661.

⑤ Ying Zhou and Sabrina Luk, Establishing Confucius Institutes: A Tool for Promoting China's Soft Power? *Journal of Contemporary China*, vol.25, 2016, pp.628-642.

⑥ Wing Shan Ho, Chinese In-Law-Themed TV Drama as Affective Labor in China and African Countries, *American Journal of Chinese Studies*, vol.25, 2018, p.61.

⑦ Donald Gerard Gayou, China's Economic Engagement with West Africa: Present Realities, Problems, and Prospects, *American Journal of Chinese Studies*, vol.24, 2017, pp.13-28.

⑧ Luke Patey, Learning in Africa: China's Overseas Oil Investments in Sudan and South Sudan, *Journal of Contemporary China*, vol.26, 2017, pp.756-768.

而乌兹别克斯坦在与中国的经济合作项目中扩大其合作伙伴,由此与其他国家建立起联系。①

也有学者指出中国在海外经济政策的局限,尤其是与政治目标、国家安全之间的不协调。例如,亚太安全研究中心的杰弗里·李维斯(Jeffrey Reeves)认为,中国在吉尔吉斯斯坦依赖经济交流确保其战略目标的做法导致了两国经济交流的不对称,这反而增强了中国边境的不稳定性和国内的不安全性。②滑铁卢大学的王红缨认为,中国在拉美地区经济影响力的增强并没有在政治领域产生显著的溢出效应。③除此之外,中国的海外经济活动还面临来自第三国的挑战,例如在东南亚地区的基础设施投资项目中和日本形成的竞争关系。④在斯里兰卡,中国的经济资源转化为战略影响力的能力也受到各种阻碍。⑤湘南工科大学的长谷川将规提出,在亚太地区,中国的经济交流与自身国家安全之间产生矛盾,要避免这一情况或许需要跨太平洋伙伴关系这样区域性的协议来应对。⑥

可以看到,北美地区的学术期刊探讨了中国近年来积极转变的外交理念,将其与之前的外交政策进行关联与对比,指出这一变化的实质、特点与原因。他们还分析了这一转变下的对外措施,主要关注"一带一路"倡议、区域多边组织和机构、以及其他文化和经济外交政策在各地的实行情况。学者一方面肯定了中国外交策略对国家力量的崛起,国际秩序的改变带来的重大影响;另一方面立足于具体环境中对外政策的实践情况,关注参与国与接受国的政治、经济和文化因素给这些措施带来的制约和挑战。

---

① Timur Dadabaev, The Chinese Economic Pivot in Central Asia and Its Implications for the Post-Karimov Re-emergence of Uzbekistan, *Asian Survey*, vol.58, pp.747-769.

② Jeffrey Reeves, Economic Statecraft, Structural Power, and Structural Violence in Sino-Kyrgyz Relations, *Asian Security*, vol.11, 2015, p.116.

③ Hongying Wang, The Missing Link in Sino-Latin American Relations, *Journal of Contemporary China*, vol.24, 2015, p.922.

④ Hong Zhao, China-Japan Compete for Infrastructure Investment in Southeast Asia: Geopolitical Rivalry or Healthy Competition? *Journal of Contemporary China*, vol.28, 2019, pp.558-574. Hidetaka Yoshimatsu, New Dynamics in Sino-Japanese Rivalry: Sustaining Infrastructure Development in Asia, *Journal of Contemporary China*, vol.27, 2018, pp.719-734.

⑤ Darren J. Lim and Rohan Mukherjee, What Money Can't Buy: The Security Externalities of Chinese Economic Statecraft in Post-War Sri Lanka, *Asian Security*, vol.15, 2019, pp.73-92.

⑥ Masanori Hasegawa, Close Economic Exchange with a Threatening State: An Awkward Dilemma over China, *Asian Security*, vol.14, 2018, pp.155-171.

三、中国的国家与领土安全议题：冲突与协商

除了探讨中国对外关系中的合作与互动，还有不少学者将目光转向中国与其他国家地区在接触交流中的对立冲突。这一情形尤其表现在和国家与领土安全相关的问题上。首先，研究者分析了中国处理国家安全问题的特点与影响因素。其中，非传统安全议题逐渐引发了学界的关注。例如，复旦大学和意大利都灵世界事务研究所的安德里亚·吉塞利（Andrea Ghiselli）认为，20 世纪 90 年代以后，非军事力量引起的非传统安全问题逐渐成为中国对外关系政策中的重要驱动力，影响着国家行为的发展，以及军事、外交建设。[1]因此，中国不仅注重传统的海陆空边境，还注重构成其权力范围的数字化基础设施和活动，并以数字平台不断增长的影响力来塑造全球贸易、输出网络管理的标准。[2]

学者们还揭示了国家安全政策与国内外经济、政治因素之间的复杂互动。例如，台湾大学的左正东认为，2010—2013 年之间，中国对跨太平洋伙伴关系的摇摆态度反映了两者间相互影响的经济与安全考量。[3]至于民族主义在中国对外安全政策的角色，有研究认为，中国民间的民族主义是对日政策的重要推动力。[4]但也有人表示，民族主义对中国安全政策的影响比大多数人设想的要温和，因此需要研究者跳出刻板印象进行更为严密的分析。[5]

其次，学者们对中国对外关系视野下的领土主权与国土安全议题，尤其是海洋与岛屿问题，展开了重点研究。一些学者从历史角度解读现有问题。例如，布兰迪斯大学的杭行分析了冷战之后海峡两岸对 17 世纪郑成功家族的不

---

[1] Andrea Ghiselli, Diplomatic Opportunities and Rising Threats: The Expanding Role of Non-Traditional Security in Chinese Foreign and Security Policy, *Journal of Contemporary China*, vol.27, 2018, p.612.

[2] Aynne Kokas, Platform Patrol: China, the United States, and the Global Battle for Data Security, *The Journal of Asian Studies*, vol.77, 2018, pp.923-933.

[3] Chen-Dong Tso, China's About-Face to the TPP: Economic and Security Accounts Compared, *Journal of Contemporary China*, vol.25, 2016, pp.613-627.

[4] Peter Hays Gries, Derek Steiger and Tao Wang, Popular Nationalism and China's Japan Policy: the Diaoyu Islands Protests, 2012—2013, *Journal of Contemporary China*, vol.25, 2016, pp.264-276.

[5] Duan Xiaolin, Unanswered Questions: Why We May be Wrong about Chinese Nationalism and Its Foreign Policy Implications, *Journal of Contemporary China*, vol.26, 2017, pp.886-900.

同解读，并与郑氏家族行为的实际动机作出对比，认为郑氏家族会根据变化的大陆形势和他们与日本、东南亚的贸易情况采取不同的政治立场。当今有关中国台湾地位和中国在东海与南海存在状态的争议性解读，正是由这些立场衍生出来的。①近现代以来中国在南海的领土主张也是学者们关注的议题。英国查塔姆研究所的比尔·海敦（Bill Hayton）认为，20世纪早期中国在南海的领土主张回应了外部对其国家主权的威胁，同时支撑起其衰退的民族主义合法性。②这一历史主张更直接影响了当代的南海问题。中华民国政府于1947年在南海地区正式画出"U形线"，后来中华人民共和国承继了对"U形线"内涵的解释。回顾"U形线"的起源和早期用法，同时结合中国在南海地区的地位，有助于理解南海问题中的连续性、变化性及其原因。③20世纪南海问题的历史连贯性使得威斯康星大学麦迪逊分校的阿尔弗雷德·麦考伊（Alfred McCoy）认为，应当将南海地区放在研究中心，而不是边缘，将冷战时期看作长达一个世纪的帝国冲突的中间点，而非被意识形态冲突绑定的特定阶段。因此，南海地区应被看作一个多世纪以来地缘政治冲突的舞台。其军事基地既是实际冲突与和平时期国家扩张的重要方式，也是衡量地缘政治权力和重塑过去的指标。④

更多学者立足当代，从多种角度解读海洋问题与中国对外关系。有的学者对现有冲突的特点、原因与趋势进行分析。从防御现实主义视角出发，南海主权主张国之间存在虚幻的不协调状态，这导致了这一区域的安全困境。⑤在南海的领土争议上，虽然中国的地缘力量超过了国际法，国际仲裁的有效性和功能性仍然会成为中国与邻国之间产生摩擦的主要来源。⑥在钓鱼岛问题上，中国采取了和平共处与积极防御的理念，这一温和的战略思维鼓励其在南海地

---

① Xing Hang, Contradictory Contingencies: The Seventeenth Century Zheng Family and Contested Cross-Strait Legacies, *American Journal of Chinese Studies*, vol.23, 2016, p.173.

② Bill Hayton, The Modern Origins of China's South China Sea Claims: Maps, Misunderstandings, and the Maritime Geobody, *Modern China*, vol.45, 2019, p.127.

③ Chris P. C. Chung, Drawing the U-Shaped Line: China's Claim in the South China Sea, 1946-1974, *Modern China*, vol.42, 2016, p.59.

④ Alfred W. McCoy, Circles of Steel, Castles of Vanity: The Geopolitics of Military Bases on the South China Sea, *The Journal of Asian Studies*, vol.75, 2016, pp.1006-1007.

⑤ Klaus Heinrich Raditio, China's Shifting Behavior in the South China Sea: A Defensive Realist Perspective, *American Journal of Chinese Studies*, vol.22, 2015, pp.309-328.

⑥ Suisheng Zhao, China and the South China Sea Arbitration: Geopolitics Versus International Law, *Journal of Contemporary China*, vol.27, 2018, p.13.

区推进与美国、日本和平共存的局面。但激进声音却将这一思想复杂化了。[1]至于2009年后中国在南海问题上的行为发生转变,其原因是中国及其邻国之间在海洋问题上的张力增强,以及美国和亚洲其他国家在相关政策上的变化。[2]

海洋竞争也在中国与印度之间持续。有学者认为,中国的崛起及其发展的军事力量是加剧中印之间安全困境的重要原因。[3]但相反意见认为,"安全困境"的概念并不适用于中印关系。两者的互动实际上被根本的利益冲突所塑造。[4]还有学者认为,虽然战争仍很遥远,但中印之间在海上的对立关系会继续下去。[5]尽管冲突加剧,亚洲国家在海洋问题上也作出了一系列努力、协商与转变。例如,肯尼索州立大学的李建宾(音)(Chien-pin Li)关注领导者、外交家和学者在南海问题上的外交努力,尤其分析了马英九于2015年提出的南海和平倡议所具有的积极意义。[6]瑞典安全与发展政策研究所的拉姆西斯·阿莫(Ramses Amer)讨论了亚洲国家如何致力化解南海冲突,但同时也强调了那些尚未解决的矛盾。[7]基于1991—2007年南海地区发生的一系列积极转变,瑞典国防大学的米卡埃尔·魏斯曼(Mikael Weissmann)预测,南海地区发生重大军事冲突的可能性非常小。[8]至于中印之间的海洋冲突,周边国家如新加坡、越南和菲律宾等对此采取了不同的看法,并据此选择了一系列外部平衡战略。[9]

---

[1] Liselotte Odgaard, Maritime Security in East Asia: Peaceful Coexistence and Active Defense in China's Diaoyu/Senkaku Policy, *Journal of Contemporary China*, vol.26, 2017, p.118.

[2] Kheng Swe Lim, Back to the Front Burner: A Structuralist Approach to Analyzing the Shift in China's Behavior in the South China Sea between the Periods 2000-2008 to 2009-2014, *Asian Security*, vol.13, 2017, pp.148—163. Chong-Pin Lin, Behind Rising East Asian Maritime Tensions with China: Struggle without Breaking, *Asian Survey*, vol.55, 2015, pp.478-501.

[3] Yogesh Joshi and Anit Mukherjee, From Denial to Punishment: The Security Dilemma and Changes in India's Military Strategy towards China, *Asian Security*, vol.15, 2019, pp.25-43.

[4] Srinath Raghavan, The Security Dilemma and India-China Relations, *Asian Security*, vol.5, pp.60-72.

[5] Koh Swee Lean Collin, China-India Rivalry at Sea: Capability, Trends and Challenges, *Asian Security*, vol.15, 2019, pp.5-24.

[6] Chien-pin Li, The South China Sea Peace Initiative in a Transnational Security Environment, *American Journal of Chinese Studies*, vol.23, 2016, pp.119-134.

[7] Ramses Amer, The South China Sea: Achievements and Challenges to Dispute Management, *Asian Survey*, vol.55, 2015, pp.618-639.

[8] Mikael Weissmann, The South China Sea: Still No War on the Horizon, *Asian Survey*, vol.55, 2015, pp.596-617.

[9] Sinderpal Singh, The Dilemmas of Regional States: How Southeast Asian States View and Respond to India-China Maritime Competition, *Asian Security*, vol.15, 2019, pp.44-59.

四、总　　结

本文以近 5 年来北美地区的中国和亚洲研究期刊为例，总结了学术界对当代国际秩序与中国对外关系相关问题的认知和思考。这些思考反映出以下几个研究趋势：

首先，21 世纪崛起中的中国和目前以美国为主导的世界秩序的关系，是目前的研究重点之一。学者对两者的关系呈现差异化、多样化的思考。他们寻求不同的研究方法，并试图跳出现有国际关系的理论框架，对这一问题加以阐释和预测。

其次，学者们将中国的对外关系研究放在全球化经济与跨区域研究的背景之下，反对以单一的框架、概念和模式来解释中国的外交理念和政策，重视中国外交关系的动态变化和在具体情境下的不同表现。

再次，从其他国家和非政府机构、组织的角度出发，讨论当地的文化、经济和政治等多重因素对中国外交政策的复杂影响，以及由此产生的流动、微妙和多层次的互动关系。

最后，学者们在探讨中国如何增强区域影响力、整合区域资源的同时，关注其他参与者的能动性甚至是对中国相关政策的反作用力，凸显中国在外交关系和国家安全等方面与其他国家区域之间的张力。总体而言，近年来北美地区在中国对外关系的研究中展现出多元化、细节化、复杂化和去单一模式化的趋势，为我们了解变动中的中国与世界提供了宝贵的视角。

城市作为理解社会的窗口

——评罗兹·墨菲《上海:现代中国的钥匙》

李鑫妍[*]

20世纪40年代末,美国中国学家罗兹·墨菲在中国政局动荡、世界局势变化莫测之际写下了一部经典的上海史著作——《上海:现代中国的钥匙》[①]。墨菲在序言中直陈其主旨,是希望在几乎所有有关上海和中国的讨论都充满不确定的情况下,"尝试在上海和近代中国的地理环境中去论述这一主题,就可以不管现在正在发生的变化或可能发生的变化,使研究同样具有意义和启发性"[②]。因而,此书更倾向于将上海城市视为一种经济地理现象,并着重探究地理因素对于城市发展的作用。

然而,就目力所及,笔者发现国内学界对《上海:现代中国的钥匙》(以下简称《钥匙》)一书的书评和引论,多意在强调墨菲对上海之于中国意义的判断,但是却忽略了该文本最鲜明的特征以及罗兹·墨菲由上海研究牵发的亚洲研究。罗兹·墨菲是一个从上海研究出发,继而进入中国、亚洲研究的美国学者。墨菲在上海研究中引出的问题意识,随后也成为他进行中印比较研究以及亚洲研究的出发点,并在对上海和亚洲主要港口城市研究的基础上构筑了以城市为中心的亚洲论述。而他的亚洲研究,则鲜明地体现了城市作为理解不同文明社会窗口的特点。

鉴于《钥匙》在国内外上海史领域内的广泛影响,本文将首先梳理《钥匙》中译本的翻译状况,然后将该书置于西方学术以及墨菲整个学术研究的脉络体系中考察该书的意义及价值,最后尝试指出墨菲城市研究的进路及其意义和价值。

---

  [*] 作者系上海社会科学院世界中国学研究所2018级博士生。
  [①] [美]罗兹·墨菲:《上海:现代中国的钥匙》,章克生等译,上海人民出版社1986年版。
  [②] Rhoads Murphey, Shanghai: Key to Modern China, Harvard Univ., 1953.

一、《上海：现代中国的钥匙》中译本翻译状况

《上海：现代中国的钥匙》中译本是经上海社会科学院原院长张仲礼教授推荐，由上海社会科学院历史研究所的章克生、徐肇庆、吴竟成、李谦所译，最后由章克生校订、加注、定稿。张仲礼教授昔日曾在美国华盛顿大学攻读硕士和博士学位，主要以中国为研究对象，因此对于海外中国研究比较熟悉。1984 年张仲礼升任上海社会科学院副院长时，分管历史所，悉心关注历史所的工作情况。当时历史所承担的有"上海简史""上海工人运动""上海史大事记"三个上海市重点项目，张仲礼副院长曾多次听取项目负责人的汇报，并提出许多指导性的改进意见。[①]张仲礼院长的留美背景以及在主持工作时对中外学术交流的重视，让他对国外学术研究状况颇为关注。因此，大概也是在这一时期，他向历史所的研究人员推荐翻译罗兹·墨菲的《上海：现代中国的钥匙》，而后该书中译本于 1986 年由上海人民出版社出版。

至于为何推荐该书。从国内的背景来看，大概主要出于 1978 年之后中国社会环境发生改变，实现现代化成为国家目标。现实环境的改变致使学术视角随之改变，学术研究开始关注中国现代化的问题，而城市现代化则被当作典型进行研究。再者，十一届三中全会之后，中国的城市化水平步伐加快，也是重视城市研究的重要背景。上海作为中国现代化起步最早、程度最高的城市，研究上海近代化的问题，可以对今天的现代化建设有所借鉴和启发。而从学术研究上看，"上海由一个普通的海滨县城，发展成一个多功能的世界闻名的大都市，近代东方第一大港"[②]的起因，也即城市发展的动力机制是当时一个主要的关注点。张仲礼教授曾在 1988 年首次举行的上海史研究国际学术会议上谈到自己非常赞成墨菲在《上海：现代中国的钥匙》中的观点，即其中既有国际因素、租界因素，又有地理因素、人口因素。[③]

此外，张仲礼教授似乎与罗兹·墨菲也有一些交集，《钥匙》中译本译者在卷首语中言张仲礼院长跟墨菲是昔日的同窗，而张仲礼院长也称呼墨菲为自己的老同学[④]。根据两人的履历来看，罗兹·墨菲于 1946 年进入哈佛大学，

[①] 张仲礼著，马军编：《我所了解的国际汉学界》，上海社会科学院出版社 2020 年版，第 222 页。
[②][③][④] 张仲礼：《借鉴历史经验　重振上海雄风》，《文汇报》1998 年 10 月 11 日。

1950年获得哈佛博士学位，1952—1964年间在华盛顿大学教授亚洲研究和地理学。而张仲礼院长1947年进入华盛顿大学，1953年获得华盛顿大学博士学位，而后于1953—1958年在该校经济系、远东研究所任助理研究员、副研究员、研究副教授等职。可见，两人求学时间大致相仿，1952年之后更是同处华盛顿大学。罗兹·墨菲的《钥匙》一书系1953年出版，并在当时就引起广泛关注，相关书评多达十余篇。考虑到此时张仲礼教授和罗兹·墨菲同在一所学校而且具有共同研究对象，两人可能由此进行过更多相关学术交流和探讨。因此，随着1980年代译介西方经典作品的兴盛，张仲礼教授在关注上海史研究的过程中，推荐翻译这本由自己的老同学所撰写并曾在西方产生过重要影响的上海城市研究作品，也是十分自然。

从《钥匙》中译本翻译的质量上看，译文清楚、流畅、准确，基本上没有删节、误译、漏译。这跟本书的译者之一章克生先生有很大关系。章克生先生是上海社会科学院历史研究所的学术委员、编译组负责人。他毕业于清华大学外国语文学系，长期从事编译方面的专业工作，精通英文，通晓法文、俄文，并有丰富的历史知识，对古汉语造诣也较深。[1]在历史编译工作中，他认真严谨。而且他认为"作为一个历史专业的编译人员，除了政治条件外，在业务上要做到：一是透彻地理解外语原著，译述时忠实反映原意；二是熟练地掌握汉语，译文务求通顺、畅达，尽可能表达原文的体例和风格；三是通晓专业知识，译文要符合历史专业的要求"。[2]毫无疑问，《钥匙》中译本确实达到了上述要求，而且译者费了很大功夫对原文中的历史事实、数据进行了考订和修改，这让《钥匙》的中译本相比于原著更少有错误，也更能为中文世界所接受和认可。

具体而言，译者对原文中许多与历史事实有出入的内容进行了考订、修正，并在译文中直接呈现出来。比如：《望厦条约》签订的时间，原文是1843年(p.16)，译文修正为1844年(p.18)；泥城之战的时间，原文是1853年(p.16)，译文修正为1854年(p.18)；上海特别市的成立时间，原文是1928年(p.17)，修正为1927年(p.19)；道路委员会设立时间，原文是1845(p.29)，译文修正为1846年(p.34)；长江流域的面积，原文是750 000 000平方英里(p.45)，译文修

---

[1] 关于章克生先生的介绍，参见马军编著：《史译重镇——上海社会科学院历史研究所的翻译事业(1956—2017)》，上海社会科学院出版社2017年版，第469页。

[2] 马军编著：《史译重镇——上海社会科学院历史研究所的翻译事业(1956—2017)》，上海社会科学院出版社2017年版，第470页。

正为 750 000 平方英里(p.55);三角洲地带面积,原文是 200 000 000 平方英里(p.45),译文修正为 20 000 平方英里(p.55);黄河从河口溯流而上可航行的水道,原文是 25 英里(p.47),译文修正为 250 英里(p.56);英国政府撤销东印度公司对华贸易独占权,原文是 1834 年(p.111),译文修正为 1833 年(p.130)……这类修正据统计有 20 余处。

另外,译者也对原文内容进行了补充,并根据历史知识作了若干修改。比如,永定河和大清河在天津注入的河流,原文是白河(pei river)(p.54),译文修正为海河并将原文未说明的永定河和大清河标识出来(p.63);陇海线的终点,原文是海洲(Haichow)(p.54),译文修改为连云港(p.64);1930 年代连接上海和长江三角洲的三条河流,Siccawei, Soochow, Woosung creeks(p.92),译文修改为肇嘉浜、苏州河、蕴藻浜(p.109);1936 年,沪宁、沪杭线铁路里程,原文是 753 公里,占中国本土铁路总里程的 8.3%(p.90),译文修正为 612 公里,占中国本土铁路总里程的 6.3%(p.108),同时,译者还将该原文注释中笼统的数据来源信息补全。如此种种,可见译者在这本书的准确性上,作出了很大的努力。不仅如此,《钥匙》中译本还增添了大量译者注。译者注不仅详细注释了文章中所涉及的历史人物和事件,同时也表达了不同于国外学者的观点。这种在不修改、删节原文内容的情况下,同时保留原著的风貌和表达不同见解的做法,则更体现了译者认真、严谨的学术态度。

然而,该译本也不免有一两处疏忽,比如原文福均估计苏州、南京、宁波的人口各为 50 万(p.66),译文则错写为 500 万(p.82)。同时,在翻译上也有若干的错误和语句不连贯,比如第十一章,墨菲评价共产党对待上海的态度上,认为"当共产党置身局外,袖手旁观时,对上海提出指摘,那是自然……"(p.202),而译文则误译为"当共产党置身局外,袖手旁观时,人们对他们提出指摘,那是自然……"(p.245)。此外,《钥匙》中译本最大的一个问题是没有呈现原著本来的章节结构布局,而这一缺陷让我们无法从整体结构上把握墨菲主要论述的主题,从而忽视文本本身的立论起点。原著的章节结构布局主要展现在目录上,目录除第一章"序言"外十章内容,被原著者分为两大部分:第一部分是环境(The Setting),包括第二至六章的内容,讲述了上海人口、地理条件、历史发展、特殊政治等问题;第二部分是关键功能(Key Function),包括第七至十一章的内容,阐述了交通和内陆腹地、贸易、粮食供应、工业等问题。在论述上海是现代中国工商业中心这一论点上,两大部分各有不同的侧重点,而这些不同侧重点呈现了1920年代以来美国地理学的分支历史地理学、城市地理学发展的若干特征。中译本未将原著的章节布局展现出来,确是给我们全面了解本书的信息上留下一些缺憾。

二、风起海上:上海之于中国的意义

西方关于中国近代城市的研究始于20世纪20年代,而此前有关中国城市的作品,多为游记、指南、年鉴及其他描述性的著作。[①]近代以来,上海作为五大条约口岸之首,所以有关上海的城市作品也名目繁多。如早期福均、裨治文、麦都思等人的游记和见闻记录以及之后出现的各种城市漫游、指南、年鉴等其他作品。[②]20世纪20年代,上海城市研究开始有一些具有影响力的学术性著作出现,这主要是几部有关上海城史著作:兰宁和库寿龄合著的《上海史》、梅朋和傅立德合著的《上海法租界史》、卜舫济著的《上海简史》[③],此外,还有各类通俗性的介绍、旅游指南以及有关上海各方面的研究。其中发挥最大作用的是传教士、行政官员、商人、记者、冒险家等,他们居留上海多年,有对上海最直观的观察与了解,但却很少有专业的学术性研究。

"二战"结束之后,随着美国中国区域研究的兴起,有关近现代中国的研究开始不断涌现,其中也有少数以上海为主题的学术性论著。其中罗兹·墨菲所著《上海:现代中国的钥匙》即是代表之作,该书至今都是海外上海城市研究的经典作品,并对国内产生很大影响,其关于上海之于中国意义的出色分析至

---

① 熊月之、周武主编:《海外上海学》,上海古籍出版社2004年版;印永清、胡小菁主编:《海外上海研究书目(1845—2005)》,上海辞书出版社2009年版;朴尚洙:《近代中国城市史研究之回顾与瞻望》,任吉东译,《城市史研究》第12辑,2013年,第250—270页;马润潮:《西方学者看中国城市——社会科学及历史学的文献回顾》,《城市规划》2006年(A),第69—74页。

② 印永清、胡小菁主编:《海外上海研究书目(1845—2005)》,上海辞书出版社2009年版;熊月之、周武主编:《海外上海学》,上海古籍出版社2004年版。

③ [英]兰宁、库寿龄:《上海史》,朱华译,上海书店出版社2020年版。该书分两卷,是第一部翔实记载19世纪上海租界历史的英文著作,主要使用了工部局档案、《北华捷报》、时人记载等资料;梅朋、傅立德:《上海法租界史》,倪静兰译,上海社会科学院出版社2007年版。本书主要讲述了上海法租界从1849年形成到1943年被撤销的近百年历史,从上海的社会、政治、经济、文化的诸多现象描述了法租界与外界冲突、争端和交融的过程。卜舫济(F.L. Hawks Pott, D.D):《上海简史》(*A Short History of Shanghai*)是一部简明的上海租界史,大体按时间顺序叙述上海的社会变迁。F.L. Hawks Pott, D.D, *A Short History of Shanghai*, *Being an Account of the Growth and Development of the International Settlement*, Kelly & Walsh, Linmited, 1928.

今仍被学者引论。但仔细阅读文本,不难发现该文本的立论起点、研究取向、分析方法与同时期的上海史书写模式并不相同。从一方面看,相较于20世纪20年代以前的描述性文献资料,它更是一项严肃的社会科学研究;从另一方面看,相较于纯粹的史学研究,它更倾向于历史地理研究。这表现为,虽然从时间跨度而言《钥匙》论述了上海自开埠之后的百年历史变迁。但不可忽视的是,它也在研究中采用城市地理学取向,关注城市的选址、位置、交通、城市与腹地关系、城市格局等方面。并且在更广范围内,"把城市视为经济现象并连带关注其社会、政治方面,以在城市发展或衰落的过程中寻求定义城市的功能或者城市在它所服务更大区域的经济中所扮演的角色"[1]。

因而,墨菲在《钥匙》中对上海城市进行了宏观论述,采取了新的研究视角和方法对上海城市社会进行综合、立体的分析性解释。美国地理学家、亚洲区域研究专家诺顿·金斯伯格(Norton S. Ginsburg)曾从地理学以及城市研究两个方面对该书进行过评价,他认为"这是美国首批对中国大城市进行地理研究的著作之一,它的出版为原本很少有学者涉足的中国城市化研究贡献了一本杰出的著作。对地理学家而言,本书以上海为例阐明了研究外国城市的方法论问题;对非地理学家而言,本书有助于展示地理学方法对城市化研究的有效性和实用性"[2]。

《钥匙》一书最受到广泛认可的是,作者从经济地理角度论证了上海之于现代中国的意义。而墨菲着手从事上海研究,则是源于他对上海崛起为世界第五大城市这一异常现象的困惑。墨菲在其自传中提到,20世纪40年代,他在中国从事救援工作期间曾两次到过上海。第一次是在第二次世界大战结束一两周后,他去探查上海是否需要紧急救援,特别是被日本人关押在城市西郊大集中营内的平民收容者是否需要帮助。然而,他第一次到上海时就感受到,"我一点都不喜欢上海。在刚看到铺砌的街道、有轨电车和西式的饭店之时,会有一瞬间的兴奋。但是,对于刚从中国西部森林地带出来的我而言,上海看起来更像西方而不是中国,而且是一个低级版本的现代西方"[3]。1946年年

---

[1] Preston E. James, Clarence F. Jones ed., *American Geography: Inventory and Prospect*. The Association of American Geography, 1954, p.143.

[2] Norton S. Ginsburg, "Review", *Geographical Review*, Vol.45, No.1(Jan., 1955), pp.142-144.

[3] Rhoads Murphey, *Fifty Years of China to Me: Personal Recollections of 1942-1992*, the Association for Asia Studies, 1994, p.93.

初,墨菲第二次来到上海,他感到上海似乎被令人厌恶的商业贪婪、商业化性交易所占据,并为此感到困惑。

因为从西方观念来看,世界大都市的兴起主要依靠两个因素,一是行政中心,一是高度整体化和商业化经济体制的中心。而上海却在中国"现代铁路网尚未兴建,全国性市场尚未形成,中国国内其他商业大都会尚未出现以前,在短短一百年间,从中国的传统农业经济组织中发展成长……为世界主要都市工业中心之一"。①这着实让人感到诧异,而当时中外学者对于上海崛起原因的解释,多强调租界、外国主导势力主导上海发展的看法。这也让久处于中国西部地区、一直通过运输物资接触中国交通系统的墨菲深感疑惑,如果从中国内陆看上海,上海是另一个中国吗?如果是,上海对于中国又有何意义?上海又是如何发展现代化?

墨菲基于其"二战"期间来华的经历和地理学学科背景,从他非常熟悉的陆路交通运输入手,选择地理学取向论证上海城市的经济发展及转型。这种视角在当时却是独树一帜。因而,墨菲在对上海近百年历史演变的阐述中,着重从地理角度解释上海之所以能在开埠之后迅速超过广州等早期通商口岸,一跃成为全国的对外贸易中心、工商业中心的原因。在具体内容上,墨菲主要阐发了三个主要观点。

第一,墨菲指出,虽然上海具有地基不稳、排水不利、泥沙淤积等问题,但是上海的位置条件却是极好。其一,面向陆地。上海位于富饶平坦的长江三角洲、长江入海口处,长江及其支流把流经中国物产丰饶的核心地带的水源收容下来,最后都倾泻到黄浦江口。其二,面向海洋。上海位于中国南北海岸线的中心,位于往来北美西海岸、日本、中国以及东南亚之间世界环形航线之西不到一百英里之处,所有西太平洋的主要航道都在那里汇合。②上海所兼具的陆地和海洋优势,让中国沿海的多数港口城市无法匹敌。随后,墨菲通过海关贸易数据等资料统计和分析上海在不同时期各项贸易指标的数值及其所代表的意义,以此论证上海在开埠后凭借其优越的地理位置获得迅速发展,经历了从全国对外贸易中心到全国工商业中心的转型。

在大多数人认为上海近代发展主要是受外部冲击影响的情况下,墨菲独

---

① [美]罗兹·墨菲:《上海:现代中国的钥匙》,上海人民出版社 1986 年版,第 2 页。
② 同上书,第 58 页。

辟蹊径分析论证地理因素对上海近代发展产生的更根本性影响,这种不同的视角和解释获得大多数人的认可和赞誉。英国东南亚研究专家费舍尔(C.A. Fisher)指出:"中国一旦卷入世界贸易潮流之中之后,按照地理逻辑可以确定在中国两大自然公路(长江和沿海航线)上定会出现一个主要港口。墨菲支持这一论点的证据是有力的。"①中西方城市发展的起源不同,西方城市的发展基于农业技术的变革以及机械化交通的扩展。因而,在20世纪50年代,许多西方学者对工业革命之前是否有地区可以发展出或能支撑一个百万人口规模的城市抱有疑问,因为工业革命之前各地先天的本土技术和主要的交通运输系统可能无法支持这样规模的城市。墨菲有关上海粮食供应的论述,有力反击了这一质疑。证明了一个拥有三四百万人口的城市,粮食可以通过距上海不超过100公里的内陆腹地提供,而不需要依靠国外进口。②上海也成为一个非常显著的例子,用以表明水道在向大工业城市提供食物、原材料和市场,以支持大工业城市发展方面所发挥的作用。

第二,无论地理因素在上海崛起中占多么重要的位置,政治因素特别是西方势力在上海崛起中产生的影响却始终是无法绕开的一点。墨菲认为:"外国控制所提供的政治上和经济上的安全保障在上海早期发展成长过程中曾起过重要作用,但一旦长江流域根据条约对外贸易开放,地理位置的因素就在现代上海的成长发展中,起着支配全局的作用。……即使外国侨民从他们现代化房屋搬走,回到家乡,它依旧是一座大城市。"③甚至在20世纪40年代末上海处于封锁状态时,墨菲仍对上海的未来抱有乐观的预测,认为"一旦东亚恢复和平之后,上海经济地理上的优势,同样会使上海在未来的日子里重新繁荣昌盛"④。

在对政治因素的具体处理上,墨菲把西方势力在上海崛起中所发挥的作用,放入上海历史发展的各个阶段中来解释。他认为西方势力在上海早期发展中曾起过决定性作用,是上海早期发展的原动力,并且在之后的发展中也从中获得助力。然而,一旦上海地理逻辑背后的经济优势显现之后,即使没有政

---

① C.A.F., "Review", *The Geographical Journal*, Vol.121, No.1(Mar., 1955), p.98.
② Norton S. Ginsburg, "Urban Geography and 'Non-Western' Areas", in *The City in Newly Developing Countries*, edited by Gerald Breese; Englewood Cliffs, 1969. p.429.
③ [美]罗兹·墨菲:《上海:现代中国的钥匙》,上海人民出版社1986年版,第103—105页。
④ 同上书,第249页。

治因素的加持，它也仍会继续成为一座大城市。墨菲的分析一部分符合西方当时主流观点，认为西方殖民势力在亚洲殖民/半殖民港口城市崛起中发挥重要影响的认知，而另一部分有关地理因素在上海未来所能发挥作用的解释。考虑到当时中国政治环境的影响，不少西方学者对上海在1949年之后的发展，地理因素能否仍起决定性的作用抱有很大的疑问，因为从1950年前后上海发生的一系列事情来看，"如果新中国的统治者决心背弃西方并在国家生活把上海所代表的东西一并摘除，那么他们可能会成功地将上海缩小到它以前的规模。地理象征远比地理逻辑更具说服力。在这一点上，新中国也无可例外"①。现今，上海再次成为中国当之无愧的国际化大都市，也就印证了墨菲所强调的影响上海发展内在因素的重要性。

第三，墨菲清晰而有力地指出上海之于中国的意义，这在当时并未被西方人所认识到。墨菲指出，直到1949年中华人民共和国成立，西方人才注意到中国长期进行的经济和政治变革。但中国共产党并不是这场现代中国变革的创始者，上海才是推动现代中国变革的最大功臣。他断言，事后的认知将会揭示"上海在促进中国民族主义和经济变革上，在给中国讲授西方贸易、科学、工业课程上，在提供该项课程可能作出成就的榜样上，上海究竟扮演了何种角色"，②即是现代中国在这里诞生，上海包含着变革中国的种子。在中国走向现代化的过程中，"上海，连同它在近百年来成长发展的格局，一直是现代中国的缩影"。③墨菲的这一论断，将上海之于中国的意义清晰有力地概括出来，为此后国内外上海研究学者所认可。

当然，也有西方学者对墨菲的这一论断表示质疑。芝加哥大学亚洲城市和地理研究学者诺顿·金斯伯格教授的批评具有一定的代表性，他认为"没有人会毫无保留地赞同墨菲有关'上海及其发展模式是现代中国的缩影'，或'中国的经济革命和中国的民族主义一样在黄浦江边建立了最初的现代化根基'，'或中国人错误地认为20世纪的上海主要是由外国人所创造'的观点。事实上，尽管上海拥有众多中国人口，但人们对上海是否真的属于中国，或真的现代化或其他，还存有疑问。我们可以认为上海像孟买、加尔各答和香港一样，依然在很大程度上具有外来性，但上海众多人口在很大程度上之所以存在是

---

① C.A.F., "Review", *The Geographical Journal*, Vol.121, No.1(Mar., 1955), p.98.
② [美]罗兹·墨菲：《上海：现代中国的钥匙》，上海人民出版社1986年版，第5页。
③ 同上书，第4页。

因为一小群外国精英需要他们的服务,并且随着时间的推移,中国人开始转向到西方的商业主义。直到外国人被迫退出之后,上海才变得中国化"①。又或者,"现代中国的民族主义所在地可能是广州,甚至是香港,而不是上海。诚然,民族主义的种子是落在上海这片肥沃的土地上,但上海更主要是由富裕的上海地主组成,他们是现代中国的企业精英,而且相比国家意识,他们更具国际化的思想"②。"同样的,墨菲认为上海是一座置于农业文明之上的城市,这种说法也具有误导性。上海的意义可能更在于它作为西方直接扩张的产物或飞地而出现,然后通过置身于中国之中,连接中西之间的贸易。"③

诺顿·金斯伯格评论主要指向的是上海的性质问题,他认为上海的意义更在于充当沟通中西的桥头堡,是西方的飞地。上述观点,其实代表了当时西方学者、作家的一种普遍认知,即认为上海是西方帝国主义者用于剥削中国其他地方的堡垒,是一个中国的西方城市。不仅如此,民国之后,随着民族主义的影响日益增长,中国政界、学界的重要人士在论及上海时,都较为强调上海作为道德堕落、天堂和地狱同在、帝国主义侵略中国大本营等罪恶的方面。如李大钊和戴季陶就以通商口岸为具体的例子谴责城市的堕落和寄生性,傅斯年、郭沫若、周作人等也多为谴责上海社会道德堕落。因此,国内外的评论者都将关注点聚焦在上海的租界特性上。

墨菲则认为即便当时的中国两个主要政治势力——国共两党都曾谴责上海因外国统治而带有的西方特质,但即使在外国统治最为鼎盛的时期,上海也并非完全属于西方。它既是由外国人创建,同样也是由中国人创建的城市。直到中共掌权之后,它才在政治和经济上成为中国一个不可分割的组成部分。因而上海是中西方共建的一个城市。李欧梵指出,上述认为上海是一个西方城市的观点,暗含有后殖民理论中殖民者对被殖民者有绝对权力的假设。④但这种理论假设来自非洲和印度的殖民经验,上海与之不同,上海人并没有把自己视为殖民主子的"他者"。中国和印度的经历也很不同,中国遭受了欺凌,但从未完全被西方国家据为殖民地。

---

①②③ Norton S. Ginsburg, "Review", *Geographical Review*, Vol. 45, No. 1 (Jan., 1955), pp.142-144.
④ 李欧梵:《上海摩登——一种新都市文化在中国 1930—1945》,毛尖译,北京大学出版社 2001年版。

三、"另一个中国":由上海性质问题引发的讨论

墨菲有关上海是现代中国钥匙的论断深受认可,以至于 20 年后,当墨菲在《外来者:西方人在印度和中国的境遇》(以下简称《外来者》)①中从更宏观背景中进一步探讨上海之于中国意义而阐发不同观点时,却引发学界的一些争论。

法国中国学家白吉尔教授首先在 1977 年有关上海的会议上,指出墨菲对上海在推动中国现代发展过程中所起作用的观点发生了转变。②也即是墨菲曾在《钥匙》中信誓旦旦地告诉众人,上海通商口岸近百年来的历史变迁是近代中国的缩影,它通过自身的示范效应将西方模式传达到中国广大的内陆腹地,成为中国现代化的先驱和催化剂。然而,《外来者》却推翻了上述结论,转而认为上海作为西方渗透的桥头堡,它对中国近代发展几乎没有起多大作用。西方人在中国建立的殖民港口城市不过是中国广大海洋中孤立的小岛,而西方对中国的冲击,就好似在一片汪洋之中掀起一阵风浪,只在中国边缘的通商口岸地区激起阵阵涟漪。白吉尔教授认为,墨菲偏离了以前的正确认知,上海并非孤立于广大中国海洋中的小岛,而是"另一个中国"。

国内学者也有相应的回应。比如,熊月之教授也认为墨菲在《外来者》一书中修正了此前上海对中国近代化产生重要影响的论断,前后观点差异悬殊。"对于西方的回应,上海是上海,中国是中国,上海不是理解现代中国的钥匙。上海没有改变中国,上海在近代中国的发展中几乎不起任何作用。"③曾对墨菲《外来者》一书有过评述的张笑川也认为,两部著作关于上海的论述有显著差异。"《局外人》强调通商口岸与中国经济的隔阂,指出上海并不能代表中国。这一结论一反其早年著作《上海:现代中国的钥匙》中认为上海是理解现代中国的钥匙的论断。"④

---

① Rhoads Murphey, *The Outsiders: The Western Experience in India and China*. Ann Arbor: University of Michigan Press, 1977.
② Marie Claire Bergere, "'The Other China': Shanghai from 1919 to 1949", in Christopher Howe, eds., *Shanghai Revolution and Development in An Asian Metropolis*, Cambridge University press, 1981, pp.1-34.
③ 熊月之:《上海通史·导论》,上海人民出版社 1999 年版,第 203 页。
④ 张笑川:《本土环境与西方冲击互动中的通商口岸——〈局外人:西方人在印度和中国的经历〉评述》,《史林》2006 年第 1 期。

总体而言,笔者认为对于墨菲前后观点转变的讨论,可以从两个方面分析。一个方面是上海在推动中国现代化所发挥的作用(或者是有效性来说),对于这一问题,墨菲的判断从来都是一致的,即上海在推动中国现代化方面是不力的。比如在《钥匙》中,他认为,上海对乡村的影响几乎为零,"传统的中国绵亘,差不多延伸到外国租界的边缘为止。在乡村,人们看不到上海影响的任何迹象"。张仲礼教授也指出墨菲认为"同西方城市相比较,中国传统城市封建色彩浓厚,到了近代尽管有上海这样的城市兴起,中国城市也不能担当起现代化的重任"[1]。在《外来者》中,墨菲进一步检视其原因,他指出一方面中国传统体制如生产组织、社会运行制度、文化传统在以上海为代表的通商口岸中仍然是一股强大的力量,这使上海展现出两种体质并存的现象;另一方面从通商口岸与其内陆腹地的关系看(贸易),上海对于其内陆腹地产生的影响也较小。如此,上海不仅自身的现代化都出现问题,更不用说在推动中国现代化上的力度了。

另一个方面是,由通商口岸在中国现代化不力,引出的上海性质问题。墨菲认为,上海作为西方势力渗入的前沿阵地,如果它本身以及它在推动现代化方面不力,那么上海通商口岸代表了一个与真实中国分离的世界。白吉尔教授对此并不认同,她指出,上海被后来的研究者视为一个与中国隔离的地带,主要是由于1949年之后上海模式的终止。西方学者通常由此出发认为中华人民共和国政府虽然在苏联模式的影响下发展工业化,但在他们眼中上海代表着受外国人支配的殖民地发展类型,而且上海消费品工业盛行、忽视原材料和燃料产地、依赖进口、局限本地市场等特征,都说明上海没有与整个国民经济融合在一起。因而,当中华人民共和国政府将与苏联的联结放在首位及依靠更大范围的本土基地时,上海只是在华外国人留下的畸形物。而一旦她羞辱的历史被擦去,也就与同中国其他城市一样。如墨菲所言,它是中国广大海洋中孤立的小岛。[2]

然而,白吉尔教授却认为,上海作为西方模式的输出口,它对内陆地区的

---

[1] 张仲礼:《关于中国近代城市发展问题研究的回顾——在中国近代城市国际研讨会暨中国经济史学会年会上的发言》,《上海社会科学院学术季刊》1999年第1期。

[2] Marie Claire Bergere, "'The Other China': Shanghai from 1919 to1949", in Christopher Howe, eds., *Shanghai Revolution and Development in An Asian Metropolis*, Cambridge University press, 1981, pp.1-34.

影响,可以随着不同的时间发生改变。她认为此前关于上海性质的研究,不管是如墨菲所设想的上海是一个同中国隔开的外国地带,还是上海是两种互不让步的文化进行接触的一个享有特权的地方,或者如费正清(J.K. Fairbank)所说的,这是一个两种社会的价值和习惯部分地融合在一起的共管的中外基地,多数都是通过制度和经济的研究来探讨这些问题的。而且研究的时间通常集中在19世纪后期和20世纪早期,这段时期起初是上海模式正在形成,后来就是正常运行的时期。而通商口岸地位下降的时期,也即1919—1949年这段时期却很少有学者研究。白吉尔认为通过对这一时期的研究,指出西方介入上海经济发展所起的作用一直都在延续,比如上海的工业化以及同时发展的外国技术继续存在,上海与世界市场的相对结合使它能逐步了解国际事务如何相协调,而几代中国实业家通过与外国专家接触,增加了才干,扩大了眼界。这些及其他在上海一个世纪的发展过程中所留存下来的特点,甚至在1949年之后也并没有被彻底清除,而继续留存在中华人民共和国的上海之中。

另外,白吉尔还指出,一些学者认为上述这种进步仅局限于通商口岸,或者这种进步仅加重了上海与中国其他省份之间的二元结构。在通商口岸与乡村之间截然对立的观点下,人们认为当传统的经济制度阻碍了革新力量扩展时,由通商口岸制造或进口的货物在内地扩散就毁灭了农村中能工巧匠的技艺。这样,在通商口岸发展与农村悲惨境况之间存在一个精确的关系:每一次灾荒、每一次内战,就毁坏了农村一方,同时给通商口岸带来进口、人口和活动能力的增长。但是,条约口岸与农村之间,一个被摧毁,另一个才能获得发展。这是在战争期间显示的状况,在和平时期农村和通商口岸之间更多的是互相连接和依赖。如此,墨菲仅依靠短期数据分析来阐释并推断上海性质,在白吉尔看来并不站得住脚。

白吉尔进而指出墨菲和吉恩·谢诺等人认为,上海对"真正中国"来说是个异国,并没有真正把握上海的性质。在白吉尔看来,上海是"另一个中国"。上海同农村一样是确确实实的中国,只是它代表的是中国非正统的商业阶级的传统,是一个少数人的中国,但确实是一个真正的中国。然而,白吉尔将上海称为"另一个中国",其实也认同了墨菲将上海视为一个与中国其他地方切割开来的外国区域。只是,白吉尔更为强调上海现代性的延续,从更长时间段评判上海性质。

20世纪50年代以来,西方学界对上海性质问题一直存有争议。围绕墨菲和白吉尔有关"另一个中国"的争议,首先,我们应该注意在时间上,不能以1949年或1978年之后中国现代化发展状况,来判定历史上的上海。其次,墨菲关于上海研究,主要是随着研究主题、研究范围的扩大而展现出更具有层次的中国图景。墨菲在《钥匙》中侧重于关注上海城市本身的现代化发展,并且他是在认可西方现代化典范有效性的认知上,判断作为中西首要接触点的上海是近代中国的缩影。如此,他判断的依据是西方现代化的普世性。然而,在《外来者》中,墨菲更多地是从反思西方现代化普世性的角度,考察中印两国殖民/半殖民港口城市对两国现代化发展的作用,以此来讨论中印两国对西方冲击的不同回应,或者是两国不同的发展道路选择。由此看到通商口岸城市本质上是与中国深刻、稳定的变化潮流无关的东西,深刻而稳定的变化潮流才决定了近代中国命运。[1]最后,如同叶文心所指出的,如果从更具体的研究来看,有关上海性质的讨论似乎已经变得不那么重要,因为无论上海的国籍是什么,一个城市总免不了兼容各种异质文化。

四、城市是理解不同文明社会的窗口

在《外来者》中,墨菲有关上海与中国关系的新阐述虽然引发一些争论,但他在这部著作中进行的中印比较研究确是一项开创性的研究,并对比较不同区域文明做出了突出贡献。墨子刻曾赞誉该书为"第一本成功将近代中国历史置于第三世界和世界历史背景下进行比较研究的著作"[2]。其中,城市依旧是墨菲进入不同区域文明的有效途径。

不得不说,墨菲选择进行中国和印度的比较研究,是一个非常具有亮点的主题。1970年代,西方关于亚洲的研究多集中于单个区域,忽视区域间的比较研究。而且,即便在比较研究中,人们也因为日本、苏联与中国有更多的相似性而更倾向于关注中日、中苏的比较研究。因而,从整体上看,当时的西方中国研究者可能对日本、欧洲的知识有一些了解,因为这些知识可能与中国更相关。但他们忽视了另外一些相关的联结,即由殖民帝国(英帝国)勾连起的亚

---

[1] 鲍德威:《中国的城市变迁——1890—1949年山东济南的政治与发展》,张汉、金桥、孙淑霞译,北京大学出版社2010年版,第6—7页。

[2] Thomas A. Metzger, "Review", *The China Quarterly*, No.78, 1979, pp.381-384.

洲各殖民地之间的关联。正如后来研究所揭示的那样，"英国在印度的统治当然不是孤立存在的，或者说，不是单独存在于印度与作为宗主国势力的英国的关系中，它还参与一个定义整个英帝国的更大的关系网络中"。①

墨菲则认为，"印度是西方人侵扰中国的主要基地，殖民印度的已有经验使他们认为，他们也可在中国以同样的模式满足他们的野心"②。因此，"通过在文化和经济层面比较中国和印度对西方冲击的回应，以及这种回应的努力在多大程度上成功或失败"③，人们可以从两个地区截然不同的境况和随后不同的发展中了解亚洲的历史与未来。由此，墨菲以殖民/半殖民的港口城市为切入点，将中国和印度置于统一的帝国主义背景下，从内部环境解释中国和印度对帝国主义的不同回应。

这里我们能很明显地捕捉到墨菲对于城市路径的重视，而墨菲整体的学术研究也可以概括为以城市为中心的亚洲研究。具体而言：其一，墨菲在上海城市研究后，就开始致力于从中西方城市比较中思考城市的不同作用。墨菲也根据中西方城市的不同特征，初步将受到西方影响的中国条约口岸城市与西方城市、中国传统城市区别开来。④墨菲的这一倾向使他在更大范围内的亚洲研究中，力促将亚洲"殖民港口城市"归为一类，并希望通过它们了解亚洲多元文化和社会。其二，20世纪六七十年代，墨菲曾着力推动和倡导亚洲殖民港口城市研究，并提出"殖民港口城市"分析框架解释西方冲击对亚洲的影响以及西方与亚洲之间的互动。殖民港口城市，也由此被作为检视西方对亚洲影响的一个重要场域。其三，由城市进入中国和亚洲区域研究。

墨菲的学术研究也因此展现为点、线、面的层层递进。其中，"点"是单个城市研究，"线"是基于亚洲主要殖民港口城市研究形成的殖民港口城市分析框架，"面"是城市/港口城市所在的区域研究、区域比较研究以及亚洲整体区域研究。城市作为理解社会的窗口，也是墨菲最为核心的思想。在这一思想的影响下，他尝试从城市角度解释中国、亚洲历史上的若干重要问题。比如墨菲从城市角度解释中国现代化失败的原因，回应了50年代美国中国研究的一

---

① 托马斯·R.梅特卡夫：《新编剑桥印度史——英国统治者的意识形态》，李东云译，云南人民出版社2015年版。
②③ Rhoads Murphey, *The Outsiders: The Western Experience in India and China*, p.2.
④ Rhoads Murphey, "The City as a Center of Change: Western Europe and China", *Annals of the Association of American Geographers*, Vol.44, No.4, 1954, pp.349-362.

个主要问题,即西方在中国推行的现代化为什么失败,以及海内外学者至今仍在关注的一个问题:为什么中国没有发生曾使欧洲成为世界仲裁者的那种革命性的经济和政治变革。在墨菲看来这个问题换个问法也可以是:为什么中国城市不似欧洲城市,成为变革的中心。虽然,关于中西分流的问题,中西学者已经从各方面讨论过,即使提问的方式也有修正,但从城市视角进行比较研究仍是一个可资借鉴和尝试的视角。而在亚洲区域研究中,他对于亚洲殖民/半殖民港口城市的研究促使人们关注前殖民时期亚洲海上贸易的悠久历史,这些研究正在一点点修正人们关于亚洲历史图景的认知。

解说历史中国:矛盾、复杂和永久的魅力
——评王国斌、罗森塔尔《大分流之外——中国和欧洲经济变迁中的政治》

杨起予

具有三千年历史的中国在19世纪与来自另一种历史的西方世界相遇,并在西方的冲击下逐渐走向下行和沉沦。两者之间差距的悬殊曾使几代人反思中国的历史和传统,并使中西之间的历史对比也成了长久讨论的重心。其中的一个方面是文化和经济都曾经非常辉煌的古代中国,为什么不能像西欧那样率先产生工业革命,进而进入现代化。而西方世界在一百多年里的胜利和优势,曾使西方的学者和中国的学者同样地接受了欧洲中心的观念,并把西方的发展路径当成普世标准,以解释和说明中国的问题。例如,黄宗智教授在对比中国和欧洲经济的时候就比较认同欧洲的经济模式。他认为在工业革命之前,欧洲的增长遵循的是一条通向经济无限改善的进化轨迹。而中国的增长所体现的则是一种没有发展的增长,这种内卷式的轨迹,其特点是每年投入的工作日渐增加而报酬日渐减少。在欧美的经历中,近代早期和近代的农业变革经常伴随着绝对产量和单位劳动产量两者的提高。而就中国而言,虽然农业产量增加足以与人口激增并驾齐驱,但这主要来自集约化和内卷化。① 上百年来,像这样对比中西的观点,是既常见又典型的。

然而,随着近年来国际经济格局的变化和中国经济的快速发展,已有越来越多的人认识到欧洲的经济发展方式与中国相比并不全然是优越的。美国学者彭慕兰教授在其著作《大分流》中提出,17世纪和18世纪两个世纪,中国最

---

① Philip. Huang, *The Peasant Family and Rural Development in the Yangzi Delta*, 1350-1988, Standford CA, Standford University Press, 1990, p.12.

发达的长江三角洲地区和欧洲最发达的英国,其发展轨迹和发展水平基本相同,只是到19世纪才开始出现分叉。西欧的现代化,其资本主义的出现和工业革命的产生具有相当大的偶然因素。他曾在经验的基础上特别对西欧比中国产品和生产要素市场更有效的观点提出了挑战,他认为直到1789年,西欧的土地、劳动力和产品市场整体上可能比中国大多数地方离完善的竞争更远。这就是说,它更不像由能够自由选择贸易对象的众多买卖人所组成。①在这一方面曾经有过长期思考的王家范教授非常鲜明地指出彭慕兰主张在历史研究中推翻欧洲中心主义的观念,反映了要求变革史学观念的一种动向,值得重视。

西方的许多社会理论的产生往往来自对欧洲历史经验的提升,从经验事实的层面上,自然就很难对包括中国在内的其他地域历史适用。不顾活生生的历史实际,偏要将中国强行拖进欧洲经验框架以求"规律"一致,将西方的观念绝对化,我们过去确实有过这方面的严重教训。以王家范先生的观点看来,中国历史的发展有许多区别于欧洲的特殊性,很容易被欧洲中心主义史观所忽视。例如中国没有劳役经济、实物经济、货币经济更替的发展阶段性,至少从西周起,三者即并行不悖,商品经济、货币经济及至商业、信贷资本在战国至西汉一度还相当发达。同时,王家范先生又认为:打破欧洲中心主义,只是要纠正唯欧洲历史为正常的历史偏见,而绝不是要放弃对人类历史普同性的探索。相反,充分揭示各种地域历史的多样性,合理地进行各种历史量长度短的比较,正是为了更好地总结全人类历史的实践经验,加深对人类社会发展普同性的认识。正因为这样,王家范先生又认为彭慕兰打破"欧洲中心主义"神话产生的新结论对欧洲历史的解释实在过于简单化:直到如今仍然在影响世界历史面貌改变的时代转折的发生,竟系于一个或两个偶然的因素,而非历史中多因素长期积渐发生的突变?他尤其担心由此推演会使人以为中国与世界的联系似乎并不重要,无须学习西方,也完全可以由自我逻辑的发展,重新恢复中国的"世界中心"地位。②

在长期以西方的历史为样板以观照中国历史以后,这些呼应和论争都说明了学术界对中国历史和西方历史都在做超越前人的深刻理解。在这一重估

---

① Kenneth Pomeranz, *The Great Divergence: Europe, China, and the Making of the Modern World Economy*, Princeton, NJ, Princeton University Press, 2000, p.17.

② 王家范:《中国历史的重估:彭慕兰〈大分流〉》,载《史家与史学》,广西师范大学出版社2007年版,第228页。

前人观点的过程里,王国斌教授无疑是活跃而引人注目的学者之一,他认为欧洲和中国的轨迹具有重要的共同特征,即它们都是以市场为基础的斯密增长动力的一部分,是由工业革命之前几个世纪内中国和欧洲发达地区的劳动集约化所支撑的。这种动力的实质是一种经济改善的过程,它由建立在分工扩大和深化基础上的生产力提高所推动,它只受市场广度的限制。经济改善提高了收入和有效需求,扩大了市场的广度,从而为新一轮分工和经济改善创造了条件。但随着时间的流逝,这种良性循环遇到了地域规模的限制和体制环境对市场的限制。由于这些限制,这个过程就落入了高水平均衡陷阱。欧洲和中国都出现了同样的斯密型动力,但是中国陷入了高水平陷阱,而欧洲却通过工业革命逃脱了这个陷阱。在其展开的叙述中,王国斌先生的有些观点与彭慕兰相似,他认为"英国工业革命是历史的偶然,它与前期的发展基本没有什么联系。它的主要特征是,在煤炭作为新热量来源和蒸汽作为新机械动力来源的基础上,生产力得到了提高,远远超过了依靠斯密动力能够达到的水平。这种根本性突破一旦出现,欧洲就转上了一条新的经济轨迹。但突破本身没有办法被解释,生产技术并不按照任何简单直接的经济逻辑发生变化。与马克思理论中的生产力一样,它们是推动其他经济变量的外生变量"。

在这个过程里,同样活跃而引人注目的弗兰克教授则与王国斌的观点相反,他把工业革命发生在英国或欧洲而不是发生在中国或亚洲归因于共同的斯密型动力产生了相反的后果。在整个亚洲特别是中国,经济扩张造成了劳动力剩余和资本短缺,这正是斯密高水平均衡陷阱的基本特征。相反,在欧洲,经济扩张造成了劳动力短缺和资本剩余。根据弗兰克的观点,正是这种相反的后果在1775年之后导致了工业革命的产生。[①]但是,这种对工业革命的内生因素的解释并没有说明为什么共同的斯密动力在西方和东方产生了相反的后果。对于这种质疑,彭慕兰提供过一个解释,他把大分流归结为资源禀赋和核心边缘关系的差异,即美洲向西北欧核心地区供应的初级产品和对制造业的要求,比东亚核心地区从自身边缘地区所能够获得的要丰富得多。

丰富的国内廉价矿物燃料禀赋是英国工业革命起飞的基本条件。但

[①] Andre Gunder Frank, *Reorient: Global Economy in the Asian Age*, Berkeley, CA, University of California Press, 1998, p.304.

在他看来,如果没有美洲的初级产品供应,欧洲的技术和投资要朝着劳动力集约、土地和能源耗费的方向发展是不可能的——尤其在当时资源压力加剧的情况下,这种压力原先由全球经济所有地区共同承受,而此时则迫使东亚的发展走上了更加倚重资源节约、劳动力吸纳型的道路。这种生态压力的缓解不仅依赖新大陆富饶的自然资源,而且也依赖奴隶交易和欧洲殖民体系其他特征开辟新型边缘地区的方式,这使欧洲能够输出数量不断增长的制成品,用来交换数量不断增长的土地密集型产品。①

显然,他们都在努力超越欧洲中心主义,同样显然,这些同归于一种学术趋向的学者又以各自的不同表现了互相的分异,从而使他们共同面对的这个问题显得深邃,复杂而富有吸引力。

以这种争论为已有的背景,王国斌和经济学家罗森塔尔(Jean-Laurent Rosenthal)著有新作《大分流之外——中国和欧洲经济变迁中的政治》(*Before and Beyond Divergence*: *The Politics of Economic Change in China and Europe*),继续深入地比较中国和欧洲的相似和不同之处。

按照本书英文版封面所作的概要,王国斌教授和罗森塔尔教授虽然以经济史为研究的对象,但促成《分流之前与之后》的却是"当代的中国作为一个强大国家重新出现在世界经济中"这一事实。这个现象的出现迫使我们重新回到经济史上那个已经被长久讨论过的问题"为什么持续的经济增长出现在欧洲而不是中国?"所以,贯穿全书的论述和讨论,其实都在着力于重寻这个问题的答案。由于这是一个老问题,因此他们的研究从一开始就面对着"许多人赞同十九世纪欧洲和其他地区出现分流,是起源于习惯和环境的不同"的解释。这种解释通行已久,然而本书自信经过 20 年的研究,他们可以提出完全不同的另一种解释。本书特别认为,形成于 1800 年之前的中西之间的政治差异对于中国早期和最近的兴旺,以及欧洲在罗马帝国衰弱之后和工业革命时期的情况形成一种更加深刻的因果关系。正因为这样,在全书七章中,除了结论之外,总共有五章都是牵涉经济和政治的关系。第一章讲的是中国的地域和政治;第三章讲市场经济发展中正式和非正式的机制,它的背后也是政治;第四

---

① Kenneth Pomeranz, *The Great Divergence*: *Europe*, *China*, *and the Making of the Modern World Economy*, p.20.

章比较中国和欧洲的战争、生活地点和经济增长的样式,更明显的关注于经济背后的政治;第六章讲君主专制、战争以及它们与税收、公共物品之间的关系;第七章讲政治经济发展的过程。从这些目录的列举当中,我们可以明显地看出:王国斌先生和罗森塔尔先生的研究与前人追述分流因果的区别,主要在于他们的着眼处更注重于政治一面。这种着眼点显然是过去单纯从经济角度来讨论分流问题所缺乏的,而使他们看到这一点的,恰恰是今天中国在其发展中形成的一种样式,然后是现实的观照转化为他们观察历史的一种视角。所以,作者在20年研究之后,非常坚信政体的空间规模可以在长时间内影响制度的选择,而制度变迁成为一种历史观点,对于理解中国和欧洲现代转型和未来发展的预期其实深含着非常重要但又往往为人所忽视的含义。如果用历史当中所观察到的这些感受和体会来认识当代经济,那么它们可以形成一种深刻的领悟,而这种领悟对于现代世界史的研究都是关键的。

面对这个宏大的结构做一篇书评,我更关注的是他们所涉及的历史中的细部,因为细部有具体性,而一切历史都是从具体开始的。

《大分流之外》的作者在他们的新著中特别醒目的观点之一是,"亲属关系在中华帝国晚期促进经济增长中扮演两个角色。第一,亲属群体给予企业家一群可能的伙伴。第二,亲属关系为解决经济争端提供背景——这种经济争端在远距离交易的背景中尤其重要。作者认为中国晚期帝国的亲属关系为企业的形成和解决经济争论提供机会,从而不用依靠国家运行的法庭和法律"[①]。在这里,作者正确地看到了中国历史特点当中家族存在的因素。秦汉以前,中国是宗法社会,秦汉以后,原始意义上的宗法社会发生了很大的变化,但是与宗法相联系的家族制度依旧一脉相传地维持了两千多年。因此,在中国产生和存在的经济活动都离不开家族。可以说,这种历史留下的东西成为经济活动的一个部分,是西方历史中所没有的。在前近代化时期,这个家族因素参与商业活动,它所产生的后果不完全是消极的。就像作者正确指出的一样,家族制度提供了一种现成的伙伴关系,包括经营过程当中分工的伙伴,也包括有时候在金钱缺乏的时候获得帮助的伙伴。在没有商业法的时代,有时候经济产生的纠纷在一个人对一个人的背后还有着一个家族对另一个家族。而两个家

[①] Jean-Laurent Rosenthal, R. Bin Wong, *Before and Beyond Divergence*: *The Politics of Economic Change in China and Europe*, Harvard University Press, 2011, p.64.

族之间的广泛联系会促成其间可能的交叉，从而造成新的联系，以化解个人和个人之间的紧张，使商业活动能够维持下去。当然，这种曾经的优势到了近代，在中西之间，传统和近代化之间的变迁过程当中也有可能使得企业过度家族化，成为一种桎梏。

由此更进一层，作者关注的是社会所提供的许多方法以使长距离和不经常的交易转变成地方或经常的交易。最普遍的便是在网络中运行长距离交易。在那种情况下，信用在群体之间延伸，而这种群体又与家族或地理起源联系，并且交流频繁，这些联系在中国和欧洲都是真实的。这一类网络并不着重依赖于法庭。相反，它们的成员尊重合同，因为这是继续成为网络成员的绝对前提。"16世纪，中国商人网络很大，也很广泛。最有名的是安徽省的徽州商人。这些商人从地方市场购买棉布，之后拿到附近，由其他徽州商人处理完成染色。另外一些徽商则控制着码头，并从这些码头运丝织物到其他地区。与徽商参与大量跨地区的交易相比，其他商人群体所依托的常常是更有限的地区网络路线。例如，福建商人在江南做生意不是为了把江南丝织物运到福建，就是为把福建的产品运到江南。不管空间规模多么不同。或交易品种多么不同，商人之间相同的基本交易准则始终要依靠分享一些地方关系和亲属关系，以及由两者结合而成的关系。"①

显然，作者所指的网络有两层意思，一方面，是在长久的商业行为之后形成的相对固定的地理上、空间上的交通。当某一种货物从这里运到那里去，长久积累下来的惯性总是沿着同一条路在走。所以这条路就叫作商路，什么地方走水，什么地方起陆，起了陆到地上又走水路，商路的年年延续和代代延续变成了传统。同时，由于商路的存在，又使得沿途的许多人有了糊口的生计。他们设旅店，做船夫、挑夫，由此带动了沿途很多城镇的兴起。而另一方面，与这种地理上、空间上的网络相关联的，是几代的商人，几个地方的商人在长久的积累中互相的、特有的、有时是排外的关系，这种关系不容易形成，也不容易被打破，人人以此为生，所以人人都在用力维持，其绵长坚韧常常是西方历史中所未见的。

作者用徽州和福建两个地方的商人联系起来比较，还使我们具体地看到

---

① Jean-Laurent Rosenthal，R. Bin Wong，*Before and Beyond Divergence：The Politics of Economic Change in China and Europe*，Harvard University Press，2011，p.70.

了当时商业活动的多样性、商人的多样性。比之于福建的商人主要在福建和浙江之间经常来往,形成两个点之间联系,徽商经营的广度则要大得多。第一,在地域上不止两点;第二,他们经手的货物比较多;第三,其内部还有分工,即除了商品的买卖之外,还包括运输,有的时候还包括金融;而量变会蕴含和促成质变,最后是徽商可以形成传统中国里非常不容易产生的、有支配性的商业集团。

作者关注的另一个问题是为什么中国的企业家更喜欢在农村生产。在本书中作者先引用了前人曾经举过的解释,给予讨论、评论和审视。其中所举的第一个说法是人口统计学的。相比于从村,城市死亡率可能更高,因此世界很多地方都缺少生产城市。以此为理由,则工匠倾向于选择农村开店铺,或许仅仅是为了避免城市有害的环境。死亡率问题在温暖的气候中会更严重一些。作者认为,如果此说成立,那么中国的北方和欧洲的北方应当比南方城市更多。但对比历史事实,则中国的城市在 1100 年以后南方比北方发展得更快,而欧洲 1500 年以前的大生产也大都在南部而不是北部。可见这一人口统计学的争论其实无法解释中国和欧洲的分流。第二个可能性是关于亚当·斯密强调中国大量贫困人口。换句话说,资本在欧洲比在中国更充分,而因为资本市场在城市更活跃,资本的成本在欧洲比在中国低,在城市比在农村低。作者认为这一解释虽然可应用于 1730 年的英格兰,但很难用于欧洲黑死病之前,因为这个时候利率比后来要高,而工资比后来低,但是欧洲的生产都集中在城市。作为比较,虽然没有这一较早时期中国的利率和工资的数据,但有证据有力证明皇朝生产在 1368 年明朝建立后越来越多地集中在农村。另一个解释的着重点来自国内政治经济。这种解释引用很广泛,因为无论是中国的坏政策还是欧洲的好政策都导致欧洲更倾向于城市生产。如果中国帝王的影响造成市生产困难,那么便可以认为中国企业家本来更偏好在城市生产,但又不得不到农村去生产。如果中国帝王压榨资本市场,并因此否定城市中资本成本更便宜的可能,那么将可以认为是坏政策阻碍了中国经济发展。作者认为中国帝王的确倡导男人在田里耕地,女人在家里织布,但是这一政策偏向并没有导致地理迁移的限制,也没有阻止人们相互借贷,对于极端高利率的禁止实际上并没有影响成本,也没有影响资金的获得。与这些已有的观点相比,作者更倾向于强调政治结构的地域性差异,以说明中国企业多在农村而欧洲企业多在城里的理由。

概括而言,作者认为,在中国,战争和公民扰乱不经常发生,而欧洲的战争以及对公民的扰乱更频繁,更深入地方,更多区域性的竞争性政治。因此,即使是在和平时期,欧洲人和统治者也要准备战争或准备卷入战争。而在中国,这个问题大都留给帝王和他的将军。不像其他理论认为政治竞争只求利益而不考虑其成本,作者认为"政治冲突不仅仅是在讨价还价中表现为博弈中和威胁,而且对于发生的是什么,以及什么时候发生不合算的都是关注所在。以作者的观点来看,欧洲生产聚集于城市的首要原因是战争。虽然每个人希望逃脱战争的毁灭,但与农耕和田地相比,产品生产更有移动性,并因此而更易于抢劫,尤其是生产高价值产品。所以欧洲工匠只能寻求城墙的保护而远离乡村。在中国的情况则相反,相对于漫长的历史,国家治理算得上是长久的王朝稳定和战事少发,其生产选择便自然不同于欧洲"[1]。

不能说这种观点没有道理,但是深入历史作探讨,则又不能不嫌过于简单和片面。西方的工匠是职业化的,往往一辈子就从事一种技能,但在中国,长期以来手工业产品数量最大的是纺织品,而纺织品恰恰不常被当作一种专业性的技术,纺织生产的常态是在家庭之内,作为农业生产的一种辅助。有的地方像江南一带,也有很大一部分是专业做纺织的,但是在中国城镇和乡村之间的联系始终比西方更紧密。西方城镇人口和乡村人口是划然分开的,但中国城镇和农村之间在人口关系上始终有一种切不断的纽带。一个人可以在农村生产,然后将生产的货物带到城镇去卖。在这种联系的背后是中国的耕织传统,即耕和织结合的一种传统,延续既久,便被看成生产和生存的应有、必有和不能不有,以至于黄梅戏《天仙配》的唱词都以"你耕田来我织布"为天经地义。当然,除了大量的纺织品,比如说制造铁锅的,糕点的,在城里制造比较集中。但是也不排除很小的城镇——介乎农村和城市之间的集市,小的食品店,以前面是店面、后面是作坊为常见的方式,显然,中国的情况比作者讲的复杂得多。

另外,中国从古代以来就一直从事农业生产,这是一种长久的生产方式。因此农民只能生存于土地所在的农村。而在农村,每一个人都可以成为劳动力。江南的高赋税之下逼出了一大批女子从事纺织,以图用纺织品出卖之所得补偿农业生产所无法承担的赋税。可见江南的商品经济有相当一部分是赋

---

[1] Jean-Laurent Rosenthal, R. Bin Wong, *Before and Beyond Divergence: The Politics of Economic Change in China and Europe*, Harvard University Press, 2011, p.102.

税压出来的。而归根结底，其起源还是与田赋相关，从而与农业相关。此外，就日常生活而言，耕男织女把衣食两项生产活动结合在一起，又是为了缩减消费，其立脚点仍在农村的生产和生活。

搬入戏曲的男耕女织无疑已经田园诗化了。但实际上的耕织既要面对高赋税，又常要面对官府的榨取和高利贷的勒索，这些压力最终必至造成家庭纺织业无法独立自给，又不得不取助于耕作。于是本来内含着可以脱离农业而自立趋向的纺织业，结果却又非扎根于土地不可。狭小的田场农业因超额租赋而养不活人，而重重剥削下的家庭纺织业也养不活人，两者便只能在这种困境中相互结合，互相辅助，以实现生产和再生产。

由经济关系而及政治关系，同一般的论述不同，作者非常深刻地指出中国统治者将公共物品看作维持社会秩序的一个重要元素。君主意识到社会稳定同于政治长久。而社会秩序依靠大众物质安全。相比之下，尽管欧洲的统治者比中国君主更理解民主社会秩序的价值，但他们又必须常常面对战争的财政后果而无暇多顾民生。

他们认为："在中国人的思想里，成功地维持一个国家的逻辑与欧洲不同。其中的核心强调轻税收并总体上避免干扰商业。例如，中国国内很少有运输税和关税。虽然中国名义上管制国际贸易，使之受到限制，但中国的国内市场使欧洲在总体上显得矮小。1500年，中国中央政府对农民征税体现在两个主要形式：谷物和劳动力服务。在以后的三个世纪中，这两者都转换为支付金钱，这使得迁移和税收更容易，更可行。"

以明代为例，农业税划分为两个部分，一部分是留在农村为支付地方管理的费用，另一部分输入首都或转向帝国的另一部分。虽然缺少综合的统计系统，但官员都能征收大多数送往首都的税收，以及留在地方层面的税收。财政部长（户部尚书）的权力能够调配各地方之间的税收以防过度需求，在常态的治理之下，这些做法都减少了地方内部征收更高的税收以提供资源的需求和可能。

在18世纪，清代官方征收的常用税收为农业产出的5%—10%，但是中国能够维持水利工程，帮助灌溉。土地税率在富有的省份更高，大部分不是去了中央而是更贫困的省份。江苏和浙江是中国最富的省份，因其富裕而承担了全国农业税的四分之一，但其人口则不到全国总数20%。

即使中国赋税最高的地方也不与 1780 年法国赋税占 GDP 的 7% 的程度差了一大截。总体而言,中国的税负比英格兰或荷兰更低。①

在这些叙述里,作者正确地概括了传统中国财政的主要宗旨所在。由于儒学讲民本主义,而民本主义的根基就是顾及民生,民本和民生最终的目的,都是天下安定。有了天下安定,然后整个朝廷才可能统治持久地显得安全。作者的洞察力在于,第一,指出了中国税率同欧洲相比很低,而其背后则是中国的历史文化。没有民本主义,这种低税收不可能长久地合理地得到理论上的共识,并成为天下的共识。第二,由此深入,以说明赋税的用途,强调大部分并不是用来给官吏和皇家消费的,而是一方面,赋税要用来供给开支和俸禄,另一方面,赋税要用来养军队。最后,也是更重要的,则是调剂贫富。以中国地域之大,人口分布之广,气候、物产之多样,不平衡是常态。在农业经济下,肯定会每年都有相当大的一部分地区产出的物品难以供自己维持生计。所以,一个富裕省份,从王朝的角度来看,就有责任提供其多余的产品,以分配给匮缺的人民。在当时,两湖、两广、江浙这些地方都是有余部分。他们交给国家的一部分钱粮,很大一个比例都被移到了陕西、甘肃、山西这一类比较贫困的地方去,用以维持那里的生计。在中央政府的财政里当时叫"协济",赋税制度的这一部分是西方所没有的,是中国特有的。两者的不同都来源于两者文化的不同,《大分流之外》一书努力在从中国历史本身寻找说明中国经济与西欧不同的理由,但其叙述中也有不完全而需要补充的地方,作者说政府的财政很多是留给地方公共事务的。不能说没有这一部分,比如赈济天灾,修河工程等,都是国家拿钱出来。但是,更多见和更经常的还是依靠民间自己筹办来维持公共事务。像地区性饥荒,往往是民间自己平时积留义仓,以维持地方赈济,此外,修路、筑桥一类影响百姓日常生活的事情全部是由地方上自己筹钱,民间自己解决。在这些追述中我们可以看到:历史塑造了经济,经济又塑造了历史。

作者的又一个观点认为,近代西欧频繁的战乱必然会对经济造成各种干扰和破坏,并把大量的资源浪费在非生产性的活动上。反过来,中国在统一王

---

① Jean-Laurent Rosenthal, R. Bin Wong, *Before and Beyond Divergence: The Politics of Economic Change in China and Europe*, Harvard University Press, 2011, pp.167-207.

朝的统治下,经济活动不受战争的扰乱破坏,有利于统一的全国市场的形成和成长,并有利于降低交易成本,等等。对于这一由追溯历史而得出来的结论,刘昶教授在承认其中包含着一定道理的前提下,又深入思考和从另一方面思考,提出自己的设想和设问:"如果在明清中国社会内部也存在当时欧洲那样的激烈的区域竞争及由此而来的对经济的压力和动力的话,结果将会怎样?若以19世纪以来中国在西方列强侵略压迫的刺激下所激发出来的巨大的社会能量,特别是近30年来,以地方分权为原则和特色的改革所催生和激励的地区竞争对这一时期中国发展所起的巨大推动,则又不能不反思中国历史的大一统皇朝格局所造成的国家为维护统一和强化中央集权所采取的种种制度举措,不会不有意无意压抑了地方独立发展的自主性,窒息了地方之间类似西欧近代民族国家间那样的竞争,给中国经济社会发展可能带来的负面影响。"[1] 王国斌教授的论断和刘昶教授的反诘都包含了历史的真实性。而这种真实性之间的矛盾,使我们在读这本书的时候,会非常强烈地感到解说中国的复杂、多样以及这个题目永久的吸引力。

---

[1] 刘昶:《国际比较视野下的江南研究:问题与思考》,载王家范主编《明清江南史研究三十年(1978—2008)》,上海古籍出版社2010年版,第348页。

要渡苍生百万家
——读陈旭麓先生《近代中国社会的新陈代谢》

王 菁[*]

陈旭麓先生的《近代中国社会的新陈代谢》[①]（以下简称《新陈代谢》）被誉为新时期中国本土史学的标志性文本，于1992年整理出版后受到学界广泛而持续的关注，并多次再版。当前，对陈先生[②]治学生平及他以"新陈代谢"为旨趣建构的中国近代史体系进行综合评价的著述较多，[③]从近代史教学视角进行讨论的文章亦有，但从陈先生撰写《新陈代谢》的动因出发，呈现《新陈代谢》一书的结构与细节的讨论文章较少。在细读这部近代史经典的基础上，结合前辈学人对陈先生生平事迹、治学经历和史家人格的往事追忆，可以发现陈先生治学近代史宛若济世良医诊断近代中国社会的生命体的图景跃然纸上。因此，围绕陈先生将"新陈代谢"作为线索重撰近代史的"朝夕思辨"，通过良医治史以济世的喻指进一步阐释《新陈代谢》谋篇布局的"骨架"与史论内容的"血

---

[*] 作者系上海社会科学院世界中国学研究所2018级博士生。
[①] 《近代中国社会的新陈代谢》是陈旭麓先生遗作，于1992年由上海人民出版社出版，同年出版精装本，后多次再版。当前有华东师范大学出版社1997年版，上海社会科学院出版社2006年版，中国人民大学出版社2012年插图本和2015年精装本等版本。2017年底，为纪念陈旭麓先生诞辰100周年，生活·读书·新知三联书店将《近代中国社会的新陈代谢》精装再版，并收录于旨在"系统呈现中国当代学术的发展和成果"的"当代学术"第一辑。
[②] 王家范老师在《风骨意境遗后世》中提到，他和谢天佑老师一直以"陈先生"称呼陈旭麓老师，本文沿用此称呼。参见王家范：《风骨意境遗后世——恭读旭麓师〈浮想录〉》，《华东师范大学学报（哲学社会科学版）》2018年第6期。
[③] 参见《华东师范大学学报（哲学社会科学版）》2018年第6期系列文章，高瑞泉、杨国强、许纪霖等：《陈旭麓与中国近代史研究传统（笔谈）》，王家范：《风骨意境遗后世——恭读旭麓师〈浮想录〉》，周武：《世变、思辨与淹贯之境——陈旭麓先生与中国近代史研究》等。早期有杨国强、周武：《陈旭麓教授与中国当代史学》（《时代与思潮》1989年第2期），沈渭滨：《略论陈旭麓先生的中国近代史新体系》（《探索与争鸣》1989年第3期）等。

肉",以彰显这部"矫枉"不"过正"的中国近代通史的特色与价值。

一、重撰:"朝夕思辨"的动因

每个原理都有其出现的世纪,《新陈代谢》一书的诞生也有主客观的动因。

从主观动因角度,陈先生就讲述过自己在战火纷飞的年代学习历史、讲授历史、亲历历史进而反思近代中国历史命运的经历:"近代社会的巨变,时而骇浪滔天,时而峰回路转。国家的前途,民族的命运,人民的疾苦,是那样激励着自己的心弦,便日益以万象杂陈、新陈代谢飞速的近代社会作为自己朝夕思辨的契机。"①然而,陈先生还没来得及细细思忖近代事变的由来和演进规律,又逢世事际遇的困厄。也许是苦难才能造就辉煌,也许是先生早在撰写《司马迁的历史观》②时就尝得"大抵圣贤发愤之所为作也"的真义,历经劫波、渐入老境的他撇开个人境遇沉浮,又一次陷入历史的沉思:"这是历史的偶然还是历史的必然,不容我们不去反复思考,纵不能说其中没有历史的偶然,但历史不会有如此巨创、如此深重的偶然,而偶然的积聚和联系又是必然的反映。"③即便遭逢世事变迁,陈先生依旧坚持在"朝夕思辨"中勇挑寻求历史症结的重担。确实,"惟有具时代赤子之苦心,以炼狱般的精神冥思神会,反复咀嚼善善恶恶,是是非非,方能独步时代"④,个人命运的起落与时代际遇的浮沉交织,促使陈先生更加迫切地去认识历史、认识社会。

从客观动因看,20世纪80年代的学术界对"资料的积累和认识上的深化,特别是对简单化、公式化思维方式的摒弃"⑤已有普遍共识,当时的政治和学术环境为陈先生"好像有使不完的劲"提供了有利条件:"现在拨乱反正了,禁区在不断地被打破,科学和民主的气氛迅速增长,在近代史这个领域中,大量的档案资料正待整理开放,许多专史专题正在开展研究。"⑥然而,与治学环境的改善、史学学科的发展和人们认识的深化等有利因素形成对比的是,当时的近

---

① 陈旭麓:《近代史思辨录·自序》,载《陈旭麓学术文存》,上海人民出版社1990年版,第153页。
② 《司马迁的历史观》发表于1942年,是陈先生发表的第一篇学术性论文。
③ 陈旭麓:《中国社会史研究纵横谈》,载《陈旭麓学术文存》,第193页。
④ 王家范:《风骨意境遗后世——恭读旭麓师〈浮想录〉》,《华东师范大学学报(哲学社会科学版)》2018年第6期。
⑤ 陈旭麓:《关于中国近代史线索的思考》,载《陈旭麓学术文存》,第1页。
⑥ 陈旭麓:《漫谈学习中国近代史》,载《陈旭麓学术文存》,第1244页。

代史著作还存在着一系列问题,如陈先生指出,"要举出几本能够首尾一贯、实事求是、科学地反映近代历史全貌的书来,却并不那么容易"①。这种从1950年开始就定型为一个以阶级斗争为轴心,以太平天国、义和团、辛亥革命三个革命高潮的递进为主线的近代史构架,虽然体现了一定历史阶段中国近代史研究的水平,但"大都是眼睛鼻子差不多,没有个性,语言无味",且积久不变,便成了束缚人的"框框"。②而这样的"框框"不仅表现在历史书写风格和呈现方式上,更在历史精神层面造成了一种思想的禁锢,而"只有解除种种蒙蔽,思想获得解放,才能有明澈的眼力,以洞察历史的真相"③。

在这样的情况下,"治史的眼睛"需要的不仅是史家的思辨与识力担当,更需要一个"站起来思考着的人"的强烈人格意识。④陈先生和他以"新陈代谢"为"问切"诊断中国近代社会变迁命脉的《新陈代谢》一书就成为洞察历史的慧眼之作。

二、"新陈代谢"的生命体

"新陈代谢"是《近代中国社会的新陈代谢》一书题眼所在,也贯穿着陈先生以医者之心术"问切"近代社会生命体的关键喻指。这一喻指在词典释义、陈先生的自述和著述以及学友评介中有多方面的印证。

其一,陈先生一向重视对字词和名实关系的把握,认为"一个名词的表象有其必然的内蕴"。⑤对此,"新陈代谢"词意表象就显示出了生物体更新和事物新旧嬗递的两层含义。《汉语大词典》指出其词意:1.指生物体不断以新物质代替旧物质的过程;2.比喻新的事物不断滋生发展,更替不断衰亡的旧事物。⑥同样,《马克思主义与当代辞典》释之为:1.泛指新事物不断产生,旧事物不断灭亡,新事物战胜、取代旧事物的发展过程;2.指生命活动中的化学过程。它包括同化作用和异化作用两个过程。新陈代谢是在同化和异化的相互作用中实现的,这是一切生命现象的基础。⑦可以看到,经典辞书对"新陈代谢"的释

---

① 陈旭麓:《漫谈学习中国近代史》,载《陈旭麓学术文存》,第1243页。
② 同上书,第1244页。
③ 冯契:《近代中国社会的新陈代谢·序》,载《近代中国社会的新陈代谢》,第3页。
④ 王家范:《风骨意境遗后世——恭读旭麓师〈浮想录〉》,第25页。
⑤ 陈旭麓:《关于中国近代史线索的思考》,载《陈旭麓学术文存》,第3页。
⑥ 罗竹风主编:《汉语大词典》(六),汉语大词典出版社1990年版,第1074页。
⑦ 刘佩弦主编:《马克思主义与当代辞典》,中国人民大学出版社1988年版,第729—730页。

义均围绕着生物体更新和事物变化的两层意义,这就为陈先生使用"新陈代谢"来说明近代中国社会的新旧嬗递提供了语义和修辞基础:中国近代社会像是一个不断用新物质代替旧物质的独特生命体,狂暴而来的外力固然触发了它"一只脚徐徐伸向近代"(陈先生语),① 而更重要的是它作为生命体的内在肌理"通过独特的社会机制由外来变成内在",② 在推陈出新中不断曲折向前。

其二,陈先生在《新陈代谢》和其他著述中就已将近代中国社会拟化为生命体。如在《关于近代史线索的思考》中,陈先生在比较地质年代、文明年代和近代社会在时间跨度上的长短差异后,使用了"近代中国只是世界一角的110年历史,110年相当于一个长寿老人的一生"的修辞用法。③而他在《新陈代谢》书中又将这位"长寿老人"称为"变态""畸形""病态"和"变形"。④因此,在陈先生"长寿老人"的拟化用法中,"新陈代谢"又一次在两层含义上得到阐释:一是近代社会作为一个历史生命有机体不断变化更新的意义;二是"表现了哲学意义上质的嬗递"的近代社会变迁。⑤前者在修辞意义上形象地表现了后者的哲学嬗递,后者在哲学思辨的高度提挈了前者的生动表意。

其三,陈先生故友学生对陈先生治学人格追忆文章也指向这一喻指。如王家范老师指出,"老师把史学视同生命,甚至比生命还宝贵,没有这种精神,就不会有《近代中国社会的新陈代谢》;同时,没有先生自身学术思想活跃的'新陈代谢'(苛责社会,也苛责自己),也不可能有像《近代中国社会的新陈代谢》那样新的生命活力",⑥足见陈先生将近代史视若有机生命体甚至是奉若自身生命的拳拳之心。周武老师也指出,与"技艺派"史学不同,陈先生"治学的初衷和立意在于求索百余年来的世路、心路和去路,以及民族苦难的症结。他的近代史转向,以及'文化大革命'后在惯见的近代史既成格局之外别开新局,

---

① 陈旭麓:《近代中国社会的新陈代谢》,第403页。
② 冯契:《近代中国社会的新陈代谢·序》,载《近代中国社会的新陈代谢》,第3页。
③ "历史是年代的积累,历史的辩证法是从时间上展开的:地质年代以亿万年计,人类历史以百万年计,文明历史以几千年计,近代中国只是世界一角的110年历史,110年相当于一个长寿老人的一生然而这一小段……中国经历的变化是前此数千年的历史所未有的,新陈代谢的快速节奏打破了千百年的停滞状态。"参见陈旭麓:《关于中国近代史线索的思考》,载《陈旭麓学术文存》,第11—12页。
④ 陈旭麓:《近代中国社会的新陈代谢》,"变态"见第3页,"畸形"见第38页,"病态"见第44页,"变形"见第60页。
⑤ 陈旭麓:《略论中国近代社会史研究》,载《陈旭麓学术文存》,第191页。
⑥ 王家范:《风骨意境遗后世——恭读旭麓师〈浮想录〉》,第25页。

无不寄托着他深挚的家国情怀"。①可以说,陈先生的故人学友对他治学精神的追忆,都指向了陈先生对近代中国社会的研究确有一种医者探求其演变规律和问题症结的历史使命感。

其四,陈先生曾以"骨架"和"血肉"为标准评价近代史著述:在《漫谈学习中国近代史》中,他认为郭沫若主编的《中国史稿》近代史部分"只是个纲要,有骨架而无血肉"。②这从侧面折射出陈先生心中优秀的近代史作品应既有"骨架"又有"血肉",这样的作品才能具备"似绳索贯穿钱物"③的一脉贯通的历史气韵。

综合以上观点,从陈先生"把史学视同生命""求索民族苦难的症结"的初衷出发,将陈先生研究近代史并著成《新陈代谢》的心路历程,拟化为一位医者诊断"变态、畸形、病态、变形"的近代社会生命体的喻指得以自洽。从这一喻指出发,下文聚焦陈先生在《新陈代谢》一书中如何通过把"新陈代谢"之脉、问切近代中国社会生命体的"骨架"与"血肉"探求历史之症结的这一历程。

三、《新陈代谢》的"骨架"与"血肉"

(一)匠心独具之"骨架"

《新陈代谢》全书共 20 章,按照历史发展的时间顺序书写了 1840 年至 1949 年近 110 年的近代史。④全书各章之间不囿于历史节点的传统划分,而是以"综合和分析"的方法,关注事件和思潮之间的链条交错关系,以"新陈代谢"的脉络统贯全文。若以陈先生所拟各章章题为"骨架",全书可分为六个部分:

第一部分为第 1—3 章,勾画了 1840 年鸦片战争前的中国社会,分为《漫长的封建社会》《东方与西方》和《由盛转衰的清王朝》三章,历时性地梳理了古代至晚清的中国社会来把握中国近代的内忧,共时性地对比了中国和西方世

---

① 周武:《世变、思辨与淹贯之境——陈旭麓先生与中国近代史研究》,《华东师范大学学报(哲学社会科学版)》2018 年第 6 期,第 38 页。
② 陈旭麓:《漫谈学习中国近代史》,载《陈旭麓学术文存》,第 1245 页。
③ 陈旭麓:《关于中国近代史线索的思考》,载《陈旭麓学术文存》,第 1 页。
④ "陈先生原计划要写一百一十年,但天不假年,只留下前八十年的讲稿。有关后三十年,虽然他主编《五四后三十年》等书,也发表过许多文章,有独到见解,但生前未能写成系统化的讲稿。这是今人十分遗憾的事!"参见冯契:《近代中国社会的新陈代谢·序》,载《近代中国社会的新陈代谢》,第 3 页。

界来指向近代中国的外患。第二部分为第4—8章,描写了1840—1894年的历史事件:第一次鸦片战争带来的"炮口下的震撼"、太平"天国的悲喜剧"、1840年又"十二年之后"的第二次鸦片战争和"近代化一小步"的洋务运动,以及这一系列重大历史事件造成的"城乡社会在演变"。第三部分为第9—13章,刻画了1894—1911年最后的晚清社会:"日本冲来"挑起的甲午战争、"庚子与辛丑"之交的维新运动和戊戌变法、清末"假维新中的真改革",此部分还辟出《变与不变》和《欧风美雨驰而东》两章,通过对哲学变易观的古今之变与近代以来的东西之别两种视域的考察,描画了清王朝崩溃前的中国社会在急剧膨胀的内力和潜移默化的外力的挤压下驶入历史转折的前夜。第四部分为第14—18章,从"中等社会"的阶级分析方法切入,考察"变革中的两大动力"的消长变化以及"民变与革命"的内在关联,以此解构清王朝大厦之将倾前的社会构造,而作为其结果诞生的中华民国,在"揖美追欧、旧邦新造"中却仍困厄于复辟势力和军阀割据的"山重水复"之中。"山重水复"之后柳暗花明见于第五部分和第六部分即本书第19章和第20章,简述了1919年的"新文化运动"及"历史的选择"——中华人民共和国的建立。

　　仅从20章的章题就可窥见陈先生描画近代史"骨架"的巧思。其实,早在《关于中国近代史线索的思考》,陈先生就提出了以重大事件划分110年近代史的思路。他提到,"历史线索是引之弥长的观念化了的历史链条,链条不是光滑平直的,而是有一个一个环节的,这些环节就是产生重大事件或历史转折的年份",而"历史线索要从长串的历史年份中找出其环节性年份"。①据此,他标注出了"那些显示新陈代谢、推动近代化而具有阶段性的年份":(1)1840年的第一次鸦片战争;(2)1860—1861年的第二次鸦片战争、1864年失败的太平天国运动;(3)1894—1895年的中日甲午战争(对义和团运动,惠州起义和清朝"新政"不再作为独特的年份列出来,因为它们只是甲午战争后形势的演变和发展,是甲午战争到辛亥革命这一阶段内的环节);(4)1911—1912年的辛亥革命和南京临时政府成立;(5)1927—1928年的大革命;(6)1937年抗日战争爆发和1945年8月抗日战争胜利;(7)1949年中华人民共和国成立。因此,按照陈先生早年据重大事件和转折年份进行的标注,上文对《新陈代谢》六个部分的划分大约不违先生之意。

---

① 陈旭麓:《关于中国近代史线索的思考》,载《陈旭麓学术文存》,第6—11页。

(二)生动饱满之"血肉"

陈先生认为:"要让历史自己说话,但历史学家还要说出历史没有说出的话。"[①]王家范借这句箴言针砭史学领域科学主义歪用的后果:一为史料横陈,竟以陈述历史细节争胜,结果活生生的历史被分解成碎块断片,历史学成了机械的肢体解剖;二为以公理公式演绎历史,却偏要说是恢复历史的本来面目,结果历史成了血肉全无的骷髅,意识形态注释的工具。[②]对科学主义歪用的批判,也从侧面反映出史家描摹历史"血肉"的难处:既不能像解剖肢体般生硬粗暴,又要防止历史沦为瘦削不堪的皮包骨。《新陈代谢》以循循善诱的开篇、见微知著的史料、充满思辨的分析和对历史人物思想的捕捉,破解了描摹历史"血肉"的难题,"将中国近代'新陈代谢'刻画得鞭辟入里、一波三折,细致入微,极为传神",[③]成为近代史书写中形式生动与内容饱满兼备的典范。

1. 近代史的"成长轨迹"

《新陈代谢》的开篇并未单刀直入地进入1840年开启的历史,而是用《漫长的封建社会》《东方与西方》与《由盛转衰的清王朝》三章篇幅来对比古今中西社会的发展变化,溯及中国历史一路走向近代的"成长轨迹"。这是因为陈先生始终认为,"近代从古代发展而来,近代社会的变迁只有同古代社会对比,才能得到认识和说明"。[④]基于古今对比的考量,《新陈代谢》通过"既分析又综合"的方法考察了土地、政治、宗族行会和儒学等古代社会主要构成,以此回答中国封建社会长期延续的问题,并给出经济上土地私有造成的贫富可对流与政治中公卿布衣的阶层可对流锻造的社会稳定性是维持封建社会的长期延续的新解释。基于中西比较的考量,陈先生在分析东西方几乎同时出现的"航海竞赛"的现象后,指出无论是对世界地理的认识还是航海动机与工具而言,两者已差之千,而这一系列变化的基础和原因来自"以保守的对策来对付进取的政策"。[⑤]最终,以"炮口下的逼迫"而非"中国民族选择"的方式进入近代,决定了当时中国社会的"种种变态"。陈先生强调,"这一点是决定以后100多年中国命运的主要东西,它影响了近代百年社会的新陈代谢"。[⑥]

[①] 陈旭麓:《近代中国社会的新陈代谢》,第399页。
[②] 王家范:《风骨意境遗后世——恭读旭麓师〈浮想录〉》,第17页。
[③] 同上书,第23页。
[④] 陈旭麓:《近代中国社会的新陈代谢》,第1页。
[⑤] 同上书,第33页。
[⑥] 同上书,第48页。

2. "种菜园"的一花一世界

"种菜园"出现在《天国的悲喜剧》一章,陈先生借之说明洪秀全"反孔"的局限:"据说,孔子在天堂里受到'鞭挞甚多'。但这无非是为了剥夺他的权威。权威一旦丧失,上帝对孔子还是采取了给出路的政策,经过'罚他种菜园'的劳动改造后还能在天父天兄身边得到一个座位,并'准他在天享福'。"①这则史料的引证看似平常,却直指太平天国运动的本质和局限:首先,孔子在天堂里受鞭挞而非在地狱,这说明孔子不是万恶的,而是可以经过改造升入天堂。其次,剥夺权威后的孔子又被赋予了"种菜园"的出路,这成为理解太平天国局限性的核心,即为何处罚孔子"种菜园",这能否成为一种处罚? 毕竟对儒家而言,"种豆南山下"可称为人生理想了。然而,这种处罚却是囿于小农思想下的洪秀全唯一能想到,也是为孔子量身定做的完美改造方案,因为他既不可能逾越阶级想象力罚孔子去工厂做工,也不至让孔子沦为底层劳动者去挑粪浆洗。与其他选项相比,"种菜园"既满足了小农阶级自给自足的物质需求,又不失体面地让孔子享受了一番士人的田居劳碌。正是这场精心安排的"种菜园"的改造方案,集中体现了太平天国的矛盾:希望借外来宗教超越传统社会,但始终无法与传统决裂。对此陈先生精辟地评论道:洪秀全在"接受上帝的洗礼之前,儒学早就为他行过洗礼"。②

3. 变易与名实

在论述维新运动时,陈先生以《变与不变》为章题,让呼吁"变"的维新派和主张维持"不变"的洋务派和顽固派进行了一场声势浩大的辩论。但历史终究不是一场辩论赛,不是哪一方占理就能获得胜利,最终"百日维新"作为一场政治运动被戊戌政变绞杀。对于这场变革的历史意义,陈先生指出,它带来的解放运动远不是政变所能剿洗干净的,因为维新派的"变"与西方的进化论相结合,已经改变了当时"最难改变的东西:世界观"。③陈先生也擅于从名实视角看待新陈代谢的问题。如他提到记录第一次鸦片战争的作品是《道光洋艘征抚记》,而第二次鸦片战争已经波及社会中枢,士人"为之悲泣,不知所以为计";如他提到夷洋之辨到《天津条约》时已"不得提书夷字",说明"词汇变换反映了

---

① 陈旭麓:《近代中国社会的新陈代谢》,第 72 页。
② 同上书,第 73 页。
③ 同上书,第 162 页。

西人西事在中国的升值"。①正是凭借对近代中西名实之争的梳理考据,陈先生力主"就社会观念的新陈代谢而言,它(1860)比 1840 具有更加明显的标界意义"。②再如描写辛亥革命一章采用的《揖美追欧、旧邦新造》章题,取自当时的中华民国国歌,为的是表达革命党人力追不舍的社会政治目标,陈先生再次从名实的角度指出,恰恰是国旗和国歌的形式寄托了"第一个具备一个近代国家应有外观"③的中国。

4. 社会构造分析

陈先生特别注重对社会结构的观察和分析,认为"社会结构是一种纵横交错以支撑和维系整个社会的东西,它远远不止乎惯被当做主线的阶级结构"。④在《新陈代谢》中,陈先生用《中等社会》《变革中的两大动力》和《民变与革命》三章篇幅分析辛亥革命前的社会构造,并提出了近代中国的改革"塔形"结构这一充满辩证思维的模型。在《中等社会》一章中,陈先生认为中等社会是 20 世纪初年革命党人所着力论说的一个概念,这个概念的背后是"19 世纪下半叶以来中国社会变迁过程中产生和积累起来的一种力量"。⑤这是因为,一方面,不同于以贫富贵贱为天然尺度的上等、中等、下等划分,"中等社会"是从社会地位和经济状况两个方面理性抽象的复杂社会实体;另一方面,"中等社会"承担着"破坏上等社会"和"提契下等社会"的双重责任,因为它比"上等社会"更先进,比"下等社会"更自觉。⑥正是基于对社会构造的分析,陈先生建构了近代中国改革的"塔形"结构:由上层肇始,逐级延至中下层,形成一个塔形。这个结构对于统摄近代史上的改良、改革以及革命事件具有很强的解释力,突破了人们惯以用自上而下或自下而上描述改革或革命,却忽略中间地带的弊端。可以说,顺着塔形结构连接上下的"中等社会",为上下两者在后期建立联系提供了可能,亦不断赋予"下等社会"以近代民主革命的品格,使之一改农民战争的轨辙,升华为工农大众的伟大革命力量。陈先生用"中等社会"和"塔形"结构解释承前启后的历史环节为近代史研究提供了新的思路。

---

① 陈旭麓:《近代中国社会的新陈代谢》,第 94 页。
② 同上书,第 95 页。
③ 同上书,第 293 页。
④ 陈旭麓:《略论中国近代社会史研究》,载《陈旭麓学术文存》,第 186 页。
⑤ 陈旭麓:《近代中国社会的新陈代谢》,第 239 页。
⑥ 同上书,第 269 页。

5. 人物的刻画与正名

陈先生对近代人物及其思想把握的个案研究尤丰,并以"知人论世"的功力著称学界。①他曾以郑观应的描写为例,认为要将"人物思想放在时代之中来阐发",而不能"仅以人物思想反映时代",②《新陈代谢》的人物刻画也秉持这一原则。如在评价洋务派的问题上,陈先生指出"过去多视洋务派与顽固派为一丘之貉,分异亦不过在五十步与一百步之间",但通过引用时人的记述,如左宗棠的"兴念及此,实可寒心"、李鸿章的"三十年来无时不在被谤",侧写了洋务派"决理易,靖嚣难"的矛盾心理,提出了"虽然洋务派有保卫封建的一面,但它的事业已在一定意义上超出了封建的范围"的认识。③又如在"假维新中的真改革"一章中,他通过引用《庚子西狩丛谈》中八国联军侵入北京后西太后仓皇出逃的一段记述,构建起一个令人大跌眼镜的画面空间,使人从最高的执政者的金口玉言中窥得"真改革"的一点决心:"西太后几乎丧尽了皇太后昔日的威严……西太后无不辛酸地自述过这段经历:'连日奔走,又不得饮食,既冷且饿……昨夜我与皇帝仅得一板凳,相与贴背共坐,仰望达旦。'"④正是亲历颠沛流离的悲惨经历,才让最高执政者痛定思痛,承认了在"万古不易之常经"外,没有"一成不变之治法"。

可以看到,陈先生通过把近代社会"新陈代谢"之脉息,巧构了近代史书写的独特"骨架",填充以卓有思辨的丰富"血肉",使《新陈代谢》一书呈现出"史学难得的一种活泼泼的生气",⑤近代社会历史之生命也得以跃然纸上。

四、"矫枉"不"过正"的近代通史

陈先生在《浮想录》中曾语重心长地写道:矫枉不应过正,过了正,就仍然是枉。⑥从"矫枉"角度而言,《新陈代谢》正是要矫"流行中国近一个世纪的机械进化论和阶级论的片面和僵化"之枉。⑦在《近代史思辨录》自序中,他再次写

---

① 周武:《世变、思辨与淹贯之境——陈旭麓先生与中国近代史研究》,第33页。
② 陈旭麓:《中国近代民主思想史·序》,载《陈旭麓学术文存》,第131页。
③ 陈旭麓:《近代中国社会的新陈代谢》,第110—114页。
④ 陈旭麓:《近代中国社会的新陈代谢》,第215页。
⑤ 王家范:《风骨意境遗后世——恭读旭麓师〈浮想录〉》,第25页。
⑥ 陈旭麓:《近代中国社会的新陈代谢》,第391页。
⑦ 王家范:《风骨意境遗后世——恭读旭麓师〈浮想录〉》,第19页。

道:"'中国的近代是一个最富思辨的时代',中国近代史的主线固然应该阐明中国人民反帝反封建的斗争推动着社会前进,但许多爱国求实的知识分子在'认识世界,寻求新的科学知识,探索新的理论,对革新社会、促进近代化的重要意义……也应该得到历史的承认'。"[1]这种为近代人物进行矫枉与正名的努力见诸《新陈代谢》的各章各节,从最高决策中枢到底层百姓:无论是庚子国变后光绪帝"尤痛自刻责,深念近数十年积习相仍,因循粉饰,以致成此大衅"的反思,还是第二次鸦片战争中对"不战不和不守、不死不降不走"两广总督叶名琛的刻画,以及陈独秀"吾人最后之觉悟"的深切呼号,甚至是义和拳民从丢了饭碗、断了生路的"发指眦裂之恨"到运动失败后"因为他们的菩萨灵,我们的菩萨不灵嘛"而改变信仰的强烈反差。可以说,"《近代中国社会的新陈代谢》凭着历史学与社会学的融通,熔政治、经济、思想、文化于一炉的优势,透过具转折性的关键人物、关键事件,真切细腻、时时闪现哲理知性的剖析,由情景入心态(心态史),由心态入风气、制度的嬗替(社会史),气势恢宏,逶迤曲折,在捕捉嬗蜕的契口与再现嬗蜕的轨迹方面取得了至今尚属少见的成功"。[2]

诚然,陈先生通过对社会各阶层人物思想流变来把握近代社会的变迁是切入历史、不离实境的。但这种矫枉的努力如何避免"过正"之嫌也就成为重撰近代史的难题:"究竟如何真实地而不是片面地认识革命的胜利和曲折,如何严肃地而不是因袭地对待革命史上的臆说,这是历史本身赋予的任务和现实生活提出的要求,也是重构近代新史架构必然要面对的问题,但要做到这一点,非常自然地要触及对马克思主义的再认识,对历史的再认识……这样错综复杂的历史场景,对历史学家而言,无疑是一种学力与智慧的双重挑战!"[3]对此,陈先生始终认为,"围绕历史的思辨,事实第一,立论第二,那是让历史说话,也即实践检验真理的准则"。[4]正是真正坚持以马克思主义的原则[5]来把握

---

[1] 陈旭麓:《近代中国八十年·序言》,载《陈旭麓学术文存》,第147页。
[2] 王家范:《风骨意境遗后世——恭读旭麓师〈浮想录〉》,第22—23页。
[3] 周武:《苍凉的黄昏——晚年陈旭麓与新时期中国史学》,《华东师范大学学报(哲学社会科学版)》2008年第6期,第23页。
[4] 陈旭麓:《近代史思辨录·自序》,载《陈旭麓学术文存》,第154页。
[5] 陈先生在《近代中国社会的新陈代谢》中多次提到这一原则:马克思说:人的本质"在其现实性上,它是一切社会关系的总和"(第120页);如果忠实于历史唯物主义就不能不承认:历史的主题应当是后者而不是前者。新旧生产方式变替所产生的社会阵痛,只有在新生产方式取代旧生产方式之后才能解除(第129页);对现实的论证需要借助历史,对具体的论证需要借助一般(第155页)。

近代历史进行思辨,《新陈代谢》才能在善于捕捉飞翔的思想之外,[①]按照历史唯物主义的要旨对中国近代变迁的整体状况作出实事求是的历史估量。如在《城乡社会在演变》一章,陈先生使用阶级分析和经济分析视角对鸦片战争到甲午战争的半个世纪的城乡社会进行了刻画。在描写这种变化的时候,陈先生表明了要避免"历史研究会动感情"的倾向,而是要"把侵略同侵略带来的社会变化分开来",理性分析社会各阶层和各势力的新陈代谢。同样,在以《中等社会》《变革中的两大动力》和《民变与革命》等三章中,陈先生对历史巨变前的社会构成进行客观辩证的梳理分析。冯契老师就指出,陈先生在书中多次提到要"借助辩证思维","离开辩证思维和历史主义是难以接受其本来意义的"等,正说明陈先生是一个自觉地运用辩证法作为"治史的眼睛"的史学家。[②]毫无疑问,陈先生在重撰近代史的心力中融通了社会史、心态史和思想史,进而对传统近代史僵化的书写方式进行了有力"矫枉",但他对中国近代史的思辨始终是在马克思主义的原则下进行的,因为"如果没有马克思主义的素养,没有洞彻事物的能力,仅凭一时直觉,追踪现实,借史发议,纵无恶心,也很难免于乖戾"。[③]正是在真正把握历史唯物主义和辩证法的基础上,集历史丰富性和思辨性的《新陈代谢》一书,在对近代史书写"框框"进行校正和突破的同时又避免陷落"过了正,就仍然是枉"的窠臼,完成了"矫枉"不"过正"的重撰任务。

陈先生晚年在主编《近代中国八十年》和《五四后三十年》时,曾希望在两本书的基础上,"不久将写出一部豁然贯通的中国近代史来",[④]《新陈代谢》在"豁然贯通"意义上就是这样一部富有时代特色的"中国近代通史"。对于何为"通史"之"通",王家范在《中国历史通论》绪言中就有精彩论述:通史的意境,全在通古今之变,历史由此才重显出其节律脉动,是一个活泼泼的跳动着的"集体生命体",由其特殊的生命历程和内在的新陈代谢机制。[⑤]《新陈代谢》就体现了这种贯通始终、前呼后应的气脉,体现了中国历史特征和发展过程相续相变的生命气脉和中国韵味,被冠以独步意境的"中国近代通史"实至名归!至此,《新陈代谢》成为陈先生"以万象杂陈、新陈代谢飞速的近代社会作为自

---

① 陈旭麓:《近代中国社会的新陈代谢》,第 397 页。
② 冯契:《近代中国社会的新陈代谢·序》,第 4 页。
③ 陈旭麓:《近代史思辨录·自序》,载《陈旭麓学术文存》,第 154 页。
④ 陈旭麓:《五四后三十年·序》,载《陈旭麓学术文存》,第 173 页。
⑤ 王家范:《中国历史通论·绪言》,华东师范大学出版社 2000 年版,第 14 页。

己朝夕思辨的契机"对自己晚年的希冀、对"通史"之要义,也是对那个时代的给出的最有力的回答。

五、结 语

近代中国社会这具"病态"生命体,正如陈先生所说,是被外力"轰出中世纪的"。①但迈出第一步后,其体内的"新陈代谢"就在内部各种物质的反应和外部接连不断的刺激与对抗下开始了或急或缓、从局部到整体的变化,在此过程中他虽还要经历反复与羼杂,但他体内的新陈代谢是不会停滞的。陈先生以"上医医国"的深挚家国情怀"诊断"近代中国社会的"新陈代谢"脉息,此中,高超的"医术"固然重要,就像史家的史才和史学功底,但史识——"治史的眼睛"更为紧要。一方面,因为如果在认识上就把"病患"——近代中国社会——仅仅当作一个依靠西方外力"冲击"的无生命体,而非具有吐故纳新的内在肌理和思想理路的生命有机体,那再高明的医术也好、史才也罢,也是把活马当死马医,寻不到历史的症结。另一方面,先前对近代史的诊断——以阶级斗争为轴心,以太平天国、义和团、辛亥革命三个革命高潮的递进为主线的构架——虽然体现了一定历史阶段中国近代史研究的水平,但"框框"式的研究对于近代社会的肌理而言,更像是人体解剖。这种解剖在一定历史条件下是绝对必要的,也具有一定的解释力,可是"历史学看来是探索过去,实际上应该是为了现在与未来"。②因此,虽然近代中国社会羸弱病态的肌体已经被定格在百年历史的过去,但陈先生怀着"要渡苍生百万家"③的济世才识把他作为一个病例进行"思辨"开出的药方,可以延伸向更远的未来。

---

① 陈旭麓:《近代中国社会的新陈代谢》,第 402 页。
② 陈旭麓:《近代中国社会的新陈代谢》,第 399 页。
③ 陈旭麓:《浮想偶存·诗词》,载《陈旭麓文集》第 4 卷,第 323 页。转引自周武:《世变、思辨与淹贯之境——陈旭麓先生与中国近代史研究》,第 27 页。

一个局外人的改革开放顶层全景观

——傅高义《邓小平时代》读后

邹 祎[*]

出生于1930年的傅高义,本名为 Ezra Feivel Vogel。傅高义于1958年取得哈佛大学社会学博士,后受费正清和赖世和指导,开始研究中国和日本,成为著名的"中国通"和"日本通"。他精通日文,能说中文,曾任哈佛大学费正清东亚研究中心主任,并于2013年在第五届世界中国学论坛上被授予"世界中国学贡献奖"。他著有《共产主义制度下的广州:一个省会的规划和政治(1949—1968年)》《邓小平时代》《中国和日本:1500年的交流史》等,其中最为中国读者所熟悉的当属《邓小平时代》。

《邓小平时代》英文版名为 *Deng Xiaoping and the Transformation of China*,于2011年在美国出版。《邓小平时代》中文版自2013年出版以来,在中国国内引起巨大反响,被称为邓小平研究"纪念碑式"[①]的著作,是西方学者撰写的有关中国改革开放最具影响力的著作之一。

一、傅高义及其中国研究

2020年12月21日,傅高义因术后并发症溘然长逝,享年90岁。在第二天召开的中国外交部例行记者会上,中国官方对傅高义在学术和外交上的贡献给予了极大的肯定,外交部发言人汪文斌称"傅高义教授为促进中美沟通与交流,增进两国人民的相互了解做出了不懈努力。我们将铭记他为推动中美

---

[*] 作者系上海社会科学院世界中国学研究所2020级博士生。
[①] 岳鹏:《一部全景展现伟人邓小平风采及其时代的扛鼎之作——美籍学者傅高义著〈邓小平时代〉一书评介》,《成都大学学报(社会科学版)》2021年第2期。

关系发展所做的贡献"。

傅高义一生治学勤勉、精力旺盛。仅举几个例子,其一,近 90 岁高龄的傅高义,在人生的晚年仍在为促进中美相互理解大声疾呼。在其去世前数日,仍在视频连线参加北京香山论坛视频研讨会。他曾于 2019 年 7 月联合 100 多位学者致信时任美国总统特朗普,指出美国对华政策中出现的问题并提出建议。其二,在其 60 多年的研究生涯中,傅高义出版了 9 本书,每一本都做得很扎实。傅高义扎实的研究是源于其获取的翔实的第一手资料。在撰写《先行一步:改革中的广东》前,傅高义在广东进行了长达 7 个月的田野调查,足迹遍布广东 70 多个县。[①]傅高义的邓小平研究则基于他对与邓小平有过接触的中外政要及邓小平的下属、学者和干部子弟等 300 多人的采访,整个写作周期长达 10 年。[②]伏案 10 年,终磨一剑。虽然在《邓小平时代》的前言中,傅高义自谦是"身不由己的工作狂"[③],但据多位熟悉傅高义的人士称,傅高义勤勉的治学态度源于他惊人的求知欲,这是一种由内而生的探索欲。

二、《邓小平时代》的特点

（一）一个社会学家的全景观

作为一本系统研究邓小平的巨著,《邓小平时代》全面呈现了邓小平的伟大一生及其对中国发展的影响。对 1969 年下放江西之前的邓小平,傅高义用了较短的篇幅描写,而他将重点放在 1969 年之后的"文化大革命"和改革开放时期的邓小平,详细刻画了邓小平在思想、经济、政治、外交等领域作出的历史贡献。

20 世纪 70 年代末,邓小平首先从思想路线上进行拨乱反正,领导了 1978 年真理标准大讨论、1981 年的《关于建国以来党的若干历史问题的决议》,从思想进行解放。在经济上,邓小平"摸着石头过河",领导党和人民开辟了一条社会主义市场经济的道路,带着长远眼光和战略意识提出了"两个百年"目标和

---

① 《傅高义:一位"中国先生"的研究历程》,《三联生活周刊》微博,[EB/OL].(2013-02-03)[2021-09-13]. http://style.sina.com.cn/news/c/2013-02-03/0932115676.shtml.
② 张健:《"告诉西方,一个真实的小平"——专访〈邓小平时代〉作者傅高义》[EB/OL].(2013-01-22)[2021-09-13]. http://theory.people.com.cn/n/2013/0122/c40531-20280457-2.html.
③ 傅高义:《邓小平时代》,冯克利译校,生活·读书·新知三联书店 2013 年版,第 16 页。

"三步走"发展战略,为中国未来几十年的发展奠定了基调。外交上,邓小平访日、访美,推动中国先后向日本、美国开放,为中国的发展争取了友好的国际环境。傅高义对其中的曲折过程均作了细致探析。同时,傅高义不回避有争议的话题,他认为邓小平对政治改革的态度是力求在西式民主和党的领导之间实现平衡。此外,《邓小平时代》还提供了其他研究视角,包括香港问题、台湾问题、中美关系、中日关系、开放过程中的外国投资、外交关系正常化过程、政治改革进程中海外等的影响、从传播视角看中国的海外影响,等等。可以说,《邓小平时代》是一本研究邓小平的全景式巨著,也是一部党史、一部改革开放史、一部世界史。

前文讲到,傅高义的邓小平研究基于他对与邓小平有过接触的官员、学者和干部子弟的访谈,除了这些珍贵的第一手资料外,傅高义在撰写《邓小平时代》的过程中,还参考引用了党史、《邓小平年谱》和《邓小平文选》、邓小平的小女儿邓榕回忆邓小平的两本书、与邓小平共事过的人撰写的回忆文集等丰富的中文文献材料,并与访谈资料进行对比、整编。傅高义这种扎实的研究风格,要得益于早年他在哈佛大学读博期间接受的系统、严谨的社会学训练。为了尽可能全面、客观地还原邓小平思想及其所处时代背景,《邓小平时代》一书努力呈现各种不同的观点,逻辑严谨、论证精彩、力求客观。正如傅高义在序言中坦承,"我尽我所能同对邓小平有不同看法的人交谈,其中既包括非常敬仰邓小平的人,也包括批评他的人。……我尽力摒除自己可能有的偏见,尽量客观地看待邓小平领导时期的种种状况"[1]。

再往深一层,傅高义撰写《邓小平时代》的过程中,为了真实还原邓小平及其时代,他如何进行论证、论述,为了客观呈现各方观点,他如何进行取舍、平衡,这仍有待笔者去挖掘。

尽管此书对邓小平及其时代进行了全景式描写,但全书始终贯穿着一条主线,即邓小平如何领导中国从落后、封闭、僵化的计划经济体制艰难过渡到一个有国际影响的现代化经济大国。傅高义感叹,"在为改善如此之多的人民的生活做出的贡献方面,20世纪是否还有其他领袖能够与他相比?20世纪是否还有其他领袖对世界史产生了如此巨大而持久的影响?"可能很大程度上也正是因为这点,使得傅高义给了邓小平"功八过二"的高评价。

---

[1] 傅高义:《邓小平时代》,冯克利译校,生活·读书·新知三联书店2013年版,第10页。

（二）一个局外人的同理心

和大多数中国问题研究专家不同的是，傅高义对中国和中国的发展抱有极大的同理心。傅高义不从美国的经验模式和价值立场出发，而是试图站在邓小平的角度，结合邓小平所处的时代、面对的时局和想要达到的目标，展现邓小平的决策逻辑和他对中国未来发展方向的作用。傅高义发自内心地理解中国、站在中国自身的角度换位思考，因此《邓小平时代》书中少见对中国的偏见，即使有不同的看法，也多为建设性意见。对于一个从来没有在中国长期生活过、在日常生活中与中国人民建立起朴素情感的西方学者而言，这点难能可贵。

那么，为什么傅高义在中国问题研究方面，能做到"和而不同"呢？笔者认为，这很大程度上要归因于傅高义本人的思想理念和个人品格。

傅高义在多个场合都表达过，不同国家、文明、制度与社会就应该相互学习，消除误解，消解隔阂，更好地融合以推动人类的进步。而他不仅是这么说的，也是这么做的。1997年，"中国威胁论"甚嚣尘上，在中美关系的困难时期，傅高义推动了1997年江泽民访美时在哈佛大学的演讲，前期策划了所有的细节安排。2017年特朗普上台以来，在对华强硬逐渐成为美国新的政治正确的大背景下，傅高义仍然在各种不同场合批评美国的对华对抗政策，释放对华善意，呼吁中美沟通。

据与傅高义有过接触的学者、记者等人的回忆，傅高义本人是一个"非常有人情味"[1]、谦逊、务实、真诚的人。在待人接物上，傅高义沟通多于说教、包容多于指责、开放多于封闭。正是因为有这样的品格，傅高义才能代入研究对象的视角和处境，真正站在研究对象的角度看问题。同时，作为一个在政治、经济、社会、外交等领域学识深厚的美国学者、一个"局外人"，傅高义对邓小平和中国的改革开放的研究有得天独厚的独特视角。比如，全书处处可见傅高义本人的评析，其中最大的亮点是在全书最后一章《转型的中国》中，傅高义提出了邓小平接班人面临的挑战。他认为，"邓小平的接班人将在未来很多年面临一系列严重挑战。这些挑战包括：为全民提供社会保障和公共医疗、重新划定和坚守自由的界线、遏制腐败、保护环境、维持统治的合法性"[2]。回顾傅高

---

[1]《吴心伯忆傅高义：在美国，中国问题研究的一个时代结束了》，澎湃新闻微信公众号，[EB/OL].（2020-12-21）[2021-09-13]. https://baijiahao.baidu.com/s?id=16866977162906593448&wfr=spider&for=pc.

[2] 傅高义：《邓小平时代》，冯克利译校，生活·读书·新知三联书店2013年版，第657—661页。

义在2011年作出的这些判断,再结合当今党和国家领导人在持续推进反腐倡廉建设、生态文明建设,推进"共同富裕"和治理能力现代化等方面的努力,我们不难看出,傅高义在10年前作出的判断是准确的,他确实对中国的发展有着深刻的见解。

（三）一个小镇青年的写作观

傅高义曾在多个场合提到,他写《邓小平时代》这本书的主要目的不是为了中国读者,而是为了美国读者,"我认为21世纪全世界最重要的关系就是中美关系,但是美国人对中国仍然非常不了解,大多数美国人对中国只有一些肤浅的印象"[①]。因此,傅高义怀着学者的使命感,希望通过《邓小平时代》促进美国人对中国的了解。

傅高义来自俄亥俄州特拉华市的一个小镇,他自嘲为"小镇青年"[②],"傅高义对好的写作的标准是:要能够让'下里巴人'看明白。他经常打趣说会让他老家俄亥俄小镇的父老乡亲们看看他写的东西。如果他们能看懂,就说明写作成功了"[③]。所以,更准确地来说,这本书预想中的主要读者不是美国精英,而是美国普通民众。因此,傅高义从来不拘泥于理论或范式,而是通过讲故事的方式,用生动流畅的笔触将邓小平及其时代恰如其分地呈现出来。《邓小平时代》的一大特点便是可读性非常强。正是由于有这样脱离了学术框架、贴近普通大众的朴实写作风格,《邓小平时代》才赢得了普通读者的共鸣,甚至跨越太平洋,在一代伟人邓小平的祖国赢得了持续的学术影响力和生命力。

三、几点思考

（一）关于傅高义及其作品研究

在阅读《邓小平时代》的过程中,一些问题也在笔者的脑海浮现:第一,关于傅高义本人,傅高义的同理心是否与其早期人生经历有关？前文所引多为

[①]《傅高义对话张维为:聊聊邓小平》,观察者网.[EB/OL].(2020-12-21)[2021-09-13].https://www.163.com/dy/article/FUC8SMTI051481US.html.

[②]《傅高义:一位"中国先生"的研究历程》,《三联生活周刊》微博,[EB/OL].(2013-02-03)[2021-09-13].http://style.sina.com.cn/news/c/2013-02-03/0932115676.shtml.

[③]《回忆傅高义:一位讲中国故事的智者》,微信公众号Chairman Rabbit tuzhuxi,[EB/OL].(2020-12-22)[2021-09-13].https://mp.weixin.qq.com/s/04V2xjEd1uCaYtaljMCE2w.

中国学者对傅高义的评价,那么,傅高义的美国家人、同事和学生如何看待他和他的学术贡献?傅高义的批评者对他有什么评价?第二,关于傅高义的作品,《邓小平时代》书中有哪些有待商榷的观点?傅高义的其他作品有什么特点?傅高义笔下的邓小平,和其他人笔下的邓小平有什么不一样?傅高义的研究有什么不足?第三,关于傅高义的学术影响力,作为中国人民的老朋友,毫无疑问,傅高义在中国的影响力非常大,对中国发展走向的判断也是准确的。但是,傅高义在美国的学术和政治影响力如何?对中美外交关系的判断也是准确的吗?除了本人的学术贡献,傅高义还用哪些方式推动了美国的中国问题研究?傅高义与费正清等同时代的中国问题研究巨擘相比,有什么异同?这些问题都有待笔者继续探究。

(二)友华派与中国的国际传播

近年来,傅高义对包括哈佛大学在内的美国高校近年来培养人才的方式深感忧虑。他认为,现在的美国高校过于重视量化分析,忽视了地域研究,大多数学生无暇也无意了解研究对象国家或地区的社会、文化和语言。长此以往,美国的中国研究必然会出问题。①

美国的高校尚且如此,那么相比于高校而言更专注于现实问题、更具战略性的美国智库状况如何呢?根据笔者近期对美国智库的持续关注发现,美国智库中,仍有一批不懂中国现实国情的人在做中国研究并在各个平台发声。比如,胡佛研究所研究员、前美国国家安全副顾问麦特·波廷格(Matt Pottinger)于2021年4月15日在美中经济与安全评估委员会的听证会上建议,民主价值是最锋利的工具,也是美国在对华竞争中最大的优势,国会要利用好这一优势。②大西洋理事会全球战略倡议研究小组助理组长杰弗里·齐米诺(Jeffrey Cimmino)于2021年7月23日发表报告《反击中国新疆侵犯人权行为的战略框架》("A strategic framework for countering China's human-rights violations in Xinjiang")。齐米诺提出,美国及其盟友应该让中国明白,越来越多的国家将对中国侵犯人权的行为联合施加经济和金融成本,中国还将在外交上处于孤立状态。一旦中国意识到这些成本,美国及其盟友应敦促中国政

---

① 加藤嘉一:《我所发现的美国》,东方出版社2011年版,第91页。
② Statement of Matt Pottinger. Testimony Before the United States-China Economic and Security Review Commission [EB/OL]. (2021-04-15) [2021-09-13]. https://www.uscc.gov/sites/default/files/2021-04/Matt_Pottinger_Testimony.pdf.

府实施改革,确保新疆的繁荣、人权和尊严。[①]这两位学者显然不够了解或者有意忽视中国的历史、文化和现实国情,这样的对华政策建议不但无法实现他们遏制中国的初衷,反而必然导致中美更激烈的冲突,恶意打压中国的发展,反过来也会损害美国自身的利益。

如果说,部分"反华派"之所以对对华政策作出误判,是源于对中国的不了解。那么熟悉中国、了解中国、亲近中国的"友华派"的政策建议是什么呢?令人遗憾的是,近年来,在中美关系发生重大变化的背景下,美国"友华派"几乎集体噤声,像傅高义这样仍在为中美沟通疾呼的"友华派"寥寥无几。可以说,在培养"知华派"人才、凝聚"知华派"力量、发挥"知华派"作用方面,中国的国际传播工作任重道远。

---

① JEFFREY CIMMINO, A Strategic Framework for Countering China's Human-Rights Violations in Xinjiang[EB/OL].(2021-07-23)[2021-09-13]. https://www.atlanticcouncil.org/wp-content/uploads/2021/07/A-Strategic-Framework-for-Countering-Chinas-Human-Rights-Violations-in-Xinjiang.pdf.

"版权"的中国之旅
——王飞仙《盗版者与出版商》读后

朱宇琛[*]

一

1903年,严复在给管学大臣张百熙的一封信中写道:

> 使中国今日官长郑重版权,责以实力,则风潮方兴,人争自厉……乃若版权尽毁,或虽未毁,而官为行法,若存若无,则将从此输入无由,民智之开,希望都绝。

同年,商务印书馆印行周仪君所译《版权考》中也提到:

> 方今新书广出,学界固有蓬勃之气象。然书一甫经出版,射理之徒竞相翻印,以故为编为著为译之人,莫不注意于版权。

"版权"一词本在中国历史上鲜见,书业传统往往是以"藏版"制度来申明书商对版本的拥有。近代中日先后蒙受欧风美雨的侵入,立于风口浪尖的日本知识人译介西学、刷印西书时,也遭遇了"竞相翻印"的局面,不仅直接翻版,又有部分抄袭或重新编纂,将他人之成果改头换面。在没有法律保护"藏版者"的情况下,福泽谕吉将英文copyright翻译成"版權",将其界定为一种不需幕府背书的天然产权。甲午之后,中日的文化流向掉转,大量日本生产的新知

---

[*] 作者系上海社会科学院世界中国学研究所2019级博士生。

为老大帝国所用,"版权"也因康有为而出现在变法之中。这是"版权"在中国奇妙旅程的第一步。

梳理"版权"的近代史,其意义是不言而喻的,一方面,我们可以从观念史的角度理解一个外来概念如何进入彼时中国人的脑海,并与本土知识相结合。另一方面,"版权"作为一个深深介入中国近代知识生产的概念,更是近代思想和社会变动的外在表现。正如罗伯特·达恩顿在其《启蒙运动的生意》中提出"启蒙的物化",能够承载中国近代启蒙思潮的,也必然是物化的知识生意。作为观念的"版权"又与有形的生意相互交织影响。思考"版权"在中国如何被理解、被利用,可以厘清启蒙在中国是如何照进现实的,而近代思想革命又是何以可能的。

回望学术史,版权研究一向与法律史紧密相连,其一大研究重心便是对版权观念的追溯,即中国古代有没有真正的版权?郑成思等人认为帝制时代曾经颁布的个别禁止盗印的禁令,能够被看作版权在中国的滥觞。但美国学者安守廉在其著作《窃书为雅罪》中否认了它们和版权具有同样性质,认为这只是帝制国家的出版控制行为;而中国学者则坚持这是中国本土版权的坚实证据,因为严禁随意翻印的法规也存在于现代知识产权体系中。其他文化史家,如 Soren Edgren 和 Inoue Susmu 则取其中道,提出了"伪版权"概念。

实际上,这类议题往往由西方发起,难免先入为主地产生以"版权"的有无来评判社会先进与否的想法,将西方现代知识产权固化为先验的标准来判断中国是否存在某些类似的事物,大多回应者也没有跳出西方中心的窠臼。

近年一些学者开始把目光拉回中国,如李雨峰的《枪口下的法律》、徐世博的《卫盗与卫道》都反对这种无意义比较。它们诞生于欧洲的"现代版权"根植于其国家与个人、权威与社会对立的土壤中,与其他地区相比反倒是一种特殊现象。西方学者认为中国传统社会没有制度化的私权保障,不能代表中国历史上没有这样的事实存在,如果忽略了社会,就难以把握真实的逻辑和实践。李雨峰认为:"即使官方的意图真的是为了维护皇权,但官方意图也并不能独断地决定这一事件的性质,也不可能垄断对这一事件的不同解释。"[①]思想控制、出版控制和权利保护并不是绝对矛盾的。要跳出西方中心的窠臼,必须还原晚近中西交流下的版权究竟如何演变的。近代知识生产实践中,是什么力量在背后塑造版权的标准、参与版权的纠纷,是当前版权史研究者们最为关注的问题。

---

① 李雨峰:《思想控制与权利保护》,西南政法大学博士学位论文,2003年。

二

王飞仙于2020年出版的《盗版者与出版商——版权在现代中国的社会史》即是最新加入讨论的作品。本书由作者的博士论文《知识经济中的新秩序：版权在中国的奇妙之旅》增订而来，这一题名其实更贴近本书的问题意识：进入近代后，中国的知识经济的秩序有了怎样的改变？版权作为一个西方概念，在中国人的脑海和实践中有着怎样的旅程？作者通过考察有形的出版业变迁来呈现其所承载的无形"版权"。

本书除导论、结论外共分七章，大致可分为两个部分。第一章到第四章为前半部分，19—20世纪之交欧风美雨吹打中，西法印刷和版权概念被介绍到中国，作者认为这是"两个文本再生产和知识经济系统的遭遇和交流"[1]，对西学新知的追求引发了新书的井喷，中国的知识分子和出版人都面临这一个问题，即这批新书的所有权属于谁？书业人士很清楚明清以降形成的旧规矩难以应付新局面，他们必须了解"版权"这一新概念，从而适应变动的环境。前四章正是描绘了作者、出版者、书商等群体在回答这一问题时的探索。

第一章名为《"版权"在东亚的奇妙之旅》，展示了版权在东亚的早期鼓吹者，并不是直接接受欧美版权的学说，而是从明清和江户时代的图书贸易行规中获取灵感。他们将日本进口图书的版权页上所印"版权所有"章，与中国13世纪以来就有的"某某藏版，翻刻必究"传统相结合，以此发展出了基于雕版所有权来界定的书籍版权。采用版权章和版权声明的出版商，可能并非由改良主义者推动，也未必是被看作一种文明与近代化目标下的行为；跟着雕版走的"版权"既不是一种知识产权，也没有法律的背书，而是出版商为了维护其利益进行的借用。

第二章《"新学"的生意》中，作者指出，一系列19—20世纪之交发生在中国知识世界的巨大变化以及清廷在甲午的战败，使得中国知识界改变了对西学的态度。他们突然增加的兴趣使新学书籍成为一种有利可图的商品，并进一步创造了新的文化市场。新学书籍的商业价值不仅使出版商加大投资，同

---

[1] Wang, Fei-Hsien. *Pirates and Publishers*: *A Social History of Copyright in Modern China*, Princeton: Princeton University Press, 2019: 10.

时也让更多人投身于翻印盗版。这就使得"版权"一词为出版商所青睐,用于申明出版物所有权,并在舆论上给盗印定罪。作为传播新学和出版新书的先驱,广学会的传教士们也最早运用版权,并给翻印者打上等同于盗窃的标签。①

法律史学家过去的叙事往往将版权的进入表现为西方条约体系试图向中国强加版权法规,中国则因为历史惯性和观念僵化而抵抗。这一章中指出了这种叙事的问题,冲击与回应显然不能解释全貌,真实的历史更为生动复杂。当列强试图在中美、中日通商海航条约的谈判桌上让清廷接收知识产权法规时,知识经济的参与者们已经在为其商业利益鼓吹版权学说了。但是版权史研究者们已经揭示了书商的态度是双重标准的,他们对内渴望用版权保护新书市场秩序,对外又借助富国强民的口号游说清廷拒绝全盘接受保护外国版权的条约。1903 年就译印《版权考》鼓吹版权的商务出版社,也曾因为翻印美国金恩公司书籍而被其告上法庭,最终会审公廨国内缺少相关法律而驳回原告请求。②

1900—1905 年,科举改革使得新学书出版戏剧性地增长,举业用书则一路滑落至谷底。此时,知识界对日本的"发现"使得翻译日本书成了一个通往西学的理想商业捷径,知识传递不再仅通过传教士和少数译者。书商们因此改变生产方式,出资购买译稿,用铅印和石印来大量出版新书。但是新的印刷技术需要更大的投资,盗版的损害也远大于雕版时代。作者认为这是版权之论甚嚣尘上的原因。"版权"这个本来鲜为人知的概念,到了 1903 年已使得严禁盗版成为出版界共识。③

本书的第三章聚焦于严复。1902 年,他向清廷学部上书敦促保护版权,将版权描述为向现代文明进步的钥匙以及具有普世道德价值的观念。但是他并非自始至终挥舞版权大旗,而是自处女作《天演论》畅销才开始一步步产生版权意识,且这种意识也是在不断变动完善的。从直接出售手稿,到按比例抽版税,再到想出各种办法监督书局的出版行为,严复既跻身于晚清民国启蒙浪潮的风口,又凭借此收益过上了良好生活。其中他与文明书局产生过纠纷,也最

---

① Wang, Fei-Hsien. *Pirates and Publishers*: *A Social History of Copyright in Modern China*, Princeton: Princeton University Press, 2019:71.

② 徐世博:《卫盗与卫道:清末民国版权纠纷研究:以 1903—1937 年上海出版业为中心》,南开大学博士学位论文,2010 年。

③ Wang, Fei-Hsien. *Pirates and Publishers*: *A Social History of Copyright in Modern China*, Princeton: Princeton University Press, 2019:92.

终在和商务印书馆的合作中确立了近代版税方案的标准。这种标准向整个晚近书业扩散,并被文化名人和各大书局广泛运用。

作者着墨于严复对版权的认知和运用,解释这一案例在近代知识社会史中的重要意义,不仅在于他的作品传达内容的影响,且更在于他对版权的理解和实践与时人大相径庭,而这种差异改造了原有的书业生态。他与福泽谕吉都将版权视作一种知识产权,并且声称版权保护能够鼓励知识创造,从而达成富国强兵的目的。但与福泽谕吉不同之处在于严复既非藏版者也非出版人,他是纯粹靠写作维生的作者,因此他所宣称的版权仅仅来自知识创造者的身份,而非维系于雕版或是出版行为。他的同行中,林纾选择将版权一次性售予出版商,要维持生活就必须坚持写作和翻译;而梁启超等人则类似福泽谕吉,成了自写自印的印刷资本家。

第四章《特权还是产权》中,作者首先以文明书局书籍遭北洋书报局翻印的公案,展现在晚清无版权法规可依的时段里,进步人士所宣扬的版权和书业中人所获得的保护间所存在的差异。晚清书业人士在这一时段面对矛盾的局面,新学新书的供求大增,成文版权法却还未制定。他们找到了两种权宜之计:一是通过地方官或朝廷大员签发的翻印禁令,二是学部颁发的版权许可。两者理论上都来源于官员和朝廷教化的职责,而后者则还带有内容审查的功能。两种权宜下的版权认定被看成官方对书籍质量的批准和背书。作者认为在此种权宜中,版权实际上是权威授予的特权。书业人士追求的是借用权威来保护商业利益,而非真正将这种禁令视作版权。在经营中他们也遭遇了特权的恶果。当北洋官报局翻印了文明书局的图书时,北洋大臣袁世凯的态度就飘忽不定了,他可以为文明书局背书,也可以为其麾下的利益而收回对外人的保护。这把版权视作奖励特权的看法,使朝廷这一理论上的知识权威对版权认定与保护有着最后拍板权。文明书局案中,如传教士林乐知、夏曾佑、商务编辑陶宝林都曾在报刊上撰文解释版权是一种天赋的产权,鼓吹颁布版权法等,却并没有得到广泛响应。此案最终的解决只能由文明书局诉诸载振等大员来扭转袁世凯的命令,但受害者可能从未考虑过官员朝廷随意决断版权背后的"理"。

上半部分中,我们可以看到晚清书业人士对特权性质版权的接受和运用,具有思想和商业两重性。清廷审定书籍版权的合法性建立在其知识的权威上,给予书籍保护是出于对文化贡献的奖赏,禁止翻印则是保护文化的纯洁性和准确性。官商都羞于言利,而是将他们对文本完美和公共利益的自我奉献,和更高的知识权威、文化荣誉相连接。这种说法,让版权作为一种个人权利和官方审查的脱节变得更难了。如果朝廷机构被发现盗印和抄袭被它所审查的私人书籍,其文化权威即刻就会被动摇。但是只要其政治权威还在,出版业依然会愿意获得朝廷认证。当1907年陆费逵发现学部出版的教科书对文明书局和商务书局的抄袭并登报批评其内容粗劣、实用性低下[①]的同时,1906—1911年间有四百本教科书在学部审定司被审定通过。

本书的后半部分中,作者将1905—1937年的上海作为舞台的中心,展现书业人士的经营活动中的合作与冲突,以及作为概念的版权在经营中被制度化的过程。民国的出版者们表面消极遵守国家颁布的著作权法,实际上利用行业自治机构,以上海为中心来建立一套自己的版权规章制度。

第五章《棋盘街的"版权"体制》中,书商、出版商们出于保护版权、分享利益以及对版权共同的担忧联合起来,建立了上海书业公所、上海书业商会,最后合并为上海书业同业公会。他们不愿全由官方审查颁发版权,而是自行通过"书底挂号"制度登记版权,通过焚毁翻版书和书底来维护会员出版图书的唯一性。公所虽然将遵守版权法规写进了规章,并在民政部登记。但在实践中,依然倾向内部调停矛盾,不愿将问题暴露在公众面前。在晚近中国法律缺乏执行力的情况下,书业公所和书业商会填补了空缺,成为出版业的内部法庭。作者观察国家和行业内部分别建立了版权体制,将其描绘为一种平行体制。

而到第六章《在北平追猎盗版》中,当上海书商的商业版图扩大到全国后,仅进行内部调停已不足以维护上海书商的利益。北平号称书业之"魔窟"。作者以上海书商们在北平建立的反盗版侦探部门"上海书业同业公会查纠伪版驻平办事处"为观察对象,描绘办事处的雇员们游走在灰色地带,通过和警察、法院合作打击华北地区翻印书的活动。当司法体系帮不上忙时,他们又借助国民党政府反共和信息审查的欲求,通过给翻印者打上反动的标签,借助政府的镇压来伸张自己的利益。这些灵活、复杂的手段虽然很多时候有些得不偿失,盗版依然猖獗,但是它使得上海的书业人士把原本点状的地方书业连成网

---

① Wang, Fei-Hsien. *Pirates and Publishers*: *A Social History of Copyright in Modern China*, Princeton: Princeton University Press, 2019:146, 151.

状,原本地方性的行规获得了全国性的影响力。

第七章《没有盗版的世界》展示了在中华人民共和国成立后天翻地覆的重塑中,书业是如何改头换面的。善于把握商机的书业人士很早就开始编纂、翻印与新政权有关的书籍,如春明书店编印的《新名词词典》在 1951 年前向上万读者解释了新兴词汇。然而他们面对的不再是书业内部的追责,而是对书商逐利行为的否定。新的意识形态要求出版和写作都应服务于人民大众的利益,因此盗版的罪名不再是侵害他人产权,而是谋求私利。20 世纪 50 年代初新政权一面暂借旧的书业自治机构稳定市场,同时努力建立能够替代市场经济的新体制。当集体计划经济建立,一切出版机构都收归国有,出版行为也完全受到行政管制,为牟利而盗版的行为自然没有生存空间了。乃至写作也不再被看成独立创造,而是党和人民全面支持下的产物,因此作品不是独属作家的果实,作家也不应该有超过工人的特权[1]。作家们原本可以按印数获得稿酬,如傅雷、费孝通等人。但当反右运动开始后,追求高报酬成了追求特殊化、脱离群众的堕落行为,如刘绍棠试图通过稿酬来获得安宁无忧的写作环境时,就遭受了整个文化界的批判[2]。自 1958 年起,调低稿酬成了对知识分子改造的举措之一。经过改造,作家们很难再通过写作获利,版权、稿酬这样的旧社会产物被扫荡一空,直到改革开放后才再度出现靠笔头谋生之人。

三

全书起笔自晚清"新学猖狂"年代造就的新书市场,作为商品的"新学"书籍成为市场主角后,新技术、新市场使得新的盗版问题随之而来。彼时的作者、译者、读者、出版者和政府官员是如何看待书籍的所有权? 当东亚知识人译介"版权"来维护自己的权益时,他们又是如何在日常活动中实践这一观念? 面对时移事变,他们又是如何不断改造行业生态,建立新秩序的? 这便是本书鲜明的问题意识。在这一视角下,作者将新学带来的启蒙影响、晚清民国的法制建设作为舞台的背景,知识人、出版人则作为商业活动参与者而非思想家的角色登上舞台。这出大戏演的是西来的版权概念在地化的过程,copy-

---

[1] 安守廉:《窃书为雅罪》,法律出版社 2010 年版,第 64—68 页。
[2] Wang, Fei-Hsien. *Pirates and Publishers: A Social History of Copyright in Modern China*, Princeton: Princeton University Press, 2019:290-294.

right 与本土的行规惯习相结合,逐步在上海形成中西结合的知识产权机制,一度在混乱的 20 世纪 30 年代里建立起行业的新秩序,又在新中国建立的集体化中消亡。

针对本书的主角,本书将版权在晚近中国的脉络进行了梳理,大致可分为四种类型:

第一种是依赖于有形生产资料而存在的版权,属于投入资本、雇佣作者、拥有雕版的书商。正如上海书业运用的"书底挂号"机制中,生产资料、生产的实体书册以及其独有的外观,都是界定的标准,比书的内容更为重要。

第二种是作为一种无形资产的版权,由作者的精神劳动所创造,因此属于作者。故而作者有权收取一次性或长期的版税,通过出售、出租或交易的手段。严复、林纾等人与出版商签订合同,就体现了此种版权概念的认同。

第三种是一种由国家或地方政府颁布的保护。根据作者和书商的请求,出于他们对社会文教的贡献而赋予的特权。前文曾提到自宋代就有的禁止翻印之禁令,在晚清也广为书商们所用,当禁令泛滥以后,书籍的社会贡献只是名义的评判标准,实际上此种版权就是政权对所有权的背书。

第四种则是许可性质的,由国家颁布给那些通过审查的书籍的所有者。晚清的文人和官员把新设立的学部和京师大学堂视为有权管理版权的机构,因而将图书送审,并一直持续到民国。许可性质的版权,其认定与信息审查捆绑在一起。

四种版权的关系并非承前启后依次发展的。不同版权意识产生的时间有早晚,但它们曾经在很长一段时间内并存于人们的大脑中。在出版者与作者互动中,作者的知识产权得到承认,但在同业竞争中,作者的合同又不如书业机构的书底挂号有效,书商在参与自治的同时,又尽量依照法律在政府部门登记审核、寻求地方政府的背书。这种国法行规并行不悖的情况一直持续到新中国建立,社会主义改造将知识创造归于大众的产物,版权作为资产阶级法权不再被承认,同时公有制的确立又剿灭了盗版牟利的土壤,版权在几十年里陷入沉寂,直到改革开放后才得以复生。

作者重构版权在华旅程不仅靠分析史料,还试图通过在书中与安守廉等前人进行对话来给出一个更加符合历史的答案。

正如本文开头提到以现代的知识产权概念为主体,去寻找前现代中国是否有对应的事物存在是以"后见之明"评判历史。王飞仙认为安氏也将版权法律的有无作为标杆,来评判近代中国的"进步"与否,她写道"安守廉和他的同行们把知识产权这一现代概念作为先验的真理,从而将他们所建构的内容化为历史"。然而版权并非一种先验信条,西方史学界的研究已经揭示其起源与确立有着漫长过程,与14—18世纪以来欧洲复杂多变的商业活动和立法行为分不开。现代版权概念也非一夜之间为世人认同,如《启蒙与出版》中论证的[1],启蒙知识的扩散与未经授权的重印分不开,盗版从爱尔兰到北美广泛存在。即便是"伪版权"之说,也假定了有某种真版权标准,忽略了其历史性。

因此,当版权学说在20世纪之交被介绍入中国时,绝不可能遇到某种与其完美对应的所有权体系。我们将会看到的是两个独立的文本再生产和知识经济系统的遭遇和交流。晚近中国早已在明清发达的书籍贸易中确立了一套依据印刷生产资料实体判定所有权的体系。作者认为版权在中国的接受和扩散,不能用单纯的法律移植或者法律现代化行为来描述。

当安守廉将中国历史上的某些出版禁令看作文化控制时,作者在书中详细讨论了书商们在没有版权立法的情况下,通过向官府请愿申请禁令来维护自己对某个版本书籍的所有权的行为。政治层面上,禁令来源于认可书籍的文化贡献,是一种特权。但当书商通过这一模式大量获得特权,禁令实际上承担的是产权之认定。即便这种产权认定没有法律背书,面对权势时十分脆弱,但是在社会舆论和商业运行中获得广泛认可。[2]这种社会舆论的认可,在民国时期演化成了版权的双层平行结构,国家的版权和书业自治团体的书底挂号并行于书籍市场,甚至为社会认可的书底挂号,其效力更高于法律。这说明了帝制时代的出版控制,在历史的当场,有着与政治层面截然不同的运用。无论历史或现在,法律与经济生活是密不可分的,在用法律文献理解过去的同时,社会、经济、文化史料也应被用来理解法律的制定与实际运作。研究法律观念的历史,要跨越"名"去思考其"实"能副否?

在新中国版权体系确立的问题上,安守廉认为中国对苏联知识产权法规的承继非常顺利,是因为苏联和传统中国对知识创造和创新的态度是一致的。双方都认为大众利益高于个人权利,都认同为了传播"好的""有用的"观念而

---

[1] 理查德·B.谢尔:《启蒙与出版:苏格兰作家和18世纪英、爱尔兰、美国的出版商》,启蒙编译所译,复旦大学出版社2012年版,第662页。
[2] Wang, Fei-Hsien. *Pirates and Publishers: A Social History of Copyright in Modern China*, Princeton: Princeton University Press, 2019:124.

进行政府管控是有必要的。①在本书中,我们可以看到这一改造是非常复杂的过程,充满了对抗、冲突、妥协和数不清的尝试与错误。在行政层面上,1950年第一届全国出版会议把承认文字产权和出版权写入其决议。当出版总署被分派去起草一份著作权法时,他们请人按照1928年苏联著作权法基本法为模型。按照安守廉的看法,这种移植应当是很顺利的,因为中苏的传统文化观念相似。但是实际上这次移植不成功。苏联著作权法的移植经历了数年、数次改良,直到1957年依然是暂行规定,足可见其过程绝非风行草偃。

规定不是凭空出现且自动运转的,安守廉在其《窃书为雅罪》中很少提到新中国的知识产权法规是产生在怎么样的背景下,又是如何运行的。而本书第七章中说明了20世纪50年代国家与行业间的关系。新生政权以其意识形态改造书业的过程并不顺利,书业团体们依然倾向于维持其旧的经营思维和协商模式,面对盗版依然采取焚烧书稿和缴纳罚金的措施。而新政权则要通过将从业者纳入集体化经营彻底根除盗版。在法律真空状态下,对书业的整合改造持续了数年,最终出版总署摧毁了"自由放任"的出版业,一切参与者都国有化、集体化了。但改造完成以后,盗版并没有消失,出版总署假定盗印的动力是逐利,因此他们致力改造牟利的私人出版者之经营模式和思想方式,但是他们忘了延安时期中共的翻印活动。有的翻印是出于自利,有的翻印则是以自由和革命的名义进行的"无私"行为。当他们对翻印的新定义可以帮他们规避文字产权这一问题时,就对政权组织本身的翻印行为鞭长莫及了。与本书相比,安氏论述的确忽略了法律与社会间的张力。只有填补了从文字到现实的空间,才能避免将新中国知识产权体系建立的过程扁平化。

作者与其他研究者的对话,来源于材料的多样性。她将社会史的研究方法引入版权史的领域,采用了更多法律文献以外的本土材料,如公司记录、报刊文章以及从业者的通信、日记、回忆录,尤其是上海档案馆藏的上海书业公会档案。通过这些材料揭示了知识市场上秩序与混乱的日常斗争,如出版商们贿赂、谈判、绑架、雇佣侦探、茶馆密会,盗版者们翻印、模仿、"袖来袖去"地销售非法书籍。任何认为版权史就是平淡的法律条文的想法都被本书推翻了,它提供的分析是生动有趣的,同时可能给法律史研究提供了新的研究路径启示,即用社会史的角度考察法律引发的波澜,用思想史的方法探究法律在人

---

① 安守廉:《窃书为雅罪》,法律出版社2010年版,第61—62页。

类精神世界的影响。

四

  本书也有一些缺憾之处，仍待作者和其他研究者着力。首先，抗战时代的空白，虽然战争对出版业造成了巨大创伤，但是不代表抗战年代出版活动就停止了。黄金时代的废墟中，出版活动依然进行着。特别是沦陷中的上海，在日伪统制下的出版界依何种规则制度进行，盗版问题会困扰兴亚院操控的上海特别市书业同业公会吗？而日伪统治所不能及的角落，是否有反抗的星火在传播呢？那些内迁到未沦陷地区的出版机构，他们的版权会因为抗日救亡之需要而形同虚设吗？如作者曾在书中提到的抗战中的延安出于宣传目的而无视版权大量印刷书籍，那么在国统地区的出版从业者在战时是如何经营的，他们依赖什么样的行业规则？

  其次，作者对新中国的版权研究止于 20 世纪 50 年代末，下一步就到了改革开放。虽然 20 世纪六七十年代的材料难寻，但是就作者在第七章中提到过政权内部"无私"的盗版行为，值得进一步深入，其中包括宣传材料、思想政治教材、红宝书等的翻印。这一时代的翻印活动，其评判标准可能又发生了变化，谁能够出版这些书籍可能与政治地位有关，这种政治标准对今天的出版活动中的非制度因素多少留下了影响，也是值得探讨的问题。

林语堂跨文化遗产的多向度阐释
——评《林语堂的跨文化遗产》

陈　迪[*]

在西方,一定程度上,林语堂已经成为一个文化符号,表征着中国文化的某一部分。这与林语堂终生从事的事业关联密切。在西方期间,他以英文从事学术研究、文学创作、文学翻译、语言学研究,且在这些领域皆有出色表现,被西方誉为"中国哲人",这是极高的赞誉。这一步是如何实现的?当然不能从表面来看,而应深入林语堂的毕生事业中,去探寻他为中西文化的互鉴交流所做的历史性贡献,并在现代性的学术框架下去理解中国与西方在现代性建构方面的异同。本质上,这是对林语堂跨文化遗产的挖掘,此种挖掘,必然具有重要的学术意义和实践价值。目前学术界对中国现代性和西方现代性的比较研究已经不少,对林语堂的文学作品的研究也有很多,但是将林语堂作为一个跨文化批评家,从跨文化的角度去研究林语堂的历史贡献属实极少。正如书中所言,这本批评集"首次对林语堂跨越中美的文学实践所留给我们的跨文化遗产进行全方位审视,应该说代表了林语堂研究在国际学术界的前沿"。[①]本书的特色和重要价值可从以下三个方面呈现:写作本书的学者所构成的学术共同体,为本书提供了可信任的学术基础;学者从不同维度展开的林语堂跨文化遗产的探索具有开拓意义;林语堂的跨文化遗产的研究在当今具有的文明意蕴。

一、林语堂跨文化遗产研究的学术共同体基础

林语堂在中西文化之间架起了一座文化沟通的桥梁。为什么是林语堂,

---

[*] 作者系上海社会科学院世界中国学研究所2019级博士生。
[①] 钱锁桥主编:《林语堂的跨文化遗产》,广西师范大学出版社2021年版,第3页。

林语堂是如何做的,其重要的文化意义是什么,构成了这部论集的基本问题域。

钱锁桥教授,是美国加州大学伯克利分校比较文学博士,英国纽卡斯尔大学汉学讲座教授,主要研究方向是中国现代性与中西跨文化研究。他在2019年就出版过一本专著《林语堂传》,其副标题为"中国文化重生之道"。从标题即可看出,钱锁桥是将林语堂放到中国文化发展的特定背景下去为其作传,并积极探讨其对中国文化重生的重要见解和历史贡献。在传记中,他认为,"从知识层面上,林语堂一辈子努力的方向在于依赖东西方智慧共建一个新的世界文明"①。由此可见,钱锁桥主编的新著《林语堂的跨文化遗产》与其之前的思想是一脉相承的,他在新著中重申林语堂"诠释中国文化、为中国发声,在中美之间扮演文化大使的角色"②,"开启了一种合情合理的、超越了西式普适性和中国特性之二元对立的现代性方案"③,"林语堂的跨文化实践为现代中国知识思想史留下了丰富的遗产"④。所以,钱锁桥在研究中敏锐地指出跨文化议题在"林学"研究中的空隙,若不将其补足,对"林学"的完整性研究是一种缺失,对中国现代性研究是忽略了一个重要的思想资源,对历史文化的进程诠释也少了一位巨匠的特殊表达。这也就成为钱教授编著此书的文化动因与基本动力。

另外,正是基于跨文化议题的宏大及其重要性,钱锁桥采取了与学术共同体"合力"共进的方式,来展开求索,"研究林语堂的跨文化实践需有一群不同文化背景的学者聚集在一起,从不同角度切磋"⑤。对此,钱锁桥并非随意地将学者关于林语堂的文化研究纳入本书,而是根据"不同文化背景",亦对跨文化或思想史研究具有一定功力的学者,从其研究视角的多维性来选编的。这就保证了如此宏大的学术议题具备了相对合理的学术支撑,规避了自说自话与单线叙事的单调性,以完善其全面性。

二、林语堂跨文化遗产研究的学术展开方式

论集从传统与宗教、语言与法律、中西之间的跨文化之旅、在美国阐释中

---

① 钱锁桥:《林语堂传》,广西师范大学出版社2019年版,第379页。
② 钱锁桥主编:《林语堂的跨文化遗产》,第1页。
③ 同上书,第7页。
④⑤ 同上书,第3页。

国和中国人为主题展开多维度的讨论。四者之间看似是并列关系,其实具有内在的递进逻辑。传统与宗教部分,各位学者从不同角度讨论林语堂的思想来源与知识结构问题,理解林语堂的跨文化遗产,首先应剖析其自身的文化基因,这是非常重要的第一步。没有这一步,理解其跨文化遗产是不可能的。林语堂在中国现代文化史上的地位依然相对边缘,但这种边缘并非其对现代文化无所贡献,而是由于特殊的历史背景和创作文体所决定的。罗福林的《林语堂对传统的独特运用》就揭示出林语堂的文化贡献:一是用中文写作小品文;二是用英文写作中国。二者贯穿起来,就是用英语写作小品文的方式将中国介绍给世界。这是林语堂化传统为现代的一种独特方式。语言与法律部分,林语堂在20世纪二三十年代在国内的具体文化实践还原了其被历史掩盖的部分成就,并为后来的跨文化研究转向做早期史料挖掘和理论探索。中西之间的跨文化之旅与在美国阐释中国和中国人两个主题,是林语堂在中西文化交流史上创造的最重要的文化价值。从美国留学归来的林语堂将当时流行的文化思潮引入中国,远去美国之后,又致力于将他理解的中国文化介绍给西方,他是中西文化双向传递的最典型代表。本文形成的主要思路正是基于这两部分的学理论述而有所启发。

首先,美学观,这是一个新视角。在他人不重视的地方引起重视,并将其纳入跨文化的思考框架中,美学问题因而具有深层次的文化属性。在革命叙事为主流的文化环境中,林语堂所捍卫和传播的这种美学观,称为性灵派,与辜鸿铭的"赞小脚"、郑孝胥的"讲王道",一同被鲁迅拉到一起讽刺。但如果跳出革命叙事来审视林语堂的美学观,则会发现他的观点别开生面,他将"表现能力"视作一切艺术的标准,将矫饰做作的语言视作"哗众取宠的跳蚤马戏团",将"自我表现"视作生活的最终真谛。他的这些思想对跨文化的美学实践、文学实践、艺术实践,乃至生活方式的实践都具有重要意义。今日之"诗和远方",不恰似他自我表现、美学优先、个人自主的主张吗!苏迪然的《林语堂之于"批评之批评的批评":跨越中美的"自我表现"论》就论述了林语堂在哈佛大学的学术争论中捍卫"表现主义"的历史过程,跳出学术争论,林语堂捍卫的其实是一种关于人的本质的文化哲学。

其次,林语堂的语言是跨文化传播的法宝之一。显然,这本论文集的探讨并不足够。宋桥的《他的国家和他的语言:林语堂及他对中国事物的诠释》一文,提出了这个问题,即《吾国与吾民》为何在美国能够取得巨大成功,阐释了一个答案,即"在处理文化上比较敏感的概念时,林语堂的解释往往给人一种仁慈感"[1]。他比同时代的中国人更善用英语,他和不同文化的读者交流采取了"喜剧式"的态度。文中具体分析了林语堂在"翻译表意文字""文化上的舒适,语言上的矛盾""修辞风格"方面是如何对接两种文化,以达到传播的效果。

但林语堂的语言策略还有一个极其重要的方面,那就是,林语堂擅长将中国复杂现实简单化,以通俗易懂的方式"稀释"中华文明的丰富古韵,凸显中国传统文化的显性特色。他生动形象地归纳中国人的精神、中国人的最典型哲学、中国人的最高人格、中国人最理想的生活类型以及生活的最终真谛,尽量规避高深的哲学概念、晦涩的儒经教义,极少见"行语",为西方普通大众提供了一道自然浅白、雅俗共赏的东方文化景观,将中国之语娓娓道来。显而易见,海外讲述的内容并不能涵盖中国文化的集大成,国内学人诟病其讲述的中国浅且简,尤其林语堂一种绝对化的"最"论调表述有避重就轻之嫌。但林语堂有意识地将中国文化杂糅重新组合排列,根据西方人的口味与接受特点进行文化选择与取舍,举重若轻、博而返约,选摘出西方人的逻辑思维最擅长读懂的主体部分,表达特点是言简意赅,深入浅出,由易到难精准化推进,将中国博深智慧包装成通俗易懂的输出形态,思精文简的叙述风格,确然符合了西方人的接受习惯。他的作品在文化和语言上,都是充当了"调和"的中间角色。就如韩明愈所观察的:"在看似轻松闲适的表象之下,林语堂的文章其实含有实质性的严肃批评。这些批评虽不一定针对中国,但针对西方的批评肯定存在。"[2]他充分运用一种"温和的颠覆"手段,事实证明这种"糖衣的策略"比"休克疗法"更能产生潜移默化的认同效果。这给予我们现代人中西文明交流的启示是,要根据目标受众的语境文化特点,精准化传播,分类化表达,以西方易于接受的方式输出、翻译、诠释中国文化,融合西方"期待视野"。

另一个不容忽视的跨文化创作方式,文化改写。林语堂在文学创作里改写主题,聚焦"异文化寻奇",在中国历史情节和文化现象的选择上有明显的趋向性。这类潜藏于一般故事情节里的隐性文化符号,是"异"于外国社会文化空间的重要内涵显现,"中国"主题的跨文化叙事在异质义化语境下的主要创作意图正是通过叙事主体的视角将西方人不甚了解的"异国情调""异域风情"

---

[1] 钱锁桥主编:《林语堂的跨文化遗产》,第18页。
[2] 同上书,第244页。

"迷幻世界"进行内涵解读,以此形成凸显"自我"与"他者"相互观照进而形塑"自我形象"的重要方式。显然,本论文集对林语堂此方面的观察不够充分,仅在吕芳的《中国茶花美国开》一文有隐喻,借"茶花"意象,探索了林语堂在书写具体的中国文学人物形象的独特方法,比如改变叙述模式——从传统中国白话短篇到现代英文中篇,主选茶花女为跨文化叙述摹本,以叙述修辞策略将杜十娘理想化与浪漫化。实际上,正是这种将高度浓缩的中国传统文化内涵与西方的现代意识相融合,运用中西交融手段,传统映照现代的写作理念,加以重新构造的中国传统故事情节,使林语堂成为世界畅销书作家。

比较有意思的是,本论文集还以一种别开生面的方式特别探寻了林语堂独特的创作方式的来源,韩明愈借《生活的艺术》的创作技巧与特征,论述了蒙田对其影响很大。不过林语堂又从来没有明说过他受蒙田影响,而是强调他的方法是从中国文化中获取的。将蒙田置入林语堂的文学创作中,将二者的共同点链接起来,期望找到前后相序的因果联系,从而解释为何林语堂的行文让美国读者读起来感到亲切,这是非常好的视角。即便事实可能并非如此,但是探索的精神值得称道,一如尼采在《悲剧的诞生》中对酒神精神的创新解读。这对深入理解林语堂的跨文化思想是有开辟意义的。何复德的《林语堂烹饪美食学的多重世界》一文很有趣,不是口腹垂涎之趣,是作者借美食来写时代变迁、家国兴衰、文化碰撞等大事件。这种探索也打开了林语堂跨文化遗产的时空维度,有时甚至更容易引起人们的阅读兴趣,更快地达到文化交流目的。

三、林语堂跨文化遗产研究的学术前瞻

在本书中,钱锁桥等学者从不同的向度展开了对林语堂跨文化遗产的探究。关于林语堂的跨文化遗产的研究,在学界某种程度上被忽视了,而这部论集正是从多向度点明了其跨文化遗产的存在与意义;而用钱锁桥的话讲,此为"抛砖引玉"[1],即此论集仅是一个关于林语堂跨文化遗产研究的良好开头,仍然期待学界引起重视,并在此基础上展开更加广泛而深刻的研究,使其所具有的历史文化价值得以彰显。

---

[1] 钱锁桥主编:《林语堂的跨文化遗产》,第19页。

（一）现代性实现方式的讨论

现代性的概念具有多元界定，分歧之中甚至存在矛盾。但除了现代性，学术界尚未产生一个可以替代此概念、用以概括现代社会本质规定性的新概念。因而，抛开现代性定义的繁琐争论不谈，用现代性表征现代社会的内在逻辑和价值取向，基本成为学术界的共识。在此共识下，衍生出了另外一个重大问题：不同历史文化背景的民族国家将采取何种方式来实现本国的现代化，以完成文化转型，跻身现代强国的行列。具体到中国来看，探讨的重点就是中国将采取何种方式实现自身的文明再造，是走西方的所谓普适资本主义道路，还是走适合自身文化情况的社会主义道路。在其他的学科中，对此问题已经作了深入讨论。而对林语堂跨文化遗产的讨论，必应上升到此维度，才能揭示林语堂跨文化研究的现代性意义。基于此，进而对中国现代性的实现方式的讨论，才能增加一种声音和思想。钱锁桥已在本书引言中对此作了扼要概括，已经从此高度来审视林语堂跨文化遗产的更高层面的价值，这是正确而深远的研究指向。

中国现代性方案的选择，历史地呈现两种基本取向：一是世界主义，二是民族主义。世界主义取向的中国现代性方案，亦被称为全盘西化，在西学东渐的汹汹潮流之下，做这种取向的中国学者不在少数；民族主义取向的中国现代性方案，是通过继续坚守传统来发展出自己的现代性，这类中国学者也很多。由此，两种取向形成了两股势力，在救亡图存的近代中国历史大背景下，边争论边投入实践。

那么，林语堂的现代性方案，是哪一种？既非世界主义，也非民族主义。其原因在于，林语堂对现代社会的独特理解，他认为，"批评"为现代知识分子的标志性功能，但批评的风格，不是反传统的虚无主义，也不是导向乌托邦的革命式批评，而是基于实践理性的建设性批评。这种对现代社会的独特理解，使林语堂的现代性方案超越了世界主义与民族主义的二元对立，拥抱世界主义，又对其进行合理的批评，强调中国特色，又要阐释其普适性功能。一方面，他明确表示中国传统与现代不是完全割裂的，"中国传统要在和西方文化的对比中梳理出来"，敏感于狭隘的民族主义和地域主义的危险，中西文化兼容并包；另一方面中国历史和中国现实也不是完全疏离的，"梳理出来的国故要以中国为中心，还要为现代服务"，他坚决反对任何将中国传统与现代割裂的激进思想与动机行为，认为世界上没有任何一种文明的历史与现实是分离的。因此他提倡在"整理国故"①的过程中不仅要推动中国国学与现代欧美文明体系同步共建,还要以中国优越哲学的普适性补充欧美理性现代文化的个性,东西合璧,努力建设一个"新的人文世界"。这是林语堂对现代性方案的贡献。

(二) 文化互鉴的道路选择

跨文化研究的学术旨趣在于架起异质文化之间的桥梁,使不同文化可以相互交流和借鉴,从而促进文化间的同情理解和实际进步。同上述现代性的实现方式类似,文化互鉴亦存在道路选择问题。

根据钱锁桥等学者的研究,林语堂是通过语言、文学的翻译与创作这种普罗大众都可以介入和接受的方式来促进文化的交流互鉴,从而形成了他的文化互鉴的道路。由此可延伸出两个值得探讨的问题:林语堂在当时的道路选择是自主的还是依靠他人协助完成的;这种道路选择的独特意义何在。这两个问题,学界从不同层面已有探讨,在论文集中也有说明,其探讨和说明大致从其基督教出身和后来的越洋经历来阐释。他们认为,林语堂出身在一个基督教家庭,这使林语堂虽然生在中国,却对西方文化在早期就有熏染,这种出身对林语堂的影响是终身的,他的思想底色中有基督教色彩,又有反基督教色彩,正如杨柳用"一捆矛盾"来形容林语堂的基督教情节。②及至成人,林语堂经由赛珍珠、华尔希夫妇的邀请,于1936年移居美国,之后的30年间,多以英文创作。也正是此时开始,林语堂走上了中西文化互鉴的道路,成为一名"文化大使"。另外,学界和论文集中也探讨了他所受的中国传统文化教育以及他所处的中国现代文化的重塑时代的影响,对他后来的中西文化互鉴的道路选择起到了决定性意义。

今天回头审视那一段复杂的历史,可以更清楚地看到林语堂的文化道路选择的影响因素以及独特意义。显然,林语堂的文化互鉴的道路选择是自主完成的,包含三个方面:他自身的双重文化基础使他更容易接受西方文化,而不像有些保守派学者对西方文化予以拒斥;在接受西方文化时,他受两种文化的内在冲突与融合需求影响,要将中西文化在新的历史实践中加以整合和平

---

① "整理国故"运动由胡适提出,是新文化运动的重要部分,采用一种"评判的态度",旨在"找到可以有机联系现代欧美思想体系的合适的基础",为现代中国创造一个"新的文明"。参见胡适:《新思潮的意义》,《胡适文集》第2卷,第552页。

② 钱锁桥主编:《林语堂的跨文化遗产》,第71页。

衡;他自身具有中国人的一种"传道"意识。但自主完成并不意味着外因的种种条件可以忽略,可以这样说,林语堂文化的跨文化道路是天时地利人和的选择。

一是赛珍珠著作《大地》在美国的预热。作家赛珍珠以中国农民生活为原型撰写了一部作品《大地》,在西方一炮打响,于 1931 年荣获诺贝尔文学奖,一时间西方刮起了找寻东方乡土家园的风潮。赛珍珠笔下那对田园的、乡村的中国农民代表"王龙"与"阿兰"夫妇,一时成为西方民众对勤劳、淳朴、勇敢、智慧中国劳动人民形象的意指,勾连起人们对充满田园式、诗情画意的浪漫的乌托邦传统国度的向往与憧憬。这种文化意识在西方同期以机器化大生产为导向的工业革命背景下更是暗喻了西方重归大自然纯粹俭朴生活的期冀。二是战争下西方现代性建构的需求。第一次世界大战的爆发及战后西方普罗大众的价值困惑与精神迷失,导致欧美国家陷入了对本民族现代性的自我怀疑和反思之中,他们对中国的态度也裹挟了更多的同情和"恩赐"意味。随着传教士热情传颂,卢斯媒体误导,赛珍珠系列小说强化,以及宋美龄在美国公众的影响力,美国对中国的美好幻想也达到了前所未有的高度。林语堂在这一时期的西方建构起一套阐述中国人文主义哲学思想的话语体系,以畅销书《吾国与吾民》《生活的艺术》为代表,自然是满足了美国人迫切了解中国传统文化思想、生活习俗与精神世界的需求,幽默、闲适、性灵的东方生活迎合了高度发达工业文明造成的人们的恐惧、焦虑与空虚心理,给西方社会的"现代文明病"出了一剂药方。第二次世界大战期间珍珠港事件爆发,美国为维护战时政治利益,对中国等亚洲地区的知识需求急剧增长。林语堂又带着《孔子的智慧》《老子的智慧》等诸类"永恒的亚洲智慧"席卷而来,老子智慧的无为而治与"不争哲理"反对战争,孟子智慧的"人类平等观"是世界和平共建的基础,儒家的伦理道德重构战后世界秩序,而这些都是人类共通的向往与追求。钱锁桥先生的前一本研究林语堂的著作《林语堂传》中就提到,林语堂也正是敏锐捕捉到"东方智慧"出现的应时性,他本人解释了为何东方智慧会在西方引起热捧:"该书早在当今世界政治聚焦中国和印度之前就开始运作、但时局的发展更坚定了我的信念:世界急需对印度和中国的文化思维背景有个清晰的了解,这样东西方才能携手走向和平,否则就是战争。我个人认为、现在华盛顿和伦敦的军事将领和官僚领袖对中国和印度文化可谓一窍不通。中国人的思维模式如何?中国民主文化的哲学背景为何?对这些事实完全无知,那东西方怎能开始共建一个新世界?"可见西方在战时时期对东方知识的渴求与对和平世界的向往是林语堂的"中国讲述"能被英语世界接受的主要动因。

但是,任何一个时代人物的隆重入场都有退幕之日。尤其是对一个在异国讲述中国的中国人来说,这种退场就更让人唏嘘不已。"二战"时期林语堂倾向蒋氏政权政治的思维与写作倾向让他在美国从走红到慢慢落败,尤其在中国内战时期的著作《美国人的智慧》一书中对美国自由主义政策与自由派思想家的攻击,批评他们弃蒋趋共的政治选择,招致了学界众多讨伐声音。正因为林语堂这种狭隘的政治文化观,先是导致他与长期合作的《纽约时报》的关系中断,后来又与出版商赛珍珠夫妇决裂。这正如钱锁桥先生所观察到的,林语堂在"二战"后期转变为一个自由主义批评家,一个现代人而非"中国人",对西方战时政治、帝国强权思维,以及"科学唯物主义"思潮,尤其对这种弥漫在"肤浅的理性主义"下只重视"事实"而忽视"道义"的政治迷思意识进行强烈批判。但是,这种批判并没有实现预期目标,反而让美国知识界认为他违背了"以美国为归依"的主旨,"政治不正确"。论文集中提到,以《美国的智慧》一书为转折点,林语堂渐渐感受到了美国的世态炎凉,最终他发出了一声慨叹,"纽约对我来说太高贵了,我在纽约眼里就是个乡巴佬"。

林语堂的走红正是因为他具有的世界文化意识,但是最终退幕也是由于此。林语堂主张一种关键的批评性话语,但政治永远是一个敏感话题,他以一个世界公民与"现代人"身份对西方世界自由主义政策进行的批评,西方世界并不接受。而林语堂之所以被西方文化接受,是因为他诚恳、真实地呈现了"中国文化"与"中国生活",这与赛珍珠对他的文化立场定位是一致的,只有时刻记住自己是一个"中国人"的身份,讲述"中国资源",西方人才会热烈欢迎。然而当林语堂希望自己作为一个自由主义的现代人去为世界公平正义发声,批评西方文化政治时,他身上的光环就消失了。他毕生都在追求世界文明大同与共建,但正是因为对一种真正的世界性身份的索求,导致他后来的"败落"。中国人在英语世界讲述中国的这种尴尬境遇,值得很多国人深思。在异国讲述中国困难重重,但是正如钱锁桥先生在某次采访中提到的华裔作家Frank Chin(赵健秀)的一句慨叹:"你自己的历史你自己不去梳理,难道主流白人会替你去讲吗?!"①

无论怎样,林语堂文化互鉴道路选择是有独特历史和现实意义的。论文集认为林语堂的道路是"中道",既不向左,也不向右,而取一条合情合理的温和的方式来实现中西文化的互鉴。实际上,林语堂的"中道"是一种择优策略,将中西文化的优势摘取出来,结合社会实践,以中国可以接受的方式介绍西方文化,以西方可以接受的方式介绍中国文化,从而实现了文化互鉴的最大效用和最大可能性。林语堂的这条"中道"的文化互鉴道路,对今日中国与域外文明的交流互鉴,仍然具有重要意义。他提示着我们应当突破中西对立的思维桎梏,摆脱"西方中心主义"与"民族主义"的文化立场,建立一种开放、包容的文化态度。从对方的文化立场来考虑文化的输出与输入,既不要丧失自身的独特性,也不要消解他者的独特性,这样的文化互鉴才能穿透时下流布的历史虚无主义,规避文化碰撞与交流滋生的现实危险性,产生真正的文化互补价值。

(三)文明复兴的前景展望

应当说,林语堂作为"五四"新文化运动一代,既受"五四"影响,也影响了"五四","五四"在某种程度上成为那个时代经历者的思想分水岭。也正是由于"五四"的检验,使传统文化土壤下和西学东渐冲击下的中国学者,分野出了文化保守派与文化激进派,每一个派别中又各自具有复杂的民族情感和学问分歧。在不可抗拒的革命大潮的洗礼下,中国学者的思想也是呈现动态发展的,保守变激进,激进变保守,忽而激进忽而保守,都是常态。鲁迅、胡适等学者的思想变化便是其例。林语堂身处那个时代,也在变换着身份,更深层次的是世界观的转换。在此之中,有两个问题特别要值得注意:一是无论学者的思想动态如何转换,总体来说,都是在某种既定的思想立场上去探寻文明复兴之道;二是学者思想动态转换所产生的身份转换,使历史对其评价也具有历史性,忽好忽坏,并不呈现稳定状态。就林语堂来说,对他的研究就受时代历史变迁的影响。"林语堂的声誉随着政治环境的变化而变化……改革开放之前,林语堂的名字在大陆鲜少被提及,改革开放几十年来,林语堂重新成为最受关注的现代作家之一。"②这样的历史评价某种程度上就会掩盖他的跨文化贡献

---

① 邓郁、钱锁桥:《林语堂属于21世纪》,《南方人物周刊》2019年5月27日。
② 钱锁桥主编:《林语堂的跨文化遗产》,第1—2页。

的多样性。如今将其揭示出来,其对文明复兴是否具有贡献以及具有多大贡献,应当合理地做总体性呈现。

在革命年代的历史原因下,林语堂的文明复兴构想不被重视,如今在文明复兴已经成为国家和学界的重要议题时,挖掘其相关想法,成为必然。对于中华文明复兴的构想,在林语堂的同时代,主要有两种:一是胡适为代表的"自由世界主义"构想,以将"德先生"与"赛先生"植入传统文化中来实现"文明再造";二是中国共产党人倡导的革命性世界主义,认为"共产主义"才是文明复兴的必然选择与必然趋向。而林语堂的文明复兴构想,受两者影响,却不是其中任何一个。首先,林语堂对中华文明复兴抱有希望,但对此希望是建立在客观的基础上,而非无根据的乐观。从客观的角度来看,在经历了西方长期侵略之后的中华民族已经觉醒,因而对自身与世界的认识全然不同最初,民族觉醒是文明复兴的前提,这在中国近代历史上已经迈出重要一步。其次,林语堂对西方文明一直持"批评"态度,他不同意完全向西方看齐,然后以完全融入西方为文明复兴之道,他认为东西文明必然相会,问题在于以何种方式相会,最好的方式是"君子"之会,即以平等的态度来实现文明的融合以促进中华文明的复兴。再次,林语堂的人文主义取向,使他也没有选择共产主义革命作为文明复兴之道。因此,从国内时期到美国时期,林语堂对如何实现文明复兴所持态度都不激进,而保持着他一贯的温和理性倾向,他的文明复兴构想是"在支离破碎的现代知识上,一种新的人文价值世界必须从头搭建,而这个世界必须由东西方携手共建"。这一构想是对以上三点的回应,表明他对文明复兴的独特创见。作为横跨东西方的文化学者,他自身所践行的也正是这条道路,努力探寻新的人文价值作为文明复兴的基础,今日中国所倡导的人类命运共同体不正是这一理念的延续与体现吗!

林语堂毕生都为中国文化转型和重生寻找答案,重新挖掘中国传统文化资源的普适性功能,提炼出抒情哲学和幽默闲适的人文主义哲学思想,不断思考与创新中国哲学体系对共享的现代文化的镜鉴作用,但又超越了西式普适性与中国特性之二元对立的局面。林语堂的文明复兴观切实践行了以"历史中国"关照"现实中国",以"传统中国"理解"现当代中国",不遗余力地推进中国传统文化与世界现代文明的共享价值衔接,他是属于 21 世纪的。

结　　语

所谓文化"遗产"，应包含两个层面：一是过去时代留下的某种东西，二是如今仍然可以运用。文化遗产，不同于其他某种物质遗产，它是具有活思想性质的独特存在。

在当前世界历史条件下，第四次工业革命将给人类社会带来生产和生活方式的更新与挑战，新冠肺炎疫情的全球性肆虐与周期性变异，使国家之间的文化交往变得不如往常那般频繁，并且似有一种逆全球化和反全球化的潮流正在涌动。诸如此类变化，为人类社会的发展带来了诸多不确定性，如何应对这些不确定性，在文化上能够提供何种方案，成为人类文明需要共同思考的最重要议题。

关于林语堂跨文化遗产的研究，也必然会面对这个时代之问。他是否思考过人类的未来？他对人类未来的发展有何种思想贡献？这是林语堂跨文化遗产研究不可回避的问题，也决定了林语堂思想的生命力与当代价值。从《林语堂传》到《林语堂的跨文化遗产》，钱锁桥从中国现代性演进的角度指认了林语堂区别于同时代巨子鲁迅和胡适的三重特质，"首先，林语堂与两人一样是自由主义的批评家；其次，……林语堂理想中的再造文明包含着更多同情的理解以及重新发掘的功夫；最后，……林的著述与翻译包括了他身体力行对两种文明的转换，令他在此一基础上能够对整个现代文明（中国现代性为其一部分）有所发言"。[1]这三重特质给我们的启示是，跨文化实践中的林语堂明确地看到了人类共有问题的解决，在于文化的更新与东西方的联合，问题因而也聚焦于此。

---

[1] 徐兆正:《林语堂的三重身份》,《读书》2019 年第 7 期。

无法言说的言说
——重读司徒雷登《在华五十年》

王巍子[*]

1949年中国政权鼎革的余波越过重洋,一股"失去中国"的情绪开始在美国社会中广泛蔓延。作为1946年7月至1952年间在任的美国驻华大使,司徒雷登可以说是美国"二战"后对华政策失败,以至于"失去中国"的主要责任人之一;同时,作为在华耕耘近半个世纪的传教士和教育家,司徒雷登又是"失去中国"的亲历者,对"失去中国"最有切身感受的一批美国人。司徒雷登的《在华五十年》正是这样一本创作于20世纪50年代,呈现自身的中国经验,尤其是"失去中国"经验的回忆录。在这本书中,司徒雷登尝试通过讲述自己在华传教、办学、担任大使的经历,来为自身的外交使命辩白,重塑自身的形象,同时也试图将自身"失去中国"的个人感受,呈现给美国的一般大众,将其转化为美国国民的集体经验,以争取美国政府和民众对台湾当局的支持。

一、回忆录写作

司徒雷登1949年回国后,并没有立刻退出政治舞台,从1949年8月回国,到11月病倒之间,司徒雷登拜访了美国总统、国务卿以及诸多政界学界要人,致力挽救美国濒于失败的对华政策。11月司徒雷登中风病倒,政治上亦不受中国台湾方面的欢迎,遂于1952年辞去大使一职,其后便同其助手傅泾波一家一起居住。据回忆[①],司徒雷登中风以后,语言能力颇受影响,已经不能独

---

[*] 作者系上海社会科学院世界中国学研究所2020级硕士生。
[①] 傅履仁、李菁:《不愿告别的司徒雷登》,《文史博览》2006年第21期。

立写作。回忆录的前十二章是在华期间逐渐写成,最后三章则是 1950 年代司徒雷登口述,由斯坦利·霍恩贝克代笔写成。①林孟熹在《司徒雷登与中国政局》讨论过回忆录的创作过程及其思想倾向问题,提出后三章的反共倾向或来自代笔者,或受来自美国政坛压力影响,与司徒雷登离华前希望与中共谈判合作的主张颇不相符,但毕竟最终得到司徒雷登同意,成文出版,大体上还是能代表这一时期司徒雷登的意见的。②值得注意的是,虽然研究者认为回忆录的前六章写于"二战"期间,但这些章节中却有多处结合 1948 年以后的史实进行了回顾,例如提到李宗仁当选副总统,冯玉祥遇难于海上③等事件,可见司徒雷登在 1948 年以后,对早先写好的部分做过统一修订,全书所反映的,也是 1948—1954 年这一时期的思想。事实上,林孟熹对司徒雷登前后思想的讨论中,可能略为放大了其与中共合作的意图,而未正视司徒雷登一贯的反共立场,也忽视了司徒雷登在与中共接触同时,仍然没有放弃在中国内外构建反共同盟的努力,④从大使任内的言论、活动到回忆录中的表述,其中的立场并没有太过突兀的变化。总的来说,回忆录能够反映司徒雷登在 20 世纪 40 年代末 50 年代初这一特定时期的思想,当无问题。

二、自 我 形 塑

司徒雷登一生经历丰富,其形象是多样复杂的,他作为传教士的后代,在华出生而在美接受教育,少年时期一度厌恶父母所从事的传教事业,接受教育后却又为环境所感化,在接近而立之年时回到中国,继承父辈的事业,此后在华传教办学长达 40 余年之久,是跨越中美文化的中间人物。司徒雷登掌管燕京大学后,不断与中国的政界要人往来,经常在各个政治势力之间扮演中间人的角色,进而在 1946 年担任美国驻华大使一职,从身份上来说,司徒雷登也是介于宗教界、教育界和政界之间的人物。如此,司徒雷登在不同的人眼中留下

---

① [美]司徒雷登:《在华五十年:从传教士到大使——司徒雷登回忆录》,陈丽颖译,东方出版中心 2012 年版,前言第 2 页。
② 林孟熹:《司徒雷登与中国政局》,新华出版社 2001 年版,第 197—203 页。
③ [美]司徒雷登:《在华五十年:从传教士到大使——司徒雷登回忆录》,陈丽颖译,东方出版中心 2012 年版,第 75—76 页。
④ 张伟:《1949 年司徒雷登面见毛泽东计划失败的再探讨》,《毛泽东与中国社会主义建设规律的探索:第六届国史学术年会论文集》,2006 年,第 615—616 页。

了不同的形象。对于大陆而言,自《别了,司徒雷登》发表以后,他成了美国对华政策失败的象征性人物;在胡适的引论中,司徒雷登是一个美国的传教士和教育家,一个外交领域的新手;而在马歇尔眼中,司徒雷登则被视为一个中国通式的人物。

为自身塑造一个满意的角色形象,将自身的历史评价向期许的方向引导,是许多名人撰写自传和回忆录的重要目的,在这本回忆录中,司徒雷登就试图基于个人认同对身上的种种标签进行筛选,按照自我期许重塑形象。

在回忆儿时返美接受教育的情景时,司徒雷登提到了由于从中国返回,被美国本土的同龄人视为"中国人"并加以嘲弄的往事[1]。在中美的跨文化交流中,跨越边缘的美国人,无论其沾染中国要素的多少,都被美国人视为中国化的存在,司徒雷登少年时期的同学如此,提名他担任大使的马歇尔亦如此,在真正土生土长的美国人面前,他身上的美国性似乎不值得重视了,这显然是他所不愿看到的。所以,在中美之间,司徒雷登虽然以了解中国自居,但却处处标榜自身的美国性,以"我们美国"的口吻向读者发出呼吁。

此外,司徒雷登也试图淡化驻华大使给自己带来的官方的、外交家的色彩,让自己以民间传教士和教育家的身份留在中美关系史中。司徒雷登回忆被日军审问的情形,以极其自豪的口吻向日本人,同时也向回忆录的读者,宣告其事业与美国政府毫无关联。在回忆自己决定接受大使任命的过程时,他强调自己为争取和平无可奈何,只能暂时放弃燕大,而据燕大同僚的回忆,司徒雷登担任大使,既有被动接受的一面,也有主动考量选择的成分,司徒雷登曾对同僚坦言,有意利用大使的名望,来为燕大筹集资金,使其摆脱复校后面临的种种困境[2]。司徒雷登还专门划出一段,叙述自己作为一个"外交新手",是如何在外交礼仪、文件等种种事务上受到使馆工作人员帮助的。在记叙大使任内活动时,司徒雷登也倾向省略自己主动进行的活动,而保留少数被动做出的回应。从结果来看,这一形象塑造得颇为成功,比如胡适就认可司徒雷登是与自己情况相近的"外交小学生"。

但从事实来讲,司徒雷登是否外交新手,在什么方面、多大程度上是新手,

---

[1] [美]司徒雷登:《在华五十年:从传教士到大使——司徒雷登回忆录》,陈丽颖译,东方出版中心2012年版,第7页。

[2] 《文史资料选辑》第83辑,文史资料出版社1982年版,第18页。

他与胡适在这方面能否相提并论,其中大有可商榷之处。首先,就驻外大使这一职位来说,从民间选取有影响力的人物担任并不罕见。司徒雷登担任大使时,除了商界人士怀疑他能否代表商界利益外,国内外并无太多针对其能否胜任的质疑。次之,司徒雷登担任大使以前,就已与诸多政界高层熟识,曾多次参与中国内政外交事务,例如调解蒋介石与国内军阀李宗仁、韩复榘等的关系①,在中日战争爆发后多次往返北平与重庆之间,试图调停中日战争②。司徒雷登固然缺乏对外交部门工作方式的了解,也不太习惯站在美国官方的立场介入中国问题,但以其政治经验的丰富,简单以外交新手加以概括显然是不合适的。

三、阐释中美关系

司徒雷登希望将自己定位为一个了解中国的美国人,一个传教士和教育家出身的外交新手,代表美国民间社会而非官方的立场。这种定位也反映出20世纪上半叶美国的在华存在方式:由少数特定的、不受本土关注的、非官方的群体维持,其中大约半数是传教士,半数是商人。这群人将自身视为美国的代表,但在美国本土的视野中,他们身上的中国特质无疑比美国特质更受关注。在政府与民间社会之间,他们也更愿意将自己视为民间社会的代表,正如邹谠概括的那样,美国的对华政策原则是门户开放和不诉诸武力③,美国官方既无意在华有所作为,在华美国人也就不屑于与官方保持联系与合作。

司徒雷登在回忆录结尾处,呼吁美国政府不要再犯签订蓝辛—石井协定、在巴黎和会对日让步、在雅尔塔对苏让步那样的错误④,可见在美国对华政策的历史中,向地区强权进行妥协是常态,反而1945年"二战"骤然结束后,美国突然成为地区主导力量,以至于能够将斗争多年、缺乏互信的国共双方拉回谈判桌前,这样的状态反而是异常的。

---

① [美]司徒雷登:《在华五十年:从传教士到大使——司徒雷登回忆录》,陈丽颖译,东方出版中心2012年版,第72—75页。
② 何迪:《一位美国传教士的和平幻想——司徒雷登与中日和谈》,《美国研究》1989年第1期。
③ [美]邹谠:《美国在中国的失败1941—1950》,王宁、周先进译,上海人民出版社1997年版,第2—10页。
④ [美]司徒雷登:《在华五十年:从传教士到大使——司徒雷登回忆录》,陈丽颖译,东方出版中心2012年版,第214页。

"二战"后美国的对华政策,正是在这种异常的状态下制定出来的。从美国国内来说,战后美国社会和民众有回归战前孤立主义,关注国内而非海外问题的倾向,短时间内大量的军人复员,严重影响了美军执行海外任务的能力,而"二战"后世界各地出现的权力真空又是美国政治家所不愿放弃的。在这种情况下,美国强化了其反共立场,通过渲染共产主义的威胁进行国内动员,干预海外事务[1]。而对于在华美国势力来说,他们长期以民间立场与中国各色政治力量打交道,既不习惯以美国官方立场行事,也不了解美国国家力量干预中国问题的能力限度所在。

这种地位急促转变所造成的矛盾,在司徒雷登的回忆录中也有所体现,他对中国政界人物的评价仍然是依赖个人的眼见耳闻,评价标准系于举止品行,而非其政治活动,显然还没有完全适应从民间到官方的立场转换。在成立联合政府,建立民主制度的问题上,他满足于国民党做出的些许让步,而始终不看好民主党派,也显示出他长期处于中国的政治环境,政治观念已经大幅度地从美国理念向中国现实倾斜。素来以民间立场参与中国政治,而无法快速进行立场转换,恐怕才是司徒雷登真正"新手"的一面。上升到国家层面,对于在华地位骤然变化缺乏准备,或许也是"二战"后美国对华政策走入歧途的原因之一。

司徒雷登以回忆录呈现出他的毕生经历,向上又溯及其父母的传教经历,勾勒出美国在华逐步扩展其影响力的过程,从早期在乡间街头进行宣讲、分发材料的传教活动,到创办教会学校,合并建立起燕京大学这样影响力卓著的名校。通过上溯前一代传教士的创业史,展现传教事业发展变化的历史进程,呈现传教士的独立性和基督奉献精神,司徒雷登试图将自身的经历、燕大的创办历程,经由基督教,转化为美国的国家经验。这一艰难开拓事业,逐步引导中国走向开放的历程,与1949年后中国骤然的封闭和传教事业的断绝形成鲜明的对比,正如司徒雷登在前言中所说的:

> 我在中国的建树使我有名声;在那些建树显然被摧毁的时刻,我出任了我国的驻华大使;这深深地使我感到哭笑不得。

---

[1] 曲升:《冷战初期美国对华政策的形成(1947—1950)》,山东师范大学学位论文,2000年。

司徒雷登试图将大使使命的开展与失败，毕生事业的开拓与毁灭，共同置于一个整体的历史景观之中，呈现给美国读者，向其传递"失去中国"之切身感受。

四、修饰史实

除了塑造个人形象，论述中美关系以外，基于自我辩白以及呼吁美国继续支持台湾当局等目的，司徒雷登还在回忆录中对其担任大使期间的经历进行了一定修饰，对照司徒雷登在大使任内的报告和日记可知，包括主观层面上修改自己对当时人物和形势的评价、判断；客观层面上，对自己的政治活动进行选择性叙述，部分比较重要的活动几乎完全不予提及，以下对这两方面分别进行详细论述。

司徒雷登在大使任内提交给国务卿的报告中，对国统区的政治和社会情况进行过详尽的观察报道，例如总统、副总统选举、学潮[1]、金圆券改革及通货膨胀等，在报告中对于国民政府及其领导人，多有批评之处，屡次以"独裁"字眼评价蒋介石，对于副总统选举乱象的报道，足以证明国民政府施行宪政不过走过场而已。对于金圆券改革，司徒雷登在其开始不久后就表现出了较为悲观的态度。就整体形势而言，早在1947年下半年，"恶化""崩溃""绝望"等字眼就开始频繁出现。而在回忆录中，司徒雷登对于国民政府的批判大幅收敛，"独裁"完全消失，总统、副总统选举反而被用来证明国民政府的改革意愿，与金圆券改革并列为政府的两项重要成就，总体局势的恶化被延后了许多。

以1948年8月国民政府进行的金圆券改革为例，在政策宣布伊始，司徒雷登就判断，"对于金圆券的前途我们找不到可以乐观的依据"且"最多不过是说使物价飞飞涨暂停时三四个月"。对于改革的实质目的，他指出"官方令人惊讶地公开承认政府是注视一月间同情它的共和党控制的美国国会，而此方案仅是一个通过此过渡阶段的一块跳板"[2]，作为代表美国在华利益的中国通，司徒雷登认为美援是他督促国民政府进行改革的主要筹码，然而国民政府似

---

[1] ［美］雷（Rea, K.W.）、［美］布鲁尔（Brewer, J.C.）编：《被遗忘的大使——司徒雷登驻华报告1946—1949》，尤存、牛军译，江苏人民出版社1990年版。关于学潮及形势恶化的判断，见第94—106页；对于副总统选举问题的报道，见第181—199页。

[2] 《中美关系资料汇编》第1辑，世界知识出版社1957年版，第890—891页。8月23日的司徒雷登致马歇尔国务卿的报告。

乎认定美国不会让中共控制中国,故而制定政策,竟然以美国的政党轮替和美援必然到来为前提,无疑令他对这一改革感到悲观。其后数月改革果然泡汤,司徒雷登观察到:"抢购风潮已蔓延到其他城市","有组织的金条和美金黑市已重新建立起来","警察监察是有名无实的"。

而在回忆录中,司徒雷登却将金圆券改革与国大召开并列为"1948 年终中国政府成功地进行了两项令人瞩目的改革"之一,将自己当时的态度表述为"当时行政院长在实施前几天向我透露了计划,我当时感到非常高兴"①,这与当时在报告中他对改革持有的谨慎悲观态度颇不一致,他回忆改革早期,认为"前几个月计划进行得非常顺利""中国又出现了新的希望,新的动力",对于改革的失败,他描述道"事态后来开始恶化了,开始比较缓慢,后来已经急转直下了。大概 9 月中旬,重要的战略要地济南市失守……"进而大谈国民政府的军事失败,似乎改革失败是由于军事失败重挫了民众对国民政府的信心导致的,这种将国民政府失败的原因归于外在的猛烈进攻,而非其自身腐败问题的表述策略,与 50 年代美国的政治气氛颇为相符,也有利于向国内大众进行呼吁,争取美国继续对台湾当局的支持。

在对政治人物进行的评价中,也有一处令人十分费解,就是对李宗仁与蒋介石友谊的强调,司徒雷登甚至将总统、副总统选举也作为两人关系良好的例证②。1949 年蒋介石下野后仍然暗中操控政局,使接任代总统的李宗仁难以行事,司徒雷登在报告中也有透彻的观察分析③,到了回忆录里,却被描述为将领们忠诚和蒋介石个人魅力的表现④,这种将蒋李之间的矛盾进行淡化的叙述,或许与司徒雷登隐去自己扶持李宗仁等地方势力代蒋的活动有关。

司徒雷登任大使后与李宗仁的交往,据程思远回忆,可能始于 1947 年 8 月,司徒雷登赴北平视察,并报告说"李宗仁将军正博得舆论信任"⑤,于是李宗仁始有竞选副总统之意,乃于 10 月间,令程思远分别转交亲笔信予蒋介石

---

① [美]司徒雷登:《在华五十年:从传教士到大使——司徒雷登回忆录》,陈丽颖译,东方出版中心 2012 年版,第 132—133 页。
② 同上书,第 76 页。
③ [美]雷(Rea, K.W.)、[美]布鲁尔(Brewer, J.C.)编:《被遗忘的大使——司徒雷登驻华报告 1946—1949》,尤存、牛军译,江苏人民出版社 1990 年版,第 276—277 页。
④ [美]司徒雷登:《在华五十年:从传教士到大使——司徒雷登回忆录》,陈丽颖译,东方出版中心 2012 年版,第 148 页。
⑤ [美]雷(Rea, K.W.)、[美]布鲁尔(Brewer, J.C.)编:《被遗忘的大使——司徒雷登驻华报告 1946—1949》,尤存、牛军译,江苏人民出版社 1990 年版,第 123 页。

和司徒雷登说明其意。①此说缺乏司徒雷登方面的证实。但就李宗仁竞选副总统的问题，双方确实进行过沟通，据报告，1948年3月27日，司徒雷登接受李宗仁宴请，详细讨论竞选事务，他报告李宗仁的竞选原因为"由于认识到蒋介石需要某种影响，这种影响可以抵消他的专横"，"李宗仁同意我的看法，即在适当的条件下，可以说服蒋介石改变他的方式"，可见两人达成了一定的共识，此时司徒雷登尚未正式考虑以李宗仁完全取代蒋介石之地位，只是将其作为制衡蒋介石，促进其调整政策的抓手。

而在1948年下半年，司徒雷登以所谓党内民主派组建联合政府，取代蒋介石的念头逐渐形成②，其中包括李宗仁、李济深、孙科、冯玉祥等。他多次对李宗仁所代表的"改革"力量进行积极评价，并在6月11日的报告中通过秘书傅泾波之口给出了蒋介石应当下野的判断："傅认为，委员长已变成一个疲乏的老人，不能有效地应付事务，日趋丧失威信，不可避免地迟早会被解除职务。"在蒋介石下野前夕，12月16日，张群以私人代表的身份就蒋的引退问题与司徒雷登谈话，司徒雷登的回答毫不掩饰："大多数美国人当然有此印象，这就是，绝大部分在中国人民更感到蒋委员长是和平的主要障碍，应该从权力统治中引退。"虽然蒋李双方的行动多大程度上受到司徒雷登的策动难以定论，但司徒雷登在1948年下半越来越坚定地支持以党内民主派取代蒋介石，并毫不掩饰地将这一立场展现出来，是可以肯定的，而以他美国大使的身份，这番言论显然会对中国政局产生影响。

而在回忆录中，司徒雷登只是强调白崇禧发电报建议蒋介石下野，将自己的角色表述为"我一直能得到消息，但是我试图保持谨慎"③，显然司徒雷登在这一过程中并不仅是知情者，以大使身份发表劝告领导人下野的言论，无论如何也难以称为谨慎。蒋宣布下野后，司徒雷登与李宗仁、白崇禧等人的来往更加密切，除了一般公务外，双方还多次进行磋商如何逼蒋介石交出更多实权，试图逼迫蒋出洋考察，以阻止蒋继续在幕后主导局势，④这些在回忆录中自然

---

① 程思远：《百年中国风云实录 政海秘辛》，北方文艺出版社2011年版。
② [美]雷(Rea, K.W.)、[美]布鲁尔(Brewer, J.C.)编：《被遗忘的大使——司徒雷登驻华报告1946—1949》，尤存、牛军译，江苏人民出版社1990年版，第184—274页，其中部分报告亦公开于美国对华关系白皮书，见《中美关系资料汇编》第1辑，世界知识出版社1957年版，第907—914页。
③ [美]司徒雷登：《在华五十年：从传教士到大使——司徒雷登回忆录》，陈丽颖译，东方出版中心2012年版，第140—141页。
④ [美]司徒雷登：《司徒雷登日记·美国调停国共争期间前后》，黄山书社2009年版，第75、86页。

也略去不提。

司徒雷登所为,在当时即难以掩人耳目,在1949年8月美国政府发表对华关系白皮书后,更是大白于天下,此时李宗仁已经避居美国,司徒雷登在回忆录中强调蒋李友谊,反而显得过于刻意。

除了与桂系的往来以外,司徒雷登在1949年4月以后滞留南京与中共进行交涉一事,回忆录亦完全略去。关于司徒雷登与中共的交涉,已有比较完整的研究[1],概括说来,司徒雷登一度有过与中共进行合作谈判的念头,中共也向其提出过承认新政权的问题,但双方交涉还是试探性的,实质性进展不多,到后来司徒雷登向国内请示访问北京被否决,中共亦发表"一边倒"的外交政策,中美交涉遂不了了之。而在回忆录中,与中共进行政治性交涉的部分,以及请示访问北京一事都被略去,司徒雷登只保留了与中共交涉中冲突性的部分,包括1949年初期中共士兵闯入其府邸的事件,围绕访问上海进行的交涉,临行前对铺保[2]问题的争论,等等。

于理而言,以上两件事都已公开,事实上并非司徒雷登略去就能够掩盖的,但事隔数年,环境已经与白皮书发表时大不相同,当时蒋正从大陆溃败,在台湾尚未站稳脚跟,无论美国在白皮书中展现的态度如何恶劣,他都缺乏底气和立场进行反驳,而到了回忆录撰写的20世纪50年代,美国代蒋的种种尝试,从大陆时期的李宗仁、李济深到台湾时期的孙立人、吴国桢,均告失败,蒋介石重新巩固了其位置,冷战格局在亚洲确立后,台湾重新成为美国的反共前沿阵地,美蒋双方不得不抛却前嫌,准备继续合作,旧事重提显然会造成不必要的麻烦,司徒雷登既然有意呼吁美国民众继续支持台湾当局,那么行文中将这两次失败的、不太符合外交官身份的、暴露出美国对蒋介石失去信心的外交尝试隐去,也确实是合理的。

回忆录的传播及影响

除了数年间担任大使以外,司徒雷登常年在华,与美国国内机构没有多少联系,故而司徒雷登在辞去大使以后就退出了政治舞台,在美国国内的反共风

---

[1] 林绪武:《黄华与司徒雷登南京商谈考析》,《历史研究》2015年第2期。
[2] [美]司徒雷登:《在华五十年:从传教士到大使——司徒雷登回忆录》,陈丽颖译,东方出版心2012年版,第164—179页。

潮中受到的影响也相对有限。

司徒雷登回忆录出版时,马歇尔和胡适为其做序言,其中马歇尔并未详细看过回忆录的内容,序言也只是就司徒雷登对中国的了解和贡献泛泛而谈。胡适的序则写得十分用心,一方面,将司徒雷登置于近代来华传教士的序列中,对其贡献进行评价;另一方面,他看到了司徒雷登回忆录后半部分重要的史料价值,还学究式地开列了一个附录条目,希望读者结合若干中美文件对其进行解读,并表示对司徒雷登中美政策观点的赞同。

回忆录出版后数年,在美国社会的反响并不强烈,几家刊物给出了比较平直的书评①,介绍司徒雷登前半生贡献和大使任内情况各自占据相应的篇幅,并没有对其观点进行太多讨论,反而是在我国港台地区及旅美华人中,回忆录受到的关注更多一些。出版当年,台湾《大华晚报》就组织进行了翻译刊载。一些前国民政府官员也是本书的读者,顾维钧在谈到1949年的中美外交时,引证过司徒雷登的回忆录,他显然了解司徒雷登所隐去的那些活动,对于司徒雷登1949年滞留南京的举动以及种种不利于国民政府的发言表现出相当的不满②。相比之下,陈诚对于司徒雷登就比较尊敬,他引述司徒雷登对国民党败退台湾原因的总结,发表了一些自己的意见。③

以今日眼光来看,司徒雷登回忆录的史料价值,即便不考虑其中有选择的叙述,仅以其记叙的详细程度而言,也当在司徒雷登日记与驻华报告之下,在还原史实上,只能作为补充,更多地反映的还是司徒雷登的主观思想。

然而从学术史来说,司徒雷登回忆录出版于1954年,可以说是反映这一时期美国外交政策较早的公开材料。从回忆录出版,到司徒雷登报告及日记出版,有相当长的时间跨度,其间亦有史家利用回忆录进行研究,如唐德刚在为李宗仁撰写口述回忆录时,就曾与之进行对照,由于回忆录记述简略,仅得一些不重要的细节④。司徒雷登在回忆录对自身形象及中美关系所作的某些主观塑造和评判,是否曾在这一段间隙之内,使社会和学界对于司徒雷登其人

---

① Earl Cranston. Review. Pacific Historical Review,May,1955,Vol.24,No.2(May, 1955),pp.198-199; P. H. B. Kent. Review. International Affairs(Royal Institute of International Affairs 1944-), Jan, 1956, Vol.32, No.1(Jan, 1956), pp.124-125.
② 顾维钧:《顾维钧回忆录》第7分册,中国社会科学院近代史研究所译,中华书局2013年版,第88页。
③ 陈诚:《陈诚先生回忆录·国共战争》,(台北)国史馆2005年版,第367页。
④ 李宗仁口述,唐德刚撰写:《李宗仁回忆录》,广西人民出版社1988年版,第667页。

的印象产生了一些先入为主的影响,值得深思。

如本文所论述的,司徒雷登在回忆录中,基于其政治意愿,为了自我辩白,为了向美国读者呈现"失去中国"以博取对台湾当局的支持,有意识地从自身立场对历史进行了重新阐释,这种阐释在多大程度上影响到今日我们对司徒雷登的印象,仍然有待梳理。回忆录作为对过往的叙述,其中也包含着对当下甚至未来的关照,尤其对于一些尚存执念的写作者来说,将回忆录看作其政治生命的延伸,而非终结,才更有助于我们对其有一个全面客观的理解。

图书在版编目(CIP)数据

以中国为方法：上海社会科学院世界中国学研究所成立十周年纪念论文集 / 周武主编 .— 上海 ：上海社会科学院出版社，2022
 ISBN 978-7-5520-3975-7

Ⅰ.①以… Ⅱ.①周… Ⅲ.①中国学—文集 Ⅳ. ①K207.8-53

中国版本图书馆 CIP 数据核字(2022)第 187200 号

以中国为方法
——上海社会科学院世界中国学研究所成立十周年纪念论文集

主　　编：周　武
出 品 人：佘　凌
责任编辑：邱爱园
封面设计：孙豫苏
出版发行：上海社会科学院出版社
上海顺昌路 622 号　邮编 200025
电话总机 021-63315947　销售热线 021-53063735
http://www.sassp.cn　E-mail：sassp@sassp.cn
照　　排：南京理工出版信息技术有限公司
印　　刷：上海新文印刷厂有限公司
开　　本：710 毫米×1010 毫米　1/16
印　　张：32.75
插　　页：1
字　　数：548 千
版　　次：2022 年 11 月第 1 版　2022 年 11 月第 1 次印刷

ISBN 978-7-5520-3975-7/K·665　　　　　定价：128.00 元

版权所有　翻印必究